대한의
교육 역사

대한의 교육역사

| 안기성 저 |

학지사

머리말

이 책은 우리 교육사를 다시 쓰기 위한 기록이다. 지금의 형식으로 우리 역사가 기록되기 시작한 것은 왜의 침략이 시작된 때부터다. 1910년 실국(失國)의 시절, 1919년 3·1운동으로 독립운동의 전기가 만들어지고 민족대학 설립운동이 일어났다. 이때 왜는 '경성제국대학'을 세워 민족대학 설립을 방해했고, 그곳에 한국사 실록의 터전을 세워 침략을 미화하는 기록을 남겼다. 지금 우리 역사의 기록에 날조된 부분이 많은 것은 그 때문이다. 특히 교육사에는 그런 부분이 크고 많다. 침략자들에 의해 교육 내용 또한 강제되었기 때문이다. 지금은 우리 역사를 다시, 바르게 쓸 때다.

이 책에서는 '조선'을 '조선조'라 하였다. 1892년 조선왕조가 '대한제국'이라 국명을 바꾸었는데 침략자 왜국은 굳이 '조선'이라 고집했다. 지금도 왜국의 사학자들은 우리 역사를 말할 때에는 반드시 '조선'이라 말한다. 게다가 북쪽에 정권을 유지하는 정치 세력이 스스로를 '조선'이라 하고 있다. 이 책에서는 그런 입장과 구분하여 조선의 정부라는 뜻에서 '조선조'라 한 것이다.

또 하나, 이 책에서는 일본을 '왜국'이라 하였다. 우리나라가 '대한민국(大韓民國)'이란 이름으로 근대국가 체제를 갖추기 이전까지 '일본'이란 말은 사전은 고사하고 언어 그 자체가 존재하지 않았다. 이들에 대한 표기는 대체로 나라에 대해서는 '왜국(倭國)', 역사와 어학 등 그들의 지식 전반에 대해서는 '왜학(倭學)', 사람에 대해서는 '왜인(倭人)' 아니면 좀 상스러운 '왜놈'이었다. 이러한 호칭은 하루아침에 한국 땅에서만 생긴 것이 아니고, 오래전부터 왜인 자신은 물론 중국에서조차 일상적으로 사용하던 이름이었다. 필자는 평화를 사랑하는 선량한 '일본인(日本人)'과 구분하기 위해 이들을 일러 '왜인(倭人)'이라 한 것이다. 혹자는 이 새삼스러운 '왜(倭)'라는 호칭에 거부감이 들지도 모르겠다. 그러나 이러한 호칭을 보다 우애롭고 따뜻한 일본국과 그 국민을 존중, 경애하기 위하여 오랜 숙고와 고뇌를 거쳐 선택한 용어인 것을 이해하기 바란다.

가난하고 배곯던 1960년대 이전을 생각하면 지금은 참으로 배부르고 부유한 시절이다. 혹자는 선진국들이 100년이 걸려서 이루어 낸 것을 우리는 30년 만에 만들어 냈다고도 하고, 미국의 대통령조차 우리 교육에는 배울 만한 일이 많다고 칭송한다. 세계사에서 그 어느 나라도 정권의 수명을 500년 이상 넘기지 못했다. 가까운 중국과 왜조차 그렇지 못하였다. 그런 의미에서 조선조 500년 역사에서 우리 교육사의 참모습을 찾아보는 일은 매우 의미 있는 일이다.

'조선조'가 일찍부터 왕궁의 이름으로 서구적 학교 이름을 짓고 그 설립을 장려하고 원조했다는 기록은 많다. 그러나 이를 교육사에서 조선조의 업적으로 기록한 것은 실재하지 않는다. 1900년에 들어서서는 민중이 손수 학교를 세우고 운영하려 하였는데도 이를 세운 민중의 업적을 치하하는 기록이 많지 않다. 침략세력은 이를 방해하고 압박하는 데 열중했다. 한반도에서는 신라가 삼국을 통일하는 시대에야 비로소 나라를 세운 왜는 18세기에 이르러 '일본'이라는 국명을 가지게 되었다. 초기의 국명을 말할 때도 일본이라고 해 국사상 열등감을 보이고 있다. 그들이 우리를 굳이 '조선'이라고 기록하려 하는 것은 그 열등감 때문이다.

왜는 서구의 변화를 받아들이기 전에는 모든 것을, 심지어 농사조차도 조선에서 배워 가야 했다. 침략질도 서슴지 않았다. 사기그릇은 조선국의 기술자를 잡아다 부려야 했다. 그때의 국가적 열등감이 그들의 역사를 거짓의 허구와 과장으로 채워지게 하였다. 그들은 조선조의 업적을 헛되이 만들어야 했고, 우리 교육의 발전은 그자들의 방해와 억압으로 발전에 지장을 받아야 했다.

1910년 침략이 강압되자 왜는 교육부터 통제하였다. 교육내용을 통제하는 것은 물론이고 허가되지 않은 학교는 개교도 하지 못하게 하였다. 왜 땅에 있는 학교보다 모든 학교의 격을 낮추어 교명도 달리하고 차별했다. 고등교육은 더욱 엄히 금지되었다. 대학 입학 자격을 얻을 수 있는 학교의 설립을 막았으며, 심지어 왜 땅의 대학에 입학하고자 하면 그 땅의 고등학교에 입학해 점수를 따야 했다. 1919년 독립운동이 시작되어 저항이 강화되니 이를 달래기 위해 1932년 비로소 차별하던 학교의 격을 같게 했다. 1937년에 이르러서 학교의 이름을 왜의 그것과 같게 통일했다. 그때부터 소학교, 중학교라 하게 된 것이다.

우리 민족을 차별하지 않고 동등하게 대한다는 명분 뒤에는 우리 민족을 전쟁에 동원할 전략이 숨어 있었다. 당시의 우리 인재들은 죽음의 전쟁터에 끌려가거나 위험한 고역의 탄광지에 넣어졌다. 1938년 3월태평양전쟁에 몰두하던 때에는 「국가총동원법」까지 만들어 모든 학교가 교육은 뒤로 하고 군사교육에 열중했다. 군사훈련에 동원되거나 아니면 전쟁터를 닦는 일에 동원된 것이다. 학문의 깊이를 더하고자 대학에 입학한 수많은 학생에게 입대가 강제되어 그들은 전선으로 나가야 했고, 수많은 사람이 전쟁에서 죽어 갔다. 이 시기의 학교명의 동질화는 바로 우리 젊은이들을 전쟁터로 몰고 가기 위한 것이었다. 이는 악의에 찬 침략자의 행위다.

1945년은 우리에게는 조국 독립의 해다. 그리고 억압받던 이 땅에서 최초로 대학이 세워졌다. 일찍부터 고등교육을 위해 애써 왔던 이 땅의 전문학교들이 모두 대학이 된 것이다. 그 수탈의 기간, 침략자의 방해와 억압으로 전문학교로만 존재하던 학교들이 대학이 되었다. 초 · 중등학교도 늘어났다. 국가에 대하여 우정을 가진 사람들이 다수의 사립학교를 세웠다. 그리고 지금 우리는 세계인이 부러워하는 교육국가가 되었다.

지금까지 우리 교육사의 대략을 소개했다. 이 책은 저명한 교육국가가 된 대한민국의 과거 교육의 역사를 살핀 것이다.

2016년 6월

안기성

일러두기

1. 조선은 '조선의 정부'라는 뜻으로 하여 '조선조'라 표기하였다.
2. 일본을 '왜' 또는 '왜국'이라 표기하였다.
3. 표기는 그 당시 문헌을 기준으로 삼았다.
4. 영어 인명의 한자 표기는 그 당시 문서에서 사용된 한자어를 그대로 인용하여 표기한 것이다. 따라서 문서에 따라 표기가 다를 수 있다.
5. 한자어는 이해를 돕기 위해 필요할 경우 반복 병기하였다.

차 례

제2장 개항기의 교육행정과 교육재정 _ 85

제7장 왜의 침략기 교육행정법제 _ 307

제1장

조선조의 교육법제와 교육행정

❶ 서 론

이 장은 조선조 법제를 관찰하여 이 시대의 교육행정조직과 교육행정이 이루어져 온 과정을 탐구하고 있다. 조선조는 개국 초부터 『경국전(經國典)』과 같은 법전을 마련하고 이를 통하여 국가를 운영하여 왔다. 이러한 관행은 『경제육전(經濟六典)』, 『속육전(續六典)』, 『경국대전(經國大典)』, 『수교집록(受敎輯錄)』, 『전록통고(典錄通考)』, 『속대전(續大典)』, 『전률통보(典律通補)』, 『대전통편(大典通編)』, 『대전회통(大典會通)』 등의 법전으로 발전해 오면서 점차 완숙한 모습을 보여 왔다. 그러므로 이 장의 주된 관심은 이러한 법전에 의한 국가 운영이 교육에 대해서는 어떠한 관행을 수립하여 왔는가를 살피는 일이다.

그간 우리는 조선조의 교육을 이해하려 할 때, 대체로 성균관(成均館), 사학(四學), 향교(鄕校), 서원(書院), 서당(書堂) 등의 학교제도만을 관심의 대상으로 삼아 왔다. 그러나 교육은 인간의 형성과 인재의 양성을 목적으로 하는 인간활동이므로, 학교제도에만 한정하여 조선조의 교육행정을 생각하는 것은 적절하지 않다. 조선조의 교육행정제도에는 학교제도 이외에도 관련된 영역이 수없이 많다.

조선조는 교육의 전담기관인 예조(禮曹)뿐만 아니라, 이조(吏曹) · 호조(戶曹) · 형조(刑曹) · 공조(工曹) 등 다른 정부기관과 지방관서, 그리고 소속관 아들까지도 직간접으로 교육에 관여하는 체제를 구축하고 있었다. 특히 제과(諸科), 생도(生徒), 취재(取才), 장문서(藏文書), 장권(奬勸), 아속악(雅俗樂), 선상(選上), 시취(試取), 재식(栽植), 공장(工匠) 등의 여러 제도를 통하여 교육활동을 주도하여 왔다. 따라서 이 책은 연구의 관심을 학교제도에만 한정하지 않고 교육과 관련이 있는 다른 여러 행정제도까지 확대하고 있다.

이 장은 서론에 이어 크게 네 부분으로 구성된다. 첫째는 조선조의 법전과 교육법제, 둘째는 조선조의 교육행정조직, 셋째는 기타 아문과 교육행정, 넷째는 조선조의 교육재정에 대해 논하고 있다. 첫 번째 '조선조의 법전과 교육법제'에서는 조선조의 법전의 생성과 발전, 그리고 교육 관계 법전과 발전에 관하여 이야기하고 두 번째 '조선조의 교육행정조직'에서는 예조와 소속관아, 소속관아의 직원, 예전의 교육조항 등에 관하여 논의할 것이다. 세 번째 '기타 아문과 교육행정'에서는 이 · 호 · 병 · 형 · 공조 등 예조 이외의 정부기관과 지방관서의 교육행정에 관하여 논하며, 네 번째 '조선조의 교육재정'에서는 학전(學田) 등 교육재정에 관계되는 제도에 대하여 각각 논의하고, 결론으로 이 장을 마무리하고 있다. 그러면 이제부터 본격적인 논의에 들어가기로 하자.

❷ 조선조 법전과 교육법제

1) 일반 법전의 생성과 발전

조선조의 법제는 『경국원전(經國元典)』과 『속전(續典)』에서 비롯한다. 이 두 법전은 간혹 정도전(鄭道傳)이 찬진(撰進)했다는 『조선경국전(朝鮮經國典)』과 『경제문감(經濟文鑑)』과 같은 것으로 이해되는 경우가 많다. 그러므로 이를 『경국전』이라고도 하고 때로는 『경국육전(經國六典)』이라고도 하였다. 이로 시작한 조선조의 법전은 개정 · 보완을 거쳐 『경제육전』, 『속육전』, 『경국대전』, 『수교집록』, 『전록통고』, 『속

대전』, 『전률통보』, 『대전통편』, 『대전회통』 등으로 발전하여 왔다.[1)]

이 법전은 조선조의 것이라고 하더라도, 근원은 조선조에서 비롯된 것이 아니고 멀리 고조선에서 시작하여 고구려 · 백제 · 신라 등 삼국과 이를 이은 고려시대 등 '전조(前朝)'들의 법전에 근원하고 있다.[2)] 이 '전조'들은 율령을 제정하여 반포하고 이를 통하여 국가를 운영하고 있었으며, 특히 고려시대에 이르러서는 매우 잘 정돈된 형식의 법전들을 마련하고 있었다. 조선은 전조의 법전 운영의 경험을 토대로 고유의 법전을 탄생시킬 수 있었다.[3)]

『조선경국전』은 개국의 기본강령을 논한 규범서로서 태조(太祖) 3년(1394) 개국공신인 정도전이 지은 것이다. 그 내용은 치전(治典), 교전(敎典), 예전(禮典), 정전(政典), 형전(刑典), 사전(事典) 등의 육전(六典)으로 구성되어 있었고, 형식은 각 전(典)마다 세목(細目)과 함께 저자 자신의 경륜과 이에 대한 경사(經史)와 고사(故事)를 기록하는 것으로 짜여 있다. 이후 이 법전은 법전의 명칭이 바뀜과 동시에 내용도 바뀌어, 한때 치전이 이전(吏典)으로, 교전이 부전(賦典)으로, 정전은 병전(兵典)으로, 형전은 헌전(憲典)으로, 사전은 공전(工典)으로 되었다가 다시 부전은 호전(戶典)으로, 헌전은 형전(刑典)으로 바뀌어 결국에는 이 · 호 · 예 · 병 · 형 · 공의 육전이 되었다. 그러

---

1) 조선조의 법전의 변천은 대체로 『경국원전(經國元典＝朝鮮經國典), 『속전(＝經濟文鑑)』, 『경제육전(經濟六典』, 『경국대전(經國大典)』(6권 4책), 『대전속록(大典續錄)』(6권 1책), 『대전후속록(大典後續錄)』(6권 1책), 『수교집록(受敎輯錄)』(6권 2책), 『전록통고(典錄通考)』(14권 7책), 『속대전((續大典)』(6권 4책), 『전률통보(典律通補)』(6권 2책), 『대전통편(大典通編)』(6권 5책), 『대전회통(大典會通』(6권 5책)의 순으로 이루어져 왔다.

2) 이태조는 조선조를 건국하고 왕위에 즉위하면서 "의장법제(儀章法制)는 우선하여 전조(前朝)의 고사(故事)에 따른다."고 선언하였다. 이태조실록, 권 1의 43, 태조 3년 갑술(1394).

3) 『삼국사기(三國史記)』 권 5 · 권 18, 『동국통감(東國通鑑)』 권 3 · 권 4 · 권 7, 『동사강목(東史綱目)』 권 2의 하 · 권 4의 상(牛島省三, 李朝法典考, 朝鮮總督府中樞院, 1936, pp. 1–18).
『삼국사기』와 『고려사』는 지금 전해지고 있지는 않으나, 예 · 형 등의 율령이 편집되어 있다고 전하고 있고, 신라에는 전대등(典大等), 왜전(倭典), 전대사전(典大舍典), 율령전(律令典), 조전(租典), 빙고전(氷庫典) 등의 관직과 궁사(宮司)의 명칭이 있고, 고려에는 전교사전의(典校寺典儀), 전법사(典法司), 전법판서(典法判書), 전법총랑(典法摠郞) 등의 관아와 관지기 명칭이 있는 것으로 미루어 보아 잘 짜인 법전이 마련되어 있었음에 틀림이 없다.

나 교육과 직접적으로 가장 많이 관련이 있는 예전만은 종래의 명칭을 그대로 유지하여 한 차례도 바뀐 일이 없었다. 조선조의 육전이 이전(吏典)·호전(戶典)·예전(禮典)·병전(兵典)·형전(刑典)·공전(工典) 등의 여섯 가지 법전으로 정착하게 된 것은 『경국대전』에 이르러서다.

『경제육전』은 태조 초에 조준(趙浚)과 하륜(河崙)이 편찬한 것으로 '경제육전상정(經濟六典詳節)'을 원명으로 하며, 주로 고려왕조의 조례를 모은 법령집이었다고 전한다. 이는 태종(太宗) 때 수정·증보된 『속육전』이 나온 이후부터 '원육전(元六典)'이라고도 불리었다.

『경국대전』은 세조(世祖)가 수교(受敎), 조례(條例), 등록(謄錄) 등을 모아 선택·편찬한 법전으로, 처음에는 호(戶)·형(刑)의 이전(二典)만으로 시작하였으나, 성종(成宗) 16년(1485)에 이(吏)·예(禮)·병(兵)·공(工)의 나머지 사전(四典)이 완성되어 비로소 이·호·예·병·형·공의 일관된 이름을 가진 육전의 전전(全典)을 갖추게 되었다. 이 법전은 성종 23년(1492)에 『대전속록(大典續錄)』에 의해 개정·보완되고, 중종(中宗) 38년(1543)에 다시 개정·보강하여 『대전후속록(大典後續錄)』이라는 보다 충실한 법전이 되었다. 명종(明宗) 10년(1555)에는 『경국대전주해(經國大典註解)』가 간행되어 법전의 해석을 도왔다.

『수교집록』은 숙종(肅宗) 24년(1698)에 이익(李翊)이 왕명에 따라 『대전후속록』 이후 155년간 각 정부기관에 보존하여 오던 교령(敎令)을 모아 수록한 법전으로 전·후의 체제로 분류하여 편집한 것이 특징이다. 『전록통고범례(典錄通考凡例)』는 『전록통고』로 줄여 말하기도 하는데, 숙종 27년(1701)에 역시 왕명에 따라 당시 영의정이던 최석정(崔錫鼎)이 기존의 『경국대전』, 『경국대전 전후속록』, 『수교집록』 등의 법전을 종합하여 편찬한 것이다.

『속대전』은 영조(英祖) 20년(1744)에 왕명에 따라 영의정인 김재로(金在魯)가 착수하여 2년 만인 영조 22년(1746)에 간행한 법전으로, 『대전속록』, 『대전후속록』, 『수교집록』 등의 법전 중에서 취사선택하여 내용을 재구성하고, 이에 당시의 관행을 추가하여 만들었다. 이 법전은 법의 운영에서 실형주의(實刑主義)적 경향이 엿보인다는 점에서 중요시되고 있다.

『대전통편』은 정조(正祖) 9년(1785)에 『경국대전』과 『속대전』을 통합하여 만든 법전이다. 이 법전은 김치인(金致仁)이 왕명에 따라 『경국대전』과 『속대전』을 포함하고 그 이후에 왕이 내린 교명(敎命)과 현행의 법을 통괄적으로 통합하여 편찬한 것이다. 여기서는 『경국대전』을 원(原), 『속대전』을 속(續), 새롭게 증보한 것을 증(增)이라 표시하여 법전 내용의 변천 과정을 일목요연하게 알 수 있게 하는 법전 편찬의 기원을 만들었다.

『전률통보』는 정조 11년(1787) 능사군(陵思君)과 구윤명(具允明)의 사안으로 만들어진 법전이었으나, 왕이 다시 명하여 이를 보완 · 재편집하여 만들게 한 것이다. 이 법전은 『경국대전』, 『속대전』, 『전후속록』, 『수교집록』 등 여러 법전을 통합 · 편집하고 있으며, 특히 형사 문제를 비롯하여 해당 규정이 없는 영역에 대해서는 '대명률(大明律)', 즉 명(明)의 법률을 원용하게 한 점과 의례 절차에 대해서는 '오례(五禮)'와 '상례보편(喪禮補編)'과 관련지은 점에 특색이 있다.

『대전회통』은 고종(高宗) 2년(1865)에 역시 왕명에 따라 조두순(趙斗淳)이 정조 때의 『대전통편』을 기본으로 하여 그 후 90년간의 교명과 규칙을 보전하여 기록한 것이다. 이때 보록한 부분에 대해서는 보(補)자를 머리에 붙여 구분하였고, 이전부터 있어 온 법전의 조항에는 『대전통편』 때와 똑같이 발원의 원전을 밝혀 『경국대전』인 경우에는 원(原)을, 『속대전』인 경우에는 속(續)을, 『대전통편』인 경우에는 증(增)을 문두에 붙여 원 · 속 · 증 · 보의 기호로 법전의 연혁을 밝히고 있다. 더구나 이 법전은 조선의 최후의 법전이었다는 점에서 조선조 전후의 모든 법전을 망라하여 수록한 종합적인 법전이라고 할 수 있다.[4)]

지금까지 조선조의 일반 법전이 어떻게 발전하여 왔는가에 대하여 살펴보았다. 조선조의 법전은 최초의 법전인 『경국전』에서 시작하여 최후의 『대전회통』에 이르기까지 환경 변화에 대응하여 적절하게 개정하여 발전시켜 왔다. 그러면 이제부터는 이

---

4) 『대전회통』은 법전의 각 조항마다 다음과 같이 원 · 속 · 증 · 보의 기호를 붙여 그 원전을 밝힘으로써 연혁을 밝히고 있다. 이는 『대전통편』이 원 · 속 · 증을 표기하던 편찬방식에 '보'를 하나 더 추가한 것이다.
『경국대전』: 원(原) 1492년(성종 23) 『속대전』: 속(續) 1746년(영조 22)
『대전통편』: 증(增) 1785년(정조 9) 『대전회통』: 보(補) 1865년(고종 2)

법전 중 교육과 관련되는 법전과 조항의 발전 과정을 살펴보겠다.

2) 교육 관계 법전과 발전

조선조는 육전 중 특히 예전이 교육의 기본 법전으로 구실하였다. 초기 정도전이 찬진하였다는 『경국전』 예전에서는 전 26조 중 교육과 관련 있는 조항은 풍운뢰우(風雲雷雨), 악(樂), 역(曆), 경연(經筵), 학교(學校), 공거(貢擧) 등의 조항이다. 세조의 『경국대전』에 이르러 이에 추가된 교육조항은 장문서(藏文書)의 조항이었다. 예전 각 조항은 고려시대의 예지(禮志), 악지(樂志), 여복지(輿服志), 선거지(選擧志) 등의 사지(四志)에 기록된 것으로 보아 고려시대 것이 적지 않게 참고된 것으로 볼 수 있다. 『경국대전』의 예전 조항 중 의주조(儀註條)와 장문서조(藏文書條)는 조선조가 수행한 예전행정의 거대한 사업으로, 구체적인 내용에 관해서는 『세종실록』의 오례팔권(五禮八卷), 악보 12권(樂譜十二卷), 지리지팔권(地理志八卷), 정산팔권(政算八卷)에 실려 있다. 이는 태종, 세종, 문종, 단종 등 여러 역대 왕조를 거쳐 정인지(鄭麟趾), 허주(許周), 정척(鄭陟), 변효문(卞孝文) 등의 석학들이 참여하여 완성된 것이다. 예전의 교육조항은 이후 개정된 『대전회통』에 이르러 제과(諸科), 생도(生徒), 취재(取才), 장권(奬勸), 아속악(雅俗樂), 선상(選上) 등의 조항으로, 항목의 이름이 바뀌었다.[5)]

교육에 관한 규정은 예전의 조항에만 한정하지 않고, 그 밖에 다른 다섯 가지 법전에도 직간접으로 규정되어 있다. 그중 이전(吏典)은 정부조직 등 교육행정조직에 관하여 규정하고 있고, 호전(戶典)은 교육의 재정에 대하여, 병전(兵典)은 군사교육에 대하여, 형전(刑典)은 율학(律學), 즉 법학교육에 대하여, 공전(工典)은 기능인인 장인(匠人)의 양성, 즉 실업교육에 대하여 각기 제도와 방법을 규정하고 있다. 그러므로 조선조의 교육법전에 관하여 관찰하려면 교육의 기본법전인 예전뿐 아니라 그 밖의 다른 법전에 대해서도 관심을 기울여야 한다.

---

5) 淺見倫太郎, 朝鮮法制史考, 巖松堂書店, 1922, pp. 278-284.

❸ 조선조의 교육행정조직

1) 예조와 소속관아

교육과 직접적으로 관련 있는 관아는 예조다. 이 기관은 예악(禮樂), 제사(祭祀), 연회(宴會), 조빙(朝聘), 학교(學校), 과거(科擧) 등의 사무를 장리하는 기관으로, 학교 등 교육 이외에 국가의 의식과 외교 등에 관한 일도 일부 담당하고 있다. 예조의 조직부서로서는 계제사, 전향사, 전객사 등 3개의 사(司)가 있으며, 그 산하에는 홍문관, 예문관, 성균관 등 28개 기관이 있다. 이들 기관 중 교육을 전담하거나 관계있는 기관은 예조의 직속기관인 계제사가 있다. 그 밖의 산하기관으로서는 홍문관, 성균관(成均館), 승문원(承文院), 교서관(校書館: 후기에 규장각에 귀속), 내의원(內醫院), 장악원(掌樂院), 관상감(觀象監), 전의감(典醫監), 사역원(司譯院), 세자시강원(世子侍講院), 종학(宗學), 전성서(典性署), 사축원(司畜院), 혜민서(惠民署), 도화서(圖畵署), 활인서(活人署), 사학(四學) 기관이 있다. 이들 각 기관의 임무를 들면 다음과 같다.[6]

(1) 예조의 조직부서

- 계제사(稽制司)-의식(儀式), 제도(制度), 조회(朝會), 경연(經筵), 사관(史官), 학교(學校), 과거(科擧), 인신(印信), 표전(表箋), 책명(冊命), 누각(漏刻), 국장(國葬), 선왕(先王)의 묘위(廟諱), 상장(喪葬) 등의 관한 사무를 장리한다.
- 전향사(典享司)-연회(宴會), 제사(祭祀), 제물(祭物), 음선(飮膳), 의약(醫藥) 등에 관한 사무를 장리한다.
- 전객사(典客司)-중국에 파견하는 사신(使臣), 왜인과 여진인의 영접, 외국의 조공(朝貢)과 외국의 사신(使臣)을 영접하는 연회(宴會), 외국 사신에 대한 왕의 하

---

6) 한국고전국역위원회(韓國古典國譯委員會), 국역 대전회통(國譯 大典會通), 고려대학교출판부, 1960, p. 42, pp. 47-80, p. 247.
법제처, 전률통보(典律通補), 상권, 1971, pp. 323-540.

사품(下賜品) 등에 관한 사무를 장리한다.

(2) 예조의 산하기관

- 홍문관(弘文館)－궁중(宮中)의 경서(經書) 및 사적(史籍)을 관리하며, 문서(文書)를 처리하고 왕의 자순(諮詢)에 응(應)하는 일을 관장한다.
- 예문관(藝文館)－관원(官員)의 사령서(辭令書)를 작성하는 사무를 관장한다.
- 성균관(成均館)－유학(儒學)의 교육에 관한 임무를 담당한다.
- 춘추관(春秋館)－현시(現時)의 정치(政治)를 기록하는 일을 담당한다.
- 승문원(承文院)－사대교린(事大交隣)하는 문서에 관한 일을 관장한다.
- 통례원(通禮院)－의식에 관한 일을 관장한다.
- 봉상사(奉常寺)－제사(祭祀) 및 익호(謚號)의 의론(議論)에 관한 일을 담당한다.
- 교서관(校書館)－(증)규장각(奎章閣)에 속함. 역대국왕(歷代國王)의 시문(詩文), 친필의 서화(書畵), 고명(顧命), 현재재위(現在在位)한 국왕(國王)의 초상화(肖像畵)와 그의 시문(詩文), 친필(親筆)의 서화(書畵)를 관리한다.
- 내의원(內醫院)－왕이 복용하는 약의 조제를 담당한다.
- 예빈사(禮賓寺)－빈객(賓客), 연향(燕享) 또는 종재(宗宰)에게 공급하는 식사 등에 관한 일을 관장한다.
- 장악원(掌樂院)－음악의 교육에 관한 일을 관장한다.
- 관상감(觀象監)－천문(天文), 지리(地理), 역수(曆數), 점주(占籌), 측후(測候) 및 각루(刻漏) 등에 관한 일을 관장한다.
- 전의감(典醫監)－궁중용(宮中用)의 의약 공급 및 왕이 하사하는 의약(醫藥)에 관한 일을 관장한다.
- 사역원(司譯院)－모든 외국 언어의 통역에 관한 일을 관장한다.
- 세자시강원(世子侍講院)－왕자를 모시고 경서와 사적을 강의하며 도의를 가르치는 임무를 담당한다.
- 세손강서원(世孫講書院)－왕세손을 모시고 강의하는 임무를 담당한다.

- 종학(宗學)－종실(宗室)의 교육에 관한 임무를 담당한다.(중)혁파
- 소격서(昭格署)－삼청성신초제(三淸星辰醮祭)의 일을 담당한다.(중)혁파
- 종묘서(宗廟署)－침묘(寢廟)를 수위(守衛)하는 일을 담당한다.
- 사직서(社稷署)－단유(壇壝)를 청결(淸潔)하는 일을 담당한다.
- 빙고(氷庫)－얼음을 저장하는 일을 관장한다.
- 전생서(典牲署)－궁중의 제사에 쓸 짐승을 기르는 일을 담당한다.
- 사축서(司畜署)－가축(家畜) 이외의 짐승을 사육하는 일을 담당한다.(중)혁파
- 혜민서(惠民署)－의약(醫藥) 및 일반 서민을 치료하는 일을 담당한다.
- 도화서(圖畵署)－회화(繪畵)에 관한 일을 담당한다.
- 활인서(活人署)－경성(京城)안의 질병자를 치료한다.
- 귀후서(歸厚署)－관곽(棺槨)을 제조하여 일반인의 원에 따라 매각하고, 예장(禮葬)에 수요되는 모든 일을 담당한다.(중)혁파
- 사학－관내(管內)의 유생(儒生)을 교육하는 일을 담당한다[경성에 중·동·남·서의 사구(四區)에 각 일교를 두고, 관원은 성균관의 전적(典籍) 이하의 관원으로 겸임한다].

예조의 직속기관과 산하기관인 여러 관아를 일괄하여 그림으로 표시하면 다음과 같다.

예조의 조직표

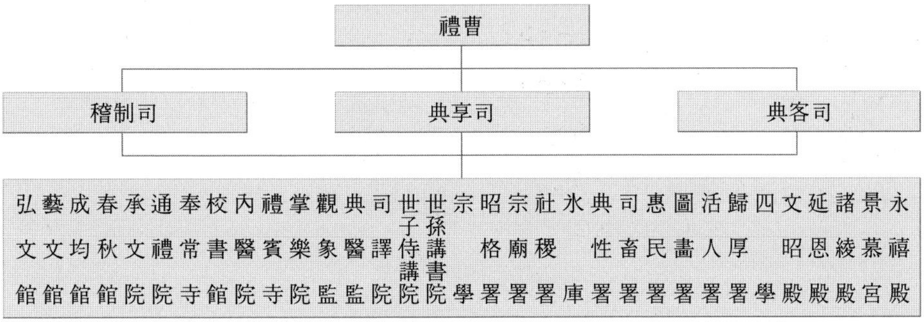

기술직인 장인은 공전의 경공장(京工匠)조에 따라 예조 산하의 관아에 배치되어 한편으로는 국가 산업을 유지, 발전시키고, 다른 한편으로 일에 능숙한 훈해장인(訓誨匠人)이 신인의 미숙한 장인을 훈련시키거나 부자가 세습적으로 가업을 잇는 도제제도를 통하여 기술교육의 기능을 수행하여 왔다. 그 장인이 배치된 예조 산하의 관아와 종류 그리고 배치된 정원은 다음과 같다.[7)]

- 봉상사(奉常寺)–옹장(瓮匠) 10, 화장(花匠) 6, 변비장(邊鄙匠) 4
- 교서관(校書館)–야장(冶匠) 6, 균자장(均字匠) 40, 인출장(印出匠) 20, 각자장(刻字匠) 14, 주장(鑄匠) 8, 조각장(雕刻匠) 8, 목장(木匠) 2, 지장(紙匠) 4
- 내의원(內醫院)–분장(粉匠) 2, 향장(香匠) 4
- 예빈사(禮賓寺)–옹장(瓮匠) 8, 화장(花匠) 6
- 관상감(觀象監)–자격장(自擊匠) 10
- 소격서(昭格署)–옹장(瓮匠) 4
- 도화서(圖畵署)–배첩장(褙帖匠) 2
- 귀후서(歸厚署)–목장(木匠) 4, 야장(冶匠) 2, 칠장(漆匠) 2
- 장악원(掌樂院)–풍물장(風物匠) 4, 황엽장(簧葉匠) 2

* 주: 숫자는 인원.

그중 교육과 관련 있는 부서와 관아는 계제사(稽制司)를 비롯 전향사(典享司), 홍문관, 성균관, 춘추관, 교서관, 내의원, 장악원, 관상감, 전의감, 사역원, 세자시강원, 종학, 전성서, 혜민서, 도화서, 활인서, 사학 등이다. 그 가운데 계제사는 의식(儀式), 제도(制度), 조회(朝會), 인신(印信), 표전(表箋), 책명(册命), 누각(淚刻), 국장(國葬), 선왕의 묘위(廟緯), 상장(喪葬) 등의 일을 장리하나, 특히 학교에 관하여 직접 관리하는 일과 국왕 앞에서 경서(經書)를 강론하는 경연(經筵)과 역사를 기록하는 사관(史官),

7) 대전회통, 전게서, pp. 633–636.

그리고 관리를 뽑는 시험을 관리하는 과거 등 교육과 깊이 관련된 사항을 담당하고, 전향사(典享司)는 연회(宴會), 제사(祭祀), 제물(祭物), 음선(飮膳) 등의 일 이외에 의학교육과 관계되는 의약(醫藥)에 관한 일을 맡고 있었다.

예조에 소속된 관아 중 역사와 도서에 관련된 기관으로서는 홍문관(弘文館), 춘추관(春秋館), 교서관(校書館) 등이 있다. 그중 홍문관은 궁중의 경서와 사적(史籍)을 관리함으로써 교육에 관계하고, 춘추관은 현시의 정치를 기록하는 일을 담당함으로써 역사교육에 관여하였다. 또 교서관은 이후 규장각에 부속되어 규장각 소속의 기관이 되었으나, 역대 국왕들의 시문(詩文)이나 친필의 서화(書畵), 고명(顧命), 그 밖에 국왕의 초상화(肖像畵) 등을 관리함으로써 도서관의 기능을 수행하였다.

조선조의 관아 중 직접 교육과 관련된 관아는 세자시강원(世子侍講院), 종학(宗學), 성균관(成均館), 사학(史學) 등이다. 세자시강원(世子侍講院)은 왕자에게 경서(經書)와 사적(史籍)을 강의하며 도의를 가르치는 일을 임무로 하였고, 세손강서원(世孫講書院)은 왕세손을 교육하는 일을 소임으로 하였다. 종학(宗學)은 조선조 초기에 한동안 종실(宗室)의 교육에 관한 일을 맡고 있었으나 이후 폐지되었다. 세자시강원과 종학이 궁중의 왕자와 종실을 대상으로 하는 궁중교육기관이었던 것에 반하여 성균관과 사학은 일반 백성을 대상으로 하는 일반 교육기관이었다. 성균관은 유학교육을 전담하는 최고의 학부였으며, 사학은 서울 관내의 동 · 서 · 남부와 중부 등 네 지역에 설치되어 있는 학교들을 말한다. 사학은 유학을 공부하는 유생을 교육하는 성균관의 전 단계의 학교였으며, 성균관의 전적(典籍) 이하의 관원들이 겸임하여 이를 관리하였다.

관아 중 의학기술과 교육에 관련되는 기관으로서는 당시의 의료기관이었던 내의원(內醫院)과 전의감(典醫監), 그리고 혜민서(惠民署)와 활인서(活人署)를 들 수 있다. 이들 기관은 궁 내외의 의료에 관여하였으나, 그 안에 의료지망자를 확보하여 도제제도에 의하여 꾸준히 의료요원을 확대, 양성하여 왔다. 내의원은 국왕이 복용하는 약을 조제하는 임무를 담당하였고, 전의감은 궁중용의 의약을 공급하거나 왕이 하사하는 의약에 관계되는 일을 관장하였으며, 혜민서는 의약과 일반서민을 치료하는 일을 다루었고, 활인서는 서울 장안의 질병자를 치료하는 일을 주된 임무로 하였다.

그 밖에 예술 분야의 기관으로 음악과 미술교육에 관여한 관아는 장악원(掌樂院)과

도화서(圖畵署)가 있으며, 천문에 관한 교육을 전담한 기관으로서는 관상감이 있었고, 외국어교육을 위한 기관으로는 사역원이 있었으며, 축산과 그 기술에 관한 기관으로서는 전성서와 사축원 등이 있었다. 즉, 장악원은 음악교육에 관한 일을 관장하였으며, 도화서는 회화에 관한 일을 담당하였다. 관상감은 천문, 지리, 역수, 점주, 측후와 각루 등에 관한 일을 관장하고, 사역원은 모든 외국어를 통역하고 번역하는 일에 관한 사무를 담당하였으며, 전성서는 궁중의 제사에 사용되는 짐승을 양육하는 일을 담당한 데에 반하여 사축서는 가축 이외의 동물을 사육하는 일을 맡고 있었으나 이후에 폐지되었다.

2) 예조와 소속관아의 직원

예조에는 교육행정과 그 밖에 외교와 의식 등에 부여된 임무를 수행하기 위하여 수장으로 정이품인 판서(判書) 1인을 두고 그 밑에 차석인 종이품의 참판(參判) 1인과 직원인 정삼품인 참의(參議) 1인, 정오품의 정랑(正郞) 2인, 정육품의 좌랑(佐郞) 2인을 두고 있었다. 산하기관인 홍문관에는 영사(領事) 1인, 대제학(大提學) 1인, 제학(提學) 1인, 부제학(副提學) 1인, 전한(典翰) 1인, 응교(應敎) 1인, 부응교(副應敎) 1인, 교리(校理) 2인, 부교리(副校理) 2인, 수선(修撰) 2인, 부수선(副修撰), 박사(博士), 저작(著作) 1인, 정자(正字) 2인, 직제학(直提學) 1인을 두고, 또 예문관은 영사 1인, 대제학 1인, 제학 1인, 부제학 1인, 응교 1인, 부응교 1인, 교리 2인, 부교리 2인, 봉교(奉敎) 2인, 대교(待敎) 2인, 검열(檢閱) 4인을 두었다. 이들의 관아 직원을 일목요연하게 제시하면 다음과 같다.[8)]

- 홍문관(弘文館): 영사(領事) 1인, 대제학(大提學) 1인, 제학(提學) 1인, 부제학(副提學) 1인, 전한(典翰) 1인, 응교(應敎) 1인, 부응교(副應敎) 1인, 교리(校理) 2인, 부교리(副校理) 2인, 수찬(修撰) 2인, 부수찬(副修撰), 박사(博士), 저작(著作) 각 1인,

8) 대전회통, 전게서, pp. 47-80.

정자(正字) 2인, 직제학(直提學) 1인

- 예문관(藝文館): 영사(領事) 1인, 대제학(大提學) 1인, 제학(提學) 1인, 부제학(副提學) 1인, 응교(應教) 1인, 부응교(副應教) 1인, 교리(校理) 2인, 부교리(부교리부교리) 2인, 봉교(奉教) 2인, 대교(待教) 2인, 검열(檢閱) 4인
- 세자시강원(世子侍講院): 사(師) 1인, 이사(貳師) 1인, 좌빈객(左賓客) 1인, 좌부빈객(左副賓客) 1인, 찬선(贊善) 1인, 진선(進善) 1인, 문학(文學) 1인, 사서(司書) 1인, 자의(諮議) 1인; 전(傳) 1인, 우빈객(右賓客) 1인, 우부빈객(右副賓客) 1인, 보덕(輔德) 1인, 필선(弼善) 1인, 겸문학(兼文學) 1인, 겸사서(兼司書) 1인, 겸보덕(兼輔德) 1인, 겸필선(兼弼善) 1인
- 세손강서원(世孫講書院): 사(師) 1인, 좌유선(左諭善) 1인, 좌익선(左翊善) 1인, 좌권독(左勸讀) 1인, 좌찬독(左贊讀) 1인, 전(傳) 1인, 우유선(右諭善) 1인, 우익선(右翊善) 1인, 우권독(右勸讀) 1인, 우찬독(右贊讀) 1인
- 성균관(成均館): 지사(知事) 1인, 동지사(同知事) 2인, 대사성(大司成) 1인, 사성(司成) 1인, 사예(司藝) 2인, 직강(直講) 4인, 전적(典籍) 13인, 박사(博士) 3인, 학정(學正) 3인, 학록(學錄) 3인, 학유(學諭) 3인, 제주(祭酒) 1인, 사업(司業) 1인
- 춘추관(春秋館): 영사(領事) 1인, 지사(知事) 2인, 동지사(同知事) 2인, 수찬관(修撰官), 기주관(記注官), 기사관(記事官)(정구품까지), 감사(監事) 각 1인, 편수관(編修官)(종사품까지) 1인
- 승문원(承文院): 판교(判校) 1인, 참교(參校), 교감(校勘), 교리(校理), 교검(校檢) 각 1인, 박사(博士) 2인, 저작(著作) 2인, 정자(正字) 2인, 부정자(副正字) 2인
- 통례원(通禮院): 좌통례(左通禮) 1인, 상례(相禮) 1인, 봉례(奉禮), 찬의(贊儀) 1인, 인의(引儀) 8인, 겸인의(兼引儀) 6인, 우통례(右通禮) 1인, 익례(翊禮) 1인, 가인의(假引儀) 6인
- 내의원(內醫院): 정(正) 1인, 첨정(僉正) 1인, 판관(判官) 1인, 주부(主簿) 1인, 직장(直長) 1인, 봉사(奉事) 2인, 부봉사(副奉事) 2인, 참봉(參奉) 1인
- 장악원(掌樂院): 정(正) 1인, 첨정(僉正) 1인, 주부(主簿) 2인, 직장(直長) 1인
- 관상감(觀象監): 영사(領事) 1인, 정(正) 1인, 부정(副正), 첨정(僉正) 1인, 판관(判

官) 1인, 주부(主簿) 1인, 직장(直長), 봉사(奉事) 2인, 부봉사(副奉事) 1인, 참봉(參奉); 천문학교수(天文學敎授) 1인, 천문학훈도(天文學訓導) 1인; 지리학교수(地理學敎授), 지리학훈도(地理學訓導) 1인; 천문학겸교수(天文學兼敎授) 3인, 명과학훈도(命課學訓導) 1인; 지리학겸교수(地理學兼敎授), 명과학겸교수(命課學兼敎授) 1인

- 전의감(典醫監): 정(正) 1인, 부정(副正) 1인, 첨정(僉正) 1인, 판관(判官) 1인, 주부(主簿) 1인, 직장(直長) 2인, 봉사(奉事) 1인, 부봉사(副奉事) 1인, 참봉(參奉) 2인; 의학교수(醫學敎授) 1인, 의학훈도(醫學訓導) 1인
- 사역원(司譯院): 정(正) 1인, 부정(副正), 첨정(僉正) 1인, 판관(判官) 1인, 주부(主簿) 1인, 직장(直長) 1인, 봉사(奉事) 2인, 부봉사(副奉事) 2인, 참봉(參奉) 2인; 한학교수(漢學敎授) 4인, 한학훈도(漢學訓導) 4인, 청학훈도(淸學訓導) 2인, 몽학훈도(蒙學訓導) 2인, 왜학훈도(倭學訓導) 2인
- 종학(宗學): 도선부봉사(導善副奉事) 1인, 전훈(典訓) 1인, 사회(司誨) 2인
- 전생서(典牲署): 판관(判官) 1인, 주부(主簿), 직장(直長) 1인, 봉사(奉事), 부봉사(副奉事) 1인, 참봉(參奉) 1인
- 사축서(司畜署): 사축(司畜) 1인, 별제(別提) 2인
- 혜민서(惠民署): 주부(主簿) 1인, 의학교수(醫學敎授) 1인, 직장(直長) 1인, 봉사(奉事) 1인, 의학훈도(醫學訓導) 1인, 참봉(參奉) 4인
- 도화서(圖畵署): 별제(別提), 겸교수(兼敎授) 1인, 선화(善畵) 1인, 선회(善繪) 1인, 화사(畵史) 1인, 회사(繪史) 1인
- 활인서(活人署): 별제(別提) 2인, 참봉(參奉) 2인
- 사학(四學): 교수(敎授) 각교(各校) 1인, 훈도(訓導) 각교(各校) 1인
- 봉상사(奉常寺): 정(正) 1인, 부정(副正) 1인, 첨정(僉正) 1인, 판관(判官) 1인, 주부(主簿) 2인, 직장(直長) 1인, 봉사(奉事) 1인, 부봉사(副奉事) 1인, 참봉(參奉) 1인
- 소격서(昭格署): 영(令) 1인, 별제(別提)(정육품) 2인, 참봉(參奉) 2인
- 종묘서(宗廟署): 영(令) 2인, 직장(直長) 1인, 봉사(奉事), 부봉사(副奉事) 1인
- 사직서(社稷署): 영(令) 3인, 직장(直長), 참봉(參奉)

- 경모궁(景慕宮): 영(令) 3인, 직장(直長), 봉사(奉事)
- 예빈사(禮賓寺): 정(正), 부정(副正), 제검(提檢), 첨정(僉正), 별좌(別坐), 판관(判官), 별제(別提), 주부(主簿) 2인, 직장(直長) 1인, 봉사(奉事) 1인, 참봉(參奉) 2인
- 빙고(氷庫): 별좌(別坐), 별제(別提) 2인, 별검(別檢) 2인
- 귀후서(歸厚署): 별제(別提) 6인
- 규장각(奎章閣): 제학(提學) 2인, 직제학(直提學) 2인, 직각(直閣) 1인, 대교(待敎) 1인
- 외각(外閣) 교서관(校書館): 판교(判校) 1인, 교리(校理) 1인, 별제(別提)(정종칠품), 저작(著作) 2인, 정자(正字) 2인, 부정자(副正字) 2인, 겸교리(兼校理) 1인, 박사(博士) 2인, 별좌(別坐)

예조와 그 관아들의 직원은 대제학, 제학, 부제학, 응교, 부응교, 교리, 부교리, 수선, 부수선, 박사, 저작, 봉교, 정자, 대교, 검열, 교수, 훈도 등 여러 직분으로 나뉘어 있다. 이를 품계별로 다시 정리하면 다음과 같다.

- 정일품: 감사(監事), 영사(領事), 사(師)
- 종일품: 사(師), 이사(貳師), 전(傳)
- 정이품: 판서(判書), 대제학(大提學), 지사(知事), 좌빈객(左賓客), 우빈객(右賓客)
- 종이품: 참판(參判), 제학(提學), 동지사(同知事), 지사(知事), 우유선(右諭善), 좌유선(左諭善), 우부빈객(右副賓客), 좌부빈객(左副賓客)
- 정삼품: 참의(參議), 겸보덕(兼輔德), 우통례(右通禮), 좌통례(左通禮), 정(正), 제주(祭酒), 직제학(直提學), 판교(判校), 편수관(編修官), 부제학(副提學), 대사성(大司成), 수찬관(修撰官), 찬선(贊善), 보덕(輔德)
- 종삼품: 익례(翊禮), 부정(副正), 상례(相禮), 참교(參校), 전한(典翰), 사성(司成)
- 정사품: 도선(導善), 겸필선(兼弼善), 제검(提檢), 사업(司業), 봉례(奉禮), 응교(應敎), 사예(司禮), 진선(進善), 필선(弼善)
- 종사품: 주부(主簿), 첨정(僉政), 교감(校勘), 부응교(副應敎), 우익선(右翊善), 좌익선(左翊善)

- 정오품: 정랑(正郎), 겸문학(兼文學), 교리(校理), 기주관(記注官), 문학(文學), 별좌(別坐), 전훈(典訓), 직강(直講), 찬의(贊儀)
- 종오품: 겸교리(兼校理), 교리(校理), 기주관(記注官), 부교리(副校理), 영(令), 우권독(右勸讀), 좌권독(左勸讀), 판관(判官)
- 정육품: 좌랑(佐郎), 겸사서(兼司書), 교검(校檢), 기사관(記事官), 별제(別提), 사서(司書), 사회(司誨), 수찬(修撰), 전적(典籍)
- 종육품: 겸사서(兼司書), 교수(敎授), 명과학교수(命課學敎授), 몽학훈도(蒙學訓導), 별좌(別坐), 부수찬(副修撰), 사축(司畜), 왜학훈도(倭學訓導), 우찬독(右贊讀), 좌찬독(左贊讀), 의학교수(醫學敎授), 인의(引儀), 주부(主簿), 지리학겸교수(地理學兼敎授), 지리학교수(地理學敎授), 직각(直閣), 천문학겸교수(天文學兼敎授), 천문학교수(天文學兼敎授), 청학교수(淸學敎授), 한학교수(漢學敎授)
- 정칠품: 박사(博士), 별제(別提), 봉교(奉敎), 자의(諮議)
- 종칠품: 선화(善畵), 저작(著作), 직장(直長)
- 정팔품: 대교(待敎), 별검(別檢), 봉사(奉事), 선회(善繪), 저작(著作), 정자(正字), 학정(學正)
- 종팔품: 봉사(奉事)
- 정구품: 검문(檢問), 대교(待敎), 명과학훈도(命課學訓導), 부봉사(副奉事), 의학훈도(醫學訓導), 정자(正字), 지리학훈도(地理學訓導), 천문학훈도(天文學訓導), 한학훈도(漢學訓導), 화사(畵史), 훈도(訓導)
- 종구품: 가인의(假引儀), 겸인의(兼引儀), 부정자(副正字), 참봉(參奉), 학유(學諭), 회사(繪史)

각 관아들의 관직과 품계를 표로 나타내면 다음과 같다.

(1) 예 조

관아품계	대군	정일품	종일품	정이품	종이품	정삼품	종삼품	정사품	종사품	정오품	종오품	정육품	종육품	정칠품	종칠품	정팔품	종팔품	정구품	종구품
			판서 1	참판 1	참의 1				정랑 3	좌랑 3									

(2) 산하의 제관아

官衙品階	大君	正一品	從一品	正二品	從二品	正三品	從三品	正四品	從四品	正五品	從五品	正六品	從六品	正七品	從七品	正八品	從八品	正九品	從九品
弘文館		領事一		大提學一	提學一	副提學一 直提學一	典翰一	應教一	副應教一	校理二	副校理二	修撰二	副修撰	博士	著作一	正學二			
藝文館		領事一		大提學一	提學一	副提學一		應教一	副應教一	校理二	副校理二			奉教二		侍教二		檢閱四	
世子侍講院		師一 傅一	貳師一	左賓客一 右賓客一	左副賓客一 右副賓客一	贊善一 輔德一 兼輔德一		眞善一 弼善一 兼弼善一		文學一 兼文學一		司書一 兼司書一		諮議一					
世孫講書院			師一 傅一		左諭善一 右諭善一				左翊善一 右翊善一		左勸讀一 右勸讀一		左贊讀一 右贊讀一						
成均館				知事一	同知事二	大司成一 祭酒一	司成一	司藝一 司業一		直講四		典籍十三		博士三		學政三		學錄三	學諭三
春秋館		領事一 監事一		知事二	同知事二	修撰 官編 修官 從四 品迄				記注官	記注官	記注官:正 九品迄							
承文院						判校一	參校		校勘		校理	校檢一		博士二		著作二		正字二	副正字二
通禮院						左通禮一 右通禮一	相禮一 翊禮一	奉禮		贊儀一			引儀八						兼引儀六 假引儀六
內醫院						正一			僉正一		判官一		主簿一		直長一		奉事二	副奉事二	參奉一
掌樂院						正一			僉正一				主簿二		直長				
觀象監		領事一				正一	副正		僉正一		判官一		主簿一 天文學教授一 地理學教授 天文學兼教授三 地理學兼教授 命理學教授		直長		奉事二	副奉事一 天文學訓導一 地理學訓導一 命理學訓導一	參奉
典醫監						正一	副正一		僉正一		判官一		主簿一 醫學教授一		直長二		奉事一	副奉事一 醫學訓導一	參奉二
司譯院						正一	副正		僉正一		判官一		主簿一 漢學教授四 淸學教授二		直長一		奉事二	副奉事二 漢學訓導四 蒙學訓導二 倭學訓導二	參奉二
宗學								導善一		典調一		司講二							
典牲署											判官一		主簿		直長一		奉事	副奉事二	參奉
司畜署													司畜一 別提二						
惠民署													注簿一 醫學教授一		直長一		奉事一	醫學訓導	參奉四
圖畫署													別提 兼教授一		善畫一	善繪一		畫史一	繪史一
活人署													別提二						參奉二
四學													教授各校一					訓導各校一	
奉常寺						正一	副正一		僉正一		判官一		主簿二		直長一		奉事一	副奉事一	參奉一
昭格署											令一		別提或從六品						參奉二
宗廟署											令二				直長一		奉事	副奉事一	
社稷署											令三				直長				參奉
景慕宮											令三				直長		奉事		
禮賓寺						正一	副正	提僉	僉正	別坐	判官	別提	主簿二		直長一		奉事		參奉二
氷庫												別提二				別檢二			
司畜署													司畜一別提二						
歸厚署													別提六						
奎章閣					提學二	直提學二							直閣一					待敎一	
外閣校書館						判校一					校理一 兼校理一 別坐			別提:正從七品 博士二		著作二		正字二	副正字二

3) 예전의 교육조항

초기의 법전인 『경국전』은 교육행정의 기본법인 예전에 29개조의 내용을 담고 있다.[9)]

총서(總序), 조회(朝會), 종묘(宗廟), 사직(社稷), 적전(藉田), 풍운뢰우(風雲雷雨), 문묘(文廟), 제신사전(諸神祀典), 연향(燕享), 부서(符瑞), 여복(輿服), 악(樂), 역(曆), 경연(經筵), 학교(學校), 공거(貢擧), 거유일(擧遺逸), 구언진자(求言進者), 유사(遺使), 공신(功臣), 도형(圖形), 사패(賜牌), 익(謚), 정표(旌表), 향음주(鄕飮酒), 관례(冠禮), 혼인(婚姻), 상제(喪制), 가묘(家廟)

앞 조항 중 직 · 간접으로 교육과 관계되는 조항은 악(樂), 역(曆), 경연(經筵), 공거(貢擧), 거유일(擧遺逸), 구언진자(求言進者) 등이다. 그러나 이후 이를 개정한 『대전회통』의 예전은 다음과 같은 37개조를 담고 있다.[10)]

제과(諸科), 의장(儀章), 생도(生徒), 오복(五服), 의주(儀註), 연향(宴享), 조의(朝儀), 사대(事大), 대사객(待使客), 제례(祭禮), 봉심(奉審), 치제(致祭), 진폐(陳弊), 봉사(奉祀), 급가(給假), 입후(立後), 혼가(婚嫁), 상장(喪葬), 취재(取才), 새보(璽寶), 용인(用印), 의첩(依牒), 장문서(藏文書), 장권(奬勸), 반빙(頒氷), 혜휼(惠恤), 아속악(雅俗樂), 선상(選上), 도승(度僧), 사사(寺社), 참알(參謁), 경외관영송(京外官迎送), 경외관상견(京外官相見), 경외관회좌(京外官會坐), 청대(請臺), 잡령(雜令), 용문자식(用文字式)

---

9) 대전회통, 전게서, p. 42.

10) 대전회통, 상게서, pp. 247-354.

그중 교육과 직접적으로 관계있는 항목은 제과, 생도, 취재, 장문서, 장권, 아속악, 선상 등이 있다.

'제과'조는 여러 과거제도를 규정한 것으로, 특히 시험과목을 제시하여 행정요원의 교양과 학습 영역에 대하여 일정한 수준의 표준을 제시하여 각자의 학습 방향을 명백하게 한다. '생도'조는 사회가 필요로 하는 요원을 양성하기 위하여 중앙과 지방의 각 관아나 학교에 양성해야 할 생도의 정원을 정하여 정부요원의 계획양성제도를 확립시키고 있다. '취재'조는 제학(諸學)에 필요한 인재를 시험을 통하여 등용하는 제도로서 각 영역에 관련된 중요 시험과목을 제시하여 이를 표준으로 삼아 제학의 학습의 기준을 세워 교육을 장려하고 있다. '장문서'조는 춘추관이나 홍문관 등에 문서나 서책을 보관하는 현대의 도서관 기능을 하는 것으로, 역사와 학습 자료의 대출 · 보관과 관련하여 크게 교육을 뒷받침하는 제도이며, '장권'조는 효우(孝友)와 절의(節儀)가 있는 자 또는 등과한 자가 많은 가족 등을 포상하여 교육을 장려한다. '아속악'조는 좌우방(左右坊)에 각각 악사(樂師), 악생(樂生), 악공(樂工), 가동(歌童) 등을 충용하는 아악과 속악, 즉동 등의 전통음악 교육제도였다. '선상'조는 여기(女妓), 연화대(蓮花臺), 여의(女醫) 등을 천거하여 충용하는 제도로서 여성에게 음악, 무용, 의학 등에 대한 교육을 장려하는 제도였다. 이제부터 예전의 각 교육 관계 항목에 대하여 자세히 소개하겠다.

(1) 제 과

제과(諸科)란 각종 과거제도를 말한다. 조선조에는 오랜 기간 여러 과거제도를 통해 인재를 발탁하여 국가요원으로 등용하여 왔다. 제과의 종류에는 문과(文科)를 위시하여 무과(武科), 생원(生員), 진사(進士), 역과(譯科), 의과(醫科), 음양과(陰陽科), 율과(律科) 등이 있으며 이는 여러 영역에 걸쳐 있다. 이에 다시 최초로 보는 초시(初試)와 재차 보는 복시(覆試)가 있다. 특히 문과는 다시 여러 종류로 나뉘어 3년마다 보는 식년(式年)과 경사스러운 날에 보는 증광(增廣)에 초시와 복시를 보았고 그 외에 왕의 임석하에 보는 전시(殿試)가 있었다. 그 밖에 경사일 등 특별한 날에 보는 별시(別試), 문묘의 작헌례(酌獻禮)를 왕이 친행할 때 보는 알성(謁聖), 왕이 각 군문(軍門)

의 무사(武士)를 시예(試藝)할 때 하는 춘당대(春塘臺), 십 년 만에 보는 중시(重試)가 있다.

생원, 진사 시험 역시 식년과 증광 두 종류에, 다시 초시와 복시 두 종류로 나뉜다. 그 밖의 시험에는 궁전 정원에서 보는 문신(文臣)의 정시(庭試), 관학의 유생이 격월로 매 16일에 보는 전강(殿講), 1월 7일, 3월 3일, 9월 9일에 보는 절일제(節日製), 특명으로 절일제와 같은 방법으로 시행하는 황감제(黃柑製), 경향 각지의 유생에게 제술과 강서를 11차에 걸쳐 시행하여 식년(式年) 문과복시(覆試)에 부시(副試) 하는 통독(通讀), 사학의 유생을 대상으로 작문형식의 시험인 제술(製述)과 일기형식의 시험인 강서(講書)를 10차 시험하여 생원 · 진사 복시에 부시케 하는 승보(陞補), 매년 네 번 제술과 강서를 합강으로 시험하여 생원 · 진사의 복시에 부시케 하는 사학합제(四學合製), 각도 지방에서 지방관원을 충용하기 위해 실시하는 공도회(公都會), 평안 · 함경도 등 외방의 관원을 위한 외방별과(外方別科)가 있다. 이들 과거제도는 시험의 실시 장소에 따라 성균관에서 실시하는 관시(館試), 한성부에서 실시하는 한성시(漢城試), 지방에서 실시하는 향시(鄕試)로 구분되기도 한다.

제과의 과거제도는 종류에 따라 시험에서 각기 일정한 응시과목을 제시하고 응시영역에 대한 내용과 방법을 정해 줌으로써 성균관, 사학, 향교 등 학교는 물론 독학으로 자습하는 자에게도 학습해야 할 바의 교육내용과 방향, 지표를 제시하여 왔다. 그러한 의미에서 과거제도는 이 시대의 주요한 교육정책의 일환이었다. 이를 테면 식년문과초시의 경우에 주어진 제목에 대하여 작문을 하는 제술시험을 보았으며, 시험과목으로는 초장에서는 사서(四書)의 의(疑) · 의(義)에 관하여 1편, 논(論)에 관하여 1편을 보았고, 중장에서는 부(賦)에 관하여 1편, 표(表) · 전(箋)중에서 1편을 보았으며, 종장에서는 대책(對策)에 관하여 1편을 보았다. 역과초시(譯科初試)에서 한학(漢學)에 응시할 경우에는 초기에는 사서(四書), 노걸대(老乞大), 박통사(朴通事), 직해소학(直解小學), 오륜전비(伍倫全備), 또는 역어류해(譯語類解) 등을 강독하게 하였으며, 율과초시(律科初試)에서는 대명률(大明律), 당진소의(唐律疏議), 무원록(無寃錄), 율학해이(律學解弛), 율학변의(律學辨疑), 경국대전(經國大典) 등의 시험을 보아야 하였으나, 후기에는 바뀌어 대명률(大明律), 무원록(無寃錄), 경국대전(經國大典) 등의 교과

를 읽어내는 강서(講書) 시험을 보아야 하였다.[11]

이제부터 제과의 각 영역에 따라 시험과목과 내용을 소개하겠다.

① 문 과

문과의 과거제도는 일반 국가관리의 등용제도로서, 하급관리인 생원과 진사의 등용제도를 포함하고 있다. 자(子) · 묘(卯) · 오(午) · 유(酉)의 식년마다 실시하는 식년문과의 초시, 복시, 전시와 식년생원(式年生員) · 진사의 초시와 복시, 국경일 등 경사스러운 날에 보는 증광문과, 생원 · 진사의 초시와 복시, 그 밖에 십 년마다 혹은 경사스러운 날에 보는 별시, 정시, 알성, 춘당대 등의 문과초시, 복시, 전시, 중시 등이 있다.

- 식년문과초시(式年文科初試)-제술(製述): 초장에서는 사서의 의(疑) · 의(義) 1편, 논(論) 1편, 중장에서는 부(賦) 1편, 표(表) · 전(箋) 중에 1편, 종장에서는 대책(對策) 1편
  식년문과복시(式年文科覆試)-제술: 중장, 종장은 초시와 같다, 강서(講書): 초장에서 사서 · 삼경
  식년문과전시(式年文科殿試)-제술: 대책, 표, 전, 잠(箴), 송(頌), 제(制), 조(詔) 중에서 1편
- 식년생원초시(式年生員初試)-제술: 오경의 의(義), 사서의 의(疑) 1편
  식년생원복시(式年生員覆試)-제술: 초시와 같다.
- 식년진사초시(式年進士初試)-제술: 부 1편, 고시(古詩) 1편
  식년진사복시(式年進士覆試)-제술: 초시와 같다.
- 증광문과초시(增廣文科初試)-제술: 식년초시와 같다, 회강(會講): 삼경 중에서 일경(一經)을 자원에 의하여 본다.
  증광문과복시(增廣文科覆試)-제술: 초장에서 부 1편 · 표 · 전 · 부 중에서 1편,

11) 대전회통, 전게서, pp. 247-268.
전률통보, 상권, 전게서, pp. 440-471.

종장에서 대책 1편

증광문과전시(增廣文科殿試)–제술: 식년문과전시와 같다.

- 증광생원초시(增廣生員初試)–제술: 식년문과초시와 같다.

  증광생원복시(增廣生員覆試)–제술: 초시와 같다.

- 증광진사초시(增廣進士初試)–제술: 식년진사초시와 같다.

  증광진사복시(增廣進士覆試)–제술: 초시와 같다.

- 별시문과초시(別試文科初試)–제술: 초장에서 논 1편 · 표 · 전 중에서 1편, 부 1편, 종장에서 대책 1편, 회강: 사서 중에서 1서, 삼경 중에서 1서

  별시문과전시(別試文科殿試)–제술: 증광문과전시와 같다.

- 정시문과초시(庭試文科初試)–제술: 부 1편 · 표 · 전 중에서 1편, 회강(會講): 증광회강과 같다.

  정시문과전시(庭試文科殿試)–제술: 증광전시와 같다.

- 알성문과(謁聖文科)–제술: 증광전시와 같다.
- 춘당대문과(春塘臺文科)–제술: 증광전시와 같다.
- 문과중시(文科重試)–제술: 증광전시와 같다.
- 문신전시(文臣殿試)–제술: 증광전시와 같으며, 율시(律詩)를 가할 수 있다.
- 전강(殿講)–강서(講書): 삼경
- 절일제(節日製)–제술: 증광전시와 같다.
- 황감제(黃柑製)–제술: 증광전시와 같다.
- 통독(通讀)–제술: 부 1편 · 표 · 전 · 논 중에서 1편, 강서: 사서 · 삼경
- 승보(陞補)–제술: 부 1편, 고시 1편
- 사학합제(四學合製)–제술: 승보와 같다, 강서: 사서로 하고, 동몽(童蒙)인 경우에 소학
- 공도회(公道會)–제술: 승보와 같다, 강서: 사학강(四學講)과 같이 한다.
- 외방별과(外坊別科)–제술: 증광전시와 같다.

② 역 과

역과는 주로 외국어 번역과 통역에 종사할 관료를 등용하는 국가시험제도다. 당시의 국가 외교와 관련하여 관련 국가의 언어를 구사하는 용원이 필요하였다. 당시에 밀접하게 외교적으로 접촉해야 했던 중국, 몽고, 왜국, 여진 등의 제국가의 언어, 즉 한학, 몽학, 왜학, 여진학 등에 밝은 요원이 이 시험을 통하여 등용되었다. 응시과목은 다음과 같다.

가. 역과초시

- 한학(漢學)-강서(講書): 사서(四書), 노걸대(老乞大), 박통사(朴通事), 직해소학(直解小學), 오륜전비(伍倫全備); 보(補): 역어류해(譯語類解)
- 몽학(蒙學)-사자(寫字): 왕가한(王可汗), 수성사감(守成事鑑), 어사함(御史箴), 고난가돈(高難加屯), 황도대훈(皇都大訓), 노걸대(考乞大), 공부자(孔夫子), 첩월진(帖月眞), 백안파두(伯顔波豆), 시루원기(待漏院記), 정관정요(貞觀政要), 속팔실(速八實), 장기(章記), 하적후라(何赤厚羅), 거리라(巨里羅); 속(續): 노걸대(老乞大), 첩해몽어(捷解蒙語), 몽어류해(蒙語類解)
- 왜학(倭學)-사자(寫字): 이로파(伊路波), 소식서격(消息書格), 노걸대(老乞大), 동자교(童子教), 잡어(雜語), 본초(本草), 의론(議論), 통신(通信), 구양물어(鳩養物語), 정훈왕래(庭訓往來), 응영기(應永記), 잡필(雜筆), 부사(富士), 첩해신어(捷解新語)
- 여진학(女眞學)-청학(淸學), 사자(寫字): 천자(千字), 천병서(天兵書), 소아론(小兒論), 삼세아(三歲兒), 자시위(自侍衛), 팔세아(八歲兒), 거화(去化), 칠세아(七歲兒), 구난(仇難), 십이제국(十二諸國), 귀수(貴愁), 오자(吳子), 손자(孫子), 태공(太公), 상서(尙書)
- 역어(譯語)-한학(漢學), 몽학(蒙學), 왜학(倭學), 여진학(女眞學) 모두 경국대전을 번역

나. 역과복시(譯科覆試)－초시와 같음

③ 의 과

의과는 의료인의 등용제도다. 『찬도영(纂圖詠)』, 『동인경(銅人經)』, 『직효방(直效方)』, 『득효방(得效方)』, 『부인대전(婦人大全)』, 『창진집(瘡疹集)』, 『태산집요(胎產集要)』, 『구급방(救急方)』, 『화해방(和解方)』, 『본초(本草)』, 『경국대전(經國大典)』, 『직지방(直指方)』, 『소간(素間)』, 『의학정전(醫學正傳)』, 『동원십서(東坦十書)』, 『의학입문(醫學入門)』 등 당시의 주요 의학서적이 의료인의 등용을 위한 시험과목이었다.

가. 의과초시(醫科初試)－강서(講書): 찬도영(纂圖詠), 동인경(銅人經), 직효방(直效方), 득효방(得效方), 부인대전(婦人大全), 창진집(瘡疹集), 태산집요(胎產集要), 구급방(救急方), 화해방(和解方), 본초(本草), 경국대전(經國大典), 직지방(直指方), 소간(素間), 의학정전(醫學正傳), 동원십서(東坦十書), 의학입문(醫學入門)

나. 의과복시(醫科覆試)－초시와 같음

④ 음양과

음양과는 천문학(天文學), 지리학(地理學), 명과학(命課學) 등의 전문인을 등용하는 제도다. 특히 명과학은 운명, 길흉, 화복을 판단하는 학문으로 관상감의 관원으로서는 중요한 영역이었다.

가. 음양과초시(陰陽科初試)

- 천문학(天文學)－강서(講書): 보천가(步天歌), 경국대전(經國大典), 천문역법(天文曆法), 신보천가(新步天歌), 시헌기요(時憲紀要); 주(籌): 천문학(天文學), 칠정주내편(七政籌內篇), 칠정주내외편(七政籌內外篇), 교식추보가령(交食推步假令)

- 지리학(地理學)−강서(講書): 청도경(靑鳥經), 금낭(錦囊), 호순신(胡舜申), 명산론(明山論), 지리문정(地理門庭), 감룡(憾龍), 족맥부(捉脈賦), 의룡(疑龍), 동림조섬(洞林照膽), 경국대전(經國大典), 탁옥부(琢玉斧)
- 명과학(命課學)−협길통의(協吉通義)

나. 음양과복시(陰陽科覆試)−초시와 같음

⑤ 율 과

율과는 조선조 율사들의 등용문이다. 율사를 지망하는 자에게는 『대명률』을 위시하여 『무원록』, 『경국대전』 등의 법전에 대하여 시험을 보게 하였다. 이 시험은 주로 이 시대의 법무당국인 형조가 주관이 되어 집행하였다.

가. 율과초시(律科初試)

강서(講書): 대명률(大明律), 단진소의(唐律疏議), 무원록(無冤錄), 율학해이(律學解이), 율학변의(律學辨疑), 경국대전(經國大典); 속(續): 대명률(大明律), 무원록(無冤錄), 경국대전(經國大典)

나. 율과복시(律科覆試)−초시와 같음

(2) 생 도

조선조의 교육은 당시의 학교제도인 서원, 향교, 사학, 성균관 등의 학교에만 한정하여 이루어지지 않았다. 당시 정부는 전문관료를 양성하기 위하여 해당 영역의 학습을 전제로 성균관과 사학과 같은 학교는 물론 전문인의 양성을 필요로 하는 여러 관아에 생도의 정원을 정해 배치하여 일하며 배우는 훈련제도를 수립하고 있었다. 그러므로 해당 관아들은 단순한 행정기관인 관청으로서만 기능하지 않고 교육기관으로도 기능하였다. 생도를 임명하는 각 관아들은 관리의 직계에 교수와 훈도의 직이 마련되어 있어서 이들이 생도에게 전문적인 실무를 가르쳤다. 이는 일하며 배우는 도제제도의 한 형식이었다. 따라서 이들 관아들은 '생도'조에 규정된 바에 따라 생도를 수용하고 그들의 전문영역에 대한 교육에 임해 왔던 것이다.[12] 그런 의미에서 생도가 파견된 각 관아는 곧 교육기능을 수행하는 학교 그 자체였다.

각 관아의 영역별 생도의 정원은 다음과 같다.

① 성균관(成均館)-유학(儒學) 200인, 생원(生員)·진사(進士)의 정원이 부족할 때는 사학의 생도(15세 이상) 중에서 소학(小學), 사서(四書)의 일경(一經)을 통한 자로 충원한다[유음적자로서 소학을 통한 자, 문과의 생원, 진사의 향시 한성시에 합격한 자, 조사(朝士)로서 부학(赴學)을 원하는 자], 속(續): 74인을 감하여 126인(생원 진사 106인, 학생 20인), 증(增): 과거에 응시하기 전 3일 이내에는 정원에 관계없다.

② 사학(四學)-유학(儒學) 각 100인, 속(續): 각학(各學)에 95인씩을 감하여 5인씩으로 한다.

③ 사역원(司譯院)-한학(漢學) 35인, 속(續): 40인 증가, 몽학(蒙學) 10인, 속(續): 25인 증가, 여진학(女眞學) 20인, 속(續): 청학(淸學) 34인, 왜학(倭學) 15인, 속(續): 25인

④ 전의감(典醫監)-의학 50인, 속(續): 6인 증가

⑤ 혜민서(惠民署)-의학 30인, 속(續): 32인 증가

⑥ 관상감(觀象監)-천문학(天文學) 20인, 속(續): 20인 증가, 지리학(地理學) 15인, 속(續): 5인 감, 명과학(命課學) 10인

⑦ 호조(戶曹)-주학(籌學) 15인, 속(續): 46인 증가

⑧ 형조(刑曹)-율학(律學) 40인, 속(續): 40인 증가

⑨ 도화서(圖書署)-화학(畵學) 15인, 속(續): 15인 증가

⑩ 소격서(昭格署)-도학(道學) 10인, 속(續): 폐지

⑪ 대도호부(大都護府) 및 목(牧)-유학(儒學) 각 90인(16세 이하는 정원 90인과 관계

12) 대전회통, 전게서, pp. 277-278.

없다. 도호부(都護府) 군(郡) 현(縣)도 같다)

한학(漢學)−평양(平壤) 의주(義州), 황주(黃州)에는 각 30인; 여진학(女眞學)−의주(義州)에 5인; 의학(醫學)−각 14인; 부(府) 2인 증가; 율학(律學)−각 14인, 부(府) 2인 증가

도호부(都護府)−유학(儒學) 70인; 여진학(女眞學)−창성(昌城) 5인, 북청(北靑) 10인; 의학(醫學)−12인

⑫ 군(郡)−유학(儒學) 50인; 여진학(女眞學)−초산(楚山) 5인, 벽동(碧潼) 5인, 위원(渭原) 5인; 의학(醫學)−10인; 율학(律學)−10인

⑬ 현(縣)−유학(儒學) 30인; 의학(醫學)−8인; 율학(律學)−8인

⑭ 만포(滿浦)−여진학(女眞學) 5인

⑮ 제포(薺浦) 및 부산포(釜山浦)−왜학(倭學) 각 10인

⑯ 염포(鹽浦)−왜학 6인, 증(增): 제포(薺浦), 염포(鹽浦) 폐지

⑰ 제주(濟州)−한학(漢學) 15인, 왜학(倭學) 15인

⑱ 거제(巨濟)−왜학(倭學) 6인

'이전'에 의하면, 이상과 같이 각 정부기관에 배치된 생도를 지도하기 위해 필요한 관아와 지역에 요구되는 인원의 교수와 훈도를 임명·배치하고 있다. 즉, 호조, 형조, 개성부, 성균관, 관상감, 사역원, 혜민원, 도화서, 경기·충청도 등 팔도에 각각 임명·배치하고 있었다. 교원의 종류에는 교수, 겸교수, 훈도 등의 일반교원과 산학, 율학, 천문학, 지리학, 명과학, 한학, 청학, 몽학, 왜학, 의학, 역학 등 전문영역의 교수와 훈도가 각각 있었다.

생도와 교수 등의 배치 상황을 그림으로 나타내면 다음과 같다.

생도정원표

領域 / 官衙	儒學	天文學	算學(籌學)	律學	地理學	醫學	命課學	漢學	淸學	蒙學	女眞學	倭學	畫學	道學
成均館	126 106(進士·生員) 20(學生)													
四學	各100 (減95, 各5)													
觀象監		20 (增 20)			15 (減 5)		10							
司譯院								35 (增40)	10 (增34)			25		
圖畫署													15 (增15)	
昭格署														10 (廢)
典醫監						50 (增6)								
惠民署						30 (增32)								
戶曹			15인 (增40)											
大都護府 牧 府	各90			各14 (增2)		各14 (增2)		30(平壤) 30(義州) 30(黃州)			5 (義州)			
都護府	70					12					5(昌城) 10(北靑)			
郡	50			10		10					5(楚山) 5(碧潼) 5(渭原)			
縣	30			8		8					5(滿浦)			
薺浦·釜山浦												各10 (廢)		
鹽浦												6		
濟州								15				15		
巨濟												6		

교관의 정원표

관아 \ 교관	교수	겸교수	박사	훈도	분교관
호조	(산학)1	1		(산학)1	
형조	(율학)1				
교서관			2		
개성부	0				1
성균관			3		
관상감	(천문학)1 (지리학)0	(천문학)3 (지리학)0 (명과학)1		(천문학)1 (지리학)1 (명과학)1	
전의감	(의학)1			(의학)1	
사역원	(한학)4 (청학)2			(한학)4 (몽학)2 (왜학)2	
혜민서	(의학)1			(의학)1	
도화서		1			
사학	각 교1			각 교1	
경기도	11			26	
충청도	4			50	
경상도	12			55 (왜학)1 (역학)8	
전라도	8			49 (역학)8	
황해도	6			18 (역학)8	
강원도	7			19	
함경도	13			9 (역학)1	
평안도	11			31 (역학)6	

(3) 취 재

취재는 제과의 과거제도와는 다른 별도의 관리채용시험제도다. 조선조는 생도조 이외에도 『대전회통』의 예전에 취재조를 두어 국가가 필요로 하는 요원을 양성하여 등용하였다. 이 제도는 직접 교육에 임하는 제도는 아니나 재능 있는 공인을 뽑아 쓸 때에 시행하는 국가시험제도로서, 국가가 필요로 하는 의학, 외국어, 천문학, 지리학, 법률학, 미술 등 주요 영역의 전문요원 양성에 크게 기여한 교육제도다. 취재, 즉 국가요원의 등용시험에는 능력을 시험하기 위한 학과와 시험방법 등을 영역에 따라 법에 규정하여 취재의 대상이 평소 어떤 교과에 대하여 어떻게 학습할 것인가에 대하여 방향을 미리 제시하여 전문영역 학습에 길잡이가 되었다. 이를 테면 의학 전문인을 지망하는 사람은 시험에서 찬도영(簒圖詠), 동인경(銅人經) 등의 교과를 암송해야 하고, 창진집(瘡疹集), 직지방(直指方), 구급법(救急法), 부인대전(婦人大全), 득효방(得效方), 태산집요(胎產集要), 화제방(和劑方), 본초(本草), 자생경(資生經), 십사경발휘(十四經發揮) 등의 교과에 대하여 강독하는 시험을 보아야 하였다. 왜학의 전문인을 지망하는 사람은 응영기(應永記), 본초(本草), 이로파(伊路波), 소식(消息), 의론(議論), 통신(通信), 구양물어(鳩養物語), 부사(富士), 노걸대(老乞大), 동자교(童子教), 서격(書格), 정훈왕래(庭訓往來), 잡어(雜語), 잡필(雜筆) 등의 교과에 대하여 옮겨 쓰는 시험을 보아야 하였다.13)

이 등용시험인 취재에 채용되던 교과와 정도, 방법은 다음과 같다.

① 의학(醫學)－찬도영(簒圖詠), 동인경(銅人經), 이상을 송(誦)한다[50세 이상은 배강(背講)한다]. 창진집(瘡疹集), 직지방(直指方), 구급법(救急法), 부인대전(婦人大全), 득효방(得效方), 태산집요(胎產集要), 화제방(和劑方), 본초(本草), 자생경(資生經), 십사경발휘(十四經發揮), 이상을 임문(臨文)한다.

침염의(針灸醫)－찬도영(簒圖詠), 화제지남(和劑指南), 동인경(銅人經), 이상을 송(誦)한다. 직지영(直指詠), 침경지남(針經指南), 자오류주(子午流注), 옥룡가(玉龍歌), 자생경(資生經), 외과정요(外科精要), 십사경발휘(十四經發揮), 침경적영집(針經摘英集), 이상을 임문(臨文)한다.

13) 대전회통, 전게서, pp. 306-310.

② 한학(漢學)-직해소학(直解小學), 박통사(朴通事), 노걸대(老乞大), 이상을 배강(背講)한다[40세 이하면 배송(背誦)한다]. 사서(四書), 경(經), 사(史), 이상은 임문한다.

③ 몽학(蒙學)-장기(章記), 첩월진(帖月眞), 공부자(孔夫子), 하적후라(何赤厚羅), 정관정요(貞觀政要), 대루원기(待漏院記), 토고안(吐高安), 거리라(巨里羅), 백안파두(伯顔波豆), 노걸대(老乞大), 속팔실(速八實), 이상을 사자(寫字)한다. 수성사감(守城事鑑), 왕가한(王可汗), 어사함(御史箴), 황도대훈(皇都大訓), 고난가둔(高難加屯), 이상을 임문(臨文)한다.

④ 왜학(倭學)-응영기(應永記), 본초(本草), 이로파(伊路波), 소식(消息), 의론(議論), 통신(通信), 구양물어(鳩養物語), 부사(富士), 노걸대(老乞大), 동자교(童子教), 서격(書格), 정훈왕래(庭訓往來), 잡어(雜語), 잡필(雜筆), 이상은 사자(寫字)한다.

⑤ 여진학(女眞學)-소아론(小兒論), 칠세아(七歲兒), 천병서(天兵書), 십이제국(十二諸國), 구난(仇難), 천자(千字), 귀수(貴愁), 태공(太公), 팔세아(八歲兒), 손자(孫子), 오자(吳子), 상서(尙書), 삼세아(三歲兒), 거화(去化), 자시위(自侍衛), 이상 사자(寫字)한다.

⑥ 천문학(天文學)-보천가(步天歌)의 송(誦) 또는 도(圖)한다, 대명력(大明曆)의 일월식(日月食), 태일내편(太一內篇)의 일월식(日月食), 목화토금수성(木火土金水星), 태양역일(太陽曆日), 교식(交食), 추보가령(推步假令), 사여성(四餘星), 보중성(步中星), 대음외편(大陰外篇)의 일월식(日月食), 이상 계산(計算)한다.

⑦ 지리학(地理學)-청조경(靑鳥經), 금수경(錦囊經), 이상을 배강(背講)한다. 착영부(捉詠賦), 지남변망(指南辨妄), 의룡(疑龍), 감룡(憾龍), 명산론(明山論), 곤감가(坤鑑歌), 호순신(胡舜申), 지리문정(地理門庭), 장중가(掌中歌), 지현론(至玄論), 낙도가(樂道歌), 입시가(入試歌), 순룡기(尋龍記), 이순풍(李淳風), 극택통서(克澤通書), 동림조섬(洞林照膽), 이상을 임문(臨文)한다.

⑧ 명과학(命課學)-원천강(袁天綱)을 배강(背講)한다. 삼신통재(三辰通載), 대정수(大定數), 범위수(範圍數), 육임(六壬), 오행정기(五行精記), 극택통서(剋擇通書),

자미수(紫微數), 응천가(應天歌), 서자평(徐子平), 현여자평(玄與子平), 난대초선(蘭臺抄選), 성명총화(星命摠話), 이상을 임문(臨文)한다.

⑨ 율학(律學)－대명률(大明律), 당률(唐律), 변의(辨疑), 해이(解弛), 무원록(無寃錄), 경국대전(經國大典)

⑩ 산학(算學)－상명(祥明), 개몽(啓蒙), 양휘(揚輝), 이상을 계산(計算)한다.

⑪ 화원(畵員)－죽(竹), 산수(山水), 인물(人物), 영모(翎毛), 화초(花草) 중 이재(二材)를 시험하여 각각 죽(竹) 일등(一等), 산수(山水) 이등(二等), 인물(人物) 영모(翎毛) 삼등(三等), 화초(花草) 사등(四等)을 주었다.

⑫ 도류(道流)－송(誦)은 금단(禁壇), 독(讀)은 영보경(靈寶經), 과의(科義)는 연생경(延生經), 태일경(太一經), 옥추경(玉樞經), 진무경(眞武經), 용생경(龍生經) 중에서 삼경(三經); 증(增): 도류(道流) 폐지(廢止)한다.

⑬ 악생(樂生)－아악(雅樂) 중 삼성(三成), 등가(登歌), 문무무(文武舞)를 시험(試驗)한다.

⑭ 악공(樂工)－시험(試驗)은 다음과 같다. 당악(唐樂)－삼진작보(三眞勺譜), 여민악령(與民樂令), 여민악만(與民樂慢), 낙양춘(洛陽春), 오운개서조(五雲開瑞朝), 만엽치(萬葉熾), 요도최자(瑤圖嗺子), 보허자령(保虛子令), 보허자급(保虛子急), 박파자(拍破子), 환환곡(桓桓曲), 태평년만(太平年慢), 보태평십일성(保太平十一聲), 정대업십일성(定大業十一聲); 진찬악(進饌樂)－풍안곡인자(豊安曲引子), 후인자(後引子), 반하무(班賀舞), 정동방(靖東方); 환궁악(還宮樂)－절화삼대(折花三臺), 절화급박(折花急拍), 소포구악령(小抛毬樂令); 청평악(淸平樂)－수룡음(水龍吟), 하운봉(夏雲峰), 억취소(憶吹簫), 백학자(白鶴子), 헌천수(獻天壽), 중선회(衆仙會); 금전악(金殿樂)－하성조(賀聖朝), 회팔선인자(會八仙引子), 헌천수최자(獻天壽嗺子), 금잔자만(金盞子慢), 금잔자최자(金盞子嗺子), 서자고만(瑞鷓鴣慢), 서자고최자(瑞鷓鴣嗺子), 천년만세인자(千年萬歲引子), 성수강인자(聖壽無彊引子); 향악(鄕樂)－삼진작보(三眞勺譜), 여민악령(與民樂令), 여민악만(與民樂慢), 진작사기(眞勺四機), 이상곡(履霜曲), 낙양춘(洛陽春), 오관산(五冠山), 자하동(紫霞洞), 동동(動動), 보천평십일성(保天平十一聲), 정대업십일성

(定大業十一聲) 등이 있었다.

(4) 장문서

예조는 국가의 주요 문서와 사료를 보관하고 관리하는 임무를 맡고 있다. 즉, 춘추관의 시정기(時政記)와 승문원의 문서를 인쇄하여 예조와 의정부 그리고 사고에 보존하는 일과 일상에서 일어나는 일을 기록하고 이를 다시 복사하여 승문원에 보관하는 일, 인쇄된 서책은 경복궁의 동편루인 융문루(隆文樓)와 서편루인 융무루(隆武樓), 의정부, 홍문관, 성균관, 춘추관 등을 비롯하여 각도(各道)의 수읍(首邑: 관찰사 소재도시)에 보관하도록 하는 일 등을 맡고 있다. 이와 같은 일은 오늘날의 도서관의 기능으로, 사회교육기관과 역사자료 보관이라는 교육기능의 일부를 수행하였다고 할 수 있다.[14)]

(5) 장 권

조선조는 장권(奬勸)제도를 통하여 효우(孝友)나 절의(節義)와 같은 모범적인 행위에 대하여 왕의 이름으로 쌀을 하사하는 등 포상하여 그와 같은 행위를 권장했다. 뿐만 아니라 정부의 각 영역에 종사하거나 종사하게 될 사람 또는 그와 관계있는 사람에게 어떤 경우는 정기적으로, 또 어떤 때는 때를 따로 정하지 아니하고 수시로 사서삼경(四書三經)이나 해당 영역의 일정한 교양 수준을 시험하여 우등한 자는 포상하고 그 수준에 이르지 못한 자는 응징하여 국민 특히 공직에 종사하는 사람들의 지적 · 도덕적 수준이 적절히 유지되도록 하는 학습을 장려하고, 다른 한편으로 이로써 정부요원을 보충하는 제도로도 활용하여 왔다.

그러한 의미에서 장권제도는 오늘날의 사회교육제도나 재교육제도와 매우 유사하다. 조선조는 부단히 국민을 계도하고 교육을 장려하여 이들의 지적 · 도덕적 수준이 상당한 수준을 유지하도록 노력하여 왔다. 장권조의 내용을 소개하면 다음과 같다.[15)]

---

14) 대전회통, 전게서, pp. 313−314.

15) 대전회통, 상게서, pp. 314−323.
전률통보, 상권, 전게서, pp. 472−490.

- 원(原)－효우(孝友)와 절의(節義)가 있는 자는[효자(孝子), 순손(順孫), 절부(節婦), 순국자(殉國者)의 자손(子孫), 목족(睦族), 구환(救患) 등] 세묘(歲抄)마다 녹계(錄啓)하여 장권(獎勸)[관직(官職)이나 물건을 상(賞)으로 급여(給與) 혹은 정문(旌門)을 세우고 복호(復戶)]
- 오자(五子)가 등과(登科)한 자의 부모는 계문(啓聞)하여, 매년(每年) 쌀(米)을 하사(下賜)한다. 사망(死亡)하면 추증(追贈)하고 치제(致祭)한다.
- 문무과(文武科)에 합격한 자는 은영연(恩榮宴)을 의정부(議政府)에 하사(下賜)한다.
- 종친(宗親)으로서 15세가 차면 종학(宗學)에 들어가 수업(受業)하고 매일 추첨(抽籤)하여 강(講)하되 통(通)과 불통(不通)을 기록하여 매월 말에 계문하고, 또 매월에 추첨하여 강하되 일찍이 읽은 글에서 5차를 강하여 3차를 불통한 자에게는 논벌(論罰), 무고(無故)로 종학에 나오지 않는 자와 예법(禮法)을 어겨 영(令)을 범(犯)한 자는 종부사(宗簿寺)에서 관원명부에 기재(記載)하여 이를 부과(附過)라고 하고 절계(節季)마다 계문하여 논벌(論罰)한다. 40세에 소학(小學), 사서일경(四書一經)을 통한 자와 40세 이전에 소학(小學), 사서이경(四書二經) 이상을 통한 자, 그리고 50세가 된 자에게 모두 취학(就學)함을 면제(免除)한다. 경서(經書) 중에서 전강(殿講)하여 약(略) 이상을 한 자는 문부(文簿)에 기록하고 연말에 계문하여 장권하며 매년 6, 7, 11, 12월에 방학(放學)한다.
- 문신(文臣)에 중직(中直) 이하는 매년 춘추(春秋)에 의정부에 모이게 하고, 의정부와 제관(諸館) 당상관(堂上官)이 표(表), 전(箋), 시(詩), 문(文) 중에 한 가지로 시험하여 과차(科次)를 계문하되, 거수(居首)한 자에게(1등 1차, 2등 2차, 3등 3차) 계직(階職)을 더한다.
- 연소(年少)한 자로 총민한 문신(文臣)은 매년에 간택(揀擇)하여 일경(一經)을 나누어 주고 강습(講習)하게 하며 전강(殿講)이나 명관(命官)이 고강(考講)하여 3차에 연하여 통한 자에게는 일고(一考)를 준하고 3차를 불통한 자에게는 일고를 삭하여 권장한다.
- 성균관(成均館)의 유생(儒生)을 춘추(春秋: 3월 3일, 9월 9일)에 의정부, 육조(六曹), 제관(諸館) 당상관(堂上官)이 제목(題目)을 제술(製述)하여 과차(科次)를 문부(文

簿)에 기록하여 우등(優等)한 자 3인은 문과복시(文科覆試)에 직부(直赴)하게 한다.

- 사학(四學)의 유생 각 20인을 간택하여 6월마다 남학(南學)에 모이게 하여 삼품(三品) 이하의 문신(文臣) 3인이 강론이나 제술을 하게 하여 우등한 자 10인을 생원(生員) 혹은 진사복시(進士覆試)에 직부하게 한다.
- 제관찰사(諸觀察使)가 도내(道內)의 교생(校生)을 양택(量擇)하여 6월마다 도회소(都會所)를 세우고 문관(文官) 3원(員)을 차정(差定)하여 강론이나 제술을 하게 하여 우등한 자[경상도, 전라도, 충청도는 각 5인, 그 외의 도는 각 3인]를 계문하여 생원 또는 진사복시에 직부하게 한다.
- 성균관(成均館)에서 매일 추첨(抽籤)하여 제생(諸生)이 읽은 글을 강(講)하게 하고 매 10일에 제목(題目)을 내어 제술하게 하며, 과차(科次)는 본조(本曹) 당상관(堂上官)이 매월에 1차씩 고강(考講)하여 모두 문부(文薄)에 기록한다.
- 다년간 성균관에서 학문(學問)이 정숙(精熟)하고 조행(操行)이 특별(特別)하며, 50세가 찬 자로 본관(本館)의 일강(日講) 순강(旬講)과 본조(本曹)의 월강(月講)한 것은 전부 상고하여 분수(分數)가 우등한 자와 다년간 문과(文科)에 부거(赴擧)하며, 한성시(漢城試)에 7도(度)를 입격(入格)하고 50세에 찬 자는 계문하여 서용(敍用)한다.
- 교생(校生)으로서 독서(讀書)한 일과(日課)를 매월 말(每月末)에 수령(守令)이 관찰사(觀察使)에게 보(報)하면 관찰사가 순행(巡行)하여 고강(考講)하고 학령(學令)에 의하여 권징(勸懲)함을 문부(文簿)에 기록하였다가 교관(敎官)이 전최(殿最)할 때에 그의 월과(月課), 일강(日講)을 빙고(憑考)하여 우등한 자는 호역(戶役)을 요량(料量)하여 감(減)한다.
- 본조(本曹)에서 매월 사학(四學) 제생(諸生)의 독서한 것을 고강(考講)한다.
- 경외(京外)의 관리(官吏)는 매년 말에 이조(吏曹)와 관찰사(觀察使)가 추첨하여 『경국대전』을 고강하고 통과 불통을 기록하여 전최(殿最)에 빙고(憑考)한다.
- 경외(京外)의 유생이 날마다 독서한 행수(行數)와 수업사(授業師)의 관직(官職), 성명(姓名)을 문부(文簿)에 기록하여 본조에 장치(藏置)하였다가 매 과거(每科擧)

후에 가르친 유생 중에 급제(及第) 3인이나[외방(外方)이면 2인] 생원 진사 10인(외방이면 5인) 이상을 계문하여 계(階)를 더한다[동몽(童蒙)을 사교(私敎)한 훈도(訓導)는 근망(勤慢)을 상고하여 효력(效力)이 있는 자는 도목(都目)마다 계문하여 서용한다].

(중간 생략)

- 의서습독관(醫書習讀官)은 읽은 제서(諸書)를 일과(日課)에 기록하고 본조(本曹)에서 제조(提調)와 함께 고강(考講)하며, 제서를 능통한 자는 계품(啓稟)하여 현관(顯官)을 수(授)하되, 본직(本職)을 겸차(兼差)케 하고, 거기에 태만(怠慢)한 자는 경중(輕重)을 따라서 치죄(治罪)하고, 습독관(習讀官)과 교수내(敎授內)의 생원 진사는 출사(出仕)한 일수로 원점(圓點)의 수(數)를 준(準)하여 문과관시(文科館試)에 부시(赴試)함을 허락(許諾)하고, 재예(才藝)가 있는 자로서 산관(散官)에 속한 자는 본청(本廳)에 항상 출사(出仕)케 하고 포폄(褒貶)을 상고하여 동서반(東西班)에 궐(闕)이 있는 대로 서용(敍用)한다.
- 의학생도(醫學生徒)와 여의(女醫)는 제조(提調)가 매월(每月)에 고강하여 여의의 분수(分數)가 많은 자 3인은 삼삭(三朔)의 요(料)를 급여(給與)하고 불통한 것이 많은 자는 생도(生徒)면 그 사(司)의 서리(書吏)로 정(定)하고, 여의면 그 사(司)의 차모(差母)로 정하여 벌(罰)을 주고 능통한 뒤에 본업(本業)에 돌아옴을 허락(許略)하며, 제읍(諸邑)의 의생(醫生)은 관찰사(觀察使)가 순행(巡行)하여 고강(考講) 권징(勸懲)한다.
- 한의습독관(漢學習讀官)으로서 본업(本業)에 정통(精通)한 자는 계품(啓稟)하여 현관(顯官)을 수(授)하고 부경(赴京)할 때에는 중국(中國)에 다니고 다니지 못한 것과 출사(出仕)한 일수(一手)의 다소를 상고한 뒤에 차정(差定)하여 보내고 생원(生員) 진사(進士)는 원점(圓點)에 준(準)하고 의학습독관(醫學習讀官)도 이와 같이 한다.
- 여진학(女眞學) 몽고학통사(蒙古學通事)는 갈 때마다 윤차(輪次)로 부경(赴京)하고, 왜학통사(倭學通事)는 1년에 1도(度)씩 한다.
- 율원(律員) 산원(算員)으로서 본업에 정통한 자는 상계(上啓)하여 경외이직(京外吏職)을 수(授)한다.
- 삼강오륜(三綱五倫)을 국문(國文)으로 번역하여 경외(京外) 사족가장(士族家長) 부로(父老)나 혹은 거기에 교수(敎授) 훈도(訓導) 등으로 하여금 부녀(父女) 소자

(小子)를 교회(敎誨)하여 해득(解得)하게 하고, 만일 대의(大義)를 통하여 조행(操行)이 특이한 자가 있으면 경(京)에는 한성부(漢城府), 외방(外方)에는 관찰사(觀察使)가 계문(啓聞)하여 시상(施賞)한다.

• 의원(醫員)으로서 방서(方書)를 해득(解得)하지 못하더라도 창종(瘡腫)과 모든 악질(惡疾)을 치료(治療)하여 효방(效力)이 가장 많은 자 1인은 세초(歲抄)에 계문하여 서용(敍用)한다.

(중간 생략)

• 오자(五子)가 등과(登科)한 자의 부(父)는 계문하여 가자(加資)한다.
• 성균관(成均館) 생원(生員) 진사(進士)의 인원수(人員數)는 백인(百人)을 넘지 않게 하고 윤회(輪回)로 거제(居齊)하되, 50점(點)으로 준(準)하고, 성균관 사학(四學)에 기숙(寄宿)하는 것은 경외유생(京外儒生)으로서 시강(試講)에 합격하여 뽑힌 자와 강독(讀講)은 통하였으나 분(分)에 준(準)하여 입격(入格)되지 못한 자를 차제(次第)대로 전보(塡補)한다.

(중간 생략)

• 천문진습(天文肄習)은 문신(文臣)을 관상감영사(觀象監領事)로 하여금 뽑아 계품(啓稟)하게 하고 성변(星變)이 있으면 분번(分番)하여 직숙(直宿)하고 확실하게 상의(商議)하여 질정(質正)하고 혹은 전강(殿講)이나 또는 명관(命官)이 고강(考講)하여 상벌(賞罰)한다.
• 동몽교관(童蒙敎官)이 가르친 생도(生徒)를 매삭(每朔)에 3차씩 본조(本曹) 당상관(堂上官)이 일제히 모여서 독서(讀書)한 것을 고강(考講)하여 문부(文簿)에 기록하고 근만(勤慢)의 다소(多少)를 비교하여 전최(殿最)에 빙고(憑考)한다.
• 양의사(兩醫司) 참외(參外) · 전함(前銜) · 생도(生徒) 중에 연소(年少)하고 총민(聰敏)한 자를 택하여 매년 사맹삭(四孟朔)에 임관(任官)하고 본업(本業)에 관한 서적으로 고강(考講)하여 권징(勸懲)한다.
• 내국여의(內局女醫: 12인)를 매삭(每朔) 둘째 날, 여섯째 날에 본국(本局) 입직관원(入直官員)이 본업에 관한 서적을 고강하고 일삭(一朔)을 통계하여 서취(書數)가 6분(分) 이상이 차면 요(料)를 지급하고 또 본국(本局) 제조(提調)가 매삭(每

朔)에 1차씩 본업(本業)으로 고시하여 권려(奬勵)한다[거수(居首)한 자는 면포(綿布) 2필(匹)을 급여하고 차석(次席)은 1필을 급여하되 호조에서 제급(題給)한다].

- 혜민서여의(惠民署女醫) 중에 연소(年少)하고 총혜(聰慧)한 자를 택하여 의서(醫書: 銅人經, 纂圖)를 가르치고 매삭(每朔)에 3차씩 고강(考講)하여 서수(書數)를 합계하여 많은 자는 논상(論賞)하고 혹 내국여의(內局女醫)가 궐(闕)이 있으면 승보(陞補)한다.
- 화원(畵員) 중에 연소하고 총민한 자를 택하여 매삭(每朔)에 본조(本曹) 당상관(堂上官)이 본업(本業)으로 제목(題目)을 내어 고시(考試)하고 연말(年末)에 화수(畵數)를 합계하여 많은 자는 옮기어 병조에 장(壯)하고 1년을 한정(限定)하여 록(祿)을 붙이게 한다.
- 사자관(寫字官)은 매양 간일삭(間一朔)하여 해원(該院)의 제조(提調)가 고시(考試)하고 우등한 자는 궐(闕)이 있음에 따라 승보(陞補)한다.
- 사역원교회(司譯院敎誨) 이하는 궐(闕)이 있으면 도제조(都提調) · 지조(提調)가 합좌(合坐)하여 혹은 경(經), 사(史), 자(子), 집(集)으로 시험(試驗)하고 혹은 제술로 시험하여 거기에서 우등한 자를 취(取)하여 전차(塡差)한다.
- 부경통사(赴京通事)는 그의 출사일(出仕日)을 계산하여 윤차(輪次)로 부(赴)함을 허락하고, 왜학은 교회(敎誨), 총민(聰敏) 중에 한 사람만 절행(節行)에 부(赴)함을 허락한다[한학훈상(漢學訓上) 6인, 왜학훈상(倭學訓上) 3인은 일찍이 교회(敎誨)를 지낸 자를 윤회(輪回)로 차정(差定)하고 왜학교회(倭學敎誨) 10인은 일찍이 총민(聰敏)을 지내고 과거(科擧)한 자를 권점(圈點)하여 차정(差定)한다].
- 매년(每年) 도목(都目) 때에 사자관(寫字館), 양의사(兩醫司), 관상감(觀象監), 도화서(圖畵署), 사역원(司譯院)에 오래도록 근무한 사람은 이조에 이문(移文)하여 천전(遷轉)케 한다.

(이하 생략)

(6) 아속악

조선조의 음악교육은 '아속악조(雅俗樂條)'에 의하여 이루어져 왔다. 여기서는 음악의 연주자인 악사만을 고용한 것이 아니고, 이를 배우는 악생과 가동을 비롯하여 악기를 만들고 다루는 악공, 즉 악기 제조의 기능인까지를 양성 · 확보하고 있었다. 아악(雅樂)의 악사와 악생은 모두 양인(良人)으로 충용하고 이를 좌방(左坊)이라 하였으며, 속악(俗樂)에 종사하는 악사와 악공 그리고 가동은 모두 공천(公賤)으로 충용하고 이를 우방(右坊)이라 하였다. 좌방은 고전음악인의 양성기관이었고, 우방은 서민음악인의 양성기관이었다고 할 수 있다. 아속악조 역시 법에 아악과 속악에 따라 좌우방으로 나누어 악사, 악생, 악공, 가동별로 정원을 규정하여 놓고, 이에 따라 요원을 충용하여 도제제도 형식으로 음악인을 양성하도록 하였다. 정원의 내용은 다음과 같다.[16]

아악(雅樂)은 좌방(左坊)에 속하며 악사(樂師) 2인, 악생(樂生) 297인[보수(補數) 1백인]은 모두 양인(良人)으로 충용하고 속악(俗樂)은 우방(右坊)에 속하며 악사(樂師) 2인, 악공(樂工) 518인[매(每) 10인에 보수(補數) 1인] 동(歌童) 10인은 모두 공천(公賤)으로 충용한다. [속(續)] 좌방(左坊) 악생(樂生) 195인, 우방(右坊) 악사(樂師) 5인, 악공(樂工) 441인, [증(增)] 장악원은 둘째 날과 여섯째 날에 좌기(坐起)하여 전좌일(殿坐日)이라도 시행하고 만일 당일에 유고하면 다음 날로 퇴행(退行)한다.

(7) 선 상

선상(選上)은 여기와 여의를 뽑아 올리는 제도다. 조선 조정은 이 제도를 통하여 정원을 정하여 3년마다 각 지방에서 여비 중에 연소한 여자를 뽑아 올려 일부는 무용과 음악을 학습시켜 여기로 삼았으며, 또 다른 일부는 의술을 가르쳐 여의로 삼았다. 여의만은 예외로 3년이 되지 않아도 결원이 생기면 지방에서 택정하여 충원하도록 하고 있다. 이는 여성을 대상으로 무용과 음악과 같은 기예나 의술을 가르치고 훈련시켰다는 점에서 여성의 교육제도이기도 하였으나, 여비를 대상으로 하였다는 점에서는 서민교육의 일환이었다. 법정의 정원을 미리 정해 놓고 주기적으로 사람을 뽑아 올리는

---

16) 대전회통, 상게서, p. 328.

계획양성제도를 취한 것은 이 영역이 국가에 필요하였기 때문이다. 이 제도는 비록 학교라는 형식에 의존하지 않았으나, 실무에 종사하면서 무용과 음악 또는 의학을 배우도록 하였다는 점에서 역시 도제제도의 교육형식이였다고 말할 수 있다. 선상, 즉 여기와 여의를 선발하는 방식과 정원은 다음과 같다.17)

- 여기(女技) 150인, 연화대(蓮花臺) 10인, 여의(女醫) 70인을 매 3년에 모두 제 읍비(邑婢)의 연소한 자로서 뽑아 올림[여의(女醫)면 성재(成才) 후에 본읍(本邑)으로 돌려보내고 경중(京中) 각사비(各司婢)로 택정(擇定)한다], 속: 진연(進宴)할 때에는 여기(女技) 50인을 뽑아 올린다.
- 여기(女技)로 습악(習樂)하고 도착할 때에 궐원(闕員)된 자는 모두 그의 부(夫)를 추치(推治)한다.
- 여의(女醫)를 뽑아 올리는 법은 매 3년에 하는 것으로 한정하지 않고 본래 액수(額數)에 궐원(闕員)이 있으면 제읍(諸邑)에서 택정한다.

④ 기타 아문과 교육행정

1) 이조와 교육행정

이조(吏曹)는 '문선(文選), 훈봉(勳封), 고과(考課) 등의 정사(政事)'를 관장하는 조선조의 핵심기관이다. 문선사(文選司), 훈봉사(考勳司), 고공사(考功司)를 기본조직으로 하는 이조는 그중 문선사가 교육행정과 관련이 깊다. 이조는 예조와는 다른 별도의 취재, 천거(薦擧), 제수(除授) 등의 관리임용절차에 따라 교육에 관여하였다. 과거제도 이외의 관리채용제도인 '취재'의 경우, 직접 수령(守令), 외교관(外敎官), 역승(驛

17) 대전회통, 전게서, p. 328.

丞) 및 도승(渡丞), 음자제(蔭子弟), 녹사(錄事), 도류(道流), 서리(書吏) 등의 관리를 채용하는 시험에서 강(講)과 제술(製述) 등의 시험과목과 범위를 제시하여 학습방법에 영향을 주고 있었다. '천거' 또한 문반(文班)과 무반(武班)의 관원을 매년 추천하는 제도로서 추천에 상당한 인격과 식견을 요구하고 있고, 간혹 시험도 실시하여 교육에 영향을 주었다. '제수'는 천망의 절차를 밟지 않고 국왕이 직접 관리를 임명하는 제도로서 교수 등의 교관과 의원이 이 제도에 의하여 임명되는 경우가 있었다.[18)]

'문선사'는 '종친, 문관, 잡직, 증직(贈職) 등의 임명과 고신(告身), 녹패(祿牌), 문과, 생원, 진사, 사패(賜牌), 차정(差定), 취재, 개명(改名) 및 장오(贓汚), 패상인록(敗常人錄) 등에 관한 사무'를 관장하는 부서로서, 그 가운데 문관, 잡직 등의 임명에 관계되는 일과 문과, 생원, 진사, 취재 등 관리의 채용시험에 관계되는 일 등은 앞에서 설명한 바와 같이 시험과목 등과 같은 일과 연관되어 직간접으로 교육행정에도 관여하게 된다. 그다음으로는 '고공사'가 교육행정에 관련이 있다. 이 기관은 '문관의 공과(功過), 근태(勤怠), 휴가, 모든 관사의 아전(衙前)의 근무, 향리(鄕吏) 자손의 감독 등에 관한 사무'를 장리하는 기관으로서, 역시 교육에 관여하고 있었다. 그러나 '고훈사'만은 종재(宗宰) 및 공신(功臣)의 봉작(封爵) 등의 사무를 보는 기관으로 교육행정과는 비교적 무관하다.

이조에는 판서(判書: 정이품) 1인, 참판(參判: 종이품) 1인, 참의(參議: 정삼품) 1인, 정랑(正郞: 정오품) 2인, 좌랑(佐郞: 정육품) 2인의 직원이 있었다.

다음에 소개한 관아는 이조산하의 기관들이다. 그중에서도 종부사(宗簿寺)는 '준원보첩(濬源譜牒)을 편집 기록하고 종실의 비위를 조사 규탄하는 임무'를 담당하는 기관으로서 문서 보관과 역사 편찬에 적지 않게 기여한다는 점에서 교육과 관련이 있는 기관이다. 사옹원(司饔院)과 내수사(內需司) 등 두 기관은 공전의 규정에 따라 옹장(瓮匠), 야장(冶匠), 주장(鑄匠), 유장(鍮匠), 수철장(水鐵匠), 사기장(沙器匠), 목장(木匠) 등의 기능인이 배치되어 있어 실업교육의 현장이 되어 있었다.

---

18) 대전회통, 전게서, p. 41, pp. 23-153.
전률통보, 상권, 전게서, pp. 3-159.

- 충익부(忠翊府)－원종공신(原從功臣)의 관부다.
- 내시부(內侍府)－대내의 식사의 감독, 명령의 전달, 문의 수직(守直) 및 소제(掃除)하는 임무를 담당한다. 상선(尙膳), 상온(尙醞), 상차(尙茶), 상약(尙藥), 상전(尙傳), 상책(尙册), 상고(尙孤), 상노(尙帑), 상세(尙洗), 상촉(尙燭), 상훤(尙煊), 상설(尙設), 상제(尙除), 상문(尙門), 상경(尙更), 상원(尙苑), 대전장번(大殿長番), 대전출입번(大殿出入番), 왕비(王妃)전출입번, 세자궁(世子宮)장번, 세자궁출입번, 빈궁(嬪宮)출입번 등의 직책이 있다.
- 상서원(尙瑞院)－새보(璽寶), 부패(符牌), 절월(節鉞) 등에 관한 사무를 담당한다.
- 종부사(宗簿寺)－준원보첩(準源譜牒)을 편집, 기록하고 종실의 비위를 조사규탄하는 임무를 담당한다.
- 사옹원(司饔院)－왕의 식사와 대궐 안의 식사를 공급하는 일을 관장한다.
- 내수사(內需寺)－궁중용의 미곡, 포목 및 잡화, 노비 등을 관리한다.

〈공전〉

- 사옹원(司饔院)－사기장(沙器匠) 380
- 내수사(內需司)－옹장(瓮匠) 7, 야장(冶匠) 2, 주장(鑄匠) 10, 유장(鍮匠) 5, 수철장(水鐵匠) 6, 사기장(沙器匠) 6, 목장(木匠) 2

이조의 여러 기관을 그림으로 그려 보면 다음과 같다.

이조의 조직표

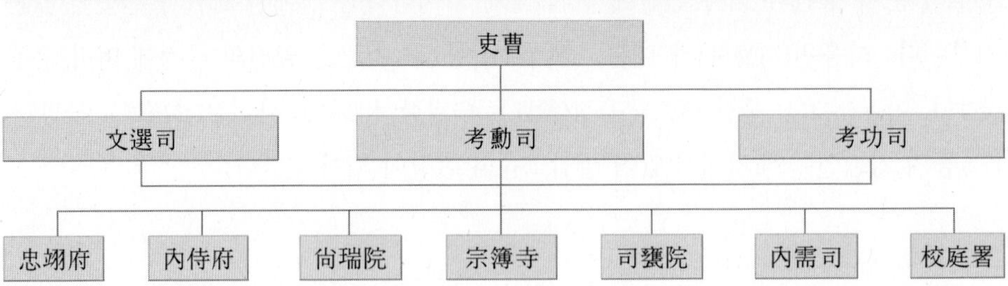

2) 호조와 교육행정

호조는 판적사(版籍司), 회계사(會計司), 경비사(經費司), 별례방(別例房), 전례방(前例房), 판별방(判別房), 별영색(別營色), 별고색(別庫色), 세폐색(歲幣色), 응변색(應辨色), 은색(銀色) 등 3사 2방 4색으로 구성되어 주로 '호구, 공물, 부역, 전량 및 식량, 그 밖의 재정 등에 관한 정사'를 담당하는 기관이다. 소속기관 중 교육행정과 관련 있는 기관은 판적사, 회계사, 경비사 등이다. '판적사'는 호구, 공물, 부역, 공납, 농사, 잠업의 권장 등에 관한 사무를 장리하고, '회계사'는 전국 관사(官司)의 재정과 식량 등을 관장하였으며, '경비사'는 특히 서울에서 소요되는 제반 경비의 지출을 관장하였는데, 이들 세 부서는 특히 교육재정에 깊이 관여하였다. '별례방'은 '경비사'의 별칭으로 이후에 바꾸어 부른 명칭이다. 그 밖의 부서들은 제물(祭物)이나 예장품(禮葬品)의 구입, 물품의 구매, 군병의 급료, 절사(節使)의 세폐(歲幣), 사신(使臣)의 접대용품 지급, 금은(金銀) 등에 대한 사무를 분담하고 있었다.[19]

특히 호조에는 예전 생도조의 규정에 따라 주학(籌學)을 학습하기 위한 생도가 배치되어 있고(원래는 15인이었으나 이후 45인으로 증가되었다), 또 이들 생도의 교육을 위하여 산학교수, 겸교수, 산학훈도 등 3명의 교원이 임명되어 있어 실무를 통한 도제제도의 교육이기는 하지만, 실제적인 산학교육의 교육기관으로 구실하였다.

호조에는 판서(判書: 정이품) 1인, 참판(參判: 종이품) 1인, 참의(參議: 정삼품) 1인, 정랑(正郞: 정오품) 3인, 좌랑(佐郞: 정육품) 3인, 산학교수(算學敎授: 종육품) 1인, 겸교수(兼敎授: 정삼품) 1인, 별제(別提) 1인, 산사(算士: 정칠품) 1인, 계사(計士: 종칠품) 1인, 산학훈도(算學訓導: 정팔품), 회사(會士: 종팔품) 1인의 직원이 있었다.

호조의 조직기구를 그림으로 나타내면 다음과 같다.

---

19) 대전회통, 전게서, pp. 41-42, pp. 155-246.
전률통보, 상권, 전게서, pp. 163-319.

호조의 기구표

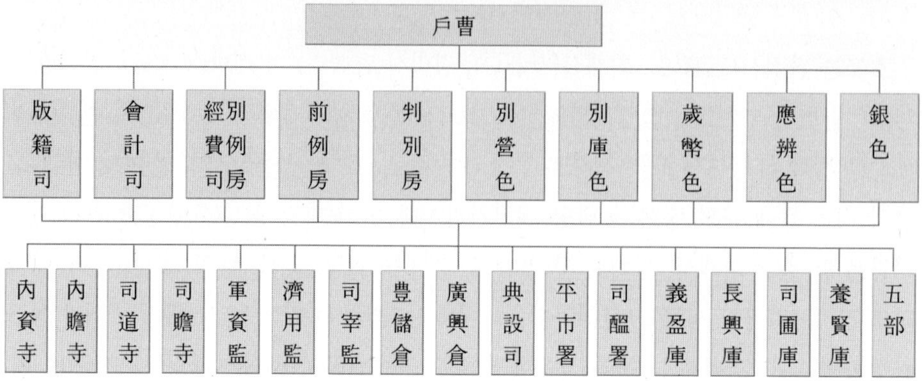

그 밖에 산하기관에는 공전에 규정한 바에 따라 '내자사'에는 옹장(甕匠), 화장(花匠), 방직장(紡織匠), 성장(筬匠) 등이, '내섬사'에는 옹장(甕匠), 방직장(紡織匠), 성장(筬匠) 등이, '사도사'에는 옹장(甕匠) 등이, '사섬사'에는 인출장(印出匠), 저폐장(楮幣匠) 등이, 제용감(濟用監)에는 숙피장(熟皮匠), 모관장(毛冠匠), 하엽록장(荷葉綠匠), 분장(粉匠), 황단장(黃丹匠), 재작장(裁作匠), 홍염장(紅染匠), 도침장(刀針匠), 세답장(洗踏匠), 침선장(針線匠), 방직장(紡織匠), 성장(筬匠), 청염장(靑染匠), '전설사'에는 침장(針匠), 다회장(多繪匠) 등이, '사온서'에는 옹장(甕匠) 등이, '의영고'에는 옹장(甕匠), 촉장(燭匠) 등이, '장흥고'에는 인장(茵匠), 도배장(塗褙匠) 등이, '사포서'에는 옹장(甕匠) 등이, '양현고'에는 옹장(甕匠) 등이 각각 배속되어 방직, 염색, 인쇄 등 여러 영역의 기술을 유지하고 발전시키는 기술교육의 본산이 되었다.[20]

산하 각 관아의 임무와 장인의 종류 및 정원은 다음과 같다.

〈호조 산하 관아의 임무〉

• 내자사(內資寺)－궁중에 공급하는 미곡, 면류, 장, 기름, 봉밀, 소채, 과실, 궁중연

20) 대전회통, 전게서, pp. 633－635.
전률통보, 상권, 전게서, pp. 633－637.

회 및 직조물 등에 관한 일을 관장한다.

- 내섬사(內贍寺)-각궁 및 각전에 올리는 물건과 2품 이상의 고관에게 하사하는 주류 등을 관장한다.
- 사도사(司䆃寺)-궁중 미창(米倉)의 미곡 및 궁중에 공급되는 장 등의 물건을 관리한다.
- 사섬사(司贍寺)-저화의 제조와 외거노비(外居奴婢)의 공포 등에 관한 일을 관장한다.
- 제용감(濟用監)-왕에게 진상하는 직물, 인삼 및 왕이 하사하는 의복, 사포, 나사, 능사, 주단, 포화, 녹색, 입염, 직조물 등에 관한 일을 담당한다.
- 사재감(司宰監)-궁중에 수요되는 어류, 수육, 식염, 연료 및 거화 등을 관장한다.
- 평시서(平市署)-시장과 점포를 단속하고 도량형기를 정확하게 하며 물가를 조정하는 등의 일을 관장한다.
- 풍저창(豊儲倉)-미곡, 두태(豆太), 초둔(草芚), 지지(紙地) 등이 물건을 관리한다.
- 광흥창(廣興倉)-백관의 봉록미(俸祿米)를 관리한다.
- 전설사(典設司)-식전에 사용하는 장막을 공급하는 일을 관장한다.
- 의영고(義盈庫)-국내에 있는 유류, 봉밀(蜂蜜), 황랍(黃蠟), 소물(素物) 및 호초(胡椒) 등의 물건을 관리한다.
- 장흥고(長興庫)-돗다리(草席), 유둔(油芚), 지지(紙地) 등의 물건을 관장한다.
- 사온서(司醞署)-궁중의 술과 감주를 공급하는 일을 담당한다.
- 사포서(司圃署)-왕유인 원포의 소채를 재배하는 일을 담당한다.
- 양현고(養賢庫)-성균관의 유생에게 미곡, 두태 등을 공급하는 일을 담당한다. 전적, 박사, 학정이 겸임한다.
- 오부(五部: 경성의 중동남서북 등 5부의 5개 관서)-한성부관 내 각동 거주인의 범법한 사건과 교량, 도로, 반화(頒火), 금화(禁火), 이문(里門)의 경계와 수직(守直), 가옥과 대지의 측량, 시체의 검사 등에 관한 일을 관장한다.

〈장인의 종류 및 정원〉

- 내자사(內資寺)－옹장(瓮匠) 8, 화장(花匠) 2, 방직장(紡織匠) 30, 성장(筬匠) 2
- 내섬사(內贍寺)－옹장(瓮匠) 8, 방직장(紡織匠) 30, 성장(筬匠) 2
- 사도사(司䆃寺)－옹장(瓮匠) 8
- 사섬사(司贍寺)－인출장(印出匠) 2, 저폐장(楮幣匠) 2
- 제용감(濟用監)－숙피장(熟皮匠) 2, 모관장(毛冠匠) 2, 하엽록장(荷葉綠匠) 2, 분장(粉匠) 2, 황단장(黃丹匠) 2, 재작장(裁作匠) 2, 홍염장(紅染匠) 10, 도침장(刀針匠) 6, 세답장(洗踏匠) 4, 침선장(針線匠) 24, 방직장(紡織匠) 30, 성장(筬匠) 2, 청염장(靑染匠) 20
- 전설사(典設司)－침장(針匠) 2, 다회장(多繪匠) 6
- 사온서(司醞署)－옹장(瓮匠) 4
- 의영고(義盈庫)－옹장(瓮匠) 4, 촉장(燭匠) 4
- 장흥고(長興庫)－인장(茵匠) 8, 도배장(塗褙匠) 8
- 사포서(司圃署)－옹장(瓮匠) 10
- 양현고(養賢庫)－옹장(瓮匠) 2

3) 병조와 교육행정

병조는 무선사(武選司), 승여사(乘輿司), 무비사(武備司), 정색(正色), 마색(馬色), 일군색(一軍色), 이군색(二軍色), 유청색(有廳色), 도안색(圖案色), 결속색(結束色) 등 3개의 사(司)와 8개의 색(色)으로 구성된다. 직원에는 판서 정이품 1인, 참판(參判) 종이품 1인, 참의 정삼품 1인, 참지(參知) 정삼품, 정랑 정오품 4인, 좌랑 정육품 4인이 있다.

산하에 오위(五衛), 훈련원(訓練院), 사복사(司僕寺), 군기사(軍器寺), 전설사(典設司), 세자익위사(世子翊衛司), 세손위종사(世孫衛從司) 등 6개의 관아가 소속되어 있다. 그중 무선사(武選司)는 이후 정색(正色)으로 명칭을 바꾸었으나 이는 '무관(武官), 군사(軍士) 및 잡직(雜職)의 임명(任命)·고신(告身)·녹패(祿牌)·부과(賦過)·사가

(賜暇) 및 무과고시(武科考試) 등에 관한 사무(事務)'를 장리하는 부서로서, 특히 무과 고시에 관계되는 일은 무과지망자(武科志望者)의 교육수준을 가늠하는 일로 교육과 관계된다. 무과고시의 시험과목에는 목전(木箭), 철전(鐵箭), 편전(片箭), 기사(騎射), 관혁(貫革), 기창(騎槍), 격구(擊毬), 유엽전(柳葉箭), 조총(鳥銃), 편추(鞭芻) 등과 같은 무술 이외에 교양부분을 시험하는 강서(講書)가 있다. 강서는 사서(四書)와 오경(五經), 통감(通鑑), 병요(兵要), 장감(將鑑), 박의(博議), 무경(武經), 소학(小學) 등의 광범한 영역에서 치러진다.[21]

그 산하기관 중 '사복사'와 '군기사'는 각각 '왕의 가마, 말 외양간 및 목장에 관한 사무'와 '병기를 제조하는 일'을 담당하여 실무나 실업에 관한 교육에 깊이 관여하였다. 사복사는 말(馬)의 사육과 훈련 등의 실무를 통하여 축산(畜產)에 관한 기술교육에 관여하였고, 특히 군기사는 공전의 규정을 통하여 실제로 칠장(漆匠), 마조장(磨造匠), 궁현장(弓弦匠), 유칠장(油漆匠), 주장(鑄匠), 생피장(生皮匠), 갑장(甲匠), 궁인(弓人), 실인(矢人), 쟁장(錚匠), 목장(木匠), 야장(冶匠), 양근(楊根), 연장(鍊匠), 아교장(阿膠匠), 고장(鼓匠), 연사장(鍊絲匠) 등 일정한 수의 기능공인 장인을 고정, 배치하여 수공업의 차원이기는 하나 산업기술 교육에 이바지하였다.

병조의 조직표와 장인의 종류 및 정원을 소개하면 다음과 같다.

21) 대전회통, 전게서, p. 43, pp. 355-530.
전률통보, 상권, 전게서, pp. 3-210.

병조의 조직표

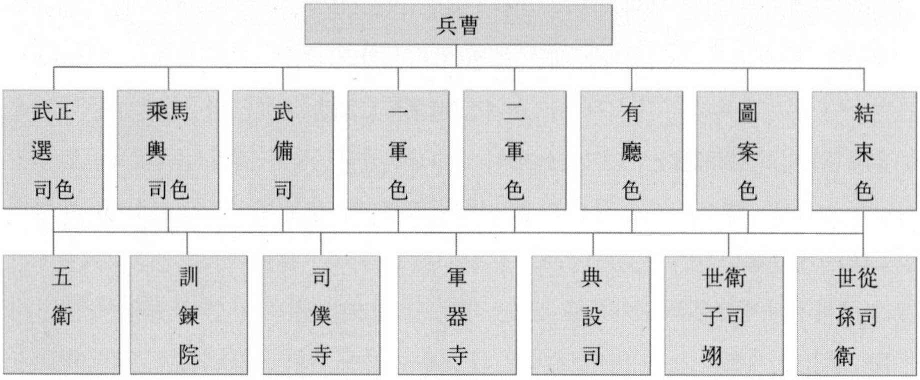

공전의 경공장조[22)]

군기사(軍器寺)−칠장(漆匠), 마조장(磨造匠) 12, 궁현장(弓弦匠) 6, 유칠장(油漆匠) 2, 주장(鑄匠) 20, 생피장(生皮匠) 4, 갑장(甲匠) 35, 궁인(弓人) 90, 실인(矢人) 150, 쟁장(錚匠) 11, 개성부(開城府) 5, 목장(木匠) 4, 야장(冶匠) 130, 개성부(開城府) 50, 양근(楊根) 10, 연장(鍊匠) 160, 개성부(開城府) 50, 아교장(阿膠匠) 2, 고장(鼓匠) 4, 연사장(鍊絲匠) 2

4) 형조와 교육행정

형조는 상복사(祥覆司), 고율사(考律司), 장금사(掌禁司), 장예사(掌隷司) 등 4개의 사(司)와 장예원(掌隷院), 전옥서(典獄署) 등 2개의 소속관아를 거느리고 '법률 · 상언 · 소송(訴訟) · 노예(奴隷) 등에 관한 정사(政事)'를 담당하는 정부의 한 기구였다. 여기서 '상복사'는 무거운 중죄를 상세하게 심사하는 직무를 수행하고, '고율사'는 법률에 대하여 조사하는 직무를 담당하며, '장금사'는 감옥과 범죄수사에 관한 직무를

22) 전률통보, 상권, 전게서, pp. 633−637.

집행하였다. '장예사'는 노예적(奴隸籍)과 포로(捕虜)에 관한 사무를 관장하였다. 특히 형조에는 예전의 '생도조'에 따라 율학(律學)을 학습하는 40인의 생도(추후 40인이 추가됨)가 배치되어 이 기관에 소속되어 있는 율학교수의 지도하에 법률을 학습하였다. 그러한 의미에서 형조는 국가의 법률에 관한 사무를 집행하는 기관인 동시에 법률교육을 실시하는 법률학교였다. 형조의 조직표는 다음과 같다.[23]

형조의 조직표

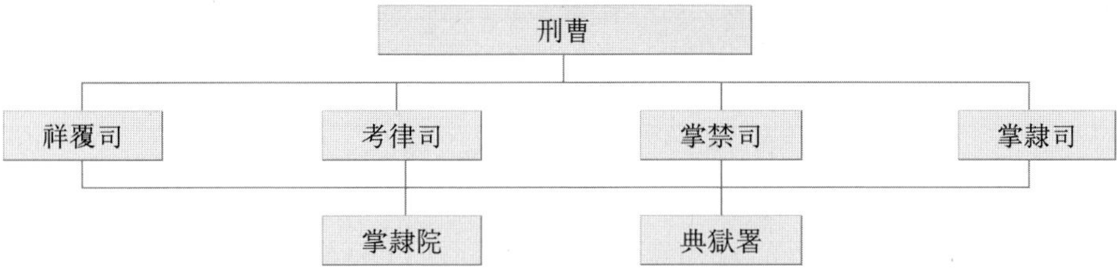

형조의 관직은 판서 정이품 1인, 참판 종이품 1인, 참의 정삼품 1인, 정랑 정오품 3인, 좌랑 정육품 3인, 율학교수(律學教授) 종육품 1인, 검률(檢律) 종구품 1인으로 구성되어 있다. 산하기관에는 장예원과 전옥서가 있으며, 전자는 '노예(奴隷)의 부적(簿籍)과 결송(決訟)의 일'을 담당하는 관아로서 판결사(判決事) 정삼품 1인, 사의(司議) 정오품 3인, 사평(司評) 정오품 4인의 직원이 있고, 후자는 '구금된 죄인의 형행(刑行)'을 담당하는 관아로서 주부(主簿) 종육품 1인, 봉사(奉事) 종팔품, 참봉(參奉) 종구품 1인의 직원이 있었다.

23) 대전회통, 상게서, pp. 43-44, pp. 531-613.
법제처, 전률통보, 하권, 1972, pp. 233-511.

5) 공조와 교육행정

(1) 공조와 조직

공조는 산림(山林)・소택(沼澤)・공장・건축(建築)・도요공(陶窯工)・야금(冶金) 등에 관한 정사(政事)를 관장하는 정부의 기구로, 그 안에 영조사(營造司), 정치사(政治司), 산택사(山澤司) 등의 3개 사(司)와 산하에 상의원(尙依院), 선공감(繕工監), 수성금화사(修城禁火司), 전연사(典涓司), 장원서(掌苑署), 조지서(造紙署), 와서(瓦署), 귀후서(歸厚署), 전함사(典艦司) 등의 여러 소속관아를 두고 있었다.[24)]

그중 '영조사'는 '객실(宮室)・성지(城池)・관공서의 청사(廳舍)・가옥(家屋)・토목공사(土木工事)・피혁(皮革)・모포(毛布) 등에 관한 사무'를, '정치사'는 '각종 공예품의 제작(製作)・금은(金銀)・주옥(珠玉)・동랍철(銅蠟鐵)의 야주(冶鑄)・도기(陶器)・개아(蓋瓦)・도량기(度量器) 등의 관한 사무'를, '산택사'는 '산림(山林)・소택(沼澤)・나루터・교량(橋梁)・궁궐의 정원(庭園)・식목(植木)・목탄(木炭)・석재(石材)・선박(船舶)・차량(車輛)・필묵(筆墨)・수철(水鐵)・칠기(漆器) 등의 사무'를 장리하였다. 공조의 직원은 판서 1인, 참판 1인, 참의 1인, 정랑 3인, 좌랑 3인이 있었다.[25)]

공전의 영선(營繕)・도량형(度量衡)・주차(舟車)・재식(栽植)・철장(鐵場)・시장(柴場) 등에 관한 조항은 이 시대의 공업, 농업, 임업 등의 실업분야에 기술과 지식을 보급하여 적지 않게 교육적 기능을 수행하였을 것으로 여겨진다. 도로, 궁궐・학교의 공공건물, 성곽 등 여러 시설물을 수리하는 일에서 시작하여, 표준형의 도량형을 보급・감독, 선박과 차량의 건조(建造)와 배정(配定), 땔감의 칠목(漆木)・누에를 위한 시목(桑木)・열매를 위한 과목(果木) 등의 식재(植栽)와 감독(監督), 철(鐵)의 생산(生產)・야금(冶金) 등 주요 기술 문제를 다루고 있다.[26)]

---

24) 대전회통, 전게서, p. 615.
 전률통보, 하권, 전게서, pp. 519–555.

25) 대전회통, 상게서, p. 44.

26) 대전회통, 상게서, pp. 616–628.

공조의 임무를 수행하기 위하여 공조에는 매우 다양한 기능인인 공장(工匠)들을 배치하고 있다. 즉, 초립장(草笠匠), 사모장(紗帽匠), 도다익장(都多益匠), 다회장(多繪匠), 망건장(網巾匠), 모자장(帽子匠), 옹장(瓮匠), 화장(和匠), 은장(銀匠), 금박장(金箔匠), 과피장(裹皮匠), 화장(靴匠), 삽혜장(鈒鞋匠), 숙피장(熟皮匠), 화아장(花兒匠), 사피장(斜皮匠), 전장(氈匠), 입사장(入絲匠), 칠장(漆匠), 두석장(豆錫匠), 주장(鑄匠), 나전장(螺鈿匠), 유장(鍮匠), 배첩장(褙貼匠), 침장(針匠), 경장(鏡匠), 조각장(雕刻匠), 동장(銅匠), 주피장(周皮匠), 한치장(汗致匠), 안롱장(鞍籠匠), 간다개장(看多介匠), 필장(筆匠), 죽장(竹匠), 추골장(鞦骨匠), 인장(印匠), 수철장(水鐵匠), 야장(冶匠), 주장(珠匠), 첨보로장(韂甫老匠), 매집장(每緝匠), 안자장(鞍子匠), 어적장(於赤匠), 점장(簟匠), 목소장(木梳匠), 소성장(梳省匠), 통개장(筒介匠), 첩선장(貼扇匠), 표통장(表筒匠), 징자장(稱子匠), 원선장(圓扇匠), 죽소장(竹梳匠), 침선장(針線匠), 초염장(草染匠), 목영장(木纓匠) 등 갖가지 기능인을 망라하고 있었다.[27]

산하의 각 관아 중 '상의원(尙衣院)'은 왕의 의복과 궁중에서 소요되는 용도품(用度品), 금, 보화 등의 물건을 공급하는 일을 담당하였고, '선공감(繕工監)'은 토목과 건축에 관한 일을 담당하였으며, '수성금화사(修城禁火司)'는 궁성(宮城)과 도성(都城)의 성곽의 수리와 궁궐 관청의 청사(廳舍), 경성(京城) 각 동민가(洞民家)의 소방(消防)에 관한 일을 관장하였다. 또 '전연사(典涓司)'는 궁궐을 청결케 하는 임무를 담당하였고, '장원서(掌苑署)'는 원포(園圃)의 꽃나무, 과실나무를 관리하였으며, '조지서(造紙署)'는 표(表), 전(箋), 자문(咨文) 등에 사용하는 종이, 제반사(諸般事)에 사용하는 지지(紙地)를 제조하는 일을 맡았다. 또한 '와서(瓦署)'는 개와(蓋瓦)와 벽돌을 제조하는 일을, 귀후서(歸厚署)는 관곽(棺槨)을 제조하여 일반인의 원(願)에 따라 매각(賣却)하고, 예장(禮葬)에 수요(需要)되는 모든 일을, '전함사(典艦司)'는 선박을 제조하고 수리하는 일을 각각 담당하였다.

이 관아들도 공조와 같이 각기 담당하는 임무에 따라 각각 필요로 하는 법정인원의

27) 대전회통, 전게서, p. 633.

장인을 확보하고 있었다. 즉, '상의원'은 능라장(綾羅匠), 초립장(草笠匠), 유립장(襦笠匠), 사모장(紗帽匠), 양태장(凉太匠), 도다익장(都多益匠), 다회장(多繪匠), 망건장(網巾匠), 모자장(帽子匠), 도련장(擣鍊匠), 성장(筬匠), 옥장(玉匠), 옹장(瓮匠), 화장(和匠), 은장(銀匠), 금박장(金箔匠), 과피장(裹皮匠), 화장(靴匠), 삽혜장(靸鞋匠), 숙피장(熟皮匠), 화아장(花兒匠), 사피장(斜皮匠), 모의장(毛衣匠), 전장(氈匠), 입사장(入絲匠), 모관장(毛冠匠), 사금장(絲金匠), 칠장(漆匠), 두석장(豆錫匠), 마조장(磨造匠), 궁현장(弓弦匠), 유칠장(油漆匠), 주장(鑄匠), 나전장(螺鈿匠), 하엽록장(荷葉綠匠), 생피장(生皮匠), 유장(鍮匠), 배첩장(褙貼匠), 침장(針匠), 경장(鏡匠), 풍물장(風物匠), 조각장(雕刻匠), 묵장(墨匠), 동장(銅匠), 궁인(弓人), 실인(矢人), 도자장(刀子匠), 야장(冶匠), 연장(鍊匠), 매집장(每緝匠), 목소장(木梳匠), 재금장(裁金匠), 도목개장(都目介匠), 도결아장(都結兒匠), 웅피장(熊皮匠), 전피장(換皮匠), 화빈장(火鑌匠), 죽소장(竹梳匠), 환도장(環刀匠), 침선장(針線匠), 합사장(合絲匠), 청염장(靑染匠), 홍염장(紅染匠), 세답장(洗踏匠), 도침장(擣砧匠), 연사장(鍊絲匠), 방직장(紡織匠), 초염장(草染匠) 등의 장인을 확보하고 있었고, '선공감(繕工監)'은 마조장(磨造匠), 조각장雕刻匠), 죽장(竹匠), 목장(木匠), 석장(石匠), 야장(冶匠), 개장(盖匠), 니장(泥匠), 전장(氈匠), 도채장(塗彩匠), 돌장(堗匠), 차장(車匠), 우산장(雨傘匠), 점장(簟匠), 염장(簾匠), 파자장(把子匠), 상화롱장(牀花籠匠), 석회장(石灰匠), 마미식장(馬尾飾匠), 통장(桶匠), 아교장(阿膠匠) 등의 장인을 보유하고 있었다. 그리고 '장원서(掌苑署)'는 옹장(瓮匠)을, '조지서(造紙署)'는 목장(木匠), 염장(簾匠), 지장(紙匠)을, '와서(瓦署)'는 와장(瓦匠), 잡상장(雜象匠)을, '전함사(典艦司)'는 선장(船匠)을 각기 갖추고 있었다.

공조와 산하의 관아들이 이와 같이 조직의 목적에 따라 갖가지 기능인인 장인을 양성하여 확보하고 있었다는 것은 이들 각 기관이 국가의 생산 등 실업업무에 종사할 뿐만 아니라, 실업교육 또는 산업교육의 기관으로도 구실하였음을 말해 준다.

공조의 조직을 표로 나타내면 다음과 같다.

공조의 조직도

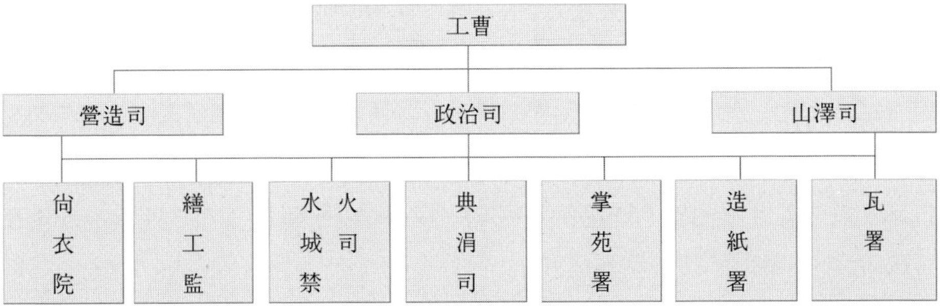

(2) 공전의 교육조항

조선조의 산업관계 법전인 공전의 교육조항은 공장조(工匠條)와 경공장조(京工匠條), 외공장조(外工匠條)에서 찾아볼 수 있다. 이 조항들은 조선조의 실업교육을 위한 법전이다. 여기서 '공장조'는 당시 산업의 기능요원이었던 공장(工匠)에 관하여 포괄적으로 규정하고 있는 조항이며, '경공장조'는 중앙정부의 기관, 즉 공조를 비롯한 여러 정부기관과 산하기관에, '외공장조'는 지방관서에, 각각 배치해야 기능인, 이른바 공장의 종류와 정원에 대하여 규정하고 있다. 이러한 공전의 공장에 관한 규정은 당시 정부가 필요로 하는 산업요원의 종류와 인원을 법으로 정해 놓고 해당하는 기능인을 도제제도를 통하여 부단히 계획 · 양성하여 온 제도로서, 일종의 실업교육제도(實業敎育制度)의 하나라고 할 수 있다. 이때 도제제도의 교사격인 능숙한 장인을 '훈회장인(訓誨匠人)'이라 하였고, 그들은 새로운 미숙한 장인을 능숙한 공장(工匠)으로 양성하는 일을 하였다. 그 과정은 대부분 훈해장인의 지도하에 일하며 배우는 도제제도의 형식이었다. 경우에 따라서는 재능이 있는 자를 찾아내어 필요에 따라 어느 곳 어느 직에 있든 강제로 보충하기도 하고, 또 사기장인(沙器匠人)과 같은 특정 영역의 기능직은 세습제도에 의하여 부자간에 기술이 전승되기도 하였다.

공전의 공장조는 장인의 철저한 관리를 위하여 모든 공장의 적(籍)을 작성하여 이를 공조와 본사(本司) 그리고 도(道)나 읍(邑)에 보관하고 이들 장인을 관리하도록 규정하고 있다. 국가에 긴요한 장인이 모자랄 때에는 군사(軍士), 보율(保率), 관속(官

屬), 공천(公賤)을 불문하고 해당하는 사람을 보충하게 하고, 재능이 있는 재인(才人)으로 아직 이를 제대로 익히지 못한 자가 있으면 일정한 기한을 두어 이를 가르치는 도제제도의 교사격인 훈해장인을 통하여 반드시 익히도록 하였다. 이 공장은 옹점장인(瓮店匠人), 수철장인(水鐵匠人), 사기장인(沙器匠人), 궁장인(弓匠人), 실장인(矢匠人) 등이 있다. 그중 '사옹원'의 사기장인은 자제로 하여금 세습으로 이어 가도록 규정하고 있다. 그 밖에 왕의 하사본(下賜本)의 제본(製本)을 맡는 교서관의 장무관(掌務官)도 공장에 속하는 기능인이다.

이 공전의 경공장조와 외공장조의 내용은 중앙정부와 지방관서에 수요되는 공산품을 보급하기 위하여 중앙에는 제궁(諸宮)과 각사(各司)에, 지방에는 도에 각기 필요로 하는 기능직의 장인을 예속시키는 제도에 관하여 규정하고 있다. 조선조는 이 제도를 통하여 직업교육과 기술교육을 주도하였다. 이 제도는 한편으로 실무 차원에서 사회의 요구에 부응하여 필요한 공산품의 생산을 보장하여 왔으며, 다른 한편으로는 각 기관 내외에서 도제제도나 그 밖의 어떤 방법으로 부단히 기능보유자인 장인을 양성·확보하여 왔던 것이다. 이때의 공장의 지위에 있는 장인의 종류는 초립장, 사모장, 도다익장, 다회장, 망건장, 모자장, 옹장, 화장, 은장, 금박장, 과피장, 화장 등 무려 130여 개나 되며, 이는 당시 조선 사회에서 필요한 모든 기술 부분을 망라하고 있다. 이들 장인의 종류를 열거하면 다음과 같다.[28)]

각자장(刻字匠), 각장(刻匠), 간다개장(看多介匠), 갑장(甲匠), 개장(盖匠), 경장(鏡匠), 고장(鼓匠), 과피장(裹皮匠), 궁인(弓人), 궁현장(弓弦匠), 균자장(均字匠), 금박장(金箔匠), 나전장(螺鋑匠), 나전장(螺鈿匠), 능라장(綾羅匠), 다회장(多繪匠), 도다익장(都多益匠), 도련장(檮鍊匠), 도목개장(都目介匠), 도배장(塗褙匠), 도자장(刀子匠), 도채장(塗彩匠), 도침장(檮砧匠), 돌장(堗匠), 동장(銅匠), 두석장(豆錫匠), 마미식장(馬尾飾匠), 마조장(磨造匠), 망건장(網巾匠), 매집장(每緝匠), 모관장(毛冠匠),

---

28) 대전회통, 전게서, pp. 632-636.
전률통보, 하권, 전게서, pp. 538-546.

모의장(毛衣匠), 모자장(帽子匠), 목소장(木梳匠), 목영장(木纓匠), 목장(木匠), 묵장(墨匠), 방직장(紡織匠), 배첩장(褙貼匠), 변비장(籩篚匠), 분장(粉匠), 사금장(絲金匠), 사기장(沙器匠), 사모장(紗帽匠), 사피장(斜皮匠), 삽혜장(靸鞋匠), 상자장(箱子匠), 상화롱장(牀花籠匠), 생피장(生皮匠), 석장(石匠), 석장(席匠), 석회장(石灰匠), 선자장(扇子匠), 선장(船匠), 성장(筬匠), 세답장(洗踏匠), 소성장(梳省匠), 소장(梳匠), 수철장(水鐵匠), 숙피장(熟皮匠), 시인(矢人), 아교장(阿膠匠), 안용장(鞍龍匠), 안자장(鞍子匠), 야장(冶匠), 양근(楊根), 양태장(凉太匠), 어적장(於赤匠), 연사장(鍊絲匠), 연장(鍊匠), 연철장(鉛鐵匠), 염장(簾匠), 옥장(玉匠), 옹장(瓮匠), 와장(瓦匠), 우산장(雨傘匠), 웅피장(熊皮匠), 원선장(圓扇匠), 유구장(油具匠), 유립장(襦笠匠), 유장(鍮匠), 유칠장(油漆匠), 은장(銀匠), 니장(泥匠), 인장(印匠), 인장(茵匠), 인출장(印出匠), 입사장(入絲匠), 자격장(自擊匠), 잡상장(雜象匠), 재금장(截金匠), 재작장(裁作匠), 쟁장(錚匠), 저폐장(楮幣匠), 전장(氈匠), 전피장(猠皮匠), 점장(簟匠), 조각장(雕刻匠), 종모아장(鬃帽兒匠), 주장(珠匠), 주장(鑄匠), 주피장(周皮匠), 죽소장(竹梳匠), 죽장(竹匠), 지장(紙匠), 차장(車匠), 첨보노장(簷甫老匠), 첩선장(貼扇匠), 청염장(靑染匠), 초립장(草笠匠), 초염장(草染匠), 촉장(燭匠), 추골장(鞦骨匠), 칠장(漆匠), 침선장(針線匠), 침장(針匠), 칭자장(稱子匠), 통개장(筒介匠), 통장(桶匠), 파자장(把子匠), 표통장(表筒匠), 풍물장(風物匠), 필장(筆匠), 하엽록장(荷葉綠匠), 한치장(汗致匠), 합사장(合絲匠), 향장(香匠), 홍염장(紅染匠), 화빈장(火鑌匠), 화아장(花兒匠), 화장(和匠), 화장(花匠), 화장(靴匠), 환도장(環刀匠), 황단장(黃丹匠), 황엽장(簧葉匠)

여러 종류의 장인(匠人)은 중앙정부의 각 기관, 즉 각궁(各宮) 각사(各司)에 배치되고 있다. 이들 장인은 공조에 초립장(草笠匠), 사모장(紗帽匠) 등 54개 종류가 배치된 것을 시작으로, '봉상사(奉常寺)'에는 옹장(甕匠), 화장(花匠) 3개, '내의원(內醫院)'에는 분장(粉匠), 향장(香匠) 2개, '상의원(尙衣院)'에는 능라장(綾羅匠), 초립장(草笠匠) 등 68개, '군기사(軍器寺)'에는 칠장(漆匠), 마조장(磨造匠) 등 20개, 교서관(校書館)에는 야장, 균자장 등 8개, '사옹원'에는 사기장 1개, '내자사'에는 옹장, 화장 등 4개, '내섬사(內贍寺)'에는 옹장, 방직장 등 3개, '사도사'에는 옹장 1개, '예빈사'에는 옹장, 화장

2개, '사섬사(司贍寺)'에는 인출장, 저폐장 2개, '선공감(繕工監)'에는 마조장, 조작장 등 21개, '제용감(濟用監)'는 숙피장, 모관장 등 14개, 장악원에는 풍물장, 황엽장 2개, 관상감에는 자격장 1개, 전설사에는 침장, 다회장 2개, 정함사에는 선장 1개, '내수사'에는 옹장, 양장 등 7개, '소격서'에는 옹장 1개, '사온서'에는 옹장 1개, '의영고'에는 옹장, 촉장 2개, '장홍고'에는 인장, 도배장 2개, '장원서'에는 옹장 1개, '사포서'에는 옹장 1개, 양현고에는 옹장 1개, '조지서'에는 목장, 염장 등 3개, '도화서'에는 배첩장 1개, '와서'에는 와장, 잡상장 2개, '귀후서'에는 목장, 양장 등 3개 종류의 장인들이 각각 배치 확보되어 있었다.

공전의 경공장조는 중앙관서의 장인 종류와 인원에 관하여 다음과 같이 규정하고 있다.

- 본조(本曹)-초립장(草笠匠) 8, 사모장(紗帽匠) 2, 도다익장(都多益匠) 2, 다회장(多繪匠) 2, 망건장(網巾匠) 2, 모자장(帽子匠) 6, 옹장(瓮匠) 13, 화장(和匠) 4, 은장(銀匠) 8, 금박장(金箔匠) 2, 과피장(裹皮匠) 2, 화장(靴匠) 6, 삽혜장(靸鞋匠) 6, 숙피장(熟皮匠) 10, 화아장(花兒匠) 2, 사피장(斜皮匠) 4, 전장(氈匠) 4, 입사장(入絲匠) 2, 칠장(漆匠) 10, 두석장(豆錫匠) 4, 주장(鑄匠) 20, 나전장(螺鈿匠) 2, 유장(鍮匠) 8, 배첩장(褙貼匠) 2, 침장(針匠) 2, 경장(鏡匠) 2, 조각장(彫刻匠) 2, 동장(銅匠) 4, 주피장(周皮匠) 6, 한치장(汗致匠) 2, 안용장(鞍龍匠) 2, 간다개장(看多介匠) 2, 필장(筆匠) 8, 죽장(竹匠) 2, 추골장(鞦骨匠) 2, 인장(印匠) 2, 수철장(水鐵匠) 30, 야장(冶匠) 4, 주장(珠匠) 2, 첨보노장(韂甫老匠) 2, 매집장(每緝匠) 2, 안자장(鞍子匠) 10, 어적장(於赤匠) 4, 점장(簟匠) 2, 목소장(木梳匠) 2, 소성장(梳省匠) 2, 통개장(筒介匠) 2, 첩선장(貼扇匠) 4, 표통장(表筒匠) 2, 칭자장(稱子匠) 2, 원선장(圓扇匠) 2, 죽소장(竹梳匠) 2, 침선장(針線匠) 10, 초염장(草染匠) 6, 목영장(木纓匠) 4
- 봉상사(奉常寺)-옹장(瓮匠) 10, 화장(花匠) 6, 변비장(籩篚匠) 4
- 내의원(內醫院)-분장(粉匠) 2, 향장(香匠) 4
- 상의원(尙衣院)-능라장(綾羅匠) 105, 초립장(草笠匠) 6, 유립장(襦笠匠) 2, 사모

장(紗帽匠) 4, 양태장(凉太匠) 2, 도다익장(都多益匠) 2, 다회장(多繪匠) 4, 망건장(網巾匠) 4, 모자장(帽子匠) 2, 도련장(擣鍊匠) 2, 성장(筬匠) 10, 옥장(玉匠) 10, 옹장(瓮匠) 10, 화장(和匠) 8, 은장(銀匠) 8, 금박장(金箔匠) 4, 과피장(裹皮匠) 4, 화장(靴匠) 10, 삽혜장(靸鞋匠) 8, 숙피장(熟皮匠) 8, 화아장(花兒匠) 4, 사피장(斜皮匠) 4, 모의장(毛衣匠) 8, 전장(氈匠) 8, 입사장(入絲匠) 4, 모관장(毛冠匠) 2, 사금장(絲金匠) 4, 칠장(漆匠) 8, 두석장(豆錫匠) 4, 마조장(磨造匠) 4, 궁현장(弓弦匠) 4, 유칠장(油漆匠) 2, 주장(鑄匠) 4, 나전장(螺鈿匠) 2, 하엽록장(荷葉綠匠) 2, 생피장(生皮匠) 2, 유장(鍮匠) 4, 배첩장(褙貼匠) 4, 침장(針匠) 2, 경장(鏡匠) 2, 풍물장(風物匠) 8, 조각장(雕刻匠) 4, 묵장(墨匠) 4, 동장(銅匠) 4, 궁인(弓人) 18, 시인(矢人) 21, 도자장(刀子匠) 6, 야장(冶匠) 8, 연장(鍊匠) 10, 매집장(每緝匠) 4, 목소장(木梳匠) 2, 재금장(裁金匠) 2, 도목개장(都目介匠) 2, 도결아장(都結兒匠) 2, 웅피장(熊皮匠) 2, 전피장(猠皮匠) 2, 화빈장(火鑌匠) 2, 죽소장(竹梳匠) 2, 환도장(環刀匠) 12, 침선장(針線匠) 40, 합사장(合絲匠) 10, 청염장(靑染匠) 10, 홍염장(紅染匠) 10, 세답장(洗踏匠) 8, 도침장(擣砧匠) 14, 연사장(鍊絲匠) 75, 방직장(紡織匠) 20, 초염장(草染匠) 4

- 군기사(軍器寺)-칠장(漆匠), 마조장(磨造匠) 12, 궁현장(弓弦匠) 6, 유칠장(油漆匠) 2, 주장(鑄匠) 20, 생피장(生皮匠) 4, 갑장(甲匠) 35, 궁인(弓人) 90, 시인(矢人) 150, 쟁장(錚匠) 11, 개성부(開城府) 5, 목장(木匠) 4, 야장(冶匠) 130, 양근(楊根) 10, 연장(鍊匠) 160, 아교장(阿膠匠) 2, 고장(鼓匠) 4, 연사장(鍊絲匠) 2
- 교서관(校書館)-야장(冶匠) 6, 균자장(均字匠) 40, 인출장(印出匠) 20, 각자장(刻字匠) 14, 주장(鑄匠) 8, 조각장(雕刻匠) 8, 목장(木匠) 2, 지장(紙匠) 4
- 사옹원(司饔院)-사기장(沙器匠) 380
- 내자사(內資寺)-옹장(瓮匠) 8, 화장(花匠) 2, 방직장(紡織匠) 30, 성장(筬匠) 2
- 내섬사(內贍寺)-옹장(瓮匠) 8, 방직장(紡織匠) 30, 성장(筬匠) 2
- 사도사(司導寺)-옹장(瓮匠) 8
- 예빈사(禮賓寺)-옹장(瓮匠) 8, 화장(花匠) 6
- 사섬사(司贍寺)-인출장(印出匠) 2, 저폐장(楮幣匠) 2

- 선공감(繕工監)－마조장(磨造匠) 8, 조각장(雕刻匠) 10, 죽장(竹匠) 20, 목장(木匠) 60, 석장(石匠) 40, 야장(冶匠) 40, 개장(盖匠) 20, 니장(泥匠) 20, 전장(氈匠) 20, 도채장(塗彩匠) 20, 돌장(堗匠) 8, 차장(車匠) 10, 우산장(雨傘匠) 10, 점장(簟匠) 10, 염장(簾匠) 14, 파자장(把子匠) 10, 상화농장(牀花籠匠) 4, 석회장(石灰匠) 6, 마미식장(馬尾飾匠) 4, 통장(桶匠) 10, 아교장(阿膠匠) 2
- 제용감(濟用監)－숙피장(熟皮匠) 2, 모관장(毛冠匠) 2, 하엽록장(荷葉綠匠) 2, 분장(粉匠) 2, 황단장(黃丹匠) 2, 재작장(裁作匠) 2, 홍염장(紅染匠) 10, 도침장(擣砧匠) 6, 세답장(洗踏匠) 4, 침선장(針線匠) 24, 방직장(紡織匠) 30, 성장(筬匠) 2, 청염장(靑染匠) 20
- 장락원(掌樂院)－풍물장(風物匠) 4, 황엽장(簧葉匠) 2
- 감상감(觀象監)－자격장(自擊匠) 10
- 전설사(典設司)－침장(針匠) 2, 다회장(多繪匠) 6
- 전함사(典艦司)－선장(船匠) 10
- 내수사(內需司)－옹장(瓮匠) 7, 야장(冶匠) 2, 주장(鑄匠) 10, 유장(鍮匠) 5, 수철장(水鐵匠) 6, 사기장(沙器匠) 6, 목장(木匠) 2
- 소격서(昭格署)－옹장(瓮匠) 4
- 사온서(司醞署)－옹장(瓮匠) 4
- 의영고(義盈庫)－옹장(瓮匠) 4, 촉장(燭匠) 4
- 장흥고(長興庫)－인장(茵匠) 8, 도배장(塗褙匠) 8
- 장원서(掌苑署)－옹장(瓮匠) 8
- 사포서(司圃署)－옹장(瓮匠) 10
- 양현고(養賢庫)－옹장(瓮匠) 2
- 조지서(造紙署)－목장(木匠) 2, 염장(簾匠) 8, 지장(紙匠) 81
- 도화서(圖畫署)－배첩장(褙貼匠) 2
- 와서(瓦署)－와장(瓦匠) 40, 잡상장(雜象匠) 4
- 귀후서(歸厚署)－목장(木匠) 4, 야장(冶匠) 2, 칠장(漆匠) 2

* 주: 숫자는 장인(匠人)의 배치인원.

이들 장인(匠人)은 각 지방에서 확보, 배치되어 있어야 하였다. 경기도에 갑장, 야장, 궁인 등 9개 종류의 장인을 배치하도록 한 것을 비롯하여, 충청도에는 야장, 궁인, 야인 등 20개, 경상도에는 야장, 궁인, 야인 등 19개, 전라도에는 상자장, 선자장, 야장 등 19개, 강원도에는 야장, 궁인, 야인 등 18개, 황해도에는 야인, 궁인 등 16개, 영안도에는 야금, 궁인, 야인 등 11개, 평안도에는 야장, 궁인, 야인 등 12개 종류의 장인이 각각 배치 · 확보되어 있어야 하였다.

공전의 외공장조는 지방관서에 배치 · 확보되어야 할 장인과 정원에 관하여 다음과 같이 규정하고 있다.29)

- 경기도(京畿道)-갑장(甲匠) 3, 야장(冶匠) 40, 궁인(弓人) 18, 시인(矢人) 37, 목장(木匠) 37, 피장(皮匠) 5, 유장(鍮匠) 3, 칠장(漆匠) 3, 사기장(沙器匠) 7
- 충청도(忠淸道)-야장(冶匠) 71, 궁인(弓人) 31, 시인(矢人) 54, 궁현장(弓弦匠) 2, 지장(紙匠) 131, 석장(席匠) 58, 목장(木匠) 56, 조각장(雕刻匠) 1, 피장(皮匠) 56, 칠장(漆匠) 56, 유장(鍮匠) 4, 마조장(磨造匠) 2, 묵장(墨匠) 6, 사기장(沙器匠) 23, 갑장(甲匠) 6, 소성장(梳省匠) 1, 유구장(油具匠) 55, 황옹장(黃瓮匠) 1
- 경상도(慶尙道)-야장(冶匠) 121, 궁인(弓人) 59, 시인(矢人) 71, 궁현장(弓弦匠) 3, 피장(皮匠) 67, 목장(木匠) 69, 석장(席匠) 271, 지장(紙匠) 260, 유장(鍮匠) 7, 칠장(漆匠) 73, 소성장(梳省匠) 3, 소장(梳匠) 2, 선자장(扇子匠) 6, 유구장(油具匠) 58, 상자장(箱子匠) 6, 갑장(甲匠) 11, 묵장(墨匠) 8, 마조장(磨造匠) 4, 사기장(沙器匠) 30
- 전라도(全羅道)-상자장(箱子匠) 4, 선자장(扇子匠) 3, 야장(冶匠) 68, 궁인(弓人) 40, 시인(矢人) 61, 궁현장(弓弦匠) 2, 지장(紙匠) 236, 소장(梳匠) 1, 석장(席匠) 58, 목장(木匠) 59, 피장(皮匠) 61, 칠장(漆匠) 61, 사기장(沙器匠) 39, 묵장(墨匠) 6, 유장(鍮匠) 6, 갑장(甲匠) 10, 소성장(梳省匠) 1, 유구장(油具匠) 55, 마조장(磨

29) 大典會通, 전게서, pp. 637-638.

造匠) 5

- 강원도(江原道)-야장(冶匠) 36, 궁인(弓人) 17, 시인(矢人) 30, 궁현장(弓弦匠) 2, 목장(木匠) 28, 상자장(箱子匠) 2, 피장(皮匠) 31, 유구장(油具匠) 1, 석장(石匠) 1, 소장(梳匠) 1, 마조장(磨造匠) 6, 지장(紙匠) 33, 갑장(甲匠) 3, 유장(鍮匠) 2, 칠장(漆匠) 28, 연철장(鉛鐵匠) 2, 소성장(梳省匠) 1, 각장(刻匠) 1
- 황해도(黃海道)-야장(冶匠) 34, 궁인(弓人) 19, 시인(矢人) 27, 궁현장(弓弦匠) 2, 갑장(甲匠) 3, 목장(木匠) 26, 피장(皮匠) 28, 지장(紙匠) 38, 석장(石匠) 1, 수철장(水鐵匠) 3, 유구장(油具匠) 1, 마조장(磨造匠) 7, 유장(鍮匠) 2, 칠장(漆匠) 26, 점장(簟匠) 3, 연철장(鉛鐵匠) 1
- 영안도(永安道)-야장(冶匠) 36, 궁인(弓人) 26, 시인(矢人) 22, 조각장(雕刻匠) 1, 궁현장(弓弦匠) 22, 목장(木匠) 22, 유장(鍮匠) 4, 칠장(漆匠) 20, 피장(皮匠) 21, 석장(石匠) 1, 갑장(甲匠) 5
- 평안도(平安道)-야장(冶匠) 32, 궁인(弓人) 28, 시인(矢人) 27, 궁현장(弓弦匠) 26, 목장(木匠) 26, 피장(皮匠) 28, 유장(鍮匠) 8, 칠장(漆匠) 27, 소성장(梳省匠) 1, 종모아장(鬃帽兒匠) 1, 각장(刻匠) 1, 갑장(甲匠) 9

* 주: 숫자는 장인의 배치인원.

6) 지방관서와 교육행정

앞에서 '생도조'와 관련하여 언급한 바와 같이 지방의 관서도 교육행정의 기능을 가지고 있었다. 대도호부, 도호부, 군, 현을 비롯 특정한 지역에 생도를 배치하여 이들로 하여금 유학을 비롯하여 의학, 율학, 한학, 왜학, 여진학 등 여러 영역을 학습하게 하고 있었던 것이다.

지방의 대도호부와 목(牧)에는 유학생도 각 90인, 의학생도 각 14인, 율학생도 각 14인을 배치하고 특별히 한학생도인 경우에는 평양(平壤), 의주(義州), 황주(黃州) 등의 지역에는 각각 30인을 배치하고, 여진학생도(女眞學生徒)인 경우에는 의주에만 5인을 배치하였다. 의학과 율학의 생도인 경우에 부(府)에는 각기 2인을 더 증가하고 있다. 또 도호부에는 생도를 유학 각 70인, 의학 각 12인이나, 여진학의 경우에 창성(昌城)과 북청(北靑)에 각각 5인과 10인을 배치하도록 하고, 군에는 유학 50인, 의학과 율학 각 10인, 여진학은 초산(楚山), 벽동(碧潼), 위원(渭原) 등 특정지역에만 각 5인을 배치하였다. 그리고 현에는 유학 30인, 의학과 율학 각각 8인을 배치하고, 관련 외국과 거래가 많은 지역인 만포(滿浦)에는 여진학 5인, 제포(薺浦)와 부산포(釜山浦)에는 왜학 각 10인, 염포(鹽浦)에 왜학 6인을 배치하였으나, 이후 제포와 염포에서는 폐지하였다. 또한 제주(濟州)에는 한학 15인과 왜학 15인을, 거제(巨濟)는 왜학 6인을 각각 배치하였다.

이상과 같이 일정한 수의 생도를 지방에 배치한 데 이어 이를 지도하기 위하여 일정한 수의 교수(敎授)와 훈도(訓導) 등의 교원 또한 배치하고 있었다. 경기도에는 교수 11인과 훈도 26인, 충청도에는 교수 4인과 훈도 50인, 경상도에는 교수 12인 · 훈도 55인 · 왜학훈도 1인 · 역학훈도 2인, 전라도에는 교수 8인 · 훈도 49인 · 역학훈도 8인, 황해도에는 교수 6인 · 훈도 18인 · 역학훈도 3인, 강원도에는 교수 7인과 훈도 19인, 함경도에는 교수 13인과 훈도 9인, 역학훈도 1인, 평안도에는 교수 11인 · 훈도 31인 · 약학훈도 6인이 각각 배치되어 있었다.

지방관서의 관리는 대체로 관찰사(觀察使) · 부윤(府尹)[이상 종이품], 대도호부사(大都護府使) · 목사(牧使)[이상 정삼품], 도호부사(都護府使) · 사(使) · 서윤(庶尹)[이상 종삼품], 군수(郡守) · 수(守)[이상 종사품], 도사(都事) · 판관(判官) · 현령(縣令) · 영(令)[이상 종오품], 찰방(察訪) · 현감(縣監) · 교수(敎授) · 감(監)[이상 종육품], 훈도 · 왜학훈도 · 역학훈도 · 심약(審藥) · 검률(檢律) · 역승(驛丞) · 도승(渡丞) · 참봉[이상 종구품] 등으로 짜여 있고, 그중 교수와 훈도는 각각 종육품과 종구품 품계의 지위에 있었다. 지방에도 일정한 수의 장인을 배치하고 있었다. 즉, 경기도에 9개, 충청도에 20개, 경상도에 19개, 전라도에 19개, 강원도에 18개, 황해도에 16개, 영안도에 11개, 평안도에 12개 종류의 장인들이 각각 배치 · 확보되어 있었던 것이다.

생도와 교원의 지방배치 상황을 표로 나타내면 다음과 같다.

생도정원표

관아(官衙) \ 領域	儒學	天文學	算學	律學	地理學	醫學	命課學	漢學	清學	蒙學	女眞學	倭學	書學	道學	籌學
大都護府·牧府	各 90		各 14 各 14(增 2)		各 14 各 14(增 2)		30(平壤) 30(義州) 30(黃州)			5(義州)					
都護府	70				12					5(昌城) 10(北靑)					
郡	50		10		10					5(楚山) 5(碧潼) 5(渭原)					
縣	30		8		8					5(滿浦)					
薺浦·釜山浦											各 10(廢)				
鹽浦											6				
濟州							15				15				
巨濟											6				

* 주: 숫자는 인원.

교관의 정원표

관아 \ 교관	교수	겸교수	박사	훈도	분교관
경기도	11			26	
충청도	4			50	
경상도	12			55 왜학 1 역학 2	
전라도	8			49 역학 8	
황해도	6			18 역학 3	
강원도	7			19	
함경도	13			9 역학 1	
평안도	11			31 역학 6	

* 주: 숫자는 인원.

이같이 지방관서에도 일정한 수의 생도와 교수 · 훈도를 배치하여 지방관서 자체가 필요한 요원을 직접 양성하는 교육기관으로도 구실하였다. 뿐만 아니라 동시에 필요한 기능인인 장인을 훈련 · 확보하는 실업교육의 기능을 함께 수행하였다.

5 조선조의 교육재정

1) 호전의 교육재정 조항[30)]

교육재정에 관한 규정은 호전의 경비조, 녹과조, 제전조 등의 재정조항에서 찾아볼 수 있다. '경비조'는 국가예산제도의 기본에 관하여 규정하고, '녹과조'는 관리의 봉록, 즉 급여제도에 관하여 규정하고 있으며, '제전조'는 토지분배제도에 관하여 규정하고 있다. 따라서 호전의 이 세 조항은 조선조의 교육재정에 관한 기본규정을 포함하고 있다.

호전의 '경비조'는 조선조의 재정에 관계되는 기본조항으로서, '모든 국가의 경비는 횡간(橫看)과 공안(貢案)에 의하여 수입 · 지출된다.'고 규정하고 있다. 이는 국가의 재정이 연간 소요되는 국가재정의 지출명세서, 즉 '횡간'과, 연간 국정운영에 요구되는 공물을 조사하여 이를 백성으로부터 징수하는 현물세납 계획안, 이른바 '공안(貢案)'에 따라 운영되어야 함을 규정한 것이다. 이는 이 시대의 세입지출의 결산과 예산제도로서, 국가재정을 합리적으로 운영하려는 노력을 보여 주는 것이라 할 수 있다. 이후 이 제도는 '대동사목(大同事目)'과 '탁지정례(度支定例)'라는 별도의 제도를 제정하여 이와 병행하여 집행되었다. '대동사목'은 현물의 징수를 미곡으로 대신하는 제도이고, '탁지정례'는 경비지출을 제한하는 국가재정 중 절약책 중 하나다.

---

30) 大典會通, 전게서, pp. 155-180.

'녹과조'는 관리의 봉록, 즉 급여에 관한 규정으로, 조선 조정은 별도의 규정인 '제전조'에 따라 국가의 관리에게 과전(科田), 이른바 일정한 토지를 지급하는 것 이외에 이 규정에 의하여 현물로 녹봉, 즉 급여를 지급하였다. 이 제도는 초기에는 춘하추동의 사기(四期)로 나누어 지급되었으나, 이후 개정되어 매월 지급하였다. 교육직원(教育職員)인 교수와 훈도의 봉록을 예로 들면 다음과 같다.

(1) 교수종육품(教授從六品)

① 초기의 봉록제도

- 춘기(春期)-중미(中米) 2석(石), 조미(租米) 4석(石), 전미(田米) 1석(石), 황두(黃豆) 4석(石), 정포(正布) 3필(匹), 저화(楮貨) 4장(張)
- 하기(夏期)-중미(中米) 1석(石), 조미(租米) 5석(石), 소맥(小麥) 2석(石), 정포(正布) 2필(匹)
- 추기(秋期)-중미(中米) 1석(石), 조미(租米) 4석(石), 전미(田米) 1석(石), 소맥(小麥) 2석(石), 정포(正布) 2필(匹)
- 동기(冬期)-중미(中米) 1석(石), 조미(租米) 4석(石), 황두(黃豆) 4석(石), 정포(正布) 2필(匹) 12일에 지급

② 후기의 봉록제도

- 매월(每月)의 녹과(祿科): 미(米) 1석(石) 1두(斗), 황두(黃豆) 10두(斗) 매(每) 26일에 지급

(2) 훈도정구품(訓導正九品)

① 초기의 봉록제도

- 춘기(春期)-조미(租米) 2석(石), 전미(田米) 1석(石), 황두(黃豆) 2석(石), 종포(正布) 1필(匹), 저화(楮貨) 1장(張)
- 하기(夏期)-조미(租米) 2석(石), 정포(正布) 1필(匹)

- 추기(秋期)－조미(租米) 2석(石), 소맥(小麥) 1석(石), 정포(正布) 1필(匹)
- 동기(冬期)－조미(租米) 2석(石), 황두(黃豆) 1석(石)

② 후기의 봉록제도

- 매월(每月)의 녹과(祿科): 미(米) 12두(斗), 황두(黃豆) 5두(斗) 매(每) 28일에 지급함

'제전조'는 개개 관리의 생계와 관서의 운영을 위하여 토지를 지급하는 제도를 규정하고 있다. '녹과조'에서 언급한 바와 같이 이 시대에는 개개 관리에게 생계를 위하여 봉록이 지급되는 것 이외에 토지를 지급하여 그 토지의 소출로 생계를 보장하도록 하는 한편, 정부기관인 관서에 대하여도 일정한 면적의 토지를 지급하여 그 토지에서 나오는 수입으로 관서의 운영경비를 충당하도록 하였다.

'제전조'에 따라 국가가 관리와 관서에 지급하는 토지로는 직전(職田), 관둔전(官屯田), 제전(祭田), 학전(學田), 궁방전(宮房田) 등 다섯 가지가 있다. 그중 직전은 관리의 봉록으로 지급되는 토지를 말하고, 관둔전은 지방의 관서에 지급되는 토지를 가리키며, 제전은 일반 토지지급제도를 말하는 제전과 구분되는 토지로서 숭의전(崇義殿)의 제사 비용을 위한 토지를 뜻한다. 학전은 성균관, 사학, 지방의 향교, 사액서원 등 국립이나 왕이 하사한 학교에 지급하는 토지를 말하며, 궁방전은 왕족에게 지급되는 토지를 지칭한다. 교육재정과 직접적으로 관련 있는 토지는 직전과 학전이다. 직전에서 나오는 소출이 교육에 종사하는 직원들의 수입원이 되었고, 학전의 수입으로 국립 교육기관의 유지비가 충당되었던 것이다.

첫째로 '직전'은 매년 10월 말 이전에 관리에 임명된 자에게만 지급되는 토지로서 관계에 따라 개개 관리에게 주어진다. 이에 따르면, 교육직원인 교수와 훈도는 각각 종육품과 종구품으로 20결(結)과 10결의 토지를 분배받는다. 그러나 관리에게 토지를 지급하는 제도는 지급할 토지의 한계로 중종(中宗) 때에 이르러서는 폐지된다. 이 제도에 따라 직계별로 각 관리에게 지급되던 토지의 면적은 다음과 같다.

- 제전조(諸田條)
  직전(職田)-10월 말 이전에 직(職)을 받은 자에게 직전을 지급한다.
- 대군(大君)-225결
  정일품관-110결, 종일품관-105결, 정이품관-95결, 종이품관-85결, 정삼품관-65결, 종삼품관-60결, 정사삼품관-55결, 종사품관-45결, 정오품관-40결, 종오품관-35결, 정육품관-30결, 종육품관-25결, 정 · 종칠품관-각 20결, 정 · 종팔품관-각 15결, 정 · 종구품관-각 10결, 속(續) 중종 20년(1526) 폐지

둘째로 '학전'은 국립의 학교와 왕이 하사한 학교에 지급되는 토지로서 학교의 종류에 따라 지급되는 토지의 면적에 차이를 두었다. 성균관과 사학에 지급된 학전은 다른 관리의 간섭 없이 이들 학교가 직접 관리하도록 되어 있으나, 주부군현(州府郡縣) 등 지방의 향교에 지급된 토지는 교전(校田)이라 하여 그 지역 수령(首領)의 감독하에 두었다. 서원에 지급된 토지는 서원전(書院田)이라 하여 사립에 해당하는 학교의 토지가 3결의 면적에 이르지 않더라도, 일반 민간의 토지로 보충할 수 없도록 규정하고, 왕이 하사하는 사액(賜額)의 토지를 지급받지 못한 서원은 면세(免稅)가 되는 토지를 가질 수 없게 하였다. 규정의 대강은 다음과 같다.

- 학전(學田)-교육기관의 경비를 충당하기 위하여 지급된 토지다. 학전의 세곡(稅穀)을 출납(出納)할 때에는 감독관(監督官)의 서명(署名), 날인(捺印)을 요하지 않고 본관(本館)과 본학(本學)이 이를 관장한다.
- 교전(校田)-수령(首領)이 이를 검찰(檢察)한다.
- 서원전(書院田)-사액서원(賜額書院) 이외의 지방에 산재(散在)한 군소서원(群小書院)의 토지다. 본원(本院)이 스스로 마련하여 3결(結)에 이르지 않는 경우라도 백성(百姓)의 전지(田地)로써 보충하여 지급하지 못한다.
- 사액서원(賜額書院)-왕(王)으로부터 칙액(勅額)을 받은 서원(書院)으로, 이 칙액과 함께 면세(免稅)된 토지가 지급된다.-각 3결(結)
- 성균관(成均館)-400결(結)

• 사학(四學)－각 10결(結)
• 주(州)·부(府)의 향교(鄕校)－각 7결(結)
• 군(郡)·현(縣)의 향교(鄕校)－각 5결(結)
• 사액서원(賜額書院)

＊주: 결(結)은 결복(結卜) 혹은 결부(結負)로 제세(地稅)로 매긴 몫이나 부담을 말한다.

6 결 론

이제까지 조선조의 교육법제를 통하여 이 시기의 교육행정 조직과 진행과정을 살펴보았다. 조선시대는 건국 초기부터 국가 운영을 위한 법전을 마련하고 법 규범에 따라 국가를 운영하는 관행을 수립하여 왔다. 『경국원전』으로 시작한 조선조의 법전은 『경국대전』에서 체제를 완비하고, 점차 개정·보완되어 조선 후기의 『대전회통』에 이르러서는 완성된 법전으로 발전하였다. 이 법전은 이조(吏曹)·호조(戶曹)·예조(禮曹)·병조(兵曹)·형조(刑曹)·공조(工曹)의 육전(六典)으로 구성되어 있다.

조선조에서의 교육 역시 이 법전에 따라 관리, 운영되었고, 그런 점에서 이 시대에 이미 교육 법치주의가 비교적 정착되어 있었다고 할 수 있다. 조선조의 교육행정 또한 이 법전을 근거로 이루어져 왔다. 조선조의 교육행정은 육전 중 '예전'을 기본법전으로 하여 운영되었으나, 다른 법전과도 깊은 관련이 있다. '예전'은 제과, 생도, 취재, 장문서, 장권, 아속악, 선상 등 교육에 관한 직접적인 조항을 설치하고 있는 데 반하여, '이전'은 교육행정의 조직과 구성에 관하여, '호전'은 교육재정제도에 관하여, '병전'은 군사요원인 무인의 양성에 관하여, '형조'는 법률제도의 확립을 위한 법률요원의 양성에 관하여, '공전'은 장인 등의 실업요원의 양성에 관하여 각각 규정함으로써 육전 모두 부분적으로 적지 않은 교육 규정을 포함하는 체제를 갖추고 있었다.

정부 부서 또한 이 법전에 따라 6개로 나누어 국가 운영을 분담하였고, 그중 '예전'이 교육행정의 전담부서로 기능하였다. '예조'는 주로 문무(文武)의 국가요원 양성, 국민적 도덕적 성향의 고취, 예술 등을 담당하고, '이조'는 율학교육을, '호조'는 주학을,

'병조'는 군사교육을, '공조'는 장인의 실업이나 기술교육을 분담하고 있었다. 지방의 관서도 이러한 육조의 교육기능을 서로 분담하고 있었다.

조선조의 교육은 성균관, 사학, 향교 등 재래의 학교제도에 의하여 이루어지기도 하였다. 이외에도 일하며 배우는 도제제도와 시험제도를 통하여 학습의 기준을 제시하여 각자 스스로 학습하게 하는 독학제도가 널리 사용되었다. 첫째로 도제제도는 중앙과 지방의 각 기관이 기관의 기능에 따라 그에 배속된 관리가 일하며 배우게 하는 교육기능을 행사하였다. 적극적인 경우에는 교수 · 훈도와 같은 교육요원과 생도와 같은 학습요원을 제도적으로 반드시 필요한 부서에 배치하여 실무를 통해 가르치며 배우게 하였고, 소극적인 경우에는 신인을 실무에 배치하여 일하며 배우도록 하였다. 그러므로 각 관아는 곧 교육의 기능을 수행하는 학교이기도 하였다. 특히 장인과 같은 실업요원을 양성하는 과정은 더욱 도제제도에 의존하였다. 새로운 장인은 실무에 종사하면서 기술에 능숙한 훈회장인에 의하여 훈련 · 양성되도록 하였고, 경우에 따라서는 세습제도에 의하여 부자간에 기술이 전승되도록 하는 도제제도를 경영하기도 하였으며, 때로는 기능보유자를 강제로 장인에 입적하는 강제제도가 활용되기도 하였다. 둘째로 독학제도는 국가요원의 채용제도나 승진제도에 시험제도를 도입하여 학교에서 학습하지 않은 독학자(獨學者)에게도 관리등용의 문을 개방하였다. 이때 시행한 시험제도는 법전을 통하여 사전에 학습교과와 기준을 제시하여 그 기준에 통달하여 시험에 합격하면 신규채용이나 승진하도록 하는 제도였다. 이 시대는 시험을 통해 학습의 기준을 제시하여 독학을 장려하고 일반 국민과 관리의 교육수준을 유지, 향상케 하였던 것이다. 이와 같이 조선조의 교육행정은 학교제도에만 의존하지 않고 도제제도와 독학제도 등 다양한 방법을 통하여 이루어졌다.

이로써 조선조의 교육법전과 교육행정에 대한 관찰을 마친다. 이때의 교육법전과 행정제도를 올바로 이해하는 것은 조선 후기의 근대교육법제와 교육행정제도의 수용과정을 이해하는 데 크게 도움을 줄 것이다. 역사란 연속되기 때문이다. 조선조의 교육법전과 교육행정에서 이룩해 온 전통과 경험이 이후의 근대교육의 수용에도 살아 움직여 적지 않게 영향을 주게 됨은 새삼 말할 나위도 없다.

참고문헌

姜吉秀, 韓國教育行政史研究, 教育出版社, 1976.

金鍾權 譯, 金富軾 原著, 完譯 三國史記, 先進文化社, 1969.

法制處, 典律通補(상 · 하), 유풍인쇄주식회사, 1971, 1972.

李弘稙, 國史大事典, 一中堂, 1979.

朝鮮總督府中樞院, 李朝法典考, 朝鮮印刷株式會社, 1926.

淺見倫太郎, 朝鮮法制史, 巖松堂書店, 1922.

韓國古典國譯委員會, 國譯 大典會通, 高大出版部, 1960.

제2장

개항기의 교육행정과 교육재정

❶ 서 론

이 땅에서의 근대학교제도의 효시를 말할 때 흔히 서구인이 개설하거나 그들의 도움으로 학교가 세워진 시기를 가리키는 경우가 많다. 이를테면 서구의 독일인인 묄렌도르프(Moellendorf)가 통변학교를 1884년에 세웠다 해서 1884년을 근대학교의 기원으로 한다든지 길모어(吉模, G. W. Gilmore)나 벙커(房巨, D. A. Bunker) 또는 헐버트(轄甫, H. G. Hulbert) 등의 미국인이 육영공원(育英公院)에서 강의를 시작한 것을 두고 이를 '신교육의 효시'로 한다든지 하는 경우가 우리 교육사에 실제로 있었던 것이다. 하지만 이러한 시대 인식과 시대 구분은 적절한 것이라 할 수 없다. 가르친 내용이 근대적인 것인가 아닌가를 고려하지 않고 단순히 외국인이 교육을 했다 해서 그것을 근대학교라 한다면 이는 무의미한 것이 될 것이기 때문이다. 우리 역사에는 이미 16~17세기 실학운동이 시작할 때부터 근대적인 내용을 가르치는 교육이 있었으며, 이는 우리 교육의 근대화에 적지 않게 기여하였다. 그럼에도 우리 교육사에서 실학이 우리 교육의 근대화에 끼친 공로를 정당하게 평가해 주지 않았던 것은 한때 한반도를 식민지화한 침략세력이 침략을 합리화하기 위해서였다. 그러므로 서구인에 의해 시작된 교육을 근대교육의 시점으로 삼는 역사 서술이 아직 우리 교육사에 남아 있는 것은 침략세력의 의도를 헤아리지 못했기 때문이었다. 이는 철저히 식민사관에 근거하고 있었다 할 수 있다.

이러한 경향은 일반사의 시대 구분에도 나타나 있다. 보통 일반사에서는 이 시기를 '개화기(開化期)'라고 부른다. 여기서 개화(開化)란 개념은 미개(未開)에 대한 개명(開明)을 뜻하는 말로 서구문명을 우위에 둔 시각에서 서구화되어 있지 않은 한국 문화를 미개 상황으로 격하하고 이를 무시하려는 사람들에 의하여 지어진 이름이다. 이러한 시대 구분은 한국 문화를 의도적으로 비하, 멸시하고 침략행위를 정당화하려던 식민사관에 근거하고 있는 것이다. 이러한 시대 구분이 아무런 민족적인 자각을 거치지 않고 식민지 세력이 조작해 낸 관행에 따라 아직도 우리 주변에서 쉽게 사용되고 있는 것은 참으로 수치스러운 일이다. 문명에는 우열이 따로 있는 것이 아니다.[1] 당시에 한반도의 주역들이 쇄국정책을 고수한 것은 한편으로 자신의 문화에 대한 긍지와 자신감 때문이며, 다른 한편으로는 당시 식민지 개척에 골몰하던 서구세력에 대한 경계와 방어를 위한 대외전략 때문이었다. 이 시대의 한반도 문화는 역사의 서술에서 굳이 '개화'라는 이름을 붙여야 할 만큼 미개한 문화가 아니었다. 여기서 필자가 이 시대를 지목하여 '개화'라 하지 않고 '개항(開港)'이라 하는 것은 이 시대를 단순히 쇄국정책에서 개방정책으로 바뀐 대외정책의 전환기로 이해하고 있기 때문이다.

일반적으로 교육사에서 근대학교라든지 또는 근대교육제도를 가리켜 말할 때는 국가가 전체 국민을 고려하여 학교제도나 교육제도를 구상한 때부터를 말한다. 이는 근대국가의 탄생이 가져다준 역사적인 산물이었기 때문이다. 18, 19세기 언어 문화권을 중심으로 새롭게 형성된 근대국가들은 한편으로는 생존과 번영을 위해, 다른 한편으로는 국민의 교육 요구에 대응하기 위해 국민교육을 고려하여 새롭게 교육제도를 정비하지 않으면 안 되었던 것이다. 더구나 자유와 평등을 중시하는 시민사회의 형성은 근대교육을 촉진하고 확립하는 데 크게 기여하였다. 이때 시민사회의 형성으로 고무된 시민계급은 모국어를 중심으로 결집하여 국가를 세우고 그 국가에게 그들의 생존과 번영 그리고 행복을 위하여 교육제도를 정비해 줄 것을 요구하고 있는 것이다. 그

1) 인류고고학의 입장에서 보면 문명에는 높은 것과 낮은 것 혹은 좋은 것과 나쁜 것이 따로 있지 않다. 이는 인류가 그들 각자가 처한 환경에 대응하여 슬기롭게 삶을 영위해 온 한 흔적인 것이다.

러한 의미에서 보면, 우리나라가 국민교육에 착안하고 교육제도를 정비하기 시작한 것은 1894년, 이른바 '갑오경장' 때부터였다고 할 수 있으며, 그러므로 우리나라의 근대교육은 이때부터 시작된 것이라 할 수 있다.

우리나라의 근대교육법제가 처음으로 제정된 것은 1894년이었다. 이때 우리나라의 근대 선각자들은 우리 역사의 변혁기에 처하여 '교육입국(教育立國)'의 새로운 기치를 들고 용기와 영단으로 교육제도의 개혁에 착수하여 우리 교육의 새로운 시대를 열었다. 지금으로부터 백여 년 전인 1894년, 고종의 왕명에 따라 근대국가제도의 발진기지인 군국기무처(軍國機務處)가 구성되고, 이에 의해 정부조직법인 '의정부관제(議政府官制)'와 '각아문관제(各衙門官制)'가 제정되었다. 이들 정부조직법 중 특히 각아문관제는 근대교육의 최고행정기관인 '학무아문(學務衙門)'에 관하여 규정해 둠으로써 최초의 근대적인 교육법 제도를 탄생케 했다. 이 법제에 따라 종래의 교육행정기관이던 '예조(禮曹)'를 대신하여 학무아문이 설치되었고, 이 기관을 통하여 근대교육제도 확립을 위한 여러 계획과 실천이 이루어졌다.[2] 학무아문의 설치는 근대교육행정조직의 확립을 의미하며, 또한 근대 국민 교육제도인 공교육제도가 창시되었음을 뜻하는 것이다. 학무아문은 이때부터 근대교육의 기초를 확립하고 이듬해인 1895년부터는 그들이 세운 점진적인 교육 근대화 계획에 따라 '한성사범학교관제', '외국어학교관제', '소학교령', '중학교관제', '상공학교관제', '의학교관제' 등과 같은 근대학교 법제를 시차를 두어 가면서 착착 제정하고 그에 따른 근대학교를 설립하기 시작하였다. 이러한 노력은 1910년 국권이 완전히 침탈될 때까지 계속되었다. 이 무렵 한반도를 둘러싸고 열강이 각축하는 복잡다단했던 정치 상황에도 꾸준히 당면한 많은 현실적인 교육 과제를 해결하여 오면서 기초를 확립하고 이를 발전시켜 갔다.

근대교육제도가 비록 1894년에 시작되었다 하더라도 시작을 위한 여명은 훨씬 이전부터 움트기 시작하였다. 그 여명은 조선조 영조(1724~1776)와 정조(1774~1800) 시대인 16~17세기에 시작된 실학파를 중심으로 한 '실학운동'에서 찾아볼 수 있다. 청

---

2) 안기성, 한국근대교육법제연구, 고대민족문화연구소, 1984, pp. 77-85.

국에서 들어온 고증학(考證學)과 서구의 과학적인 사고방식에 영향을 받아 사회, 경제, 정치 등 여러 영역에서의 현실적인 문제를 해결하려 한 이 운동은 근대적인 내용을 은밀하게 학습, 보급하기 시작하였다.[3] 우리나라에서는 16세기에 이미 근대적인 내용의 교육이 시작된 것이다. 그럼에도 우리가 근대교육의 기년(紀年)을 16세기 실학의 발흥으로 삼지 않고 1894년으로 삼는 것은 16세기에 시작된 근대적인 내용의 교육이 단지 전 국민을 대상으로 전개된 것이 아니기 때문이다. 그러나 이렇게 16세기에 시작된 실학의 움직임이 경험으로 쌓여 1894년의 근대교육을 결실하게 된 것이라고 할 수 있다.

1894년 근대교육제도가 이 땅에 처음으로 자리 잡았다 하여 이 제도가 우리의 전통적인 교육제도와 무관한 것은 아니다. 오히려 이는 전통적인 우리 교육제도와 밀접하게 관련되어 있을 뿐 아니라 적지 않게 그를 계승하고 있다. 원래 역사란 단절되는 것이 아니라 연속되는 것이다. 원래 문화란 이질적인 문화와 접했을 때 대립과 융화를 통하여 점진적으로 변모해 가는 것이다. 전통적인 우리 교육제도가 우리 문화라면 이때 새로 유입된 서구의 교육제도는 그에 대한 이질문화로서 이들 두 제도는 부단히 대립과 융화를 거듭하며 발전해 왔을 것임에 틀림이 없다. 그러므로 우리가 아무리 서구의 교육제도를 수용하였다 하더라도 우리가 이룩한 근대교육제도에 대해 올바로 이해하기 위해서는 당시 조선에 풍미했던 전통적인 교육제도에 대하여 눈을 돌리지 않을 수 없는 것이다.

앞에서도 강조하였지만 1894년 군국기무처의 설치와 함께 근대화 개혁에 착수한

3) 반계(磻溪) 유형원(柳馨遠)과 성호(星湖) 이익(李瀷)은 실학의 비조로 『반계수록(磻溪隨錄)』과 『성호세설(星湖細說)』을 지어 근대적인 과학적 사고를 통하여 사회, 정치, 경제 등 각 영역의 현실 문제를 비판함으로써 실학의 터전을 닦아 놓았다. 이는 이후 많은 영향을 주어 정약용의 『목민심서(牧民心書)』 『경세유표(經世遺表)』 『흠흠신서(欽欽新書)』, 안정복(安鼎福)의 『동사강목(東史綱目)』 『열조통기(熱朝通紀)』, 이긍익(李肯翊)의 『연려실기술(熱藜室記述)』, 한치윤(韓致奫)의 『해동역사(海東繹史)』 등 근대적 내용을 담은 많은 저서를 남기게 하였다. 이러한 저서들을 통해 적지 않은 사람들이 이 근대적인 정보에 접촉할 수 있게 되었을 뿐 아니라 수학, 물리 등 서구의 근대적인 교과에도 접하게 되었다.

우리 정부는 교원양성을 위한 법제인 '한성사범학교관제'를 효시로 외국어교육을 위한 법제인 '외국어학교관제', 초등교육을 위한 법제인 '소학령', 중등교육을 위한 법제인 '중학교관제', 의학과 실업 등 전문교육을 위한 법제인 '의학교관제'와 '상공학교관제' 등 근대교육법제들을 점진적으로 제정하고, 이에 따라 근대학교를 하나하나 설립하여 근대학교제도를 성공적으로 수용, 정착시켜 왔다. 여기서는 개항과 근대화의 의미와 근대 이전의 교육제도를 되새기는 일부터 생각해 보겠다.

❷ 개항과 근대화의 의미

'근대화(modernization)'란 개념은 참으로 복잡하다. 어떤 때는 봉건사회에서 자본주의 사회로의 이행을 말하기도 하는가 하면,[4] 또 어떤 때는 서구화(西歐化)를 의미하기도 한다.[5] 그러나 대부분의 아시아권 국가들에서 관찰할 수 있는 바와 같이 철저하게 서구와 같은 봉건사회를 경험하지 않은 나라들 경우에는 봉건사회에서 자본주의 사회로 이행하는 것을 의미하는 근대화의 개념은 흔히 적용되지 않는다. 아시아 지역에서의 근대화의 의미는 주로 서구화로 이해되는 것이 보통이다.

우리 근대사는 한반도의 근대화의 시기를 개항의 시기로 잡는 경우가 많다. 이러한 입장은 근대화를 서구화로 이해하려는 입장을 대변하고 있다고 볼 수 있다. 그러나 그처럼 근대화의 시기를 개항의 시기로 잡는 것은 그것이 근대화가 공개적으로 진행되던 시기를 가리키는 것이면 모를까, 그렇지 않고 이 땅에서 일어난 진정한 의미의 근대화를 문제 삼는 것이라면 오히려 크게 잘못된 일이라고 생각된다. 이 땅에서의 근대화의 여명은 이미 16세기에 이른바 실학운동을 통하여 시작된 것이다. 16세기 초에 당시의 정예들이 직접 서구의 근대적인 정보를 입수하고 이를 은밀하게 국내 전역

---

4) 福武 直 外, 사회학사전(社會學辭典), 유비각(有斐閣), 1974, pp. 179-180.

5) David L. Sills, International Encyclopedia of the Social Sciences, volume 10, Macmkllan and Free Press, 1974, pp. 386-409.

에 전파하여 근대화의 기초를 닦아 왔기 때문이다.[6] 그때 입수된 서구에 관한 정보의 범위는 실로 방대하여 종교를 비롯해 수학, 문리, 화학 등을 포함하는 새로운 지식과 기술 등 많은 영역을 망라하고 있었다. 개항을 근대화의 기점으로 삼는 것은 시정되어야 할 것이다. 그런데도 여기서 개항의 시기에 맞추어 교육의 근대화를 문제 삼으려 하는 것은 이를 기점으로 서구적인 학교제도가 비교적 공개적으로 활발하게 수용되었기 때문이다.

한반도의 개항은 1875년 8월 왜국의 운양호 사건(運揚號事件)과 관련되어 이듬해인 1876년 2월 조선조가 왜국과 맺은 '조일수호조규(朝日修好條規)'에서 비롯되었다. 이 개항은 조선조와 왜국 간의 충돌이 있었던 것을 계기로 이루어져 마치 왜국의 요구로 이루어진 것처럼 이해하는 사람이 적지 않으나, 이는 오랫동안 조선 조정이 당면해 온 누적된 문제를 해결한 것에 불과하였다. 당시의 조선 조정은 안으로는 16세기부터 전국적으로 확산된 실학사상과 이른바 천주학으로 이름하는 기독교의 전파에 의해 개방 압력에 시달려야 했고, 밖으로는 미국을 위시한 서구세력의 내도(來到)로 가해지는 개항 압력에도 시달려야 했다.[7] 그러므로 1875년에 있었던 개항은 왜국

---

6) 1623년(仁祖朝)에 정두원은 북경에 가 과학서적을 입수하여 국내에 소개하였고, 그를 수행한 역관 이영준은 서양식 천문 계산법을, 무관 정효길은 홍이포(紅夷砲)라는 신식 병기의 조작술을 배워 돌아왔다. 이신명은 1720년(숙종 46)에 한역 역상고성후편(曆象考成後編)을 배워 익혔다. 또 그를 이어 1766년(영조 42)에 북경을 방문한 홍대용은 그곳에서 서양에서 전래된 지동설을 익혀 한반도에서 최초로 지전설(地轉說: 地球自轉說)을 주창하였다. 다음으로 1780년(정조 4)에 역시 중국을 방문한 박지원은 견문기인『열하일기(熱河日記)』에서 그가 들은 지전설(地轉說)을 소개하고 있다. 그 밖에 이시광, 이익, 이헌경, 안정복, 신후빙, 유몽인, 이신명, 이가환, 이벽 등의 인물이 서양 학술서를 열독한 석학들로 거명되고 있다.
국사편찬위원회, 한국사, 탐구당, 1975, pp. 49-88.
박성래, 대원군시대의 과학기술, 한국과학사학회지(제1권; 1980), 한국과학사학회, 1980, pp. 3-15.
박성래, 한국근세의 서구과학 수용, 동방학지(제20호), 서울대학교, 1978. 12, pp. 257-292.
籔内清, 李朝學者の地轉說, 朝鮮學報, 第49輯, 1968. 10, pp. 427-434

7) 운양호 사건이 있기 전, 이미 조선 조정은 밖으로부터의 개방 압력과 관련하여 프랑스와 미국 등 여러 나라와 군사적으로 충돌한 바 있다. 즉, 1866년의 병인양요(丙寅洋擾)와 1871년의 신미양요(辛未洋擾)는 외국의 개방 압력과 관련된 대표적인 사건이다. 또한 안으로부터의 개방 압력은 특히 서학, 즉 천주학과 관련하여 1801년(순조 1)의 신유사옥(辛酉邪獄), 1839년(헌종 5)의 기해사옥(己亥邪獄) 등 기독교인에 대한 박해로 대표되는 사건에서 볼 수 있는 바와 같이 국내의 개혁세력으로부터 나왔다.

함정과의 대결을 계기로 마침 개혁세력의 등단에 힘입어 개방에 유연해진 조선조는 자연스럽게 누적되어 온 개방 문제를 해결한 것이라 할 수 있다. 이 개항과 함께 조선 조정은 서구 문물에 대해서는 물론 서구의 학교제도를 도입하는 일에 관대해지기 시작하였다.

역사란 과거와 현재, 현재와 미래가 서로 연속되어 어떤 것은 서로 배척되고 또 어떤 것은 서로 융합, 절충되면서 모습을 바꾸어 가게 마련이다.「새로운 서구의 교육제도를 수용하는 데에서도 새로 유입된 것이 기존의 것과 충돌하여 어떤 것은 서로 배척되기도 하고 또 어떤 것은 서로 융합, 수용되면서 발전해 갔을 것으로 생각할 수 있다.」실제로 이 시기에 개항과 함께 서구의 학교제도가 국내에 수용되기 시작하였으나, 조선조의 학교제도 때문에 서구의 학교제도는 원래의 모습 그대로 수용되지 않았다. 이때 도입된 서구의 교육제도는 조선조가 지켜 온 기존의 교육제도 위에 부분 부분 접목되는 형식으로 수용되기 시작하였다. 이를 이해하기 위해서는 조선조의 교육제도에 대하여 알아야만 한다. 더구나 개항기는 기존의 제도와 새로 유입된 서구제도가 서로 충돌하는 과도적인 공백기였으므로, 그 시대적인 공백은 이 두 제도가 융합되어 정착될 때까지는 여전히 기존 제도가 그대로 유지되어 메우고 있어야 하였다. 그러한 의미에서 조선조의 교육제도를 이해하지 않고서는 개항기의 교육제도를 이해할 수 없는 것이다. 근대교육에 관심 있는 사람은 누구나 조선조의 교육제부터 깊이 관찰하고 있어야 할 것이다.

❸ 근대교육 행정제도의 접목

역사란 연속되는 것이다. 개항과 함께 아무리 새로운 문물이 물밀듯 이 땅에 들어왔다고 하지만 그렇게 들어온 새로운 모든 문물이 다 이 땅에 심어지지는 않았다. 어떤 것은 그대로 토착화한 것이 있는가 하면 어떤 것은 기존의 것과 융합하여 새로운 어떤 것을 낳기도 하고, 또 어떤 것은 배척되어 소멸된 것도 많았다. 개항과 함께 들어온 새로운 교육제도 또한 그와 같은 경로를 밟아야 했던 것은 말할 나위도 없다. 따라서 개항에도 불구하고 초기에는 기존의 제도를 그대로 유지해 갔으며 그때 유입된 새로운 서구의 교육제도는 기존 교육제도의 강한 벽을 뚫지 못하고 겉돌아야 했다. 다만 극히 한정된 일부가 부분적으로 기존 제도에 접목되어 수용되기 시작하였다.

제1장에서 기술한 바와 같이 근대교육제도 이전의 교육제도는 조선조 법전인 『대전회통(大典會通)』에 의하여 통제되었다. 원래 이는 『경국원전(經國元典)』과 『속전(續典)』에서 비롯된 것으로 많은 수정과 보완을 거쳐 『대전회통』까지 발전하여 왔다. 그중 『대전회통』은 조선조의 최후의 법전이며 그 어느 법전보다 내용이 가장 잘 정리된 완숙한 법전이다. 개항 초기의 교육행정은 이 법전에 따라 수행되었으며, 조선조의 교육행정 양식은 이때에도 여전히 그대로 유지되고 있었다. 이때 유입된 서구의 학교제도는 이 법전이 허락하는 범위 안에서 일부가 기존 학교제도와 융합, 절충하는 형식으로 접목, 수용되었다. 이러한 경향은 1894년 이 법제가 전면적으로 근대법제로 바뀔 때까지 지속되었다.

이때도 역시 교육행정의 주무관청은 예조였다. 그러나 이때의 교육행정은 주무기관인 예조뿐만 아니라, 이조, 호조, 형조, 공조 등을 포함하는 육조(六曹)와 부현(府縣)의 지방관서, 그 소속관아들까지도 직간접으로 동원되어 관여하고 있었다. 『대전회통』을 구성하는 이전(吏典), 호전(戶典), 예전(禮典), 병전(兵典), 형전(刑典), 공전(工典) 등의 육전은 각기 관련되는 교육행정 규정을 담고 있다. 그중 특히 제과, 생도, 취재, 장문서, 장권, 아속악, 선상, 시취, 재식, 공장 등의 조문들은 교육행정에 관계되는 주요 규정이다. 이러한 교육법제는 개항 이후의 교육행정에 대해서도 여전히 유효하게 규제력을 가지고 있었던 것이다.

이 시기의 교육은 기존 관행에 따라 여전히 『대전회통』의 각 전에 규정되어 있는 대로 성균관, 사학, 향교 등의 국립학교제도와 서원과 서당 등의 사립학교제도에 의해서 이루어졌으며, 그 밖에도 교사와 학생이 정부기관인 관아에 배치되어 일하면서 배우는 도제제도나 시험을 통하여 인재를 선발하는 과거제도, 또는 장려나 취재 등의 방법으로 학습을 고무하는 학습장려제도 등이 병존하여 교육기능을 지원하고 있었다.

성균관, 사학, 향교 등의 국립학교와 서원, 서당 등의 사립학교와 같은 학교제도는 주로 유학(儒學)을 핵심 교과로 하여 유교적 교양의 습득과 관료의 양성을 주요 임무로 하고 있었으며, 이는 예조의 관할하에 있었다. 그러나 이때는 학교만이 교육기관이 아니었다. 당시 정부기관인 관아는 각 전에 규정된 바에 따라 일하면서 배우는 도제교육기관으로 구실하였다. 호조와 형조를 비롯하여 각 관아와 지방관서에는 교수(敎授)나 훈도(訓導)[8] 또는 훈회장인(訓誨匠人)[9]이 파견되거나 임명되어 이들로 하여금 배정된 생도(生徒)나 장인 후보자를 지도하게 하여 사회가 필요로 하는 전문요원이나 직업인인 장인을 양성하도록 하였다. 그 밖에 장인의 경우는 세습이나 민간 수준의 도제제도 형식으로 대처하는 경우도 있었다. 각 관아를 중심으로 전개되는 도제제도는 산학(算學) 또는 주학(籌學)·율학(律學)·역학(譯學)·의학(醫學)·천문학(天文學) 등의 전문적인 국가요원은 물론 목장(木匠)·옹장(瓮匠)·칠장(漆匠) 등과 같은 장인의 산업요원과 아속악(雅俗樂)·여기(女技)·여의(女醫) 등의 기예(技藝)와 여성 의료요원을 양성하는 교육제도로 활용되고 있었다. 특히 역학(譯學)에서는 한학, 몽학, 왜학, 여진학 등 여러 근린관계에 있는 여러 국가의 언어와 역사 등이 영역별로 고루 교수되었다. 이는 당시 인접 국가들과의 교류를 위하여 외교상 필요하였던 까닭이었다.

이들 교육제도를 뒷받침하는 조선조의 법제는 '예전'의 학교와 제반 교육관계를 다룬 제과·생도·취재·장권·선상 조항, '이전'의 인재의 등용을 다룬 취재·천거·제수 조항, '호전'의 교육예산을 다룬 판적사(版籍司)·회계사(會計司)·경비사(經費司) 조항, '병전'의 무관의 인사 및 포상절차를 규정한 임명·고신(告身)·녹패(祿牌)·부과(賦過)·사가(賜暇)·무과고시(武科考試) 등을 규정한 무선사(武選司) 조항, '형전'의 고률사(考律司) 조항, '공전'의 영선(營繕)·도량형(度量衡)·주차(舟車)·재식(栽植)·철장(鐵場)·시장(柴場) 조항과 장인 조항 등이 바로 그것이다. 이러한 제도들은 학교제도와 도제제도와는 다른 교육제도로서 시험이나 장려 등의 제도를 통

8) 교수(敎授)와 훈도(訓導)는 산학이나 의학 또는 지리학과 같은 교과를 가르치는 교사로서, 그중 교수는 종육품의 지위에 있었고 훈도는 정구품의 지위에 있었다.

9) 훈회장인(訓誨匠人)은 직업인인 장인을 양성하는 교사를 말한다. 이를테면 직업교육을 담당하는 교사였다.

하여 학습의 기준이나 유지·발전시켜야 할 기술을 제시하여 교육에 간접적으로 학습을 장려케 함으로써 기여하였다.

이상은 모두가 조선조에 집행되어 온 교육행정제도였다. 조선조의 교육행정제도는 1875년 개항 이후에도 한동안 오래 계속되었다. 1875년 조선 조정은 운양호 사건을 계기로 오랜 쇄국정책을 바꾸어 개방정책으로 전환하였다. 간혹 조선조의 쇄국정책에 대해 무모성을 지적하고 당시 정책 당국자의 무지와 몽매성을 탓하며 이를 비판하는 사람들도 있다. 하지만 이는 당시의 국제 정황으로서는 조선 조정이 할 수 있는 최선의 유일한 선택이었다. 청국의 아편전쟁, 베트남의 월불전쟁 등 아시아 여러 지역에서 수탈과 착취를 일삼으면서 식민지 개척에 광분하는 서구세력을 목격하여 온 조선 조정과 정치 엘리트들은 나라를 지키기 위해서는 다른 대안을 가지지 못하였다. 더구나 무기 등 군사기술에서 그들에 비해 우위를 지키지 못한 당시의 정부로서는 더욱더 다른 방법을 찾을 수가 없었다. 서구세력의 수탈의 간계에서 나라를 수호하는 일은 오직 나라 안에 발을 들여놓지 못하게 하는 것이 유일한 수단이었던 것이다. 그러나 조선 조정은 나라 안팎에서 들어오는 개방 요구에 밀려 정책을 바꾸지 않을 수 없었다. 안으로부터는 이미 오래전 16세기 실학에서 발단된 해묵은 개방 요구가 있었고, 밖으로부터는 자국의 국익을 위해 무력도 불사하는 외국세력들의 개방 요구가 있었다. 조선 조정의 개방정책으로의 전환은 내외 양면의 요구에 대한 대응책의 일환이었다.

1875년 조선 조정은 오랜 쇄국정책을 바꾸어 개방정책으로 전환하였음에도 개항 초기에는 기존의 교육제도를 고수하면서 새롭게 들어온 근대교육제도는 이에 접목하는 형식으로 수용하려 하였다. 1875년 개방정책이 시작된 초기의 근대교육제도의 수용은 1894년 근대교육제도의 수용 작업이 본격화되기까지 기존의 전통적인 교육제도에 새 제도를 접목하는 작업이 주종을 이루었다. 국립의 근대학교로서 육영공원 같은 시설을 설립하여 종래의 성균관·사학·향교 등의 학교제도와 병립하게 하였고, 사립의 근대학교로 이화학당(梨花學堂), 배재학당(培材學堂) 등을 설립하여 종래의 서원이나 서당과 같은 학교제도와 병존케 하였다. 조선조는 국가의 근대화 조치에 맞추어 한편으로는 해외에 유학생을 파견하여 외국문물을 익혀 오게 하면서, 또 한편으로는 외국에서 외국의 전문요원을 초청 · 고용하고 이들을 각각 해당 관서에 파견 · 임명하여 도제제도 형식으로 내국인의 신인을 양성해 갔다. 이는 조선조가 기존의 교육관행을 그대로 존속시켜 가면서 부분적으로 이에 접목하여 근대화에 대응해 왔음을 의미하는 것이다. 이는 『대전회통』이 1894년 전폭적인 교육개혁이 이루어질 때까지 유지되어 조선조의 교육법제로 기능하였음을 말해 주는 것이다.[10] 달리 말하면 이 시기의 교육행정은 전통적인 것과 서구적인 것이 함께 이루어지는 이원적인 형태였다고 할 수 있다. 즉, 『대전회통』에 규정된 교육 조항을 준수하면서도, 한편으로는 외국의 새로운 교육제도를 전통적인 제도의 틀에 맞추거나 혹은 그가 허락하는 범위 안에서 수용하였던 것이다.

여기서는 새롭게 조선 조정의 교육행정 과제로 포함하게 된 해외교육제도의 수용과제의 실례를 대략 열거하는 것으로 개항기의 교육행정의 실태를 설명하려고 한다. 이때의 교육행정은 주로 외국과의 외교 교섭이 주 임무였다. 이때의 외국의 교육제도의 수용은 주로 외교적인 교섭을 통하여 이루어졌기 때문이다. 그러한 교육행정의 실례는 수없이 많다. 이는 대체로 인재를 해외에 파견하는 유학정책과 교사를 해외에서 초빙하는 교사초빙 정책 등 두 가지로 나누어 살펴볼 수 있다.

우선 인재를 파견한 일과 관계해서는 1880년 4월에 군함수조(軍艦修造)를 학습하기 위하여 청국에 파견할 유학생을 선발한 것, 1881년 1월에 조준영, 박정양, 어윤중 등 10명의 신사유람단을 구성하여 왜국을 시찰케 한 것, 같은 해 7월에 영선사 김윤식이 신식 기계학습을 위한 유학을 인솔하여 청국에 입국한 것, 1892년 화폐사무의 기술훈련을 위한 기술 훈련단 왜국 파송, 1892년 해육군학도(海陸軍學徒)의 미국 유학 파송 계획 등을 들 수 있다.

외국인 교사를 초빙하거나 고용하는 것과 관련해서는 1881년 4월에 별기군(別技

---

10) 조선조의 외교문서는 군사, 의술, 공업 등 외국의 기술인을 초청하여 고용할 때마다 입국 비자를 '교사'로 발급해 왔다. 이는 이렇게 고빙(雇聘)된 외국인은 해당 관아에 파견되어 한국인을 지도하는 교사로 활동하도록 하였음을 의미하는 것이다.
안기성, 구 한국정부의 외교와 교육, 교육논총(제14호), 고대교육대학원, 1984, pp. 15-36.

軍)을 조직하여 왜국군 장교 호리모도(堀本福造)를 초빙, 신식 서구식 군사훈련을 실시한 것을 필두로 시작되었다. 이때부터 조선 조정은 1885년 2월에 미국인 앨런(安連, H. N. Allen)을 광혜원(廣惠院)에 의사로 초빙하여 서구식 의학교육을 겸하도록 하였다. 같은 해 7월에는 광혜원을 최초의 왕립병원으로 승인하여 제중원(濟衆院)으로 개편하고 앨런에 추가하여 스크랜턴(W. B. Scranton)을 의사로 고용하여 역시 의학교육을 겸하게 하였다. 같은 해 6월에는 왕립학교인 육영공원을 설립하기 위하여 길모어, 벙커, 헐버트 등의 미국인 교사를 초빙하기 위한 외교공한을 미국 측에 발송하고, 독일공관과는 공관에 한국인 교사를 파견하는 협정을 체결하였으며, 같은 해 7월에는 미국으로부터의 교사 고빙(雇聘)을 보다 가속화하기 위하여 한국 대표 김윤식과 미국 측 대표 폴크(G. C. Foulk) 간에 회담이 있었다. 같은 해 9월에는 독일인 해관(海關) 전문가인 쿠이플러(Kuiffler)를 채용하여 해관의 업무와 해관 관료에 대한 교육에 착수하고, 같은 해 12월에는 독일인 크라우스를 전원국(典圓局) 교사로 임명하기 위한 여비 교섭문서를 교환하고, 미국으로부터 미국인 데니(德尼, Judge Denny)를 교사로 파송하기로 결정을 내렸다는 통보를 받았다.

1886년 1월에는 미국 측과 소학교 교사 3인을 고용하는 문서를 교환하는 일과 농상(農桑)교사를 고빙하는 교섭문서를 발송하였으며, 같은 해 2월에는 미국인 앨런, 헤론(惠論, J. H. Heron), 언더우드(元德愚, H. G. Underwood) 등 3인에게 극빈아동에게 국한문과 공예 등을 가르쳐 준 일에 대하여 치하하는 서한을 보냈다. 그해 3월에는 미국 측이 파송을 약속한 데니가 현지에 귀임하여 내무협판(內務協判)으로 임명되어 외무업무에 종사하면서 내무 관료들에게 국제관계의 외무행정을 가르치는 교사로도 활동하였으며, 육영공원 교사로도 일하였다. 같은 해 9월과 10월에는 영국과 영국인 교사 해리법극사(海里法克斯)의 해고를 두고 외교마찰을 겪고 있었다. 영국인 해리법극사가 어느 기관에서 무엇을 가르치는 교사였는지는 알 수 없으나 그의 해고에 대하여 구제를 요청하고 또 이를 거절하는 외교상의 공방이 있었다. 같은 해 10월에는 미국 측과 육군(陸軍) 교사의 파견을 의뢰하고 그를 약속하는 외교교섭이 있었고, 같은 해 11월에는 미국에 밀입국한 유학생[11] 처리를 두고 역시 미국 측과 외교상의 절충이 있었다.

1887년 2월 또다시 합의된 육군교사와 농상교사의 파견을 미국 측에 독촉하고, 같은 해 4월에 그에 대한 미국 측의 약속을 재차 받아내었다. 같은 해 5월에는 1886년 5월부터 제중원의 의사이자 선교사이기도 한 스크랜턴이 개인적으로 자신의 집에서 운영하던 학교를 인가하여 명성황후(明成皇后)가 하사한 '이화학당'이란 이름으로 개교하도록 하였다. 이때 외국인이 설립하는 학교는 조선 조정의 인가를 받아야만 했으므로 이 학당이 황후가 하사한 이름으로 설립되었다는 것은 조선 조정이 설립을 인가해 주었음을 의미하는 것이다.[12] 같은 해 12월에는 근대식 군사훈련을 하는 군사교육기관인 연무공원(鍊武公院)이 설립되고, 육군교사로는 딘스모어(Dinsmore)가 파송될 것이라는 미국 측의 통지에 접한다.

1888년에는 영국인 계래백사(溪來百士)[13]를 전보국의 교사로 임용하기 위한 계약문서를 교환하고, 같은 해 4월에는 그동안 교섭 중이던 미국인 육군교사인 다이(Dye), 커민스(E. H. Commins), 리(John G. Lee) 등 3인이 부임하였고, 데니, 길모어, 벙커 등 3인의 육영공원 미국인 교사의 계약 연장 교섭이 있었다. 같은 해 5월에는 고용 시기는 알 수 없으나 전원국의 독일인 기사 디트릿히트〔禮德立格〕가 여행 허가를 요청하고 있는 것으로 보아 독일인 기사가 전원국에서 교사로 활동하고 있었음을 보여 주고 있다. 같은 해 7월에는 프랑스 측이 '법국학당 학도석방 요청'이란 문서를 발송하여 김인학의 석방을 요구하는 외교 문제를 제기하고 있다. 당사자인 김인학이 왜 체포되

11) 당시의 조선조의 외교문서는 이들 유학생을 단지 민, 변, 윤이라고 표기하여 그들이 어떤 인물인지가 분명치 않다. 다만 이것으로 상당수의 유학생이 미국에서 수학 중에 있었던 것으로 이해할 수 있다.

12) 이때에도 학교 설립은 정부의 인가나 지원 없이는 불가능했다. 그러한 의미에서 학교 인가의 사무는 당시의 교육행정에서 중요한 임무였다. 기존의 기록은 이때의 외국인에 의한 학교 설립을 마치 그들의 자의로 이루어진 것처럼 기록하고 있는데 이는 크게 잘못된 일이다. 1888년 9월 미국 측이 발송한 외교문서 '학당 설립(學堂設立)의 건'은 헤론과 언더우드 등이 조선 조정에 학교 설립 허가를 신청한 문서다. 이 문건은 1889년 9월 18일자 조선 조정의 회신으로 거부되었다. 그 신청서의 내용 일부를 소개하면 다음과 같다.

"……to established a college for instruction and education of the youth of Korea similar to college in the United State……."

13) 조선조 자료에는 영문 표기가 없음.

었는지는 알 수 없으나, 이때 이미 프랑스에 관한 강좌를 개설한 프랑스어학교가 설립되어 있었음을 말해 주고 있다. 같은 해 8월에는 독일인 화학교사인 리트(Riede)가 휴양지 문제를 거론하는 외교문서를 남기고 있는 것을 보아 화학기술이 교수되고 있었음을 알 수 있다. 또한 같은 해 9월에는 미국인 헤론과 언더우드가 학당 설립을 요구하는 문서를 전달하였고, 영국 측과는 전기(電氣) 교사인 포사이스(Forsyth)의 고용계약을 체결하였다.

1889년 1월에는 미국 측에서 1988년 9월 언더우드 등이 신청한 학교 설립을 허가해 달라는 요청이 있었고, 같은 해 8월에는 미국인 연군교사(鍊軍敎師)인 다이와 리 등 2명과 독일인 잠상(蠶桑)기사인 마르텐스(Maertens)가 고용기간의 만료로 해고되었으며, 육영공원의 개축공사가 시작되었다. 같은 해 9월에는 공식적으로 언더우드가 신청한 학교 설립은 허가할 수 없음을 미국 측에 통보하였다. 같은 해 9월에는 미국 측에서 미국인 연군교사의 해고와 전등교사(電燈敎師) 비아(費我)의 급여에 대해 이의가 제기되었으며, 독일 측과는 정동(貞洞)의 육영공원 대지와 박동(搏洞)의 독일 공관의 대지를 서로 맞바꾸는 조치의 이행이 촉구되었다.

1890년 2월에는 미국인 리제들[李仙得]이 데니를 대신하여 내무협판으로 임명되어 내무관료의 교육에 임했으며, 프랑스 측에서는 프랑스에 유학 중인 15인의 유학생 중 와병 중인 환자 강지영의 귀국을 허가해 달라는 요청이 있었다. 같은 해 4월에는 연군교사의 해고와 관련하여 미국 측에 '연무공원 교사 해고연유'와 관계되는 문서가 발송되었고, 같은 해 7월에는 제중원의 고용의사인 앨런이 미국공관의 참찬관이 되었다는 사실이 통보되고, 같은 해 8월에는 독일 측으로부터 인천해관에 고용된 독일인 모르셀(毛世乙, Mörsell)이 해고된 일에 대하여 사유를 묻는 외교분쟁이 있었으며, 같은 해 11월에는 그레이트하우스(Greathouse)가 내무협판에 임명되어 외국의 법률사무를 담당하게 하는 조치가 이루어지고 한성 교동(校洞)에 왜어학교가 문을 열었다. 또한 같은 해 12월에는 독일 측으로부터 독일인 기관사 갈마하(褐馬河)의 미지불 임금에 대한 항의가 접수되었다.

1891년에는 1월에 영국 측으로부터 영국인 교사 스트리플링(薛弼林, A. B. Stripling)의 미지급 임금과 관련된 지불 재촉이 있었다. 연속적인 임금 미지불 문제가 외교 문제로 대두된 것은 당시의 어려운 재정 사정을 말해 준다. 4월에는 제중원 여의사인 언더우드 부인[14]의 귀국 통보가 있었고 이어 미국 측과 그를 대신하여 새로 부임할 빈턴(Vinton)에 대한 협의가 있었으며, 한성부의 수동(壽洞)에 또 왜어학당이 개설되었다. 6월에는 기계국의 화약교사로 왜인 고지마(鮫島石寶)가 임명되었고, 12월에는 미국 측의 육영공원 교사 등과 영국 측의 영국인 교사 소론(所論)의 임금 지불 재촉이 있었다.

1892년에는 1월에 왜국에 파송하기 위한 조폐 기술훈련 단원 10인을 선발하고, 왜국으로부터 지방학사통칙(地方學事通則) 등 교육행정 자료가 증정되었으며, 4월에는 철도 부설을 위하여 미국인 기술자 모스로를 초빙하였다. 7월에는 프랑스 측으로부터 유학생 15인 중 5인이 귀국 지시를 기다리고 있다는 통보를 받았으며, 9월에는 청국 측으로부터도 한어교사 사이숭(査以嵩)의 급여 송부에 관계되는 문서를 접수했고, 10월에는 이임 중인 제중원 여의사 언더우드를 대신하여 부임 예정이던 빈턴이 입국하였다.

1893년에는 1월에 영국은행으로부터 5만 원의 차관이 있었고 또 영국 측에 수군교사(水軍教師) 추천을 의뢰하는 문서를 교환하였으며, 3월에는 미국 측으로부터 다이, 윈스티드(仁時德, Col. Winstead) 등 육군교사 2인의 임금지급을 독촉하는 문서를 접하였다. 4월에는 미국 측으로부터 미국인 길포드(奇包, Gilford)가 경영하는 학교에 기독교를 배척하는 방이 붙은 사실에 대해 항의하는 문서를 접하였으며, 8월에는 영국인 브라운(Brown)을 해관총무사(海關總務司)에 임명하고 왜국 측으로부터 해고된 왜어교사 오카구라(岡倉由三郞)를 대신하여 나가지마(長島品次郞)를 추천받았다. 또 8월에는 총명하고 연소한 청년을 군사학 수련을 위해 미국에 파송하는 계획의 일환으로 '해육군(海陸軍) 학도(學徒) 부미(赴美) 유학(留學)의 건' 문건을 발송하였으며 육영공원이 예정보다 지연되어 개원되었음과 벙커가 육영공원의 교사로 가담한 사실과 그의 급료지불을 독촉하는 문서가 발송되었다.

---

14) 이는 언더우드의 부인이 제중원의 고용의사였음을 말해 주는 대목이다. 이후 세브란스 의학교의 설립에서 보여 준 제중원에 고용된 미국인 의사들이 주축이 된 활동은 당시 정부가 그 의학교의 설립에 얼마나 지지와 협력을 아끼지 않았는가를 말해 주는 것이기도 한 것이다.

1894년에는 미국인 벙커와 윈스티드의 퇴직 문제가 거론되었으며 영국 측으로부터 추천받은 수군교사로 영국인 해군중위인 콜드웰(Caldwell)과 커티스(克智司, Curtis)가 임지를 향하여 영국을 출발하였음을 통고받았고 4월에는 콜드웰이 총제영(總制營)의 수군교사로 부임하였다. 역시 같은 달인 4월에 왜국에게도 '국정리혁(國政釐革)', 즉 국정쇄신을 위해 필요한 시정(施政)고문을 추천해 줄 것을 의뢰하였다. 5월에는 미국인 전기기사 파워(Power)가 귀국을 통보하였으며, 제중원의 에이비슨(芮斐信, Oliver R. Avison)이 자퇴를 통보하였고 그를 계속 머물게 하기 위해 당시 정부의 노력이 있었다.

이상이 개항한 때로부터 근대교육제도가 시발하기까지의 기간에 이 땅에서 전개된 당시 정부의 교육행정의 대강이다. 이미 논의한 것처럼 조선조는 법제인 『대전회통』에 명시된 대로 조선조의 교육제도를 그대로 집행하면서 그 틀 안에서 서구 여러 나라의 교육제도를 수용해 왔다. 특히 군대와 산업 등 모든 영역의 서구 전문인을 교사로 초빙하여 각기 해당 행정부서에 관계관으로 임명함으로써 일하면서 배우는 도제제도를 통하여 한민족을 교육하게 하여 서구제도를 수용해 간 것이다. 교사로 초빙해 온 나라들이 한 나라에 고정되지 않고 미국을 위시하여 영국, 독일, 프랑스, 러시아, 심지어는 왜국에까지 확대되어 여러 나라에 걸쳐 있는 것은 문화 수용방법을 신중하게 심사숙고한 흔적을 찾아볼 수 있다.

다음은 전 국민을 대상으로 교육을 보급하려는 근대교육제도를 전면적으로 수용하기 시작한 개혁기 교육행정을 살펴보기로 하자.

④ 근대교육제도의 수용과 근대교육행정제도의 발단

1894년부터는 고유 정통학제에 대한 서구학제의 접목 차원을 넘어 근대학교 위주로 교육제도를 재편하기 시작하였다. 더구나 이 무렵 있었던 동학운동은 결국 변화를 바라는 개혁세력에 정치적 승리를 가져다줌으로써 그들의 근대화 요구가 수용되었다. 그러한 충격에 맞서 새로운 대응책을 골몰하였던 조선 조정은 수습책의 일환으로 종래 제도의 전면적인 개폐를 통해 근대화에 박차를 가하기 시작하였다. 동학운동의 수습에 일조했던 외국의 세력이 국내 개혁세력의 입장을 지원함으로써 변화는 더욱 가속이 붙었다. 이때에 있었던 변화를 보통 역사학에서는 '갑오경장(甲午更張)'이라고 한다. 이는 갑오년(甲午年)에 있었던 변혁이라 하여 붙은 이름이다.

이때부터 조선 조정은 근대화의 발진기지로서 왕명에 따라 지명된 1인의 총재와 20인의 의원으로 구성되는 '군국기무처'[15]를 설치하고, 208여 건의 근대화조치를 의결하여 근대화를 위한 개혁에 착수해 근대국가의 조직과 제도를 완성하고, 국호를 '대한제국'으로 바꾸는 등 근대화에 커다란 획을 긋는 작업을 하게 된다. 특히 교육제도의 변혁과 관련해서는 '각아문관제'를 제정하고 근대적인 정부 조직에 착수하여 내각에 최고의 교육행정기관인 '학무아문'을 설치하고 교육의 근대화를 위한 국왕의 의지를 밝힌 '교육조서(教育詔書)'를 발표한다. 성균관 등 일부 기존 제도가 남아 있는 등 예외가 있기는 하지만 이때부터 『대전회통』에 따른 일체의 제도가 폐기되고 새로운 근대교육제도가 등장한다. 이 변혁으로 예전 등의 기존 교육법제 또한 폐기되고, 교육행정기관이던 예조 등 여러 교육행정기관 역시 폐지되었다.

새로운 근대교육제도의 출현과 함께 근대학교도 속속 설립되었다. 즉, 법관양성기관인 법관양성소(法官養成所), 교원양성기관인 한성사범학교(漢城師範學校), 외국어교육기관인 외국어학교(外國語學校), 초등교육기관인 소학교(小學校), 중등교육기관인 중학교(中學校), 전문요원과 실업요원 양성기관인 의학교(醫學校)와 상공학교(商工學校) 등이 관련 법제와 함께 점차 들어서기 시작하였다. 이러한 교육 근대화의 노

15) 군국기무처(軍國機務處)는 1894년 6월 25일 고종의 조칙에 의하여 '국내(國內) 대소사무(大小事務)를 전의(專議)'하는 기관으로 개혁을 주도하는 기능을 맡게 되었다. 이 기관은 총리대신을 회의총재로 하고 그 밖에 부총재 1인과 왕명으로 지명되는 20인의 의원으로 구성되며, 이때에 있었던 모든 개혁을 주도하였다. 인적 구성을 소개하면 다음과 같다.

군국기무처 회의총재 김홍집(金弘集: 영의정), 동 회의원 박정양(朴定陽: 내무독판), 김가진(金嘉鎭: 외무협판), 민영달(閔泳達: 내무협판), 안동수(安駉壽: 우포장), 김윤식(金允植: 강화유수), 정경원(鄭敬源: 내무참의), 김종한(金宗漢: 내무협판), 박준양(朴準陽: 내무참의), 조의연(趙義淵: 장위사), 이원경(李源兢: 내무참의), 이윤용(李允用: 대호군), 김학우(金鶴羽: 내무참의), 권형진(權瀅鎭: 내무참의), 이응익(李應翼: 공조참의), 유길준(兪吉濬: 외무참의), 서상집(徐相集: 공조참의), 김하영(金夏英: 외무참의)

력은 사회 일각에서 변화에 대한 저항을 불러왔고, 이로 인해 적지 않은 갈등을 경험하기는 하였으나 비교적 성공적으로 진행되고 있었다. 시간이 흐를수록 새로운 교육제도가 증가 일로에 있었으며, 학생 또한 증가하고 있었다. 근대화로의 변혁이 이처럼 성공적으로 진행될 수 있었던 것은 『경국대전』에서 『대전회통』에 이르는 법전에 따라 오랫동안 국정을 운영해 온 경험이 바탕이 되어 새로운 제도에도 쉽게 적응할 수 있었기 때문이다. 즉, 형조의 율학(律學)은 법관양성소로, 예조의 한학(漢學)·왜학(倭學)·몽학(蒙學)·여진학(女眞學) 등의 역학(譯學)은 외국어학교로, 호조의 산학(算學) 혹은 주학(籌學)과 공조의 공장(工匠)은 상공학교로, 전의감(典醫監)·혜민서(惠民署) 등의 의학(醫學)은 의학교로 각각 계승되었다. 전통적으로 형조, 예조, 호조 등의 민서기관이 교육기능으로 교수하던 율학, 역학, 산학 등의 교과가 법관양성소, 외국어학교 등과 같은 근대적인 학교에서 계승되어 교수할 수 있게 된 것이다. 구제도와 신제도 사이에는 내용상 큰 차이가 있는 것은 사실이나 교육의 분업체제상 유사성이 있기 때문에 적응, 융합되기가 용이하였다고 할 수 있다. 이와 같은 근대교육제도로의 변혁은 어쩌면 그와 같은 과거의 경험이 없었다면 가능하지 않았을 것이다.

이제부터 이와 같이 시작된 근대교육제도와 행정에 관해 보다 자세하게 이해하기 위하여 법 제도의 특징에 따라 시대를 구분하고 시대별로 생성과 발전과정을 살펴보려고 한다.

1) 근대교육행정의 발단과 전개

한반도에서의 근대교육행정은 1894년(고종 31) 6월 근대교육 행정기관인 '학무아문'의 설치에 발단을 두고 있다. 이때 발단을 본 근대교육행정은 권부를 구성하는 정치세력의 변동에도 꾸준히 지속되었다. 1894년(고종 31) 6월부터 1895년(고종 32, 개국 504) 6월까지는 비교적 강력한 개혁세력이 정국을 주도하던 시기로 새로운 제도를 수립하기 위한 노력에 박차를 가하던 때였다. 최초의 헌법 격인 홍범 14조(洪範十四條)가 제정되고 최초의 교육선언인 교육조서가 반포되었다. 이때 박정양이 초대 학부대신이 되어 한성사범학교와 외국어학교의 설립과 유학생 관리에 헌신하였다. 그러나 이 기간에도 2개의 정치세력이 교체되었다. 초기에는 군국기무처를 중심으로 하는 개혁파가 정권을 주도하였으나, 후기에는 박영효 등이 주도하는 정치세력이 집권하였다. 의정부(議政府)를 내각으로 바꾸는 등 정부조직법에 변화가 주어진 것도 이때부터였다.

1895년(고종 32, 개국 504) 7월부터 같은 해 8월까지 2개월간은 명성황후 일파가 주도하는 정치세력의 등장으로 정국이 다시 혼란을 경험하던 때이나, 이때에도 교육개혁을 위한 노력은 계속되었다. 이 시기는 이완용이 학부대신으로 교육행정을 주도하던 때로, 초등교육기관인 소학교와 재래 학교제도인 성균관에 관계되는 제도가 확립되고 관계되는 학교가 설립되었다. 또 초등교육과정인 소학교의 교육과정이 확정되던 시기였다.

국가제도에도 변화를 주려는 노력이 진행되었다. 즉, 국호를 '대조선제국'이라 부르고 국왕을 황제로 하여 위호를 양상(讓上)하며, 연호를 '개국기원(開國紀元)'이라 사용하는 일이 의정되기도 하였던 것이다. 이때 등장한 새로운 정치세력에 대하여 수구세력이나 보수세력 또는 반개혁세력으로 매도하는 경향은 있으나 그들의 집권기에도 여전히 개혁은 진행되었다. 그런 의미에서 이 정치세력을 일방적으로 반개혁세력으로 매도하는 것은 적절하지 않아 보인다. 반대파의 반격으로 그들의 집권기는 그다지 길지 못하였다. 결국 같은 해 8월에 왜국의 음모로 전개된 을미사변(乙未事變)으로 명성황후가 희생되는 참극이 있었고, 이에 따라 또 다른 정치세력이 등장하게 되었다.

1895년(고종 32, 개국 504) 9월부터 1896년(고종 33, 개국 505) 9월까지는 다시 개혁세력이 집권한 시기였다. 러시아로부터 정치적으로 지원을 받던 세력은 명성황후의 급서로 쇠퇴해 갔고, 그 결과 왜국이 지원하는 정치세력이 재차 등장했다. 정치체제가 요동치는 와중에서도 이완용은 여전히 학부대신 자리를 지키고 있었고, 그 후 서광범, 이도재, 김윤식, 유치호, 신기선 등이 그 자리를 이어 1896년 9월에 이르기까지 교육행정을 수행하였다. 그중 김윤식은 외부대신으로 학부대신을 대신하는 서리 자리를 겸하였다. 이 시기는 유길준과 같은 과격한 개혁주의자들이 내부대신으로 활약하던 시기로, 단발령이 내려지고 전통적인 음력력이 양력력으로 바뀌는 등 변화가 무상하였던 때였다. 이 기간 교육영역에서는 무단 자퇴자(自退者)를 처리하기 위하여 퇴학자에게 학비를 환입하게 하는 조규가 마련되기도 하고, 국가가 운영비를 보조하는 학교가 설정되기도 하며, 근대학교의 확산을 위한 지방 공립소학교의 위치를 선정하는 등의 근대교육의 행정실무가 이루어졌다. 서울의 동현동과 안동에 설립된 소학교가 학생을 모집하고, 장동, 정동, 묘동, 계동 등 여러 지역에 소학교의 설립 계획이 세워진 것도 이 기간에 이루어진 것이었다. 그러나 이 정치체제도 겨우 1년을 넘겼을 뿐이었다. 이는 왜국의 음모로 명성황후가 시해된 것이 세상에 알려져 외교적으로 왜국이 설 자리를 잃게 되었고, 그가 지지하는 정치세력 또한 잠적할 수밖에 없었기 때문이다. 심지어 왜국의 지지세력이었던 김홍집, 정병하, 어윤중 등은 피살까지 당하였다. 과격했던 개혁세력들은 더 이상 자리를 지탱할 수 없었고 이른바 '아관파천' 형국으로 정정(政情)이 유지되었다.

1896년(건양 1) 10월부터 1904년(고종 41, 광무 8) 7월까지의 기간은 다시 과격한 변화를 추구하는 정치세력을 대신하여 그와 대결관계에 있는 정치세력이 등장하여 근대화를 위한 교육행정을 집행하게 되었다. 이때의 교육행정 수장인 학부대신은 민병석, 김규홍, 민영소, 한긍호, 민영환, 이재극 등이었다. 이들이 집권한 기간은 근 8년으로 기간이 길었던 것만큼 비교적 안정적으로 교육개혁에 착수할 수 있었다. 이 기간에 연호가 광무(光武)로 바뀌고, 국왕의 위호는 황제로 변경됨과 동시에 즉위식이 있었으며, 국호는 '대한제국(大韓帝國)'이 되어 국가제도가 크게 정돈되었다. 교육영역에서는 중학교, 의학교, 상공학교, 광무학교, 종인학교 등 초등학교 이후 단계의 학교제도와 실업 또는 실무를 위한 학교제도가 완비되고, 그와 관계되는 학교들이 착착 설립되었다. 보수적이라고 매도되는 정치세력에 의해 그와 같은 국가제도와 근대학교제도가 속속 마련되고 정돈된 것은 역사적인 아이러니라고 할 수 있다.

한반도의 정국변화는 러시아와 왜국의 관계를 급작스럽게 냉각시켰고 끝내 그들 양자는 서로 격돌하는 전쟁을 치러야 하였다. 그 전쟁을 꾀한 왜국은 개전과 동시에 그를 빌미로 한반도에 군수기지를 확보하기 위해 이를 강제하는 군사적 · 외교적 압력을 가중하였다. 그 결과 군사력에서 우위에 있던 왜국에 의해 1904년(광무 8) 2월 양국 간 서로 친교를 유지한다는 내용과 함께 군수기지를 사용할 수 있게 한 의정서가 불법적으로 강제되었으며, 이로써 그들은 대 러시아 전쟁에서 전세를 유리하게 전개해 갔다. 같은 해 8월에는 제1차 협약이 재차 강제되었다. 이 협약은 곧 '한일보호조약(韓日保護條約)'이란 이름으로 알려진 외교문서로서 이로 인하여 왜인과 왜국이 추천하는 재정고문과 외부고문이 임명되었고, 그 결과 외교권과 재정권이 침략세력의 간섭을 받게 되었다. 이 협약으로 왜인 메가타(目賀田種太郎)와 미국인 스티븐슨이 각각 같은 해 8월과 12월에 재정고문과 외교고문으로 임명되어 침략의 주구(走狗)가 되었으며, 1905년(광무 9) 7월에는 미국 국방상인 태프트(Taft)와 왜국 수상인 가쓰라(桂太郎)가 이른바 '타프트 · 가쓰라 협정'이라는 비밀각서를 교환하여 미국과 왜국이 각각 필리핀과 한반도에 대하여 영향권을 행사하는 것을 서로 양해한다고 밀약함으로써 한반도의 불행한 사태를 더욱 악화시켰다.[16] 미 · 왜 두 나라 간의 밀약 관계는 미국이 노 · 왜전쟁에서 강화(講和)를 알선하면서 더욱 두드러져 그 결과 같은 해 9월 노 · 왜 간의 '포츠머스(Portsmouth) 조약' 체결로 더욱 고무되었다. 이 조약에 '왜국이 한반도에 대하여 지도, 보호, 감리하는 권리를 인정한다.'는 내용을 담게 된 것은 그 밀약 관계의 한 결산이었다. 이 과정에서 왜국의 추천으로 재정고문이 되어 침략행위를 거든 미국인 스티븐슨은 그 대가로 1908년 3월 미국에서 암살을 당하는 변을 맞아야 했다.

국권의 일부가 국제세력에 의해 간섭을 받게 된 시기는 1904년(광무 8) 8월부터 1907년(광무 11) 12월까지의 일로, 이때의 교육행정 수반은 다시 이완용이 맡게 되었고, 그 후 이재곤이 그를 이었다. 이러한 치욕의 수탈을 경험한 한반도의 대한제국 정부와 국민은 이에 자극되어 보다 더 철저하게 근대화 작업에 박차를 가하게 되었다. 1906년(광무 10) 전면적인 교육개혁을 단행하여 모든 단계의 학교제도를 정비하여 소학교와 중학교를 각각 보통학교와 고등학교로 바꾸고, 교원양성기관인 사범학교를 전국으로 확산하기 위한 제도 등을 포함하여 많은 교육제도를 정비하였다. 이 기간에 이루어진 교육개혁은 대한제국 정부가 수행한 교육제도 중에 가장 잘 짜인 것이라고 할 수 있다. 초기에 익숙지 않은 서구의 새로운 교육제도를 수용하다 겪은 적지 않은

16) Richard N. *Current and other, American History: A survey*, Alfred A. Friedel, 1965, p. 640.
井上 淸, 日本の歷史(下), 岩波書店, p. 78.

시행착오를 통하여 얻은 경험을 바탕으로 보다 완비된 제도를 만들게 된 것이다. 국권을 침탈한 왜국에 대한 한민족의 적개심 또한 한반도의 근대화를 보다 가속화시켰다.

그러나 이 기간에 또다시 왜국에 의해 제2차 협약이 강제되었다. 앞서 기술한 바와 같이 노·왜전쟁에서의 승리와 미국과의 밀약 관계에서 고무된 왜국은 1905년(광무 9) 11월 대한제국 정부에 제2차 협약을 강제하고, 이로써 한반도에 통감부를 설치하여 한반도의 외교권과 재정권을 찬탈하는 등 국정간섭을 노골화하려 하였다. 대한제국 정부는 그 협약에 순응하지 않았을 뿐 아니라 헤이그에 밀사를 파견하는 등 여러 방법으로 격렬하게 저항하였다. 그러한 정치 상황에도 교육행정은 정책 결정 등 주요 의사결정을 독자적으로 이행하여 비교적 독립을 유지할 수 있었다. 교육행정이 비교적 독립을 유지하게 된 것은 협약 내용에 교육을 포함하고 있지 않았기 때문이었다.

여하간 그러한 대한제국 정부와 국민의 저항으로 불안해진 왜국은 1907년(융희 1) 7월 이른바 '신협약'이라고 이름하는 제3차 협약을 강제하고 그들의 관료를 직접 대한제국 정부에 파견하였다. 이로부터 대한제국 정부 안에는 중앙은 물론 지방에까지 왜국 관료가 직접 임명되어 한반도의 정정을 감시하게 되었다. 왜국 관료들은 주로 대한제국 정부기관의 차석 지위에 임명되어 의사결정에 참여하여 수탈의 목적을 충족해 갔다. 교육행정이 본격적으로 침략세력의 감시와 간섭에 시달리게 된 것도 이때부터다. 그러나 이 기간에도 대한제국 정부는 여전히 독자적인 의사결정을 유지하려는 노력을 계속하였다.

한반도의 교육행정이 왜국의 보다 철저한 감시하에 운영되던 시기는 1908년(융희 2) 1월부터 국권이 완전히 박탈되는 1910년(융희 4) 8월까지로 이재곤, 이용직 두 사람이 번갈아 교육행정의 수장인 학부대신을 맡고 있었다. 그 두 사람 중 이용직은 결국 대한제국 정부의 최후의 학부대신이 된 셈이다.

이 기간은 한반도에 국가적인 위기가 보다 고조되던 때였다. 이때 왜국의 각의는 한반도의 합방방침을 결의해 국권침탈의 의도를 가다듬기 위하여 강제로 한반도의 군부와 법부를 해체하였다. 이러한 만행은 결국 침략행위의 파수꾼이었던 이토 히로부미(伊藤博文)가 사살되는 결과를 자초했다. 그럼에도 왜국 침략세력은 침략을 강행하기 위해 온갖 수단을 동원하고 있었다. 일진회(一進會)를 조직하여 왜국과의 합방을 상주하는 등 끈질기게 침략음모를 계속하였고, 종국에는 합방을 강제하여 한반도의 국권을 박탈해 갔던 것이다.

이 기간에도 한반도에는 교육 개혁이 꾸준히 계속되었다. 최초의 여자중등학교제도가 탄생하였는가 하면, 사립학교제도와 실업학교제도가 새롭게 제정되었고, 초등학교와 중등학교의 제도에도 약간의 손질이 가해졌다. 침략세력의 감시와 방해에도 교육개혁이 진행된 것은 한민족의 강렬한 교육열 때문이었다. 이때의 한민족은 국권이 박탈되면 될수록 그에 대한 적개심을 교육열로 바꾸어 갔다. 이 무렵 웬만한 민족의식을 가진 사람이면 각자 사숙(私塾)을 열고 물밀 듯 몰려오는 젊은 학생을 수용하여 가르치기 시작하였다. 이때 사립학교법이 제정된 것에는 그처럼 열정적인 교육열에 의해 증대일로에 있는 사숙에 대하여 두려움을 느낀 나머지 이를 억제하고 통제하기 위한 침략세력의 간계가 숨어 있다 할 것이다. 이때 서당을 통제하는 법제가 마련되었는데, 이 역시 같은 맥락에서였다. 이 시기에 새롭게 여자중등학교제도와 실업학교제도가 확립되고 그 밖의 다른 교육제도가 확충된 것은 한민족의 격렬한 교육요구를 수용하지 않을 수 없었기 때문이었다. 이러한 사실은 정책결정 과정에서 대한제국관료와 파견된 왜국관료 간에 각기 자국의 이익을 확보하기 위해 끊임없는 줄다리기가 있었음을 말해 주는 것이라 하겠다.

이상의 시대적 특성과 교육행정수반의 관계를 간단히 요약하면 다음과 같다.

시대적 특성과 교육행정의 수반(학부대신)

- 1895년(고종 32) 7월부터 같은 해 8월까지: 이완용
- 1895년(고종 32) 9월부터 1896년(고종 33년) 9월까지: 이완용, 서광범, 이도재, 김윤식(外部大臣), 윤치호, 신기선
- 1896년(건양 1) 10월부터 1904년(광무 8) 7월까지: 민병석, 김규홍, 민영소, 한긍호(署理), 민영환, 이재극
- 1904년(광무 8) 8월부터 1907년(광무 11) 12월까지: 이완용, 이재곤
- 1908년(융희 2) 1월부터 1910년(융희 4) 8월까지: 이재곤, 이용직

2) 시대 구분

이 글에서는 교육행정을 탐구하기 위한 시대 구분을 달리하고 있다. 우리나라의 근대교육행정제도의 생성과 발전과정을 연구하기 위해 시대 구분을 달리하는 것은 이를 학교관제기(學校官制期), 학교령기(學校令期)의 2단계로 나누어 관찰할 수 있기 때문이다. 지금까지는 정치사를 중심으로 시대가 구분되어 왔고 역사적 사실도 이를 중심으로 기술되어 왔다. 그러나 이 글에서는 그와는 달리 교육법 제도의 형식을 중심으로 시대를 구분하고 있다. '학교관제기'는 1894년부터 1905년까지로 주로 교육법제도가 '관제(官制)'로 표기되던 시기이고, '학교령기'는 1906년부터 1910년까지로 이때는 '학교령(學校令)'으로 교육법제를 정하던 시대다. 이처럼 법 제도의 특징에 따라 시대를 구분하여 '학교관제기'와 '학교령기'의 두 단계로 나눈 데는 특별한 의미가 있다. 그것은 이제껏 우리 교육사가 지나치게 정치사적 관점에서 교육의 변천과정을 관찰한 나머지 우리 교육의 역사적 사실을 과장하거나 왜곡하는 경향이 있었기 때문이다. 시대를 법제의 형식에 따라 구분하는 것은 우리 역사를 과장하고 왜곡하는 경향을 시정하기 위해서다.

다른 부분의 역사에서도 그렇지만, 특히 우리의 개항기 역사는 일반사이든 교육사이든 침략세력에 의하여 조작된 부분이 많다. 주권을 박탈당하고 우리 민족의 손으로 역사를 쓸 수 없었던 시대에 침략세력은 그들의 만행을 은폐하고 정당화하기 위하여 우리 역사를 임의로 조작하였다. 침략세력은 이 시기에 정치적으로 우위에 있었던 만큼 마치 그러한 정치적으로 우월한 지위가 한반도의 변혁을 좌우한 것처럼 조작해 놓았다. 이른바 식민사관에 의하여 우리의 역사적 사실이 철저하게 외면받고 왜곡되었던 것이다. 이를테면 1894년 갑오경장을 전후하여 그들이 조선에 제의한 국정개혁 조건을 두고, 마치 한반도에 있었던 일련의 개혁조치들을 그들이 주도해 온 것처럼 과장하고 있는 것과 같은 일이다. 침략세력은 한반도 침략의 발판으로 삼기 위하여 한반도 안의 개혁세력을 지지한 것에 불과한 것임에도 마치 그들이 전부를 좌우한 것처럼 왜곡해 왔던 것이다. 정치사적인 관점에서는 단순히 힘이 지배한다는 원리에 근거하여 사고하기 때문에 힘에 우위가 있던 침략세력이 이 시기에 한반도의 역사를 좌지

우지한 것으로 조작한 입장을 그럴싸하게 믿게 하였던 것이다.

사실은 그렇지 않았다. 한반도에는 16세기부터 근대화의 터를 닦아 온 개혁세력이 있었다. 이들은 스스로 외래 문물을 익혀 국내에 전파해 왔다. 이들은 끊임없이 당시 근대화를 위한 개혁을 요구해 왔던 것이다. 침략세력은 한반도에 계속하여 침략의 마수를 뻗쳐 가기 위해서는 이들 개혁세력에 의지할 수밖에 없었다. 한반도 개혁세력의 지지를 얻어 한반도와 관련을 지어 가기 위해서는 어쩔 수 없이 개혁세력의 요구를 지지하는 대변자 역할을 맡아야 했다. 침략자들이 제의한 국정개혁의 요구는 한반도 개혁세력에 대하여 결연(結緣)을 요구하는 침략자들의 파렴치한 추파에 불과한 것이었다. 뿐만 아니라 개항 이후 조선조를 잇는 대한제국 정부는 모든 의사결정을 시종일관 우리 고유의 정치체제를 통하여 이룩해 왔다. 비록 외국인을 고용하여 그들로 하여금 주요 정책을 수립하고 개혁작업을 수행하는 일에 참여하도록 하였다 하더라도 최종 의사결정은 한민족의 당무자 손을 거쳐서 이루었다.

이 시대의 역사를 탐구하기 위한 시대 구분을 정치사에 근거하지 아니하고 법제의 형식에 근거하는 것은 바로 그러한 이유 때문이다. 침략세력에 의해 조작되어 잘못된 식민사관을 극복하기 위해서는 오직 그 시대의 사실만을 담고 있는 법 제도를 중심으로 관찰하는 일이 바람직하다. 더구나 교육행정은 교육에서 교육과 관련되는 법 제도 운영의 역할을 분담하는 공공행위이므로 법 제도의 형식과 깊이 관련되어 있다. 따라서 교육법 제도와 관련시켜 관찰하는 일은 더욱 바람직하다 할 것이다.

이제 이러한 시대 구분에 따라 시대별로 교육행정이 어떻게 전개되어 왔는가를 살펴 가기로 하자. 우선 '학교관제기'의 교육행정부터 관찰해 보겠다.

(1) 학교관제기의 교육행정

'학교관제기(1894~1905)'는 정부 안에 근대교육행정기관인 '학무아문'이 설치된 해인 1894년에서 교육개혁이 단행되는 해인 1906년 이전까지의 기간이다. 이 시기는 근대교육제도의 창립기로, 약간의 예외는 있지만 주로 교육법의 형식에 '관제'라는 표제를 붙여 공포하던 시기다. 이때를 '학교관제기'라고 한 것도 그 때문이다. 이를테면 한성사범학교관제, 외국어학교관제, 중학교관제, 의학교관제, 상공학교관제 등 대체로 대부분의 법제가 관제라는 이름을 달고 제정되었다. 약간의 예외가 있다고 한 것은 매우 한정된 경우이긴 하지만 소학교령, 법관양성소규정 등 매우 한정된 법제가 그렇지 않았기 때문이다. 바로 이 시기에 근대의 공교육제도가 새로운 근대교육사상과 함께 정착하기 시작하였다.

① 교육법제와 전개

1894년 군국기무처 설치에 이어 최고의 교육행정기관인 학무아문을 설치함과 함께 근대화 계획을 착수한 조선 조정은 1895년 학무아문을 '학부(學部)'로 개칭하고 이어 '법관양성소규정' '한성사범학교관제' '외국어학교관제' '성균관관제' '소학령' 등의 교육법제를 점진적으로 제정하였다. 1899년에는 '중학교관제' '의학교관제' '상공학교관제' 등 2단계의 교육법제를 제정하여 중등학교까지의 학교계제를 완비하고, 실업과 실무교육의 채비도 완성하였다. 이로써 고등교육을 제외한 교원양성, 초등교육, 중등교육, 실업교육 등의 근대교육 체제를 이 땅에서 처음으로 갖추게 된 것이다.[17] '홍범 14조'는 우리나라 최초의 헌법(憲法)에 해당하는 것으로 그 안에는 교육에 관계되는 조항이 포함되어 있다.[18]

이 시기의 법제들은 절차법을 규정한 '명령반포식(命令頒布式)'이나 '공문식(公文式)'에 따라 '법률(=칙령)-명령-규칙'으로 체계가 짜여 있다. 여기서 법률(法律)과 칙령(勅令)은 왕명에 따라 제정된 최고의 법령을 말하나 그중 법률은 법무아문이나 재판에 관계되는 법령을 가리킬 때 쓰였다. 명령(命令)은 법률과 칙령이 위임하는 범위 안에서 각 행정부서가 내리는 법령이다. 이 명령은 발령부서에 따라 의정부령(議政府令) 또는 각령(閣令), 아문령(衙門令) 또는 부령(部令), 경무령(警務令), 지방령(地方令)

17) 한국근대교육법제연구, 전게서, pp. 70-132.

18) 홍범 14조의 14개 조항 중 11번째와 12번째에 해당하는 조항은 다음과 같이 교육 관계를 규정하고 있다.

一, 國中聰俊子弟 廣行派遣 以專習外國學術技藝

(國中子弟 廣ᄒᆞ게 派遣호믈 行ᄒᆞ야ᄡᅥ 外國學術과 技藝를 전습ᄒᆞ미라)

一, 敎育將官 用徵兵法 確定軍制基礎

(將官을 敎育ᄒᆞ고 兵을 徵ᄒᆞᄂᆞᆫ 法을 用ᄒᆞ야 軍制基礎를 確定ᄒᆞ미라)

등으로 나뉜다. 규칙(規則)은 각 행정부서의 사무나 관련 사항을 규정한 법령으로 의정부회의나 내각회의를 거쳐 제정하게 되어 있다. 그 밖의 하위 법으로는 고시(告示)나 지령(指令) 등이 있다. 이러한 법제는 통치권자가 임의로 제정하는 것이 아니고 절차법인 명령반포식이나 공문식이 규정한 바에 따라 여러 단계의 엄정한 심의와 합의 절차를 밟아 최후로 국왕의 재가를 얻어 발효하게 되어 있다. 이 시기에 제정된 주요 교육법제는 다음과 같다.

- 의정부관제(議政府官制: 1894. 6. 28.)
- 각아문관제(各衙門官制: 1894. 6. 28.)
- 각부아문통행규칙(各府衙門通行規則: 1894. 7. 14.)
- 명령반포식(命令頒布式: 1894. 7. 12.)
- 각부아문소속각사개록(各府衙門所屬各司開錄: 1894. 7. 16.)
- 홍범 14조(洪範十四條: 1894. 12. 12.)＝서고륜음(誓告綸音)
- 학부관제(學部官制: 1895. 3. 25., 칙령 46호)
- 관상소관제(1895. 3. 25., 칙령 47호)
- 법관양성소규정(1895. 3. 25., 칙령 49호)
- 한성사범학교관제(1895. 4. 16., 칙령 79호)
- 한성사범학교직원관등봉급령(1895. 4. 16., 칙령 80호)
- 외국어학교관제(1895. 5. 10., 칙령 88호)
- 외국어학교직원 관등봉급에 관한 건(1895. 5. 10., 칙령 89호)
- 성균관관제(1895. 7. 2., 칙령 136호)
- 소학교령(1895. 7. 19., 칙령 145호)
- 관립소학교교원의 관등봉급에 관한 건(1895. 7. 19., 칙령 146호)
- 한성사범학교교원의 관등봉급에 관한 건(1895. 7. 19., 칙령 147호)
- 한성사범학교규칙 · 동부속소학교규정(1895. 7. 23., 학부령 1호)
- 성균관경학과규정(1895. 8. 9., 학부령 2호)
- 소학교교칙대강(1895. 8. 12., 학부령 3호)

• 각종학교퇴학생도학비환입조규(1895. 11. 1., 학부령 4호)
• 종두의양성소규정(1895. 11. 7., 칙령 180호)
• 보조소학교규칙(1896. 2. 20., 학부령 1호)
• 관공립각종학교생도출학처분에 관한 건(1896. 3. 28., 학부령 3호)
• 지방공립학교의 위치를 정하는 건(1896. 9. 17., 학부령 5호)
• 관립학교퇴학학도처리에 관한 건(1896. 9. 19., 학부령 6호)
• 의학교관제(1899. 3. 24., 칙령 7호)
• 중학교관제(1899. 4. 4., 칙령 11호)
• 관공립학교교원서임시험규칙(1899. 4. 21., 학부령 7호)
• 상공학교관제(1899. 6. 24., 칙령 28호)
• 의학교규칙(1899. 7. 5., 학부령 9호)
• 관립학교교관교원의 포증 및 승급규칙(1899. 7. 25., 학부령 10호)
• 중학교규칙(1900. 9. 3., 학부령 12호)
• 광무학교관제(1900. 9. 4., 칙령 31호)
• 외국어학교 · 의학교 · 중학교 졸업인을 해당 학교에 수용하는 건(1900. 10. 25., 칙령 40호)
• 종인학교관제(1900. 12. 29., 칙령 55호)
• 각종학교졸업인수용규칙(1904. 4. 2., 칙령 10호)
• 농상공학교관제(1904. 6. 8., 칙령 16호)
• 관립농상공학교규칙(1904. 8. 18., 학부령 66호)
• 농상공학교부속농사시험장관제(1905. 2. 26., 칙령 60호)
• 법관양성소관제(1905. 9. 26., 칙령 21호)
• 학부관제(1905. 2. 26., 칙령 22호)
• 법관양성소규칙(1905. 3. 23., 법부령 1호)
• 학교동독규정(1905. 11. 28., 학부령 1호)
• 관립한성사범학교교원임시양성과규칙(1906. 5. 17., 학부령 18호)

* 주: 숫자는 법제의 공포일자와 법령번호임.

그중 1894년의 각아문관제는 정부조직법으로, 정부조직을 의정부를 정점으로 하고 산하에 내무아문, 외무아문, 탁지아문, 법무아문, 공무아문, 군무아문, 농상아문 등 7개 아문과 함께 교육행정기관인 학무아문에 관해 규정하고 있는 법제다. 이 관제는 1895년 3월의 개정으로 행정부서별로 별도의 법제를 가지게 되어 학무아문이 학부로 바뀌면서 학부관제가 그를 대신하게 되었다. 역시 1894년의 '각부아문통행규칙'은 행정 각부 모두에 적용되는 집무규칙이며, 또 같은 해의 '명령반포식'은 법률의 제정절차를 규정한 절차법이다. 역시 같은 해의 '각부아문소속각사개록'은 각 아문에 속하는 하부기관에 관하여 규정한 법제다. 그밖에 1895년의 '법관양성소규정' '한성사범학교관제' '한성사범학교직원관등봉급령' '외국어학교관제'와 1899년의 '중학교관제' '의학교관제' '상공학교관제' 1900년의 '광무학교관제(礦務學校官制)' '종인학교(宗人學校)' 등 많은 교육법제는 모두 학교교육과 직접 관련 있는 법제들이다.

법제 중 1895년의 '소학교교칙대강'은 소학교령의 하위 법으로 교수방법 등 세부사항까지 규정한 시행규칙에 해당하고, '각종학교퇴학생도학비환입조규(各種學校退學生學費還入條規)'는 국비로 재학하던 자가 임의로 퇴학하는 때에 사용한 학비의 반환을 규정한 법규이며, 1896년의 '보조소학교규칙'은 소학교에 대한 국가보조의 방법 등을 규정한 법제다. 또 같은 해의 '지방공립학교의 위치를 정하는 건'은 지방에 세울 공립소학교의 설립 일정과 장소 등 계획을 규정한 규칙이고, 1899년의 '관공립학교교원서임(敍任)시험규칙'과 '관립학교교관교원의 포증 및 승급규칙'은 교원의 인사규정으로 시험, 승급, 포상 등의 방법에 대하여 규정하고 있다. '광무학교관제'와 '종인학교관제'는 모두 학교법제이긴 하나 전자는 광산기술 교육기관을 위한 법제이고 후자는 궁중 자녀들을 위한 교육기관의 법제다.

이때의 교육법제는 새로운 제도에 대한 이해나 운영에 미숙하였던 것도 원인이 있겠으나, 지나치게 당시 현실을 감안해 취학 기회를 놓친 성인에게도 기회를 주기 위하여 절충안을 내놓은 것이 원인이 되어 학교계제 간의 연결이 잘 이루어지지 않는 등 짜임새에 약간의 문제가 있었다. 예를 들면, 정상적으로 적령기에 소학교에 입학한 자가 이를 졸업하고 중학교에 입학하려면 4년을 기다려야 하도록 학교단계 간의 연결이 잘못되어 있다. 그 때문에 1906년의 교육개혁과 함께 전면적으로 개정되기에 이른다.

② 군국기무처와 활동

1894년 조선 조정은 동학운동 등 국내의 여러 소요사건이 수습된 후 민심 수습책으로 전면적인 개혁에 착수하였다. 국왕은 같은 해 6월 25일 이를 위해 조칙(詔勅)을 내려 총리대신(總理大臣)인 영의정을 총재(總裁)로 하고 17명의 위원으로 구성되는 군국기무처를 의정부 안에 설치하였다. 즉, 영의정인 김홍집을 총재로 하는 군국기무처는 박정양, 김가진, 김윤식, 이응익, 안동수 등 해외정보에 능한 외국통 인사 16명을 위원으로 선임하고 그들로 하여금 근대화를 위한 의안(議案)을 협의케 하여 국정개혁에 임하게 된 것이다. 군국기무처를 구성하는 동시에 곧 국정개혁에 착수하여 의정부 관제, 각아문관제 등 근대의 정부조직법을 완성하고 이에 따라 근대적으로 정부를 재조직하고 최초의 근대적 교육행정기관인 학무아문을 조직하는 등 새로운 교육행정체제도 구축하였다.

그가 다룬 주요 의안으로는 제도와 관련하여 궁내부관제, 의정부관제, 각아문관제, 전고국조례(銓考局條例), 명령반포식, 선거조례(選擧條例), 문관수임식(文官授任式), 각부아문통행규칙, 관원복무기율(官員服務紀律), 품봉월표(品俸月表), 각부아문소속각사개록, 관원징계례(官員懲戒例) 등이 있고, 통치이념과 관련해서는 개국기년(開國紀年)을 사용하는 건, 의안을 방헌(邦憲)으로 시행하는 건 등이 있으며, 또 인간의 기본권과 관련해서는 문벌(門閥) 반상(班常) 등급을 격파하고 귀천에 관계없이 인재를 선용하는 건, 문무(文武)의 차별을 폐지하는 건, 연좌율(緣坐律)을 물시(勿施)하는 건, 조혼(早婚)을 금하는 건, 과녀(寡女)의 재가(再嫁)를 자유에 맡기는 건, 공사노비(公私奴婢)를 혁파하고 인신의 매매를 금하는 건, 평민일지라도 이국(利國) 편민(便民)할 방책을 가진 자는 군국기무처에 상서하여 회의에 부치게 하는 건, 역인(驛人) 창우(倡優) 피공(皮工)의 면천을 허하는 건, 사법관의 재판 없이 죄벌을 가하지 못하는 건, 죄인을 심문함에 있어 고형(拷刑)을 금하는 건, 범인의 자손 등을 관원으로 통용(通用)하는 건, 호우(豪右)의 무단(武斷)을 과치(科治)하는 건, 각부아문(各部衙門)·군문(軍門)에서 함부로 체포(逮捕) 시형(施刑)하지 못하게 하는 건을 각 궁중(宮中)에 적용하는 건, 중죄(重罪)의 결안(決案)은 법사(法司)의 공판(公判)을 거치도록 하는 건, 관원의 인죄(引罪)를 제한하는 건 등이 있다. 특히 통치이념과 관련되는 의안에는 행정부와 입법부를 분리한 삼권분리의 민주주의 원리를 담고 있고, 기본법으로 '방헌(邦憲)'이라 하여 헌법기능을 고려하고 있었으며, 인간의 기본권과 관계되는 의안에는 평등과 법치주의 등 근대적인 정치이념을 담고 있다는 점에서 매우 주목할 만한 것이다. 이러한 이념들은 이후 건설하게 될 근대적인 공교육체제 수립과정에 크게 영향을 주게 된다.

군국기무처는 6개월 정도의 짧은 기간 부여된 근대화체제 구축의 중요한 임무를 완성하고 행정부에 과업을 인계한다. 그러면 이제부터 행정부의 조직과 교육행정조직의 실제, 행적에 관하여 살펴보기로 하자.

③ 정부 조직과 교육행정 조직

1894년 조선 조정은 군국기무처를 근대화의 발진기지로 하여 이를 통해 조선조의 전근대적인 국가체제를 해체하고 근대적인 체제를 구축하였다. 군국기무처에 의해 최초로 제정된 근대 정부조직법인 의정부관제와 각아문관제에 따라 의정부를 행정부의 최고기관으로 하고 산하에 학무아문을 포함하는 8개의 행정부서를 설치하는 근대적인 정부 조직을 구상하였다. 즉, 의정부는 백관(百官)을 총리(總理)하고 서정(庶政)을 다스리는 최고의 통치기관으로 산하에 군국기무처, 도찰원(都察院), 중추원(中樞院), 기록국, 전고국(銓考局), 관보국(官報局), 편사국(編史局), 기로소(耆老所) 등의 직속기관을 설치하고, 또 그 밑에 총무국 · 판적국(版籍局) · 주현국(州縣局) · 지리국 · 위생국 · 사사국(寺司局) · 회계국 · 경무국(警務局) 등 8개 국으로 구성되는 내무아문(內務衙門), 총무국 · 교섭국 · 통상국 · 번역국(繙譯局) · 기록국 · 회계국 등 6개 국으로 구성되는 외무아문(外務衙門), 총무국 · 주세국(主稅局) · 주계국(主計局) · 출납국 · 국채국(國債局) · 저치국(儲置局) · 기록국 · 전원국 · 은행국 · 회계국 등 10개 국으로 구성되는 탁지아문(卓支衙門), 총무국 · 민사국 · 형사국 · 회계국 등 4개 국으로 구성되는 법무아문(法務衙門), 총무국 · 성균관급 상교서원(庠校書院) 사무국 · 전문학무국 · 보통학무국 · 편집국 · 회계국 등 6개 국으로 구성되는 학무아문, 총무국 · 역체국(驛遞局) · 전신국 · 철도국 · 광산국(鑛山局) · 등장국(燈椿局) · 건축국 · 회계국 등 8개 국으로 구성되는 공무아문(工務衙門), 총무국 · 친위국(親衛局) · 진방국(鎭

防局)·해군국·의무국·군수국(軍需局)·회계국 등 7개국으로 구성되는 군무아문(軍務衙門), 총무국·농상국(農桑局)·공상국(工商局)·수산국·지질국·회계국 등 6개 국으로 구성되는 농상아문(農商衙門) 등 8개 아문이 각각 설치되도록 한 것이다. 직원으로는 의정부에는 총리대신(總理大臣) 1인, 우찬성(右贊成) 1인, 사헌(司憲) 5인,

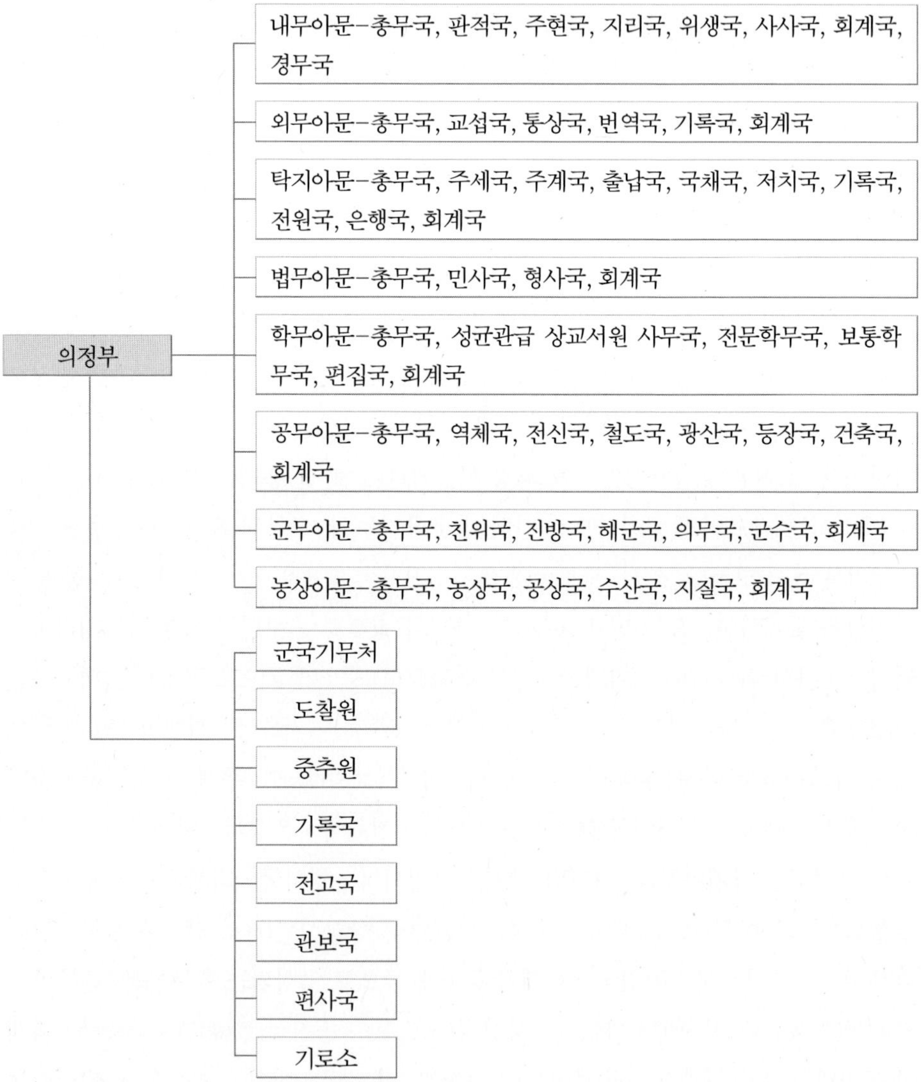

주사(主事) 31인의 총리실 직원, 회의원(會議員) 10인 내지 20인, 서기관(書記官) 3인의 군국기무처 직원, 참의 1인과 주사 약간 명의 각국 직원으로 구성되며, 각 아문은 대신 1인과 소속 각국 국장인 참의 1인과 주사 약간 명으로 조직하고 있다. 이를 도표로 그려보면 다음과 같다.

이상의 8개 행정기관 중 교육행정을 전담하는 기관은 학무아문이었다. 이 학무아문은 교육행정을 전담하여 오던 예조를 폐지하고 그를 대신하여 새롭게 설치된 최고 교육행정기관이다. 이 학무아문은 총무국 · 성균관급 상교서원 사무국 · 전문학무국 · 보통학무국 · 편집국 · 회계국 등 6개의 국으로 편제되어 있으며, 직원은 학무대신을 아문의 최고 책임자로 하고 각 국은 참의의 직급으로 임명되는 국장과 주사의 직급으로 임명되는 직원으로 구성하고 있다. 이를 그림으로 그려보면 다음과 같다.

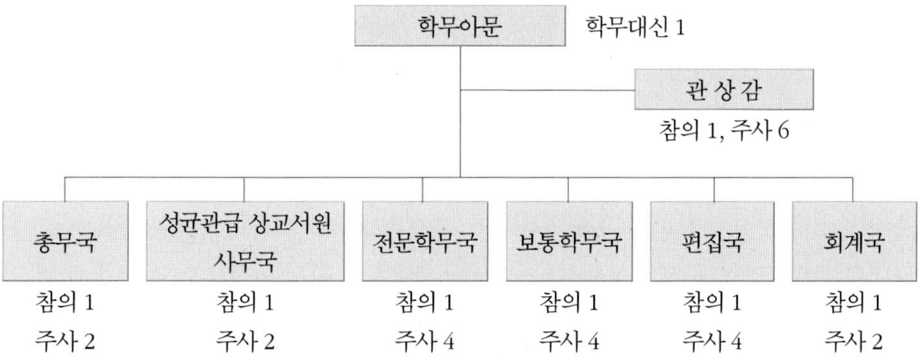

* 학무대신, 참의, 주사 등은 직함이며, 숫자는 인원임.

학무아문에 소속하는 각 국은 초등교육에서 고등교육에 이르기까지 직무와 역할을 고루 안배해 분담하고 있었다. 그중 총무국은 서무를 장리하고, 성균관급 상교서원 사무국은 선성(先聖)과 선현(先賢)의 사묘(祠廟)와 경적(經籍)의 사무를 장리하며, 전문학무국은 중등교육기관인 중학교, 대학교, 기예학교, 전문학교 등을 관장하도록 하고 있었다. 보통학무국은 소학교와 사범학교를 관장하고, 편집국은 국문의 철자와 외국문의 번역, 교과서 편찬 등의 일을 관장하며 회계국은 학무아문의 출납과 재무장부에 관한 일을 관장하고 있었다. 별국(別局)으로 관상감(觀象監)을 두었으나 얼마 안

되어 관상국으로 바꾸어 학무아문 직속기관으로 배치하였다. 관상국은 천문(天文), 역수(曆數), 측후(測候)에 관한 사무를 관장하고 있었다. 관장사무를 표로 정리하면 다음과 같다.

학무대신

- 총무국-각 국에 설치되어 있지 않은 서무를 관장한다.
- 성균관급 상교서원 사무국-선성과 선현의 사묘와 경적 사무를 장리·보수(保守)한다.
- 전문학무국-중학교, 대학교, 기예학교 및 전문학교를 관장한다.
- 보통학무국-소학교와 사범학교를 관장한다.
- 편집국-국문의 철자와 각 국문의 번역, 교과서 편집 등의 일을 관장한다.
- 회계국-학무아문의 출납 재부(財簿)를 관장한다.

의정부와 학무아문 체제는 실시된 지 채 1년도 되지 않은 1895년 3월 25일에 제46호 칙령에 의하여 내각(內閣)과 학부(學部)체제로 개편되었다. 의정부를 대신한 내각은 총리대신(總理大臣) 산하에 그를 보좌하는 총서(總書)를 두고 비서과 하나를 두는 총리대신 관방(官房), 문서과(文書課)·조사과(調査課)·회계과(會計課) 등 3개 과의 참서관실(參書官室), 편록과(編錄課)·관보과(官報課)·사적과(史籍課) 등 3개 과의 기록국(記錄局) 등 3개 사무국으로 구성하고 7개의 행정부서, 즉 외부(外部)·내부(內部)·탁지부(度支部)·군부(軍部)·법부(法部)·학부(學部)·농상공부(農商工部) 등으로 조직하고 있고, 직원으로는 총리대신 산하에 총서(總書), 참서관(參書官), 국장(局長), 총리대신 비서관(秘書官), 주사 등으로 구성된다. 이를 그림으로 그리면 다음과 같다.

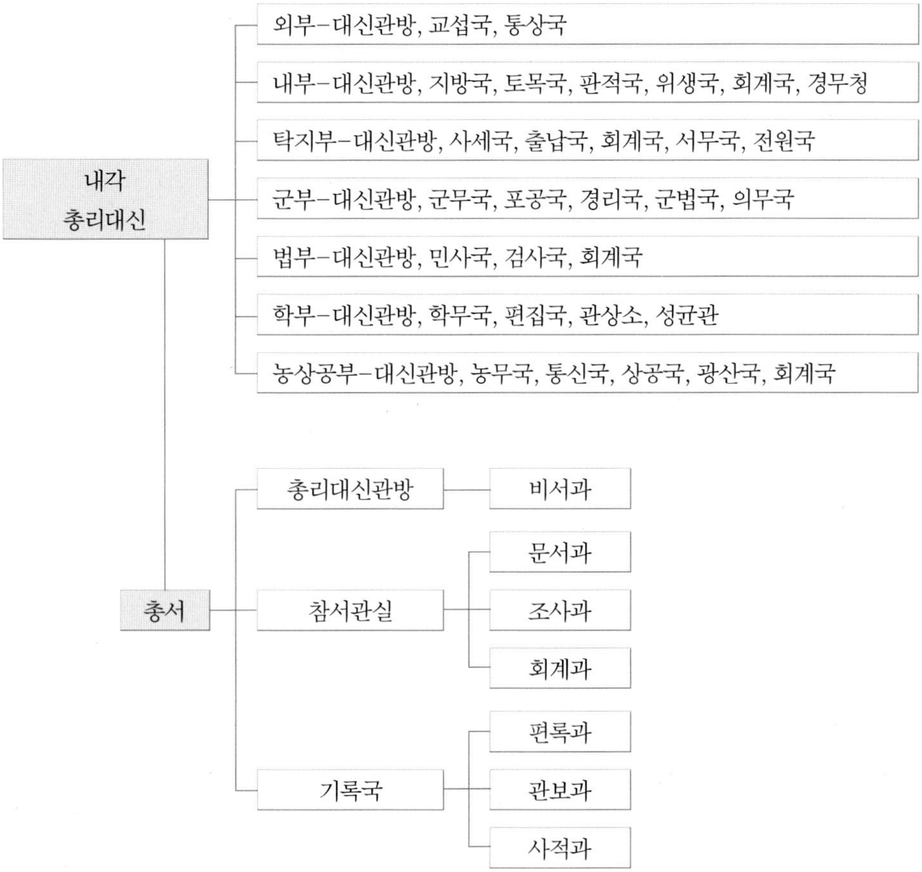

이 개편으로 교육행정조직도 크게 변화했다. 그중 교육행정부서인 학부는 학부대신을 최고책임자로 하여 산하에 대신관방, 학무국, 편집국 등의 3개 사무국과 관상소, 성균관 등의 2개 별국을 두도록 바뀐 것이다. 대신관방에는 비서과, 문서과, 회계과 등 3개 과를 두었으며, 학무국과 편집국은 별도의 과로 나누지 않고 각각 2등국(二等局)과 3등국(三等局)으로 차별하게 되었으며, 그의 직원으로는 학부대신에 이어 칙임의 직급으로 임명되는 협판(協辦), 칙임이나 주임(奏任)의 직급으로 임명되는 국장(局長), 주임의 직급으로 임명되는 참서관(參書官), 주임이나 판임(判任) 직급으로 임명되는 과장(課長), 판임의 직급으로 임명되는 주사 등으로 구성되었다. 이 개편은 최초의 개혁 때와는 달리 많은 부분이 축소되어 통합되어 있다. 여기서 전문학무국과 보통학무국이 학무국으로, 총무국과 회계국이 대신관방에 각각 통합되었으며, 대학교가 전담사무에서 삭제되었다.

이 개편된 교육행정의 담당부서인 학부의 조직은 다음과 같다.

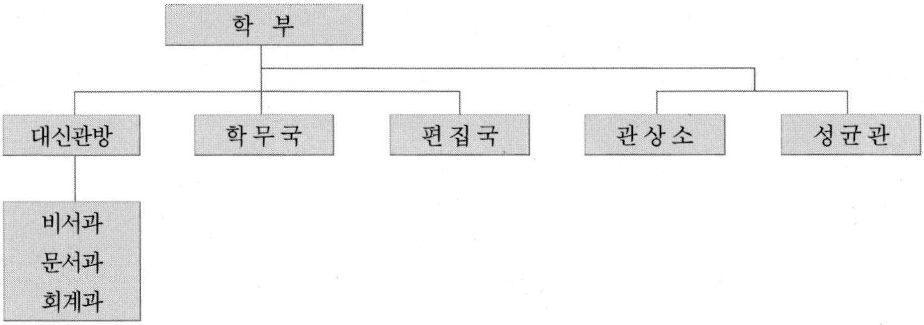

이들 학부의 각 사무국의 사무분장은 대신관방의 일반 서무에 관한 사항을 맡았으며, 학무국은 학교행정과 유학에 관한 사항을, 편집국은 번역 및 편찬 인쇄 등 교과서에 관한 사항을 각각 전담하도록 되어 있다. 이를 자세하게 소개하면 다음과 같다.

대신관방

- 비서과–① 기밀에 관한 사항 ② 관리의 진퇴 신분에 관한 사항 ③ 대신의 관인 및 부인(部印)의 보관
- 문서과–① 공문서류 및 성안(成案)문서의 접수 발송에 관한 사항 ② 통계보고의 조사에 관한 사항 ③ 공문서류의 편찬, 보존에 관한 사항
- 회계과–① 예산 결산 및 회계에 관한 사항 ② 소관 관유재산(官有財産) 및 물품의 관리와 장부조제(帳簿調製)에 관한 사항

학무국(2등국)

- 소학교 및 학령아동의 취학에 관한 사항

- 사범학교에 관한 사항
- 중학교에 관한 사항
- 외국어학교, 전문학교, 기예학교에 관한 사항
- 외국유학생에 관한 사항

편집국(3등국)

- 교과용 도서의 번역에 관한 사항
- 교과용 도서의 편찬에 관한 사항
- 교과용 도서의 검정에 관한 사항
- 도서의 구입, 보존, 관리에 관한 사항
- 도서의 인쇄에 관한 사항

내각관제는 1896년 9월 24일자로 폐기되고 다시 의정부관제로 복귀한다. 그리하여 의정부는 의정(議政), 참정(參政), 내부대신(內部大臣), 외부대신(外部大臣), 탁지부대신(度支部大臣), 군부대신(軍部大臣), 법부대신(法部大臣), 학부대신(學部大臣), 농상공부대신(農商工部大臣), 찬정(贊政) 5인, 참찬(參贊) 1인으로 구성하고 그중 내부대신은 참정이 겸임하고 교육행정은 학부대신이 전담하도록 되어 있었다. 법관양성소나 무관학교 등의 교육기관은 법부대신이나 군부대신 소관으로 하고 있었다. 의정부 직원으로는 총무국장 1인, 의정비서관 1인, 참서관 1인, 주사 8인 등으로 구성되고, 사무국은 비서과와 문서과를 둔 비서관방과 기록과, 관보과, 회계과를 둔 총무국을 두고 있었다.

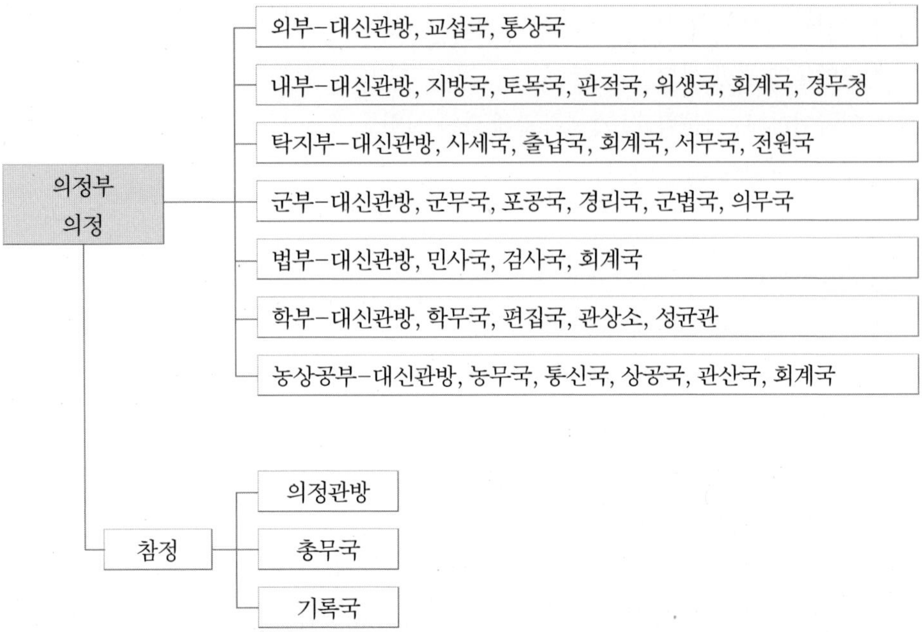

그 후, 1898년 6월 18일에 의정부관제는 개정되어 종래의 의정부 구성원에 궁내부 대신(宮內府大臣)이 추가되었다. 이러한 정부조직법의 개정에도 학부 조직에는 변화가 없었다. 다만 1900년 학부관제가 모처럼 개정되나 이는 다만 참서관 1인을 증원하는 변경 조치에 불과하였다.

④ 학교제도와 구성

관제기의 학교제도는 일시에 완성되지 않았다. 1894년에서 1905년에 이르는 10여 년의 긴 기간을 두고 점진적으로 성립되었다. 이때의 교육행정 당국인 학무아문이나 학부는 근대교육제도를 점진적으로 확립할 것을 계획하고 제도를 점차 마련해 갔다. 최초의 근대학교를 설립하기 위해서는 훈련받은 교사가 필요하다고 느낀 교육행정 당국은 우선 1895년 4월 16일에 법제인 '한성사범학교관제'를 제정하고 근대적인 교원양성기관인 '한성사범학교'를 설립하여 교원양성에 착수하였다. 또한 같은 해 5월 10일에는 이때 조성된 새로운 국제환경에 대응하기 위하여 외국어 학습이 필요하였으므로 칙령 88호에 의하여 '외국어학교관제'를 제정하고 서울 교동에 영어, 청어(淸語), 왜어를 가르치는 한성외국어학교(漢城外國語學校)를 설립하였다. 같은 해 7월 2일에는 칙령 136호로 '성균관관제(成均館官制)'가 제정되어 종래의 성균관제도를 개혁해 그 안에 새로 설치되는 경학과(經學科)를 교육전담기관으로 하였고, 같은 해 7월 19일에는 한성사범학교에서 속성으로 훈련된 교사가 배출되는 시기에 맞추어 칙령 145호로 소학교령을 위시하여 관립소학교교원 봉급에 관한 건, 한성사범학교 부속소학교 규정, 소학교교칙대강(小學校敎則大綱) 등의 관련 법제를 제정하고 초등교육기관인 소학교 설립에 착수하였다. 그리하여 같은 해 9월에는 서울의 장동, 정동, 묘동, 계동 등 네 곳에 소학교를 설립할 것을 계획하고 설립을 본격화하였다. 같은 해 11월 7일에는 칙령 180호로 '종두의양성소규정(種痘醫養成所規程)'이 제정되어 이 땅에서 근대의학의 효시인 종두의양성소의 설립을 보았다.

1896년 1월 11일에는 칙령 7호로 '무관학교관제(武官學校官制)'가 제정되어 근대 사관학교의 시작인 무관학교가 설립되었으며, 같은 해 2월 11일에는 '보조소학교규정(補助小學校規程)'이 제정되어 그때 설립된 소학교들이 정부의 보조를 받게 되었다. 같은 해 4월에는 이 새로운 학교제도에 적응치 못해 학업을 중단하는 등 학생의 출입이 잦아져 이를 막기 위한 조치로 '각종학교퇴학학도학비환입조규' '출학처분에 관한 건' '관립 각 학교 학도 퇴학에 관한 건' 등의 규칙이 제정되었다. 이 규칙에 따라 학업에 불성실하여 출학처분을 받은 자 또는 무단히 학업을 중단한 자 등에 대해서는 관보에 게재하거나 이미 지급한 학비를 회수하고 정부기관에 취업을 금하는 등 여러 제재조치가 이루어졌다. 같은 해 4월 17일에는 관립 노어학교(露語學校)가 개설되어 러시아 장교인 비루코프(N. Birukoff)가 교사로 임명되었으며, 또 6월에는 영국인 핼리팩스(溪來百士, Hallifax)와 청국인 호문위(胡文韋) 등 두 외국인이 각각 영어학교와 한어학교(漢語學校)의 교사로 임명되었다. 또 같은 6월에 성균관의 교육과정에 근대 교과를 추가하여 성균관을 근대학교제도로 포함시키는 노력을 하였다. 같은 해 7월 31일 서울의 동현과 안동에 다시 관립 소학교가 설립되고, 학생의 모집이 학부의 공고문을 통해 공고되었다.

같은 해 8월 4일 '지방관리관제(地方官吏官制)'의 제정으로 지방제도가 개혁되어

13도가 되면서, 지방에도 소학교의 설립계획을 구체화하였다. 같은 해 9월 17일자로 내려진 학부령 제6호 '지방학교 위치를 정하는 건'은 한성부를 위시하여 각 관찰부와 개성 등 주요 도시에 관립 소학교를 세울 계획을 밝힌 교육계획서였다.[19] 같은 해 12월에는 중국어학교인 한어학교와 독일어학교인 덕어학교(德語學校)가 개설되었다. 이 무렵 9월에는 미국인 영어교사 박스웰(Boxwell)을 유임시켜 줄 것을 요구하는 미국 측 외교문서에 접하고 있었다. 이는 박스웰이 이미 영어학교 교사로 활동하고 있었음을 말해 주는 것이다. 한편 이미 고용된 것으로 믿어지는 왜인 영어교사 나가지마(長島品太郎)로부터는 시험문제 등의 교육자료를 증정받았다.

1897년 6월에는 다시 미국 측에서 미국인 헐버트를 한성사범학교 교사로 채용해 줄 것을 요청해 와 그의 채용교섭이 이루어졌고, 같은 해 9월에는 독일 측에 독일어교사 추천을 의뢰하여 1개월 후인 10월에 왜국에서 교사로 활동하던 독일인 볼얀(J. Bolljahn)을 추천 받아 임명하였다. 헐버트는 그 후 자신의 경험을 바탕으로 '학교개량의견서(學校改良意見書)'를 제출하였다. 같은 해 12월에는 고용된 때는 분명하지 않으나 영국인 영어교사 허치슨(轄治信, Hutchison)과 프랑스인 불어교사 마르텔(馬太乙, E. Martel)의 재고용 계약이 각각 그들의 영사당국과 체결되었다. 이듬해인 1898년 1월에는 농상공부의 공작학교(工作學校) 예산 등 학교 운영에 관하여 프랑스 측과 논의하였으며, 이때 왜인 교사 나가지마(長島品太郎)의 고용기간 연장도 이루어졌다. 공작학교에 관한 논의는 구체적인 내용을 알 수 없으나 이는 필경 당시에 농상공부가 별도로 운영하는 실업교육 학교가 있었음을 의미하는 것이다. 이는 그다음 해에 설립된 상공학교를 설립하기 위한 전초작업이기도 하였다. 4월과 6월에는 볼얀과 허치슨 등의 외국인 교사가 각각 고용계약이 연장되고, 같은 6월에는 왜국 구루메에서 직공

---

19) 이때의 교육계획인 지방소학교 위치는 다음과 같은 내용을 담고 있다.
지방소학교 위치(건양원년 9月 17日, 학부령 제5호)
한성부, 경기관찰부, 충청북도관찰부, 충청남도관찰부, 전라북도관찰부, 전라남도관찰부, 황해도관찰부, 평안남도관찰부, 평안북도관찰부, 강원도관찰부, 함경남도관찰부, 함경북도관찰부
개성부, 강화부, 부산항, 원산항, 경흥항, 제주목, 양주군, 파주군, 홍주군, 임천군, 남원군, 순천군, 영광군, 경주군, 안동군, 안악군, 의주군, 강계군, 성천군, 원주군, 강능군, 북청군

을 거느리고 온 왜인 시카고(鹿子木耀)가 권업(勸業)교사로 고용되었으며, 8월에는 프랑스인 글래방세트가 우체(郵遞)교사로 고용되었음이 프랑스 측에 통보되었다. 이해 9월과 12월에는 한국인 유심근과 김철구가 각각 왜국의 동경외국어학교와 구마모도현 어학교(熊本縣語學校)의 한국어 교사로 고빙되었고, 9월에는 독일어를 위한 학교인 관립 덕어학교가 문을 열었으며, 10월에는 영국 측과 황태자의 어학 여교사 졸리(Joly)의 고용계약이 진행되었다.

1899년 1월에는 러시아 측으로부터 고용 시기는 알 수 없으나 외국어학교 러시아인 교사 미류고포(米柳羔葡)의 봉급 인상 요구가 있었으며, 2월에는 그의 고용계약이 연장되었다. 이로부터는 근대학교제도의 확장 움직임이 활발하였다. 3월에는 '의학교관제(醫學校官制)'가 제정되어 지석영을 교장으로 하는 관립의학교가 탄생되었고, 왕립병원인 제중원에도 미국인 에이비슨을 교장으로 하는 의학교가 설립되었으며, 4월에는 '중학교관제(中學校官制)'가 제정되어 이 땅에서 처음으로 초등학교인 소학교를 잇는 다음 단계인 중학교가 설립되었다. 이로써 한반도에도 처음으로 위계적인 학교제도가 성립되었다. 같은 해 5월에는 의학교에 왜인 후루시로(古城梅溪)가 교사로 고빙계약을 맺었고, 6월에는 칙령 8호로 '상공학교관제(商工學校官制)'가 제정되어 실업교육기관인 상공학교가 설립되었으며, 같은 해 7월에는 의학교관제의 하위법인 '의학교규칙(醫學校規則)'이 제정되어 의학교육제도가 보다 면밀해졌다. 또 같은 7월에 영국인으로 수석교사였던 허치슨이 임기만료로 해임되었고, 9월에는 계약만료가 된 불어교사인 마르텔이 재계약으로 고용이 연장되었으며, 12월에는 허치슨의 해임에 따른 조치로 영국 측에 새로운 영어교사 추천을 의뢰하게 되었다.

같은 12월에는 서울에 관립소학교 10개 교, 외국어학교 7개 교, 사립소학교 11개 교, 의학교 1개 교, 사범학교 1개 교, 배재학당 1개 교, 지방에는 소학교 62개 교가 개교하고 있다는 학부의 발표가 있었다. 이 발표에는 중학교와 상공학교에 대해서는 전혀 언급이 없다. 이들 두 학교는 어쩌면 이 무렵 제도가 막 성립된 직후라서 아직 정상적으로 운영되지 않은 것이라 이해된다.

1900년 1월 영국인 영어교사 조던(佛岩敦, Jordan)이 황제의 알현을 요청하였고, 2월에는 청국 측이 한어학당의 한국인 교사를 청국공관의 통역관으로 채용하였음을 통보하였으며, 3월에는 박은식이 한성사범학교 교관으로 임명되었다. 4월에는 프랑스 측과 기계창(機械廠)에 고용된 프랑스인 교사인 루미노프(M. Rumminof)와 그의 보조원의 연봉에 관하여 합의하고, 또 역시 우체 교사로 종사해 왔던 프랑스인 크레맹세(M. Cle'mencet)의 고용계약이 연장되었으며, 이어 5월에도 프랑스 측 공작학교에 종사할 프랑스인 교사 수 명과 고용계약을 체결하였다. 조선조의 도제제도 관례에 따라 정부기관이 실업교육기관으로 기능하여 왔으므로 기계창에 프랑스인 교사를 초빙하여 실업교육을 실시하여 왔음을 의미하며, 공작학교는 외교문서상의 용어로서 실업교육기관인 상공학교를 의미하는 것이다. 이는 이미 1898년 1월에 프랑스 측과 운영에 관해 논의한 바 있고 이를 토대로 '상공학교관제'가 1899년에 제정된 바 있어, 이때의 프랑스인 교사의 고용계약은 신설된 상공학교에 종사할 교사를 초빙하기 위한 것이었다. 5월에는 미국 측과 배재학당 교사인 아펜젤러(Appenzeller)의 고빙연장을 위한 교섭이 이루어졌고, 왜국 측에서 임기가 만료되는 의학 교사 후루시로(古城海溪)의 후임으로 고다케(小竹武次郞)를 추천해 왔으며, 프랑스 측과는 마르텔의 고용기간을 연장하는 계약갱신이 있었다. 같은 해 8월에는 왜국 측에 중학교 교사 추천을 의뢰하였고, 같은 해 9월에는 1899년에 제정된 중학교관제의 하위법인 중학교규칙이 제정되어 중등교육체제가 보다 완비되었고, 이어 광산 실무교육을 위한 제도인 '광무학교관제(礦務學校官制)'가 제정되었다. 같은 해 10월에는 영국 측과 황태자에게 어학을 가르친 여교사 졸리의 계약갱신이 진행되고 청국 측과는 한어교사의 계약연장이 있었으며, 왜국 측과는 의학교 교사 4건, 왜어교사 4건, 인천 왜어학교 교사 5건 등 도합 13건의 고용계약이 체결되었다. 10월에는 외국어학교에서 행패를 부린 프랑스인 무로(武路)의 문제로 외교문제가 대두되었고, 이미 같은 해 8월에 왜국에 의뢰한 바 있는 중학교 교사로 시데하라(幣原坦)가 추천되었으며, 동시에 외국어학교, 의학교, 중학교 등의 학교를 졸업한 자를 각 정부기관이 우선하여 수용하는 조치가 내려졌다. 11월에는 우체업무와 전신업무를 위한 요원을 훈련하기 위하여 '우무학도규칙(郵務學徒規則)'과 '전무학도규칙(電務學徒規則)'이 제정되어 새로운 실무교육체제를 마련하였다. 같은 해 12월에는 궁내부의 황족 자녀들을 위한 교육기관을 설립하기 위하여 '종인학교관제(宗人學校官制)'가 제정되었다.

1901년 1월 고종황제는 각 외국어학교의 교사들을 궁중에 초대하였고, 그 학교의 우등생 73명은 궁내부(宮內府)에 초대되어 진급장과 상품이 수여되는 등 신교육체제에 대한 대한제국 정부의 관심을 부각시켰다. 같은 해 3월과 5월에는 독일 측과 독일인 에케르트(Franz Eckert)를 음악교사로 채용하는 교섭이 이루어지기도 하였다.

1902년 1월에는 관립의학교의 부속병원이 설치되었고, 같은 해 4월에는 미국 측과 제중원 자리에 병원 건립을 협의하였으며, 같은 해 6월에는 독일 측과 에케르트가의 고용계약을 맺어 음악교사로 임명되었다. 같은 해 7월에는 미국 측과 외국어학교 교사인 헐버트를 중학교 교사로 용빙하는 계약이 체결되어 이때부터 중학교의 교사는 왜인 시데하라와 함께 2인이 되었고, 왜국 측과는 그동안 교섭 중이던 의학교사 고다케와 인천 왜어학교 교사 이와사끼(岩崎原太郎)의 고용계약을 맺었으며, 같은 해 9월에는 러시아 측과 러시아인 화학교사 매이로(梅伊老)의 고용을 위한 협의가 있었다.

1903년 4월에는 미국 측에 제중원 자리에 설립될 세브란스 병원의 목책(木柵)이 서울역 구내까지 나와 있는 것을 철거할 것을 요청하였다. 1904년 1월과 2월에는 프랑스 측과 번다한 외교교섭이 있었다. 즉, 프랑스인 페이외르(裵龍乙, M. Payeur)와 보좌관 루이(M. Louis)의 해고 통보, 프랑스인 교사 프램턴(Framton)에 대한 고용계약 연장 통보, 통신교사 크레맹세와 불어교사 마르텔의 임용계약 연장 교섭 등이 그것이다. 같은 2월에 미국 측과는 제중원 부지 환수 문제를 협의했다. 이는 제중원 부지에 세브란스 병원을 건립하는 것이 정당한 절차를 거치지 않고 정치적인 혼란을 틈타 자의적으로 이루어졌음을 의미한다고 하겠다. 같은 해 3월에는 청국 측으로부터 한어교사 호문위의 계약연장 교섭이 있었다. 같은 해 4월에 왜국 측으로부터 중학교 교사인 시데하라, 왜어교사 나까지마, 인천왜어학교 교사 이와사키 등 3인의 고용계약 연장 교섭이 있었고, 같은 해 5월에는 학교의 증설과 취학을 독려하는 황제의 칙유(勅諭)가 있었으며, 6월에는 상공학교관제를 농상공학교관제로 개편하는 교육법 제정이 있었다. 같은 해 7월에는 왜국 측과 추천 교섭 중에 있던 나가야마(長山乙介)와 고다케가 각각 왜어교사와 의학교사로 신규 임용되는 고용계약이 체결되고, 프랑스 측과는 마르텔의 임기만료로 만기해고가 논의되었으며, 같은 해 8월에는 계약연장을 교섭해 오던 왜인 중학교 교사 시데하라를 학부참여관(學部參與官)으로 고용하는 교섭이 진행되고 있었다. 또 같은 해 10월에는 왜국 측의 학부대신 이재국의 왜국 시찰계획을 환영하는 성명이 있었고, 현태섭, 고의행 등 내장원(內藏院) 장학생 50명을 왜국 유학생으로 추천하고 이를 왜국에 보증하는 외교문서가 발송되었으며, 프랑스인 마르텔의 계약연장 문제가 재논의되었다. 같은 해 11월에는 지난 3월 재임용 교섭을 나섰던 청국인 호문의는 임기만료로 해임되어 청국 측에 통보되었으며, 러시아 유리공예의 초사(硝砂)교사 메이호와 꾸리슨 등 2인의 급여문제가 외교통로를 통해 논의되었다.

1905년 1월에는 청국 측에 청국인 한어교사 두방역(杜方域)의 고용을 연장하는 계약갱신을 통보하였고 그 결정에 대한 왜국 측의 항의가 있었으며, 같은 해 2월에는 교섭 중이던 왜인 시데하라가 학부참여관으로 고용되는 조치가 취해짐과 동시에 왜국 측에 통보되고, 아울러 왜국 측의 항의에도 청국인 두방역과 영국인 조던 등 2인은 재임용 계약이 성립하여 고용기간이 연장되었다. 같은 해 3월에는 이용익이 한반도에서는 최초로 전문학교의 명칭을 가진 고등교육기관인 보성전문학교를 설립하였고, 전년 2월에도 미국 측과 논란 중이던 제중원 부지의 환수 문제가 재차 논의되었으며, 청국 측과는 두방역의 급여 문제로 논란이 있었고 왜인 다카바시(高橋亨)가 중학교 교사로 고용되는 조치가 따랐다. 같은 해 6월에는 학부참여관으로 고용이 확정되었던 왜인 시데하라가 겸임 중인 중학교 교사직에서 해고되었다. 같은 해 6월에는 고종황제가 학교 설립을 독려하는 성명을 발표했고, 미국 측의 세브란스 병원 지원에 회답하는 외교문서가 전달되었으며, 프랑스인 교문서가 전달되었으며, 프랑스인의 계약연장 교섭이 있었다. 또 독일어교사 볼얀의 사택료(舍宅料)가 체불된 일이 논의되었다. 같은 해 7월에는 왜인 아카가배(赤壁次郎)가 농상공학교의 교사로 고용되기 위한 교섭이 있었고, 같은 해 8월에는 독일인 볼얀의 계약갱신과 고용조건이 외교 문제가 되었으며, 역시 같은 문제로 프랑스인 교사 마르텔을 둘러싸고 미국과 프랑스 간에 문제가 제기되었으나 다시 한 · 프 양국 간 계약갱신을 위한 교섭이 진행되었다. 또한 같은 해 8월에는 고종황제로부터 지석영에 의해 주도된 '신정 국문(新訂 國文)'이 실시되도록 재가되었고, 독일인 의사 분쉬에게 한반도에 기여한 공로로 훈장이 수여되었으며, 프랑스 측에 프랑스인 미륜기(彌綸期)에게 상금이 지급되었음이 통보되었다.

같은 해 10월 왜국 측으로부터 재차 농상공학교와 관련하여 전문교사 구노(久野末五郎)와 시험장 기수 하카고오(博功祐作)의 고용교섭이 있었고 독일인 볼얀의 고용기간의 연장이 통보되었으며, 왜인 시데하라의 해임으로 공석이 된 중학교 교사 자리에 하세가와(長谷川龜四郎)로 고용할 것을 요청하는 교섭이 있었다. 이어 같은 해 11월에는 미국 측에 미국인 중학교 교사 헐버트의 해고가 통보되었고, 지난 2월에 학부참여관으로 결정된 왜인 시데하라가 비로소 부임하게 되었다. 이때 강제된 제2차협약으로 외교권과 재정권 등 국권 일부가 박탈되는 국치를 당한 것과 관련하여 학원이 소란스러웠으므로 이를 진정시키기 위한 조치로 면학을 독려하는 '학교동독(學校董督)에 관한 규칙'이 제정되었다. 또 같은 11월에는 태학(太學)을 학교계제(學校階制)의 정점으로 하고, 그 밑에 상교(庠校), 원숙(院塾) 등의 학교를 차례로 두는 3단계의 학교제도를 수립할 것을 제의하는 곽종석의 상소가 있었다. 12월에는 제중원 부지에 대한제국 정부에 고용된 미국인 의사들이 중심이 되어 세운 의학교가 '세브란스의학전문학교'라는 학교명을 달게 되었다.

1906년 3월 대한제국 황제의 조칙으로 '인재를 교육하는 일이 선무(敎育人材爲先務)'라는 교육선언이 발표되었고, 소학교에서 시작하여 중학교, 대학교로 이어지는 3단계의 학교제도를 확립할 것을 제의하는 부제조(副提調) 이필화의 상소가 있었으며, 자녀를 학교에 보내지 않는 자는 논죄하라는 고종황제의 지시가 있었다. 같은 해 4월에는 학부관제가 개정되어 '학부시찰관' 직이 신설되고 이를 위해 2인의 직원이 새롭게 배치되었고, 상공학교의 시험장비를 위한 3,980원 34전의 예산과 학부참여관과 사무관(事務官)의 왜국 시찰여행을 위한 210원의 예산이 책정되었다. 이 달에도 이필화의 교육개혁을 위한 상소가 잇달았다. 같은 해 5월에는 매도(每道) 매군(每郡)에 학교를 설립할 것을 제의하는 종이품 서긍순의 상소가 있었고, 제중원의 찬성금 3,000원, 광혜원의 확충비 27,205원, 학부경비 19,618원 등 중요 교육 예산이 황제로부터 재가되었다. 이는 이때까지만 해도 제중원과 광혜원의 운영이 정부예산으로 유지되었음을 말하는 것으로, 제중원 부지에 외국인에 의해 세브란스의학전문학교가 설립되었다 하더라도 운영은 대한제국 정부의 통제하에 있었음을 분명히 하는 증거가 된다. 같은 해 6월에는 관립 한성제2왜어학교의 설립이 확정되었으며, 같은 해 7월에는 왜인으로 학부참여관이 된 시데하라에게 해약귀국여비(解約歸國旅費)와 위로금 조로 3,000원이 책정되어 지급이 결정되었다. 이는 시데하라가 학부참여관 직에서 해임되었음을 분명히 하는 것으로, 1905년 11월에 이르러서야 겨우 부임한 그가 대한제국 정부의 교육개혁안을 입안하는 일을 거들게 되었으나 겨우 반년을 넘기고 밀려나게 된 것을 말하는 것이다. 그는 학부참여관으로 활동하는 동안 교육개혁의 진행 상황은 물론 한반도의 국정을 왜국 정부에 밀고하는 등 왜국의 밀정으로 구실하여 결국 자리를 유지하지 못하고 교육개혁안의 완성도 보지 못한 채 추방되어 도중하차하게 된 것이다. 같은 해 8월 27일 전면적인 교육개혁이 단행되어 보통학교령, 고등학교령, 사범학교령 등의 새로운 교육법제가 공포됨으로써 1894년부터 시작된 관제기의 교육행정을 마감하고 새로운 학교령기를 맞게 된다.

관제기의 학교제도는 구체적으로 어떠하였는가. 1895년에 최초로 근대학교법제로 제정된 한성사범학교관제, 외국어학교관제, 소학교령, 법관양성소규정 등 여러 교육법제는 그 법제 안에 목적과 수업연한을 정하고 있다.

그중 한성사범학교관제는 학교의 목적을 교원을 양성하는 것으로 하고, 이 사범학교는 수업연한을 2년으로 하는 본과와 6개월로 하는 속성과 2개 과와 학교장 1인, 교관 2인 이하, 부교관 1인, 교원 3인 이하, 서기 1인 등으로 구성되는 직원, 그 밖에 수업연한 3년의 심상과(尋常科)와 고등과(高等科)를 둔 부속소학교로 구성된다고 규정하고 있다. 그의 하위법인 한성사범학교규칙은 입학연령을 20세 이상에서 25세까지로 하고 있으나 예외로 속성과는 22세에서 35세로 하고 교과목은 수신, 국문한문, 교육, 역사, 지리, 수학, 물리, 화학, 습자, 작문, 체조 등으로 하고 있다. 외국어학교관제는 외국어학교를 외국의 어학을 교수하는 곳이라고 정의하고 외국어의 종류는 시의에 따르고 학부대신이 정하는 것으로 하고 지방에도 분교를 의미하는 지교(支校)를 설치할 수 있게 하고 있다. 직원으로는 학교장 1인, 교관 4인 이하, 부교관 5인 이하, 서기 3인 이하로 하고 있었으며, 지교인 경우에는 지교장(支校長) 1인, 교관 2인 이하, 부교관 3인 이하, 서기 2인 이하의 직원으로 구성하게 하였다. 특히 학교장과 서기는 학부의 학부 주임관으로 겸임하게 할 수 있고, 지교의 직원은 지방관원 중에서 겸임할 수 있게 하고 있다. 그의 하위법인 외국어학교규칙은 외국어학교를 왜어학, 영어학, 프랑스어학(法語學), 러시아어학(俄語學), 한어학, 독일어학(德語學) 등 어학별로 학교를 나누어 설치하고, 수업연한을 왜어학과 한어학은 3년으로 하고 그 밖의 어학은 5년으로 하며, 입학연령은 만 15세에서 23세까지로 하고 있다.

소학교령은 소학교의 목적을 아동의 신체발달을 고려하여 국민교육의 기초와 생활에 필요한 보통지식과 기능을 가르치는 데 두었다. 운영비를 국고에서 지급하는 관립과 부군(府郡) 등 지방비에서 지급하는 공립, 사인이 지급하는 사립 등 세 가지로 하였으며, 수업연한을 3년으로 수신, 독서, 작문, 습자, 산술, 체조 등을 가르치는 심상과와 수업연한을 2년 또는 3년으로 하여 수신, 독서, 작문, 습자, 산술, 본국지리, 본국역사, 외국지리, 외국역사, 이과, 도화 등을 가르치는 고등과 등 2개 과로 나누었으며, 만 7세에서 만 15세까지 8년을 학령으로 하며, 검정에 합격하여 교원의 허장(許狀)[20]을 받은 사람만이 교원이 된다고 규정하고 있다. '법관양성소규정'은 법관양성소는 사법관으로 채용할 수 있는 자격을 양성하는 것을 목적으로 하고, 법부 참서관으로 임명되는 소장 1인과 수시로 임용되는 교수 약간 명을 두어 연령이 20세 이상인 자로 입학시험에 급제한 자와 현직에 있는 자에게 법학통론, 민법, 형법 등의 교과를 6개월간 교수하도록 하고 있다.

1899년에는 '의학교관제' '중학교관제' '상공학교관제' 등의 제2단계학교법제가 제정되어 학교계제가 점차 정비되어 갔다. 그중 의학교관제는 의학교는 국민에게 내외의 각종 의술을 교육하는 것을 목적으로 하고, 국비로 지원되는 수업연한 3년의 학교로서 학교장 1인, 교관 3인 이하, 서기 1인의 직원으로 구성된다고 규정하고 있다. 중학교관제는 실업에 종사할 인민에게 정덕후생(正德厚生)하는 중등교육을 교수하는 것을 목적으로 하고, 초기과정인 4년의 심상과와 후기과정인 3년의 고등과로 나누어 수업연한을 도합 7년으로 하였으며, 교장 1인, 교관 7인 이하, 서기 1인으로 구성하게

20) 여기서 허장(許狀)이라 함은 오늘날의 교원자격증을 가리키는 말이다. 1895년 소학교령의 제정과 함께 제도상 최초로 교원자격의 검정제도를 마련하고 그 검정에 합격한 자에게 교원의 자격을 인정하는 허장, 이른바 교원자격증을 수여하도록 조직하고 있었던 것이다. 그러므로 한반도에 있어서 교원자격증 제도의 효시는 바로 교원의 허장제도라 할 수 있다.

규정하고 있다. 상공학교관제 또한 그 학교의 목적을 상업과 공업에 필요한 실학을 교육하는 데 두고, 상업과와 공업과 2개 과를 두고 각각 1년의 예과와 3년의 본과를 나누어 수업하도록 정하고 교장 1인, 교관 10인 이하, 서기 2인의 직원을 두도록 하고 있다. 이들 법제는 의학교, 중학교, 상공학교 등 어느 학교를 막론하고 외국인 교원을 공용할 수 있도록 규정하고 있으며, 외국인 교원은 다만 교수에만 종사하도록 규정하고 있다.

의학교의 수업연한을 3년으로 한 것은 속성과 과정만을 위한 것으로 정규과정은 아직 정하지 않고 있었고, 개설 교과목으로는 동물, 식물, 화학, 물리, 해부생리, 약물, 진단, 내과, 외과, 안과, 부령위생(婦嬰衛生), 법의(法醫), 종두, 체조 등이 있었으며, 입학연령은 20세로부터 30세로 하고 있었다. 중학교는 심상과에서는 윤리, 독서, 작문, 역사, 지지(地誌), 산술, 경제, 박물, 물리, 화학, 도화, 외국어, 체조를 교과로 하고, 고등과에서는 독서, 산술, 경제, 박물, 물리, 화학, 외국어, 법률, 정치, 공업, 농업, 상업, 의학, 측량, 체조를 교과로 하였으며, 입학연령은 만 17세에서 25세로 하고 있다.

1900년에는 '광무학교관제(礦務學校官制)'와 '종인학교관제(宗人學校官制)'가 제정되었다. 역시 이 해에 통신원에 속하는 교육기관인 우무학도규칙(郵務學徒規則)과 전무학도규칙(電務學徒規則)도 마련되었다. 이들 법제에 따라 설립되는 광무학교는 광업에 필요한 실학을 가르치는 것을 목적으로 하는 수업연한 3년의 실업학교로, 교장 1인, 감독 1인, 교관 4인, 부교관 1인, 서기 1인의 직원으로 구성되며, 종인학교는 친왕(親王)과 군왕(郡王)과 선파종족(璿派宗族)에서 선발된 총명한 연소자에게 학업을 강습하기 위한 학교로서 직원으로는 교장 1인, 도선(導善), 전훈(典訓), 사회(司誨) 3인, 전부(典簿) 2인으로 구성되며, 수업연한 2년의 심상과와 3년의 고등과를 두어 수업하게 하여 그 과정을 마치고 졸업한 자는 일단 성균관박사로 서임하였다가 정부기관에 공석이 났을 때를 기다려 관리로 배치하도록 하는 일종의 귀족학교였다. 종인학교관제는 우무학도규칙과 전무학도규칙에 의한 우편사무를 담당할 우무학도와 전화전신 사무를 담당할 전무학도에게 필요한 지식과 기술을 가르치기 위하여 마련된 제도로 만 15세로부터 30세에 이르는 신체 건강한 자를 시험을 통하여 선발 수용한다.

이상에 소개한 학교 이외에 1895년 8월에 설립된 성균관 경학과는 수업연한을 3년으로 하고 주로 삼서사경(三書四經), 언해강목(諺解綱目), 송원명사(宋元明史), 본국사(本國史), 작문(作文) 등의 교과를 교수하고, 경우에 따라서는 본국지지, 만국사, 만국지지, 산술 등의 교과를 추가할 수 있다. 같은 해 11월 7일 칙령 제180호로 제정된 '종두의양성소규정'에 의해서 설립된 종두의양성소는 수학연한 1년으로 하는 종두의 양성기관으로 국사, 생도는 20세 이상인 자 중 국한문과 작문 및 사자(寫字) 등의 시험을 통하여 선발되며 이 양성소의 졸업생은 졸업시험에 합격한 자에 한하여 종두의 자격을 인정하였다.

앞에서 소개한 학교들의 계통도를 제시하면 다음과 같다. 이 계통도에서 학교계제가 잘 이어져 있지 않음을 확인해 보기를 바란다.

학교계통도(1894~1905)

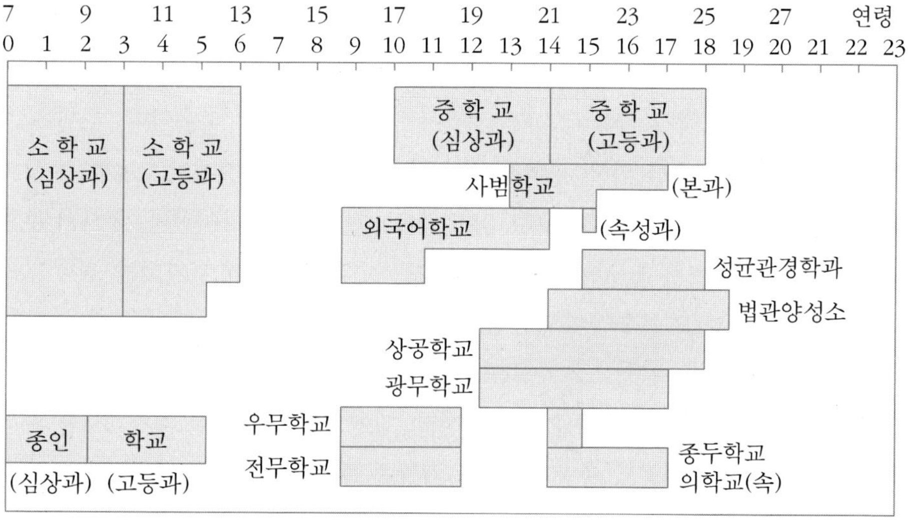

이 그림에서 보면 학교제도가 근대학교제도로서 상하의 위계를 가진 계제제도로 짜인 것임에도 소학교와 중학교가 이어지지 않고 연결이 끊어져 있는 등 하위학교와 상위학교의 학교단계 간에 연속되지 않는 것을 발견할 수 있다. 이는 당시에 교육개혁을 추진한 정치 엘리트들이 아직 근대학교제도 운영에 익숙지 않아 노정하게 된 미

숙성이라고 할 수 있다. 이 같은 미숙성이 학교계제 간에 서로 이어지지 않은 학교제도를 만들어 놓은 것이라 할 수 있다.

⑤ 학교관제기의 교육재정

근대교육제도를 수용하기 시작한 학교관제기에는 재정제도에도 커다란 변화가 있었다. 당시 조선 조정은 근대국가 체제의 확립과 함께 종래 호전의 경비조(經費條), 녹과조(祿科條), 제전조(諸田條)에 근거하여 국가재정을 조달해 오던 관행을 깨고 근대적인 재정제도를 확립하려 하였다. 따라서 과전(科田)과 녹봉(祿奉) 그리고 직전(職田), 관둔전(官屯田), 제전(祭田), 학전(學田), 궁방전(宮房田) 등에 의해서 조달, 집행되던 교육재정제도를 일신하여 재정행정기관인 탁지아문(度支衙門, 이후 탁지부)을 설치하고 금본위의 화폐제도를 실시하는 등 근대적인 재정제도를 확립하게 되었다. 이에 따라 탁지아문에 국세를 다루는 주세국(主稅局)과 세입 · 세출을 다루는 주계국(主計局)을 설치하여 주요 국가재정을 다루었다. 주세국과 주계국은 그 후 탁지아문이 탁지부로 바뀌면서 각각 사세국(司稅局)과 사계국(司計局)으로 바뀌었다. 조세와 그 밖의 여러 세입의 징수를 위하여 각 지역에 관세사(管稅司)와 징세서(徵稅署)를 설치하고 있었다. 주된 세원은 지세(地稅), 잡세(雜稅), 관세(關稅) 등이었다. 국가의 주요 재정은 전제(田制)와 유세지(有稅地)에서 나오는 수입과 국민에 부과되는 조세 그리고 관세와 무역에서 오는 수입에 의존하였으며 집행은 회계법에 따라 수행되었다. 그 밖의 재정 집행절차는 수입조규, 지출조규, 금고규칙 등의 법제가 뒷받침하고 있었다. 교육재정도 이와 같은 제도를 통하여 할당, 집행되었다. 이러한 재정제도를 확립하여 전답(田畓)이나 현물로 충당되던 교육재정을 화폐제도를 근간으로 하여 재조직하게 된 것이다.

관제기의 교육재정과 관련되는 교육법제를 소개하면 대체로 다음과 같다.

- 관등봉급령(1895. 3. 29., 칙령 57호)
- 회계법(1895. 3. 30., 법률 2호)
- 수입조규(收入條規: 1895. 4. 5., 칙령 71호)

- 지출조규(1895. 4. 5., 칙령 72호)
- 금고규칙(金庫規則: 1895. 4. 7., 칙령 75호)
- 한성사범학교직원관등봉급령(1895. 4. 16., 칙령 80호)
- 외국어학교직원 관등봉급에 관한 건(1895. 5. 10., 칙령 89호)
- 관립소학교교원의 관등봉급에 관한 건(1895. 7. 19., 칙령 146호)
- 한성사범학교교원의 관등봉급에 관한 건(1895. 7. 19., 칙령 147호)
- 각종학교퇴학생도학비환입조규(1895. 11. 1., 학부령 4호)
- 보조소학교규칙(1896. 2. 20., 학부령 1호)
- 지방공립학교의 위치를 정하는 건(1896. 9. 17., 학부령 5호)

이 법제들에 따르면 각부대신은 칙임 1등급으로 4천 원의 급봉을 받았으며, 그 차석인 협판(協判)의 관등 역시 칙임으로 급봉 3천 원인 2등급과 급봉 2천5백 또는 2천2백 원인 3등급으로 나뉘어 두 등급이 있었고 일등국의 국장은 칙임으로 4등급에 속해 2천 원 또는 1천8백 원의 급봉이 지급되었다. 각 학교에 종사하는 학교직원들의 봉급은 새롭게 학교가 설립될 때마다 제정된 관등봉급령에 따라 지불되었다. 한성사범학교직원관등봉급령, 외국어학교직원 관등봉급에 관한 건, 관립소학교교원의 관등봉급에 관한 건 등은 그 예의 교육재정과 관계되는 법제다.

'각종학교퇴학생학비환입조규'는 정부가 설립한 학교에 관비로 취학한 학생이 중도에 퇴학하는 경우에 그를 위해 사용한 비용을 회수하려는 정부의 조치였다. 이는 학생의 면학을 독려하는 한편 교육재정을 절약하려는 한 방편이기도 하였다. 당시 조선 조정은 근대학교의 정착을 위하여 적지 않은 비용을 국비로 충당하였다. 보조소학교규칙은 그때 설립된 근대초등학교인 소학교가 정착할 수 있도록 지원하는 재정보조규칙이었으며, 지방공립학교의 위치를 정하는 건은 일종의 지방공립학교의 설립을 확대해 가기 위한 계획이자 동시에 재정계획이기도 하였다.

한성사범학교와 외국어학교 등의 직원 급여는 관등봉급령이 지정한 바에 따라 관등봉급령에 의해 지급되었으며, 관립소학교 교원에게 지급된 급여는 관립소학교교원의 관등봉급의 규정에 따랐다. 1897년부터는 소학교 교원의 급여도 같은 관등봉급령에 따르도록 통일되었다. 관등에는 칙임관, 주임관, 판임관이 있었으며 이 관등은 여러 등급으로 재차 나뉘어 있었다. 급여는 이 관등에 따라 달리 책정되어 있다. 급여액의 내용은 다음과 같다.

칙임, 주임 및 판임관 봉급표

칙임관		주임관		판임관	
관등	연봉	관등	연봉	관등	연봉
일등	총리대신 5천 원 각부대신 4천 원	일등	1천6백 원	일등	5백 원
이등	3천 원	이등	1천4백 원	이등	4백20원
삼등	1급 2천5백 원 2급 2천2백 원	삼등	1천2백 원	삼등	3백60원
사등	1급 2천 원 2급 1천8백 원	사등	1천 원	사등	3백원
		오등	8백 원	오등	2백40원
		육등	6백 원	육등	1백80원
				칠등	1백50원
				팔등	1백20원

* 원의 화폐단위는 원(元)임.

소학교 교원의 급여액

관등	일등	이등	삼등	사등	오등	육등	칠등	팔등
1급봉	35원	30원	26원	22원	18원	15원	13원	11원
2급봉	33원	28원	24원	20원	16원	14원	12원	10원

이 관등봉급령은 1905년 6월에 전면 개정되어 재편성되었다. 변경된 관등봉급령에서는 칙임관이 4등급에서 3등급으로 단축되어 칙임관으로서 대신은 1등급, 협판은 2등급, 성균관장은 3등급이 되었으며, 관상소장은 주임관 1등급, 학교장과 교장은 주임관 2, 3, 4등급에 속해 있었다. 이들의 급여도 개정된 환(圜) 단위의 화폐가 지급되었다. 이 개정 관등봉급표를 교육과 관련된 부분만 추려 소개하면 다음과 같다.

칙임관등표

1등	2등	3등
각부대신	각부협판	성균관관장

1. 주임관등표

1등	2등	3등	4등
각 부1, 2등국장	각 부3등국장	각 부 서기관	동
	사무관	동	동
	학교장	동	동
	교관	동	동
관상소장	동	동	동
광제원장	동	동	동

2. 칙임관 봉급표

1등		2등		3등	
1급	2급	3급	4급	5급	6급
4천 환	3천 환	2천2백 환	2천 환	1천8백 환	1천6백 환
의정대신	참정대신 각부대신				

3. 주임관 봉급표

1등		2등		3등		4등	
1급	2급	3급	4급	5급	6급	7급	8급
1천4백 환	1천2백 환	1천 원	9백 환	8백 환	7백 환	6백 환	5백 환

4. 판인관 봉급표

1급	2급	3급	4급	5급	6급	7급	8급	9급	10급
6백환	5백40환	4백80환	4백20환	3백60환	3백환	2백40환	1백80환	1백44환	1백20환
서기랑	동	동	동	동	동	동	동	동	동
의사	동	동	동	동	동	동	동	동	동
서기	동	동	동	동	동	동	동	동	
교관	동	동	동	동	동	동	동	동	
교수	동	동	동	동	동	동	동		동
박사	동	동	동	동	동	동	동	동	
직원	동	동	동	동	동	동	동		동

* 주: 서기랑(=書記郞), 직원(=直員).

이 관등봉급령은 같은 해 12월에 다시 개정되었으나 이는 칙임관의 관등에 약간의 변화를 주는 정도였다.

교육재정과 관련하여 교육직원의 임용절차는 엄격해야 하였다. 교육직원의 인사는 소학교령, 관공립학교교원서임시시험규칙, 관립학교교관 교원의 포상 및 승급규칙 등 여러 법령에 따라 집행되었다. 특히 소학교 교원은 소학교령 제21조에 따라 교원의 허장(許狀)을 가진 자를 임명하기로 하고 있었다.[21] 허장은 오늘날의 교원자격증으로 이때에 이미 교원자격증 제도를 확립하려는 노력을 하고 있었음을 알 수 있다. 관립학교 교원은 관립학교의 졸업생으로 한성사범학교의 교과과정 중에서 실시하는 시험과목에 합격한 사람으로 서임되었다. 물론 사립학교의 교원도 같은 시험에 합격해야 하였다. 교원은 학기마다 실시하는 시험에 우수한 성적을 거둔 경우에 포증(褒證)을 부여하고 2번 이상 포증을 받았을 때는 승급하였다. 당시 정부는 1900년에 이르러 외국어학교를 위시하여 의학교, 중학교 등 당시 여러 근대학교에서 전 과정을 마치고 졸업한 사람들을 수용하는 문제를 두고 매우 고심하였다. 그들은 '외국어학교 · 의학교 · 중학교 졸업인을 해당 학교에 수용하는 건'과 '각종학교졸업인수용규칙'

21) 소학교령(1895. 7. 19., 칙령 145호) 제21조는 '小學校敎員은 小學校 敎員의 許狀이 有한 者로서 홈'이라고 규정하고 있다.

등의 칙령까지 발령하면서 졸업자를 정부기관에 수용하려 노력하였다.[22)]

이상으로 교육재정에 관한 설명은 마치고, 이어 학교령기의 교육행정에 관하여 살펴보기로 하자.

(2) 학교령기의 교육행정

'학교령기(學校令期, 1906~1910)'는 1906년 8월 교육 전반에 걸쳐 개혁이 시작된 때부터 1910년 8월 국권이 침탈되기 이전까지의 기간을 가리킨다. 당시 대한제국 정부는 1900년대에 들어서면서부터 10여 년의 근대교육법 운영에서 얻은 경험을 바탕으로 교육제도 전반을 개혁할 준비를 하고 있었다. 이 개혁작업에는 외국인을 고용해 참여시켜 자문에 응하게 하는 등 정부 차원의 노력이 계속되었다. 대한제국 정부는 종래의 교육법제도에 미비한 점을 확인하는 것을 멈추지 않았고 이를 수정·보완하고자 했다. 그러한 노력이 1906년 8월 27일에 비로소 열매를 맺어 새로운 교육법 시대를 맞은 것이다. 이 시기를 '학교령기'라고 한 것은 이때 새롭게 제정된 교육법제 대부분이 대체로 '학교령'으로 형식을 표기한 때문이다. 이 개혁이 있고부터 모든 교육행정도 일신하게 되었다.

이 시기는 대한제국 정부가 정치적으로 위기를 맞고 있던 때로, 바로 외교와 재정 등 국권의 일부가 노·왜전쟁의 승리로 고무된 왜인에 의해 강탈된 직후였다. 국제정세 또한 한반도에 불리하게 전개되고 있었다. 청국과 러시아는 전쟁에서 왜국에 패하였고 심지어 미국조차 왜국의 침략행위를 거들고 있었기 때문이다. 당시 필리핀에 대한 지배권을 행사하려는 야욕을 품고 있던 미국은 왜국의 방해요인을 제거하기 위하여 한반도에 대한 왜국의 만행을 묵인한다는 밀약에 합의하였다. 그 때문에 왜국은

---

22) 교원임용시험과 승급, 근대학교 졸업인의 수용에 관한 법제는 다음과 같다.
관공립학교교원서임시시험규칙(官公立學校敎員敍任時試驗規則)(1899. 4. 21., 학부령 7호)
관립학교교관교원(官立學校敎官敎員)의 포증(襃證) 및 승급규칙(昇級規則)(1899. 7. 25., 학부령 10호)
외국어학교·의학교·중학교 졸업인을 해학교(該學校)에 수용하는 건(1900. 10. 25., 칙령 40호)
각종학교졸업인수용규칙(各種學校卒業人收用規則)(1904. 4. 2., 칙령 10조)

한반도의 지배권을 장악하기 위하여 대한제국의 국권을 박탈하려는 노력을 보다 노골화하고 있었던 것이다.

왜국의 파렴치한 작태는 오히려 한민족의 애국심을 자극하여 여러 영역에서 개혁에 박차를 가했고, 가속도가 붙게 되었다. 교육구국(教育救國)의 기치 아래 교육에 다시 개혁의 바람이 분 것도 이때였다. 왜국의 국권 침탈에 자극된 한민족은 그때까지 근대교육에 비교적 소극적이었던 자세를 바꾸어 보다 적극적으로 대응하였다. 그런 까닭에 1906년 '학교령기'에는 근대교육의 수용 노력이 보다 가중되어 한 차원 높은 교육개혁이 전면적으로 이루어지기에 이른 것이다.[23)]

국권의 일부가 박탈된 가운데서도 대한제국 정부는 잃어버린 국권을 회복하는 운동을 은밀하게 추진하는 한편, 주권 행사의 일환으로 스스로 전면적인 교육개혁을 단행하였다. 이 개혁에서 종래의 교육제도를 개혁, 소학교를 보통학교로, 중학교를 고등학교로 개편하는 한편, 전국 각지에 새로운 학교제도를 확산시키는 조치를 강력하게 추진하였다. 대한제국 정부의 이러한 일련의 움직임이 침략 계획에 방해가 된다고 생각한 왜국은 1907년 무력으로 또 다른 협약을 강제하고, 왜국 관리를 대한제국 정부기관에 배치하여 대한제국 정부를 직접 감시 · 억압하는 만행을 감행하였으며, 이로써 한반도의 개혁은 그들에 의해 방해를 받기 시작하였다. 대한제국 정부에 파견된 왜국 관료들은 서원이나 서당과 같은 기존의 학교제도를 토대로 의무교육제도를 확충해 가려 했던 우리 정부의 의도를 방해하고, 근대교육이 우리 사회에서 확산 · 보급되는 것을 막으려 하였다. 그럼에도 대한제국 정부는 여성의 중등교육과 실업교육, 사립학교 등의 교육제도를 정비, 실시하는 등 계속 교육개혁에 열을 올렸다. 그러한 교육개혁의 경향은 1910년 소위 합병조약이라는 이름으로 강행된 불평등 조약에 의해 대한제국의 국권이 완전히 침탈될 때까지 계속되었다. 간혹 식민지 어용학자들이 기술한 역사서에는 이때의 정치적 위기 상황을 과장하여 개혁이 침략세력의 주도로 이루어진 것으로 되어 있으나, 이는 어디까지나 대한제국 정부가 주권 행사의 일환으

23) 전게서, pp. 133-148.

로 추진한 개혁이었다. 그 무렵 재정과 외교 주권이 침략세력에 의해 강탈되었다 하더라도, 교육을 포함하는 다른 영역의 주권은 아직 대한제국 정부의 손에 있었기 때문이다.[24)]

이 교육개혁으로 우리나라 교육제도는 한 걸음 더 나아가 보다 발전된 형태로 정비되기에 이른다. 학교계제 간의 연결이 짜임새 있게 정비되었음은 물론 모든 단계의 교육을 전국으로 확산할 수 있게 되었다. 뿐만 아니라 중등교육을 여성에게도 개방할 수 있게 되었다. 사립학교제도와 실업학교제도도 이때 확립되었다. 그중 사립학교제도는 사학을 통제하기 위한 법제였다는 점에서 어쩌면 침략자들의 의도가 상당히 가미된 정략적인 제도였을 것이라고 설명되기도 하지만, 실제 이 법제는 그 안에 사립학교의 설립 기준을 제시함으로써 사립학교의 수준을 높이는 데에 크게 기여하였다.

그러나 이 개혁에서도 학부분과규정에 따라 학부 학무국이 전문학교의 사무를 장리한다는 것 이외에는 고등교육을 위한 별도의 독립된 법제를 마련하지 못하고 있었다. 이때 이미 사학에서는 보성전문학교, 세브란스 의학전문학교 등 고등교육기관이 설립되었는데도 정부가 그에 관한 제도 하나 마련하지 못하였다는 것은 매우 유감스러운 일이다. 왜국의 국권 박탈 만행이 반도의 정치 일정을 숨 가쁘게 하였다는 점에서 고등교육에까지 눈 돌릴 겨를이 없었을 것이라는 점은 이해할 수 있으나, 이때의 교육개혁에 고등교육기관이 포함되지 않은 것은 매우 아쉬운 일이다. 물론 이때에도 성균관 경학과 외국어학교, 의학교, 농림학교, 공업전습소 등의 실무교육제도가 제정되어 고등교육을 준비하는 서장(序章)이 마련되었다는 점에서 보면 대한제국 정부가 고등교육에 무관심한 것은 아니었다. 최초의 교육행정기관인 학무아문의 편제에서 전문학교와 대학교의 사무를 전담하는 부서가 설치되어 있었다는 점에서도 고등교육에 대한 당시 정부의 관심을 읽을 수 있다.

이때의 개혁 교육법제가 발전해 온 과정을 살펴보자.

---

24) 안기성, 한왜협약과 구한국의 교육정책, 사대논집(제15집), 고대사범대학, 1990, pp. 25-50.

① 교육법제와 전개

학교령기에 이르러 학교교육의 기본법제가 되는 한성사범학교관제, 소학교령, 중학교관제 등의 중요 법제가 각각 사범학교령, 보통학교령, 고등학교령 등으로 바뀌었다. 이 법제의 개정으로 소학교는 보통학교로, 중학교는 고등학교로 이름이 바뀌었다. 외국어학교관제, 법관양성소규정 등의 학교법제도 바뀌어 외국어학교령, 법관양성소령이 되었다. 다른 교육영역에도 변화가 주어졌다. 농상공학교소속농림학교관제가 제정되어 독립된 농림학교가 새롭게 탄생되었는가 하면, 외국어학교관제는 외국어학교령으로 바뀌었다. 학부직할학교교직원정원령이 제정되어 국립학교의 인사제도가 확립되었는가 하면, 한성부 및 각 관찰부 소재 공립학교의 명칭과 공립학교의 명칭 소재지 등의 법제가 제정되어 근대학교의 확산계획을 구체화하고 있었다. 이어 계속적으로 공업전습소관제, 고등여학교령, 실업학교령 등이 새롭게 제정되어 공업교육과 여성교육, 실업교육의 제도가 확립되기에 이른다. 또한 사립학교령(私立學校令)이 새롭게 제정되어 사립학교 통제가 강화되기에 이른다. 법관양성소는 관계법이 개정되어 법학교가 되었다. 물론 앞서 소개한 여러 법제를 보다 구체화한 관련 하위법도 역시 이 기간에 만들어진다.

이 기간 교육개혁을 통하여 새롭게 제정・공포된 주요 교육법제는 다음과 같다.

- 농상공학교소속농림학교관제(1906. 8. 27., 칙령 39호)
- 학부직할학교 및 공립학교관제(1906. 8. 27., 칙령 40호)
- 사범학교령(1906. 8. 27., 칙령 41호)
- 고등학교령(1906. 8. 27., 칙령 42호)
- 외국어학교령(1906. 8. 27., 칙령 43호)
- 보통학교령(1906. 8. 27., 칙령 44호)
- 학부직할학교직원정원령(1906. 8. 27., 칙령 45호)
- 각공립학교직원봉급에 관한 건(1906. 8. 27., 칙령 56호)
- 사범학교령시행규칙(1906. 8. 27., 학부령 20호)
- 고등학교령시행규칙(1906. 8. 27., 학부령 21호)

- 외국어학교령시행규칙(1906. 8. 27., 학부령 22호)
- 보통학교령시행규칙(1906. 8. 27., 학부령 23호)
- 학부직할학교규칙(1906. 9. 1., 학부령 24호)
- 공립소학교 사립소학교를 보통학교령에 의하여 설립된 학교로 인정하는 건(1906. 9. 1., 학부령 26호)
- 한성부 및 각 관찰부 소재 공립보통학교의 명칭(1906. 9. 1., 칙령 28호)
- 공업전습소관제(1907. 2. 1., 칙령 6호)
- 공립학교의 명칭 · 소재지(1907. 4. 1., 학부령 4호)
- 학부편찬보통학교교과용 도서발매규정(1907. 7. 3., 학부령 7호)
- 고등여학교령(1908. 4. 2., 칙령 22호)
- 고등여학교령시행규칙(1908. 4. 7., 학부령 9호)
- 관립한성고등여학교학칙(1908. 4. 7., 학부령 10호)
- 사립학교령(1908. 8. 26., 칙령 62호)
- 사립학교보조규정(1908. 8. 28., 학부령 14호)
- 서당관리 건(1908. 8. 28., 학부훈령 3호)
- 공사립학교인정에 관한 규정(1908. 8. 28., 학부령 15호)
- 학무위원규정(1908. 10. 21., 한성부령 2호)
- 실업학교령(1909. 4. 26., 칙령 56호)
- 실업학교령시행규칙(1909. 7. 5., 학부령 1호)
- 법학교관제(1909. 10. 28., 칙령 85호)

이상과 같이 개혁을 통해 새롭게 제정된 교육법제에 따라 학교 계통도를 그려보면 다음과 같은 그림을 얻을 수 있다. 이는 학교관제와는 달리 학교계제 간의 연결이 짜임새 있게 이어져 있고, 근대학교제도에 가깝게 잘 조직되어 있다. 특히 여성교육을 위한 여자중등학교와 실업교육을 위한 실업학교가 하나의 학교제도로 삽입된 것은 주목할 만하다.

② 정부 조직과 교육행정 조직

이때의 정부 조직은 1905년 2월에 개정된 의정부관제에 따라 구성되고 있었다. 의정부관제의 개정에 따라 의정부는 개편되어 의정대신, 참정대신, 외부대신, 내부대신, 탁지부대신, 군부대신, 법부대신, 학부대신, 농상공부대신으로 구성되고, 종래 의정과 참정이라고 하던 것을 각각 의정대신과 참정대신이라 부르게 됨과 동시에 종래 있던 궁내부대신이 삭제되었다. 의정부의 부서로는 의정대신관방(議政大臣官房)과 참여관실(參與官室) 2개 부서를 두고 참여관실 산하에 문서과, 조사과, 기록과, 관보과(官報課), 회계과를 두도록 하였다.

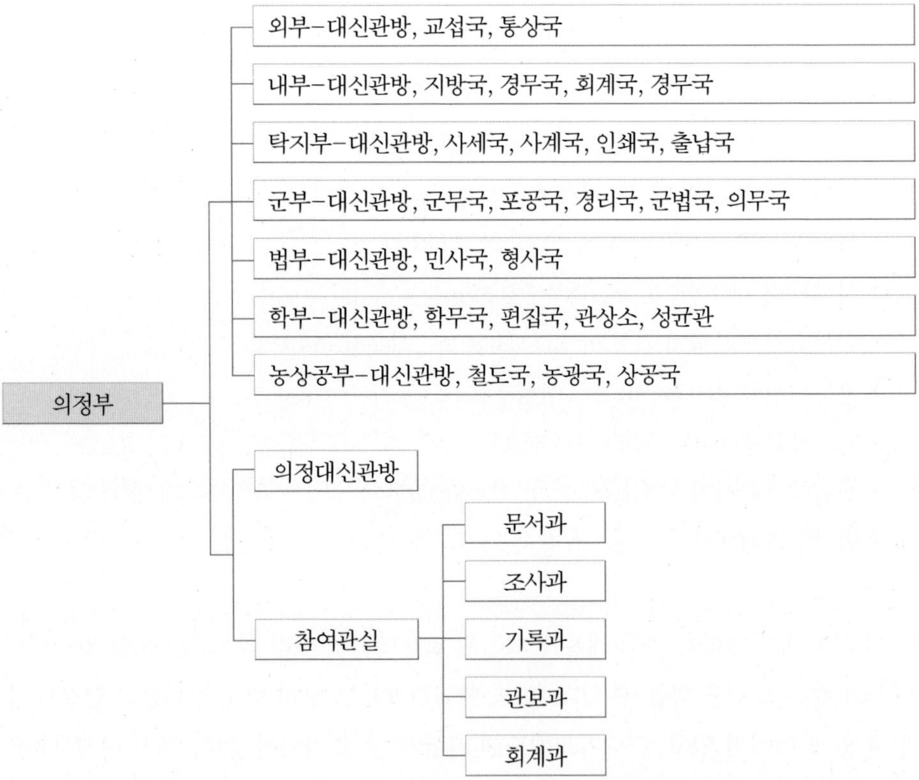

교육행정은 학부대신이 전담하고 법관양성소나 무관학교 또는 농상공학교 등과 같은 교육기관은 각각 법부대신, 군부대신, 농상공부대신 등이 전담하도록 하고 있었

다. 의정부 직원은 참찬 1인, 참서관 4인, 주사 14인으로 구성하고, 각 부의 직원은 협판(協辦), 국장, 참서관, 주사 등의 직원으로 구성하도록 하고 있었다.

이때 교육행정의 주무기관인 학부는 종래와 같이 대신관방을 비롯하여 1등국의 학무국과 2등국의 편집국 등 3개 부서를 두고 있고, 역시 똑같이 대신관방 산하에 비서과, 문서과, 회계과 등 3개 과를 설치하고 있었다. 직원은 참서관 4인, 주사 11인, 기수 1인 등으로 짜여 있으며, 각 부서의 직무는 종전과 같아 변한 것이 없다. 특히 참서관은 소관사무 이외에 학사시찰과 학교검열의 직무를 겸하고 있는데, 이 참서관은 이후 학교시찰관, 시학관 등으로 발전하여 오늘날의 장학사 또는 장학관으로 발전하였다. 그런 의미에서 이 제도는 오늘날의 장학제도의 효시라고 할 수 있다.

1907년 6월에 이르러 의정부는 다시 내각을 바꾸어 부르게 되었고, 그 조직에는 의정을 내각총리대신으로 부르게 된 것과 서기관장(書記官長), 외사국장, 서기관, 내각총리비서관, 서기랑 등의 지원을 두게 되는 변화가 있었다. 그러나 교육행정부서인 학부에도 그다지 달라진 것이 없었다. 같은 해 12월에는 학부관제에도 손질이 가해졌으나, 기본체제에는 크게 변화가 없고, 그중 학무국의 임무에 변화가 주어져 실업교육과 전문교육, 각종 학교에 관한 사항, 교원검정과 허장(許狀)에 관한 사항, 통속교육(通俗教育)과 교육회(教育會)에 관한 사항, 학교위생과 건축에 관한 사항, 교육비 보조에 관한 사항 등이 추가되었다. 이는 1908년 1월 개정되어 학무국을 제1과와 제2과로 나누고 편집국을 삭제하는 조치가 취해졌으며 2월에는 학부 소속의 관상소가 폐지되고 그를 대신하여 농상공부가 관할하는 관측소(觀測所)가 설치되었다. 이때의 학무국 제1과와 제2과의 임무를 소개하면 다음과 같다.

학무국 제1과

1. 성균관, 고등학교, 외국어학교, 여학교, 유치원에 관한 사항
2. 사립학교에 관한 사항
3. 유학생 해외파견에 관한 사항
4. 주관학교 교육비에 관한 사항

학무국 제2과

1. 사범학교에 관한 사항
2. 관공립보통학교에 관한 사항
3. 교원의 검정 및 허장(許狀)에 관한 사항
4. 통속교육 및 교육회에 관한 사항
5. 학교건축 및 학교위생에 관한 사항
6. 주관학교의 교육비 보조에 관한 사항

1908년 편집국이 없어진 이후의 학부 조직은 다음과 같다.

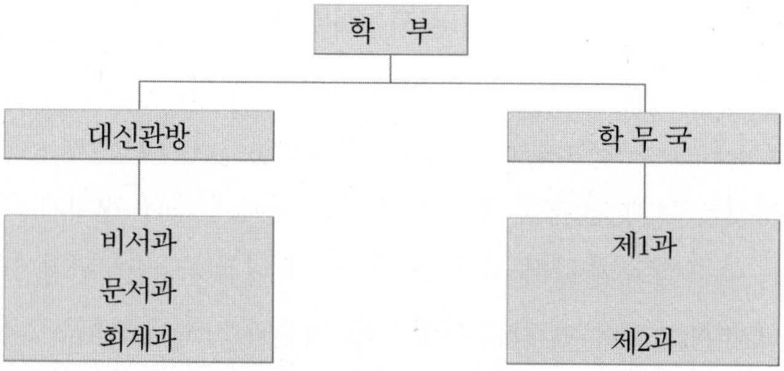

③ 학교제도와 구성

대한제국의 학교제도는 1906년 학교령기에 이르러 일신하였다. 소학교는 보통학교(普通學校)로, 중학교는 고등학교(高等學校)로 학교의 이름을 바꾸었다.

보통학교는 수업연한을 4년으로 하였으며, 입학연령을 8세로 하였으나 임시조치로 14세까지 입학이 가능하게 하고, 교과를 수신, 국어, 한문, 왜어, 산술, 지리역사, 이과, 도화, 체조로 하였으며, 여자 아동에게는 수예를 추가하였다. 특히 보통학교의 보급과 관련해서 같은 해 9월에는 이미 1895년에 수립된 계획인 '지방공립소학교위치'를 수정, 보완하여 학부령으로 '각 관찰부에 소재하는 공립보통학교의 명칭'과 '각 지방공립보통학교의 명칭' 등 2개의 교육계획을 새롭게 수립하고 그 계획에 따라 각 지

방에 공립보통학교를 확산, 보급하는 조치를 추진하고 있었다.[25)]

---

25) '한성부 및 각 관찰부 소재 공립보통학교의 명칭'(1906. 9. 18., 학부령 제28호)
한성부 및 각 관찰부에 소재하는 공립보통학교의 명칭은 다음과 같다.

명칭	소재지	
공립한성보통학교(公立漢城普通學校)	한성부(漢城府)	
공립수원보통학교(公立水原普通學校)	경기도(京畿道)	수원(水原)
공립공주보통학교(公立公州普通學校)	충청남도(忠淸南道)	공주(公州)
공립충주보통학교(公立忠州普通學校)	충청북도(忠淸北道)	충주(忠州)
공립진주보통학교(公立晋州普通學校)	경상남도(慶尙南道)	진주(晋州)
공립대구보통학교(公立大邱普通學校)	경상북도(慶尙北道)	대구(大邱)
공립광주보통학교(公立光州普通學校)	전라남도(全羅南道)	광주(光州)
공립전주보통학교(公立全州普通學校)	전라북도(全羅北道)	전주(全州)
공립춘천보통학교(公立春川普通學校)	강원도(江原道)	춘천(春川)
공립해주보통학교(公立海州普通學校)	황해도(黃海道)	해주(海州)
공립평양보통학교(公立平壤普通學校)	평안남도(平安南道)	평양(平壤)
공립영변보통학교(公立寧邊普通學校)	평안북도(平安北道)	영변(寧邊)
공립함흥보통학교(公立咸興普通學校)	함경남도(咸鏡南道)	함흥(咸興)
공립경성보통학교(公立鏡城普通學校)	함경북도(咸鏡北道)	경성(鏡城)

각 지방공립보통학교의 명칭(1907. 4. 1., 학부령 제4호)

명칭	소재지	
공립개성보통학교(公立開城普通學校)	경기(京畿)	개성(開城)
공립인천보통학교(公立仁川普通學校)	경기(京畿)	인천(仁川)
공립안성보통학교(公立安城普通學校)	경기(京畿)	안성(安城)
공립청주보통학교(公立淸州普通學校)	충청북도(忠淸北道)	청주(淸州)
공립강경보통학교(公立江鏡普通學校)	충청남도(忠淸南道)	강경(江鏡)
공립홍주보통학교(公立洪州普通學校)	충청남도(忠淸南道)	홍주(洪州)
공립남원보통학교(公立南原普通學校)	전라북도(全羅北道)	남원(南原)
공립군산보통학교(公立羣山普通學校)	전라북도(全羅北道)	군산(羣山)
공립목포보통학교(公立木浦普通學校)	전라남도(全羅南道)	목포(木浦)
공립라주보통학교(公立羅州普通學校)	전라남도(全羅南道)	라주(羅州)
공립제주보통학교(公立濟州普通學校)	전라남도(全羅南道)	제주(濟州)
공립성주보통학교(公立星州普通學校)	경상북도(慶尙北道)	성주(星州)
공립경주보통학교(公立慶州普通學校)	경상북도(慶尙北道)	경주(慶州)
공립상주보통학교(公立尙州普通學校)	경상북도(慶尙北道)	상주(尙州)
공립동래보통학교(公立東萊普通學校)	경상남도(慶尙南道)	동래(東萊)

고등학교는 수업연한 4년의 본과 이외에 1년의 예과와 보습과를 설치할 수 있게 하고 있었으며, 수신, 국어, 한문, 왜어, 역사, 지리, 수학, 박물, 물리화학, 법제경제, 도화, 음악, 체조 등의 교과를 개설하도록 하고 있었다. 1908년 4월에는 '고등여학교령(高等女學校令)'과 시행령이 제정되어 한성고등여학교(漢城高等女學校)를 설립했으며, 여성의 중등교육의 문을 열었다. 고등여학교는 3년의 본과를 두고, 그 밖에 2년의 예과와 기예전수과(技藝專修科)를 설치할 수 있게 하였으며, 입학은 보통학교를 졸업한 자로 12세 이상인 자에게 입학자격을 주었으며, 기예전수과는 자격을 15세 이상으로 하였다. 본과의 경우 경우에 따라 수업연한을 1년 추가하여 4년으로 할 수 있으며, 그 안에는 부속 유치원을 설치할 수 있고, 교과는 수신, 국어, 한문, 일어, 역사, 지리, 산술, 이과, 도화, 가사, 수예, 음악, 체조 등으로 하였다.

똑같은 시기에 사범학교, 외국어학교, 농상공학교 등의 교육기관과 관련된 학교법제도 바뀌었다. 그중 사범학교와 관련해서는 종래 서울에 설립된 한성사범학교 하나만을 위해 존재했던 한성사범학교관제가 개정되어 새롭게 사범학교령(師範學校令)이 제정되었다. 이로써 모든 사범학교에 적용되는 교원양성법제의 탄생을 본 셈이다.

사범학교에는 관립과 공립 두 종류가 있고, 수업연한 3년의 본과와 그 이외에 1년 이내의 예과와 속성과, 강습과를 둘 수 있게 되어 있으며, 보통학교 이상의 학력이 있는 자로 15세 이상인 자에게 입학이 가능하도록 하고, 부속의 보통학교를 둘 수

공립마산보통학교(公立馬山普通學校)	경상남도(慶尙南道)	마산(馬山)
공립울산보통학교(公立蔚山普通學校)	경상남도(慶尙南道)	울산(蔚山)
공립황주보통학교(公立黃州普通學校)	황해도(黃海道)	황주(黃州)
공립진남포보통학교(公立鎭南浦普通學校)	평안남도(平安南道)	진남포(鎭南浦)
공립정주보통학교(公立定州普通學校)	평안남도(平安南道)	정주(定州)
공립의주보통학교(公立義州普通學校)	평안남도(平安南道)	의주(義州)
공립원주보통학교(公立原州普通學校)	강원도(江原道)	원주(原州)
공립강능보통학교(公立江陵普通學校)	강원도(江原道)	강능(江陵)
공립원산보통학교(公立元山普通學校)	함경남도(咸鏡南道)	원산(元山)
공립북청보통학교(公立北靑普通學校)	함경남도(咸鏡南道)	북청(北靑)
공립성진보통학교(公立城津普通學校)	함경북도(咸鏡北道)	성진(城津)
공립회령보통학교(公立會寧普通學校)	함경북도(咸鏡北道)	회령(會寧)
공립안주보통학교(公立安州普通學校)	평안남도(平安南道)	안주(安州)

있게 하였다. 사범학교 교과로는 수신, 국어, 한문, 왜어, 역사, 지리, 수학, 물리, 박물, 도화, 음악, 체조 등이 부과되었으며, 당국의 승인을 받아 농업, 상업, 수공 중의 한 과목을 교수할 수 있게 하고 있었다. 외국어학교에는 수업연한 3년의 본과와 2년의 연구과(研究科)가 설치되었으며, 그중 본과는 상당한 학력이 있는 자로 12세 이상인 남자에게 입학이 허락되었고 연구과는 본과를 졸업한 자에게 허락되었다. 이 학교는 학급정원을 50인 이하로 하고 있었으며, 교과는 수신, 국어, 한문, 산술, 역사, 지리, 이과, 법제경제, 부기, 체조로 하고 있었다.

의학교는 대체로 종래의 체제를 그대로 유지하고 있었다. 그러나 법관양성소는 수업연한을 3년으로 하고, 법학통론, 민법, 민사소송법, 형법, 형사소송법, 상법, 국법학(國法學), 행정법, 국제공법, 국제사법, 명률이재학(明律理財學), 실무연습, 왜어, 한문, 수학, 부기, 체조 등의 교과가 교수되었다. 이 양성소에는 17세 이상에서 35세까지의 남자로 관립고등학교의 졸업자에게 입학자격이 부여되었다. 이 학교는 1909년 10월 28일 법학교관제(法學校官制)의 제정으로 법학교가 되었다.

농상공학교와 관련되는 학교제도는 일부 개편되어 농림학교(農林學校)와 공업전습소(工業傳習所)로 발전하였다. 농상공부의 소속인 이 농림학교에는 수업연한 2년의 본과와 2년의 연구과가 설치되어 있었으며, 그중 연구과는 본과를 졸업한 자가 입학할 수 있고, 경우에 따라서는 1년 이내의 속성과를 설치할 수 있었다. 역시 농상공부에 소속하는 공업전습소는 만 15세에서 만 25세까지를 입학연령으로 하는 실업교육기관으로 수업연한은 2년으로 염직, 도기, 금공, 목공, 응용화학, 토목 등 6개 학과를 설치하고 있었으며, 매년 4월에 전습생(專習生)을 모집하게 하였다. 농림학교와 공업전습소의 탄생으로 종래의 농상공학교관제는 1907년 3월 22일부로 폐지되었다. 1909년 4월에는 농업학교 · 상업학교 · 공업학교 · 실업보습학교 등 각 실업학교를 통괄하는 교육법제인 실업학교령이 별도로 제정되어 새롭게 실업학교 체제가 구축되었다. 이 실업학교는 각각 수업연한을 3년으로 하되 경우에 따라서는 1년을 단축할 수 있으며, 그 안에 1년 이내의 수업연한을 가진 속성과를 설치할 수 있게 하고 있다. 물론 입학자격은 12세 이상의 남자로 하고 있다. 이보다 한 해 앞서서 1908년 8월에는 사립학교령이 제정되어 사립학교에 대한 정부의 인가권과 감독권이 강화되어 사립학교의 통제제도가 구축되기도 하였다.

앞에서 설명한 학교령기의 여러 학교제도를 학교 계통도로 그려보았다. 여기서는 관제기의 학교계통도와 같이 학교계제 간에 단절이 없고 잘 연결되는 것을 확인할 수 있다. 이것만 보아도 1906년의 학제개혁에서 비교적 잘 짜인 학교제도를 마련하게 되었다고 할 수 있다.

학교계통도(1906~1910)

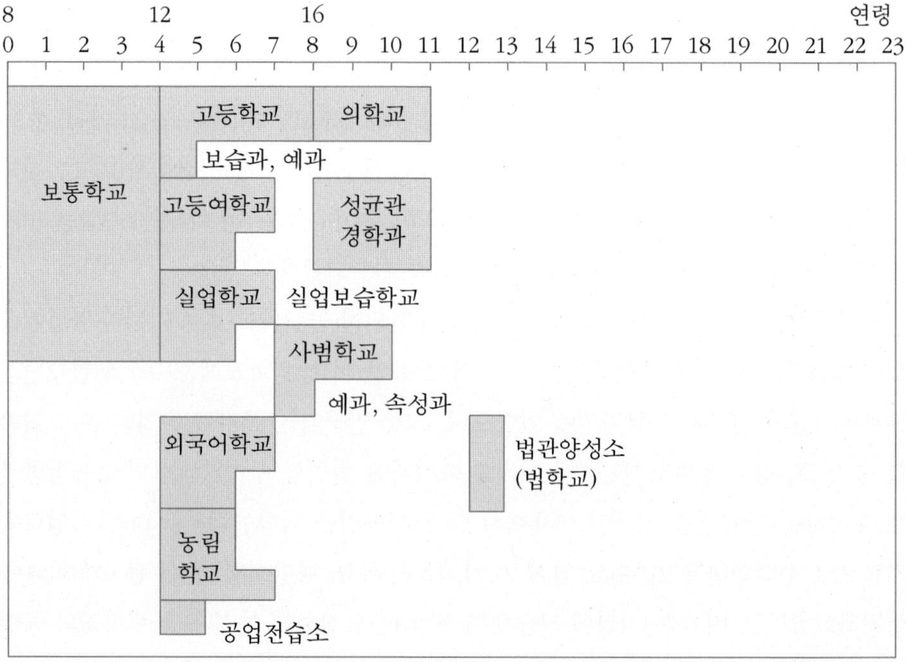

대한제국 정부는 1906년 8월 27일에 전체적인 교육개혁을 단행하여 모든 학제를 개편하고, 곧이어 1906년 9월 1일에는 학교운영 계획의 일환으로 학부가 직접 관할하게 될 초등교육기관인 관립 보통학교의 명칭을 사전에 지정하였다. 즉, 교동보통학교, 제동보통학교, 인현보통학교, 수하동보통학교, 정동보통학교, 매동보통학교, 미동보통학교, 어의동보통학교 등 8개 교가 바로 그것이다. 그중 교동보통학교는 임시로 관립 한성사범학교의 부속 보통학교로 대용되도록 계획되었다. 그리하여 1907년 1월 1일에는 공립의 한성보통학교를 관립의 경교보통학교로 교명을 바꾸어 1월 4일자로 직할학교를 추가편입하고 동시에 학부직할학교 명칭 계획에 따라 주동보통학교를 인현보통학교로 바꾸었다. 또 같은 해 6월 20일에는 양사동보통학교와 양현보통학교의 2개교를 합병하여 교명을 관립어의동(於義洞)보통학교로 부르게 하였으며, 1907년 12월 31일에는 관립안동보통학교를 폐쇄하고, 1908년 4월 7일에는 관립 경교보통학교를 관립미동학교로 이름을 바꾸었다.

1906년 9월 '학부직할학교정원령'에 따르면 학부가 직할하는 학교로는 직속인 성균관과 보통학교를 제외하고는 한성사범학교, 한성고등학교, 한성왜어학교, 한성한어학교, 한성영어학교, 한성덕어학교, 한성법어(法語)학교, 인천왜어학교 등이 지정되어 있었으며, 1907년 3월에 이르러서는 평양왜어학교를 추가로 직할학교로 편입하고 같은 해 12월에는 한성왜어학교, 한성한어학교, 한성영어학교, 한성덕어학교, 한성법어학교 등의 외국어학교를 하나의 한성외국어학교로 통일하고 그 밖에 평양왜어학교와 한성고등여학교(漢城高等女學校) 등 2개교를 추가하였다. 의학교관제가 폐지되고 그를 대신하여 대한의원관제(大韓醫院官制)가 제정되어 이로부터 의사, 약사, 간호사 등 의료원의 양성은 교관(敎官) 7인과 학감(學監) 1인으로 구성된 대한의원의 교육부가 담당하게 되었다. 한편 1906년 10월에는 일반 학교제도와 다르게 황족과 귀족을 위한 수학원(修學院)이 설치되었다. 이 학교는 귀족의 자제 중 20명 이내의 자제가 선정되며 수신, 국어, 한문, 외국어, 수학, 역사, 이과, 도서, 음악, 체조 등의 교과가 교수되었다.

1907년 4월 교육행정 당국인 학부는 학부령 제4호로 당시에 설립 개교된 공립보통학교와 소재지를 밝히고 있다. 이 보통학교는 총 27개교로, 소재지는 각각 개성(開城), 인천(仁川), 안성(安城), 청주(清州), 강경(江鏡), 홍주(洪州), 남원(南原), 군산(羣山), 목포(木浦), 나주(羅州), 제주(濟州), 성주(星州), 상주(尙州), 동래(東萊), 마산(馬山), 울산(蔚山), 황주(黃州), 진남포(鎭南浦), 정주(定州), 의주(義州), 원주(原州), 강릉(江陵), 원산(原山), 북청(北靑), 길주(吉州), 회령(會寧) 등지에 위치하여 학교명 또한 소재지 이름을 그대로 따 개성보통학교, 인천보통학교 등으로 불렀다. 같은 해 5월에는 이 공립보통학교에 평안남도 안주(安州)에 설립되는 안주보통학교가 추가되었다. 이는 이 시기에 이미 보통학교가 전국적으로 확산되어 날로 근대학교제도가 널리 보급일로에 있었음을 보여 주는 것으로 사뭇 중요한 자료가 된다.

같은 해 7월에는 학부가 편찬한 교과서의 판매를 위하여 '학부편찬보통학교교과용도서발매규정'이 제정되어 국어독본과 한문독본 등이 당시의 화폐로 각각 10전과 7전에 매매되는 등 교과서 판매가 본격화되었으며, 학부대신 이재곤의 주본(奏本)에 의한 제의로 국문연구소(國文硏究所)가 설치되기도 하였다.

반면 이 무렵의 한반도 정치 정황은 매우 심각하게 전개되고 있었다. 고종황제의 시대에서 순종(純宗)의 시대로 시대가 바뀌고 있었을 뿐 아니라 국제정세가 한반도에 더욱 불리하게 전개되고 있었다. 왜국에서는 같은 해 7월 10일 원로회의와 각료회의를 소집하여 한반도의 내정 장악을 결의하는 등 한반도에 대한 침략야욕을 불태우고 있었다. 한반도에서는 같은 달 19일에 고종황제의 양위가 공포되었고, 같은 달 21일에는 황태자인 순종의 대리청정사(代理聽政辭)가 발표되었으며, 같은 달 24일에는 왜국에 의해 한반도의 시정(施政)을 개선하기 위해 왜국통감부의 지도를 받는다는 것과 한국 관리 임명에 통감의 동의를 얻어야 하고 왜인을 한국관리로 임명한다는 것을 내용으로 하는 제3차 한왜협약이 강제되었다.

그리하여 같은 해 8월부터는 순종에게 왕위를 이양함에 따라 연호가 광무(光武)에서 융희(隆熙)로 바뀌었고, 대한제국 정부의 관료에 왜인 차관이 임명되고 대한제국의 군대가 해산되는 등의 조치가 이어졌다. 이에 반항하는 대한제국의 국군과 왜군과의 교전이 벌어지기도 하였다. 이러한 상황에서 같은 달 15일에는 왕위를 계승한 순종황제가 스스로 머리를 자르고 적극적으로 국정개혁을 독려하였으며, 이에 따라 많은 국정쇄신의 노력이 뒤따르는 가운데 군대를 재편성하기 위해 같은 달 26일 육군무관학교관제가 새로 제정되고 근위보병대(近衛步兵隊)가 새롭게 편성되었다. 같은 달 30일에는 종래의 관립교동보통학교를 대신하여 관립안동보통학교를 한성사범학교의 부속보통학교로 대용하기로 하는 교육조치도 이루어졌으나 결국 연말에 이르러 안동보통학교는 한성사범학교의 부속보통학교로 교명을 바꾸게 되었으며, 같은 해 9월 14일에는 공립보통학교 명단에서 길주(吉州)보통학교를 삭제하는 또 다른 조치가 이루어졌다.

같은 달 20일에는 교육행정기관인 학부에도 왜인 다우라(俵孫一)와 우에무라(上村正己) 등이 각각 차관과 사무관으로 임명되었으며 이때부터 한반도의 교육행정은 철저하게 왜인의 간섭을 받게 되었다. 이는 반쪽만의 주권이 행사된 교육행정이었다고 할 수 있다. 그러나 형식상 최종의 의사결정자는 한국의 관리였다. 왜인의 한국 관리 임명은 국민저항을 일으켜 같은 해 10월 23일에는 왜인 관리들의 실무 간섭을 막아야 한다는 유길준의 상소가 나왔고 이는 같은 해 12월 13일에 정부가 '지방소요(地方騷擾)를 금단(禁斷)케 하는 건'이라는 성명을 발표해야 할 만큼 전국적으로 전개되기도 하였다. 이같이 왜인 관료가 당시 대한제국 정부의 여러 부서에 임명된 가운데 계속하여 여러 교육의 개혁조치가 이루어졌다. 같은 해 11월 18일 다른 개혁의지와 함께 "교육은 화(華)를 버리고 실(實)을 취한다."는 성명이 포함된 순종황제의 '대소민인(大小民人)에 대한 유신칙유(維新勅諭)'가 발표되어 정부의 개혁의지를 만천하에 알렸다. 정부의 개혁의지에 따라 여러 영역에 많은 개혁이 이루어졌는데 교육과 관련해서는 같은 해 12월 법관양성소관제, 학부관제, 학부직할학교 및 공립학교관제, 학부직할학교직원정원령, 대한의원관제, 보통학교령 등이 개정되는 개혁조치가 진행되었다. 이 개정에서 법관양성소는 교관 6인과 학감 1인으로 법관양성에 임하던 제도를 바꾸어 교수 3인과 조교수 3인으로 교육에 임하도록 하였으며, 학부는 학무국의 임무에 실업교육과 전문교육, 각종 학교에 관한 사항, 교원검정과 허장(許狀)에 관한 사항, 통속교육(通俗教育)과 교육회(教育會)에 관한 사항, 학교위생과 건축에 관한 사항, 교육비 보조에 관한 사항 등을 새롭게 추가하였다. 학부직할학교인 사범학교와 외국어학교 등에 오늘날의 교감에 해당되는 학감의 지위를 신설하는 등 직원 수를 조정하기 위한 개정이 이루어졌고, 대한의원에서는 종래 교관제(教官制)를 교수제(教授制)로 바꾸어 교수 6인과 부교수 3인으로 의료인을 양성하도록 하였으며, 보통학교에서는 종래 교원(教員)과 부교원(副教員)이라 하던 것을 훈도(訓導)와 부훈도(副訓導)로 바꾸어 부르게 하고 교원자격증제도를 강화하여 보통학교 교원허장(教員許狀)을 가진 사람을 훈도로 임명하게 하였다. 또 교감제(教監制)를 신설하고 상석교원을 상석직원이라고 하는 등 교원제도에 변화를 주었다. 그 밖에 농림학교관제와 공업전습소관제도 개정이 이루어졌으나 직원 수를 조정하는 등 미세한 개정이 있었을 뿐 큰 변화는 없었다.

1908년 1월 교육효적자포상규정(教員效績者褒賞規程)이 제정되어 교육에 공훈을 세운 사람에게 효적장(效績狀)과 은동(銀銅)의 휘장을 수여하는 제도를 확립하였으며, 3월에는 농림학교의 학과에 수의(獸醫)를 추가하고 이 학교를 졸업한 자에게는 근무 의무를 부여하고 있었다. 같은 해 4월에는 공업전습소에 전공과가 설치되었고, 여성을 위한 중등교육기관인 고등여학교가 처음으로 그 제도의 제정과 함께 문을 열었다. 이때 설립된 여학교는 관립한성고등여학교로, 이 학교에는 부속유치원까지 설치하도록 되어 있었다. 이 고등여학교가 개교할 때 순종황후의 축하담화가 발표되었으며 황후의 참석하에 이를 기념하는 여학생들의 연합체육대회가 경회루(慶會樓)에서 열리기도 하였다. 이때 수업연한 2년의 보습과를 관립보통학교에 설치하는 법령이 제정되어 실제로 교동(校洞)보통학교에 보습과가 설치되기도 하였고 관립경교(京橋)보통학교가 관립미동(渼洞)보통학교로 이름을 바꾸었으며, 이 해에 강화(江華), 여주(驪州), 온양(溫陽), 선천(宣川), 고부(古阜), 영암(靈巖), 통영(統營), 밀양(密陽) 등지에도 공립보통학교가 설립되었다. 같은 해 5월에는 외국어학교에 2년 과정의 속성과가 신설되었으나 한성외국어학교에는 1년 과정의 왜어를 전공하는 속성과가 설치되었으며, 고등학교에 외국어 과목이 추가되고 고등여학교의 교육과정이 확정되어 수신, 국어한문, 왜어, 역사지리, 산술, 이과, 도화, 가사, 수예(재봉), 음악, 체조, 교육, 외국어, 수예(재봉 이외) 등의 교과를 이수하도록 하였다.

같은 해 6월 보통학교의 소재지에 학교를 보급하는 일의 보좌와 자문, 그리고 의견을 진술하는 학무위원(學務委員)을 두기 위하여 학무위원규정준칙이 학부에 의해서 제정, 공포되었다. 이 준칙에 따라 서울의 한성은 같은 해 10월에, 강원도와 함경북도 등의 지역은 각각 1909년 2월과 3월에 학무위원규정을 부령과 도령으로 제정하였다. 이 학무위원규정은 한반도에서 최초로 시도된 일종의 교육자치제도로서, 이는 우리나라 교육자치의 효시라고 할 수 있다.

같은 해 7월에는 핼리팩스, 부암돈(夫岩敦), 볼얀, 마르텔, 두방역 등의 외국인 교사와 민건식, 김한규, 지석영 등의 내국인에게 교육에 기여한 공로로 훈장이 수여되었으며, 같은 해 8월에는 사립학교와 서당을 통제하는 제도가 마련되어 마침 발흥기를 맞은 사립학교에 제동을 걸었다. 이때 마련된 사립학교와 서당에 관계되는 제도는 엄격한 기준을 제시하여 영세한 사립학교가 문을 닫게 만들었으며, 심지어는 자유롭게 마을 단위로 경영되던 서당에도 일정한 기준을 요구하여 운영에 부담을 주었다. 이 기준에는 사립학교학칙의 기재례(記載例)까지 제시되어 있었다. 사립학교 통제제도의 출현은 결과적으로 당시에 설립되어 있던 많은 사립학교와 서당에 도움을 주기보다는 반대로 문을 닫게 하는 데 기여하였다. 그 결과 이 제도들은 많은 사람에게 사립학교를 탄압하기 위한 제도로 낙인 받고 있다. 더구나 왜인 관리가 대한제국 정부의 핵심에 들어와 내정을 감시하는 차원에서 제정된 제도라는 점에서 그러한 지적은 매우 설득력이 있었다. 이러한 부정적인 시각을 무마하기 위하여 대한제국 정부는 사립학교와 서당에 관계되는 조치가 새롭게 취해진 사유를 설명하는 매우 장황한 성명을 발표함과 함께 사립학교보조규정을 제정하여 사립학교를 지원하는 조치를 마련하기도 하였으나 혜택을 받는 학교는 제한되어 있었다. 다시 공립과 사립학교에 대하여 졸업자가 문관시험에 응시자격을 갖는 학교와 그렇지 않은 학교를 인정하는 제도를 만들어 사립학교는 물론 공립학교에 대해서도 통제력을 강화하였으며, 교과서에도 통제를 강화하기 위하여 검정제도가 마련되었다. 같은 해 10월 이 인정제도에 의해 문관시험에 응시할 수 있게 된 학교는 관립의 한성사범학교, 한성외국어학교, 인천왜어학교, 평양왜어학교 등 불과 5개 학교의 본과(本科)과정뿐이었다. 그러나 같은 해 12월에 이르러서는 법관양성소를 인정학교 명단에 추가하였다.

같은 해 9월에는 관립한성사범학교에 연령 20세 이상인 자에게 입학을 허가하는 그때그때 수업연한이 결정되는 강습과가 설치되었으며, 11월에는 강원도 이천(伊川), 충청남도 은진(恩津), 평안북도 강계(江界)에 각각 이천, 은진, 일신(日新) 등의 이름으로 공립보통학교가 신설되었으며, 대한의원의 청사가 준공되어 정식으로 대한의원이 개원하였고, 이로써 미국인 고용의사들에 의해서 운영되던 광제원을 비롯하여 관립의학교 부속병원과 적십자병원 등 세 국립병원이 대한의원에 통폐합되었다. 성균관 관제에도 그 하위법 격인 성균관학칙이 새로 제정되어 수업연한을 종전과 같이 3년으로 하는 것을 분명히 하고, 입학연령을 종래 22세에서 20세로 내렸으며, 교과는 종래 삼경(三經)·사서(四書)·언해(諺解)의 독해(讀解), 강목(綱目: 宋元明史弁), 작문(作

文: 日用書類, 記事, 論說, 經義), 역사(本國 및 萬國歷史), 지지(本國 및 萬國地誌), 산술(算術) 등이던 것을 전통교과는 경학(經學)으로 단순화하고 역사와 지지 교과는 삭제한 뒤에 수신, 국어, 왜어, 수학, 이과, 도화, 법제 경제, 체조 등의 근대적 교과가 새롭게 추가되었다. 같은 해 12월에는 왜국에 관비로 유학하는 유학생을 관리하기 위하여 왜국유학생제규정이 마련되었다.

1909년 1월 순종황제는 한반도 남부와 서북부 지역을 순시하던 중 대구에 들러 그곳에서 개최되는 학생들의 운동회까지 순람하였고, 도관찰사(道觀察使)에게 교육실업 장려비 조로 7,000원을 하사하여 진행 중인 교육개혁에 깊은 관심을 표시하였다. 같은 해 2월에는 학부관제 일부가 개정되어 편집관(編輯官)을 두는 조항과 교과서 인정 항목이 새로 추가되었다. 이로써 편집관은 교과서의 검정은 물론 이를 인정하는 직무에 임하게 되었다. 학부직할학교직원정원령과 농림학교관제 등의 법 제도가 개정되어 교수와 훈도 등 교원이 증원되었다. 이는 이들 학교가 날로 번창하고 있음을 보여 주는 것이다. 이때 대한의원(大韓醫院)은 관제를 바꾸어 동 의원에 부속의학교(附屬醫學校)를 설치하고, 종래 대한의원의 의육부(醫育部)가 담당하던 의료원의 양성 임무를 이 의학교가 맡도록 하였다. 학부는 같은 해 3월 평양에 학부 직할의 평양고등학교를 설립하여 도합 10인의 직원이 배치하도록 계획하고, 기존의 평양왜어학교 조직을 바꾸어 이를 평양고등학교로 하였으며, 교장에는 평안남도 관찰사 이진호를 임명하였다. 같은 해 4월에는 사립학교령에 의해 배재학당이 인가되었고, 전라남도 지역의 봉양(鳳陽), 정의(旌義), 담양(潭陽) 등지에 지역의 이름을 딴 공립보통학교가 새로 증설되었으며, 같은 해 6월에도 함경북도 종성(鐘城)에 또 하나의 공립보통학교가 종성이란 이름으로 증설되었다.

같은 해 4월에 사범학교령, 고등학교령, 외국어학교령, 고등여학교령, 보통학교령 등의 학교법제가 일제히 개정되어 학부가 편찬한 국정교과서나 혹은 검정 또는 인정 교과서를 사용하도록 하는 교과서 통제조치가 강화되었다. 농업 · 상업 · 공업 등의 실업학교와 실업보습학교 등을 통괄하는 실업학교령도 이때 제정되었다. 그러나 이 실업학교령 제정에 대략 2주 앞서 이미 부산에 공립부산실업학교를 설치하고 그에 공립부산보통학교를 병치하였으며, 같은 해 5월에는 인천왜어학교를 변경하여 설립한 관립인천실업학교를 학부직할학교로 편입하고 9인의 교직원을 배치하였다. 황후가 각 각료들과 함께 비원에서 개최된 여학생들의 연합운동회에 참석하여 여성 중등교육을 독려한 것도 바로 이 5월이었다.

같은 해 6월, 본과의 수업연한을 2년에서 3년으로 하는 등 농림학교제도를 개선하기 위하여 전면적으로 규칙을 개정했고, 잠업(蠶業)을 장려하기 위하여 황후가 직접 수원에 있는 수원권업모범장(水原勸業模範場)을 순람하고 훈시까지 하는 등 실업교육에 열의를 보이고 있었다. 7월에는 실업학교령의 하위법인 실업학교시행규칙이 제정되어 실업교육의 내용을 보다 구체화하였으며, 이를 위해 실업학교 시행상의 주의사항이 학부훈령으로 공포되었다. 실업학교 규칙의 제정으로 실업학교의 교과는 농업과 관련해서는 기후, 토양, 수리(水利), 비료, 농구, 작물, 원예, 병충해, 농산제조, 양금(養禽), 농잠 및 제종(製種), 상수재배(桑樹栽培), 제사, 조림, 임산제조, 양축, 수의, 어로(漁撈), 양식(養殖), 채조(採藻), 수산제조, 농업경제 및 기타 및 기서 중에서 선택하게 하고 있었고, 상업과 관련해서는 상업지리, 상업부기, 상업문(商業文), 상업산술, 경제, 상품, 상사요항(商事要項), 상업영어 등이 있으며, 공업과 관련해서는 용재, 용구, 측량, 제도, 회화, 기계, 염색, 제지, 화학제도, 분석, 조가(造家), 가구, 휴칠(髹漆), 도자기, 재광야금, 주공(鑄工), 단공(鍛工), 판금세공, 죽세공, 공업경제 및 기타 및 기서 중에서 선택하게 하고 있었다. 같은 7월에 고등여학교령시행규칙, 사범학교령시행규칙, 고등학교령시행규칙, 외국어학교령시행규칙, 보통학교령시행규칙 등 여러 시행규칙에 대한 전반적인 개정이 일시에 이루어져 학과의 설치절차 등 학교제도에 대한 세부사항이 추가되는 등 학교제도의 행진이 순탄하게 진행되고 있었다. 제중원의 학교명이 '세브란스의학교'로 변경 인가가 내려진 것도 이때였다.

학교제도의 순탄한 진행에도 같은 7월 6일 왜국 침략자들은 왜국 땅의 각의를 소집하여 한반도를 병합할 음모를 확정하는가 하면, 한반도에서는 무력시위를 통하여 대한제국 정부의 사법과 경찰사무를 탈취하고, 군부와 무관학교를 폐지, 친위부(親衛府)를 신설하고, 사관 양성(士官養成) 위탁을 강요하는 등 침탈의 만행을 자행하고 있었다. 그 결과 실제로 같은 해 9월에는 무관학교관제가 폐지되어 군부가 해체되고, 같은 해 10월에는 법부관제의 법관임용령 폐지로 법부가 해체되었다. 이러한 왜국의 만행은 결국 원흉인 이토 히로부미가 저격을 받아 목숨을 잃는 등 한민족의 저항을 불러일으켰다. 이는 한반도의 운명이 풍전등화와 같은 위기에 몰려가고 있었음을 말해주는 것이다.

국가적 위기가 전개되는 10월의 와중에서도 학교제도는 개혁작업이 계속되어 관립한성고등여학교학칙, 관립보통학교보습과규정, 관립한성사범학교강습과규정 등 여러 개의 하위법이 폐지되고, 그를 대신하여 관립한성사범학교속성과규정, 관립교동보통학교보습과규정 등의 법제가 새로 제정되었다. 그 밖에 관립한성외국어학교학칙, 관립한성고등학교학칙, 관립평양고등학교학칙, 관립한성고등여학교학칙 등 주요 학교의 개별적인 학교규칙이 새롭게 마련되었다. 법관양성소관제가 폐지되고 법학교관제가 새로 제정되어 법관양성소가 법학교(法學校)로 교명을 바꾼 것도 10월 중의 일이었다. 같은 해 11월에는 학부분과규정이 개정되어 법부의 통제하에 있었던 법학교가 학부에 이관되고, 같은 해 12월에는 황해도 금천(金川) 소재의 공립금천보통학교가 폐지되었다. 12월에도 왜국의 침략위협은 계속되어 왜국은 일찍부터 매국행각을 일삼던 송병준, 유학주, 이용구, 윤시병 등으로 조직된 일진회의 친왜조직을 사주하여 왜국과의 합병을 상주(上奏)하고 청원하게 하는 등 추악한 침략의 작태와 음모를 벌여 국가의 위기는 더욱 고조되고 있었다.

그런 가운데 1910년 1월에는 학부가 '관공사립학교 직원(職員) 및 학원(學員) 학도(學徒)가 정치에 관계함을 금하는 건'의 훈령과 그와 관련되는 훈유(訓諭)를 따로 내렸다. 이 훈령은 '직원 또는 학원 학도로서 본분을 잃고 직무에 등한하며 학업을 포척(抛擲)하여 경거망동으로 귀(耳)를 정담에 기울여 시세를 분개(憤慨)하고 세국(世局)을 논의하며 혹은 사회문제에 용록(容喙)하여 언설동지(言說動止)가 상궤(常軌)를 벗어난 자 유함'이라고 말하고 정치에 관여하지 말 것을 경고하는 내용을 담고 있다. 이는 당시의 정치 정황이 교직원과 학생들까지 동원되어 극한적인 저항을 벌이고 있었음을 말해 주는 것이라 하겠다. 당시의 기록은 이 해 3월부터 각지에 의병이 일어나는 등 격렬한 저항이 있었음을 전하고 있다.

그러한 상황에서도 교육제도는 여전히 발전을 거듭하고 있었다. 역시 같은 해 1월에는 농상공부에 소속하는 여자잠업강습소(女子蠶業講習所)가 농업교육의 일환으로 관제의 제정과 함께 서울의 용산방(龍山坊)에 설립되었고, 2월에는 대한의원 부속의 학교규칙이 제정되어 각각 정원을 50인, 10인, 10인, 20인으로 하는 의학과, 약학과, 산파과, 간호과 등의 학과를 설치하여 의학교육의 체제를 점차 완비해 가고 있었다. 지방에서도 보통학교를 지방비로 지원하는 '공사립학교 보조규정'이 충청남도 지역에서 처음으로 제정되었으며, 그동안 이름을 바꾼 법학교에도 문관임용령에 따라 전신 법관양성소와 똑같이 문관임용 자격을 계속 인정하는 조치가 내려지고 이어 선린상업학교가 이에 추가되었다. 같은 해 2월에 학부관제와 학부직할학교직원정원령이 각각 개정되어 학부 직원과 한성사범학교와 한성고등학교의 교원을 증원하였고, 여자잠업강습소규칙이 새롭게 제정되어 수업기한을 8개월로 하고 월 6원의 학비를 지급하는 등 잠업교육을 강화하였다.

같은 해 3월에 한성에 소재하는 관립보통학교를 관립보통학교로 전환하여 교동, 제동, 어의동, 인현, 수하동, 정동, 매동, 미동 등의 여러 보통학교를 각각 공립의 보통학교로 바꾸어 관할권을 이양하였고 공업전습소에는 교원을 증원하였으며, 대구, 전주, 춘천 등지에는 각각 공립의 대구농림학교, 전주농림학교, 춘천실업학교를 설치하고 군산에는 공립군산보통학교에 공립실업학교를 병설하는 조치가 이루어졌다. 또 같은 3월에 관립의 한성외국어학교와 한성고등학교에는 각각 임시토지조사기술원양성소와 임시토지조사사무원양성소가 임시로 부설되었다. 같은 해 4월에는 실업보습학교규정(實業補習學校規程)이 처음으로 제정되어 수업연한 2년 이내의 실업보습학교를 설립하도록 하고 수신, 국어 및 한문, 왜어, 산술, 실업 등의 교과를 이수하도록 하였고, 이에 따라 한성의 어의동, 수하동, 미동의 각지에 공립의 실업보습학교가 설립되어 개교하였으며, 공업전습소에는 본과 이외에 졸업자가 입학하는 전공과(專攻科)와 단순히 실기 습득자가 입학하는 실과(實科)가 증설되었다. 4월 함흥(咸興)에는 도립의 함흥농업학교의 설립, 광주에는 공립의 광주농림학교의 설립이 인가되었고, 향교재산관리규정(鄕校財產管理規程)이 제정되어 향교재산의 관리권을 도관찰사에게 일임하고 수입을 공립학교 등 학교의 비용에 충당하도록 조치하였다. 5월에는 충남 직산에 공립직산보통학교를 설립하도록 인가되었고, 공립 강경(江鏡)보통학교가 공립 강경(江景)보통학교로 이름이 바뀌었으며, 같은 해 6월에 또다시 관립인천실업학교 본과를 문관임용령에 따라 인정하는 학교로 조치하고, 서천, 금성, 한성의 마포 등지에 공립의 서천보통학교와 금성보통학교, 마포보통학교를 설립하는 인가가 이루어졌다. 같은 해 7월에는 공립봉양학교의 교명이 공립구례(求禮)보통학교로 개칭되고, 공립공주(公州)농림학교의 설립과 공립영동(永同)보통학교와 공립옥천(沃川)보통학교의 설립이 각각 인가되어 문을 열었다. 또 같은 해 8월에는 도립공주농림학교가 설립되고, 이어 공립부산실업학교의 본과가 문관임용령에 따른 인정학교가 되었고, 공립북청(北靑)실업학교의 설립이 인가되었다. 북청실업학교의 설립을 교육행정의 최후 조치로 하고 대한제국 정부는 강제된 합방조약에 의해 종국을 고해야 했다. 이로부터 한반도는 억압과 수탈의 포악한 왜국의 침략지배기를 맞게 되어 반쪽이나마 한민족의 손으로 집행되는 교육행정도 중단되었다.

④ 학교령기의 교육재정

학교령기의 교육재정은 학교관제기의 그것과 크게 달라진 게 없다. 학교재정의 재원은 이전과 다름없이 국고에 의존하고 있었던 것이다. 그러나 갑자기 증가된 교육수요에 따라 해외 차관에도 의존하게 되었다.

1906년 학교령기에 들어서면서 같은 해 7월에는 국가재정을 안정적으로 운영하기 위하여 '국유재산관리규정'을 제정하고 국유부동산과 정착물에 대한 매매, 양여, 교환, 대부 등 일체를 칙재(勅裁)에 따르도록 조치하였으며, 교육재정을 합리적으로 이용하기 위하여 임시교육확장비 회계규정을 제정하였다. 이 규정의 제정으로 임시교육확장비는 계속비로 매년 일정한 금액이 건설되는 교육시설이 준공되는 연도까지 지출되었다. 실제 같은 해 4월에는 학부관제가 개정되어 학부시찰관직이 신설되고 이를 위해 2인의 직원이 새롭게 배치되었고, 상공학교의 시험장비를 위한 3,980원 34전의 예산과 학부참여관과 사무관의 왜국 시찰여행을 위한 210원의 예산이 각각 책정되었고, 제중원의 찬성금 3,000원과 광혜원의 확충비 27,205원, 학부경비 19,618원 등 중요 교육관계 예산이 황제로부터 재가된 바 있었다.

이때 학부직할학교급 공립학교관제, 학부직할학교명칭, 학부직할학교직원정원령, 한성부급 각 관찰부 소재 공립보통학교의 명칭 등 여러 관련 법제를 개정하여 국고와 공비로 운영하는 학교를 보다 확대 증설하고 직원의 정원 또한 증원하였다. 이로써 이 시기에 학부가 직할하는 학교는 사범학교로는 한성사범학교, 고등학교로는 한성고등학교로 각각 1개 교이고, 외국어학교로는 한성왜어학교, 한성한어학교, 한성영어학교, 한성덕어학교, 한성법어학교, 인천왜어학교 등 6개 교가 있었으며, 한성영어학교는 교동, 제동, 수동, 안동, 어의동, 주동, 수하동, 정동, 매동 등 9개 교였다. 지방비로 운영되는 공립의 보통학교로는 한성, 수원, 공주, 충주, 진주, 대구, 광주, 전주, 춘천, 해주, 평양, 영변, 함흥, 경성 등 14개 교로 주로 관찰부 소재지 등 주요 도시로 확대되어 있었다. 그중 학부직할학교들의 직원의 정원을 소개하면 다음과 같다.

학부직할학교직원의 정원

학교명	교장	교관 및 부교관	학원감	교원 및 부교원	서기
관립한성사범학교	1인	7인	2인	5인	2인
관립한성고등학교	1인	8인			1인
관립한성왜어학교		8인			1인
관립한성한어학교		4인			1인
관립한성영어학교		6인			1인
관립한성덕어학교		4인			1인
관립한성법어학교		4인			1인
관립인천왜어학교	1인	4인			1인

이 학부직할학교에는 1907년 12월에 이르러서 한성에 있는 여러 외국어학교가 통합되어 한성외국어학교로 단일화되고, 새로 평양에 평양왜어학교가 증설되어 추가되었고, 1908년 4월에 이르러서는 한성고등여학교가 새로 추가되었다.

국고금위탁출납사무처리순서, 조세징수규정, 화폐통용에 관한 건, 국유미간지이용법 등 국가 재정운용에 관한 제도도 점차 확립해 갔다. 이 시기에 한 가지 주목해야 할 일은 같은 해 9월에 공포한 칙령인 '각공립학교직원봉급에 관한 건'으로 이 칙령은 교원의 봉급은 관등에 상당하지 않은 액수가 지급될 수도 있다고 하고 있다. 이는 당시 재정난으로 정액의 봉급이 지급되지 않은 경우도 있었음을 말해 주는 것이다.

한편 '학부소관 왜국유학생규칙'을 제정하여 국비로 해외에 유학생을 파견하는 제도도 마련하였다. 이 규칙에 따라 파견관 왜국 유학생에게 일왕복여비 50환, 속장비

15환, 학자금 1개월 26환 이내, 체재비 1일 70전이 각각 지급되었으며, 학부편찬 보통학교교과용 도서 발매규정이 제정되어 교과용 도서도 직접 발매하여 교육재정의 일부를 조달해 갔다.

이어 대한제국 정부는 1908년 3월 왜국과 '일시대부금에 관한 계약'을 체결하고 국정시정자금으로 약 1,968여만 원을 차관하고 이를 연차적으로 지급받아 국정운영에 활용하려 하였다. 이 차관액이 전액 지급되었는지는 알 수 없으나 그것이 지급되는 동안에는 일부가 교육재원으로도 활용되었을 것임은 말할 나위도 없을 것이다. 그러나 이때는 왜인이 왜국의 추천으로 대한제국 정부의 관료로 임명되던 시기였으므로 차관액은 결국 인건비 명목으로 되찾아간 셈이 되었다.

학교령기의 교육재정과 직간접으로 관련 있는 법제를 소개하면 다음과 같다.

- 국유재산관리규정(1906. 7. 19., 칙령 32호)
- 임시교육확장비회계규정(1906. 7. 19., 탁지부령 13호)
- 학부직할학교급 공립학교관제(1906. 8. 27., 칙령 40호)
- 학부직할보통학교명칭(1906. 9. 1., 학부령 24호)
- 국고금위탁출납사무처리순서(1906. 9. 22., 탁지부령 17호)
- 학부직할학교직원정원령(1906. 9. 3., 칙령 45호)
- 한성부급각관찰부소재 공립보통학교의 명칭(1906. 9. 18., 학부령 28호)
- 각공립학교직원봉급에 관한 건(1906. 9. 24., 칙령 56호)
- 조세징수규정(1906. 10. 16., 칙령 60호)
- 화폐통용에 관한 건(1906. 10. 17., 18, 탁지부훈령)
- 조세징수규정시행세칙(1906. 10. 24., 탁지부령 22호)
- 학부소관 왜국유학생규칙(1907. 3. 4., 학부령 3호)
- 학부편찬보통학교교과용 도서발매규정(1907. 7. 3., 학부령 7호)
- 국유미간지(未墾地)이용법(1907. 7. 4., 법률 4호)

학교령기의 교육재정은 1905년 이래 왜국에 의해 여러 차례 강제된 협약으로 재정의 운영권이 강탈되어 특히 말기에는 운영에 많은 제약이 따랐다. 이 시기에는 교육재정 운영이 매우 어려워 교육의 발전이 방해를 받았다고 할 수 있다.

5 개항기 조선조의 교육재정

1) 호전의 교육재정 조항[26]

개항기 조선조의 교육재정은 제1장 조선조의 교육재정에서 기술한 바 있다. 개항기에 들어와서도 교육재정은 개항 이전과 똑같이 호전의 '경비(經費)', '녹과(祿科)', '제전(諸田)' 등 각각의 재정조항에 따라 경영해 왔다. 국가 예산의 기본을 정한 경비조(經費條), 관리의 봉록(俸祿)을 규정한 녹과조(祿科條), 교육기관에 대하여 토지 분배 지급방식을 정하여 둔 제전조(諸田條) 등의 여러 법제가 여전히 계속하여 이어져 교육재정의 기본법으로 유지되어 왔다.

호전의 '경비조'에 따르면, 당시 국정운영의 경비는 '횡간(橫看)'과 '공안(貢案)'에 따라 집행되었다. 과년도(過年度)의 결산서(決算書)인 횡간은 신연도(新年度)의 여산(予算)을 결정하는 일에 기본이었다. 횡간에 따라 과년도의 지출규모가 확인되면, 그것을 기본으로 새로운 해의 지출규모를 예정하여 '공안'이라는 세수계획서가 입안되고, 이 공안에 따라서 나라의 재정이 배분되어 지출(支出)이 지불되었다. 그런 의미에서 이 공안은 당시의 예산서였다. 물론 교육에 관한 재정도 공안에 따라 배분되었다. 화폐제도가 충분히 발달하지 않았던 당시로서는 현물로 받는 세수에 의존하는 일이 많았다. 세수방식에 존재하는 모순을 극복하기 위하여 제정한 '대동법' 혹은 예산을 절약하기 위하여 제정된 '도지정례(度支定例)' 등의 법 제도가 추가되어 재정제도를 보완하였다.

---

26) 대전회통, 전게서, pp. 155-180.

그러나 이러한 제정제도는 개항과 더불어 근대화가 확대되면서 자연스럽게 나라의 지출비용의 규모도 확대되어 종래의 제도로서는 조달이 어려워졌다. 근대화에 따라 늘어나게 된 새로운 요구를 종래의 재정규모로 부응하기에는 부족했던 것이다. 부족한 재정을 외국에서 들여 온 차관에 의존하게 되는 경우가 많아졌다. 근대화를 위하여 서양의 새로운 지식과 기술을 도입하는 일에는 외국 사람과의 협력이 필요했고, 필요로 했던 지식과 기술을 가진 외국인을 학교나 해당 관아에 고용하여 근대화를 추진하려 했던 당시의 정부방책은 상당한 재정을 요구했던 것이다.

먼저 교육을 위하여 종사하는 인사에 대하여 지불해야 하는 재정의 상황을 살펴보기로 하자.

2) 교육인사의 재정

개항으로 시대가 변했다 하여도 나라의 재정은 그것만큼 급하게 바뀌지는 않았다. 조선조는 호전의 녹과조와 제전조에 따라서 관리에 지급되는 급료와 교육기관에 소요되는 비용을 충당하였다. 개항 초기의 녹과와 제전의 규정은 제1장에서 기술한 바도 있으나 여기서도 재차 소개해 두기로 한다.

우선 교수(敎授)와 훈도(訓導)의 봉록에 관하여 소개한다.

(1) 초기의 봉록제도

① 교수(敎授) 종육품(從六品)

- 춘기(春期)−중미(中米) 2석(石), 조미(租米) 4석, 전미(田米) 1석, 황두(黃豆) 4석, 정포(正布) 3필(匹), 저화(楮貨) 4장(張)
- 하기(夏期)−중미 1석, 조미(租米) 5석 , 소맥(小麥) 2석, 정포(正布) 2필
- 추기(秋期)−중미 1석, 조미(租米) 4석, 전미(田米) 1석, 소맥(小麥) 2석, 정포(正布) 2필
- 동기(冬期)−중미 1석, 조미(租米) 4석, 황두(黃豆) 4석, 정포(正布) 2필(매월 12일에 지불함)

② 훈도(訓導) 정구품(正九品)

- 춘기(春期)-조미(租米) 2석, 전미(田米) 1석, 황두(黃豆) 2석, 정포(正布) 1필, 저화(楮貨) 1장
- 하기(夏期)-조미(租米) 2석, 정포(正布) 1필
- 추기(秋期)-조미(租米) 2석, 소맥(小麥) 1석, 정포(正布) 1필
- 동기(冬期)-조미(租米) 2석, 황두(黃豆) 1석

품계 / 기	춘기	하기	추기	동기
교수(종육품)	중미 2석, 조미 4석, 전미 1석, 황두 4석, 정포 3필, 저화 4장	중미 1석, 조미 5석, 소맥 2석, 정포 2필	중미 1석, 조미 4석, 전미 1석, 소맥 2석, 정포 2필	중미 1석, 조미 4석, 황두 4석, 정포 2필
훈도(정구품)	조미 2석, 전미 1석, 황두 2석, 정포 1필, 저화 1장	조미 2석, 정포 1필	조미 2석, 소맥 1석, 정포 1필	조미 2석, 황두 1석

(2) 후기의 봉록제도

개항후기에 이르러 시대가 변화함에 따라 봉록제도도 바뀌었다. 종전에는 계절에 따라 봉록의 내용이 바뀌었으나, 후기에 들어서는 1년 내내 같은 월급을 받는 제도로 바뀌었다. 이를 소개하면 다음과 같다.

① 교수(종육품)

매월의 녹과(祿科): 미(米) 1석 1두(斗), 황두 10두(매월 26일에 지불)

② 훈도(종구품)

매월의 녹과: 미 12두, 황두 5두(매월 28일에 지불)

품계	녹과 내용
교수(종육품)	매월의 녹과: 미 1석 1두, 황두 10두(매 26일에 지불)
훈도(정구품)	매월의 녹과: 미 12두, 황두 5두(매 28일에 지불)

(3) 개항 후기: 1894년 이후의 봉급제도

본격적으로 전면적인 개혁이 시작된 1894년부터는 봉록제도도 전면적으로 바뀌어 현물 대신에 현금이 지불되는 화폐의 봉급제도가 시작되었다. 교육에 종사하고 있는 교관이나 관리에게도 일반 관리와 똑같이 현금으로 봉급을 지불하도록 되었다. 이를 소개하면 다음과 같다.

① 품봉월표(品俸月表)[27)]

품계	대군 왕자군	정일품	종일품	정이품	종이품	삼품	사품	오품	육품	칠품	팔품	구품
품봉	350원(元)	300원	200원	150원	120원	80원	40원	35원	30원	25원	20원	15원

② 일반관의 관등봉급(官等俸給)[28)]

가. 칙임(勅任), 주임(奏任) 및 판임관(判任官) 봉급표

	칙임	주임	주임	판임	판임
관등	연봉	관등	연봉	관등	연봉
一등	5,000원(총리대신) 4,000원(각부대신)	一등	1,600원	一등	500원
二등	3,000원	二등	1,400원	二등	420원
三등	2,500원(一급) 2,200원(二급)	三등	1,200원	三등	360원
四등	2,000원(一급) 1,800원(二급)	四등	1,000원	四등	300원
		五등	800원	五등	240원
		六등	600원	六등	180원
				七등	150원
				八등	120원

* 교육관리의 봉급은 일반관리의 봉급에 준한다. 화폐단위는 원(元)임.

27) 송병기, 한말근대자료집 I, 국회도서관, 1970, 60~61혈.

28) 전게서, 257~262혈.

나. 내각 및 각부국장(各部局長)의 봉급표29)

	一등국장	二등국장	三등국장
一급	연봉 1,700원	연봉 1,400원	연봉 1,100원
二급	연봉 1,600원	연봉 1,300원	연봉 1,000원
三급	연봉 1,500원	연봉 1,200원	연봉 900원

다. 판사(判事)와 검사(檢事)의 봉급표30)

관등	칙임 一등	칙임 二등	칙임 三등	칙임 四등	주임 一등	주임 二등	주임 三등	주임 四등	주임 五등	주임 六등
一급봉	3,500원	2,800원	2,300원	1,900원	1,400원	1,200원	1,000원	750원	500원	400원
二급봉	3,000원	2,500원	2,000원	1,700원	1,300원	1,000원	900원	650원	450원	350원

* 교육관리의 봉급은 일반관리의 봉급에 준한다. 화폐단위는 원(元)임.

라. 관립공립소학교(官立公立小學校) 교원관등봉급31)

관등	一등	二등	三등	四등	五등	六등	七등	八등
一급봉	35원	30원	26원	22원	18원	15원	13원	11원
二급봉	33원	28원	24원	20원	16원	14원	12원	10원

* 개국 504년 7월 19일 칙령 제146호제1조.

3) 교육시설에 대한 재정

개항 초기에 나라의 교육시설로서 전통적인 시설인 성균관(成均館), 사학(四學), 향교(鄕校) 등이 있었으며, 별도의 사립의 시설로서는 서원(書院)과 서당(書堂)이 있었

29) 전게서, 579혈.

30) 전게서, 496~497혈.

31) 전게서, 516혈, 법규류 편(건양 원년), 262~264혈.

다. 나라의 시설은 주로 제전조에 따라 재정의 문제가 다루어졌다. 제전조는 개개 관리의 생계와 관서의 운영을 위하여 현물 대신에 토지를 부여하는 제도를 규정하고 있었다. 녹과조에서 이미 소개한 바와 같이 이 시대에 관리는 나라로부터 지급되는 녹봉 이외에 부여된 토지에서 나오는 소산물(所產物)로 생계를 꾸려 가도록 하였던 것이다. 나라의 시설인 관아 등의 관서는 물론 교육을 위한 시설에도 관리와 똑같이 일정한 면적의 토지가 부여되어 그 토지의 소산물로 운영비용에 충당하도록 하고 있었다.

제전조에 따라 나라로부터 개개 관리나 시설에 부여된 토지는 '직전', '관둔전', '제전', '학전', '궁방전' 등 다섯 가지가 있었다. 그 가운데 직전은 개개 관리의 봉록의 일환으로 지급되는 토지를 의미하며, 관둔지는 지방의 관서에 지급되는 토지를 말하며, 제전은 여러 토지제도를 의미하는 제전과는 구분되는 토지를 말하는 것으로, 숭의전(崇義殿)의 제사비용을 위한 토지를 의미한다. 학전은 중앙의 성균관과 사학, 지방의 향교, 사액서원 등의 국립의 학교나 왕에게 하사받은 학교에 주어지는 토지를 가리키고, 궁방전(宮房田)은 왕족에게 주어지는 토지를 지칭한다. 교육재정과 직접적으로 관련 있는 토지는 주로 '직전'과 '학전'이라고 말할 수 있다. 직전에서 나오는 생산물은 교육에 종사하는 직원들의 수입원이었으며, 학전의 수입으로 나라의 교육시설의 유지비를 충당하였다. 이제부터 이들 여러 종류의 토지에 대하여 그 내용을 보다 상세하게 기술하여 보기로 하겠다.

첫째, 직전은 매년 10월 말 이전에 관리에 임명된 자에게만 주어지는 토지로서 품계에 따라 개개 관리에게 주어지는 토지의 넓이는 차이가 있다. 직전제도에 따르면 교육직원인 교수와 훈도에게는 각각 종육품과 종구품 품계에 따라 각각 20결과 10결의 토지가 분배되었다. 그러나 관리에게 토지를 부여하는 직전제도는 토지의 양에 한계가 있었기 때문에 오래 계속되지 않았다. 이 제도는 결국 이후 중종(中宗)시대에 이르러 부득이 폐지되었다. 그렇다고 하더라도 직전의 규칙은 개항 이후에도 상당 기간 계속되어 관리의 지위마다 주어지는 봉록의 양을 결정하는 일에 영향을 주었다. 이 제도를 상세히 기술하면 다음과 같다.

제전조

- 직전(職田)－10월 이전에 직(職)이 주어진 자에게 직전을 지급한다.
- 대군(大君)－225결
- 정일품관(正一品官)－110결, 종일품관(從一品官)－105결, 정이품관(正二品官)－95결, 종이품관(從二品官)－85결, 삼품당상관(三品堂上官)－65결, 정삼품관(正三品官)－60결, 종삼품관(從三品官)－55결, 정사품관(正四品官)－50결, 종사품관(從四品官)－45결, 정오품관(正五品官)－40결, 종오품관(從五品官)－35결, 정육품관(正六品官)－30결, 종육품관(從六品官)－25결, 정 · 종칠품관(正 · 從七品官)－각 20결, 정 · 종팔품관(正 · 從八品官)－각 15결, 정 · 종구품관(正 · 從九品官)－각 10결, (속) 중종 20년(1526) 폐지

둘째, 학전은 나라가 설립한 학교와 왕에게 하사 받은 학교에 지급되는 토지이며, 학교의 종류에 따라 지급되는 토지의 면적은 차등이 있었다. 성균관과 사학에 지급되는 학전은 여타의 다른 관리로부터 간섭 받는 일 없이 그들 학교가 직접 관리하도록 되어 있었으나, 주(州), 부(府), 군(郡), 현(縣) 등의 지방학교인 향교에 지급되는 토지는 '교전(校田)'이라고 하여, 그 지방의 수령의 감독 밑에 두었다. 서원에 지급되는 토지는 '서원전(書院田)'이라고 하였으며, 이는 사립에 해당하는 학교의 토지이기는 하지만 3결에 이르지 않는다고 하더라도 일반 민간의 토지로는 보충할 수 없게 규정하여, 왕으로부터 하사된 사액(賜額)의 토지가 주어지지 않은 서원은 면세의 토지를 가질 수 없게 하였다. 그 규정의 대강을 소개하면 다음과 같다.

- 학전(學田)－교육기관의 경비를 충당하기 위하여 지급되는 토지다. 학전의 세곡(稅穀)을 지불할 때에는 감독관의 서명(署名) 또는 날인(捺印)을 요하지 않으며 본관(本館)과 본학(本學)이 이를 관장한다.
- 교전(校田)－수령(首領)이 이를 검찰(檢察)한다.
- 서원전(書院田)－사액서원 이외에 지방에 산재하는 군소의 서원의 토지다. 본원(本院)이 스스로 마련한 토지가 3결(三結)에 이르지 않는 경우에도 백성(百姓)의

전지(田地)를 가지고 보충하여 지급하는 일은 할 수 없다.

- 성균관(成均館)－400결
- 사학(四學)－각 10결
- 주(州)・부(府)의 향교(鄕校)－각 7결
- 군(郡)・현(縣)의 향교(鄕校)－각 5결
- 사액서원(賜額書院)－각 3결

* 사액서원은 왕으로부터 칙액(勅額)을 받은 서원이며, 이 칙액과 함께 면세(免稅)의 토지가 지급되었다.

* 결은 결복(結卜) 또는 결부(結負)라고 하여 지세(地稅)에 주어지는 액(額) 또는 부담(負擔)을 말한다.

지금까지 조선조의 교육재정에 관하여 기술하여 왔다. 개항 이전은 아직 화폐제도가 그처럼 발달하지 않았던 때였다. 그때의 교육재정은 토지에 의존하는 산물(産物)의 현물로 급료나 비용을 지불하는 일이 많았다. 이 현물로 교육시설이 운영되는 교육재정의 실상은 개항 이후에도 한동안 이어져 왔으나 점차 화폐제도가 발달함에 따라 통화가 토지와 현물을 대신하게 되었다. 화폐의 단위가 원(元), 운(圓), 환(圜)으로 자주 바뀌나, 모두 나라 재정의 기본으로 기여하였다.

4) 외국 차관의 교육재정

조선조의 개혁시책은 개혁이 진행될수록 더 많은 자금이 필요하게 되었다. 개항 직후인 1985년 10월에 독일의 상사(商社)인 세창양행(世昌洋行)으로부터 차관을 받은 것을 시작으로, 1892년에는 청국의 원조로 왜국의 상인으로부터 빌려 쓴 차관을 상환했다고 기록되어 있다. 1893년에 영국 은행으로부터 5만 원의 금액을 빌려 쓴 것도 확실한 사실이다. 그렇게 빌린 차관 가운데 얼마의 액수가 교육재정으로 사용되었는가는 분명치 않으나 그중 적지 않은 부분이 교육을 위한 재정으로 사용되었으리라 생각된다.

조선 조정은 개항을 하자마자 미국을 위시하여 상당한 자금을 지불하면서 영국, 왜국, 청국, 독일 등의 여러 나라로부터 각 영역의 전문가를 초청하여 고용하였다. 그리고 그들을 학교나 관아와 같은 정부기관에 배치하여 그들이 가진 전문적인 새로운 지식과 기술을 생도나 현직 관리에게 가르치도록 하였다. 개항 초기의 근대화 방식은 기존의 제도에 서양의 신지식과 기술을 부분적으로 넣는 방식으로 진행되고 있다. 이때 조선 조정에 초대되어 고용되었던 대부분의 외국인이 교사 자격으로 입국사증(入國査證)을 받아 입국했던 사실은 이를 증명하고도 남는 일이다.

특히 1894년은 근대화가 본격적으로 시작되었던 해였다. 군국기무처라는 근대화의 발진기지를 설치하여 나라 전반의 근대화를 겨냥한 개혁을 본격화하였다. 교육개혁의 계획이 세워져 이 계획에 따라 세워진 신학제(新學制) 밑에 일제히 많은 근대적인 관립의 학교가 세워지기 시작한 것이다. 이 개혁을 진행하기 위해 조선조는 보다 많은 재정을 필요로 하게 되었다. 나라에서 조달하기 부족한 재정은 부득이 외국의 차관에 의존하게 되었을 것이다. 게다가 1896년 2월 20일에는 보조소학교규정(補助小學校規程)이 제정되어 생도가 40인인 학교에는 50원 이내의 보조금을 출연하지 않으면 안 되었다. 근대학교를 보다 더 늘리기 위한 정책기조였을 것이나, 나라의 재정부담은 나날이 증가하여 모자란 부분을 보충하기 위해 차관의 필요성은 보다 커졌을 것이다.

이즈음 1902년 10월 2일에는 왜국의 각의(閣議)가 한반도에 경부선과 경의선 철도 부설을 위한 비용을 포함하여 청국과 한반도에 대한 사업경영비로 479만 엔(円)을 책정하였다. 적지 않은 액수의 왜국자금이 나라 안에 들어와 나라 재정에 큰 영향을 미치게 되었을 것임에는 틀림이 없다. 더구나 다음 해인 1903년 8월에는 상공학교의 시험장비를 위해 3,980원(圓) 34전(錢)과 학부참여관과 사무관을 위한 왜국시찰여비로 211원의 예산이 정해졌으므로, 이 또한 교육예산의 증가에 일조하였을 것이다.

1906년(광무 9)에는 또다시 왜국의 흥업은행(興業銀行)에서 천만 원(円)의 차금(借金)을 얻었다. 동시에 왜국의 제일은행이 대한제국의 중앙은행의 통화발행을 거들던 때이기도 하였다. '국유재산관리규정(國有財産管理規程)'이 제정되어 국유재산 관리에 엄격한 통제가 이루어지던 시기도 이때였다. 아울러 교육에도 전면적인 개혁이 이루어져 새로운 학제가 실행되어 교육규모도 확대되고 교육내용에 충실을 기하려는 노력이 진행되던 때였다. 또 같은 해인 4월에는 학부관제도 개정되어 학부시찰관(學部視察官)이라는 관직이 새롭게 설치되어 2인의 시찰관직(視察官職) 직원이 증원되었다. 나날이 써야 할 교육재정은 증가하고 있었다. 거기에 제중원의 찬성금(贊成金)으로 3천 원(圓), 광혜원의 확충비(擴充費)로 27,305원, 학부의 경비로 19,618원, 합계 49,823원의 주요 교육예산이 황제의 재가를 받아 집행을 기다리고 있었다. 그 결과, 같은 해 5월에는 부족한 예산이 450원 60전에 이르렀다는 발표까지 있었다. 그럼에도 예산은 늘어나 농상공부(農商工部)에 고용된 외국인의 급료로서 1,000원 60전, 고용된 외국인 학정참여관의 지방시찰비로서 264원 등의 비용이 추가되었다.

이상과 같이 증가일로에 있는 나라의 교육재정을 적절하게 운영하기 위해 대한제국 정부는 여러 대책을 고려하고 있었다. 국유재산관리규정과 함께 같은 해 7월에는 '임시교육확장비회계규정(臨時教育擴張費會計規程)'이 제정되었다. 전자는 국가재산을 신중하게 이용하기 위하여 토지나 현물 등의 나라의 재산에 대한 판매, 양여(讓與), 교환, 대여 등의 행위는 반드시 황제의 재가를 받아 이행하도록 한 법제였다면, 후자는 교육예산을 합리적으로 운영하는 일과 교육의 확장계획을 순조롭게 하기 위하여 확장하는 계획이 완성할 때까지 일정한 금액을 계속하여 지불하도록 한 법령이었다. 나아가 같은 해 7월 18일에는 학부 관직에 고용된 왜인에 대한 귀국여비와 위로금으로 3,000환이 책정되어 다음 날인 19일에 결제되었다. 55,205환은 고용된 왜의 흥업은행(興業銀行)에서 빌린 대금의 이자로 지불되었다. 또한 같은 해 10월에는 대한제국 정부로부터 50만 환을 기채(起債)하여 교육비에 충당하였다. 이때는 실업교육기관(實業教育機關)인 공업전습소(工業傳習所)가 설립되었고, 12월에는 농상공학교(農商工學校)의 축조비(築造費)로 7,311환의 예산(豫算)이 할당되었다. 이는 교육개혁을 포함하는 나라 전반의 개혁이 확대됨에 따라 상당한 개혁자금이 필요하게 되었고, 그로 인하여 어쩔 수 없이 상당한 예산을 외국에서 빌린 차금(借金)에 의존하고 있었다고 말할 수 있다. 물론 국내로부터 자금을 조달하려는 노력도 활발하였던 것이 사실이다. 이 시기에 '국세징수규정(國稅徵收規程)'이나 '조세징수규정(租稅徵收規程)', 또는 '지방세규칙(地方稅規則)' 등의 법제가 새롭게 개정되어 세제가 정비되었다는 사실에서도 이를 확인할 수 있다.

1908년 '학부소관 왜국유학생규정'을 제정하여 국비로 해외에 유학생을 파견하는 계획을 시행하였다. 이 규정으로 파견된 유학생에게는 왕복여비로 50환, 속장비(束裝費)로 95환, 학자비(學資費)로 매월 25환, 체재비(滯在費)로 매일 70환을 지급하고 있었다. 동시에 '학부편찬보통학교교과용 도서발매규정(學部編纂普通學校敎科用圖書發賣規程)'도 제정되어 나라가 교과용 도서를 직접 발매하여 교육재정의 일부를 보충하도록 하였다. 또다시 같은 해인 3월에는 대한제국 정부는 왜국과 일시대부금(一時貸付金)에 관한 계약을 맺고, 국정시정자금(國政是正資金)으로 총액 19,682,623환의 차관을 빌려 연차적으로 받아 국정운영에 활용하도록 하였다. 이때는 '사립학교령'과 함께 '사립학교보조규정(私立學校補助規程)'이 제정되어 교육예산(敎育豫算)의 증액이 불가피하였던 시기였다. 거기에 외국인교사인 헤빙의 귀국비로 일천 환을 지불하도록 규정하고 이에 추가해 내부훈령 174호에 따라 화재와 수해 등의 재해를 당한 사람들에 대하여 구휼금이 배분되던 때이기도 하였다. 1909년 1월에는 순종황제가 지방 순시 중에 대구 달성공원에서 개최된 각 학교 학생들의 운동회도 순람하고 그곳 도관찰사에게 교육실업장려금으로 7,000환을 하사하였다.

참고문헌

康吉秀, 韓國敎育行政史硏究, 敎育出版社, 1976.

高大亞細亞問題硏究所, 舊韓國外交文書(I-XXII), 高大出版部, 1973.

國會圖書館, 憲法制定會議錄(制憲國會), 1967.

金鍾權 譯, 金富軾 原著, 完譯 三國史記, 先進文化社, 1969.

內閣記錄局, 法規類編(1-7卷), 隆熙 2年.

內閣記錄局, 法規類編(原), 建陽元年 1月.

內閣記錄局, 法規續編(上, 下), 隆熙 3年.

文敎法典編纂會 編, 文敎法典, 敎學社, 1989.

文敎部, 文敎40年史, 大韓敎科書株式會社, 1988.

文部省, 學制百年, 帝國地方行政學會, 1973.
文部省教育史編纂會, 明治以降教育制度發達史(第10卷), 龍吟社, 1939.
法制處, 典律通補(上 · 下), 有豊印刷株式會社, 1971, 1972.
宋炳基 外 編, 韓末近代法資料集(I-IX), 國會圖書館, 1970~1972.
安基成, 教育法學硏究, 高大出版部, 1989.
安基成, 韓國近代教育法制硏究, 高大民族文化硏究所, 1984.
吳天錫, 韓國新教育史, 現代教育圖書出版社, 1964.
議政府總務局, 法規類編(續一), 光武 2年, 5年.
李萬珪, 朝鮮教育史(上, 下), 乙酉文化社, 1949.
李丙燾, 新修韓國史大觀, 普文閣, 1972.
李用熙 編, 近世韓國外交文書總目, 國會圖書館, 1966.
李炫熙, 大韓民國臨時政府史, 集文堂, 1982.
李弘稙, 國史大事典, 一中堂, 1979.
朝鮮總督府中樞院, 李朝法典考, 朝鮮印刷株式會社, 1926.
中大教育問題硏究所, 文教史, 三和印刷出版社, 1974.
淺見倫太郎, 朝鮮法制史, 巖松堂書店, 1922.
韓國古典國譯委員會, 國譯 大典會通, 高大出版部, 1960.
玄岩社 編, 法典, 1975.

제3장

조선 · 대한제국 정부의 외교와 교육

❶ 서 론

1870년(고종 13) '병자수호조약(丙子修好條約)'을 계기로 조선 조정은 오랫동안 지켜오던 쇄국정책을 종식하고 모든 나라에게 문호를 개방하기 시작하였다. 문호 개방과 더불어 물밀듯이 흘러들어 온 외국의 문물은 우리나라 전통문화에 충격을 주어 원래의 모습에 변화를 가하기에 이르렀다. 이러한 변화를 가리켜 '개화(開化)'라고 하기도 하고 '근대화(近代化)' 때로는 '서구화(西歐化)'라고도 표현하기도 한다. 이러한 변화는 표현이야 어떻든 고유문화에 변동을 준 것을 말하는 것임에는 틀림이 없다. 그만큼 이때에 들어온 외국 문물은 우리 문화에 강력한 충격으로 작용하였던 것이다.

교육제도도 예외가 아니다. 문호 개방 이후, 적지 않은 새로운 교육 문물이 흘러들어와 그 충격으로 근대학교의 유형을 가진 기관들이 종래의 교육제도를 바꾸어 들어서기 시작하였다. 그 결과로 1894년에 조선과 그를 이은 대한제국(大韓帝國) 정부의 교육체제 전반이 근대학교제도로 전면 개편되는 작업이 착수되기에 이르렀다.

이러한 문화적 충격이 외교라는 공식적인 경로를 통하여 어떤 방식으로 어떤 내용이 들어왔는지에 깊은 관심을 둘 필요가 있다. 그것은 조선조와 대한제국 시대에 있었던 근대학교제도의 수용이 어떤 충격에 의해서 이루어진 것인가를 밝혀야 하기 때문이기도 하지만 당시 정부의 어떤 의도가 어떻게 작용하여 그 충격에 대처하였는가를 알아야 하는 까닭이다.

물론 이 시대의 문화적 충격과 관련하여 우리나라 근대교육이 전개된 과정을 설명하는 학문적 업적이 전혀 없는 것은 아니다. 오히려 놀라울 만큼 무수히 많다. 그러나 이들 연구물은 당시 조선조와 대한제국 정부가 정치적으로, 특히 국제정치의 영역에서 거의 무력하다 할 만큼 나약하였다는 선입견 때문에 그 문화적 충격에 능동적으로 대처하여 온 점을 과소평가하거나, 아니면 이를 전적으로 무시해 왔다. 이들이 전개해 온 논리는 대체로 우리나라 근대교육의 수용이 외국인이 주도하여 이루어졌다거나 아니면 맹목적인 모방으로 성립되었다고 설명하는 것을 주축으로 전개되기 일쑤다.[1)]

그러나 당시 외교문서를 통해 당시의 조선조와 대한제국 정부가 정치적으로 열세에 있었다 하더라도 엄격한 외교절차에 따라서 새롭게 밀려들어 온 문화적 충격에 능동적으로 대처하여 왔음을 확인할 수 있다.[2)]

이 장은 근대교육제도 수용과 관련하여 조선조와 대한제국 정부가 외국의 문화충격에 어떻게 대처하였는가를 외교문서를 통하여 표출시키는 데 의도를 두고 있다. 그리하여 조선조와 대한제국 정부의 문화충격에 대한 능동적 노력을 모든 사람이 정당하게 평가할 수 있는 자료로서 제공하고, 나아가 이 시대의 교육사를 다시 쓰게 하고 해석에도 새로운 전환을 마련하고자 하는 것이다.

이를 위하여 이 장은 서론에서 시작해서 근대교육제도와 관련된 정부의 공식 성명과 발표문에 대해 음미하고, 외교문서의 내용을 소개할 것이며 결론에서 매듭지을 것이다.

1) 안기성, 한국근대교육법제연구, 민족문화연구총서 4, 고려대학교 민족문화연구소, 1944, pp. 27-69.
2) 고려대학교아세아문제연구소 편, 구한국외교문서(전 23권).

❷ 조선 · 대한제국 정부의 공식입장

1895년 2월 2일(날짜는 음력), 조선조와 대한제국 정부는 근대학교제도의 실시에 앞서 이 새로운 학제에 대한 국민의 호응과 지지를 위하여 다음과 같은 칙서(勅書), 이른바 국왕(國王 또는 皇帝)의 성명을 발표하고 있다.[3)]

"……민(民)을 교(敎)하지 아니면 국가(國家)는 견고(堅固)케 하기 심난(甚難)하니 우내(宇內)의 형세(形勢)를 환고(環顧)하건대 극부(克富)하여 극강(克强)하여 독립웅시(獨立雄視)하는 제국(諸國)은 개(皆) 그 인민(人民)의 지식(知識)의 개명(開明)함은 교육(敎育)의 선미(善美)하므로 이(以)함인 칙(則), 교육이 실로 국가보존(國家保存)하는 근본(根本)이라. ……짐(朕)이 정부(政府)를 명(命)하여 학교(學校)를 광설(廣設)하고 인재(人材)를 양성(養成)함은 이신민(爾臣民)의 학식(學識)으로 국가(國家)의 중흥대공(中興大功)을 찬성(贊成)하기 위(爲)함이라……."

이 칙서에서는 '교육(敎育)이 선미(善美)'한 '제국(諸國)'이 '극부(克富)'하고 '극강(克强)'하다는 인식 속에 '국가보존(國家保存)'의 '근본(根本)'이 교육이며, 이 때문에 '학교를 광설(廣設)'하고 이로써 '국가의 중흥대공(中興大功)'을 꾀하려 한다고 기술하고 있다. 즉, 교육이 잘 되어 독립을 이룬 여러 나라는 모두 경제적 부를 이루고 군사적으로 강한 나라이므로 교육은 실로 나라를 보존하는 근본임을 강조하고, 황제가 직접 국가의 '중흥대공(中興大功)'을 위해 학교를 널리 세울 것을 명한다고 밝히고 있다. 이때 그가 명한 근대학교제도가 세계의 '제국(諸國)', 즉 여러 나라의 형세를 널리 두루 살핀 결과라고 하여 '환고(環顧)'라는 말을 사용하여 많은 나라의 제도를 참고하였음을 시사하고 있다.

근대학교제도를 수용하는 과정에서 당시 대한제국 정부의 공식 성명은 이에 한정

3) 내각기록국(內閣記錄局), 법규류(法規類) 편 4권, 학제문(學制門), pp. 1–3.

하지 않고 기회가 있을 때마다 되풀이하여 외국 여러 나라의 교육제도를 참고하고 있음을 천명하고 있다. 1904년 5월 23일의 정부성명은 같은 내용의 주장을 반복하고 있다.4)

"……정부를 명(命)하여 학교를 증설(增設)하고 인재를 양성하여 쇠퇴(衰頹)한 운(運)을 환회(換回)하고 중흥(中興)의 업(業)을 건립(建立)코자 하노니, 이신민(爾臣民)은 짐(朕)의 차의(此意)를 심체(深體)하여 무의무인(毋息毋忍)하라. 현금(現今) 우내(宇內) 각국(各國)은 인민(人民)의 지식(知識)이 개명(開明)하여 일진(日臻)하여 극부극강(克富克强)하거늘……자제(子弟)로 하여금 학업(學業)을 전심(專心)하여 분식(粉飾)과 허위(虛僞)를 거(去)하고 분발불기(分發不己)하여 국위(國威)와 국광(國光)을 선양(宣揚)케 하라."

여기서는 표현이 '제국(諸國)'에서 '우주 각국(宇宙各國)'으로 바뀌기는 하였지만 세계 여러 나라의 교육에 깊은 관심을 나타내고 있다. 이 설명은 똑같은 문제로 1904년 5월 25일에도 반복 발표되어 있다. 이보다 훨씬 앞서 상공학교 관제의 제정에 즈음하여 발표된 1899년 4월 27일자 정부 성명에도 깊은 뜻을 담고 있다.5)

"……國家之開設學校, 作成人材, 將而廣知, 見而進益, 以爲開物成務, 利用厚生之基本也, 現今世界各國之蒸蒸日上, 富國無敵者, 豈有他哉不過日從事格致之學究, 解物理之蘊……器巳巧而愈出也."

이상과 같은 성명을 발표하여 "국가에서 학교를 개설하고 인재를 양성하는 것은 나아가 이익을 구함으로써 사물을 열어 일을 이루고, 이용후생(利用厚生)하는 기본이 되도록 하는 것이다. 지금 세계 각국이 날로 향상하여 부강하고 적이 없는 나라가 있

4) 전게서, pp. 6-7.

5) 의정부총무국, 법규류 편(광무 5년), pp. 126.

는 것은 다른 것이 아니라 극진을 다하여 학문에 종사하고 사물의 이치와 심오함을 탐구 이해하여…… 기계가 더욱 공고하고 새로운 것을 내놓고 있는 데 불과하다."고 주장하고 있다. 여기서도 '세계각국(世界各國)'을 거론하고 있다.

그러나 앞에서 기술한 것보다 더욱 구체적인 것은 갑오경장(甲午更張)의 바람이 거세게 불던 1894년 7월 4일(음력)에 발표된 근대화 선언인 '대소인(大小人)에게 내리는 유신륜음(維新綸音)'에서다. 여기서는 이렇게 선언하고 있다.[6]

"……凡我所以奮發改圖克臻平允者, 實是便民利國之事也, 集衆論 恢公心, 監于先王成憲, 參以各國近例, 要使政典俗規, 煥然改觀, 凡我大小臣工, 暨國內士民, 無自疑阻, 同心奮勵, 勿以舊染之俗, 難於改革……."

즉, "무릇 우리는 분발개도(奮發改圖)하여 극진(克臻)코자 하는 소이(所以)는 실로 편민리국(便民利國)하는 일뿐이다. 중론(衆論)을 모아 공심(公心)을 넓히고 선왕(先王)의 성헌(成憲)을 살피어 각국(各國)의 근례(近例)를 참고하여 정전(政典)과 속규(俗規)를 밝게 개관(改觀)함을 요함으로 무릇 우리 대소(大小)의 신공(臣工)과 국내의 사민(士民) 모두 스스로 의심하거나 주저함이 없이 동심(同心) 분발하되 구염(舊染)의 속(俗)으로 개혁(改革)을 어렵게 하지 말라."고 권유하고 있다. 여기서도 '각국(各國)의 근례(近例)'를 참고하여 법 제도를 개혁할 필요가 있음을 역설하고 있다.

이어 1894년 7월 20일 발표된 '각부아문대신(各部衙門大臣)에게 내리는 윤음(綸音)'에서도 "공의(公議)를 채용하고 '구전(舊典)'을 '신명(申明)'하고 '각국(各國)'의 양규(良規)를 '참용(參用)'하였다고 진술함으로써 여러 나라의 제도를 참고하여 직제개혁에 착수하였음을 밝히고 있다. 이를 소개하면 다음과 같다.[7]

"……博採公議 申明舊典 參用各國良規 先定職制及施行急務……."

---

6) 의정부총무국, 법규류 편(광무 5년), p. 136.

7) 상게서, pp. 66-67.

한편 당시의 정치수립자들이 외국의 문물제도에도 충분한 지식이 있음을 엿볼 수 있는 증거는 다음에서도 찾아볼 수 있다.[8)]

"議會爲議事部 政府爲行政部 兩相對峙 不可混淆 此乃萬國通例也……."

이는 1894년 9월 11일(음력) 군국기무처(軍務機務處)의 의안(議案)으로서 이 기관의 지위를 밝히는 과정에서 나온 것으로 '만국통례(萬國通例)'의 삼권분립의 정치제도를 거론하고 있다.

또한 왜국 식민세력이 제2차 협약 후 침략의 술수로 기승을 부리던 1908년 9월에 학부에 의해 강행된 왜어로 된 『한국교육(韓國教育)』이란 책자에서도 '외국법령(外國法令)의 참작(參酌)'으로 개혁이 이루어졌다고 하고 있다.

이상 여러 차례에 걸친 조선조와 대한제국 정부의 공식적인 성명과 간행물에서 정부가 주도한 개혁, 그중에서도 특히 교육개혁은 세계 각국, 즉 여러 선진제국의 것을 참조하여 우리의 고유제도와 절충을 거쳐 성립된 것임을 읽어 낼 수 있다. 여기서 '제국', '우내각국', '세계각국', '각국', '만국' 등으로 표현된 여러 나라는 어떤 나라를 지적한 것일까. 어떤 나라들의 학교제도가 어떻게 참고되어 조선조와 대한제국 정부의 근대학교제도 수용에 기여했을까 하는 물음에 부딪치게 된다.

이러한 물음에 해답을 주는 믿음직한 연구물이 있는 것 같지는 않다. 오히려 많은 연구물은 이 시대의 교육개혁을 가리켜 특정 국가의 모방으로 낙인찍고, 이를 정설로 굳히고 있다. 이러한 상황에서는 이 물음에 대하여 해답을 찾는 일은 그다지 중요하지도 않고 관심의 대상이 될 수도 없다.

그럼에도 새삼스럽게 이 물음에 관심을 기울이는 것은 이 시대의 해석에 대한 정설이 앞서 소개한 조선조와 대한제국 정부의 공식 성명과는 너무나 거리가 있기 때문이다. 이 공식 성명에 나타난 여러 나라가 조선조와 대한제국의 근대화운동에 대하여,

---

8) 전게서, pp. 101-102, 관보(개국 503년 9월 13일조).

특히 근대학교제도 수용에서 어떤 충격을 어떻게 주었는가를 탐구하는 일은 사실과 해석 사이의 거리를 해소할 수 있다.

필자는 조선조와 대한제국이 남긴 외교문서에서 이러한 물음에 대한 해답을 찾을 수 있다고 생각한다. 외교문서에 나타난 사실에서 당시 우리나라 근대교육제도 수용에 기여할 수 있었을 것으로 가정되는 사람들을 확인하고 그들이 어떻게 근대학교제도 수용에 문화충격의 요소로 기여하였는가를 살펴 조선조와 대한제국 정부가 공식적으로 표명한 '제국'의 것을 '참용'하였다는 사실을 검증하고 이를 그 물음에 대한 해답으로 할 생각이다. 이제부터 외교문서를 살펴기로 하자.

3 제국과의 외교적 교섭과 교육

조선 조정은 1875년 8월 운양호 사건을 계기로 1876년 2월 26일 '조일수호조약(朝倭修好條約)'을 맺고 종래의 폐쇄정책을 종식시킴으로써 외국에 대하여 문호를 개방하였다. 그 이후 속속 여러 외국과 외교관계를 수립하고자 미국과는 1882년 4월 '조미수호조규(朝美修好條規)'를 체결하고 다음해인 1883년 7월 16일에는 전권대신인 민영익(閔泳翊)과 부대신인 홍영식(洪英植)을 각각 미국에 파견한다는 외교문서를 미국측에 발신하였으며, 영국과는 1882년 6월 '조영통상조약추가조(朝英通商條約追加條)의 확인' 이래 외교관계를 수립하기 위한 1년여의 긴 협상 끝에 1883년 10월(음력) '전권대신 민영익파견조칙(全權大臣閔泳稷派遣詔勅)'이 외교문서로서 발송되는 등 일련의 외교조치가 양국 사이에 활발히 진행되어 마침내 1884년 4월에 '조영수호조규(朝英修好條規)'가 비준되었다. 독일과는 1882년 4월 24일자로 임명장을 대동한 독일의 전권대신 브란트(巴德, M. von Brandt)와 우리 측 전권대사 조영하 간에 외교회담을 계기로 1884년 7월 17일 '조독조약(朝獨條約)'이 비준되었다. 프랑스와는 다른 서구제국보다는 좀 늦긴 하였지만 1885년 5월 27일자로 한성부(漢城府) 판윤(判尹) 김만식(金晩植)을 프랑스와의 화약(和約)을 위하여 전권대신으로 특파한다는 외교문서를 보냈다. 프랑스 전권대신 과가당(戈可當)과 교환한 것을 시작으로 조불조약(朝佛條約)이

체결되었다. 러시아와는 이보다 훨씬 빠른 1882년 5월 31일 우호통상조약(友好通商條約)으로 시작되었다. 체결을 위한 전권대신 위패(韋貝)의 임명조서(任命詔書)를 교환하던 해의 러시아 정부가 보낸 외교문서가 접수되면서 그 조약이 시작된 것이다. 외교교섭은 우리 측 전권대신 김병시와의 교섭을 통하여 1884년 10월 14일 '조러수호조약비준교환문서(朝露修好條約批准交換文書)'를 교환하기에 이르러 외교관계가 정식으로 수립되었다. 의국(義國)과는 1886년 7월 24일자로 '조의수호조약비준문서'가, 비국(比國, Begique)과는 1901년 10월 17일자로, 비준서가 각각 교환되어 외교관계가 성립되었으며, 그 밖에 서사국(瑞士國, Swiss), 서반아(西班牙, Spain), 하란국(荷蘭國, Nether lands) 등 제국과도 외교관계를 맺었다.

앞에서 소개한 여러 세계 제국은 조선 조정과 외교관계가 수립된 것을 기회로 서구의 근대문물과 함께 교육과 직간접으로 관련 있는 인사들이 국내에 들어와 근대교육제도 수용에 문화충격을 주었던 것이다.

조선과 대한제국의 근대교육제도 수용은 제도의 특징에 따라서 '관제기(官制期)'와 '학교령기(學校令期)'라는 두 단계로 시대를 구분할 수 있다. 전자는 '한성사범학교관제(漢城師範學校官制)'와 '소학교령(小學校令)' 등 최초의 근대학교제도가 나온 1895년을 기점으로 하는 시기이고, 후자는 '보통학교령(普通學校令)' '고등학교령(高等學校令)' '사범학교령(師範學校令)' 등의 교육제도가 나타난 1906년을 시작으로 하는 시기다.

두 시기의 특징은 하나는 '관제(官制)'라는 이름으로 교육제도가 제정된 데 비하여 다른 하나는 학교단계가 단계별로 '명령(命令)'의 이름으로 교육제도가 제정되었다는 형식상의 차이도 있으나, 전자는 조선 조정이 정치적으로 비교적 자주적으로 정책수립이 가능하였던 시기에 이루어진 제도인 데 반하여, 후자는 침략세력의 압력으로 적지 않은 제약 속에서 선택된 것이라는 데에도 커다란 차이가 있다.

이 두 시기에 이들 제도에 충격을 주었을 여러 나라와 어떤 외교적인 교섭이 교육과 관계있었는가를 가리기 위하여 1895년의 '관제기' 이전의 그것과 1906년의 '교육령기' 이전의 그것을 따로따로 나누어 관찰하는 일이 바람직하다고 생각된다.

우선 1895년 관제기의 근대교육제도 수용에 충격을 준 교육과 관계있는 외교 상황에 대해서부터 알아보기로 한다.

1) 관제기 이전의 교육 외교

1894년 7월 조선조는 전통적 교육행정기관인 '예조(禮曹)'를 폐지하고 근대적 기관인 '학무아문(學務衙門)'을 설치하였다. 그리고 상당한 준비기간을 거쳐 이듬해인 1895년 4월 한성사범학교관제를 효시로 꾸준히 소학교령, 중학교관제 등 근대교육제도를 속속 수용하기 시작하였다. 근대교육제도를 수용하여 우리나라 교육제도의 근대화의 일대 전환기가 되는 '관제기'를 형성하였다. 관제기를 형성한 배경에는 이때까지 외교경로를 통하여 이 땅에 흘러들어 온 외국의 정보와 외국인이 이 땅에 들어와 직간접으로 근대교육제도 수용에 기여해 온 문화적 충격이 있었기 때문이다.

문화적 충격으로 기여한 외교관계의 진행과정을 연도 순으로 알아보자.[9]

1885년에는 미국인 앨런(安連, H. N. Allen)의 병원 설립안과 함께 미국 측의 추천서가 조선 조정에 전달되고(158, 1월 27일), 이어 제중원(濟衆院)의 설립이 이루어져 역사상 최초의 서구식 국립의료기관으로 승인됨과 더불어 스크랜턴(W. B. Scranton)이 앨런의 요구로 조선 조정의 고용의사로서 증원된다(182, 5월 7일).

한편 조선 조정 측은 서리(署理) 독판통상사무(督判通商事務)의 서상우(徐相雨) 명의로 미국 측에 교사고빙의뢰서(教師雇聘依賴書)를 전달하고 근대교육을 위한 미국인 교사의 추천을 요청한다(199, 6월 15일). 이 요청의 골자는 다음과 같다.

各業教師雇聘依賴書

"……轉託貴政府 要政各業教師 欲爲肄習已有年矣 向因本國有難 暇送信再提 現今民心稍定 不客不速延教師……."

이러한 요청에 따라 미영사관 측은 '교사고빙(教師雇聘)에 관한 조건 문의(條件問

---

9) 내용의 근거를 밝혀두기 위하여 다음 서술부터 외교문서번호와 문서발송일자를 표기하였다. 여기서 일반 숫자는 고려대학교아시아문제연구소(高麗大學校亞細亞問題硏究所)가 펴낸 '구한국외교문서'(舊韓國外交文書)의 외교문서번호이고 일자는 문서의 발송일을 가리킨다.

議)'에서 월봉 125달러와 가옥대(家屋代) 600달러 등 제조건을 제시하고(304, 6월 19일), 직접 외교당무자인 김윤식과 폴크(G. C. Foulk) 간의 회담에서(214, 7월 4일) '俄國, 貴國教師何時來, 福曰 己至許稟俄國, 不久當有回信…….'이라는 메모를 남겨 교사 초청 교섭이 분명하게 진행되고 있음을 보이고 있다. 같은 해 7월 11일에는 대한제국이 직접 적극적인 조건을 제시하여 한미 간에 서울에서의 근대학교 수립을 위한 계획을 본격화하고 있다. 이 날의 외교문서 내용의 골자만 추리면 다음과 같다(219).

> 敬改者, 日前送函, 敬悉壹是, 早已 奏明我大君主, 奉承度分, 玆將管函覆, 至招來教　師約束等事務歸確議條答, 諒察爲望
> 第一條, 設立學校, 教誨生徒, 當另給一屋, 以設學校次
> 第二條, 教師居處家舍, 當爲賜給次
> 第三條, 教師妻一人路費, 一體賜給次
> 第四條, 教師期限, 先以二年爲定次
> 第五條, 生徒教誨工業, 待教師出來後, 妥議酌定次
> 右五條外 有要緊事件, 已會爲託文教師通 達練明於政治外交等事, 由貴公使轉請貴　政府, 從速派爲望

내용을 살펴보면, 독립된 한 건물을 가지고 학교를 설립하여 학생을 수용할 수 있게 하고, 교사가 거처할 사택과 동반할 배우자의 여비를 부담하고, 고용계약기간은 2년으로 하며, 학생에게는 '공업'을 가르치게 되나 교사가 부임하기를 기다려 의논하여 정한다고 하고 있다. 그 밖에도 교사가 정치와 외교에도 단련된 바 있어 이 부분에 통달되어 있을 것을 요구하고 있다. 이러한 요청은 즉시 미국영사관으로부터 미국 정부에 통달할 것이라는 약속 문서가 발송되었다(220, 7월 13일). 이 문서에서 고빙교섭에 나설 교사를 영문으로 'school teacher'라고 기술하고 이를 한국어로 '소학교 교사(小學校教師)'라고 번역하고 있는 사실에 주목할 필요가 있다.

같은 해 8월 8일에는 구립의료기관인 제중원의 창립을 축하하는 자축연에 미국관계관을 초청하는 외교문서가 발송되는 것과 함께(230), 재차 교사초청 건에 관하여 파송을 독촉하는 서한이 미국 측에 발송되고 있다. 여기서는 '연병교사급(練兵敎師及) 정치교사(政治敎師)'를 추천하여 줄 것을 강력히 요구하고 있다(231).

이에 따라 같은 해 10월 28일에는 미국국무장관 바이어드(Thomas Byard)로부터 고빙에 협조한다는 공한을 접수하고 급기야 12월 8일에는 데니(德尼, John Denny)가 파송될 것으로 확정되었다는 통첩을 뉴욕 주재 영사로부터 받는다(278).

이상과 같은 미국의 움직임과는 대조적으로 왜국은 1886년 고스에(小尾輔明)와 미야사키(宮崎誠)를 우정국 고원(雇員)으로 채용하고(424, 2월 7일), 요시사와(吉澤友太郞)를 전한국(典圜局)의 총교사(總敎師)로 고용한 일(667, 7월 6일) 등 고작 두 건으로 간접적으로 교육에 기여하고 있다.

한편 독일과의 관계에서는 독일공관에 한국인 교사가 채용되고(167, 7월 31일), 독일인 극립불방(克立弗邦, 쿠이플러)이 해관에 채용될 것과(212, 9월 7일) 전환국의 총교사로 채용될 격노사(格老斯, 크리우스)의 여비 지불을 위한 교섭이 시작되었다(334, 12월 5일).

1886년에는 새롭게 영국이 가세하여 미국과 더불어 교육과 관계되는 외교를 전개하고 있다. 영국은 당시에 해임된 영국인 교사 해리법극사(海里法克斯)를 구제할 것을 요청하고 있고(383, 9월 9일), 조선 조정은 이에 대하여 구제가 불가능함을 정하고 있다(384, 9월 10일). 이는 영국인 해리법극사가 어디서 무엇을 가르쳤는지는 알 수 없으나 교육에 종사하고 있었음을 말해 준다.

이에 비해 이 해에 미국과는 교육과 관련하여 수차에 걸친 외교문서가 교환되고 있다. 1월 12일과 16일 사이에 서너 차례의 소학교교사 고빙과 관계되는 문서 교환으로 고용관계가 성립되어 3인의 교사와 1인의 여인이 초청되었다(279). 이들 초청 교사들에게는 월 160원의 급여와 미국으로부터 한국까지의 편도여비가 지급되는 것으로 계약되어 있다. 이후 농상 교사(農桑敎師)의 초청교섭을 위한 문서가 발송되고(233, 1월 25일), 대한제국의 왕실병원인 제중원에 근무하는 미국인 앨런(安連, H. N. Allen), 헤론(惠論, J. H. Heron), 언더우드(元德愚, H. G. Underwood) 등 3인이 극빈아동에게 한문과 국문, 공예 등을 가르쳐 구제한 사실에 대하여 치하하는 공문을 미국 측에 발송하고 있다(290, 2월 14일). 10월 2일에는 육군교사(陸軍敎師)의 파송을 독촉하는 문서를 발송하였고, 3월 25일 육군교사인 데니의 유주처소(留住處所), 즉 거주할 주소를 문의하는 공한이 접수된 것으로 보아 그의 도착이 임박했음을 알 수 있다.

8월 14일자 '공립병원(公立病院, Government Hospital)10) 이건확장(移建擴張)에 대한 건의(建議)'란 문서가 미국 측에 전달된 것으로 보아 왕립병원인 제중원은 옮겨서 새로 건립하여 확장할 계획을 세울 만큼 대단히 번창하였던 것 같다. 이 외교문서에서 이 병원의 환자가 5만이 넘게 치료를 받은 바 있다고 밝히고 있는 것으로 보아 번창의 정도를 알 수 있다(344). 이 무렵 미국에 밀입국하여 수학 중인 민(閔), 변(邊), 윤(尹) 등 이름 없이 성만 밝힌 3인의 유학생 처리 문제와 관련되는 문서가 접수되어 있다(377, 7월 31일; 356, 11월 1일). 이때에 이미 무단(武斷)으로 출국하여 미국에 밀입국해 유학할 만큼 매우 진취적인 한국인 청년이 있었음을 보여 주는 것이다.

1887년은 유독 미국과 교육 관계 외교문서만 교환되었다. 육군교사와 농상교사의 파송을 독촉하는 문서가 재차 발송되고(387, 2월 2일), 미국 측은 그에 대한 회신으로 다른 관계사항과 함께 '미국인 교사 3인이 경영하고 있는 학교가 대단히 잘되고 있는 일'에 만족한다고 하고 '원한다면 귀인이 교육을 지정하는 군사교관을 특정기간 귀 정부에 파송하는 것을 정부에 건의하겠다.'는 내용을 담은 문서를 발송하였다(410, 4월 19일). 또 미국 측은 연말에는 그와 관련하여 딘스모어(Dinsmore)가 육군교사로 파송될 것임을 알리는 문서를 발송하고 있다(471, 12월 3일).

1888년 영국인으로서는 핼리팩스가 전기(電氣)와 전보국(電報局)의 교사로(676, 1월 10일), 포사이스(Forsyth)가 전기 교사로 고용된 데 대하여(535, 9월 26일), 미국인으로는 대장 다이(茶利, Dye), 대령 커민스(Col. Cummins), 소령 리(乙理, Maj. John G. Lee) 등 3인의 육군 교사가 서울에 도착하였고(512, 4월 10일), 이어 '육영공원 교사 월비증액(月費增額) 후속고(後續雇) 응낙(應諾)의 건'의 공한이 접수되나(512, 4월 19일), 이 공한은 미국인 교사 3인이 관리하는 육영공원이 계속하여 같은 체제를 유지할 것을 요구하고 이들 3인의 월봉(月俸)을 인상할 것과 함께 계약연장을 허락할 것을 희망하

10) 제중원(濟衆院)을 가리키는 듯하다. 제중원은 외교문서에 Royal Hospital(왕립병원) 또는 Government Hospital로 표기되고 있다.

였다. 이는 이미 3인의 미국인 교사가 서울에 당도하여 거의 2년의 계약기간 동안 교육에 종사하고 있었음을 의미하며, 앞에서 '소학교'로 표기된 학교는 육영공원을 가리키는 것으로 이곳이 황실의 자녀들을 위한 교육기관임을 말해 주고 있다. 여기서는 데니가 새로운 계약실무를 맡은 대표자로 선임되었음을 밝히고 있다. 이어 이 공한에 대한 회답의 독촉이 미국 측에서 있었고(522, 5월 2일), 재차 육영공원 교사 길모어(吉模, G. W. Gilmore)의 고용 연장 여부를 묻고 일시 귀국을 위한 여비 보조를 희망하는 공한이 접수되었다(530, 6월 13일). 이로써 육영공원 교사 3인 중 1인을 제외한 2명의 교사의 이름이 밝혀졌다. 즉, 데니와 길모어 등 두 사람이 그들이다. 나머지 1인의 교사는 벙커(房巨, D. A. Bunker)임을 이후의 외교문서에서 확인할 수 있다(1171, 1893년 11월 13일). 육군교사인 다이와 커민스의 대우를 개선해 줄 것을 요구하는 요청 문서가 접수된 데 이어(533, 6월 16일), 헤론과 언더우드 등이 학당 설립을 신청하고 허가하여 줄 것을 요청하는 공한이 발송되었다(570, 9월 8일). 이 공한에서는 다음과 같이 설립 취지를 설명함으로써 최초로 '대학(大學, college)' 수준의 고등교육이 착안되었음을 보여 주고 있다.

> "……to establish a college for instruction and education of the youths of Korea similar to college in the United States……."

독일은 이 해에 전환국(典圜局) 기사(技士)인 디트릿히트(禮德立格)의 여행 허가서를 신청하고(682, 5월 6일), 역시 화학교사인 리트(Reide) 기사의 휴양지 문제를 거론함으로써(729, 8월 24일) 교육과 관련되는 독일인이 조선조의 정부기관에서 종사하고 있었음을 보여 주고 있다.

프랑스와는 '법국학당학도석방요청(法國學堂學徒釋放要請: 40, 7월 2일)'의 문서를 교환하여 김인학의 석방을 요구하고 있는 것을 보면, 어떤 형식인지는 분명하게 알 수 없으나 법국의 '학당(學堂)', 즉 프랑스와 관련된 교육기관이 당시에 있었음을 말해 주고 있다.

1889년에는 미국 측으로부터 언더우드 등이 신청한 학교 설립 허가 요청을 위한 공한을 접수하는 것으로 그 해의 연초를 장식한다(606, 1월 18일). 여기서는 '학당'을 '영어학교(英語學校)'로 표기하고 있고, 영문의 경우에서도 'college'를 'a school and college'라고 바꾸어 표기하여 학교범위를 일반학교와 대학의 두 단계로 구분하여 확대하고 있다. 이러한 학교 설립 계획은 그 사이 양국 간에 여러 차례에 걸친 공한 교환에도 불구하고 9월 18일자 제579호의 발송공한에 의하여 허가되지 않았다. 당시 조선 조정은 그들의 학교 설립 요구를 거부한 것이다. 이어 1월 24일 헐버트(H. B. Hulbert), 스크랜턴(Scranton, W. B.), 벙커, 아펜젤러(H. G. Appenzeller) 등 네 사람이 부부 동반 국내여행을 위하여 호조(護照), 즉 여행허가서인 사증(查證)을 신청하고 있으며, 이로써 이후 학부 자문으로 크게 활동하던 헐버트가 일찍부터 국내에 들어와 교육활동을 하고 있었음을 보여 주고 있다. 계속하여 다이 장군이 커민스와 리 등의 육군교사가 해임된 사실을 힐문하는 공한이 있었고(688, 9월 39일), 전등교사(電燈教師)로 해임된 비아(費莪)의 급여에 관하여 이의를 제기하는 문서가 접수된다(688, 9월 30일).

독일과의 관계에서 양잠과 관련된 잠상교사(蠶桑教師)인 마르텐스(Maertens)가 이 해에 해고되는 문서가 발송된다. 같은 해 8월 19일자(883, 음력 7월 22일)의 '육영공원의 개역사(開役事)'란 제하의 공한을 발송하여 육영공원 후원(後園) 역사(役事) 시공이 7월 20일(음력)에 시작되었음을 통보하고 있다. 전동(磚洞)의 독일공관과 정동(貞洞)의 육영공원 부지를 맞바꾸자고 한 조치의 이행을 독촉하는 문서가 접수되기도 하였다(908, 10월 12일).

1890년에도 미국과의 교육관계는 밀접하여 최초로 '연무공원교사(鍊武公院教師) 해고 연유(解雇緣由) 송교(送交)의 건'(736, 4월 2일)이 미국 측에 발송되고, 여기서는 앞에서 소개된 육군교사가 연무공원에서 군사교육을 전담하고 있었음을 확인할 수 있다. 5월 30일자 문서는 데니와 원스티드(仁時德, Col. Winstead)가 계약갱신으로 새로운 기간과 급여액이 확정되었음을 알리고 있다. 한편 제중원 의사인 앨런은 미국공관의 참찬관(參贊官)으로 임명되었음을 전하고 있다(781, 7월 24일).

이 해에 독일과는 독일인 모르셀(毛世乙, Mörsell)이 인천해관(仁川海關)에서 해임된 데 따른 사유를 문의하는 공한(公翰)(1037, 8월 25일)과 역시 독일 기관사 알마하(謁馬河)가 받지 못한 공임의 지불을 요구하는 공한(1064, 12월 15일)에 접하고 있다.

그리고 프랑스는 '법국유학(法國留學) 한국학생(韓國學生) 귀국 허용(歸國許容)의 건(232, 2월 19일)'에서 15명의 유학생 중 1명, 즉 강지영이 병고로 돌아올 수밖에 없는 사정을 설명하고 있고, '법국 학무부(學務部)에 보내는 물품에 대한 면세의뢰(免稅依賴)의 건(277, 6월 19일)'에서 내용물이 무엇인지는 알 수 없으나 프랑스 정부의 교육행정 당국인 학무부에 교육과 관계되는 자료를 보내고 있음을 엿볼 수 있다.

1891년에 이르러서는 제중원 여의사인 언더우드의 부인(Lillias H. Underwood)의 귀국을 알리는 통지서를 전달하였고(874, 4월 10일), 제중원의 경비사용 문제를 두고 헤론이 신병으로 유고(有故) 중인 기간 빈턴(彬敦, Vinton)[11]으로 하여금 그 임무를 대신하게 할 것이나 경비 사용에 제한이 필요한지에 대하여 논란을 벌이는 문서가 왕복되기도 하였다(899, 6월 27일; 929, 10월 8일). 육영공원 교사의 급료 지불처에 대한 문의(943, 12월 6일)와 헐버트의 여행비용인 선비(船費)와 생활비인 신수(薪水)가 청구되기도 하였다(944, 12월 9일).

영국은 교사 스트리플링(薛弼林, A. B. Stripling)의 누적된 급료지급을 청구하고(727, 1월 22일), 역시 교사 소론(所論)의 급여와 여비를 지불할 것을 요구하고 있다(790, 12월 9일). 이 두 사람이 어떤 일에 종사하였는지는 설명이 없으나 기술영역 지도를 위한 교사로 근무한 것으로 추측된다.

한편 왜국과의 교섭에서 왜국인 고히지마(鮫島石寶)는 기계국(機械局)의 화약 교사(火藥教師)로(1929, 6월 25일), 쇼다(升田勝三郎)는 기관수(機關手)로(1974, 10월 16일) 각각 고용된다. 그러나 러시아는 건축기사 융파령(薩巴玲)의 고용관계가 중단되었음을 통보받고 있다(400, 9월 29일).

1892년에 이르러서 교육관계 외교에 청국이 가담하여 한어(漢語)교사 사이숭(查以嵩)의 월급 송부에 관한 문서를 발송하고 있고(1512, 9월 30일), 미국인 의사인 빈턴이 보호를 요청하여 입국을 알리고 있다(1516, 10월 9일).

---

11) 영어 인명의 한자표기(漢字表記)는 문서에서 사용된 한자어를 그대로 인용하여 표기한 것이다. 빈턴(Vinton)의 한자표기가 彬敦, 斌敦 등 서로 달리 표기하고 있으나 같은 인물을 가리키고 있다. 다른 인명 표기에서도 각기 다른 한자가 동일인에게 사용되고 있음을 참고하기를 바란다.

왜국은 왜국 문부성(文部省)에서 사용하는 학교관계 문서를 증정하였으며(2016, 1월 12일), 그 속에서 1889년의 '지방학사통칙(地方學事通則)', '시정소(市町所) 설립(設立)의 소학교교원(小學校教員) 퇴직(退職) 및 구조(救助)와 유족(遺族)의 방법(方法)', '부현소(府縣所) 설립(設立)의 사범학교교장(師範學校校長)의 봉급(俸給)과 공립학교직원(公立學校職員) 퇴직(退職) 및 구조(救助) 유족(遺族)의 방법(方法)', '소학교규령(小學校規令)' 등의 교육제도와 관계되는 자료가 영어로 번역한 자료와 함께 포함되어 있다. 조폐사무(造幣事務) 기술을 습득하기 위하여 왜국의 동경에 파송될 10명의 파송자 명단이 발송되기도 하였다(2018, 1월 15일).

프랑스에는 프랑스에 유학하였던 15명의 유학생 중 5명이 귀국하여 여행 지시를 기다리고 있음을 통보하고 있다(437, 7월 12일).

1893년에는 미국 측으로부터 다이와 원스티드 등 2명의 육군교사의 급여 지불을 독촉하는 공한을 접수하는데(1059, 3월 7일), 여기서 원스티드가 신규의 교사로 대치되어 있었음을 확인할 수 있다. '기포학당(奇包學堂) 문전(門前) 야소교배척(耶蘇教排斥) 방문첩부(榜文貼付)에 관한 건'의 접수된 문서에서 길포드(奇包, Gilford)가 경영하는 학교가 어떤 학교인지는 구체적으로 지적하고 있지 않으나 적어도 기독교의 선교 목적으로 그가 경영하는 학교가 실제 존재하고 있었음을 말해 주고 있다(1071, 4월 4일). 이어 8월에는 '해육군학도(海陸軍學徒) 부미유학(赴美留學)의 건'이란 문서를 통해 조선은 총명한 연소자를 뽑아 미국에 보내 군사학을 학습하도록 하겠다는 교섭을 진행했으며(1143, 8월 27일), 11월에는 예정보다 2개월이 지연된 육영공원이 11월 8일 개원하고 벙커가 교사로 참여하게 되었다는 것과 체불 급여를 빨리 지급해 줄 것을 요구하는 내용이 담긴 공한(公翰)이 접수되고 있다(1171. 11월 13일).

영국과의 관계에서는 군제(軍制)에 숙달되어 있는 수군 교사(水軍教師) 추천을 의뢰하고 있고(865, 1월 25일), 영국인 의사 하락(賀樂)이 입국 여행을 위하여 사증(查證, visa)을 요구하고 있다(965, 12월 29일). 왜국은 왜어교사 오카쿠라(岡倉山三郎)가 해고되는 자리에 나가시마(長島嵒次郎)를 추천함으로써(2402, 8월 24일) 이미 오래전부터 왜어교육이 실시되고 있었음을 보여 주고 있다.

1894년은 어느 해보다 근대교육제도 수용의 시발을 알리는 획기적인 해로서 교육

외교가 가장 빈번하던 시기다. 미국은 육영공원 교사 벙커와 육군 교사 원스티드의 급여 및 제비용 관계와 퇴직을 두고 수차례에 걸친 외교문서를 교환하기도 하고(1198, 1월 4일; 1199, 1월 26일), 조선 조정의 고용인인 전등기사 파워(巴窩, Power)의 귀국(1239, 5월 4일)과 제중원 의사 에이비슨(芮斐信, Oliver R. Avison)의 자퇴(1244, 5월 10일)에 관한 일이 통보되고 있다. 에이비슨의 유임을 위하여 조선 수행을 위한 문서가 여러 번 왕복되고 있다.

영국은 1893년의 수군교사 고빙추천 의뢰에 따라 해군교사(海軍敎師) 콜드웰(郝爾, Caldwell)과 총포교사(銃砲敎師) 커티스(克智司, Curtis)가 이미 서울을 향하여 떠났음을 통보하고 있고(990, 9월 15일), 조선 조정은 영국에 대하여 '영인고문(英人顧問)'을 고용할 수 있도록 의뢰하고 있다(1062, 9월 28일). 이 문서에서는 "……該各衙門凡制革創, 事務浩大, 擬欲延聘外國人敎師, 必備左右研究時宜…….”라고 하여 해당 각 아문(衙門)마다 모든 제도를 새롭게 개혁하고 사무를 넓게 키우기 위하여 외국인 교사를 연속하여 고빙함을 원하고 시의(時宜)를 연구해 좌우를 반드시 갖추어 놓겠다고 기술하고 있다. 여기서도 정부의 강렬한 개혁의지를 읽을 수 있다. 영국인 허치슨(轄治信, Hutchison)에게 학무아문의 요청에 따라 영어교사로 취임해 줄 것을 간청하는 공한을 발송하고 있다(1067, 10월 16일).

독일에서도 영국의 경우와 똑같이 같은 일자에 행정고문을 추천하여 줄 것을 바라는 조선 조정의 공한이 있었다(1439. 9월 28일). 그러나 왜국은 군사적 압력을 배후로 '내정개혁(內政改革) 역설(力說) 및 동강령안(同綱領案) 제의(提議)'(2906, 7월 3일)를 통하여 제5조 '학정각무, 함의작시사(學政各務, 函義酌施事)'를 내세워 교육제도의 개혁을 요구하였다. 이 항목은 재차 '내정개혁강령세목(內政改革綱領細目)의 초정(鈔呈)'(2928, 7월 12일)에서 다음과 같이 개혁내용을 제시하고 있다.

一. 學政各務, 須宜參酌時宜釐定, 面在各地方分設小學校, 敎養童幼
一. 小學校之設, 漸就단서, 尙須漸行推廣, 再設中學大學
一. 生員中俊秀者, 須宜選拔, 分遣外國, 使之遊學肄業

이 내용에 따라 조선 조정은 개혁에 적극적인 자세를 취하기 위하여 '국정리혁(國政釐革)에 필요한 시정고문(施政顧問)의 선빙의뢰(選聘依賴)'(9010, 3월 20일) 공한을 통해 '정무(政務)에 명달(明達)한 석사(碩士)' 수명을 추천하여 줄 것을 요청하고 있다. 이어 고문들의 선빙은 물론 시비 및 봉급의 작정까지 의뢰하는 열의를 보이고 있다(3171, 9월 28일). 이후 왜국 교사 나가지마(長島喦次郞)가 계약이 연장되고(3189, 9월 7일), 경무사(警務司) 고문으로 왜국의 경찰간부 경시(警視)인 다케나가(武久克造)가 초빙되었으며(3365, 11월 23일), 의정부(議政府) 고문에는 왜국의 법제국(法制局) 참서관(參書官)인 이시즈카가(石塚英藏)가 선임되었다(3421, 12월 26일).

프랑스에서는 조선 조정 각 부의 외국고문관이 특정 국가 사람들에 의하여 전용되고 있는 사실을 확인하는 공한을 발송하고 있다(589, 9월 24일). 이와 같은 항의는 프랑스에만 한정하지 않고 여러 관계국으로부터 이루어지고 있다. 미국은 "……於新設各衙門雇用外國顧問官, 而倘此等官專用一國之人……."이라고 하고 있고(1280, 9월 6일), 영국도 '외국인고문(外國人顧問)의 편중고빙(偏重雇聘)에 대한 이의(異議)'의 공한(1052, 9월 6일)에서 항의하고 있다. 이러한 공한에 대하여 조선 조정은 그렇지 않다는 답신을 보내고 있다. 영국에 대한 답신에서는 어느 일국도 전용으로 고용한 바 없다는 '외국인고문(外國人顧問)의 일국인부고사(一國人不雇事)'의 공한(1060, 9월 21일)으로 대응하고 있고, 프랑스에 대해서도 '정부각부외국고문관(政府各部外國顧問官)의 특정국인(特定國人) 전용항의(專用抗議)에 대한 조복(照覆)'(580, 9월 24일)에서 사실이 아님을 해명하고 있다. 이러한 조선 조정의 해명에도 실제로는 외교문서에서 특정국으로 지목되는 왜국이 갑오경장 이후부터는 비교적 많은 수의 고문을 보내고 있음을 확인할 수 있다.

1895년에 이르러서는 미, 영, 일 등 세 나라 사이에서만 교육외교가 진행된다. 미국과의 관계에서는 내무협판(內務協辦)으로 종사하여 오던 르장드르(李善得, Gen. Legendre)의 사임처리와 관계되는 문서가 최후로 왕래되었으며(1321, 2월 5일), 육영공원 교사인 원스티드가 만기로 해고되고(1358, 4월 25일), 연무교사로 남는 절차가 진행되었다(1359, 4월 27일).

한편 영국과의 관계에서는 관립의 영어학교가 날로 증가하여 부교사를 고용하지 않으면 아니 될 형편에 있다고 하고 영국인인 핼리팩스를 임용할 수 있도록 주선해 줄 것을 요청하는 공한을 발송하고 있다(1083, 4월 11일).

영국인 의사 의비신(宜丕信)이 여행을 위한 사증을 요구하고 있다(1140, 1월 10일). 영국인 의사 의비신은 제중원의 미국인 의사 에이비슨과 이름의 음이 유사해 같은 사람으로 이해될 수도 있으나 그것은 분명치 않다. 만일 같은 사람으로 양국의 국적을 같이 가진 이중국적자(二重國籍者)라면 한국 의료의 서구화에 대한 영국의 기여도도 감안할 수 있을 것이다.

여기서 왜국과의 관계에서는 외교조치가 배가하고 있다. 오카모토(岡本柳元助)와 보좌관 구스세(楠瀨幸彦, 포병중위)가 군무고문으로 추천되었고(3774, 2월 25일), 한국인 유학생 100명이 왜국으로 유학을 떠나게 되었으며(3534, 4월 11일), 한국인 교사 엄달환이 왜국 오카야마(岡山) 지방의 한곡학교(=閑谷學校)에서 한국어교육을 위해 출국하게 된다(3574, 4월 27일).

바로 이상과 같이 여러 국가와의 외교관계가 특히 교육과 밀접하게 관련 있는 영역에서 직간접으로 교육에 대한 문화충격으로 작용하여 1895년 4월 16일(음력), 즉 5월 10일 한국 초유의 근대학교제도인 '한성사범학교관제'가 탄생하게 된 것이다. 물론 근대교육행정기관인 학무아문이 설치된 1894년 7월 20일(음력), 즉 8월 20일을 기준으로 생각하면, 왜국이 동학운동의 평정을 도왔다는 구실로 정치적 영향력을 행사하고 여러 명의 고문을 대한제국의 정부기관에 고용하게 된 시기 이전에 조선 조정은 주체적으로 근대학교를 설립하기 위한 노력을 해 왔다는 것을 알 수 있다. 그러한 과정에서 근대학교제도에 관한 많은 지식과 정보가 그동안 외교관계에 나타난 인물들, 정부 등 공식수준에서, 또 정부가 고용한 많은 외국인 고용자들을 통하여 적지 않게 공식·비공식적으로 유입되어 들어 왔음을 알 수 있다.

예를 들면, 미국으로부터 교사를 초빙하는 과정에서 '소학교(小學校)' 또는 'school and college(학교와 대학)'라는 용어가 외교문서에서 공식적으로 사용되고 있었다는 점, 프랑스 학무부에 대한제국의 교육관계 자료가 송부되어 있었다는 사실에서 알 수 있듯이 교육관계 당무자가 한국에 주재하고 있었다는 점, 적지 않은 나라의 외국인들이 대한제국 정부의 고문(顧問), 교사(教師)로 고용되어 근대학교제도에 관한 지식과 정보를 전하였을 것으로 사료되는 점 등을 들 수 있다. 보다 중요한 것은 당시 대한제국 정부의 관리가 적지 않게 외국에 파견되거나 주재하고 있었다는 사실과 그들이 이후에 의사결정을 내리는 정부 요직에서 일하였다는 점이다. 많은 청년이 미국이나 프랑스 등 여러 나라에 유학하거나 아니면 여러 외국공관에서 일하고 있었다는 점도 중요하다.

이러한 근대학교제도 수용에 대한 문화적 충격은 '한성사범학교관제'가 제정된 이후의 외교절차가 진행되는 과정에서 보다 확실한 확증을 얻어 낼 수 있다.

2) 학교령기의 교육 외교

1905년 이후의 학교령기는 그때의 관제기에 공포된 모든 학교제도를 전면 개편하고 비교적 정비된 학교제도를 내놓고 있다. 보통학교령, 고등학교령, 사범학교령, 고등여학교령, 실업학교령 사립학교령 등 짜임새 있는 학교제도가 이 시기에 나타난 시대 배경에는 1905년에 있었던 제2차 한왜협약 등의 얼룩진 정치사가 깔려 있어 자칫 이 학교제도개혁이 왜국의 손에서 요리된 것으로 볼 수 있으나, 적어도 1906년 새로운 학교제도가 나타나기까지는 아직도 교육행정 영역에서는 자주권이 대한제국에 남아 있어 자주적인 선택을 했다고 할 수 있다. 관제기의 교육제도 운영에서 많은 경험을 쌓았으며 계속하여 여러 외국과의 외교적 접촉을 통하여 보다 향상된 교육제도에 대한 지식과 정보를 수용하고 이를 적절히 토착제도와 조화하여 원숙한 형태로 학교령기의 학교제도를 제정할 수 있었던 것이다.

1905년 제2차 한왜협약이 강제되어 외교와 재정의 두 국가 권력이 왜국 침략세력에 넘어 갔다. 이로써 대한제국과 진행된 여러 외국과의 직접적인 외교관계는 1905년으로 종식되나, 1895년 이후부터 시작하여 1905년까지는 여전히 여러 외국과 빈번하게 교육을 둘러싸고 외교교섭이 진행되었다. 이는 근대교육을 위한 문화충격으로 크게 기여하여 왔다. 이제부터 외교상의 교류를 살펴보자.

1895년 후반 특면전권대사 민영환을 미국에 파견하였다가(1428, 12월 13일), 그를 다시 소환하고 서광범으로 대체하여 파견하게 된 경정을 미국 측에 알림(1428, 12월

13일)과 동시에 그레이트하우스(Greathouse)를 법률고문관으로 고용계약을 맺는다(1432, 12월 30일). 이는 갑오경장을 계기로 왜국의 영향력이 강화되었음에도 여전히 미국과의 관계가 증진되고 있음을 뜻한다.

왜국은 영향력이 증대된 것을 기회로 보다 활발히 교섭을 진행한다. 이미 묘동학교(廟洞學校)에 교사로 고용되어 있었던 혼메이(本名儀十郎)가 '야만(野蠻)'이라는 언사를 사용하여 외교 문제화되었고(3602, 5월 14일), 외부대신(外部大臣) 김윤식은 주일공사관의 한영원을 시켜 왜국의 사범학교의 교과서와 교사의 참고서를 구입, 발송한 것을 훈령으로 명령하고 있다(3623, 5월 24일). 이때 묘동학교에 왜인 교사를 채용하고 있었던 것으로 기록된 것을 보면, '소학교령[小學校令, 같은 해 7월 19일(음력) 공포]'보다 이전에 근대학교에 가까운 학교가 이미 존재하고 있었음을 암시하고 있다. 사범학교의 교과서와 관련된 훈령에는 다음과 같은 내용이 실려 있다.

"……上月十三日, 接准學部來文內開, 本部官立師範學校洎小學校學員之教育書册, 擬編纂, 査日本東京尋常師範學校與高等師範學校中教科書洎兩學校教師之參考書册各一部, 不容不購來, 然後册子編纂甚合便利……."

사범학교와 소학교 학생을 위한 교과서를 편찬하기 위하여 왜국의 심상(尋常)과 고등(高等)의 사범학교 교과서와 교사용 참고서를 구입해 오면 편찬 사업에 도움이 될 것이라고 적고 있다.

이어 주일공사관에 내린 훈령은 학부소속 학교의 학생과 각도에서 뽑아 올린 자제들이 게이오의숙(慶應義塾)에 유학하기 위하여 왜국 도쿄(東京)에 가게 되니 이들을 보호하라는 지시를 내리고 있다(3624, 5월 24일). 이 훈령에 대한 보고서로서 '도일유학생(渡日留學生)의 인도시말보고(引導始末報告)'가 주일공관으로부터 발송되어 100명의 유학생이 모두 게이오의숙(慶應義塾)에 입학하여 과별로 학업에 정진하고 있음을 알리고 있다(3647, 6월 3일).

한편 경무고문관(警務顧問官)에는 다게나가(武久克造, 3673, 5월 23일)가, 법부고문관(法部顧問官)에 성정(星亭, 3694, 5월 25일)이 각각 초청되는 절차가 진행된다. 그 밖에도 친위(親衛) 및 진위군(鎭衛軍) 교관(3904, 12월 27일)을 포함한 내각고문관(內閣顧問官) 이시쓰카(石塚英藏) 등의 응빙(應聘)교섭(3906, 12월 27일)이 진행되었다. 그러나 이 기간 중에는 다른 나라들과 교육과 관련 있는 외교 접촉은 거의 보이지 않았다.

1895년 미국과의 관계에서는 성광범을 대신하여 이범진을 전권대사로 임명하는 등 일련의 외교조치가 이루어짐(1478, 6월 22일)과 함께 독립신문(獨立新聞) 발행인 서재필에게 취재활동을 승인한다는 통보를 미국 측에 보내고 있다(1480, 6월 30일).

영국과는 영어교사 박스웰(博斯衛, Boxwell)의 유임을 요청하는 외교교섭이 있었고(1196, 9월 26일), 핼리팩스(奚來百士, Hallifax)와 호문위(胡文煒)가 영어학교와 한어학교(漢語學校)의 영어 또는 한어(漢語)의 교사로 각각 임용되었으며(1234, 6월 7일), 그 밖에 안도(安道), 폴웰 등 영국인 의사의 사증(査證) 발행교섭이 있었다. 독일과는 창룡호(蒼龍號)의 독일인 기관사 병계갈(邴桂葛)의 고용을 위한 교섭을 보였다. 러시아어 교사인 푸코푸의 급여가 영어학교 교사인 허치슨과 핼리팩스보다 적다 하여 동등하게 줄 것을 요구하는 교섭을 진행했고(732, 1월 31일), 학부에 비루코푸가 고용되었으며(789, 12월 29일), 기계기술자인 우렘코푸가 기계사(機械司)에 재고용되기도 하였다(792, 12월 29일). 이와 같이 러시아와 활발해진 외교관계는 이 해 2월 11일에 있었던 아관파천(俄館播遷)의 정변과 관련이 있다. 이로부터 1년간 아국(俄國)의 영향력이 확대되었다.

왜국과는 앞서 친위 및 진위군 고문관의 조건을 바꾸어 군사고문관(軍事顧問官)의 초빙을 교섭하는 일 이외에(391, 1월 3일), 법부고문관(法部顧問官)에 노자와(野澤鷄一)를 지명하여 고빙을 요청하고(3923, 1월 16일), 군의(軍醫)의 간호장(看護長)을 각 1명씩(3924, 1월 16일), 그리고 내부고문관(內部顧問官)으로 적격한 자를 천거하여 줄 것을 요구하고 있다(1월 31일). 게이오의숙의 유학생 100명 중 탈락한 50명을 전신(電信)이나 우체(郵遞) 등의 기관에서 단기간 훈련하여 줄 것을 교섭하고 있다(3992, 4월 2일).

1897년에는 미국과 한성사범학교 교원에 미국인 헐버트를 채용하는 절차가 있었을 뿐이다(1580, 6월 10일). 그러나 영국과는 지금의 경제 관련 부서인 탁지부(度支部) 고문과 해관총세사(海關總稅士)를 겸하고 있는 맥린그(柏卓安, Brown J. Mcleang)의 해임과 관련된 외교 문제가 논의되고(1284, 10월 24일), 허치슨이 영어학교 교사로 임용계약을 재체결하게 된다(1300, 12월 30일).

독일과는 조선 조정으로부터 독일 교사 추천 의뢰가 있었으며(1776, 9월 25일), 그에 따라 동경고등중학교(東京高等中學校)의 독어과 교원인 볼얀(J. Bolljahn)이 추천되었다(1794, 10월 26일). 아관파천의 여세로 아국과는 외교관계가 보다 활발한 양상을 띠고 있다. 노어학도(露語學徒)가 해삼위(海蔘威)로 유학할 수 있도록 편의 제공을 요청하였는가 하면(865, 8월 29일), 노국인(露國人)을 군사교관으로 임용하는 고용계약을 맺었으며(873, 8월 25일), 노국인 재무관 알렉세푸의 시무 문제를 두고 수차에 걸친 외교공방을 한 바 있고(905, 10월 6일; 915, 10월 18일; 922, 11월 8일), 군사교관(軍事敎官)이며 군의(軍醫)인 체르빈스키의 귀국 여비 지불 요청이 있었다(906, 10월 10일). 프랑스와는 오랜만의 교육외교로 프랑스어학교(法語學校) 교사인 마르텔(馬太乙, E. Martel)의 고용계약이 연장되었다(835, 10월 10일).

그러나 왜국과는 관계 악화로 법부고문관 노자(野澤)(4238, 1월 19일)와 통신국 고문관 야마다(山田雪助)(4325, 5월 12일)의 해임이 통고되었다. 게이오의숙에 유학중인 학생의 학자금 전달을 의회하는 교섭이 있었으며(4347, 6월 12일), 왜어학교 교사인 나가지마(長島嵒次郞)는 학교의 하기 시험문제 답안지를 외부 관리에게 증정하고 있다(4364, 7월 22일). 전직의 학부 보좌관이던 다카미(高見龜申)의 왕복 여비 문제로 관계 증빙서류의 제출을 요구하고 있다(4417, 8월 20일). 아국과 수차례에 걸친 외교공방이 있었던 알렉세예프가 탁지부(度支部)의 총고문관과 해관의 총판(總辦)으로 고용되었음을 통고하고 있다(4466, 11월 11일).

이어 국왕(國王)이 '황제(皇帝)'로 위호가 바뀐 것(4466, 10월 14일)과, 국호(國號) 또한 '대한(大韓)'으로 개정된 것(4471, 10월 16일)을 통보하고 있다. 이때부터 조선 조정은 대한제국 정부로 국제사회에 등장하게 되었다.

1898년에는 아국은 열강 간의 경쟁에서 밀려 한반도에 대한 영향력을 상실하고 동시에 미국과의 외교교섭이 다시 활발해진 것을 엿볼 수 있다. 미국 시민권을 가진 서재필이 중추원(中樞院) 고문직에서(1674, 1월 10일), 원스티드가 군부재정(軍部財政) 고문직에서(1709, 3월 18일) 각각 해임되었음이 통보된다. 배재학당의 보조규칙을 개정하는 일과 교사에 관계되는 일에 관하여 허가를 받는 교섭이 있었다. 무엇보다 중요한 교육사 자료로 보이는 것은 같은 해 7월 5일자로(1776) 미국 측에서 헐버트의 '학교개량의견서(學校改良意見書)'가 전달된 것이다. 이 내용은 사범학교 교사인 헐버트가 당시 사범학교의 현황을 설명하고 개선을 위하여 그의 의견을 7개 조항으로 나누어 개진한 것이다. 이는 당시의 교원양성체제를 이해하는 데 매우 중요한 자료가 될 것이다. 대한제국 정부는 7개 조항의 개선책에 대하여 응답하고 있다(1777, 7월 8일). 양지아문(量地衙門)의 미국인 기사 거렴(巨廉)의 고용교섭이 있었다(1784, 7월 25일).

영국과는 허치슨의 영어교사 계약연장 절차가 진행되고(1366, 5월 25일), 황태자의 어학교사로 졸리 부인(周麗夫人, Mrs. Joly)을 고빙하는 절차가 이루어졌다(1460, 10월 21일). 독일과는 볼얀(佛耶安, J. Bolljahn)이 재차 독어교사로 유임하는 재계약을 체결하고(1847, 4월 21일), 아국과는 문서상 성명은 밝혀져 있지 않으나 부코푸와 계약을 연장하는 것으로 보이는 절차가 있었다(1256, 12월 8일).

프랑스와는 농상공부(農商工部)와 관련하여 공작학교(工作學校, Ecole professionelle'a Seoul)의 운영 예산 문제를 협의하고 있고(836, 1월 6일; 861, 2월 22일), 우체교사(郵遞敎師)로 크레멩세(吉孟世, M. Cle'mencet)가 고용된다(926, 8월 9일). 서반아(西班牙, Spain)로부터 '홍십자회(紅十字會)'의 특별찬조를 요청받고 있다(5월 20일).

왜국에서도 왜어교사 나가지마(長島)가 여전히 계속하여 고용되고(4553, 1월 14일), 권업교사(勸業敎師) 가노코(鹿子木耀)가 왜국의 구루메(久留米)로부터 남녀직공을 거느리고 함께 고용되기에 이른다(4733, 7월 6일). 이는 앞서 프랑스와 교환된 문서내용에 '공작학교'라고 표시한 것에서 엿볼 수 있듯이 1899년 6월 개교를 앞둔 상공학교와 깊은 관련이 있는 것으로 생각된다. 한국인인 유심금과 김철구가 각각 도쿄외국어학교(東京外國語學校)와 구마모도현어학교(熊本懸語學校)의 한국인교사로 임용된다(440a, 9월 5일; 4954, 12월 19일). 상공학교를 개설하기 위하여 프랑스와는 예산 문제를, 왜국과는 권업 교사를 교섭하는 과정은 주목할 만한 가치가 있다.

1899년 미국과는 다시 에이비슨의 임시귀향 중에 제중원 관리를 두고 협의하는 문서가 내왕하고(1970, 3월 28일), 법률고문 그레이트하우스의 사망으로 후임을 물색해 달라는 요청이 있었으며(2070, 10월 2일), '고궁내부고문 이선득(故宮內府顧問李善得)

……'의 문장을 모두로 한 외교문서(2099, 12월 8일)로 보아 이미 사고로 고인이 되었으나 미국인 르장드르가 궁내부(宮內府) 고문으로 오랜 기간 활약하였음을 알 수 있다.

영국 측에는 영어교사 허치슨이 임기만료로 해고되었음을 알리고(1607, 7월 21일), 새롭게 영어교사를 추천해 줄 것을 의뢰하고 있다(1697, 12월 2일). 허치슨의 직함을 수석교사(首席敎師, head master)로 쓰고 있는 것으로 보아 영어학교의 교장 자격으로 일하였음을 알 수 있다.

아국과의 관계에서 외국어학교 교사인 미류양포(米柳恙匍)의 봉급을 다른 교사와 같게 하여 달라는 요청(1293, 1월 25일)과 함께 계약연장 절차가 진행되었다(1313, 2월 9일). 프랑스와는 궁내부에 종사하는 샤트(蘇特, Shott, M.)의 급여관계(1118, 7월 5일), 불어교사인 마르텔(馬太乙, E. Martel)의 계약기간 만료 통지(1148, 9월 8일)와 계약갱신(契約更新, 1150, 9월 10일), 우체교사 크레멩세의 계약연장(1156, 9월 19일), 프랑스 학부대신에게 보내는 『한국서책(韓國書册)』에 대한 면세요청 등의 여러 외교교섭이 있었다.

왜국과의 관계에서는 이영식이 왜국고상부속학교(日本高商附屬學校)의 한국어교사로 고용되고(5038, 3월 22일), 같은 해 3월 24일 의학교관제(醫學校官制)의 공포와 함께 개교된 의학교에 후루시로(古城梅溪)가 교사로 고빙된다(5120, 5월 16일). 왜국 측으로부터 우치다(內田儀平治)를 양지아문(量地衙門)에 고용할 것을 요청하나(5231, 7월 22일), 미국인 거염(巨廉)이 이미 고문으로 고용되어 있는 관계로(5300, 9월 7일) 그의 고용 여부를 두고 수차에 걸친 외교공방이 양국 간에 교환된다. 이때 군사관(軍士官)으로서 왜국에 유학 중인 조의범과 이두희 두 사람이 소환되도록 의뢰되기도 한다(5275, 8월 22일). 르장드르의 후임으로 궁내부 고문관에 미공사관 서기관인 샌드(Sends)를 궁내부 고문관으로 임명한 데 대하여 왜국 측으로부터 이의가 제기되기도 한다(5397, 10월 27일).

20세기로 전환하는 1900년에는 미국, 영국, 왜국 등 3국간에 비교적 단조로운 외교관계가 보이고 있다. 이제까지 외교문서의 교환이 교육에 관계되는 한 그다지 잦지 않았던 청국과도 교섭이 있게 된 것은 특기할 만하다. 미국과는 배재학당(培材學堂) 교사로 아펜젤러와 계약을 연장했고(2179, 5월 26일), 영국과는 황태자의 어학교사인 졸리 부인과 계약연장을 하였다(1889, 10월 9일).

이에 영국인 영어교사인 조던(佛岩敦, Jordan)이 수석교사로서 황제의 폐견(陛見)을 요청한 것(1930, 1월 5일)을 보면 허치슨을 대신하여 그가 수석교사가 되었음을 알 수 있다.

청국에는 한어학당(漢語學堂)의 한국인 교사를 청국공관의 통역으로 채용하였음을 통보하고 있고(1990, 2월 28일), 또 한어(漢語) 교사의 계약을 연장하는 절차를 진행하였다(2071, 10월 11일).

왜국과의 관계에서는 의학교사 후루시로(古城梅溪)가 해임되고(5512, 5월 23일), 그의 후임으로 고다케(小竹武次郎)가 추천되기에 이른다(5717, 5월 26일). 이때 대한제국 정부는 1899년 4월 공포된 중학교관제(中學校官制)에 따라 신설된 중학교를 위하여 왜국 측에 중학교 교사의 추천을 의뢰하기도 한다(5868, 8월 22일). 이에 대한 응답으로 야마나시켄(山梨縣)의 중학교 교사인 시데하라(幣原坦)가 중학교 교사로 추천되기에 이른다(5969, 10월 22일). 의학교사(醫學教師) 4건, 왜어교사(倭語教師) 4건, 인천 왜어교사 5건 등 도합 13건의 고용계약 또한 체결한다(5947, 10월 11일).

프랑스와의 관계에서는 기계창에 고용되어 있는 프랑스인 교사 루미노프(M. Ruminof)와 보좌인에 대한 연봉이 논의되고(1227, 4월 2일), 우체교사 크레맹세가 계속 임용되는가 하면(1227, 4월 7일), 상공학교로 이해되는 공작학교에도 여러 사람의 고용관계가 성립된 것으로 보인다(1236, 5월 10일). 불어교사 마르텔도 계약을 갱신한다(1243, 5월 26일). 프랑스인 무로(武路)가 외국어학교에서 벌였던 어떤 불미한 행패 사건이 외교 문제가 되기도 한다(1307, 10월 11일).

1901년에는 독일과의 관계에서 군악(軍樂) 교사인 에케르트(Franz Eckert)가 최초로 궁중에서 악기를 연주하는 기회를 가진 데 이어(2369, 2월 26일), 군악교사로 초빙되는 영광을 안는다(2446, 6월 12일). 전의(典醫)인 독일인 의사 운쉬가 황제를 폐견할 것을 요청한다(2550, 11월 4일). 왜국과의 관계에서도 인천왜어학교(仁川日語學敎)의 교사 이와사키(岩崎原太郎) 등 5건의 고용계약이 체결되고(6363, 7월 31일), 유학생 신순성(愼順晟)이 상선학교(商船學敎)를 우등으로 졸업하였다는 통지를 받는다(6596, 12월 23일).

프랑스와는 한국 유학생 5명 중 1명이 프랑스에서 학예(學藝)를 연구하다가 프랑스 육군사관학교에 입학한 문제가 거론되었다(1380, 3월 26일).

1902년 미국은 제중원 자리에 병원을 세울 것을 협의하고 있고(2546, 4월 22일), 외부(外部)의 고문인 그레이트하우스가 사망한 이후 공석 중인 자리에 적당한 사람을 추천해 줄 것을 대한제국 정부 측으로부터 의뢰받고 있다(2561, 5월 13일). 이어 외국어학교 교사 헐버트(蜣蔞俱, Hulbert)가 중학교 교사 임용계약을 맺는다(2612, 7월 16일).

독일과는 독어학교(獨語學敎) 졸업생 중 우수자를 번역관으로 임명할 수 있도록 추천하여 달라는 요청이 있었고(2643, 4월 8일), 궁내부(宮內府)의 의사로 분쉬(富彥士, Richard Wunsch)가 고용된다(2698, 5월 6일). 에케르트(Eckert)가 군악교사로 정식 계약이 조인된다(2698, 6월 15일). 하란국(荷蘭國, Netherlands)에 대하여는 대한제국의 외부대신 명의로 '적십자(赤十字) 및 만국평화회의(萬國平和會議) 참회알선(參會斡旋) 의뢰'라는 제하(題下)의 공한을 발송하여 관계문서를 교환하고 있다(2월 16일). 왜국과는 의학교 교사 오다케(小竹)와 인천왜어학교 교사 이와사키의 정식 고용계약이 성립되었다(6926, 7월 30일).

1903년 미국에 서울역 구내에 설치된 세브란스 병원의 목책을 철거하여 달라는 요청이 있었고, 왜국과는 궁내부(宮內府)의 고등비밀고문 선임 문제가 논의되었다(7345, 4월 27일).

1904년에는 주로 왜국과의 사이에 교육외교가 진행되고, 프랑스(彿國) 및 청국(淸國)과의 사이에 사소한 접촉이 있었다. 이 해에는 러왜전쟁이 발발, 전세가 왜국에 유리하게 전개된 것과도 깊은 관련이 있다. 이를 기회로 왜국은 이토 히로부미(伊藤博文)를 한국에 파견하여 강제로 '한왜일차협약(韓倭一次協約)'을 맺게 하는 등 한반도에 대한 왜국의 영향권을 다시 강화하기 시작하였던 것이다.

왜국은 외국인 고문단을 채용할 때에는 사전에 협의하자는 제의를 하는 등(7861, 2월 28일) 내정간섭을 시작하고, 군부고문(軍部顧問)에 왜국의 현역 육군 중좌(中佐; 中領)인 노즈(野津鎭武)가 채용되었으며(7926, 3월 23일), 중학교 교사의 시데하라(幣原坦), 왜어학교(倭語學校)의 나가시마(長島嵒次郎), 인천왜어학교의 이와사키 등의 재계약 교섭이 있게 된다(7943, 4월 2일). 이어 견습을 위해 왜국군에 가 있는 8명의 사관을 소환하여 중용해 달라는 교섭이 진행되었으며(8114, 6월 10일), 인천왜어학교의 교사에 나가야마(長山乙介)가 신규로, 의학교 교사인 고다케 등 2명의 교사가 계속 임용계약을 체결하게 된다(8198. 9월 30일). 또다시 다나카(田中玄黃)가 왜어학교 교사로 추가 계약을 맺는다(8299, 7월 23일). 또 메가타(目賀田種太郎, 倭國 大藏省 主稅局長)와 스즈키(鈴木穆, 倭國稅關事務官)가 각각 재정고문과 보좌역으로 임명되고(8331, 9월 30일), 대한제국 정부의 학부대신인 이재국이 왜국 시찰에 즈음하여 이를 환영한다고 통보하고 있다(8337, 10월 3일). 10월 7일에는 왜국에 유학하게 된 50명의 학생명단을 통보하고 있다(8347). 이들은 내장원(內藏院)에서 학자금이 지급되는 국비장학생으로, 그 명단을 소개하면 다음과 같다.

현태선(玄台燮), 고의행(高義行), 이약우(李若雨), 박유병(朴有秉), 이상목(李相穆), 홍창식(洪昌植), 이창환(李昌煥), 임대규(林大奎), 조범구(趙範九), 김영식(金永植), 조보희(趙甫熙), 정사영(鄭師永), 양치중(楊致中), 김성목(金聖睦), 현 구(玄 榘), 어윤빈(魚允斌), 윤철중(尹喆重), 김영호(金榮浩), 강 전(姜 筌), 유승흠(柳承欽), 최 린(崔 麟), 이상진(李相鎭), 곽한탁(郭漢倬), 구자학(具滋鶴), 윤태진(尹台鎭), 이종상(李鍾祥), 유병민(劉秉敏), 박이병(朴彝秉), 원훈상(元勛常), 김진용(金晉鏞), 한상우(韓相遇), 민정기(閔正基), 이범서(李範緖), 이승근(李承瑾), 유익렬(劉益烈), 최남선(崔南善), 지성연(地成沇), 어영선(魚英善), 홍종욱(洪鍾旭), 김태영(金台榮), 서병륜(徐丙輪), 김태진(金台鎭), 이상욱(李相旭), 조용은(趙鏞殷), 김영은(金英殷), 한규회(韓圭會), 김동완(金東完), 윤여중(尹呂重), 박용만(朴容萬), 이석균(李奭均)

이들 유학생은 왜국과의 학비 지불 보증과(8350, 10월 8일), 1인당 월 25엔의 생활비와 650엔의 피복비(被服費) 지출을 요구하고, 또 도쿄 부립제일중학교(府立第一中學校)에 위탁하여 전문학교에 입학할 수 있는 수준의 예비학과 과정을 수득하게 할 계획 등을 전달하고 있다(8402, 11월 28일).

프랑스와의 관계에서는 프랑스인 교사 페이외르(裵龍乙, M. Payeur)와 그의 보좌관 루이스(路易, M. Louis)의 해고를 알리고 있고(1846, 1월 8일), 통신원(通信院) 우체교사 마르텔의 임용계약 갱신에 관한 교섭이 진행되고(1864, 3월 4일), 아국인(俄國人) 매이노(綃紗教師)와 구리친 등의 급여관계를 논의하고 있다(2005, 12월 28일).

비국(比國, Begique)과는 내부고문관(內部顧問官)으로 비국인(比國人) 재일광(載一匡, Delcoigne)을 임명하기 위한 교섭이 진행되고(245, 1월 20일), 그의 봉급 지급을 위한 교섭이 있기도 하였다(245, 3월 12일). 한편 청국과의 교섭은 한어교사 호문위의 계약 연장(2491, 3월 24일)과 그의 해고와 관계되는 교섭이 있었다(2540, 11월 23일).

1905년은 왜국과의 '제2차 협약(二次協約)'에 따라 왜국의 간섭이 노골화하고 대한제국 정부의 주체적 외교권이 왜국의 손에 넘어가게 되고, 왜국을 제외한 대부분의 국가와의 외교관계를 점차 정리하는 모습을 볼 수 있다.

미국과는 세브란스 병원 보조에 대한 미국 측의 요청에 회답을 보내고 있고(3139, 6월 5일), 미국 대통령의 영애인 루스벨트(阿利須, Miss Roosvelt) 후대에 대하여 치하하였으며(3196, 10월 14일), 중학교 교사 헐버트(訖法, H. B. Hulbert)의 해고 통지가 전달되었다(3203, 11월 2일). 미국공관이 철수함에 따른 황제의 폐견(陛見) 요청이 있었고(3200, 11월 28일), 영어 사용자가 최초로 미국 버지니아 주의 햄프턴(Hampton) 가에 입주하는 기념식 모임에 참석하여 달라는 초청장이 이듬해인 1906년에 최후의 외교 교섭으로 발부된다(3210, 1월 3일).

한편 영국과는 영어교사 프램턴(夫岩敦, Herrn Framton)이 계속 임용되는 문제로 교섭이 진행되었다. 독일과는 영어교사 프램턴과 독어교사 볼얀의 사택료(舍宅料)가 외교 문제가 되었으며(3024, 6월 14일), 의사 분쉬에게 훈장이 전달되고(3032, 7월 19일), 독일대학 교수 살더(Adolf Fischer Salder) 부부가 한국여행 절차를 밟는다(3050, 9월 28일). 볼얀이 계약을 갱신하여 계속 남아 있게 된다(3060, 10월 23일).

이어 프랑스와도 고용관계의 만료와 해고에 관련하여 봉급 등 후속처리를 위한 교섭이 주종을 이루고 있다. 평양의 화약광(火藥礦)에 고용된 프랑스 기술자들(M. Cuvillier, M. Pon Chard, Rapin, M. Ruche)과 관계되는 일(2036, 3월 18일), 궁내부 광산검찰관(礦山檢察官) 트레물레(M. Tr'moulet)를 해고하는 일(2074, 5월 10일), 서북철도국(西北鐵道局) 고용인 르페르(盧飛鳧, M. Lefe'rre)를 해고하는 일(2077, 5월 11일), 광학국(礦學局) 고용인 마로(鳧, 瑪路斯) 및 라백(羅白)의 해고 5건(2088, 5월 24일), 서북철도국원인 라백리(喇伯利, J. de Lapeyriere)의 해고 건(2104, 6월 16일), 무로다래(武路多來, M. Bourdaret)의 해고 건(2107, 6월 19일), 불어교사 마르텔의 만기해고 건(2133, 7월 31일)과 그의 계약연장 건(2161, 10월 18일), 전보교사(電報教師) 미륜기(彌綸期)에 대한 상금 건(2141, 8월 25일) 등의 교섭이 있었다. 청국과는 한어교사인 두방역(杜方域)의 봉급관계가 외교 문제로 되고 있다(1905, 3월 7일).

이 해에는 왜국을 제외한 다른 나라들과의 외교교섭은 점차 줄고 있다. 그것은 왜국의 입김이 강화된 일면을 보여 준다고 할 수 있다. 왜국과는 수많은 교육외교 접촉이 있었는데, 한어교사에 대한 대한제국 정부의 독자적 계약갱신에 이의를 제기하는 것을 비롯하여(8465, 1월 27일), 왜국 정부의 시학관(視學官)이 교육조사를 위한 여행을 위해 사증을 신청하는가 하면(8479, 2월 13일), 한어교사와 함께 영어교사 프램턴의 고용갱신 계약이 이루어짐을 통보하고 있다(8480, 2월 13일). 학부참여관 시데하라(8481, 2월 13일), 중학교 교사 다카하시(高橋亨, 8530, 3월 23일), 농상공학교 교사 아카가베(赤壁次郎, 8787, 7월 7일), 광산관계인인 나오지배(巨智部) 등과 그의 보조인(8845, 8월 14일), 농상공부(農商工部) 고문 가토(加藤增雄, 8871, 8월 23일), 군사교육 개선을 위한 왜국인 교관 8명(8880, 8월 26일), 농상공학교 전문교사 구노(長野末五郎, 8970, 10월 11일), 같은 학교 시험장(試驗場) 기수(技手) 히로코(博子祐作), 중학교 교사 하세가와(長谷川龜四郎, 시데하라의 후임, 9001, 10월 31일) 등의 신규 또는 연장의 고용계약이 이루어지는 외교 접촉이 있었다. 왜국 이외의 국가와 인사에 관계되는 것으로는 미국인이 사용하는 제중원 부지의 환수 문제가 논의되고(8502, 3월 4일), 미국이나 프랑스에 주재하는 대한제국 공관에 고용된 외국인에 대해서는 해임을 요청하여 왔으며(8789, 7월 12일), 독어교사 볼얀의 계약갱신과 임용조건(8846, 8월 4일)이 마르텔의 경우와 똑같이(8856, 8월 17일) 외교 문제가 되었다.

대한제국 정부의 교육외교는 같은 해 11월 16일 왜국에 의해 강제된 을사조약(乙巳保護條約)이란 제2차 협약에 따라 침략자인 왜국의 손에 넘어가 중단되기에 이른다. 그러나 이제까지 있었던 '제국', 즉 여러 나라와의 빈번한 외교교섭이 보다 원숙한 학교령기의 학교제도를 만들 수 있도록 문화충격으로 기여하였다고 할 수 있다.

특히 헐버트가 대한제국 정부에 제시한 문서 '학교개량의견서(學校改良意見書)'는 당시의 한성사범학교의 실태를 이해하는 데 중요한 교육자료이기도 하지만, 대한제국 정부가 수행해 온 교육 근대화를 위해 적지 않게 도움을 주었을 중요한 역사자료이기도 한 것이다. 교과서 편찬자료로서 왜국에서 들여온 왜국의 사범학교 교과서와 교사용 참고서도 크게 유익하였을 것으로 생각된다.

❹ 결 론

지금까지 대한제국 정부가 외교경로를 통하여 근대교육제도 수용에 능동적으로 대처하여 왔다는 것을 외교문서를 통해 살펴보았다. 미국을 위시하여 영국, 독일, 프랑스, 왜국, 청국 등 여러 나라, 즉 '제국'들과 긴밀한 외교교섭을 통하여 정책결정을 하는 행정부서의 고문관으로서, 또는 학교의 교사로서 혹은 각종의 기술을 지도하는 교사로서 외국인을 고용하여 문화충격에 대처하여 왔던 것이다.

1894년 근대적 교육행정기관인 학무아문의 설치에 이어 1895년 한성사범학교관제와 소학교령 등 관제기의 근대학교제도가 탄생한 것도 사실은 1876년 조선이 세계를 향하여 문호를 개방한 개항 이래 근 20년간 여러 나라들의 다양한 원천에서 흘러들어온 문화적 충격을 받아들여 수용한 결과물이다. 특히 조선조와 대한제국 정부는 외교경로를 통하여 의도적으로 외국인을 정부에 고용하거나 외국에 유학생이나 현직 관리를 직접 파견해 외국의 문물을 받아들이고자 노력했고, 이는 근대학교제도 탄생에 적지 않게 기여하였다. 이는 1906년 '학교령기'의 교육제도 개혁의 경우에도 같다. 이처럼 '제국'을 문화충격의 원천으로 하여 원래 대한제국 정부가 가지고 있던 제도와 절충, 조화시켜 가면서 근대교육제도를 수용하였다. 이는 일반제도나 교육제도를 개혁할 때마다 정부가 공포한 공식성명에서도 엄명하고 있는 바다.

조선조와 대한제국 정부는 '제국', '우내각국', '세계 각국', '각국' 또는 '만국'으로 표현되는 다변적인 다양한 원천으로부터 근대교육제도에 대한 지식, 정보를 받아들여 이를 충격으로 하고, 이를 '참작' 또는 '참용'하여 근대학교제도를 수용하였다. 필자는 조선조와 대한제국 정부가 근대학교제도 수용과정에서 보여 준 주도적 노력을 재평가하고 이 노력에 새로운 가치를 부여하여도 좋을 것으로 결론한다. 이제까지 특정 국가의 제도를 모방하여 근대교육제도가 수용되었다는 교육사에서의 기존의 해석에도 수정을 가해야 한다고 생각한다.

참고문헌

高麗大學校亞細亞問題研究所, 舊韓國外交文書(1-22卷), 1965-1973.

國會圖書館, 韓末近代法資料集(I-II), 1971-1973.

內閣記錄局, 法規類編(1-7권), 隆熙2年.

內閣記錄局, 法規類編(原), 建陽元年 1月.

吳天錫, 韓國新教育史, 現代教育圖書, 1964.

議政府總務局, 法規類編(續一), 光武 2年, 5年.

李萬珪, 朝鮮教育史(上, 下), 乙酉文化社, 1949.

李丙燾, 新修韓國史大觀, 普門閣, 1972.

拙著, 韓國近代教育法制研究, 高麗大學校民族文化研究所, 1984.

제4장

한왜협약과 대한제국의 교육정책[1)]

1) 이 글에서는 일본을 '왜국'이라 하기로 하였다. 사실 필자는 평화로운 근린에 대하여 가해를 일삼던 포악(暴惡)한 왜국을 어떻게 호칭하여야 하는가를 두고 오래 고민하였다. 그 까닭은 오늘날 평화를 사랑하고 근린을 아끼게 된 왜국과 왜인을 그렇지 못했던 포악한 그들과는 구분하여야 한다는 데 있다. 이들 가해자를 말할 때, 흔히 '일제(日帝)'라는 말이 대용되기는 하나 이는 일본이 한때 '대일본제국(大日本帝國)'이라는 국호를 사용하던 것을 고려할 때 그 준말로 이해되어 이는 오히려 포악한 가해자를 존칭할 수도 있기 때문에 적절하지 않다고 생각되었다. 그래서 이때의 왜인을 말할 때 필자는 늘 간접화법으로 얼버무려 왔을 뿐 묘책을 찾지 못한 채 오늘에 이르고 있다.

최근 필자는 일본 땅에 잠시 머무르게 된 계기로 그곳 사람들로부터 훌륭한 발상을 얻어 낼 수 있었다. 그곳의 한 모임에서 한 한국 유학생이 지한파(知韓派)로 잘 알려진 석학에게 그곳에서 간행된 한국어사전에 '조선어사전(朝鮮語辭典)'이라고 표기되어 있는 것을 보고 왜 '한국어사전(韓國語辭典)'이라고 할 수 없느냐고 묻자 그는 간명하게 사전에 한국(韓國)이나 한국어(韓國語)라는 말이 없기 때문이라 했다. 이어 그는 영어에서 '코리아(Korea)'라고 하면 문제가 안 되는데 그들이 부르던 대로 '조선(朝鮮)'이라고 하면 문제가 되는 것이 이해가 안 된다는 것이었다.

그 후 그들의 사전에 정말 한국과 한국어란 말이 없는가를 확인하기 위하여 찾아보았더니 그의 말대로는 아니었다. 물론 몇십 년 묵은 낡은 사전에서 그러한지는 알 수 없으나 그의 말은 사실과 달랐다. 허나 필자는 그의 발언에서 매우 좋은 발상을 얻어 낼 수 있었다. 바로 그들을 가리켜 '왜(倭)'로 부르기로 생각을 굳힌 것이다. 그런 점에서 필자는 그의 발언에 대하여 지금도 감사하고 있다.

우리나라에서도 우리가 '대한민국(大韓民國)'이란 이름으로 근대국가 체제를 갖추기 이전까지는 '일본'이란 말은 사전은 고사하고 언어 그 자체조차 없었다. 이들에 대한 표기는 대체로 나라에 대해서는 '왜국(倭國)', 역사와 어학 등 그들 전반의 지식에 대하여서는 '왜학(倭學)', 그들 사람에 대하여서는 '왜인(倭人)' 아니면 좀 상스러운 표현으로는 '왜놈'이었다. 이러한 호칭은 하루아침에 한국 땅에서만 생긴 것이 아니고, 오래전부터 왜인들 자신은 물론 멀리는 중국에서조차 일상적으로 사용하던 이름이었다. 그래서 필자는 평화를 사랑하고 근린에 애정을 가진 선량한 '왜인(日本人)'과 구분하기 위한 이들을 '왜(倭)'로 호칭하기로 한 것이다.

혹자는 이 새삼스러운 '왜'라는 호칭에 대하여 거부감을 느낄지 모른다. 그러나 이러한 호칭은 보다 우애롭고 따뜻한 일본국과 그 국민을 존중, 경애하기 위하여 오랜 숙고와 고뇌를 거쳐 선택한 용어인 것을 이해하기 바란다.

❶ 서 론[2)]

이 글은 대한제국시대(大韓帝國時代)의 교육개혁(教育改革)과 관련하여 한왜협약(韓倭協約)의 위상을 다루기 위하여 쓰인 것이다. 혹자는 새삼스럽게 이제 와서 대한제국 정부와 왜국 정부 사이에 있었던 낡은 협약의 문제를 두고 교육과 관련시켜 논의하느냐고 물을지 모른다. 그러나 거기에는 그럴 만한 충분한 이유가 있다. 최근 필자는 어떤 기회로 왜국 땅에 얼마간 머물게 되어 이 땅의 정황을 직접 접할 수 있었는데, 결론적으로 말하면 아직도 한국과 왜국과의 관계에서 과거 식민지시대가 청산되지 않았다는 생각을 굳히게 되었다.

최근의 경제부흥이 가져다준 자신감이 낳은 병인지는 알 수 없으나 왜인들 중에는 복고풍(復古風)의 분위기에 젖어 지난 날 평화로운 근린 국가에 대하여 포악한 수탈로 가해를 일삼던 시대를 동경하거나 반성은커녕 이를 정당화하려는 오만까지 보이는 자가 적지 않았다. 교육학계에서도 특히 지한파를 자처하는 왜인이 중심이 되어 과거 식민지시대에 왜국 정부가 식민지정책을 정당화하기 위해 내용을 날조해 만든 선전물 같은 유인물을 내세워 식민지교육정책이 정당하였다는 주장을 펴는 것은 말할 필요도 없고 심지어는 한국교육에 기여까지 한 듯이 논리를 꾸며 가는 일에 광분하는 모습을 확인하였다. 물론 그들의 이러한 광적인 작태는 식민지 시대에 국한하지 않고 거슬러 올라가 대한제국의 교육마저도 그들이 공헌한 듯 그리려는 계획을 진행시켜 또다시 한국교육사를 왜곡하려고 하고 있다는 것도 명백히 눈으로 지켜보았다.

바로 이러한 일련의 왜국 땅에서의 경험이 이 글을 쓰게 한 것이다. 한편으로는 가만히 앉아서 우리 교육사가 왜곡되는 것을 막고, 또 다른 한편으로는 왜국 땅에 참으로 평화를 사랑하고 근린에 대하여 애정을 가진 선량한 사람들을 위해 바른 사실을 알릴 필요가 있다고 믿었기 때문이다. 왜국 땅에는 평화를 사랑하고 이웃을 아끼는 착한 사람들이 수없이 많다. 이들을 위하여 이 글을 쓰는 것이다.

---

2) 이 글은 1990년에 고려대학교 사범대학 기관지인 『사대논집(師大論集)』에 게재한 논문이다.

❷ 협약 일정과 성격

1904년 2월 23일 러시아(露國)와의 전쟁에서 승리한 왜국은 여세를 몰아 같은 해 무력시위를 하는 등의 군사적 위협 아래서 강제로 전문과 6개 조항으로 구성된 의정서(議定書)에 대한제국 정부의 서명을 받아냈다. 이후의 연이은 협약, 이른바 제1, 2, 3차 협약도 역시 위협적인 과정을 통하여 강제되었다. 또 이들 협약은 마치 대한제국 정부가 자의로 동의한 것처럼 왜국 정부에 의해 위장되었지만 이는 정당성이 없는 것으로, 지금도 이들 협약이 군사적 위협하에서 왜국 일방의 이익을 위해 강제로 체결된 불평등 조약이라는 점 때문에 항상 그 정당성이 시비의 대상이 되고 있다. 설사 그 협약의 정당성 문제가 아직도 해결을 보지 못하고 있다 하더라도 현실적으로는 한국사(韓國史)의 일부가 이 협약에 의하여 오도된 치욕의 기록을 남기고 있는 것이 사실이므로 이들 협약에 관한 기록은 한국사에서 되돌릴 수 없는 치욕의 기록으로 남아 있을 수밖에 없는 것이다.

이런 점은 한국교육사(韓國教育史)에서도 예외가 아니다. 대한제국 정부는 1904년 왜국과 강제로 맺은 협약기간 동안 1894년부터 추진하여 온 교육제도의 근대화 작업에서 적지 않은 시행착오까지 겪으면서 얻은 경험을 살려 당시의 시대 상황에서 비교적 짜임새 있는 완벽한 교육제도를 개혁해 냈다. 그러나 이 개혁이 이 협약기간에 만들어진 것이라는 점 때문에 그 제도가 갖는 실제 가치에도 불구하고, 이 개혁된 교육제도는 한국사를 기록하는 사람들, 특히 식민사관에 투철한 사가(史家)들에 의하여 그것이 잘된 것이라 믿어질 때는 왜인(倭人)이 만든 것이라고도 하고, 왜국의 침략기 교육정책을 보다 우월한 것으로 설명할 필요가 있을 때에는 일에 서툰 한국 사람이 왜국을 모방한 것이라 한국 실정에 맞지 않았다고 하는 악의에 찬 조작적 평가를 달아 매도되기 일쑤였다. 그만큼 이 협약은 교육사에서도 하나의 치욕의 기록으로 남아 있다.

이 협약과 관련하여 실제로 있었던 치욕의 기록은 한민족(韓民族)이 시대 상황에 적절하게 대처하지 못하였다는 사실에 대한 역사적 반성을 위하여 그 치욕을 감수하고 이를 앞날의 교훈으로 삼는다 하더라도, 대한제국 정부가 주체적으로 열정을 들여

창의적으로 이루어 놓은 사실에조차 적절하지 않은 악의에 찬 날조된 조직적인 평가를 붙여 무책임하게 매도하여 온 기록에 대해서는 철저히 교정해 두지 않으면 안 될 것이다. 이러한 잘못된 기록을 교정하는 작업은 그것이 단순히 치욕이라는 감정의 해소 차원에서보다는 하나의 역사적 사실을 정직하고 정당하게 평가함으로써 바른 역사를 꾸민다는 차원에서도 중요하다. 그러기 위해서는 우선 대한제국 정부가 본의 아니게 침략세력인 왜국 정부와 맺은 협약의 일정과 내용에 대하여 검토할 필요가 있다.

1) 협약의 일정과 내용

대한제국 정부와 왜국과의 사이에 협약의 형식으로 진행된 일들의 일정은 대체로 다음과 같다.

- 1904년(광무 8) 2월 23일, 한왜의정서(韓倭議定書) 조인
- 1904년(광무 8) 8월 22일, 제1차 협약 조인
- 1905년(광무 9) 11월 17일, 제2차 협약 조인
- 1907년(융희 1) 7월 24일, 제3차 협약(신협약: 新協約) 조인
- 1910년(융희 4) 8월 22일, 한왜합방조약(韓倭合邦條約) 조인

그것이 정당하든 정당하지 않든 간에 최초의 의정서(議定書), 이른바 제1차 협약을 위한 전초적 문서의 서명이 대한제국 정부와 왜국과의 사이에서 이루어진 것은 1904년(광무 8) 2월 23일이었다. 이때 이 의정서에 담긴 내용은 몇 줄의 전문과 여섯 개의 항목으로 구성되어 있다. 이들 항목은 대체로 ① 대한제국정부가 왜국 정부를 믿고 시정의 개선에 관하여 충고를 받아들일 것, ② 대한제국 황실의 안전과 강령을 보증할 것, ③ 대한제국의 독립과 영토의 보전을 보증할 것, ④ 제3국의 침해나 내란에 의하여 대한제국 황실의 안녕 또는 영토의 보전(保全)에 위험이 있을 때에는 왜국 정부는 적절한 조치를 취하고 대한제국 정부는 이에 대하여 충분한 편익을 제공하며 동시에 왜국 정부는 군사상 필요한 지점(地點)을 수용할 수 있게 할 것, ⑤ 양국 정부는 상호

승인을 거쳐 이 협약을 제3국과의 사이에 체결하지 말 것, ⑥ 왜국 대표자와 대한제국 외무대신과의 사이에 세칙을 적절하게 협정할 것 등 매우 추상적이고 개괄적인 사항을 담고 있다. 이 의정서는 왜국이 러시아와의 전쟁을 계획하고 대한제국 정부로부터 군사기(軍事器), 군사기지(軍事基地) 등 군사적 편의를 제공받은 것, 즉 ③의 항목이 핵심이나 마치 대한제국 정부의 시정 개선에 관계된 항목을 모두(冒頭)인 ①에 내세워 시정 개선에 보다 깊은 관심을 가진 것처럼 위장, 호도하고 있다. 대한제국 정부의 문제는 굳이 이 문서와 관련시키면 ①의 항목에 해당하나 실제 왜국 침략세력에게는 침략의 교두보를 확보하는 것 이외에는 대한제국의 교육개혁은 물론, 그 밖의 어떤 시정 개선에도 관심이 없었다. 우선 의정서 전문을 소개하면 다음과 같다.

• 의정서(議定書)

제1조 한일양제국 간의 항구불역(恒久不易)에 친교를 보지(保持)하고 동양화평(東洋和平)을 확립함을 위하여 대한제국정부는 대일본제국을 확신(確信)하여 시정개선(施政改善)에 관하여 그 충고(忠告)를 용(容)할 사(事).

제2조 대일본제국정부(大日本帝國政府)는 대한제국(大韓帝國) 황실(皇室)을 확실(確實)한 친의(親誼)로 안전강녕(安全康寧)케 할 사(事).

제3조 대일본제국정부(大日本帝國政府)는 대한제국(大韓帝國)의 독립급(獨立及) 영토보전(領土保全)을 확실히 보증(保證)할 사(事).

제4조 제3국의 침해(侵害)에 유하여 혹(或)은 내란(內亂)을 위하여 대한제국(大韓帝國) 황실(皇室)의 안녕(安寧)과 영토(領土)의 보전(保全)에 위험(危險)이 유한 경우(境遇)에는 대일본제국정부(大日本帝國政府)는 속히 임기필요(臨機必要)한 조치(措置)를 행함이 가(可)함. 연(然) 대한제국정부(大韓帝國政府)는 우 대일본제국(大日本帝國)에 행동을 용이함을 위하여 십분(十分) 편의(便宜)를 여(與)할 사(事). 대일본제국정부(大日本帝國政府)는 전항목적(前項目的)을 성취함을 위하여 군략상(軍略上) 필요한 지점(地點)을 수기수용(隨機收用)함을 득할 사(事).

제5조 대한제국정부(大韓帝國政府)와 대일본제국정부(大日本帝國政府)는 상호 간

(相互間)에 승인(承認)을 불경(不經)하여 후래(後來)에 본 협정취의(協定趣意)에 위반(違反)할 협약을 제3국 간에 정립(訂立)함을 득(得)치 못할 사(事).

제6조 본 협약에 관련하는 미실세조(未悉細條)는 대일본제국대표자(大日本帝國代表者)와 대한제국외부대신 간(大韓帝國外部大臣間) 임기협정(臨機協定)할 사(事).

그러나 같은 해인 1904년 8월 22일 앞 의정서에 따라 구체적인 세밀한 내용을 위해 작성, 조인되었다는 제1차 협약에는 세 항목을 주 내용으로 하는 바, 재정과 외교의 각 두 영역에서 고문을 고빙해야 한다는 두 가지 사항과 대한제국 정부가 외국과 조약을 체결하거나 외국인에 특권을 양여하는 것과 같은 외교안건에 대해 왜국 정부와 사전에 협의해야 한다는 다른 한 가지 사항을 추가하고 있다. 여기서 주목할 점은 이 협약의 정당성 여부에 관계없이 재정과 외교에만 국한된 사항을 내용으로 하고 있다는 사실이다. 다시 얘기하면 대한제국 정부가 교육 영역에 관하여 외국인을 고문으로 고용해야 하거나 사전에 왜국 정부와 협의해야 하거나 하는 어떤 당위의 외교적 의무가 이 문서에는 마련되어 있지 않다는 사실에 관심을 모을 필요가 있다. 다음은 이 협약의 본문이다.

• 협정서(協定書)

一. 대한정부(大韓政府)는 대일본정부(大日本政府)가 추천한 바 왜인 1명을 재정고문(財政顧問)으로 하여 대한정부에 용빙(傭聘)하여 재무(財務)에 관하는 사항을 일체 그 의견을 순하여 시행할 사(事).

一. 대한정부는 대일본정부가 추천(推薦)한 바 외국인 1명을 외교고문(外交顧問)으로 하여 용빙하여 외교에 관하는 요무(要務)는 일체 그 의견을 순(詢)하여 시행할 사(事).

一. 대한정부는 외국의 조약을 체결하여 기타 중요한 외교안건 즉 외국인에 대하는 특권양여(特權讓與)와 계약(契約) 등사(等事) 처리(處理)에 관하여는 미리 대일본정부와 상의할 사(事).

1905년 11월 17일, 드디어 침략세력인 왜국은 1905년 9월 러시아와의 전쟁에서 얻어낸 결실로 대한제국에서 왜국이 정치 · 경제상 우월한 지위에 있다는 '포츠머스(Portsmouth)조약'을 체결한 것과 이에 앞서 의정서와 제1차 협약을 위배하고 그동안 감추어 온 침략의 마수를 드러낸 제2차 협약을 대한제국 정부에 강제하였다. 이 협약은 ① 외교권을 이양할 것, ② 왜국의 통감부를 상주케 할 것, ③ 양국 간에 체결된 조약과 약속의 효력은 계속된다는 것, ④ 대한제국 황실의 안녕과 존엄을 유지하는 일을 보증한다는 것 등의 5개 항목으로 구성되어 대한제국 정부의 외교 등의 주권이 왜국의 간섭하에 놓이게 되는 수모와 함께 왜국의 통감부를 한반도에 상주케 함으로써 대한제국 정부의 국정이 항상 그들의 감시하에 있게 되는 위험스러운 상태를 만들어 놓았다. 그러나 이 조약의 출현에도 외교, 재정 등의 영역을 제외한 다른 상당한 영역에는 교육을 포함하여 아직 대한제국 정부가 독립적인 주권을 행사할 수 있었다는 사실에 주목할 필요가 있다. 이 협약문서에 나타나지 않은 영역에 대한 대한제국 정부의 주권행사가 어떤 이유로든 방해받을 근거가 없기 때문이다. 한편 대한제국 정부는 남은 주권을 고수하려는 노력을 끈질기게 계속하면서 강탈당한 영역의 주권마저 되돌리려고 힘을 기울였고 이 땅의 국민으로부터도 격렬한 저항이 있었다. 고종의 헤이그밀사 파견은 그 노력의 한 실례다. 이 협약은 다음과 같다.

• 한왜협상조약(韓倭協商條約)

일본국정부급(日本國政府及) 한국정부(韓國政府)는 양 제국(兩帝國)을 결합(結合)하는 이해공통(利害共通)의 주의(主義)를 견고(堅固)케 함을 욕(欲)하여 한국의 부강지실(富强之實)을 인(認)할 시(時)에 지(至)하기까지 차목적(此目的)으로써 좌개조관(左開條款)을 약정(約定)함.

제1조 일본국정부는 재동경외무성(在東京外務省)을 유(由)하여 금후(今後) 한국이 외국에 대하는 관계급(關係及) 사무(事務)를 감리지휘(監理指揮)함이 가(可)하고 일본국(日本國)의 외교대표자급(外交代表者及) 영사(領事)는 외국에 재(在)하는 한국(韓國)의 신민급(臣民及) 이익(利益)을 보호(保護)함이 가(可)함

제2조 일본국정부는 한국의 타국(他國) 간(間)에 현존(現存)하는 조약(條約)의 실행(實行)을 완전(完全)히 임(任)에 당(當)하고 한국정부(韓國政府)는 금후(今後)에 일본국정부의 중개(仲介)에 유(由)치 아니하고 국제적(國際的) 성질(性質)을 유(有)하는 하등(何等) 조약(條約)이나 약속(約束)을 아니 함을 약(約)함

제3조 일본국정부는 그 대표자(代表者)로 하여 한국(韓國) 황제폐하(皇帝陛下)의 궐하(闕下)에 1명(名)의 통감(統監)을 치(置)하되 통감(統監)은 전(專)히 외교(外交)에 관(關)하는 사항(事項)을 관리(管理)함을 위하여 경성(京城)에 주재(駐在)하고 친히 한국 황제폐하에게 내알(內謁)하는 권리(權利)를 유(有)함

일본국정부는 우(右) 한국의 개항장급(開港場及) 기타(其他) 일본국정부가 필요로 인하는 지(地)에 이사관(理事官)을 치(置)하는 권리(權利)를 유(有)하되 이사관(理事官)은 통감(統監)의 지휘(指揮) 하(下)에 종래(從來) 재한국(在韓國) 일본영사(日本領事)에게 속(屬)하던 일체(一切) 직권(職權)을 집행(執行)하고 병(竝)하여 본 협약의 조관을 완전히 실행함을 위하여 필요로 하는 일체 사무를 장리함이 가함

제4조 일본국과 한국 간에 현존하는 조약급 약속은 본 협약조관에 저촉하는 외에 총히 그 효력을 계속하는 자로 함

제5조 일본국정부는 한국 황실의 안녕과 존엄을 유지함을 보증함

1970년(광무 11) 7월 24일, 대한제국 정부와 주권회복 운동에 불안을 느낀 왜국은 또 다른 음모를 마련하고 보다 강력한 내용을 담은 제3차 협약을 강제하였다. 이 내용은 일곱 개 조항으로 ① 대한제국 정부는 시정 개선을 위하여 왜국통감의 지시를 받을 것, ② 법령 제정이나 중요한 행정상의 처분에 관하여서는 사전에 왜국통감의 승인을 받을 것, ③ 사법사무와 보통행정사무를 구별할 것, ④ 고급관리의 임명에 왜국통감의 동의를 받을 것, ⑤ 왜국통감이 추천하는 왜인을 대한제국 정부에 임명할 것, ⑥ 왜국통감의 동의가 없이는 외국인을 용빙하지 말 것, ⑦ 1904년 8월의 의정서 중

제1조의 재정고문 용빙의 건은 폐지할 것 등을 골자로 하고 있다. 이때부터 침략자 왜국은 노골적인 침략행위를 행동화하여 왜국통감부의 이사청(理事廳)을 전국 곳곳에 설치하고 한국 내정을 감시하는 감시망을 구축하였으며 그들 관료를 상주시켜 독단으로 한국 국정을 요리할 수 있게 만들어 놓았다. 그러나 놀랍게도 한국 시정을 개선하겠다는 구실로 이 협약을 강제하고 그들 관료를 대한제국 정부 내에 상주하게 하여 국정을 자의로 처리할 수 있게 되었음에도 1910년 8월 22일 무력에 의해 강제된 조약에 따라 한국의 국권이 완전히 박탈당할 때까지 침략세력은 그다지 괄목할 만한 변화를 보여 주지 못하였다. 이 기간에 교육영역의 시정개혁으로는 '고등여학교령(高等女學校令)'과 '실업학교령(實業學校令)' 그리고 '사립학교령(私立學校令)'이 나온 것이 고작이다. 이는 곧 한국 국정의 개선을 앞세워 협약을 강요하였으나 국권을 박탈하는 일 이외에 한국 발전을 도모하는 한국 국정 쇄신에는 관심이 없었음을 의미하는 것이다. 그러나 그처럼 왜국의 용의주도한 내정간섭에도 불구하고 이 시기의 모든 사안의 최종 결재자(決裁者)는 당시 대한제국 정부의 당무자였다는 사실을 기억한다면 이 시기에 몇 안 되는 교육시책이라 하더라도 결국 대한제국 정부의 당무자들의 열정으로 수행된 것이라는 사실을 이해할 수 있다. 물론 그중에는 '사립학교령'과 같이 왜가 한반도의 교육을 방해할 목적으로 개입한 시책이 전혀 없었던 것은 아니다. 다음은 이 협약의 전문이다.

- 한왜협약(韓日協約)

왜국 정부와 한국 정부는 속히 한국의 부강을 도모하고 한국민의 행복을 증진하고자 하는 목적으로 좌개(左開) 조관(條款)을 약정(約定)한다.

제1조 한국 정부(韓國政府)는 시정개선(施政改善)에 관하야 통감(統監)의 지도(指導)를 수(受)할 사(事)

제2조 한국 정부의 법령의 제정급(制定及) 중요한 행정상의 처분은 예(豫)히 통감(統監)의 승인(承認)을 경(經)할 사(事)

제3조 한국의 사법사무(司法事務)는 보통행정사무(普通行政事務)와 차(此)를 구별(區別)할 사(事)

제4조 한국고등관리의 임면(任免)은 통감(統監)의 동의(同意)로서 차(此)를 행할 사(事)

제5조 한국 정부는 통감(統監)이 추천(推薦)한 왜인(日本人)을 한국관리(韓國官吏)에 임명(任命)할 사(事)

제6조 한국 정부는 통감(統監)의 동의(同意) 없이 외국인(外國人)을 용빙(傭聘) 아니 할 사(事)

제7조 명치 37년 8월 22일 조인(調印)된 한왜협약(日韓協約) 제1항을 폐지(廢止)할 사(事)

여기서 1910년 8월 22일에 대한제국 정부가 왜국의 무력과 간계 앞에 굴복해 치욕적으로 맺어진 최후의 병합조약을 소개하면 다음과 같다.

• 병합조약(併合條約)

한국황제폐하급(韓國皇帝陛下及) 일본황제폐하(日本皇帝陛下)는 양국 간의 특수히 친밀한 관계를 고(顧)하여 호상 행복을 증진하며 동양평화를 영구히 확보하기 위하여 차(此) 목적(目的)을 달(達)코자 하면 한국을 일본국에 병합함에 불여(不如)할 자로 확신(確信)하여 자에 양국(兩國) 간(間)에 병합조약(併合條約)을 결정하니 위차(爲此) 한국황제폐하(韓國皇帝陛下)는 내각총리대신(內閣總理大臣) 이완용을, 일본황제폐하는 통감자작(統監子爵) 사내정의(寺內正毅)를 각기(各其) 전권위원(全權委員)에 임명(任命)함을 내(乃)하여 우(右) 전권위원(全權委員)은 회동(會同) 협의(協議)하여 좌개(左開) 제조(諸條)를 협정(協定)함

제1조 한국황제폐하(韓國皇帝陛下)는 한국정부(韓國政府)에 관한 일체(一切) 통치권(統治權)을 완전(完全) 차(且) 영구히 일본국황제폐하에게 양여함

제2조 일본국황제폐하는 전조(前條)에 게재(揭載)한 양여(讓與)를 수락(受諾)하고 차(且) 전연(全然) 한국을 일본제국에 병합함을 승인함

제3조 일본국황제폐하는 한국황제폐하 황태자전하 병(竝) 그 후비급(后妃及) 후예(後裔)로 하여금 각(各) 기타 지위(其他地位)를 응(應)하여 상당(相當)한 존

칭(尊稱) 위엄(威嚴)과 급(及) 명예(名譽)를 향유(享有)케 하고 차(且) 차(此)를 보지(保持)함에 충분(십분)한 세비(歲費)를 공여(供與)함을 약(約)함

제4조 일본국황제폐하는 전조이외(前條以外)에 한국황족급(韓國皇族及) 후예(後裔)에 대(對)하여 각(各) 상당(相當)한 명예급(名譽及) 대우(待遇)를 향유(享有)케 하고 차(且) 차(此)를 유지(維持)하기에 필요한 자금을 공여함을 약(約)함

제5조 일본국황제폐하는 여공(勵功)이 유(有)한 한인(韓人)으로 특(特)히 표창(表彰)함을 정당(政堂)한 줄로 인(認)한 자에 대(對)하여 영작(榮爵)을 수(授)하고 차(且) 은금(恩金)을 여(與)함

제6조 일본국정부는 전기병합(前記倂合)에 결과(結果)로 전연(全然) 한국(韓國)의 시정(施政)을 담임(擔任)하여 해지(該地)에 시행(施行)할 법규(法規)를 준수(遵守)하는 한인(韓人)의 신체급(身體及) 재산(財產)에 대(對)하여 충분(십분)한 보호(保護)를 여(與)하고 차(且) 그 복리(福利)에 증진(增進)을 꾀(圖)함

제7조 일본국황제폐하는 성의(誠意) 충실(忠實)히 신제도(新制度)를 존중(尊重)하는 한인(韓人)으로 상당(相當)한 자격(資格)이 유(有)한 자를 사정이 허한 범위에서 한국에 재(在)한 제국관리(諸國官吏)에 등용함

제8조 본 조약은 한국황제폐하급 일본국황제폐하의 재가를 경한 자니 공포일로부터 시행함

이상과 같이 대한제국 정부와 왜국 정부와의 외교상의 정치일정은 대체로 왜국의 의도에 따라 일방적으로 전개되고 있다. 여기서 보여 준 협약들은 표면상 대한제국 정부의 시정 개선을 돕기 위한 왜국의 호의에서 시작한 것처럼 위장되어 있으나 이는 표면상의 이유일 뿐 1910년의 최종 문서에서 확인할 수 있듯이 한국의 국권을 박탈하려는 왜국의 내심이 감추어진 채 점진적으로 진행된 음흉한 음모의 일정이었음을 확인할 수 있다. 그러나 대한제국 정부 역시 이에 맞서 무섭게 저항하고 그들의 침략 야욕을 저지하려고 처참한 노력을 하고 있었다는 것도 이들 협약의 문맥에서는 물론 당시의 정황에서도 확인할 수 있다. 그러면 이들 협약의 성격에 대해 논의해 보기로 하자.

2) 협약의 성격

이들 협약은 왜국의 사전 계획에 의하여 추진된 한국의 국권을 찬탈하기 위한 흉악스러운 음해문서로서 처음부터 당사국의 의사가 공평하게 고려되지 않은 것으로, 합법적인 정당한 문서가 아니다.

이 협약을 강제한 왜국은 국내의 개혁세력을 의식하고 그들의 지지를 얻을 양으로 협약 때마다 한국에 호의를 가진 듯 한국 시정 개선에 관심을 보이고 있었으나 사실 한국 시정 개선은 안중에도 없었다. 사실 한반도에는 이미 16세기부터 정치, 경제, 사회 전반에 걸쳐 변화의 조짐이 보이고 있었다.[3] 이른바 실학이라는 새로운 사조와 함께 구석구석에서 변화의 조짐이 있었던 것이다. 주변 모든 나라가 그 땅에 기착한 서구인에 의하여 그들의 종교와 문화를 전해 받은 것과는 달리 한반도에서는 한국인 스스로 외지에 직접 찾아가 그곳으로부터 그들의 종교와 문화, 지식을 가져와 국내에 전하는 슬기를 보였다. 물론 이 새로운 사조에 대하여 재래 문화의 저항도 있었으며, 이에 대한 박해도 적지 않았으나, 이와 같은 개혁의 한 흐름은 확대일로에 있었다.

일반사가(一般史家)들은 이때의 이러한 흐름을 실학사상으로 규정하고 이를 근대사상과 구분하여 다루고 있으나 실제로 이는 근대사상 바로 그것이었다. 이때 실학을 주도한 세력은 이미 수학에서는 기하학, 물리학에서는 응용물리학까지 학습에 통달하였고 성곽(城郭)을 구축하는 등 실제 생활에서 이러한 학식을 응용하고 있었다. 이른바 실학의 효험(效驗)을 실제 생활에서 확인한 사람들은 사회의 각 영역에서 날로 번져 그 수 또한 확대되어 세력을 형성해 가고 있었던 것이다. 이는 이때부터 한반도에 사회의 변혁을 요구하는 세력이 은연중 커 가고 있었음을 말해 주는 것이다. 그러

---

3) 한반도에 실학이 태동한 것은 조선시대 선조 때문이다. 16세기 중반부터 시작한 실학은 이수관과 허균을 효시로 하여 이후 각각 북학파와 천주교 실천파로까지 발전하여 정치, 경제, 문화, 종교 등 여러 영역에 영향을 주었다. 특히 이들의 고증학을 중심으로 지리, 전문, 의학, 역산, 농업 등에 크게 성과를 올리고 있었다. 실학을 주도하던 사람들 중에는 정치, 경제 등 국정 전반에 대한 개혁안을 내놓기까지 하였으며 민생문제 등 사회개량을 주도하기도 하였다.

므로 실학사상에 따라서 근대화를 요구하는 한국의 개혁세력은 이미 이때부터 태동하여 있었다고 해야 옳다. 물론 이 시기에 구질서를 지키기 위해 새로운 질서를 견제하는 수구적 입장을 견지한 세력 또한 만만치 않게 컸던 것도 사실이다. 이들은 변혁세력에 대하여 온갖 무서운 박해와 정치적 통제를 가함과 동시에 보다 적극적으로 이 새로운 질서를 원천적으로 봉쇄하기 위해 처음부터 서구세력에게는 이 땅에 발 디딜 틈도 주지 않는 쇄국정책(鎖國政策)으로 일관하였다.

이제까지의 대부분의 사학자들은 이를 수구세력(守舊勢力)이 새로운 질서에 대하여 몽매했기 때문이었던 것처럼 해석하고 있다. 그러나 이는 악의에 찬 어용학자들에 의해 조작된 역사적 풀이일 뿐 사실을 설명하는 바른 해석이 아니다. 당시 수구적 입장에 있던 한국의 정치 엘리트들은 세계 정세에 밝은 석학들로, 이들은 이미 서구세력에 의하여 아시아의 많은 영역이 식민지로 전락하는 모습을 탐지하고 있었으며 중국에서의 아편전쟁 등 서구세력이 자행한 온갖 만행에 대하여 자세한 정보를 가지고 있었다. 따라서 수구적 쇄국정책은 아직 나라 안팎으로 군사, 정치, 사회 여러 방면에서 새로운 서구적 충격에 대하여 단시일 내에 충분하고 적절한 대응책을 마련할 수 없었던 당시의 정치 엘리트들로서는 어쩔 수 없는 선택이었던 것이다. 이들이 선택한 쇄국정책이 현명하지 못했던 조치였던 것도 사실이지만, 결과적으로는 쇄국정책의 해제가 한반도의 식민지화(植民地化)를 가속화하였다는 사실에서 보면 그들의 선견지명 또한 인정해야 할 것이다. 그런 관점에서 쇄국정책을 이해하면 이 정책이 외국문물에 대한 지나친 배타성과 경직성에 근거하고 있다 하더라도 이 정책이 유지되는 기간에는 외국의 침략으로부터 국권(國權)의 안존을 지킬 수 있었을 뿐 아니라 정치적 안정을 도모하는 데도 커다란 기여를 하였다고 할 수 있다.

어쨌든 쇄국정책을 지지하였던 당시의 모든 정치 엘리트가 개혁을 무조건 반대하는 몽매한 세력이 아니었음은 명백하다. 그만큼 한반도에는 개혁을 갈구하는 세력이 많았다. 그것도 하루아침에 생긴 급조된 개혁자가 아니라 16세기부터 싹튼 새로운 질서, 이른바 실학사상에서 출발한 오랜 개혁자들인 것이다. 차이가 있었다면, 급진적인 개혁을 추구하는 사람들과 점진적으로 완만한 변화를 추구하는 사람들이 갈린, 이를테면 개혁방법에서만 차이를 보였을 뿐이었다.

이상과 같은 당시 정황을 이해하면 왜 왜국이 군사를 동원하여 대한제국 정부를 위협하고 협정을 강요하는 등 내정을 간섭할 때마다 협약문안에 한국의 시정 개선을 우선으로 내세웠는가를 알 수 있다. 그들은 당시의 한국 시정이 개혁 요구자들이 요구하는 수준만큼 개혁이 이루어지지 않은 책임을 대한제국 정부에 전가하여 이들 간에 갈등을 조장하고 충돌하게 하여 왜국이 항상 개혁자의 편에 서 있는 것처럼 위장하여 어부지리를 꾀하려 하였던 것이다. 어쩌면 이는 침략자들이 흔히 사용하는 상투적인 고도의 책략이라고 말할 수 있다. 사실 왜국은 대한제국 정부가 열정을 가지고 추진하는 여러 개혁 작업에 줄기찬 방해공작을 벌여 왔다. 대한제국 정부는 이미 오래전부터 국정 개선을 위해 근대적인 정보를 다양하고 폭넓게 확보하기 위하여 많은 나라들과 외교활동을 통해 많은 고문과 교사를 채용하고 이들을 실무에 배치하여 왔다. 그러나 왜국은 이 계획이 추진될 때마다 극렬히 방해하였다. 뿐만 아니라 정국이 비교적 안정되어 시정이 활기 있게 개선되는 듯하면 난폭한 잡배들까지 동원해 황후를 시해하는 등의 정치적 만행을 조종, 발발하여 정국을 불안하게 하였다.[4] 이들은 한국의 시정 개선에는 뜻이 없었다. 다만 한국 국권을 침탈하기 위한 분위기 조성에만 열중하였던 것이다.

국권침탈의 야욕을 품고 있던 왜국이 어찌하여 예정도 없는 한국국정의 개선에 관해서만은 시종 협약문안에서 철두철미한 관심을 보였나 하는 점은 바로 이러한 전략의 맥락에서 이해할 수 있다. 한국의 정부와 개혁 요구자가 이들의 전략에 말려 서로 갈등하는 동안 혼란하고 위약해진 정국의 틈바구니에서 그들의 침략 일정을 유리하게 추진한다는 계산이 숨어 있었던 것이다.

그러므로 이들 협약은 표면적으로는 시정 개선을 구실로 하고 있으나 실제로는 개선에 목적을 둔 호의적인 것이 아니고 점진적으로 한국의 국권을 침탈하는 데 목적을 둔 침략의 성격을 가진 악의적인 것이라고 규정할 수 있다. 시정 개선에 관한 협약문안(協約文案)이 설사 호의적이라 하더라도 주권국가의 시정사안(施政事案)에 관하여

---

4) 갑신십월지변(甲申十月之變), 갑오육월지변(甲午六月之變), 을미팔월지변(乙未八月之變) 등의 정치사건을 발발하는 등 왜국은 많은 정치음모를 통하여 한국정정의 불안을 의도적으로 조장하였다.

이러쿵저러쿵 토를 다는 것은 그 자체가 주권국가에 대한 내정간섭이므로 호의적인 것이라고 말할 수 없다. 이러한 까닭으로 이 협약 문안 중 한국 국정에 호의적인 것처럼 위장된 모든 내용은 다 무의미한 것이다.

그러면 왜국에 의하여 강제로 맺어진 악의적인 협약이 진행되는 동안 대한제국 정부가 교육개혁을 추진해 온 과정을 살펴보기로 하자.

❸ 대한제국 정부의 교육개혁

1904년 왜국에 의하여 강제된 의정서와 제1차 협약이 마련되기 이전에 대한제국 정부는 이미 많은 개혁을 이룩해 놓았고 또 노력을 계속하고 있었다. 대한제국 정부는 개항 이후 미국, 영국 등을 포함하는 많은 나라와 다양한 외교적 접촉을 통하여 새로운 근대적 정보에 접하여 왔을 뿐 아니라, 그들 나라로부터 직접 전문가를 고용해 새로운 외래 정보를 다수 국민이 접할 수 있게 하였다. 정부 자체도 근대적 정치사조에 맞추어진 새로운 근대적 정부조직으로 개편하였는가 하면, 근대 화폐금융제도의 도입, 봉건신분제도의 개혁 등 경제, 사회 여러 영역에서도 커다란 변혁을 스스로 일구고 있었다. 교육제도 역시 커다란 변혁을 맞고 있었다. 정부 안에 근대 교육행정기관인 학무아문(學務衙門)이 설립되었다가 이어 이를 학부(學部)로 이름을 바꾸었는가 하면, 근대적인 학교제도로 정부가 직접 운영하는 교원양성기관인 사범학교, 초·중등교육기관인 소학교와 중학교 그리고 전문 교육기관인 법관양성소, 상공학교 등이 설립되고 지방에까지 확산되는 등 점차 수도 증가일로에 있었고, 정부 고위인사와 민간인이 관련되어 1905년 개교를 목표로 설립이 추진되는 보성전문학교, 세브란스의학교, 숭실대학 등 고등교육기관도 준비 중이었다. 이미 오래전부터 한반도에 보급된 실학사상의 영향으로 제한적이기는 하지만 근대화의 기초가 마련되어 있었던 데다가 1876년의 개항 이후부터는 세계 여러 나라로부터 병원과 학교 등 여러 근대적 시설에 전문가를 직접 고빙(雇聘)하고 또 다수 젊은 준재들을 파견하여 그들 나라의 문물을 익히게 하는 등 적극적으로 대응해 옴으로써 많은 정보와 경험을 축적하고 있었다.

1894년부터 1904년까지는 공교육 차원에서 근 10년의 근대학교 운영 경험을 가지고 있었으므로, 이때의 대한제국 정부는 독자적으로 근대학교를 계획하고 운영할 수 있을 만큼 거의 완숙한 단계에 와 있었다고 할 수 있다.

바로 이러한 시기에 침략의 야욕을 버리지 못한 왜국 정부는 가당치도 않은 시정개선의 구실을 앞세워 대한제국 정부를 군사적으로 위협하고 의정서와 제1차 협약을 강제하여 외교권을 박탈하려 하였던 것이다. 이는 대한제국 정부의 다양한 외교가 한국의 발전을 가속화할 뿐 아니라 침략에 방해가 된다고 생각했기 때문에 외교권 박탈에 혈안이 되어 있었음을 말하는 것이다. 그들이 앞세운 구실이 얼마나 가당치 않았나를 가리기 위하여 이때까지 대한제국 정부가 주도한 주요 근대학교제도의 수용일정을 소개한다.

- 1894년 7월 20일 예조(禮曹) 폐지, 각아문관제(各衙門官制) 제정, 학무아문(學務衙門) 설치
- 1895년 3월 25일 학부관제(學部官制), 법관양성소규정(法官養成所規程) 제정
- 1895년 4월 16일 한성사범학교관제(漢城師範學校官制) 제정
- 1895년 5월 10일 외국어학교관제(外國語學校官制) 제정
- 1895년 5월 16일 훈련대사관양성소관제(訓練隊士官養成所官制) 제정
- 1895년 7월 2일 성균관관제(成均館官制) 제정
- 1895년 7월 19일 소학교령(小學校令) 제정
- 1895년 7월 24일 한성사범학교부속소학교규정(漢城師範學校附屬小學校規程) 제정
- 1895년 8월 12일 소학교교칙대강(小學校敎則大綱) 제정
- 1895년 11월 7일 종두의양성규정(種痘醫養成規程) 제정
- 1896년 4월 19일 학부분과규정(學部分課規程) 제정
- 1896년 9월 17일 지방소학교위치(地方小學校位置)를 정하는 건 제정
- 1899년 3월 24일 의학교관제(醫學校官制) 제정
- 1899년 4월 4일 중학교관제(中學校官制) 제정
- 1899년 6월 24일 상공학교관제(商工學校官制) 제정

• 1899년 7월 5일 의학교규칙(醫學校規則) 제정
• 1900년 9월 3일 중학교규칙(中學校規則) 제정
• 1900년 9월 4일 광무학교관제(礦務學校官制) 제정
• 1900년 11월 1일 전무학도규칙(電務學徒規則), 우무학도규칙(郵務學徒規則) 제정
• 1904년 6월 8일 농상공학교관제(農商工學校官制) 제정

대한제국 정부의 근대교육제도 추진과정을 살펴보면 매우 용의주도하고 치밀했던 것을 알 수 있다. 당시 정부는 초·중등 등 위계적인 학교계통이 구성되어 있는 근대학교제도를 추진하기 위하여 1895년 4월에 최초의 교원양성기관인 사범학교를 설립하고 이곳에서 속성으로 양성한 교원이 배출되는 시기를 맞추어 3개월째인 같은 해 7월에 초등단계인 소학교를 설립하였다. 다시 이 소학교에서 졸업자가 나오는 때인 1899년에 맞추어 중등단계인 중학교를 세우고 있었다. 즉, 계획의 단계적·점진적 추진방법에서 그 특색을 찾아볼 수 있다. 이와 같은 방법은 1872년에 왜국이 '학제(學制)'라는 이름으로 모든 학교단계의 학교제도를 일시에 추진하려 했던 근대학교제도의 수용방법과는 판이한 것이다. 어쩌면 당시 이 계획을 추진한 당무자는 왜국이 한꺼번에 생소한 제도를 수용하려 하였던 것 때문에 적지 않은 실패로 시행착오를 경험했고 결과적으로 20년이 걸려서야 비로소 이 제도를 그들 땅에 정착시킬 수 있게 된 사실을 알았을지도 모른다. 그만큼 대한제국 정부의 추진방법에는 특색이 있었고 대단한 현명함을 보였다.

왜국에 의하여 의정서와 제1차 협약이 강제되던 무렵 대한제국 정부는 중등단계인 중학교를 설립한 지도 5년째를 맞고 있었으므로 여기서 배출된 자를 진학시킬 상급의 교육기관, 이른바 고등교육기관의 설립을 서둘러야 했다. 또 그들이 손수 추진하여 온 근대학교제도에는 개선해야 할 많은 모순과 경험이 있었음을 발견하였을 것이다. 사실 대한제국 정부가 추진하였던 학교제도에는 개선해야만 하는 커다란 허점이 있었다. 새롭게 시작하는 제도라서 적령기를 넘은 고령자도 입학자격에 포함시켰던 당무자들은 적령기에 입학한 자가 한 단계의 학교를 졸업하고 상급학교에 진학하는 경우에는 2, 3년을 기다려야 하는 모순을 낳았다. 근대학교제도의 특색인 학교단계 간

의 연결을 미숙하게 처리하였던 것이다. 따라서 대한제국 정부는 바로 그러한 제도의 모순을 시정하기 위한 학교제도 개혁의 필요를 느꼈을 것이고, 실제 그 모순을 시정하기 위한 개혁을 단행한 것은 1906년 8월의 일이었다. 대한제국 정부는 1906년 8월 27일 일제히 보통학교령(普通學校令), 고등학교령(高等學校令), 사립학교령(私立學校令), 외국어학교령(外國語學校令) 등 학교에 관한 기본법령과 이들에 관계되는 시행령을 제정, 공포함으로써 전면적인 학교제도 개혁을 단행하였다. 이때 나타난 제도는 근대 학교제도 운영에서 비교적 완숙기에 접어든 당시의 대한제국 정부를 말해 주듯 비교적 원숙하고 완벽한 모습을 보여 주고 있다. 이 제도들은 학교단계가 매우 잘 연결되어 있을 뿐 아니라 법령들의 조문과 내용, 교과내용 등의 표현과 짜임새가 훌륭하였다.

그러나 이 제도들은 한결같이 제2차 협약이 강제되어 통감부가 설치된 직후 6개월 뒤에 제정, 공포되었다 하여 때로는 왜국이 지어 낸 작품으로 오해되기도 한다. 실제로 이후에 나타난 왜국의 공식・비공식 기록에는 자신에게 불리한 듯하면 대한제국 정부의 작품이라고 했다가 유리한 듯하면 자신이 만든 작품이라 하거나 자신이 보낸 고문과 고빙인(雇聘人)이 만든 것이라고 우기는 갈팡질팡하는 설명이 달려 있다. 이 제도에 대한 이와 같은 오해와 애매한 왜국의 설명은 사실 그들의 음해 전략에 근거하는 프로파간다에서 유래하는 것이다. 왜국은 기만적인 프로파간다를 통해 침략행위를 정당화하기 위하여 한국정정에 대하여 어떤 것은 과장하기도 하고 또 어떤 것은 과소평가하는 이른바 허구적인 정치공작을 서슴지 않았다. 그러나 이때의 새로운 학교제도는 어디까지나 오랜 교육제도 운영에서 경험을 축적해 온 대한제국 정부의 독자적인 작품임은 명백한 것이다.

우리는 이를 확인하기 위하여 이들에 의하여 강제된 협정의 내용을 검토해 볼 필요가 있다. 대한제국 정부가 전면적인 교육개혁을 단행하여 '학교령기(學校令期)'를 맞은 것은 1906년 8월 27일이다. 이는 왜국 침략세력이 제2차 협약을 강제한 1905년 11월 17일로부터 약 9개월 뒤였다. 그리고 '신협약(新協約)'이란 이름으로 제3차 협약이 있었던 날은 1907년 7월 24일이었으므로 대한제국 정부의 대대적인 교육개혁이 단행된 때보다 1년이 넘은 시점이었다. 그러므로 이 교육개혁은 제2차 협약이 유효한 기간에 있었던 일이었다. 만일 이 시기에 단행된 교육개혁이 왜국에 의한 일이거나 그들의 영향 아래서 이루어진 것이라고 할 수 있으려면 제2차 협약에서 어떤 조항이든 하나라도 대한제국 정부의 주권을 대리하여 왜국 정부가 의사결정권을 행사할 수 있게 규정되어 있음을 확인할 수 있어야 한다. 이를 위하여 이미 앞에서 소개한 바 있으나 다시 제2차 협약의 내용을 검토하여 볼 필요가 있다.

제2차 협약 제1조는 '한국이 외국에 대하는 관계급 사무'를 왜국의 외무성이 감리, 지휘할 수 있고 또 영사사무를 대행한다는 것이며, 제2조는 대한제국 정부가 여러 외국과 체결한 조약과 약속의 실행은 왜국 정부가 이를 대신 중개하고 향후에는 여러 외국과는 어떤 조약과 약속도 맺지 않는다는 것이다. 제3조는 서울에 한국의 외교 사무를 전담하는 왜국통감을 상주하게 하고 그들이 필요로 하는 지역에 이사관을 배치하여 그의 지휘하에 있게 하며, 제4조와 제5조는 이 협약에 저촉되지 않는 기존의 왜국과 맺은 조약과 약속은 이후에도 유효하고 또 왜국 정부는 한국 황실의 안녕과 존엄을 보증한다는 내용으로 되어 있다. 이 협약의 문맥에서는 그 어느 곳에서도 한국 교육에 대하여 그들이 대한제국 정부를 대신하여 의사결정권을 행사하도록 이루어져 있지 않다. 이 협약문서는 한국의 외교권 박탈에만 주안점을 둔 것으로 그 밖의 영역에 대하여서는 어떤 기술도 없었다. 비단 침략세력의 마수가 이 제2차 협약에 의하여 외교권을 박탈하였다 하더라도 이 협약문으로는 그와 다른 영역의 한국 주권을 대신하여 왜국의 침략세력이 대한제국 정부의 중요 시정을 대행할 수 있었다거나 또는 영향력을 행사할 수 없는 것이다. 따라서 1906년에 있었던 대한제국 정부의 교육개혁을 침략세력이 만들어 낸 결정체라고는 말할 수 없다.

이상과 같은 설명에도 혹자는 이 협약 이전에 있었던 대한제국 정부와 왜국 간의 조약과 약속 안에 어떤 근거가 있다고 할지 모른다. 철저하게 그러한 의문을 풀기 위하여 다시 그 이전에 있었던 제1차 협약의 내용을 살펴보기로 하자.

앞 장에서 원문을 소개한 바대로 제1차 협약은 3개의 항목으로 짜여 있는 것으로 재정과 외교영역에 각각 왜인 1명과 왜국 정부가 추천하는 외국인 1명을 고용할 것과 한국의 외교안건 등의 국사는 사전에 왜국과 상의할 것에 관한 것 이외에는 어떤 것도 약정하고 있지 않다. 누구도 이 제1차 협약의 내용을 가지고 왜국 침략세력이 대한제국 정부의 교육시책에 관하여 개입할 구실을 만들어 낼 수 있었다고는 말하지 못할 것이다. 실제 이 협약에 의하여 대한제국 정부가 고용한 왜인과 외국인 고문은 미국인 스티븐슨(須知分, Stevenson) 외교고문과 왜인인 가다슈다로(賀田種太郞) 탁지부(度支部) 고문뿐이었다. 그 외의 다른 부서의 고문 고용에 관해서는 그 협약문에는 일체의 언급도 없었다. 그럼에도 다른 부서에는 이미 훨씬 이전부터 고용된 고문 지위의 외국인 직원이 있었다. 그것은 대한제국 정부가 개혁을 위해 오래전부터 필요하여 자주적으로 결정하여 고용해 온 자들이었다. 이를테면 미국인 법률고문인 구례(具禮), 미국인 법부고문관인 성정(星亭), 영국인 탁지부 고문인 맥린그(柏卓安, Brown J. Mcleang), 그리고 왜인 경무사고문(警務司顧問)인 다케나가(武久克造), 왜인 의정부고문(議政府顧問)인 이시즈카(石塚英藏), 왜인 군무고문(軍務顧問)인 오카모도(岡本柳元助) 등은 대한제국 정부가 계약을 통해 이미 오래전부터 고문의 직함을 주어 고용하여 오던 자들이다. 비단 교육영역에서는 고문이라는 직함을 주지 않았지만 외교교섭을 통하여 일정 기간 교사라는 직분으로 고용되어 한반도에 와서 대한제국 정부가 주도하는 교육개혁에 자문하고 도와 온 외국인은 수없이 많다. 이들 중 서구인(西歐人)의 이름만 열거하면 다음과 같다.

앨런(安連, H. N. Allen), 스크랜턴(W. B. Scranton), 데니(德尼, John Denny), 핼리팩스(奚來百士, 혹은 海里克斯, Hallifax), 헬렌(惠蘭, Hellen), 언더우드(元德愚, H. G. Underwood), 딘스모어(Dinsmore), 커민스(巨民, Cummins), 존(乙理, John G. Lee), 길모어(吉模, G. W. Gilmore), 벙커(房巨, D. A. Bunker), 허치슨(轄治臣, Hutchison), 헐버트(赫勒具, Hulbert) 등

앞에 거론한 외국인 이외에도 많은 인물이 있으나 여기서는 이상으로 제한했다. 분명한 것은 어디까지나 이들 외국인은 대한제국 정부가 필요에 따라 계약을 맺고 일정 기간 고용한 피고용인이라는 사실과 직무상 대한제국 정부의 지휘하에 있었다는 사실이다. 제1차 협약에 의하여 고용된 고문이 재임기간 횡포가 심했다고 전해지고 있으나, 설사 그들이 왜국 정부의 권위를 배경으로 외교와 재정의 두 영역에서 난폭했다 하더라도 엄격하게 말하면 그들 역시 대한제국 정부가 대한제국 정부의 예산으로

고용한 자들이다. 그들이 고문이라는 직함으로 있으면서 적지 않은 영향력을 행사하였다 하더라도 모든 사안의 최종 결정자는 여전히 대한제국 정부였다는 사실을 명심해야 할 것이다. 더구나 교육 영역은 제1차 협약에 포함되어 고문을 고용하도록 되어 있지 않았고 제2차 협약에 포함되어 통감부의 감시를 받도록 되어 있지도 않았다. 1906년에 있었던 교육제도의 개혁은 바로 이러한 시기에 그 같은 외교 상황에서 대한제국 정부가 단행한 개혁이었다.

이상과 같은 사실에도 왜국 정부나 어용학자들이 남겨 놓은 문헌은 이 시기에 이전부터 중학교 교사로 고용되어 온 시데하라(幣原坦)가 학부참여관(學部參與官)으로 고용되어 있던 사실을 들어 마치 이때의 교육개혁이 왜국 통감부의 지휘를 받는 왜인의 고문(顧問)과 참여관(參與官)에 의하여 독단으로 자행된 것처럼 전하고 있다. 이는 사실과 다르다. 원래 왜국 야마나시 현의 중학교 교사였던 시데하라는 대한제국 정부가 1899년에 최초의 중학교 제도를 마련하고 중학교를 개교할 무렵 외교경로를 통한 교섭 끝에 추천을 받아 미국인 헐버트 등 다른 외국인 교사와 함께 고용된 자였다. 1905년 2월에는 그의 중학교 교사 계약이 만료되는 시기에 맞추어 그를 학부참여관으로 재계약하여 고용기간을 연장하고 있다. 이때의 한국 외교문서가 그와의 고빙계약서에 '학부참여관 폐원(幣原) 연빙(延聘) 합동조인(合同調印)의 건(件)'이란 표제를 달고 있는 것으로도 그가 교사직에서 학부의 사무직인 학부참여관(學部參與官, 또는 學政參與官이라고도 함)으로 직함을 바꾸어 고용되었음을 알 수 있다. 이 연장된 고용기간도 1년 전후로 얼마 가지 못하였다. 그는 1906년 8월 27일 개혁된 새로운 교육제도가 공포되기 오래전에 이미 해고된 자다. 『고종순종실록(高宗純宗實錄)』은 그날로부터 한 달을 훨씬 넘게 헤아리는 광무(光武) 10년 7월 19일자에 '해약(解約)'된 그를 위하여 귀국여비와 위로금 3,000원을 계산하고 결제한 것으로 기록하고 있는 것으로 보아 그는 그 이전에 해고되었음을 알 수 있다. 사실 교육행정에는 전혀 경험이 없는 미숙한 일개 중학교 교사에 불과했던 그가 그것도 1년 안팎의 짧은 기간에 10여 년의 학정 운영 경험을 쌓은 대한제국 정부의 관료를 제쳐두고 엄청난 교육개혁을 독단으로 해 냈다고 하는 것은 언어도단이다. 그것도 임시방편으로 외국인의 고용을 위하여 붙여 준 임시 직함에 불과했던 학정참여관이라는 직위를 가지고 방대한 개혁과업을 독단으로 수행하였다고 하는 것은 정상적으로 사고하는 사람이면 누구도 믿지 않을 것이다. 이 직위는 대한제국 정부의 교육행정당국의 지휘하에 있었을 뿐 아니라 한국 관리의 예하에 있었음을 기억할 필요가 있다. 그는 당시 교육행정당국인 학부가 필요에 의하여 고용한 자였으므로 일단은 피고용자의 직분으로 한국의 일부 교육행정사무에 일조하였을 것은 사실이나 실제 모든 교육행정실무의 집행은 한국 관리의 책임하에 결행되었다. 정치적 프로파간다의 수단으로 꾸며진 대부분의 왜국 정부의 기록과 어용학자의 문헌은 수탈을 은폐하고 정당화하기 위하여 조작된 허무맹랑한 거짓 내용으로 가득 메워진 경우가 많다.

그러한 거짓 문헌의 간계에도 적어도 제3차 협약이 있었던 1907년 7월 24일 이전에 있었던 이때의 모든 교육개혁은 한국의 정치 엘리트들이 갈고닦은 정교한 결정체다. 다음으로 제3차 협약과 교육개혁과의 관계를 살펴보자.

제3차 협약, 이른바 한왜신협약(韓倭新協約)이 강제된 것은 고종황제가 순종에게 양위한 직후였다. 1905년의 제2차 협약이 대한제국 정부의 외교권을 박탈하고 통감을 설치하는 등 주권을 침해하는 지경에까지 이르자 그 협약의 무효를 울부짖는 상소(上疏)가 줄을 잇고 있었다. 『고종순종실록』에 기록된 것만 하여도 광무 9년 1월 18일자 이도재의 소를 비롯하여 최익현, 윤치호의 소 등 수십 건에 이르러 사회 여러 영역에서 동요가 일고 있었다. 이러한 과정에서 국정의 최고책임자인 고종황제는 협약의 부당성을 세계 만방에 알리기 위하여 밀사를 헤이그에 파견한 것이다. 그러나 밀사 파견은 잔악한 왜국 침략세력의 방해로 소기의 목적을 달성하지 못하였을 뿐 아니라 오히려 그들의 간교한 술책에 빠져 이를 구실로 주권 침해가 한 걸음 더 강화된 제3차 협약을 강요받게 되었다. 바로 이 무렵에 순종에게 황제 양위가 강제되고 동시에 이 협약이 이완용과 이토 히로부미(伊藤博文) 사이에서 체결된 것이다. 이 내용에 관해서는 이미 논의한 바 있으나 이를 다시 요약하면 시정 개선의 지도, 법령 제정 및 중요 행정처분의 승인, 한국의 고급관리와 외국인의 임명 동의, 왜인 관리의 임명 등 7개 조항으로 이루어져 있다.

왜국 침략세력은 외교권과 재정권에 이어 행정권과 인사권 등 주요 국정 전반에 관하여 마수를 마음대로 뻗칠 수 있는 기틀을 만들어 놓았다. 이때부터 대한제국 정부는 완전히 무력한 정부로 전락한다. 그렇다 하더라도 충성스러운 한국 관리가 정부 안에 남아 있는 한 국권의 명맥은 유지하고 있었다고 할 수 있을 것이며 이 가운데서도 여전히 교육개혁을 추진하고 있었다. 이때부터 1910년 대한제국 정부가 최후를 맞을 때까지 어떠한 교육변혁이 있었는가를 알아보기로 하자.

- 육군연성학교관제(陸軍研成學校官制) 폐지 1907년 8월 26일
- 육군유년학교관제(陸軍幼年學校官制) 폐지 1907년 8월 26일
- 광무학교관제(鑛務學校官制) 폐지 1907년 9월 28일
- 고등여학교령(高等女學校令) 1908년 4월 2일
- 고등여학교령시행규칙(高等女學校令施行規則) 1908년 4월 7일
- 사립학교령(私立學校令) 1908년 8월 26일
- 사립학교령시행규칙(私立學校令施行規則) 1908년 8월 28일
- 공사립학교인정규정(公私立學校認定規定) 1908년 8월 28일
- 실업학교령(實業學校令) 1909년 4월 26일
- 실업학교령시행규칙(實業學校令施行規則) 1909년 4월 1일

이 기간의 주요 교육제도 개혁은 고등학교령, 사립학교령, 실업학교령 등에서 볼 수 있듯이 여성교육, 사학교육, 실업교육에 집중되었다. 만일 고등교육 부분이 고려되었더라면 1906년 교육개혁에서 빠진 부분이 모두 보충된 것이라고 말할 수 있다. 그러나 이 기간에는 사립학교령과 같은 교육통제의 수단으로 제도가 나타나 있는 것이 특징이다. 실업학교령과 같은 것은 종래 있던 농상공학교, 공업전습소 등의 교육제도를 개선한 것으로 연속된 것으로 이해할 수 있으나 고등여학교령과 같은 것은 학교제도에서 중등교육 최초로 여성교육을 고려해 넣고 있는 것이므로 획기적인 제도로 이해할 수 있다. 적지 않은 왜국 관리가 대한제국 정부기관 요소요소에 들어와 있고 모든 시정 개선이 왜국통감의 지도를 받아야만 하는 상황에서 제정된 이 제도들을 어떻게 규정해야 하느냐 하는 문제는 남으나 형식상 의사결정자로서의 최종결재자는 대한제국 정부의 관리였다는 점에서 대한제국 정부가 제정한 것에는 틀림없는

것이다.

이제까지 대한제국 정부가 점진적으로 모든 계획을 전개하여 온 패턴에서 보면 이 기간에 추가된 계획은 이전부터 계획된 것을 이 시기에 순차적으로 진행하였던 것으로도 볼 수 있다. 그것은 대한제국 정부가 근대화를 위해 여러 방면에서 계획을 추진하는 동안 살육과 무력시위를 통하여 정국 안정을 깨고 혼란을 조장하여 정치적 이득을 꾀하여 왔던 왜국이 스스로 침략 일정에 장애가 되는 한국의 유용한 제도 개선에 기여하려 했을 리 만무하기 때문이다. 이 제도가 정부에 의하여 오래전부터 계획된 것이라는 또 다른 근거로는 대한제국 정부 요인 중에는 여성교육에 깊은 관심을 가지고 개항 직후부터 숙명학당(淑明學堂)이나 이화학당(梨花學堂)과 같은 여성교육을 위한 학교에 실제 명패를 달아주고 운영자금을 공여함으로써 이해와 지권을 함께 보내왔던 사람도 적지 않았다는 사실을 들 수 있다. 심지어 사학에서조차 추진된 여성교육을 당시 교육근대화를 추진하는 한국의 정치 엘리트가 계획에서 누락시켰을 리 없기 때문이다.

만일 침략세력이 대한제국 정부 내에 있는 그들의 관리나 영향력을 동원하여 대한제국 정부가 추진하고 있는 교육제도 개혁에 적극적으로 관여하였다면 그것은 교육통제(教育統制)를 강화하는 교육제도에 대한 것이었을 것이다.[5] 이 시기에 나온 사립학교령(私立學校令)은 바로 그런 점에서 많은 주목을 받기도 한다. 당시의 대부분의 국내 대소 사학(私學)들은 그것이 완전한 것이 아니라 하더라도 비교적 자유로운 교육을 통해 왜국의 침략에 대항하는 저항거점이 되어 가고 있었고 실제 그러한 활동을

---

5) 다우라(俵孫一)는 학부차관의 지위를 이용, 월권으로 학부의 이름을 도용하여 간행한 『한국(韓國)의 교육현상(教育現像)』이란 일문 책자에서 개인적 교육복안을 싣고 있다. 즉, "근시(近時) 한국에서는 교육열 왕성이 극(極)에 이르고 있어 도비상하(都鄙上下)를 통하여 필요하다고 하여 그 진흥(振興)을 주장하는 사람이 심(甚)히 많다." 하고 그 이유가 "왜국의 보호국(保護國)이 자주독립(自主獨立)을 보전(保全)하는 데는 첫째로 교육의 힘에 의하지 않을 수 없다."고 하는 정치적 사유에 있다고 하여, "이를 자연(自然)에 방임(放任)하는 일을 허락(許諾)할 수 없고 누구도 그 유폐(流弊)를 간과(看過)해서는 아니 되기 때문에 이를 억압(抑壓)하기 위한 것"이라고 주장하고 있다. 이는 이 시기에 한국 관리로 고용된 왜인 모두가 한국인의 자연 발생적인 열정적 교육열을 억압하는 일에 혈안이 되어 있었음을 대변하는 것이다.

하고 있었으므로 사립학교는 그들의 눈엣가시였다. 물론 사립학교령은 사학을 지원할 것을 내용으로 하고 있고 또 당시 정부의 공식성명은 사학을 정상 궤도에 올려놓기 위한 조치라고 설명하고 있지만, 이 제도가 대한제국 정부 스스로 제정한 것이라면 왜국의 침략당사자들은 속으로 쾌재를 불렀을 것이다. 한국의 시정계획이란 이름으로 그들이 보여 준 의도는 제3차 협약 이후 최초로 단행한 육군연성학교관제와 육군유년학교관제의 폐지에서 분명히 읽을 수 있다. 특히 이 시기는 1907년 9월부터 통감부관리로 있던 다와라(俵孫一)가 왜국을 대표하여 학부차관으로 있던 때였다. 그들은 대한제국 정부의 군사적 역량은 물론 그 밖의 다른 모든 영역이 향상, 발전되는 것을 처음부터 원하지도 또 그렇게 되는 것을 두려워하였다. 그들은 한국 시정 개선에 일조했다기보다는 오히려 견제와 방해를 일삼아 온 것이다. 협약이 있을 때마다 한국 시정 개선을 강조하던 침략세력은 정작 그들이 직접 의사결정에 영향력을 행사할 수 있는 단계에 이르렀을 때에는 거의 이루거나 해 놓은 일이 없었다.

대한제국 정부와 국민의 끈질긴 저항에도 왜국의 침략의도를 저지하지 못한 채 한반도는 마침내 1910년, 이른바 '합방조약'이라는 부당한 조약으로 종말을 맞는다. 이때의 조약과 관계되는 부분은 왜국 식민지교육법제(植民地教育法制)를 다룰 때 구체적으로 거론하기로 하고 지금부터는 제1차 협약 이후의 교육개혁과 관련하여 남겨진 대한제국의 기록을 단편적이기는 하지만 소개, 검토할 생각이다.

❹ 교육개혁과 대한제국의 기록

대한제국시대에 관한 문헌으로 제1차 자료로서 믿을 만한 것은 그다지 많지 않다. 식민지정책의 정당성을 가장하는 데에만 광분하였던 왜국 침략자들은 역사의 기록을 위해서 남겨 두어야 할 부분조차 날조와 조작을 서슴지 않았다. 따라서 이 시대의 연구는 특히 각별한 주의를 환기해야 한다. 이를 위한 제1차 자료로는 『고종 · 순종실록』, 대한제국 외교문서, 『승정원일기』, 『일성록』, 볍규류 편, 관보 등을 내세울 수 있다. 이들 자료는 식민지 수탈세력에 의하여 비교적 날조와 조작이 덜해 오염되지 않았기 때문이다. 여기서는 『고종 · 순종실록』과 대한제국 정부의 외교문서에 한정하여 다루어 보기로 하겠다.

1) 『고종 · 순종실록』과 교육개혁

『고종실록(高宗實錄)』과 『순종실록(純宗實錄)』은 왜국의 식민지정책이 한창 무르익은 1927년과 1935년 사이에 그것도 왜인을 편집위원장으로 하는 편집장에 의하여 작성되었다. 침략정책을 수호하기 위하여 적지 않은 첨삭이 있었을 것으로 사료되지만, 대한제국의 정황을 이해하는 데는 그다지 많지 않은, 귀중한 사료 중 하나다. 1966년 교육개혁이 있던 대한제국 정부의 개혁의지를 읽는 데 많은 도움이 된다.

(1) 『고종실록』

『고종실록』 광무 8년(1904) 5월 23일조에는 교육과 관계된 칙유(勅諭)가 기록되어 있다. 이 칙유에서는 당시 국정의 최고 책임자가 얼마나 교육진흥에 열의가 있었는가를 엿볼 수 있다.

> ……금(今)에 정부(政府)에 명(命)하여 학교를 증설하고, 인재를 양성하여 쇠퇴(衰頹)한 운(運)을 만회(挽回)하고 중흥(中興)의 업(業)을 건립(建立)코져 하노니 이신민(爾臣民) 등은 짐(朕)의 차의(此意)를 심체(深體)하여 무태무홀(毋怠毋忽)하라……이신민(爾臣民) 등은 자금(自今)으로 익가면려(益加勉勵)하여 자제(子弟)로 하여금 학업(學業)을 전심(專心)하여 분식(粉飾)과 허위(虛僞)를 거(去)하고 분발불기(奮發不已)하여 국위(國威)의 국광(國光)을 선양(宣揚)케 하라.

또 같은 해 10월 5일조에는 황제가 직접 궁중에 제실제도정리국(帝室制度整理局)을 특설하여 문명각국(文明各國)의 제도를 널리 수집하여 장단을 가려 취해서 제도개혁에 임할 것을 지시하고 있다. 대한제국 정부는 제도개혁이 있을 때마다 개혁에 필요한 정보를 세계 여러 나라로부터 수집하고 이를 토대로 개혁을 도모하여 온 바 있으나 그러한 경향은 여기서도 예외가 아니었다.

……宮中特置帝室制度整理局, 商確舊章, 一新修擧, 其成繁穴不急於時者, 一切裁去, 務在至精至要, 博採文明各國之制度, 取其所長, 參酌用之, 著爲金石之規……

동 10월 14일조에는 법부법률기초위원(法部法律起草委員)에 조창호를 임명한 것과 다음 해인 광무 9년 2월 1일조에는 왜인 시데하라가 학정참여관으로 고빙된 것을 기록하고 있다. 그러나 외교문서에는 시데하라의 고용을 위한 계약의 조인은 같은 해 2월 13일로 기록하고 있어 기록상 차이를 보이고 있다. 그가 실제로 학정참여관으로 취임한 것은 2월 1일보다는 훨씬 뒤늦게 이루어졌음을 말해 주고 있다.

광무 9년(1905) 6월 15일조에는 당시의 교육현상을 염려하는 황제의 담화를 또 다시 싣고 있다.

……古者以敎人爲治國要…… 學校之設, 祥且具備焉, 鄕有序而家塾矣, 今京外公私學校, 不爲不多, 古文與各國規模之參互立敎…….

이어 같은 해 7월 19일조에는 의학교장 지석영의 '신정국문(新訂國文)'을 실시할 것을 제가한 기록을 남겨 개혁의 폭을 언어에까지 확대, 추진하고 있었음을 보여 주고 있다. 같은 해 11월 5일조에는 전참정(前參政) 곽종석의 소(疏)를 싣고 있다. 그는 소에서 다른 현안과 함께 교육에 관해서도 특유의 개혁안을 제시하여 눈길을 끈다. 그는 태학(太學)을 정점으로 하고 그 밑에 부군(府郡)과 방리(坊里)에 각각 교상(校庠)과 원숙(院塾)을 두는 위계적인 새로운 학교제도를 제안하고 있다.

……大講敎選之制, 首自太學, 下及府郡校庠坊里院塾, 皆爲之擇立師長, 劃頒條例, 本之以三綱五倫彝常之道, 講之以六經四子義理之書, 與夫先代外國史誌之關於時務者, 又以其次, 別立齊館, 倣周家六藝宋時治事之規, 敎之以兵農律歷譯算醫策之方, 以及兵伎工作庶務之急於時用者, 凡民生八歲以上, 皆入學舍, 講究服習, 因其才而篤之保, 明其德行, 考試其技能, 及年十五歲以上, 論其俊秀, 以次選升…….

광무 10년 3월 25일조에는 부제조(副堤調) 이필화의 교육개혁을 위한 소를 싣고 있다. 그는 성균관(成均館)을 대학교(大學校)로 삼고 경사(京師)에는 각 서(署)와 방(坊)마다 하나의 중학교(中學校)와 소학교(小學校)를 각각 설치하고, 각 군(郡)에는 향교(鄕校)를 중학교로 삼고 각 면과 리마다 하나의 소학교와 촌숙(村塾)을 두고자 제의하고 있다. 그 밖에도 그는 실업교육, 해외파견, 사립학교 등도 언급하여 교육 전반에 대하여 매우 근대적인 발군의 교육계획안을 제안하고 있다. 사실 그의 제안대로 대한제국 정부가 기존의 교육시설, 이른바 성균관과 향교, 사립학교 등을 그대로 근대학교로 대치하여 이를 토대로 교육개혁을 추진하였더라면 한반도의 교육계획은 보다 순탄했을지 모른다.

……以成均館爲大學校, 而京師則一署各置一中學校, 一坊各置一小學校, 各郡則以鄕校爲中學校, 而一面各置小學校, 一里各置一村塾, 小學校卒業之人, 陞之大學校爲, 定其課程第其高下, 拔其優等者薦之於政府, 而充補其相當職, 不出十年, 漁朝者皆大學卒業之人, 至於農商工, 亦莫不然, 而隨其人才, 派送各國, 各修其藝焉, 又錄其教師之勤者薦用之, 又採其私立學校者, 又施補助者而褒賞之, 不數年, 不費國金, 而學校之設…….

다음날인 같은 해 3월 26일조에는 황제는 그의 교육개혁 제의에 대한 응답으로 만일 자녀를 교육치 않은 자가 있으면 부형을 논죄할 것이라고 경고하고 또다시 학부는 물론 부군까지도 학교를 설립하는 일에 나설 것을 지시하고 있다.

詔曰, 三代以來, 莫不以教育人材爲先務, 庠序學校之設是也, 蓋學校立而人材作, 人材作以治化興, 國家教人之法大備, 閭巷小民, 無不學, 彬彬乎三代, 挽近寢弛, 所以治道不明, 國家不振, 顧今急務, 惟與學校養人材, 以爲畜田殖財之具矣, 毆齊魯之亻民, 使之挾策鼓篋, 其將不朞年, 而其功必倍於列邦, 自學部廣設學校, 外而各府郡, 亦令別飾設立, 而專心講究, 其敎之之方, 待其業就當朝家我拔需用, 人家有子李不能敎者, 其父兄論罪, 或其子弟不率敎遊嬉無業者, 亦一體論罪

같은 해 4월 11일조에는 학부관제를 개정하여 2인의 시학관(視學官)을 추가한 것과 상공학교 시험장비 3천8백8십원3심4전, 학정참여관과 사무관의 왜국 왕복여비 210원의 예산을 각각 책정한 기록을 담고 있다. 15일조와 16일조에도 황제와 이필화의 교육관계 기사를 연달아 실어 교육에 관심이 컸음을 말해 준다.

같은 해 4월 28일조에 미국인 언더우드, 에이비슨(芮斐信, Oliver R. Avison)에게 나라에 기여한 공로로 태극장(太極章)의 훈장 수여를 결정하고 있고, 같은 해 5월 11일조에는 학부의 광무 9년도 예산 부족액 455원 60전, 농상공부 외국인 급료 11,060원, 한정참여관 지방시찰여비 264원의 예산을 각각 배정할 것을 결정하고 있다. 여기서 농상공부 외국인의 급료예산이 타 예산보다 규모가 큰 것으로 보아 상당 수의 외국인이 농상공부에서 활약하고 있었음을 예측할 수 있다. 다시 같은 해 5월 25일조는 매도(每道), 매군(每郡)으로부터 매방(每坊), 매동(每洞)에 이르기까지 학교가 없는 곳이 많아 위로는 공경대부(公卿大夫)에서 밑으로는 가인농부(賈人農夫)에 이르기까지 그들의 자제를 학교에 입학시킬 수 없는 현실을 개탄하고 교육을 확충할 것을 제의하는 교육논의를 담은 종이품(從二品) 서긍순의 소를 싣고 있다.

또 같은 해 5월 31일조는 제중원(濟衆院) 찬성금(贊成金) 3,000원, 광제원(廣濟院) 확충비 27,805원, 학부경비 증액 19,618원 등의 교육관계 예산을 기록하고 있고, 이어 6월 6일조에는 칙령 26호로 법관양성소관제가 개정되었음과 함께 무려 55,205원이나 되는 거액의 이자가 왜국흥업은행의 차입금이자로 지불되었음을 기록하고 있다. 다음날인 6월 7일조에는 프랑스어학교(法語學校) 교사인 프랑스인 마르텔(馬太乙, E. Martel)에게 재임기간에 국가에 기여한 공로로 태극장이 수여되는가 하면, 같은 해 7월 4일조에는 학부가 프랑스어학교와 사범학교의 졸업시험을 시행하여 각각 3인과 2인, 1인과 2인의 우등자(優等者)와 급제자(及第者)를 내었음을 기록하고 있다. 같은 해 7월 18일조는 학정참여관 시데하라의 해약 귀국여비와 수로금조(酬勞金條)로 3,000원을 계산해 둠으로써 그가 이미 이전에 도중 해고되었음을 말해 주고 있고, 이로부터 대략 2개월 동안 과한 각 3인과 2인, 그에게 '교육봉조지의(教育幇助之意)'의 표시로 태극장을 주도록 결정하여 그의 해약이임(解約移任)을 위로하고 있다. 1904년 2월 학부가 직할하는 중학교 교사의 직으로부터 학정참여관이라는 현직으로 바꾸어 고용된 그는 1년의 짧은 기간밖에 이 자리에 머물지 못하였다. 이 짧은 기간 그가 그 많은 교육개혁을 스스로 해 냈다는 것은 보통의 과장이 아니며 언어도단이기도 한 것이다. 그러나 방조(幇助)의 의(意)를 부쳐 그에게 훈장을 수여한 것을 보면 그가 우리 교육개혁 일부에 대하여 일조의 도움을 준 것은 분명한 것 같다.

1905년 11월 17일 제2차 협약이 있은 이래 이상과 같은 일련의 교육과 관련된 일이 있은 후 1906년, 즉 광무 10년 9월 27일에 전폭적인 교육개혁이 단행되었다. 『고종실록』은 같은 해 9월 27일조에 "칙령 제39호 농상공부소관농림상공학교관제(農商工部所管農林商工學校官制), 제40호 학부직할학교관제(學部直轄學校官制), 제41호 사범학교령, 제42호 고등학교령, 제43호 외국어학교령, 제44호 보통학교령, 병재가반포(竝裁可頒布)"라고 기록하고 있다. 이러한 교육개혁의 단행은 여러 기록에서 볼 수 있었던 바와 같이 황제를 비롯해 많은 관련된 사람들의 교육에 대한 애착과 열정이 있었기에 가능하였다고 할 수 있다. 물론 이 기록은 매우 단편적이어서 당시의 소상한 움직임을 알아낼 수는 없으나 문맥에서 그들의 교육에 대한 애착과 열정을 읽어 내기는 어려운 일이 아닌 것이다.

이어 『고종실록』 광무 10년 12일조는 농상공학교 증축비조(增築費條)로 7,391원의 예산을 배정하고 있고, 광무 11년 6월 14일조에는 황제의 개정성명과 함께 '내각관제(內閣官制)'를 전면 개정하고 있다. 배경설명의 기록이 누락된 채 같은 해 7월 18일조는 황제의 황태자대리청정(皇太子代理聽政) 선언을 담고 있다. 그러면 『순종실록(純宗實錄)』에는 어떤 교육 관련 기사가 실려 있는지 살펴보기로 하자.

(2) 『순종실록』

『순종실록』 역시 편집 책임자가 왜인으로, 식민지정책이 매우 고도화되기 시작한 무렵에 정리된 것이다. 따라서 이 자료 역시 왜곡된 부분이 적지 않을 것으로 사료되나 그러한 자료 가운데서 대한제국 정부의 주체적인 교육개혁 의지를 읽어 낼 수 있다는 것은 더욱 의미 있는 일이다. 이 자료는 특히 제3차 협약 때부터 최후의 합방조약(合邦條約)이 강제될 때까지의 사료를 탐구하는 데 도움이 된다.

광무 11년 7월 21일조는 황태자(皇太子)의 대리청정사(代理聽政辭)를 싣고 있다. 이것도 "……계자금(繼自今)으로 조정지상(朝廷之上)에는 편민리국지정(便民利國之政)을 실행(實行)하고 여항지간(閭巷之間)에는 식산흥업교육지사(殖産興業敎育之事)를 연구하여 아적자(我赤子)로 공(共)제 문명지역(文明之域)하여 영형승평(永亨昇平)할지니……."라고 하여 교육에 대한 관심 또한 잊지 않고 있다. 그러나 황태자의 이러한 선언이 있은 지 며칠도 되지 않아 왜국은 정정이 불안한 틈을 악용하여 대리청정 등 또다시 침략계획을 진행시켜 제3차 협약, 즉 신협약(新協約)을 강제하였다. 광무 11년 7월 23일조는 이 협약의 전문을 싣고 있다.

융희(隆熙) 원년(元年) 8월 15일조는 개혁의지의 상징으로 황제가 몸소 머리를 깎고 다음과 같이 성명을 남기고 있다. 이때의 황제는 고종이 아닌 순종이다. 고종은 침략세력에 의하여 양위를 강제당하고 황태자였던 순종이 그 위를 계승한 것이다. 이는 새 국정 최고책임자가 얼마나 개혁의지가 강하였나를 보여 주고 있다. 그는 시정 개선의 유신을 꾀하기 위하여 몸소 실천할 것을 성명하고 즉위일에 머리를 깎고 복장을 바꾸어 입고 나설 터이니 백성은 황제의 뜻을 새기고 따르라고 성명하고 있는 것이다.

> 조왈(詔曰) 짐(朕)이 장시정 개선(將施政改善)하여 일세(一世)에 유신(維新)을 도(圖)할진대 필짐궁(必朕躬)으로 시(始)할지라. 당어즉위일(當於卽位日)에 단발계장(斷髮戒裝)하리니 신민(臣民)은 지실(知悉)하여 극준짐의(克遵朕意)하라.

같은 해 9월 20일조에는 학부차관 다우라와 학부사무관 우에무라(上村正己)에 대한 기록을 처음으로 남겨 학부 안에 왜인 관리가 임용되었음을 보여 주고 있다. 왜인을 현직관리로 고용하는 일에 관하여 같은 해 10월 23일조에 수록된 종삼품 유길준의 소는 의미심장한 발언을 담고 있다. 이를 소개하면 다음과 같다.

……且用日本人爲官吏之史는 國人必多疑忌나 自臣觀之면 不然야니 曾我所置之顧問이 皆執官以上之權하여 名爲雇聘而實則個個監督야라. 相持不下에 每事涉滯하니 反不如投官職하여 使各有直接之責任而東之以紀律하여 立之以分限하여 毋相踰越謹守如法이오. 專門之技術은 委任責成이 尤爲充當而顧我文武官吏ㅣ不閑政事則混用能達之外人하여 示範而使則效之이 亦改善之一捷經也니…….

그의 말대로라면 명색이 고용되어 온 자가 현직 관료 이상의 권한을 가지고 모든 일을 감독하려 하고 서로 밑에 있으려 하지 않아 매사 순조롭게 진행되지 못하고 지체되었음을 알 수 있다. 이때의 기록은 고문정치가 횡행하여 왜국 침략세력의 임의대로 국정이 진행된 것으로 말하고 있으나 실제는 그렇지 않았음을 보여 주고 있다.

융희 2년 3월 20일조는 '일시대부금(一時貸付金)에 관한 계약(契約)'을 왜국과 체결하였음을 기록하고 있다. 연차적으로 지급하게 되어 있는 이 대부금은 총액 19,682,623원으로서 시정 개선자금으로 활용하게 되어 있다. 그러나 실제로는 왜국이 추천하는 왜인을 한국 관리로 고용하게 되어 있으므로 그들의 인건비로 지불되면 거의 전액을 왜국 정부가 되찾아가는 꼴이다. 이는 결국 대한제국 정부는 이를 시정 개선에 이용도 못한 채 부채(負債)로만 떠맡는 결과가 되었음을 말하는 것이다. 이러한 부담을 안고도 이를 차용하여 시정 개선에 나선 것은 얼마나 대한제국 정부가 이에 대하여 열의를 가졌는가를 말하는 것이다.

같은 해 5월 11일조는 황제가 내부대신(內部大臣)의 인솔하에 각 도의 서기관으로 고용된 왜인 전원을 희정당(熙政堂)에 불러 정부의 개혁의지를 밝히고 "이등(爾等)은 동심육력(同心戮力)하여 관찰사(觀察使)를 보익(補益)하고 부윤군수(府尹郡守) 등을 지도(指導)하여 숙야정려(夙夜精勵)하여 기부짐의(期副朕意)케 하라."고 하명하는 기록을 담고 있다. 이는 강제된 협약에 의하여 고용된 왜인 관리의 위상을 말해 주는 것으로서 이들은 어디까지나 위로는 관찰사(觀察使: 지금의 도지사)의 지위를 보익하고 밑으로는 역시 소속 부윤(府尹: 지금의 시장)과 군수(郡守)를 지도하는 중간의 지위에 있었을 뿐이다. 여하간 이들은 행정상으로는 관찰사의 통제하에 있었던 것이다.

같은 해 4월 2일조는 학부직할하교직원령(學部直轄學校職員令), 학부직할학교급 공립학교관제(學部直轄學校及公立學校官制) 등 여러 법규의 개정과 함께 새롭게 '고등여학교령(高等女學校令)'이 공포된 기사를 싣고 있다. 이어 같은 해 5월 20일조에는 한성고등여학교(漢城高等女學校)의 개교에 즈음한 황후의 담화를 싣고 있으며, 다음날인 동월 21일조에는 비원(秘苑)에서 각 학교의 학생들과 특기를 가진 여학생들이 동원된 연합운동회가 황후와 각 각료 내외가 참석한 가운데 개최되었음을 기록하고 있다. 한성고등여학교 개교를 위한 황후의 담화는 우리나라 여성교육의 호시(弧矢)에 부쳐 나온 최초의 정부 측 의사란 점에서 기록될 만한 가치가 있는 것이다. 이 담화문에서 당시 정부의 여성교육에 대한 철학과 비전을 볼 수 있다. 전문을 소개하면 다음과 같다.

皇后下徽旨曰, 予는 惟컨대 列聖朝께옵서 文敎를 崇奬하사 士는 百行을 修하고 女는 三德을 尙 하여 國이 治하고 家가 和하니 世級이 日降하고 實學이 漸微하여 國家文明으로 하여금 마침내 世界에 後가 되니 甚히 慨歎하는 바라. 光武維新以來로 軫念하사 新學을 興하시고 今皇上登極後에 其緖를 紹하사 實地에 施하시니 學校가 蔚興하고 子弟가 奮勵라. 實로 國家를 爲하여 慶幸할바 이나 然이나 此는 男子에 止여금뿐이오 女子敎育에 至하여는 尙此施爲가 無하니 어찌 缺典여 國家리오. 대개 普通敎育은 男女의 別女여 無하니 女子는 嫁하얀 夫를 翼하고 家를 理하고 母되야는 子女를 扶育하는 責任을 負하고 恒常 家庭여 中心이 되어 一家의 幸福을 增進하고 此를 推하여 國運을 裨補읨 漸亦大할지니 國家가 어찌 女子敎育을 重要로 認치 國家리오. 予가 親히 師를 延하고 敎를 受하여 一般女子로 하여금 予를 標準케 하기를 期하더니 今에 政府로서 高等女學校를 漢城에 創設함重要로로 予意를 獲읨 라. 其父兄되는 者는 此意를 克體하여 其女兒로 하여금 舊俗에 謬習을 株守치 勿하고 學校에 入하여 敎育을 受케 할지어다. 此가 獨히 一己만 爲할 뿐 아니라 實로 聖旨를 仰副함이니 조哉이다.

여기서는 광무유신(光武維新) 이래로 신학(新學)을 발흥(勃興)시켜 왔다고 하고 또 학교가 울흥(蔚興)하였다 하여 이미 이 시기에 이르러서는 남자를 위한 학교는 날로 증가, 번창하고 있는 것으로 평가하고 있다. 그러나 황후는 여성을 위한 교육은 중대성의 인식에도 발흥하지 못하였다고 개탄하고, 몸소 근대 여성교육을 받아 스스로 표준이 되어 여성교육이 발흥하기를 기하여 왔다고 자평하고 모든 부형(父兄)은 자신의 여아를 새로 청설한 한성고등여학교에 보내 교육을 받도록 할 것을 권고하고 있다. 이에 따르면 여성교육을 위한 제도와 시설의 설립은 대한제국 정부가 오래전부터 계획하여 오던 숙원사업의 하나였던 것을 알 수 있다.

같은 해 6월 13일조는 유생(儒生)도 신학문(新學問)을 배우기를 원한다고 하고 이를 곧 실시한다는 기사를 싣고 있고, 같은 해 7월 16일조는 외국어학교의 외국인교사 핼리팩스, 프램턴(夫岩敦, Herrn Framton), 볼얀(佛耶安, J. Bolljahn), 마르텔, 두방역(杜方域), 학부서기관(學部書記官) 민건식, 김한규, 대한의원(大韓醫院) 학감(學監) 지석영 등 교육인사에게 훈장을 수여하고 있다. 이어 같은 해 11월 12일조는 초빙된 외국인의 귀국여비조로 1,000원을 책정하고 있고, 다음 해인 융희 3년 1월 12일조는 황제가 지방순시 중 대구 달성공원(達成公園)에서 각 학교 학생들이 모여 하는 운동회를 순람한 기사와 함께 경기(京畿), 충북(忠北) 등 각 도관찰사(道觀察使)에게 '교육실업장려비(敎育實業奬勵費)'로 충용(充用)하도록 7,000원을 하사하는 기사를 담고 있다. 또 같은 해 4월 2일조는 평안남도 관찰사 이진호로 하여금 평양고등학교 교장의 직을 조치하도록 기록을 남기고 있고, 같은 해 6월 1일조에는 황후가 수원권업모범장(水原勸業模範場)을 순람하고 잠업을 장려하는 훈시를 하고 있다. 대구의 운동회, 평양의 고등학교, 수원의 권업모범장 등의 기사는 이 시기에 이미 지방에도 널리 학교가 확산되어 있었음을 말해 주고 있다.

융희 3년 8월 30일조와 9월 15일조는 각각 군부(軍部)와 육군무관학교(陸軍武官學校)가 폐지되는 기사를 실어 주권국가의 핵심이 되는 군부가 폐지됨으로써 왜국의 식민지화 일정이 훨씬 진행되어 종말이 목전에 다가와 있음을 보여 주고 있고, 결국 융희 4년 8월 22일조에는 병합조약이 강제된 사실이 은폐된 채 그 조약문서의 전문을 게재하고 있다.

대체로 여기까지가 고종, 순종의 두 실록이 말해 주는 대한제국 정부의 교육개혁에의 헌신에 대한 기록의 전부다. 여기에 나타난 기록은 매우 단편적이기는 하나 이들 기록을 통하여 이제까지 식민지 당사자인 왜인이 꾸며 놓은 악의에 찬 기록과는 달리 당시의 대한제국 정부가 얼마나 교육개혁에 열정을 보여 왔나를 대체로 짐작할 수 있다. 이들 실록에서 보여 준 바와 같이 교육에 대한 열의가 있었기에 그것이 당시의 구국운동과 연결되어 교육개혁을 추진하는 힘이 되었던 것이다.

물론 이 두 실록은 왜인에 의하여 그것도 수탈이 본격화된 식민기에 작성, 정리되었다는 점에서 적지 않은 왜곡과 첨삭이 있었을 것으로 사료되지만, 지금으로서는 이를 정확하게 규명할 방법이 없다. 다만 미흡한 점은 대한제국 정부 기록인 『승정원일기(承政院日記)』, 『일성록(日省錄)』, 『계제사일기(稽制司日記)』 등 주요 사료에 대한 꾸준한 연구와 관찰이 보완해 줄 것이라 믿으며, 이는 나아가 왜곡과 무책임으로 얼룩진 한국의 근대교육사를 한 발짝 더 사실에 접근시켜 줄 것이다. 그러나 이 글에서는 협정과 관련하여 교육개혁을 위한 당시의 정황을 탐색하기 위해 이 두 실록을 탐색하는 것으로 만족할 생각이다.

(3) 대한제국의 외교문서

당시의 대한제국 정부가 오직 왜국과만 교육외교를 맺고 있어 왜국의 교육정보만 가지고 있었던 양 생각하고 있는 사람도 있는 듯하나 사실은 그렇지 않았다. 대한제국 정부의 1885년 1월 27일자 158호 외교문서는 국립의 의료기관이자 동시에 의학교육기관인 제중원의 설립과 관계되는 문서로서, 조선과 미국 두 정부 사이에 있었던 대표적인 교육외교 사례다. 같은 해 6월 19일자 204호 외교문서는 역시 미국과 있었던 또 다른 하나의 대표적인 교육외교문서로서 여기서는 조선 조정이 상당한 고용조건을 붙여 미국인교사를 고용할 양으로 미국 측에 추천을 요청하고 있다. 이 외교접촉을 통하여 앨런, 시기안돈(時奇安敦), 데니, 커민스(巨民, Cummins) 등 많은 미국인 교사가 조선에 고용되기에 이른다.

같은 해 7월 31일자 167호의 외교문서는 독일정부와 있었던 대표적인 교육외교문서로서, 이로써 한국인교사가 독일공관에 채용되고, 독일인 극립불방(克立弗邦)과 격노사(格老斯)였던 해관(海關)과 전원국(電源局)교사로 고용된다. 또한 1886년 9월 9일자 383호의 외교문서는 영국 측 교육외교문서로서 해임된 영국인교사 해리법극사(海里法克斯)의 구제를 요청하는 내용으로 훨씬 이전부터 영국과 교육외교가 있었음을 말해 주고 있다. 1888년 7월 2일자 40호와 1890년 2월 19일자 232호의 외교문서는 프랑스 측의 것으로, 전자는 프랑스학당(法國學堂)의 학생 문제를 거론하는 내용을 담고 있다. 후자는 프랑스에 유학하고 있는 한국학생의 귀국 문제를 다루고 있다. 이는 이미 조선이 프랑스와는 외교를 전개하고 있어 서울에 프랑스와 관계되는 교육기관이 있었던 것과 프랑스에 한국 유학생을 보내고 있었던 것을 알려 준다. 물론 많지는 않으나 이 기간 왜국과도 교육외교가 있었던 것은 사실이다.

이상과 같이 당시의 조선 조정은 다양한 나라와 교육외교를 통하여 무리 없이 조용하게 교육개혁을 진행시키고 있었고, 이러한 경향은 왜국이 강제로 1905년 외교권을 박탈하기 전까지 계속되고 있었다. 이 시기만 해도 왜국은 한반도에서 가까운 지역에 위치하여 다른 나라들보다 군대를 쉽게 동원할 수 있다는 이점과 신식별기로 무장하고 있었다는 군사적 우위를 빼놓고는 교육은 물론 전반적으로 후진성을 면하지 못한 보잘것없는 단계에 있었다. 교육만 하더라도 '학제(學制)'라 하여 1872년에 단행된 교육개혁이 많은 시행착오를 거듭해 오다가 20여 년이 경과한 무렵에서야 겨우 정착되어 갔다. 당시의 대한제국 정부가 왜국보다 다른 열강들과 활발한 교육외교를 전개한 것도 이러한 이유가 배경에 있었다고 할 수 있다. 이러한 정황을 잘 알고 있는 정치 엘리트들로서는 기왕 외래제도(外來制度)와 문화, 기술을 받아들이려면 보다 우월한 나라들에서 받아들이고 싶었을 것이기 때문이다. 바로 이러한 대한제국 정부의 노력을 왜국은 두려워하였던 것이다. 그러므로 왜국은 대한제국의 외교권을 박탈하고 대한제국 정부의 다양한 교육외교가 침략계획에 방해가 된다고 판단하여 이를 적극적으로 차단하고 독점하여 그들의 미숙한 제도와 문화를 일방적으로 주입하려 하였다.

제2차 협약 이후의 교육외교를 관찰하면 대체로 왜인을 제외하고는 외국인을 한국교육에서 추방하는 내용이 주를 이루고 있다. 제2차 협약부터의 외국문서는 대한제국 정부의 외교문서가 아닌 왜국 외교문서에 포함되어 있으므로 여기서는 논의의 대상이 되지 않는다. 그러나 제1차 협약기간의 대한제국 정부 외교문서에서 그 전초로 그들의 영향 아래 남겨진 추방기록이 있다. 1905년 11월 2일자 3203호의 외교문서는 미국인 교사 흘법(訖法)의 해고통지문서이고, 같은 해 11월 28일자 3209호 문서는 미국공관 철수에 따른 폐견(陛見)을 요청하고 있다. 같은 해 3월 18일자 302호, 5월 18일자 2074호, 5월 11일조 2077호 등은 프랑스인의 해고와 관계되는 외교문서다. 같은 해 1월 20일자 258호는 비국인(比國人, Begique)의 해고를 알리고 있다.

이 기간 왜국과의 외교문서는 다른 나라들과의 교육외교가 감소되는 것과는 달리 날로 증가하고 있다. 1904년 10월 3일자 8337호는 학부대신(學部大臣) 이재극의 왜국 시찰을 알리고 있고, 같은 해 10월 7일자 8347호는 한국의 국비유학생 50명의 명단과 함께 왜국 정부를 상대로 이들의 전문학교 입학을 교섭하는 내용을 담고 있다. 같은 해 2월 13일자 8479호와 8481호, 같은 해 3월 23일자 8530호, 같은 해 7월 7일자 8787호 등 다수의 외교문서는 왜인이 새롭게 전문가나 교사 자격으로 대한제국 정부에 고용되는 문서다.

왜국의 방해에도 대한제국 정부는 이에 대항하여 개혁의지를 유지하려 노력하였다. 1904년 1월 27일자 8465호는 대한제국 정부의 한어교사(漢語敎師)에 대한 독자적 계약갱신을 항의하는 왜국의 문서이나 이를 강행하였고, 같은 해 8월 17일자 8856호는 모두 왜국의 항의문서이나 대한제국 정부는 독어교사(獨語敎師) 볼얀과 프랑스어 교사(法語敎師) 마르텔의 계약갱신을 강행하였다.

교육외교와 관련해서 조선 조정과 대한제국 정부는 다양한 국가와 접촉하고 다양한 외교를 통하여 얻어 낸 다양한 교육정보를 토대로 교육개혁을 진행하려고 노력하였다. 왜국은 시정 개선을 앞세워 대한제국 정부를 괴롭혀 왔지만 실제 시정이 개선되는 것을 두려워하고, 대한제국 정부의 교육개혁 노력을 철두철미하게 방해하였으며 오히려 대한제국의 정치적 · 문화적 예속을 노려 그들의 미숙한 저질제도와 문화만을 강제로 수용하게 하려 하였던 것이다. 그러나 대한제국 정부는 가능한 한 독자적 외교를 전개하고자 하여 이에 저항하였다.

5 결 론

이제까지 1900년대 초 대한제국 정부와 왜국 정부 사이에 있었던 협약들과 한국의 교육개혁의 관련성을 검토하여 왔다. 이를 통하여 1907년 7월 제3차 협약이 있기 전까지는 외교와 재정 두 영역을 제외한 모든 영역이 대한제국 정부의 주권에 속해 있었음을 확인할 수 있었다. 협약문의 문맥상 외교와 재정영역에 왜국이 승인하는 자와 왜인을 고문으로 앉혀야 했기에 외교영역은 미국인이, 재정영역은 왜인이 고문으로 구성되어 있었으므로 이것으로는 도저히 왜국이 대한제국 정부가 독립적으로 의사결정권을 행사하여 주도적으로 진행시킨 개혁이라 할 수 없는 것이다.

이러한 개혁이 대한제국 정부의 주도하에 가능하였던 것은 대한제국 정부가 지닌 완숙한 경험이었다. 이 시기에 한반도에는 제한적이기는 하지만 실학으로 싹튼 개혁의 기반이 이미 이루어져 온 데다가 개항 이후 많은 나라와 외교 접촉을 통하여 그들을 현직에 고용한다든지 아니면 그들 나라에 직접 가서 봄으로써 몸소 그들의 문물을 접하여 새로운 경험을 많이 쌓았으며, 1894년부터 십여 년간을 근대학교제도를 직접 운영해 오는 과정에서 비교적 근대학교제도 운영에 익숙해 있었던 것이다.

1907년 7월 이후의 교육개혁은 그다지 활발하게 진행되지 못하였다. 시정 개선을 내세워 대한제국 정부를 괴롭히던 왜국은 막상 그들의 영향력이 크게 확대된 즈음에 이르러서는 좀처럼 움직이지 않았다. 고종, 순종의 두 실록과 외교문서 등 조선조와 대한제국 정부의 기록은 당시 정치 엘리트들이 교육개혁에 얼마나 열정을 가지고 심혈을 기울였는가를 잘 보여 주고 있다. 대한제국 정부는 여성교육과 실업교육 등 한국사회의 교육발전에 열의를 보인 데 반하여, 왜국은 군부와 문관학교를 해체하고 사립학교를 통제하는 등 발전을 억제하는 제도를 만드는 데 광분하고 있었다.

이제까지 식민사관에 의해 이어져 온 대부분의 역사 저술은 이 협약과 관련하여 내용과 사실의 검토 없이 식민지 관리자가 식민지정책을 정당화할 양으로 조작해 만든 선동문서를 자료로 하여 평판이 좋은 것은 왜국 자신이 했다고 하고, 그렇지 않은 것은 서툰 대한제국 정부가 했다고 함으로써 한국교육사는 물론 역사 전체를 왜곡, 오도하여 왔다. 이 글은 그 왜곡되고 오도된 한국의 교육사를 바로잡는 노력의 일환이다.

참고문헌

高麗大學校亞細亞問題硏究所, 舊韓國外交文書(1～22卷), 1965-1973.

國會圖書館, 韓末近代法資料集(I-II), 1971～1973.

內閣記錄局, 法規類編(1～7권), 隆熙2年.

內閣記錄局, 法規類編(原), 建陽元年 1月.

吳天錫, 韓國新教育史, 現代教育圖書, 1964.

議政府總務局, 法規類編(續一), 光武 2年, 5年.

李萬珪, 朝鮮教育史(上, 下), 乙酉文化社, 1949.

李丙燾, 新修韓國史大觀, 普門閣, 1972.

拙論, '舊韓國政府의 外交와 教育'. 教育論叢(第14集), 高大師範大學, 1984.

拙著, 韓國近代教育法制硏究, 高麗大學校民族文化硏究所, 1984.

제5장

근대 초기의 정치사회화

- 대한제국 교육법제를 중심으로 -

1 근대 초기의 정치사회화

폐쇄된 국가이든 개방된 민주국가이든 그 밖의 어느 쪽에 속하든 국가는 국민을 그가 지향하는 이념과 목표, 규범과 제도 등 고유한 문화에 통하게 하지 않고는 존립, 유지되기 어렵다. 환언하면 근대 국가체제에서는 국가의 존립과 유지, 발전을 위해 국민의 정치사회화가 필연적이라고 말할 수 있다.[1] 엄격하게 말하면 국민의 정치사회화란 국민교화(國民敎化)를 뜻한다. 국가가 선택한 이념과 규범체계, 문화일반에 대하여 국민을 교화, 통합하여 국민 간의 갈등을 해소하고 협력을 확보하여 국가의 존립과 유지 그리고 나아가 영속과 발전을 도모하는 것이다.

정치사회화의 기능은 모든 교육수단, 이를 테면 가정, 지역공동체, 학교 등이 담당하는 것이 일반적이나 그중에서도 학교교육이 그 기능 ― 잘 짜인, 조직적이라는 점에서 ― 을 가장 효율적으로 전담한다. 오늘날의 학교교육에서 정치사회화의 관제는 과학, 기술교육과 함께 교육과정의 핵심을 이룬다. 현대국가들은 학교교육을 통하여 인격이 형성되고 있는 아동에게 국가가 표방하고 지향하는 정치적 · 사회적 신념과 제

1) R. E. Dawson, and others, Political Socialization(Little, Brown and Com., 1977), pp. 1-13.

도를 비롯하여 승인된 가치와 규범 그리고 태도, 나아가 자국의 언어와 역사, 지리 등 국민문화 일반을 학습하게 하여 국가에 헌신하는 애국적 국민을 양성하는 데 주력하고 있는 것이다. 어느 나라도 국가에 헌신하는 애국적 국민을 확보하지 않고는 국가 그 자체가 존립할 수 없기 때문이다.

그렇다면 왜 국가는 그 자체에 헌신하는 애국적 국민을 조작적으로 만들어 가면서까지 존재해야만 하는가 하는 물음이 하나의 문제로 남을 수 있다. 이에 대한 해답은 장황한 설명을 필요로 하는 것이지만, 국가란 구성원인 국민 공동의 이익을 보장하고 그 부분 사회의 분쟁을 최종적으로 해결하는 수단이라는 데 존재의 의의가 있다.[2] 그러므로 국민교화의 형식으로 진행하는 정치사회화는 그 자체가 국가의 존립과 유지, 영속을 위해서 있는 것이지만, 근본적으로는 국민을 위하여 있는 것이라 할 수 있다. 국민에게는 그가 속하는 국가를 보존하는 것이 각자의 이익을 보장할 수 있게 할 뿐 아니라 자신의 생존을 유지하는 수단이 되는 것이다. 국민은 국가라는 수단을 통해서만 생존을 위해 공익을 확보하고 분쟁을 해결할 수 있기 때문이다.

이와 같은 이유에서 세계의 모든 근대국가는 전체국가이든, 민주국가이든, 어느 체제에 속하든 간에 예외 없이 국가의 존속과 발전, 나아가 국민의 복리를 위해 교육을 통하여 국민교화의 정치사회화에 힘을 기울여 왔다.

우리나라도 이 점에서는 예외가 아니다. 1894년 갑오경장(甲午更張) 개혁을 통하여 근대국가 체제를 갖춘 대한제국 정부는 1895년 근대학교제도를 마련하고 국민교육에 착수하였다. 이후 학교교육을 통하여 정치체제의 변화에도 줄곧 국가가 선택한 정치이념과 사회제도, 여러 가치 등 문화 일반에 대하여 국민 각자가 내면화하도록 하는 정치사회화에 힘을 쏟아 왔다.

그러나 이 땅에 사는 일반 상식인의 시각은 실제 정치사회화의 국민적 기여에도 이러한 노력이 어느 특정 시대에만 있는 양 잘못 인식하고 있는 경우가 많다. 이러한 인식의 소유자일수록 국가와 정권을 분류하는 이분법을 사용하여 정치사회화의 노력을

---

2) 福武 高 외, 社會學事典(有斐閣, 1974), pp. 257-258.

오직 정권을 유지하기 위한 수단으로만 이해하고 이를 비도덕적 행위로 규정하기 일쑤다. 이러한 경향은 우리가 경험하여 온 근대식민사의 영향이라고는 할 수 있으나 정치사회화의 과정을 단순히 정권 유지의 수단이라는 편견만으로 이해할 때, 결과적으로 국가 존립을 위태롭게 하여 국민의 공익은 물론 부분 사회의 분쟁을 해결하지 못하게 될 것이다. 이러한 경향은 그릇된 편견이다.

이러한 편견을 불식하기 위하여 1895년 이래 우리나라가 근대학교제도를 통하여 전개하여 온 정치사회화의 실상을 확인하고 이를 저울질하여 앞으로 효율적인 정치사회화에 기여해야 한다. 이를 위하여 우선 대한제국의 정치사회화가 어떻게 진행되었나를 살펴볼 생각이다.

이 시대의 정치사회화 관제는 우리나라가 근대국가로 발돋움하던 초기의 것이기 때문에 다소 미숙하기는 하지만 그 과제의 실상을 탐구하여 보는 일은 자못 흥미롭기도 하다.

❷ 교육제도에서의 정치사회화

대한제국 정부는 1895년 2월(음력) '교육조서(敎育詔書)'를 발표하고 근대학교제도 확립에 착수하였다.[3] 대한제국 정부는 "교육이 실로 국가보존(國家保存)하는 근본(根本)'임을 인식하고 '학교를 관설하고 인재를 양성함은 이신민(爾臣民)의 학식(學識)으로 국가의 중흥대공(中興大功)을 찬성(贊成)하기 위함이라."고 하여 근대학교 추진의 목표가 국가의 중흥대공 이른바 국가 발전에 있음을 명백히 하였다. 이 조서(詔書)는 "이신민(爾臣民)은 충군애국(忠君愛國)하는 심정으로 이덕(德), 이체(體), 이지(智)를 양(養)하라." 하고 호소하고 "왕실(王室)이 안전함도 이신민의 교육에 재(在)하고, 국가의 부강함도 이신민의 교육에 재하니 이신민의 교육이 선미(善美)한 경(境)에 저치

3) 內閣記錄局, 法規類編(4編), pp. 1-3.

못하면 짐(朕)이 어찌 갈오되 짐의 치가 성하다 하며 짐의 정부가 어찌 감히 갈오되 그 책(策)을 진(盡)하다 하리오." 하였다. 대한제국 정부는 정부의 공식입장으로 교육조서를 통하여 근대학교제도의 초두부터 '충군애국(忠君愛國)'의 정치사회화 과제를 천명하고 있는 것이다.

정부의 공식입장으로서 교육조서에서 천명한 정치사회화의 과제는 교원양성과정과 일반교육과정에서 어떻게 나타나는지 살펴보기로 하자.

1) 교원양성제도에서의 정치사회화

대한제국 정부는 최초로 1895년에 '한성사범학교관제(漢城師範學校官制)'에 의한 교원양성제도로서 한성사범학교(漢城師範學校)를 설립한 이래 여러 차례 제도를 개선했으나 정치사회화와 관련해서는 당시의 정치국면과 관련해 크게 두 번이나 제도에 변동을 가하고 있다.

그 하나는 1906년 8월 전면 개정, 공포된 '사범학교령(師範學校令)'과 '사범학교령시행규칙(師範學校令施行規則)'이 나타난 때이고, 다른 하나는 1909년 4월 개정 사범학교령과 그 시행규칙에서다.

우선 최초에 나타난 한성사범학교관제에서는 정치사회화를 어떻게 다루고 있나? '한성사범학교관제(1895. 4. 15., 칙령 79호)'에 의하여 설립된 최초의 교원양성기관으로서의 한성사범학교는 '한성사범학교규칙(1895. 7. 23., 학부령 1호)'에서 새롭게 교원으로 양성될 요원에게 정치사회화를 어떻게 진행할 것인가를 밝히고 있다.

이 교원양성 기간에 훈련되는 예비교원은 무엇보다 먼저 '충량공검(忠良恭儉)'해야 하고, '신애위중(信愛爲重)'하는 기질을 갖추어야 하며,[4] 수신(修身), 교육(敎育), 국문(國文), 역사(歷史), 지리(地理), 수학(數學), 물리(物理), 화학(化學), 박물(博物), 습자(習字), 작문(作文), 체조(體操) 등의 여러 교과, 그중에서도 수신, 국문, 역사, 지리 등과

---

4) 한성사범학교규칙(개국 504년 7월 23일, 학부령 1호), 제1조.

같은 정치사회화를 위한 도구교과(道具敎科)를 필수적으로 학습해야 했다.[5)]

수신교과(修身敎科)는 과목 자체가 '인륜도덕(人倫道德)'의 기본을 가르치는 도덕교과란 점에서 정치사회화의 기본교과이며, 국문교과(國文敎科)는 국어교과 그 자체로서 모국어교육이 핵심이란 점에서 정치사회화의 주요 도구교과다. 역사와 지리 등의 교과에서는 '본국 역사(本國歷史)'와 '본국 지리(本國地理)'를 학습하였다는 점에서 자국의 문화 일반과 지리적 환경에 애정을 갖게 하여 정치사회화의 목적을 달성할 수 있는 교과로 기능하였다 할 수 있다. 교원양성에서의 정치사회화는 이 도구교과에서보다도 '한성사범학교 교육요지(漢城師範學校敎育要旨)'에서 더욱 명백히 하고 있다. 이를 소개하면 다음과 같다.[6)]

1. 정신을 단련하여 덕조(德操)를 마련함은 교원(된) 자의 중요한 바라. 고로 학원(學員)으로 하여금 평소에 차(此)에 용의(用意)함을 요함.
2. 존왕애국(尊王愛國)의 지기(志氣)에 부(富)함은 교원(된) 자의 중요한 바라. 고로 학원으로 하여금 평소에 충효(忠孝)의 대의(大意)에 명(明)하며 국민의 지조(志操)를 진기(振起)함을 요함.
3. 규율(規律)을 수(守)하여 질서를 보(保)하고 사표(師表)될 위의(威儀)를 구함은 교원(된) 자의 중요함이라. 고로 학원으로 하여금 평소에 장상(長上)의 명령과 훈회(訓誨)에 복종하며 기거(起居)의 언동(言動)의 정(正)함을 요함.
4. 신체의 건강은 성업의 기본이라. 고로 학원으로 하여금 평소에 위생에 유원으로 체조를 면(勉)하여 건강에 증진함을 요함.

이상의 사범학교 교육요지 중 4번을 제외한 1번에서 3번까지는 모두 정치사회화의 과제다. '정신을 단련하여 덕조를 마련함'이라 한 것은 윤리적 가치와 규범의 내면화를 가리킨 것이고, '존왕애국의 지기에 부함'이라 한 것은 당시의 정치 사회제도의 수

5) 위 규칙, 제7조.

6) 위 규칙, 제13조.

용을 의미하며, 이를 다시 "충효의 대의에 명하며 국민의 지조를 진기함"이 필요하다 한 것은 당시의 군주제와 가부장제를 위한 정치사회화의 핵심이라 할 수 있다. "규율을 수하며 질서를 보하고 사표될 위의를 구함"이라 한 것은 법과 질서를 지키고 보존하여 스승으로서의 모범을 보일 수 있게 위엄(威嚴)과 의용(儀容)을 갖추라고 한 것으로 첫째 항목에서와 같이 사회규범을 내면화하여 이를 지키라고 한 사회화의 과정을 담고 있는 것이다. 이 중에서도 '존왕애국', '충효(忠孝)', '국민의 지조(志操)' 등은 정치사회화의 근간을 형성하는 개념이다.

정치사회화의 과정은 1906년 전면 개정된 「사범학교령」과 「사범학교령시행규칙」에서도 거의 똑같이 나타나 있다. 다만 '존왕애국'이 '존군애국(尊君愛國)'으로, '장상(長上)'을 '장자(長者)'로 바뀌어 표기되는 등 약간의 자구 수정(字句修正)이 있기는 하나 교원양성과정에서의 철저한 정치사회화의 입장을 그대로 유지하고 있다.[7] 특히 '존왕'이 '존군'으로 바뀐 것은 조선에서 대한제국으로 국호가 바뀐 것과 관련하여 왕이 황제로 직위를 바꾼 것과 깊은 관계가 있다. 그러나 이때는 '을사보호조약(乙巳保護條約)'이 강제된 1905년 이후의 일로 침략자들의 통감부까지 설치되어 있는 시기였다. 어쩌면 정치사회화의 과정이 방해를 받았을 수도 있었으리라 가정할 수 있는 시기였으나 그럼에도 「사범학교령시행규칙」은 사범학교 교육의 요지로서 교원후보자에 대한 정치사회화의 의지를 분명히 하고 있다. 그것도 보호조약이 강제된 직후의 상황에서 새롭게 제정된 교원양성제도에서 천명하고 있다는 점은 매우 주목할 만한 것이다.

그러나 1909년 7월 5일자로 학부령 3호에 의하여 또다시 개정된 '사범학교령시행규칙'은 '각학과목(各學科目) 교수요지(教授要旨)'에서 수신교과를 다음과 같이 가르칠 것을 명백히 하고 있다.[8]

> 수신(修身)은 도덕상(道德上)의 사상(思想) 급 정조(情操)를 양성하며 실천이행

---

7) 사범학교령시행규칙(광무〈光武〉 10년, 학부령 20호), 제4조.

8) 위 시행규칙[융희(隆熙) 3년, 학부령 3호], 제4조.

(實踐履行)을 권장(勸奬)하며 사표(師表)되는 위의(威儀)를 구(究)케 하며 차(此) 보통학교(普通學校)의 수신교수(修身敎授)에 필요한 지식을 여(與)하고 그 교수하는 방법을 획득케 함으로써 요지(要旨)로 함.

수신은 효제충신(孝悌忠信)을 종지(宗旨)로 하고 초차는 학원 일상의 행위를 인하여 도덕의 요령을 교시(敎示)하고 우 예법(禮法)을 교수하되 진(進)하여 수신제가(修身齊家)의 도(道)를 교(敎)하여 충군애국(忠君愛國)의 의를 정히 하여 행하야 공덕(公德)을 중히 하며 이용후생(利用厚生)의 도를 상함을 지(知)케 하여 현행제도에 관한 수지사항(須知事項)의 대요를 교수함이 가(可)함.

이 인용에서 확인할 수 있는 바대로 도덕교과인 '수신'에서 '효제충신'의 유교적 윤리관을 도덕교육의 종지로 하고 있을 뿐 아니라 '충군애국의 의'를 바르게 해야 한다고 한 것은 실제 교수에서 정치사회화의 내용을 세밀하게 구체화하였다는 점에서 큰 의의가 있다. 더구나 이 시기는 우리의 국권이 박탈되는 1910년 8월보다 1년을 앞선 때로 대한제국 정부의 정치사회화의 공식의지가 법령의 형식으로 나타나 있는 것은 주목할 만한 가치가 있다. '효제충신'이든 '종군애국'이든 모두 국민형성(國民形成)을 위한 정치사회화의 강한 표현인 점에서는 이의를 제기할 수 없을 것이다. 정부의 일각에서 왜인 관리가 채용되고 사회, 경제, 정치 모든 영역에 침략세력의 마수가 미치지 않은 곳이 없는 살벌한 상황에서도 교원양성기관인 사범학교에서는 교원후보생에게 '충군애국'의 애국심을 심어 줌으로써 이들로 하여금 장차 담당하게 될 2세 교육에서도 같은 애국심을 고취할 수 있게 의도하고 있었던 것이다. 이러한 정부의 의도는 이듬해 8월 왜국 침략세력에 의한 국권의 박탈과 함께 좌절되고 말았으나 이는 1895년 근대학교제도가 출범한 이래 줄곧 교원양성제도에서 보여 준 정치사회화의 노력이라고 말할 수 있다.

그러면 이어 초·중등과정에서는 정치사회화의 노력이 어떠하였는가를 살펴보기로 하자.

2) 초 · 중등교육에서의 정치사회화

대한제국 정부는 1895년 4월 한성사범학교를 설립하고 이곳에서 교원이 배출되는 시기를 기다려 시간차를 두고 같은 해 7월에 '소학교령(小學校令, 1895. 7. 19., 칙령 145호)'을 제정, 초등교육단계의 소학교를 개설한다. 다시 소학교에서 졸업생이 생기는 시기를 기다려 이를 이어 받을 중동교육단계의 학교인 중학교를 1899년 4월 '중학교관제(中學校官制, 칙령 11호)'를 제정함과 함께 개설한다. 그러나 이러한 학교제도는 1906년 전면 개편되어 「보통학교령(普通學校令, 1906. 8. 27., 칙령 44호)」과 「고등학교령(高等學校令, 1906. 8. 27., 칙령 42호)」이 제정되면서 소학교와 중학교는 다시 각각 보통학교와 고등학교로 바꾸어 부르게 되었다. 그러므로 이들 초, 중등학교의 정치사회화 전개과정을 탐구하는 일은 이들 학교단계를 나누어 각각 설명하려고 한다.

(1) 초등교육의 정치사회화

소학교령은 제1조에서 소학교의 목적을 다음과 같이 규정하고 있다.

> 소학교는 아동신체(兒童身體)의 발달에 감(鑑)하여 국민교육(國民敎育)의 기초와 그 생활상 필요한 보통지식(普通知識)과 기능(技能)을 수(授)함으로써 본지(本旨)를 함이라.

이 목적에서 '국민교육'은 국가에 대하여 애정을 가지고 헌신하는 '국민 형성'을 의미하는 것으로 국민이 되기 위한 기초를 가르친다고 한 것은 곧 정치사회화를 목적으로 하고 있음을 말하는 것이다. 정치사회화의 의도는 소학교령의 하위법으로써 이를 보완하기 위해 제정된 '소학교교칙대강(小學校敎則大綱, 1896. 8. 12., 학부령 2호)'에서 더욱더 명백히 되어 있다. 여기서도 수신교과가 주로 정치사회화의 도구교과로 동원되었다는 점은 다를 바 없다. 이를 소개하면 다음과 같다.[9]

수신(修身)은 교육에 관한 조칙(詔勅)의 지취(旨趣)에 기하고 아동의 양심을 계도(啓導)하야 그 덕성(德性)을 함양하고 인도를 실천하는 방법을 수(授)함을 요지(要旨)로 함.

심상과(尋常科)에(서)는 효제(孝悌), 우애(友愛), 애경(愛敬), 인자(仁慈), 신실(信實), 의용(義勇), 공검(恭儉) 등(을) 실천하는 방법을 수하고, 별(別)로히 존왕애국(尊王愛國)하는 사기(士氣)를 양(養)함을 무(務)하고 또 신민(臣民)으로서 국가에 대하여 책무(責務)의 대요(大要)를 지시(指示)하고 겸(兼)하여 염치(廉恥)의 중(重)함을 지(知)케 하고 아동을 유액(誘掖)하여 풍속(風俗)과 품위(品位)의 순정(純正)에 취(醉)함을 주의(注意)함이 가(可)함.

고등과(高等科)에(서)는 전항(前項)의 지취(旨趣)를 확(대)하여 도야(陶冶)의 공(功)을 뇌고(惱苦)케 함을 무(務)함이 가(可)함.

여학생은 별로히 정숙(貞淑)한 미덕을 양(養)케 함이 가함. 수신(修身)을 수(授)하는 시(時)에는 근이(近易)한 이언(俚諺)과 가언(假諺)과 선행(善行) 등을 예증(例證)하여 권계(勸戒)를 시(示)하고 교원이 몸소 아동의 모범이 되어 아동으로 하여금 침윤(浸潤) 동염(同染)케 함을 요함.

초등교육단계의 소학교에서 직접 정치사회화를 위하여 종사할 사람은 이미 한성사범학교에서 이를 위한 기초적인 교양을 쌓은 교원들로 구성되어 있다. 이는 앞에서 사범학교의 정치사회화 과정을 관찰할 때 확인한 바 있다. 그러나 '소학교교칙대강(小學校敎則大綱)'은 다시 초등교육단계에서 정치사회화를 어떻게 전개하여 갈 것인가를 명백히 하고 있다. 앞 인용에서 볼 수 있는 바와 같이 정치사회화의 도구교과인 수신교과에서 '교육에 관한 조칙', 이른바 1895년의 '교육조서'의 취지에 정치사회화의 바탕을 두어야 한다고 하고, 양심(良心)의 계도(啓導), 덕성의 함양, 인도(人道)의 실천 등을 가르쳐야 한다고 하였다. 이 조칙은 최초의 근대학교제도를 착수할 즈음 '충군

9) 소학교교칙대강(개국 504년 8월 12일, 학부령 2호), 제2조.

애국(忠君愛國)'하는 성심으로 지(知), 덕(德), 체(體)를 양성하라고 국민에 대하여 호소한 바 있다. 대한제국 정부는 근대학교의 운영에서 정치사회화를 하나의 운영 취지, 즉 목적으로 하고 있는 것이다. 이러한 교육의 기본 목적에 따라 초등교육의 초급 단계인 심상과(尋常科)에서는 효제(孝悌), 우애(友愛), 애경(愛敬), 인자(仁慈), 신실(信實), 의용(義勇), 공검(恭儉) 등의 덕목과 함께 '존왕애국'의 사기(士氣)와 국가에 대한 국민의 책무를 가르치도록 하였고, 이 위 단계인 고등과에서는 그 정도를 높여 '도야(陶冶)의 공(功)을 뇌고(惱苦)케' 하고 심화의 정정을 밝게 해 놓았다.

정치사회화의 방법까지 제시하고 있는 점 또한 주목할 만하다. '소학교교칙대강'에서는 '근이(近易)한 이언(俚諺)과 가언(假諺)과 선행(善行) 등을 예증(例證)'하고 '교원이 몸소 아동의 모범이 되어' 아동의 몸에 배어 물들도록 '침윤동염(浸潤同染)'케 한다고 교수방법을 명시하고 있다. 여기서 진행되는 정치사회화는 실천하는 행동교육이라고 말할 수 있다. 교원양성과정에서 보여 준 정치사회화와 초등교육단계에서 보여 준 정치사회화는 수미일관 서로 일치하고 있다는 점에서 정치사회화를 위한 교과운영에 조직성을 확인할 수 있다.

그러나 1906년 8월 전면 개정된 초등학교법인 '보통학교령'과 '보통학교령시행규칙(普通學校令施行規則)'에서는 정치사회화를 위한 구체적인 내용은 나타나 있지 않고 다만 보통학교의 목적에 대한 규정에서 '도덕교육'과 '국민교육'을 실시한다고 하고 있다.[10] 여기서는 '도덕교육'과 '국민교육'이 정치사회화의 포괄적 표현이라고 말할 수 있으나 '존왕애국'과 같은 직접적인 표현이 없다는 것이 하나의 특징이다. '도덕교육(道德教育)'은 종래 '수신'이라는 특정 교과에서만 시행하게 되어 있으나 모든 교과에서 일상으로 가르치도록 하고 있고, 특히 수신교과에서는 덕성의 함양과 도덕의 실천을 요지로 하고 덕의(德義)를 중시하는 습관을 길러야 한다고 규정하고 있다.[11]

비단 초등단계의 정치사회화 과정에 이를 취한 구체적인 덕목이 표기되어 있지 않더라도 교원양성과정에서 훈련된 교사가 이미 '존군애국'의 정신과 '충효의 대의'를 익

10) 보통학교령(광무 10년 8월 27일, 칙령 44호), 제1조.

11) 보통학교령시행규칙(광무 10년 8월 27일, 학부령 22호).

혀 국민으로서의 지조를 갖추고 있었으므로 이들이 교수하는 초등단계에서 굳이 '존군애국'이라든지, '충효의 대의'라든지 하는 정치사회화의 덕목을 새삼 강조할 이유가 없었을 것이라고 추측된다.

그러나 이 시기가 1905년 11월의 제2차 한왜협약이 강제된 직후에 있었던 교육제도 개선의 결과라는 점에서 침략세력의 의도에 따라 대한제국 정부의 정치사회화가 방해를 받지 않았는가 하는 추측을 할 수 있다. 그럼에도 이 협약은 단지 외교권에 대하여 침략세력이 영향력을 행사하도록 되어 있을 뿐이므로 비록 강제된 외교협약이라고 하더라도 교육이 그들의 손에서 좌지우지될 까닭이 그 안에는 없었던 것이다. 또한 관련 법에서 교원양성과정인 사범학교에서 명시적으로 정치사회화를 할 수 있도록 규정한 것을 보면 초등단계에서 정치사회화를 위한 구체적 규정을 찾아볼 수 없다 하여 이를 방해받았다거나 포기한 것으로만 이해할 수는 없다. 이는 1909년 7월에 개정된 '보통학교령시행규칙'에서 하나의 확증을 잡을 수 있다. 이 규칙은 수신교과의 교수 요지 설명에서 다음과 같이 규정하고 있다.[12)]

> 수신은 학교의 덕성을 함양하여 도덕의 실천으로서 요지로 함. 수신은 …… 국가 급 사회에 대한 책무의 일반을 지게 하고 여자에 대해서는 특히 정숙의 덕을 행함에 주의함이 가함.

1909년 나라가 풍전등화의 위기에 처한 시기에 개정된 초등교육의 법제에서조차 '국가(國家) 급(及) 사회에 대한 책무'를 가르칠 것을 명시하고 있다는 사실에서 대한민국 정부가 정치사회화를 강조하고 있었음을 엿볼 수 있다.

(2) 중등교육의 정치사회화

대한제국 정부는 1899년 뒤늦게 중등교육을 시작하였다. 이는 초등교육단계인 소

---

12) 보통학교령시행규칙(융희 3년 7월 5일, 학부령 6호).

학교에서 졸업자가 나는 것을 기다려 중등교육을 실시하려는 정부의 계획에 따른 것으로 소학교가 개교한 지 4년 만에 문을 연 것이다. 중등교육에 관한 법제는 최초에 '중학교관제'와 '중학교규칙'으로 시작하였으나 이후 1906년에는 '고등학교령'과 '고등학교령시행규칙(高等學校令施行規則)'으로 대신하고 있다.

초기의 중학교관제에서는 정치사회화에 관하여 어떤 규정도 하지 않고 있다. 다만 중학교 초급과정인 '심상과'에서는 윤리(倫理), 역사(歷史), 지지(地誌) 등의 교과가, 그 상급인 '고등과'에서는 경제, 법률, 정치 등의 교과가 제시되고 있을 뿐이다. 교과 내용에 따라 약간의 차이는 있을 수도 있으나 일반으로 정치사회화가 의도되었다고 추측할 수 있다. 그러나 정치사회화를 위한 대한제국 정부의 명시적인 의도가 밝혀져 있지 않은 것은 사실이다.[13)]

이러한 경향은 1906년 「고등학교령」에서도 마찬가지다.[14)] 「고등학교령시행규칙」은 수신, 역사, 지리, 법제 · 경제 등을 교과로 지정하고 있으나 법제 · 경제는 뺄 수도 있다고 되어 있고, 수신교과서에서조차 정치사회화에 관하여는 언급이 없다. 이러한 사실은 당시의 대한제국 정부가 중등교육에서만은 정치사회화에 소극적이었다고 할 수 있는 것이다. 이는 교원양성기관인 사범학교가 1909년 7월 개정된 「사범학교령시행규칙」에서까지도 '충국애국의 의'를 수신에서 강조하고 있는 것과 대조를 이룬다. 어떤 의미에서 이해하면 초등단계에서 이미 다져진 정치사회화를 중등단계에서 다시 반복할 필요가 없다고 생각했는지도 모를 일이다.

이제까지 교원양성과정인 사범학교와 초 · 중등과정인 소학교와 중학교 또는 보통학교와 고등학교에서 정치사회화가 어떻게 진행하여 왔는가를 살펴보았다. 이 정치사회화의 고정은 교원양성과정과 초등단계에서만은 꾸준히 강조되어 왔으나, 중등관

---

13) 중학교관제(광무 3년 4월 4일, 칙령 11호), 제1조. 중학교규칙(광무 4년 9월 3일, 학부령 12호), 제2관, 제2, 3조.

14) 고등학교령(광무 10년 8월 27일, 칙령 42호), 제1조. 고등학교령시행규칙(광무 10년 8월 27일, 학부령 21호), 제5조.
고등여학교령(융희 2년 4월 2일, 칙령 22호), 고등여학교령시행규칙(융희 2년 4월 7일, 학부령 9호)에도 정치사회화에 관한 명시적인 규정은 없다.

계에서는 특별히 강조하고 있는 부분을 찾아볼 수 없었다. 물론 중등과정의 교과 중 수신을 비롯하여 역사, 지지, 경제, 법률 등 교과 내용에서 정치사회화와 관련시켜 수업을 진행시킬 수 있는 교과가 설정되어 있어 법령의 형식을 빌리지 않더라도 이 교과만을 수단으로 정치사회화의 목적을 달성할 수는 있다. 그러나 법 제도에서만은 이를 명백히 하지 않고 있을 뿐이다. 그러나 적극적인 정치사회화의 규정이 따로 없으므로 중등교육에서만은 소극적이었다고 할 수밖에 없다.

❸ 결 론

정치사회화란 국가의 존립을 위하여 그에 속한 국민들의 마음에 통일된 이념과 목표를 심어주는 일을 말한다. 현재 국가는 국가에 헌신하는 국민을 형성하지 않고는 그의 유지 발전은 물론 존립조차 할 수 없다.

우리나라에서 근대국가가 탄생한 것은 조선 말기의 대한제국 정부가 수립되고부터이다. 1894년 새로운 근대국가 체제를 갖추고 출범한 대한제국 정부는 1895년 국민교육에 착수하여 국가에 헌신하는 국민을 형성하기 위한 정치사회화에 발 벗고 나서게 된 것이다.

교원양성기관인 사범학교와 초등단계인 소학교에서 명시적으로 적극적인 정치사회화를 전개하였고, 중등단계인 중학교나 고등학교에서는 명시적인 규정이 없이 윤리, 역사, 지지, 법률, 경제 등 도구교과만을 나열, 제시하고 있다. 이들 교과목만 제시된 중등단계의 정치사회화 경향은 교과서 내용을 검토해 밝혀야 할 부분이다. 이 논문은 교육법제에 한정하여 이를 검토하고 있으므로 단지 제도상 소극적이었다고 판단할 수밖에 없다. 이는 국운이 풍전등화의 위기에 처해 있던 1910년의 직전인 1909년 7월에 개정된 「사범학교령시행규칙(師範學校令施行規則)」에서도 '효제충신(孝悌忠信)'과 '충군애국(忠君愛國)' 등 정치사회화의 덕목을 강조하고 있다는 점에서 확인할 수 있다.

이 시대의 정치사회화 노력을 이 시대에 개정된 교육법제를 통하여 확인할 수 있다는 것은 매우 중요한 일이다. 정치사회화가 한 나라의 공식 입장을 밝히고 이를 실시하기 위해 법률에 의하여 천명되었다는 사실은 그 법률 자체가 정치사회화에 대한 역사적 연구를 위한 중요한 사료가 되기 때문이다.

교육사가(教育史家)들은 대한제국 정부의 기능을 과소평가하거나 무시함으로써 이 시대의 역사적 평가를 정당히 내리지 않고 있다.[15] 이 시대의 교육을 경영해 오던 정치 엘리트들이 이룩해 온 정치사회화의 노력도 똑같이 과소평가되거나 무시되었다. 그럼에도 당시의 교육관계 법령은 정치환경의 변화에도 아랑곳하지 않고 그 법령을 통해 정치사회화의 공식 입장을 명백히 하고 있을 뿐 아니라 실현을 위하여 힘쓰고 있었음을 확인시켜 주고 있다.

이 시대의 정치사회화 과정이 공식 법령으로 확인되었다는 사실에도 의의를 부여할 수 있으나, 근대국가 형성과 함께 최초로 착수한 정치사회화란 점에서 전환기에 있었던 획기적 노력이라는 데 큰 의미가 있다. 그것도 근대학교제도의 수립을 통한 교육을 빌어서 전개된 정치사회화였다는 점에서 한층 높은 의의를 둘 수 있다.

전근대적 방식으로 운영되던 조선조를 비롯하여 그 이전의 국가들도 어떤 의미에서 정치사회화의 노력이 없었던 것은 아니다. '군사부일체(君師父一體)'나 '삼강오륜(三綱五倫)' 등의 '유교적 윤리'를 통하여 부단히 그에 속하는 백성으로부터 충성을 확보하려 노력하였던 것은 사실이다. 그러나 이러한 정치사회화는 국민교육을 통해서가 아닌 소수 지배계급에 한정된 교육이었거나 아니면 이러한 윤리적 기준을 일반생활에서 일반적으로 교화, 강제하는 방식으로 진행되었을 뿐이었다.

그러므로 이 시대에 교육개혁을 통하여 근대학교제도를 수립함으로써 국민교육에 착수하고 이를 통하여 정치사회화를 꾀하였다는 사실은 획기적인 변혁인 동시에 대한제국 정부가 근대국가의 정착과 발전, 번영을 위하여 얼마나 심혈을 기울이고 있었

---

15) 일반 역사 연구물에서도 그러하지만 특히 교육사(教育史) 연구물에서 이러한 현상은 뚜렷하다. 이 시대에 관한 대부분의 연구물은 당시의 정부의사를 공식적으로 대변하는 중요 사료(史料)를 외면한 채, 식민지학자들에 의하여 조작적으로 해석 정리해 온 연구물의 내용만을 맹목적으로 답습하는 경향이 있다.

나를 확인할 수 있는 것이다.

우리가 대한제국 정부가 제정, 공포한 교육법제에서 근대국가로서의 정치사회화의 효시를 찾아낼 수 있다는 것은 매우 뜻있는 일이라고 생각된다.

참고문헌

內閣記錄局, 法規類編(原), 建陽元年 1月.

議政府總務局, 法規類編(續一), 光武 2年, 5年.

內閣記錄局, 法規類編(1-7권), 隆熙2年.

國會圖書館, 韓末近代法資料集(I-II), 1971-1973.

高麗大學校亞細亞問題硏究所, 舊韓國外交文書(1-22卷), 1965-1973.

李丙燾, 新修韓國史大觀, 普門閣, 1972.

吳天錫, 韓國新敎育史, 現代敎育圖書, 1964.

李萬珪, 朝鮮敎育史(上, 下), 乙酉文化社, 1949.

拙著, 韓國近代敎育法制硏究, 高麗大學校民族文化硏究所, 1984.

Dawson, R. E., Prewitt K., & Dawson K. S. (1977). Political Socialization. Little, Brown and Company.

Easton, D. (1971). The Political System: An Inqury into the State of Political Science.

Hyaman, H. H. (1959). Political Socialization, A Study in Psychology of Political Behavior. The Free Press Inc.

Jammings, M. R., & Niemi R. G. (1974). The Political Character of Adolescence: The Influence of Families and Schools. Princeton University Press.

Langton, K. P. (1969). Political Socialization. Oxford University Press.

Lasswell, H. D. (1950). Power and Society: A Framework for Political Inquiry. Yale University Press.

Stacy, B. (1978). Political Socialization in Western Society. Edward Arnold.

Weissberg, R. (1974). Political Learning, Political Choice and Democratic Citizenship. Prentice-Hall Inc.

제6장

왜의 침략기 교육책략과 법제

❶ 서 론

왜의 대한반도 식민지교육법제에 대하여 관찰하는 일은 이제껏 왜 어용학자들에 의하여 침략기책략(侵略期策略)을 정당화할 양으로 조작, 전개되어 온 논리와는 사뭇 다른 새로운 결과를 찾아낼 수 있다는 점과 또 왜곡, 조작된 식민지사를 바로잡아야 하는 점에서 중요한 작업에 속한다. 따라서 이 장은 왜의 대한반도(對韓半島) 침략기 교육책략(侵略期敎育策略)과 법제(法制)를 1차 자료를 근간으로 엄격하게 탐구함으로써 이제까지 침략세력이 일방적으로 정착시켜 온 일반론에 대하여 시정을 촉구할 것이다.

이 장은 우선 왜가 어떻게 대한제국 정부가 이룩해 온 교육개혁 실적을 도용하고 이를 격하하는 책략을 감행하여 왔는가를 설명하고, 동시에 교육개혁 실적에 대한 악용과 격하책동(格下策動), 도용 사실 실제를 확인하고, 날조된 선전책동의 시말과 추이를 밝힐 것이다. 그다음으로 대한제국 정부가 실제 이룩해 온 교육개혁은 어떠하였으며, 또 이는 왜의 침략세력에 의하여 어떻게 계승되어 왔는가를 설명할 것이다. 이어 왜가 책략적으로 수립하여 온 침략기교육법제(侵略期敎育法制)의 수행과정과 수준을 설명하기 위하여 우선 최초의 왜의 침략기 교육법제와 3・1 독립운동과 같은 민족운동과의 관계를 살피고, 아울러 교육에서의 왜의 제국주의책동과 독단적 칙령주의(勅令主義)와 계엄하의 군정체제(軍政體制)에 의한 침략기 운영체제를 관찰하게 될 것이다. 이를 끝으로 이 논리를 결론에서 마무리할 것이다.

❷ 교육개혁 실적의 도용과 격하책략

1) 교육개혁 실적에 대한 침략세력의 악용과 격하책략 및 도용

대한제국 정부는 1894년 근대학교제도를 시작한 지 불과 10여 년 만에 괄목할 만하게 제도를 거의 완성하는 업적을 남겼다. 그러나 이 업적은 국권의 박탈로 확산되지 못한 채 침략자들의 상투적인 수법에 의하여 침략의 수단으로 이용되거나 그 업적이 무시된 채 침략세력의 격하책략에 말려 무참히 짓밟혔다.

대한제국의 업적에 대하여 침략자의 격하책략이 처음 시작된 것은 왜인 다우라(俵孫一)를 통해서다. 그 자가 대한제국의 학부차관으로 재임 시, 대한제국 정부의 교육행정당국인 학부의 이름을 도용하여 1909년 왜인 관리의 교육자료나 선무공작을 위해 보고서 형식으로 『한국교육(韓國教育)』[1)]『한국교육의 기왕(旣往)급(及) 현재』[2)]

---

1) 1908년 9월에 왜인에 대한 선무용으로 제작된 일본어판 『한국교육(韓國教育)』은 대한제국 정부가 1894년 이래 십여 년 동안 사범학교, 소학교, 중학교, 상공학교 등을 수립해 낸 근대교육제도에 대해서는 "그 제도는 외국 법령의 참작이 그 도가 지나쳐 당시의 국정에 맞지 않았고, 또 시설을 쉽게 갖추지 못하였을 뿐 아니라, 이를 운영할 만한 교사가 없다는 것 등이 이유가 되어 거의 유명무실에 끝났다."고 부정적인 설명을 하고, 1905년(광무 9) 대한제국 정부가 교육행정의 자문을 위하여 5월 왜인의 참여관(參與官)을 고용하기로 결정하고, 11월에 부임하게 한 것에 대해서는 "광무 8년에 한왜협약체결의 결과 고문정치가 시작되었으며, 학부 역시 왜인 학정참여관을 두어 학정의 고문의 부(府)를 설치하여 교육행정의 추기(樞機)에 참여하기에 이르고"라고 사실을 과장하여 허위를 진술하고 있다.

2) 『한국교육의 기왕과 현재(韓國教育の既往と現在)』는 1909년 4월 27일부터 서울을 비롯한 각 조에 새롭게 배치된 왜인의 교육주무주사를 학부에 소집하여 그들의 교육용 자료로 사용한 자료다. 여기서도 『한국교육』에서와 같이 1894년 이래 대한제국 정부가 수립하여 온 근대학교제도를 헐뜯는 일을 되풀이하고 있다.

『한국교육의 현상』[3] 등의 이름으로 선전유인물을 만들었다. 여기서 그는 대한제국 정부가 쌓아 올린 교육업적을 어떤 것은 헐뜯기도 하고 또 어떤 것은 자신들의 공적으로 둔갑시켜 대한제국의 교육개혁을 방해하는 행동을 정당화하려 하였던 것이다.

다우라는 대한제국 정부가 최초에 이룩한 1895년의 교육개혁 업적에 대해서는 "외국법령의 참작이 도를 넘어 당시의 국정에 적합하지 않았고, 또 시설을 쉽게 얻을 수 없었을 뿐 아니라 이를 운영할 교사될 사람이 없는 등의 이유로 거의 유명무실하였다."고 격하하였고, 1906년의 교육개혁에 대해서는 "광무 8년 한왜협약 체결의 결과 고문정치가 개시되어 학부 역시 왜인 학정참여관(學政參與官)을 두어 학정고문의 부를 세워 교육행정의 추기(樞機)에 참여하게 하고, 더 나아가 광무 10년(1906) 통감부를 설치해 이토 히로부미(伊藤博文)가 통감의 지위에 취임해서는 그 지도에 의해 예의교육 개선에 착수하여 법령의 개폐와 학교의 신설을 실행하고……."라고 하여 사실을 왜곡, 날조하여 대한제국 정부의 업적을 가로채고 있다.

이 기록은 이후 침략세력의 고전적 원형이 되어 내용이 더욱 과장된 채 대한제국 정부의 교육개혁 업적을 격하하는 책동에 이용되고 있다. 일제 침략의 본거지였던 조선총독부는 매년 간행하는 『시정연보(施政年報)』[4]를 소급, 제작하여 대한제국 정부의 시정까지 마치 그들이 이룩한 업적인 양 가장하였다. 그들은 심지어 '국고문제도'란 절을 설정하고 "대한제국 정부의 발의에 근거하여 왜국 정부가 호의(好意)상 추천하였다."고 하면서 이들을 자신이 파견한 양 날조하고 있다. 또 "개국 504년 백반제도의 개혁에 수반하여 교육의 제도로 역시 범(範)을 문명국에서 취하여 법규를 제정하고 사범학교, 중학교, 외국어학교, 의학교, 농상공학교, 고등학교, 심상소학교 등의 관립학교를 경성(京城)에 세우고 각도 추요(樞要)의 지(地)에 공립소학교를 두어 크게

3) 『한국교육의 현상(韓國教育の現狀)』은 1910년 왜인 다우라(俵孫一)에 의해 기술된 자료로서, 여기서 통감부(統監府)의 지령을 받고 침략의 주구로 활동하던 다우라가 당시 대한제국 정부의 교육발전에 대하여 얼마나 음해를 가하였는가를 읽을 수 있다.

4) 통감관방(統監官房), 한국시정연보(韓國施政年報), 제1권(영인본) 국학자료원, 1983. 조선총독부(朝鮮總督府), 조선총독부시정연보(朝鮮總督府施政年報), 제2−24권(영인본), 1983.

신학(新學)을 흥하게 하려 하였으나"라고 하여 대한제국 정부의 교육개혁 의지를 인정하면서도 "그 제도가 국정에 맞지 않고 시설도 쉽게 얻을 수 없어 실제로 거의 효과를 보지 못했다."고 하여 다우라의 주장을 그대로 해마다 반복하여 게재하여 대한제국 정부의 업적을 격하하는 일을 지속해 왔다. 1906년의 교육개정에 대해서는 "대한제국 정부는 교육제도를 정비하도록 기하였다."고 하고도 왜인의 '참획(參劃)'하에 이루어진 것이라고 토를 달아 마치 그들이 이를 기획한 것처럼 왜곡하고 있다. 대한제국 정부가 이룩해 놓은 교육개혁을 가리켜 최초에는 "외국법령의 참작이 도를 넘어서"라고 하던 것을 "범을 문명국에서 취하여 법규를 제정하고"로 바꾸어 대한제국 정부를 문명국과 대비시켜 비문명국가로 격하하고, 이후 계속되는 문서에는 점차 격하의 정도를 가중하여 "범을 제국(주: 왜국을 말함)에서 채용하여 교육제도를 세웠다."고 해 최초에는 '외국' 또는 '문명국가'라고 했던 부분을 어떤 근거도 없이 '제국', 즉 '왜국'으로 둔갑시켜 버렸다. 이러한 경향은 침략자들의 문서에는 어느 것이든, 또 어느 누가 작성한 것이든 간에 천편일률적으로 한결같다. 이는 침략자들이 잔학무도하고 가증스러운 침략행위를 정당화하기 위하여 대한제국 정부를 무능한 정부로 매도 격하하고, 이 개혁이 자신에 의하여 이루어진 것인 것처럼 왜곡 조작하여 이를 선전하는 일에 광분해 온 흔적이다. 왜인의 기록은 이러하지만 사실은 그렇지 않다. 이때에 근대학교제도의 교육개혁이 이루어진 시말은 그렇지 않은 것이다.

시말은 대체로 다음과 같다. 1904년 2월 23일 군사적으로 우세했던 침략국은 온갖 감언이설과 위협 끝에 대한제국 정부로부터 한왜의정서(韓倭議定書)를 얻어 내고 이어 같은 해 8월 22일에는 그 의정서에 약속된 내용과는 다른 내용을 담은 한왜협약(韓倭協約)을 무력으로 강제하였다. 이 협약에는 대한제국 정부의 재정과 외교 두 영역에 고문을 용빙해야 한다는 것을 포함하여 대한제국 정부가 외국과 조약을 체결하는 등의 외교안건이나 그 밖에 외국인에 대하여 특권을 양여하거나 계약을 체결하는 사안에 대해서는 사전에 왜와 협의해야 한다는 문안을 협약문 안에 삽입하여 대한제국 정부의 재정과 외교 부분에 한해서만은 왜의 간섭을 받아야 하는 반식민지 상황을 만들어 냈다.

왜의 이러한 추악한 간계에도 대한제국 정부와 국민은 만만치 않게 대응하였다. 적어도 1905년 11월 제2차 협약이 또다시 강제되어 외교권이 강탈될 때까지는 대한제국 정부는 재정과 외교에 대해서도 자주적 입장을 견지하였을 뿐 아니라, 협약의 문맥에 포함되어 있지 아니한 다른 모든 부분에 대해서는 더욱 자주적 입장에 서 있으려 하였다. 물론 교육도 예외가 아니었다. 당시 대한제국 정부와 정치 엘리트들은 반식민지 상황에서 주권을 회복할 수 있는 것은 오직 교육이라고 생각했다.

번번이 이때 고문제도를 가리켜 나라의 모든 영역에 걸쳐 고문정치가 이루어져 이들이 모든 것을 임의로 자행한 것처럼 교육역사가들은 기술하고 있으나 이는 사실과 다르다.[5] 당시의 고문제도는 초기에는 외교와 재정에 한하여 존재하였을 뿐이며, 그것도 한쪽은 미국인, 다른 한쪽은 왜인이었다. 더구나 교육영역에서는 고문이라는 제도가 있지도 않았으며 다만 당시 대한제국 정부가 비싼 임금을 주어 고용한 '참여관(參與官)'이란 직분이 있었을 뿐이었다. 그때의 정치 엘리트였던 유길준은 황제에 대한 상소에서 외국인 고문이 정부 안에 들어와 있는 경우를 가리켜 "명색이 고빙된 자가 개개의 일을 감독하려 하여 서로 밑에 있으려 하지 않아 매사가 섭체(涉滯)되었다."고 증언하고 있고,[6] 심지어는 왜의 기록에서조차도 "상하의 인심 동화하였고 향하는 바를 잘못 알고 각반(各般)의 방애(妨碍)가 백출(百出)하였다."고 하고 있다.[7] 또한 이때에 은밀히 해외의 국제회의에 대표를 파견한 이른바 해외밀사 사건(海外密使事件)은 당시 대한제국 정부가 얼마나 자주적인 입장을 견지하려 하였고 주권 회복에 몰두하였나를 실증하고 있다. 종국에는 이때에 외교전담부서인 외부(外部)의 고문으로 있던 미국인 스티븐스(G. W. Stevens)와 일제통감 이토 히로부미는 1908년과 1910년 각각 한국인에 의하여 살해당한다. 그만큼 고문정치제도에 관해서는 저항이 많고 컸다.

---

5) 오천석, 한국교육사, 현대교육총서출판사, pp. 123-124. 한국시정연보(韓國施政年報), 전게서, pp. 12-14.

6) 고종 · 순종실록(하) 탐구당, 1971, 융희 원년 10월 23일조, "曾我所置之顧問이 皆執官以上之權하여 各爲雇聘面實則個個監督이라, 相持不下에 每事涉滯하니……."

7) 통감관방, 한국시정연보(1906년, 1907년), 1906, p. 4.

이때의 외국인 고문들은 대한제국 정부가 의지와 필요에 의하여 비싼 임금을 주어 가며 고용한 단순한 고빙인(雇聘人)에 불과하였다. 고문이란 관직은 근대화를 위한 개혁의 새로운 정보를 제공하는 교사이자 협조자에 지나지 않았던 것이다. 대한제국 정부가 세계 여러 나라와의 외교경로를 통하여 그 나라 정부에 인선을 의뢰하고 고용한 전문인은 수없이 많다. 따라서 대한제국 정부는 개항 이래 국정 개혁을 위하여 외국에서 전문가를 고빙하여 올 때마다 외교문서에서는 언제나 '고문'과 '교사'를 혼용하고 있었다.[8] 이는 특정한 일에 자문을 구할 수 있는 전문인을 가리키는 말에 불과하였던 것이다. 교육개혁을 위하여 학부에 고용된 참여관도 외국인 전문인일 뿐이었다. 대한제국 정부에 의하여 고용된 그가 고용된 임무와 대한제국 정부의 신임을 저버리고 은밀히 본국 정부와 내통하여 그들의 국익에만 봉사하는 첩자의 구실을 한 것은 별개의 문제다.

바로 이러한 시기에 대한제국 정부는 교육개혁을 위하여 종래 1899년 10월 22일자로 계약에 의해 중학교 교사로 고용해 오던 왜인 시데하라(幣原坦)를 마침 그가 계약이 만료된 시기에 택하여 1905년 2월 13일 외교교섭을 통하여 학부의 참여관으로 고용한다.[9] 간혹 일제와의 강제된 협약이 있은 연후에 그가 고용되어 있었다는 것 때문에 침략세력은 이를 악용하여 이때의 교육개혁을 마치 그들이 주도한 것처럼 꾸미고 이를 여기저기 기록으로 남기고 있으나 이는 악의적으로 날조된 거짓문서일 뿐이다. 이 교육개혁은 어디까지나 협약상에 어떤 내용도 없는 교육 부분에서 있었던 대한제국 정부의 자주적인 선택이었다. 왜와 외교적인 절차에 따른 조인을 통하여 대한제국 정부의 정규관직에도 없는 '참여관'이라는 직함을 의도적으로 주어 왜인을 자문역으로 고용하게 된 것은 단순한 지식정보를 제공하는 '참여'일 뿐, 어떤 특권을 행사하는 직무가 아님을 암시하기 위한 배려에서 취해진 조치라고 할 수 있다. 이러한 시기에

8) 안기성, "구한국정부의 외교와 교육", 교육논총(제14집), 고대교육대학원, 1984, 구한국외교문서(고려대학교 아시아문제연구소 간행)의 빙해고(聘解雇) 관계문서에는 고문과 교사를 혼용하여 사용하고 있다. 동문서 제22권(색인)의 빙해빙란(聘解聘欄)을 참조할 것(pp. 565–579).

9) 구한국외교문서(제22권), 전게서, 제6207호, 제6230호, 제7943호, 제6481호, 제8489호.

그를 학부의 참여관직에 고용한 사실은 다른 의미에서 대한제국 정부의 교육에 대한 강렬한 개혁의지로도 읽을 수 있다. '학부참여관 폐원연빙조인(弊原延聘調印)의 건'과 '폐원빙약서(弊原聘約書)의 조인 회송'이라는 표제가 붙은 당시의 외교문서는 '폐원', 즉 '시데하라'가 대한제국 정부의 요청에 의하여 고용된 자임을 말해 준다. 외교문서가 그의 고용을 '연빙(延聘)'으로 처리하고 있는 것은 바로 종래의 중학교 교사직의 연장이 함축되어 있다. 그는 한동안 대한제국 정부에서 고용한 머슴에 불과하였던 것이다.[10)]

그가 학부참여관으로 고용된 배경에는 나라 안팎의 정치 상황으로 고무된 대한제국 정부 내의 개혁 분위기가 깔려 있었다. 1904년 5월 23일에 "정부에 명하여 학교를 증설하고 인재를 양성하여 쇠퇴한 운을 만회하고 중흥의 업을 건립하고자 한다."는 황제의 조서(詔書)가 발표되었고, 이어 같은 해 10월 5일에는 제실제도(帝室制度)를 개혁하기 위하여 제실제도정리국(帝室制度整理局)이 궁중 안에 설치되었으며, 또 같은 해 10월 14일에는 법률제도 개혁을 위한 법부법률기초위원이 구성되고 있었다. 이러한 일련의 조치는 모든 영역에 개혁을 서두르는 정부 내부의 분위기를 말해 주는데 충분할 것이다. 이러한 조치가 이때부터 시작된 것은 물론 아니다. 대한제국 정부는 오래전부터 교육을 비롯한 사회 전 영역에서 조용한 개혁에 착수해 왔다. 대한제국 정부는 개항 이래 꾸준히 미국, 영국, 독일, 프랑스, 러시아, 중국 등과 활발한 외교교섭을 통하여 교사와 전문인을 고빙하여 근대화를 추진하여 오고 있었다. 물론 대한제국 정부의 외교교섭의 대상이 되었던 나라 중에는 왜국도 포함되어 있었음은 말할 나위도 없다. 이미 1885년에 근대적인 국립의료기관인 동시에 의료교육기관이기도 한 제중원(濟衆院)을 설립하고 미국인 앨런(安連, H. N. Allen)을 고용하게 된 것을 계기로 하여, 같은 해 6월 15일에는 미국 정부에 대해 교사고빙의뢰서(敎師雇聘依賴書)의 외교파발을 발송하고 교사를 추천해 줄 것을 의뢰하였고, 이어 같은 해 7월 16일에

10) 최근 일제어용학자에 의해 공개된 구마모토(隈本繁吉)의 문서철에는 그들이 대한제국 정부 안에서 일어나는 정정(政情)을 일제정부에 일일이 밀고하는 첩보비밀문서가 들어 있다('한'〈韓〉, 제80호, 韓國硏究院 발행, 참고).

는 구체적인 고빙조건을 제시하는 파발을 발송하는 등 매우 열정적이고 강한 개혁의지를 통하여 근대적인 소양을 가진 외국인 교사를 고용하는 데 적극적이었다. 우리는 그때의 대한제국 정부가 당시의 어려운 국가재정에도 외교절차를 통하여 세계 각국에서 비싼 임금을 치루며 적지 않은 외국인 전문가를 고빙하였다는 사실 하나만으로도 개혁을 얼마나 절실하게 생각하였나를 알 수 있다.

시데하라는 앞에서 언급한 바와 같이 한국정부가 미국의 헐버트(赫勒具, Hulbert)와 같은 다른 외국인들과 함께 중학교 교원으로서 고용하였다가 이후에 참여관이라는 임시직으로 다시 고용한 고용인에 불과하였다. 그러나 그는 참여관이란 직에 고용되어 있는 동안 왜국 정부에게 대한제국 정부 안의 정정을 일일이 보고하는 등 이중첩자 구실을 하였을 뿐 아니라 당시의 제국정부를 가해한 자로서 그 자리에 오래 있지 못하였다. 1905년 2월 대한제국 정부에 의하여 참여관으로 고용된 그는 무슨 이유에서인지 다음 해인 4월에 그 직에서 물러나야 했다. 그가 해고된 것은 새로운 개정 교육법제가 대한제국 정부에 의하여 공포된 1906년 8월에서 4개월이나 앞선 일이며, 실제 그가 참여관 직에 머문 것은 불과 1년을 넘기고 있을 뿐이다. 일개 중학교 교사에 불과하였던 그로서는 국가 규모의 엄청난 교육개혁을 돕기에는 지능과 경험에서 대한제국 정부의 관을 좇기가 어려웠을 것이고, 고용인으로서의 한계도 있었을 것이다. 이때의 왜국의 교육 수준은 서구제국의 교육제도를 수입 모방하는 초기단계를 겨우 넘기고 비로소 정착의 기미를 보이고 있던 시기였다.[11] 더구나 그 제도의 정착 이전의 유치한 수준의 교육 속에서 자라고 컸던 그로서는 세계 여러 나라를 두루 살피고 실제 오랫동안 국정에서 경영해 본 대한제국 정부의 관료보다는 경륜과 체험에서 뒤져 있었을 것이다. 나아가 외교와 재정의 일각에서 주권을 박탈당한 현실에 대하여 무섭게 저항하고 사회개혁을 통하여 이에 대항하려 하였던 당시의 대한제국 정부의 관료들에게는 일제의 밀정으로 비쳤거나 혹은 인간의 신의에 대해서도 회의가 들게 하였을 것이다. 이러한 사실이 대한제국 정부로부터 백안시되었고 결국 대한제국 정

11) 文部省, 學制百年史, 帝國地方行政學會, 1973, pp. 273-276.

부의 새로운 교육개혁법안이 공포되기 훨씬 이전에 그를 명색뿐인 참여관 직에서조차도 쫓겨나게 하고 말았을 것이다. 새로운 교육제도가 공포된 것은 1906년 8월이었으나 그가 학부참여관 직에서 제외된 때는 이보다 여러 달 앞선 봄의 일이었다.

그러므로 이때의 교육개혁을 마치 왜국이 그를 시켜 주도한 양 사실을 왜곡하고, 대한제국 정부가 이룩해 놓은 업적을 도용하고 있는 것은 참으로 가소로운 일이다. 수탈을 목적으로 타국의 주권을 강탈한 침략자가 그 나라의 교육을 위하여 어떤 형태로든 기여하였다는 궤변을 전개하고 이에 설득력이 있다고 믿었다면 이는 백치의 행위를 보는 것과 같을 것이다. 그러나 이러한 백치들의 행위가 식민지 문서나 어용학자들의 문서 여기저기서 쉽게 발견된다. 설사 고용된 왜인이 교육개혁에 일조하였다 하더라도 고용한 주체를 제쳐 놓고 일개 고용된 자에게 모든 개혁의 공적을 넘긴다면 더욱 가소롭다 할 것이다. 이는 많은 머슴을 거느리는 부호가 일구어 놓은 가세(家勢)를 가리켜 그가 부리던 머슴이 일구어 놓은 가세라고 하는 것과 무엇이 다르단 말인가? 참으로 유치한 논리로 남의 개혁업적을 도용하고 있는 것이다. 한때 그러한 백치들의 파렴치한 거짓행위가 난무했다.

뿐만 아니라 대한제국 정부는 학교제도를 포함하여 근대화를 위한 모든 개혁활동에 필요한 정보를 어느 일국에 제한하여 의존하려 하지 않았다. 많은 나라에 문호를 개방하여 여러 방면의 전문가를 고루 채용하려 하였고, 또 많은 나라에 사람을 보내어 견문을 넓히게 하여 유용한 정보를 취사 선택하려 하였다. 간혹 한자 문화권에 있다보니 법령이나 제도의 표기가 왜와 흡사한 것이 있다 하여 내용의 차이를 검토도 하지 아니하고 일방적으로 왜를 모방한 것이라는 망언을 쉽게 하는 자들이 있다. 이는 대체로 깊은 관찰을 거치지 않은 나태한 자들의 소행이 아니면 침략국의 악의적인 왜곡 날조된 격하책동에 천박하게 동조하는 파렴치한 자들의 작태일 것이다. 대한제국 정부의 공식·비공식 기록 여기저기에서 세계 여러 나라로부터 제도와 문물을 참작하였다고 하고 있으나 왜만 모방하였다고는 어느 곳에도 말하고 있지 않다. 물론 왜도 그 많은 나라 가운데 일부로서 참작의 대상이 되었던 것은 사실이지만 그때만 하여도 왜는 근대병기로 무장한 것을 빼고는 아직 교육을 포함하여 문화 일반이 '범(範)'으로 삼을 만큼 문명국의 수준에 이르지 못하고 있었다.

여기서 침략세력이 1907년 제3차 협약 이후 당시의 교육을 얼마나 방해하였나를 소개함으로써 그들이 대한제국의 교육발전에 기여하기보다는 오히려 격하책동에 얼마나 악랄하였나를 반증해 두고자 한다. 이때 왜는 전국적으로 확산 고무된 교육열을 진정시키는 일에 발악, 광분하였다. 왜국 통감의 주도하에 대한제국 정부의 학부차관으로 있던 다우라는 유인물에 다음과 같이 기록하고 있다.

근시 한국에서는 교육열이 극히 왕성하게 도비상하를 통하여 필요와 진흥을 주장하는 자 심히 많아졌다.

그 주장하는 바는 혹은 세상 문명에 부응하여 국운의 발전을 도모하려는 것이 주로서 교육의 힘에 의하여 한국의 쇠세(衰勢)를 만회하고 문명과 부강을 꾀하려면 우선 교육을 보급해야 한다고 주장하거나 또한 시운의 시세를 분개하여 왜의 보호관계를 벗어나 자주독립을 다하게 함에는 무엇보다 교육의 힘에 의지해야 한다고 논하여 일컬어, 현상타파라 하기도 하고, 일컬어 국권회복이라도 하여, 그와 같은 정치적 이유 밑에 교육의 필요성을 주창하여 교육으로써 정치상의 목적을 달성하는 유일한 방법이 되도록 하기 위한 것으로, 이는 종래 한국 일반의 교육열 발흥의 중요한 원인이 된다.[12)]

이 설명에서 당시의 한국인이 얼마나 교육열이 왕성했는가를 충분히 이해할 수 있다. 이 글은 당시의 정치 상황에 따른 국권의 회복과 연계하여 정부는 물론 한민족 사이에서 교육이 보다 중시되었음을 보여 주고 있다. 그러나 다음 기록에서 그들이 한민족의 교육열 발흥을 얼마나 두려워하였는가 하는 것과 또 이를 얼마나 방해하려 하였는가를 확인할 수 있다.

현시 한국에서는 교육의 필요성을 창도하는 자 심히 많으나 참으로 교육의 본지를

---

12) 俵孫一, 韓國教育の現狀, 學部, 1910, pp. 1-2.

> 이해하여 국가의 발전을 꾀하고 치산치부의 도를 강화하기에 적당한 교육의 방법을 알지 못한 결과 교육열의 완성은 오히려 사회질서를 해하고 한국의 전도를 점차 위태롭게 하는 바 많아 이 정세는 굳게 이를 자연에 방임하도록 허락할 수 없고, 그 유폐 간주할 수 없으므로 이를 억압함이 여하한가.[13]

교육열의 적극적인 표현으로 당시 강력한 의무교육의 추진 요구 또한 다음과 같은 이유로 묵살되고 방해되었다.

> 근시 교육열의 왕성에 따라 한국의 식자 중 왕왕 의무교육의 제도를 반포하여 일반 자제의 취학을 강제하려는 의견을 가진 자가 있으나, 그 대부분은 …… 한국의 부강개발을 기하려면 ……의무교육을 반포하고 이를 널리 보급하여 학령아동을 취학시킴으로써 교육의 진보를 꾀하는 데 있다고 하나, 이는 필히 정곡(正鵠)을 잃었다고 아니 할 수 없다.[14]

침략의 주구들의 기록에까지도 침략세력이 얼마나 한국인의 교육열을 두려워하고, 또 이를 억압하고 방해하였나를 읽을 수 있다. 억압과 방해의 수단으로는, 첫째, 의무교육 요구를 예산 등의 허황한 구실을 붙여 탄압하고, 둘째, 무능한 왜인교사를 한국에 유출하여 직접 학교경영의 지위에 배치하여 학교경영권을 탈취하고 독점하였다. 뿐만 아니라 그들은 이 인력 수출로 대한제국 정부의 영세한 교육재정마저 갈취해 가는 파렴치한 제국주의적 작태를 나타냈다. 셋째, 왜어를 교과에 삽입하여 한국인의 민족혼을 말살하려고 함과 동시에 무직의 왜인에게 일자리를 제공하여 침략의 주구로 활용하고, 넷째, 사립학교는 물론 관립학교에 대해서도 영세한 시설기준과 기부행위의 폐해를 구실로 한국인의 학교 설립을 방해함은 물론 의욕 또한 철저하게 봉쇄하였다. 이어 교과서 편제를 통제하여 내용은 물론 발매권까지 독점하였고, 이로써 커

13) 전게서, p. 4.
14) 상게서, pp. 6-12.

다란 경제적 이득 또한 갈취해 갔다. 이 기간에 침략세력은 사립학교법 등 한국 교육을 통제, 방해하는 법과 제도를 만드는 것과 재화의 이익을 갈취하여 가는 제국주의적 사안에 대해서는 적극적이었지만 한국에 유익한 일에 대해서는 등을 돌리고 있었다고 해야 할 것이다. 그만큼 당시의 교육개혁의 추진은 답보하고 있었다. 침략자들은 다우라의 입을 통하여 이 기간 개혁의 부진하였음을 자각했음인지 그들이 취한 행위에 대하여 "……기관(機關)을 긴축(緊縮)한 것 말고는 대강은 아직 구제(舊制)를 따랐다."고 하고, 또 "급거(急遽)의 변경(變更)은 가하지 않고 서서히 하는 방침을 채택하였다."고 변명하고 있다.

이 시기에 '고등여학교령(高等女學校令)' 등 몇 가지 주요 법제가 제정되고 지방에 여러 공립학교가 설립된 것은 어디까지나 대한제국 정부와 한민족의 의도와 요구가 관철된 선택이라고 할 수 있다. 만일 침략국이 이에 찬동하였다면 일면 대한제국 정부의 강렬한 요구를 수용하고 타면 폭발하듯 하는 한민족의 교육열을 진정하기 위하여 어쩔 수 없이 따라간 결과라 할 것이다. 이 기간의 대한제국 정부의 국정이 침략자들의 관료가 적지 않게 내정에 직접 관여하는 반식민지 상황에 있었다 하더라도 대한제국 정부의 이름으로 결정, 진행되고 있었던 것이다.

그러나 여기서도 여전히 침략자들의 기록은 시종 대한제국 정부의 교육개혁 업적을 날조, 격하하고 자신의 업적으로 위장하고 도용하는 일을 잊지 않고 있다. 만일 이후의 정치 정황이 정의의 편에서 진행되어 대한제국 정부의 정치 엘리트들 스스로 기록을 남길 수 있었다면, 남의 공적을 격하 도용하는 파렴치한 행위는 용서하지 않았을 것이다. 이제부터 공적을 격하하기 위하여 허위로 조작 날조된 선전책동의 시말과 추이를 살펴보기로 하자.

2) 허위 날조된 선전책동의 시말과 추이

앞에서도 대강 논의한 바 있거니와 침략세력이 날조된 문서로 우리의 교육업적을 격하, 본격적으로 선전책동을 시작한 것은 학부의 이름을 도용하여 낸 『한국교육』과 이의 부속문서로 보이는 『한국교육의 경찰행정』과 『한국교육의 기왕과 현재』 『한국

교육의 현상』 등의 일본어로 된 문서에서 비롯된다고 할 수 있다. 이 문서가 '비(秘)' 자가 붙은 채 일반에 공개되기는 1970년대의 일이나 이것이 어떤 경로로 어떻게 유인물이 된 것인지에 대하여는 아무도 알지 못하는 괴문서다. 다만 침략국의 수구세력이 남긴 이 글을 최초에 쓴 자를 비롯하여 이를 보관했던 자와 이를 공개한 자 모두 식민지 관료들이거나 어용학자들이었다는 점만은 일치하고 있다. 이 괴문서가 많은 의구심을 낳고 있기는 하나, 발행연도를 융희 3년인 1908년 9월과 12월 그리고 1909년 7월로 하고 있으므로 기록된 대로만 따르면 격하책동을 위하여 조작된 문서로는 최초의 것이다.

이를 이어 나온 왜국 문서가 『한국시정연보(韓國施政年報)』이며, 1911년 뒤늦게 모든 것을 소급하여 만든 문서로서 한 권은 1906년과 7년을 한데 묶고 다른 한 권은 1908년에서 1910년까지를 함께 묶어 엮었다. 전자는 1908년에, 후자는 1909년에 간행되었으나 양자 모두 한결같이 통감관방의 이름으로 발행한 책자로서 억압과 착취로 일관한 그들의 침략기 교육책략을 정당화하기 위하여 사실을 조작, 날조한 선전문서인 데는 다를 바 없다. 이 책에서는 교육의 장이 설치되어 역시 조작과 날조로 일관된 교육의 시정기록을 담고 있다.

1911년부터는 이와 같은 목적으로 『조선총독부시정연보(朝鮮總督府施政年報)』가 매년 간행되었다. 이 연보에서 매년 잊지 않고 교육의 장을 설정하고 대한제국 정부의 교육업적을 격하하는 내용을 반복 게재하고 있을 뿐 아니라, 해를 거듭할수록 조작과 날조의 정도가 심해지고 있다. 예를 들면, 이 연보는 1924년부터는 보통교육을 설명하는 장에서 "조선인의 초등교육기관인 보통학교는 아국(我國)의 보호정치 후 명치(明治) 39년(1906) 구 대한제국 정부의 학제개혁 당시 왜인 참획하에 처음으로 창설을 본 것으로서"라고 기록하여 이미 1895년에 한반도에 초등교육기관인 '소학교'가 대한제국 정부에 의하여 창설되어 보급 확산되고 있었던 사실을 숨겼다. 1906년의 교육개혁에 대해서는 왜인의 참획을 거듭 강조하여 이 또한 처음으로 있었던 것처럼 날조하여 대한제국 정부의 업적을 도용하고 있다.[15)]

실업교육을 설명하는 장에서는 "고래 조선에서는 실업을 비하하여 근로를 꺼리는 폐풍이 있어서 이를 교정하여 근검역행의 정신을 양성하지 않으면 안 된다. 조선의 실정에서 이를 살펴보면 적절한 실업교육을 시행하여 산업의 개발을 꾀함이 급무이므로"라고 하여 이미 한반도에 1899년부터 상공학교와 농상공학교가 세워지고 '전무학도규칙(電務學徒規則)' '우무학도규칙(郵務學徒規則)'이 제정되어 근대적 실업교육이 실시되고 있었던 사실에 대해서는 추호도 언급이 없을 뿐 아니라, 노동착취의 목적으로 조직된 저급의 실업교육에 대하여 태업과 거부로 맞섰던 한국 국민의 저항을 폐풍으로 매도하고, 마치 이를 교정을 위한 일인 양 가장하고 있다.[16] 침략의 당무자에 의하여 날조된 한국의 한 시대의 교육의 실상을 어용학자들은 더욱 왜곡, 과장하기 시작하였다. 어용학자들은 1919년에 『조선교육론』, 1920년에 『조선의 교육』, 1924년에는 『조선교육제도사』, 1927년에 『조선교육사고(朝鮮教育史考)』 『조선교육관견(朝鮮教育管見)』 등의 책자를 발행하여 날조극을 거들고 있다. 이 중 시데하라는 한때 대한제국 정부에 고용되어 교육에 종사하다가 해고된 자이나, 그는 이러한 날조극에 협조한 대가로 그 후 침략세력으로부터 한국, 대만 등 식민지 지역의 주요 요직을 양여 받는 등의 많은 혜택을 누렸다.

이러한 조작과 날조의 경향은 왜국이 도발한 태평양전쟁에서 패망한 이후에도 바뀌지 않고 계속되고 있다. 왜국이 1972년 근대학교제도를 실시한 지 80년을 맞는 해를 기념하여 왜국의 교육행정기관인 문부성의 이름으로 엮어낸 이른바 『학제 80년사(學制80年史)』는 가소롭게도 '외지(外地) 교육제도와 방책'의 장을 설정하고 "……고문정치가 되어 왜인 학정참여관이 배치되었으므로, ……통감부 설치 후 일제로부터 차관급의 일부를 가지고, 그의 참여하에 급속한 교육제도의 정비가 이루어졌다."고 하여 이전의 날조된 사실을 사료 비판도 없이 그대로 계승, 과장하고 있다. 이 책의 집필에 참여한 자들의 대부분이 사료를 분별할 능력도 없고 학자적 양심조차 고갈된 진부한 행정관료다. 거기에 일부 어용학자가 거들었다는 점에서는 이 저작들의 수준을 알 만하다 할 것이나, 패전 후 문교당국의 이름으로 발행된 사실 때문에도 문제가 된다. 이는 패전 후 왜국 땅에서 진행된 한국교육, 특히 한국교육사에 대한 연구가 공교

15) 조선총독부, 조선총독부시정연보(朝鮮總督府施政年報)(大正 14), 국학자료원, pp. 150-152.

16) 상게서, pp. 152-153.

롭게도 거의 침략기 교육당무자들에 의하여 이끌어졌다는 사실을 생각하면 그다지 놀라운 것이 아닐지 모른다.[17)]

더욱 가소로운 것은 최근의 동향이다. 대다수 선량한 왜인과 구별되는 소수의 저능한 왜인이 중심이 되어 이 지역의 연구회를 만들어 날조된 사료를 가지고 또 다른 조작극을 연출하는 시대착오적인 활동을 계속하고 있다. 이들은 조작 날조된 자료만을 골라 『일본식민지교육정책사료집성(日本植民地教育政策史料集成)』[18)]이란 자료집을 묶어내는 한편, 그들이 아시아 여러 지역에서 근대교육에 크게 이바지한 양 새로운 조작극을 획책하여 과거에 악랄했던 침략기 교육책략을 정당화하려는 우행(愚行)을 감행하고 있다. 이 연구회에 참여한 왜인 연구자들은 소수에 불과하고 또 한결같이 능력과 수준이 기준에 못 미친다는 점에서 염려될 것은 없으나, 문제는 이 연구회의 운영자금이 왜국의 최고 교육행정당국에 의하여 지원되고 있다는 사실과 연구의 자문을 얻기 위하여 이를 찾은 신진의 젊은 연구지원자들에게 국정을 가리지 않고 근거 없는 그들의 기만적인 정향을 강요하고 있다는 사실이다. 심지어는 중진 연구자들까지 이들의 덫에 걸려 역사의 사실주의라는 명목하에 사료의 비판조차 없이 이들의 거짓 침략기 자료만을 토대로 맹목적으로 이들의 정향을 추종하고 있는 경우도 있다. 한국의 교육을 연구한다면서 한국의 사료를 도외시한 채 허구의 왜국 자료를 가지고 역사를 꾸미는 것은 커다란 잘못이다. 이미 청산되었어야 할 거짓과 포악으로 가득 찬 한 시대의 단막이 아직도 해묵은 시대착오적인 잔당에 의하여 계속 오염되고 있다는 사실은 단순한 촌극으로만 넘기기에는 심각하다 할 것이다. 우리는 이렇게 우리 역사를 오염시키는 추잡하고 무모한 작태에 대하여 감시를 게을리하지 말아야 할 것이다.

---

17) 1945년 패전 후 왜국에서 한국의 교육사 논문을 열정적으로 발표하여 오기로 유명한 와타나베 마나부(渡部學)도 과거 조선총독부의 교육관으로 일하였다.

18) 阿部 洋 編, 植民地朝鮮敎育政策史料集成, 龍溪書院, 1990. 이 책은 전 69편으로 구성되어 있다. 전편을 통하여 침략세력이 그들의 식민지정책을 선무하기 위한 공작의 일환으로 꾸며진 자료로 메워져 있다. 심지어는 왜국 정보경찰들에 의해 정보공작 차원에서 꾸며진 경찰자료까지 수록하고 있다. 그러므로 이 책에 게재된 자료에는 식민지정책을 공정히 평가할 만한 자료는 거의 없다고 보아야 한다.

대한제국 정부가 실제 이룩해 놓은 교육개혁의 실적은 어떤 것인가. 이제부터 이를 살펴보기로 하자.

❸ 대한제국 정부의 교육개혁의 실제

1) 대한제국 정부의 교육개혁 실적과 법제[19)]

대한제국 정부는 조선조에 개항 이래 많은 선진외국과 외교교섭을 통하여 외국인을 고용하고, 이들을 교육, 군사, 의료, 상공 등 여러 영역에 투입하여 현대적 지식과 정보, 기술을 수용하여 오고 있었다. 특히 교육과 관련해서는 육영공원(育英公院)을 비롯하여 광제원(廣濟院), 연군사(鍊軍司) 등 근대학교제도가 속속 들어서 외국에서 고빙된 교사들에 의하여 서구적인 근대적 교육내용이 공개적으로 이 땅에 전달되기 시작하였다. 이는 17세기부터 근대교육 내용이 실학을 통하여 은밀하게 비공개적으로 전해지던 것과는 대조를 이루는 것이다. 특히 1894년에 이르러서는 개혁을 추진하는 조선조의 정치 엘리트에 의해 근대적인 교육행정기관인 학무아문(學務衙門)이 설립되고, 다음해인 1895년부터는 사회요원의 양성기관인 법관양성소(法官養成所)와 외국어학교(外國語學校)가, 교원양성기관으로서는 한성사범학교(漢城師範學校)가 법률제도의 제정과 함께 거의 일시에 설립되었다. 이어 약간의 시차를 두고 같은 해에 국민교육을 대상으로 하는 초등교육기관인 소학교(小學校) 역시 제도의 일환으로 세워짐으로써 근대교육제도 수립에 박차를 가하기 시작하였다. 이 기간 여러 번의 정변으로 인한 정치적 혼란에도 교육제도는 끊임없이 개혁되었다. 더구나 1897년 국호를 '대한제국'으로 바꾸고 근대국가의 모습을 갖춘 당시의 정부는 개혁에 보다 적극적이었다. 앞서 설립된 초등교육기관인 소학교로부터 졸업자가 배출되는 때를 맞추어

19) 안기성, 한국근대교육법제연구, 고대민족문화연구소, 1984.

1899년에는 중등교육기관인 중학교(中學校)가 제도와 함께 설립되었고, 이때를 전후하여 의학교(醫學校)와 상공학교(商工學校) 등의 전문교육기관도 함께 설립되었다. 대한제국 정부가 주도적으로 근대학교제도를 시작한 지 불과 5년 만인 1899년에는 사회적 지지를 그다지 많이 획득하고 있지 못하였고, 또 대학과 같은 현대 고등교육기관이 완성된 형태로 구비되어 있지 않은 제도의 결락이 있더라도, 일단은 초, 중, 고등의 기초적인 학교계제제도를 정돈, 확립하는 데는 그런대로 성공을 거두었다고는 할 수 있게 되었다.

이어 대한제국 정부는 불합리한 모순과 적절하지 않은 미숙성을 수정, 보완하는 개혁을 추진하는 한편, 규모를 보다 크게 넓혀 국민에게 확장, 보급하는 계획을 계속하고 있었다. 이는 이 시기에 발표된 황제의 교육에 관한 조서를 비롯해 제실제도(帝室制度)의 개혁, 법률제도 등의 개선 계획에 나타난 대한제국 정부의 개혁의지의 표출에서 잘 읽을 수 있다. 대한제국 정부의 개혁의지는 1906년 8월 새로운 교육법제의 결실을 보았다. 종래 제정한 교육법제들을 실제 운영해 본 대한제국 정부는 의지대로 이 제도가 근대학교를 널리 보급, 확산해 가는 데는 여러 모순과 장애가 있었음을 발견하였다. 교원양성이 한 기관에만 의존하게 되어 있어 수요에 대응할 수 없다든지, 학교단계가 너무 현실에 비중을 두어 연령 중심으로 짜여 있어 단계 간 연속이 잘 이루어지지 않는다든지 하는 제도상의 잘못된 점을 확인하게 된 것이다. 더구나 왜국에 의해 강제된 제1차 협약으로 외교권과 재정권을 박탈당한 대한제국 정부는 더욱 박탈된 국권의 회복을 위하여 교육개혁에 박차를 가하게 되었다. 대한제국 정부는 1906년 8월 왜인을 참여관으로 고용하면서까지 기왕의 교육제도를 개혁하는 일에 더 적극적이었다. 이때 새롭게 나온 제도는 종래 제도에 비하여 향상되어 세련된 것으로 종래의 제도상의 모순과 장애를 상당히 제거하고 있었다. 한성사범학교라 했던 것을 사범학교로 고쳐 중앙 이외에 다른 지역에도 교원양성기관을 둘 수 있게 하였고, 소학교라고 하던 초등학교를 보통학교라고 명명하였으며, 중학교라고 하던 중등학교를 고등학교라고 바꾸어 부르게 함으로써 지위를 격상하고 있다. 또 학교단계 간을 연속하도록 조정하여 서로 무리 없이 이어지도록 하였다.

이 같은 제도개혁이 가능했던 것은 대한제국 정부의 축적된 근대학교제도에 대한 지식과 경험 때문이었다. 구체적으로 말하면 대한제국 정부의 근대학교제도는 제중원이 설립된 1885년을 기년으로 하여 계산하면 이미 21년이나 되어 성년을 넘기고 있었고, 또 이를 줄여 근대적 교육행정기관이 설립된 1894년을 기년으로 하여 셈한다고 하더라도 12년을 넘기고 있었다. 대한제국 정부는 이 긴 기간을 많은 선진국의 여러 외국인과 접촉하고, 경우에 따라서는 직접 외유를 통하여 근대학교제도에 대한 풍부한 정보와 경험을 축적하였다. 또 실제 구체적인 운영과 개혁의 경험을 쌓아 왔던 것이다. 더욱 제도개혁의 추진력이 된 것은 국가가 처한 위기였다. 즉, 왜국에 의하여 국가의 주권 일부가 박탈되었다는 사실 때문이었다. 그것은 당시의 모든 사람이 교육을 통한 인재 양성이 열강이 각축하는 틈바구니에서 국권을 지키는 유일한 길이라는 생각에 일치하여 있었기 때문이었다. '교육구국(教育救國)'의 기치가 하나의 교육이념으로 한반도에 정착하기 시작한 것도 이때부터라고 할 수 있다.

바로 이러한 시기인 1906년 8월 27일에 대한제국 정부의 주도로 광범위하게 교육개혁이 단행되었다. 이때 새롭게 나타난 교육법제들은 다음과 같다.

(1) 교원양성법제

- 사범학교령(1906. 8. 27., 칙령 41호)
- 사범학교령시행규칙(1906. 8. 27., 학부령 20호)

(2) 중등교육법제

- 고등학교령(1906. 8. 27., 칙령 42호)
- 고등학교령시행규칙(1906. 8. 27., 학부령 21호)

(3) 초등교육법제

- 보통학교령(1906. 8. 27., 칙령 44호)
- 보통학교령시행규칙(1906. 8. 27., 학부령 23호)

(4) 전문교육법제

- 농상공부소속농림학교관제(1906. 8. 27., 칙령 39호)
- 외국어학교령(1906. 8. 27., 칙령 43호)
- 외국어학교령시행규칙(1906. 8. 27., 학부령 22호)

(5) 교육행정법제

- 학부직할학교 및 공립학교관제(1906. 8. 27., 칙령 40호)

교육개혁의 움직임은 이에 그치지 아니하고 이후에도 계속되었다. 개혁 움직임이 침략에 장애가 될 것이 분명하였으므로 이에 불안을 느낀 왜국이 제3차 협정을 강제하였고, 이는 침략국 관리를 대한제국 정부의 관리로 임명하게 하는 1907년 7월 24일까지도 이어지고 있었다. 침략국 관료가 대한제국 정부의 관료로 들어오는 제3차 협약이 있기까지 후속하여 개혁된 교육법안은 다음과 같다.

(1) 칙 령

- 학부직할학교직원정원령(1906. 9. 3., 칙령 45호)
- 각공립학교직원의 봉급에 관한 건(1906. 9. 24., 칙령 56호)
- 공업전습소관제(1907. 2. 1., 칙령 6호)
- 학부직할학교급 공립학교관제 개정(1907. 3. 22., 칙령 15호)

(2) 학부령

- 학부직할학교명칭(1906. 9. 1., 학부령 24호)
- 관립고등학교를 관립한성사범학교 부속보통학교로 대용하는 건(1906. 9. 1., 학부령 25호)
- 관립한성고등학교에 예과를 설치하는 건(1906. 9. 1., 학부령 26호)
- 공립소학교, 사립소학교를 보통학교령에 의하여 설립된 학교로 인정하는 건(1906.

9. 1., 학부령 26호)
- 농상공부소속 농림학교규칙(1906. 9. 11., 농상공부령 48호)
- 한성부 및 각 관찰부소재 공립보통학교의 명칭(1906. 9. 13., 학부령 28호)
- 공립한성보통학교를 관립정교보통학교로 개칭 증설하는 건(1907. 1. 4., 학부령 29호)
- 학부직할학교 명칭 개정(1907. 3. 1., 50호)
- 학부소관 일본유학생규정(1907. 3. 7., 학부령 3호)
- 공립보통학교의 명칭 · 소재지(1907. 4. 1., 학부령 4호)
- 공립보통학교의 명칭 · 소재지(1907. 5. 1., 학부령 5호)
- 관립 양사동, 양현동보통학교를 합병하여 관립어의동보통학교로 칭하는 건(1907. 6. 22., 학부령 7호)
- 학부편찬 보통학교교과용 도서발매규정(1907. 7. 3., 학부령 7호)

교육제도의 개혁은 여기서 끝나지 아니하고, 이후 통감부가 내정을 간섭하기 시작하여 왜국 관리가 학부차관과 같은 한국 관료의 실무직을 차지하는 반식민지 상황에서도 대한제국 정부의 학부 이름으로 계속하여 진행되었다. 물론 침략자의 방해와 강제로 그들의 의도에 따르거나 혹은 그들의 의사를 수렴하여 끝내 대한제국의 교육개혁 의지가 짓밟히고 온갖 방해를 받은 사실이 없는 것은 아니나, 역시 중요한 부분에서는 대한제국 정부의 강렬한 개혁의지를 보여 주고 있다. 이들 중 주요 법제를 들면 다음과 같다.

(1) 여성교육법제

- 고등여학교령(1908. 4. 2., 칙령 22호)
- 고등여학교령시행규칙(1908. 4. 7., 학부령 9호)
- 관립한성고등여학교학칙(1908. 4. 7., 학부령 10호)

(2) 사립학교법제

- 사립학교령(1908. 8. 26., 칙령 62호)
- 사립학교보조규정(1908. 8. 28., 학부령 15호)
- 서당관리의 건(1908. 8. 28., 학부훈령 3호)

(3) 실업학교법제

- 실업학교령(1909. 4. 26., 칙령 56호)
- 실업학교령시행규칙(1909. 7. 5., 학부령 1호)

(4) 기타

- 공사립학교의 인정에 관한 규정(1908. 8. 28., 학부령 15호)
- 법학교관제(1909. 10. 28., 칙령 85호)

이상과 같이 대한제국 정부는 외교권이 박탈된 가운데서 심지어는 침략국 관리가 깊숙이 국정 내부에 들어와 있는 상황에서도, 자신의 주권하에서 줄기차게 교육개혁을 단행하여 보다 나은 교육제도를 만드는 한편, 근대교육제도의 확대와 확산을 꾀하고 있었다. 이러한 교육개혁은 단순히 하나의 제도개혁이 아니라 박탈된 주권을 되찾는 구국운동의 일환이었다. 또한 이 개혁은 근대교육의 불모지에서 시작한 것이 아니라, 이미 실학을 통하여 다져진 기초 위에 길게는 20여 년 또는 짧게는 10여 년의 근대학교제도를 실제 운영한 경험의 축적이 낳은 원숙성의 결정이었다. 이는 한국의 정치 엘리트의 탁월한 경험으로 추구된 결정체였던 것이다. 그러면 이제부터 대한제국 정부의 경험에 대하여 관찰해 보기로 하자.

2) 근대학교제도와 대한제국 정부의 경험

대한제국 정부는 개항 이래 미국, 독일, 프랑스 등 여러 구미 선진국과의 외교교섭을 통하여 적지 않은 교육전문가를 비싼 임금을 들여 교사 또는 고문이란 직분을 주어 고용하여 근대화를 위한 정보와 기술을 제공하도록 하여 왔다. 뿐만 아니라 이들을 각 부서에 배치하여 요원의 교육에도 종사하게 해 왔다. 또 1894년부터는 국민교육을 위하여 국가가 직접 교육을 경영하는 공교육(公敎育)제도를 스스로 제정, 실시하였다. 이 제도는 왜국이 최초에 '학제'라 하여 초, 중, 고등 등 모든 단계의 교육을 무계획적으로 일시에 시작하여 많은 시행착오를 겪은 불행한 체험을 한 것과 달리 처음부터 치밀하고 짜임새 있게 단계적으로 추진하는 주밀한 계획성을 보여 주고 있다. 이에 대한 설명은 다소 앞 장의 내용과 중복되나 이를 구체적으로 확인하기 위하여 재차 살펴보겠다.

처음 대한제국 정부는 1894년 예조(禮曹)를 폐지하고 근대교육행정기관인 학무아문을 설립한 데 이어 1895년 4월에는 사범학교를 세워 교원양성에 착수하였다. 여기서 교원이 속성으로 양성, 배출되는 때를 맞추어 같은 해 7월에는 소학교를 지어 초등교육에 임하였고, 다음 해인 1896년 9월에는 '지방소학교 위치를 정하는 건'을 정하고 지방에 초등학교를 어떻게 확산시켜 갈 것인가를 계획해 놓기까지 하였다. 이 소학교에서 졸업자가 배출되는 시기를 기다려 1899년 4월과 6월에는 각각 중학교와 상공학교를 설립하여 중등교육과 실업교육을 시작하는 한편 이보다 1개월이 앞선 같은 해 3월에는 의학교를 세워 전문교육에도 손을 대었다. 의학교의 설립은 이미 개혁 초기에 법무아문[法務衙門: 이후 법부(法部)]에서 세운 법관양성소와 함께 다음 단계인 고등교육을 본격적으로 준비하기 위한 것이라고 말할 수 있다. 당시 대한제국 정부의 학부는 이미 서울에 관립소학교 10, 사립소학교 11, 의학교 1, 사립학교 1, 배재학당(培材學堂) 1, 지방에 소학교 62개가 있다고 발표하고 있다. 이는 근대학교제도를 시작한 지 불과 4년도 채 이르지 아니하는 때로 당시의 정치적 · 경제적 상황의 악순환에도 교육계획이 상당히 진전되고 있었음을 말해 주는 것이다. 대한제국 정부는 20세기에 들어서기 이전인 1900년도 전에 이미 고등교육 부분을 제외한 모든 영역, 즉 교원양성제도를 비롯하여 초 · 중등단계인 교육과 전문교육을 마련해 근대적인 학교체제를 거의 갖추었고, 또 근대교육체제의 운영을 위하여 충분한 경험을 쌓게 된 것이다. 뿐만 아니라 대한제국 정부의 관료들은 실제로 이 제도를 성공적으로 진행하기 위하여 여러 적절한 방안을 창출하고, 또 이를 몸소 운영해 봄으로써 원숙한 경영실적을 쌓고 있었던 것이다.

1906년의 교육개혁도 이러한 경험이 있었기에 가능하였던 것이다. 과거의 어떤 경험이 이 제도개혁을 가능하게 하였는가? 이를 반영하는 주요 교육법제를 들면 다음과 같다.

1906년 개혁 이전의 교육법제	1906년 개혁 이후의 교육법제
칙 령	
의정부관제 각아문관제(1894. 7. 30., 의정)	내각관제(1907. 6. 14., 칙령 1호)
학부관제(1895. 3. 25., 칙령 46호)	학부관제 개정(1906. 4. 11., 칙령 16호)
관상소관제(1895. 3. 25., 칙령 47호)	불변
법관양성소규정(1895. 3. 25., 칙령 49호)	법학교관제(1909. 8. 27., 칙령 85호)
한성사범학교관제(1895. 4. 16., 칙령 79호)	사범학교령(1906. 8. 27., 칙령 41호)
한성사범학교교직원관등봉급령(1895. 4. 16., 칙령 45호)	학부직할학교직원정원령(1906. 9. 3., 칙령 80호), 각 공립학교교직원정원령(1906. 9. 24., 칙령 56호)
외국어학교관제(1895. 5. 10., 칙령 88호)	외국어학교령(1906. 8. 27., 칙령 43호)
외국어학교직원의 관등봉급에 관한 건(1895. 5. 10., 칙령 89호)	학부직할학교지원정원령(1906. 8. 27., 칙령 45호), 각 공립 학교직원의 봉급에 관한 건(1906. 9. 24., 칙령 56호)
성균관관제(1895. 7. 2., 칙령 88호)	불변
소학교령(1895. 7. 19., 칙령 145호)	보통학교령(1906. 8. 27., 칙령 44호)
관립소학교교원의 관등봉급에 관한 건(1895. 7. 19., 칙령 146호)	학부직할학교직원령(1906. 9. 3., 칙령 4호), 각 공립학교직원의 봉급에 관한 건(1906. 9. 24., 칙령 56호)
한성사범학교교원의 관등봉급에 관한 건(1895. 7. 19., 칙령 147호)	학부직할학교직원정원령(1906. 9. 3., 칙령 45호), 각 공립학교 직원의 봉급에 관한 건(1906. 9. 24., 칙령 56호)
의학교관제(1899. 3. 24., 칙령 7호)	의원관제(1907. 3. 10., 칙령 9호)
중학교관제(1899. 3. 24., 칙령 11호)	고등학교령(1906. 8. 27., 칙령 42호)
상공학교관제(1899. 6. 4., 칙령 28호)	농상공학교관제(1904. 6. 8., 칙령 16호)

농상공부소속 농림학교관제(1906. 8. 27., 칙령 39호)	실업학교령(1909. 4. 26., 칙령 56호)
광무학교관제(1900. 9. 4., 칙령 31호)	
종인학교관제(1900. 11. 3., 칙령 55호)	

학부령	
한성사범학교규칙, 동 부속소학교규정(1895. 7. 23., 학부령 1호)	보통학교령시행규칙(1906. 6. 27., 학부령 20호), 관립고등학교를 관립한성사범학교부속보통학교로 대용하는 건(1906. 9. 1., 학부령 25호)
성균관경학원규정(1895. 8. 9., 학부령 2호)	
소학교교칙대강(1895. 8. 12., 학부령 3호)	보통학교령시행규칙(1906. 8. 27., 학부령 23호)
보조소학교규칙(1896. 2. 20., 학부령 1호)	학부직할학교명칭(1906. 8. 27., 학부령 24호), 학교직할학교급 공립학교관제(1906. 8. 27., 칙령 40호)
지방공립학교의 위치를 정하는 건(1896. 9. 17., 학부령 5호)	한성부급 각 관찰부소재 공립학교의 명칭(1906. 9. 1., 학부령 28호), 공립보통학교의 명칭 · 소재지(1907. 4. 1., 학부령 4호)
관공립학교교원서임시험규칙(1896. 5. 17., 학부령 5호), 의학교규칙(1896. 7. 5., 학부령 9호)	대한의원부속의 학교규정(1910. 2. 1., 학부령 13호)
관립학교교원의 포증 및 승급규칙(1906. 6. 27., 학부령 10호)	
외국어학교규칙(1900. 6. 27., 학부령 11호)	외국어학교령시행규칙(1906. 8. 27., 학부령 2호)
중학교규칙(1900. 9. 3., 학부령 12호)	고등학교령시행규칙(1906. 8. 27., 학부령 21호)
관립농상공학교규칙(1904. 8. 4., 학부령 66호)	실업학교령시행규칙(1909. 7. 5., 학부령 1호)

* 주: 1906년 개혁 이후의 교육법제는 이후 개정 법제임.

이상의 1906년 이전의 교육법제들은 대부분 이후의 새로운 법제와 연결되어 있다. 여기서 한성사범학교관제와 한성사범학교규칙은 사범학교령과 사범학교령시행규칙을, 외국어학교관제와 외국어학교규칙은 외국어학교령과 외국어학교령시행규칙을, 중학교관제와 중학교규칙은 고등학교령과 고등학교령시행규칙을 각각 낳은 것이다. 법관양성소규정과 의학교관제는 이후 전문교육제도의 확충에 기여하게 되고, 또 상공학교관제, 광무학교관제(鑛務學校官制), 농상공학교관제는 실업학교령을 제정하는 데 풍부한 경험을 제공하였다. 이처럼 1894년부터 제정, 운영되어 온 교육법제가 바탕이 되어 1906년 8월 이후의 개혁된 교육법제들이 탄생할 수 있었던 것이다.

이 밖에 교육개혁을 가능하게 한 것은 교육개혁에 대한 국민적 합의와 열정이다. 1904년부터 정부 안에서는 황제가 직접 교육개혁을 지지하는 등 교육개혁에 열정적이었고, 관종석, 이필화 등 많은 전·현직의 관료들이 의무교육을 제안하는 등 새로운 교육개혁안이 줄을 잇고 있었다. 교육개혁의 제안자들은 당시 정부가 재정 조달에 고심하고 있는 사정을 고려하여 사립학교를 적절히 이용하여 국민교육에 착수할 것을 제안하는 발군의 안을 내놓기도 하였다. 1906년 8월, 이 새로운 교육법제가 나오기 4개월 이전인 1906년 3월 26일에 이미 대한제국 황제는 부군(府郡)에까지 학교를 설립할 것을 학부에 지시하고, 자녀를 교육하지 않는 부모는 논죄한다는 경고를 하면서까지 국민을 설득하는 열의를 보이고 있었다.[20] 의무교육 제안은 이후에도 계속되었고, 1907년 1월 15일의 연속적인 주본(奏本)에서도 찾아볼 수 있듯이 정부에 의하여 적극적으로 발의되고 있었다.[21] 그만큼 이때의 정치 엘리트에게는 교육에 대한 개혁과 보급 의지가 투철하였던 것이다.

대한제국 정부의 교육제도 정비가 진행되는 것과 때를 같이하여 국민들도 왕성한 교육열을 보였다. 여기저기서 많은 사립학교가 설립되었고, 오히려 이 학교들은 수와 세에서 정부가 주도하는 학교를 압도하였다. 이는 대한제국 정부의 국민 설득이 주효한 때문으로 이해되나, 이때의 정황은 참으로 괄목할 만한 것이다. 허위와 날조를 일삼는 왜의 침략기 당국의 기록조차도 이때의 사립학교는 이미 서울에만 30여 개가 있었다고 전하고 있다.[22] 이러한 사립학교를 모체로 일거에 근대교육을 보급하려 하였던 정치 엘리트들의 발의는 왜국의 악의적인 방해만 없었더라면 근대교육을 널리 보급, 확충하려 하였던 소기의 목적을 달성하고도 남았을 것이다.

---

20) 안기성, "한왜협약과 구한국의 教育정책", 전게서, 고종순종실록, p. 43, 광무 10년 3월 26일자 참조, "……人家有姊而 不能教子者 其父母論罪, 惑其子弟之不事教遊嬉無業者, 亦論罪."

21) 국회도서관, 한말근대법령자료집(제5편), 1977, pp. 398-399.

22) 한국시정연보(제1권), 전게서, pp. 356-357, 한국교육(韓國教育), 전게서, pp. 34-36. 여기서는 일반이 설립한 사립학교를 200여 개 교로, 종교단체가 설립한 사립학교를 800여 개 교로 집계하고 있다.

어쨌든 대한제국 정부는 열강이 한반도를 둘러싸고 각축하는 끊임없는 정치적 불안에도 불구하고 근대학교제도를 시작한 지 겨우 십수 년이라는 짧은 기간에 커다란 개혁업적을 남겼다. 그것은 왜국이 1871년 근대학교제도를 실시하고 20여 년이나 되는 긴 세월을 넘기며 우여곡절을 겪고서야 비로소 자리 잡은 그들의 교육사와 비교하면, 매우 괄목할 만한 발전이었다. 이 개혁의 업적은 정치 엘리트는 물론 국민적 성원이 쌓아 올린 금자탑이기도 한 것이다.

대한제국의 교육개혁에 대한 열정과 발전에 비해 침략기 교육법제는 어떠하였는가? 이제부터 이를 살펴보기로 하자.

❹ 왜의 침략기 교육법제 수립과 수준

1910년 한반도를 침략, 식민지화하는 데 성공한 침략세력은 1년 넘게 뜸을 들인 후, 1911년 8월에 이르러서야 비로소 본격적인 침략기 교육법제를 만들어 내기 시작하였다. 1894년 대한제국 정부가 당시 근대학교제도의 불모지라는 현실에서도 국내에서 많은 사람을 해외에 보내거나 혹은 해외에서 전문가를 불러들이는 등 세계 여러 나라의 교육제도를 '참작'하여 시대 상황에 걸맞은 새롭고 특유한 독창적인 근대학교제도를 만들어 내는 데 적지 않게 고심하였던 것과는 달리 이들은 20년에 가까운 기간 대한제국 정부가 고심 끝에 일구어 놓은 근대교육제도의 토대 앞에서 손쉽게 박해와 착취를 목적으로 하는 침략기 교육법제를 만들어 낼 수 있었다. 그들이 만든 침략기 교육법제는 어느 것 하나 대한제국 정부의 교육법제에 의존하지 아니한 것이 없었다. 그들이 만든 제도에는 교원양성기관이 없어지는 등 종래 대한제국 정부의 법제보다도 훨씬 결락이 많고 내용도 엉성하였을 뿐 아니라, 대한제국 정부가 만든 수준에도 미치지 못하고 있었다. 그나마 그들은 대한제국 정부가 오랜 각고 끝에 고심하여 만들어 낸 교육법제의 기초가 없었더라면 그런 수준의 것조차 만들어 내지 못하였을 것이다.

그들이 만든 최초의 침략기 교육법제란 어떤 것인가, 내용과 조직은 어떻게 구성하고 있는가, 대한제국 정부의 교육제도와는 어떤 차이가 있는가를 살펴보기로 하겠다. 이제부터 이러한 물음에 대하여 해답을 찾아보기로 하자.

1) 왜의 침략기 최초의 교육법제

국권을 강탈한 후, 왜국 침략세력이 최초로 일반교육법제에 대하여 명령을 발포한 것은 1910년 9월 20일의 일로, 이들 침략세력은 '조선총독부의원관제(朝鮮總督府醫院官制: 왜칙령 368호)'와 '조선총독부권업모범장관제(朝鮮總督府勸業模範場官制: 왜칙령 379호)'의 2개의 교육관계 칙령을 내려, 대한제국 정부가 고등교육기관으로 할 목적으로 키워오던 의학교와 농림학교(農林學校)를 한낱 의학강습소(醫學講習所)와 권업모범장(勸業模範場)과 같은 부속학교로 전락시켰다. 하루 뒤인 1910년 10월 1일에는 조선총독부령 제20호의 명령을 내려 대한제국 정부가 제정한 학교법제인 보통학교, 사범학교, 고등학교, 고등여학교, 외국어학교, 실업학교 등의 각 학교령의 시행규칙을 개정하였다. 이때 발포된 개정명령의 내용은 고작해야 '사방배(四方拜)' '원시제(元始祭)' 등과 같은 왜국의 축일을 각 학교의 휴업일에 삽입한 것뿐으로, 그 밖에 다른 것은 그대로 계승되었다.

이와 같은 침략세력의 일련의 조치는 대한제국 정부가 이룩해 놓은 학교제도 위에, 한편으로는 그 제도를 격하하고, 또 다른 한편으로는 그 제도 앞에서 손쉽게 식민지 교육을 자행하겠다는 악랄한 속셈을 드러내는 것이다.

이어 1911년 6월 15일에는 총독부령 제73호로 대한제국 정부의 최고교육기관이자 한국 엘리트의 양성기관이기도 하였으며, 또 그들의 집결기관이기도 하였던 성균관을 경학원으로 격하하는 등의 계략이 진행되었다. 본격적인 침략기 교육법제가 나타나기 시작한 것은 나라를 강제로 병합한 때로부터 한 해를 넘긴 1911년 8월 24일에 이르러서였다. 이때 이른바 '조선교육령(朝鮮教育令)'이라는 것을 왜왕의 칙령 229호로 발포하고 본격적인 식민지교육에 착수하였다.

침략기 교육법이란 것도 별 새로운 것은 아니었다. 종래 대한제국 정부가 학교단계에 따라 하나하나 별개로 만들어 놓은 교육법제를 다만 '조선교육령'이라는 하나의 법제에 묶어 놓은 것에 불과하였다. 이는 대한제국 정부가 만들어 놓은 교육법제가 오랜 실제 운용 경험을 바탕으로 잘 짜인 것이었다는 점에서 바꿀 것이 크게 없었다는 것을 의미하는 것이다. 하나의 법제로 묶어 법의 형태를 바꾼 것은 그대로 사용하기가 민망했던가 아니면 그대로는 외면상 침략꾼 계략에 걸맞지 않다고 판단했기 때문이었을 것이다. 대한제국 정부의 그것과 다른 것이 있다면 하나는 "교육은 시세(時勢)와 민도(民度)에 적합하도록 해야 한다."고 규정하여 그들에의 예속을 전제한 저급의 교육을 실시할 것을 암시한 점이다. 다른 하나는 학교단계의 이음을 왜의 그것과 비교하여 격하할 목적으로 '전문교육' 조항이 새롭게 추가되어 있는 점이다. '조선교육령'의 전문을 우리말로 변역해 소개하면 다음과 같다.

- 조선교육령(1911. 6. 20., 왜칙령 229호)

제1장 강령

제1조 조선에 있어서의 조선인의 교육은 본령에 의한다.

제2조 교육은 교육에 관한 칙어(勅語)의 취지에 근거하여 충량한 국민을 양성하는 것을 본의(本義)로 한다.

제3조 교육은 시세(時勢)와 민도(民度)에 적합하도록 해야 한다.

제4조 교육은 이를 대별하여 보통교육, 실업교육 및 전문교육으로 한다.

제5조 보통교육은 보통의 지식기능을 가르치며 특히 국민다운 성격을 함양하고 일본어(倭語)를 보급하는 것을 목적으로 한다.

제6조 실업교육은 농업, 상업, 공업 등에 관한 지식기능을 가르치는 것을 목적으로 한다.

제7조 전문교육은 고등의 학술기능을 가르치는 것을 목적으로 한다.

제2장 학교

제8조 보통학교는 아동에게 국민교육의 기초가 되는 보통교육을 하는 곳으로서 신체의 발달에 유의하여 일본어를 가르치고 덕육(德育)을 실시하여 국민다운 성격을 양성하고 그 생활의 필요한 보통의 지식기능을 가르친다.

제9조 보통학교의 수업연한은 4년으로 한다. 단, 토지의 상황에 따라 1년을 단축할 수 있다.

제10조 보통학교에 입학할 수 있는 자는 연령 8년 이상으로 한다.

제11조 고등보통학교는 남자에게 고등의 보통교육을 하는 곳으로서 상식을 길러 국민다운 성격을 도야하고 생활에 유용한 지식기능을 가르친다.

제12조 고등보통학교의 수업연한은 4년으로 한다.

제13조 고등보통학교에 입학할 수 있는 자는 연령 12년 이상으로 수업연한 4년의 보통학교를 졸업한 자 또는 이와 동등 이상의 학력을 가진 자로 한다.

제14조 관립고등보통학교에는 사범과(師範科) 또는 교원 속성과(速成科)를 두어 보통학교의 교원될 자에게 필요한 교육을 할 수 있다.

사범과의 수업연한은 1년, 교원 속성과의 수업연한은 1년 이내로 한다.

사범과에 입학할 수 있는 자는 연령 16년 이상으로서 고등보통학교 제2학년의 과정을 수료한 자 또는 이와 동등 이상의 학력을 가진 자로 한다.

제15조 여자고등보통학교는 여자에게 고등의 보통교육을 하는 곳으로서 부덕(婦德)을 기르고 국민다운 성격을 도야하고 그 생활에 유용한 지식기능을 가르친다.

제16조 여자고등보통학교의 수업연한은 3년으로 한다.

제17조 여자고등보통학교에 입학할 수 있는 자는 연령 12년 이상으로서 수업연한 4년의 보통학교를 졸업한 자 또는 이와 동등한 학력을 가진 자로 한다.

제18조 여자보통학교에는 기예과(技藝科)를 두어 연령 12년 이상의 여자에 대하여 재봉(裁縫) 및 수예(手藝)를 전수(專修)시킬 수 있다.

기예과의 수업연한은 3년으로 한다.

제19조 관립여자고등보통학교에는 사범과를 두어 보통학교의 교원될 자에 필요한 교육을 할 수 있다.

사범과의 수업연한은 1년으로 한다.

사범과에 입학할 수 있는 자는 여자고등보통학교를 졸업한 자로 한다.

제20조 실업학교는 농업, 상업, 공업 등의 실업에 종사할 자에게 필요한 교육을 하는

곳으로 한다.

제21조 실업학교를 나누어 농업학교, 상업학교, 공업학교 및 간이실업학교(簡易實業學校)로 한다.

제22조 실업학교의 수업연한은 2년으로부터 3년으로 한다.

제23조 실업학교에 입학할 수 있는 자는 연령 12년 이상으로서 수업연한 4년의 보통학교를 졸업한 자 또는 이와 동등 이상의 학령을 가진 자로 한다.

제24조 간이실업학교의 수업연한 및 입학자격에 관해서는 전 2조의 규정에 의하지 않고 조선총독이 이를 정한다.

제25조 전문학교는 고등의 학술기예를 교수하는 곳으로 한다.

제26조 전문학교의 수업연한은 3년으로 한다.

제27조 전문학교에 입학할 수 있는 자는 연령 16년 이상으로 하고, 수업연한 4년의 고등보통학교를 졸업한 자 또는 이와 동등의 학력을 가진 자로 한다.

제28조 공립 또는 사립의 보통학교, 고등보통학교, 여자고등보통학교, 실업학교 및 전문학교의 설치 또는 폐지는 조선총독의 인가를 받아야 한다.

제29조 보통학교, 고등보통학교, 여자고등보통학교, 실업학교 및 전문학교의 교과목 및 그 과정, 직원, 교과서, 수업료에 관한 규정은 조선총독이 이를 정한다.

제30조 본 장에 규정된 것 이외의 학교에 관한 사항은 조선총독이 정한 바에 따른다.

부칙

(1) 본령 시행의 기일은 조선총독이 정한다.

(2) 종래의 보통학교, 고등학교 및 고등여학교는 본령에 의하여 설치된 보통학교, 고등보통학교로 간주하고, 종래의 농업학교, 상업학교 및 실업보습학교는 본령에 의하여 설치된 농업학교, 상업학교 및 간이실업학교로 간주한다.

(3) 본령 시행중 조선총독은 현존(現存)하는 학교에 관하여 본령에 관계없이 필요한 사항을 정하거나 또는 필요한 처분(處分)을 할 수 있다.

침략세력은 '조선교육령'에 이어 1911년 5월 4일에는 왜왕의 칙령 136호로 '조선총독부관제(朝鮮總督府官制)'를 제정하여 시학관(視學官)의 직제를 신설하고, 이어 칙령 138호로는 '조선총독부시학관특별임용령(朝鮮總督府視學官特別任用令)'을 제정하여 시학관의 임명을 통한 식민지교육의 감시체제를 확립하고, 같은 해 10월 11일에는 교육에 관계되는 7개의 칙령을, 같은 해 10월 20일에는 10개의 총독부령을 각각 내려 조선교육령의 하위법 체제를 갖추었다.

- 왜칙령

  경성전수학교관제(왜칙령 251호), 경성고등보통학교관제(왜칙령 252호), 평양고등보통학교관제(왜칙령 253호), 조선공립실업학교관제(왜칙령 256호), 경성여자고등학교관제(왜칙령 257호)

- 총독부령

  조선교육령은 명치 44년(1911) 11월 1일부터 이를 실시한다(총독부령 105호), 보통학교규칙(총독부령 110호), 고등보통학교령(총독부령 111호), 여자고등보통학교(총독부령 112호), 실업학교규칙(총독부령 113호), 사립학교규칙(총독부령 114호), 경성전수학교규칙(총독부령 115호), 경성고등보통학교 부설 임시교원양성소규칙(총독부령 116호), 조선공립실업학교직원정원규칙(총독부령 118호), 조선보통공립학교대용교원 및 조선공립실업학교의 강사에 관한 건(총독부령 119호)

위 법제에서도 대한제국 정부의 그것을 그대로 계승하고 있는 것을 알 수 있다. 경성전수학교와 평양고등보통학교가 새삼스럽게 보일지 모르겠으나 경성전수학교는 대한제국 정부의 법부의 법학교(法學校: 전신 법관양성소)를 폐지하고 그 위에 만든 것이고, 평양고등보통학교는 종래 있던 평양 소재의 외국어학교를 바꿔 세운 것에 불과하다. 그 밖의 학교 이른바 경성고등학교, 경성여자고등학교 등은 이미 오래전부터 있던 학교들이다. 그 외의 법제들은 대체로 대한제국 정부의 학부령으로 제정되어 있던 보통학교령시행규칙, 고등학교령시행규칙 등의 하위 교육법제들을 침략 목적에 맞추어 약간 수정한 것을 빼놓고는 거의 그대로 재정리해 놓고 있다.

사범학교에 대해서는 종래 교원양성에 크게 이바지한 한성사범학교를 폐지하고 하위 법조차 만들지 아니한 채, 경성고등보통학교와 경성여자고등보통학교에 사범과나 임시교원양성소를 설치하는 조치나 또는 대용교원(代用教員)과 강사로 대응하는 조치를 취해 교원양성에 소극적인 기만적인 술책을 보이고 있다. '조선교육령'에는 사범학교규정을 삽입해 두어 마치 교원양성제도가 확립되어 있는 것처럼 보이게 하고, 실제는 사범학교를 폐지하여 한국인의 교원양성을 포기, 억제하고 그 대신 무자격의 왜인을 교사나 강사로 대응하는 구실을 찾는 것이다. 여기서도 침략자들의 제국주의적 경향을 읽을 수 있다. 국내의 유휴노동을 한반도에 수출하여 한국의 재원으로 경영되는 학교에 교사로 임용하여, 일면 그들을 충성스러운 침략의 주구(走狗)로 활용하고, 타면 한국 재원을 갈취하여 가도록 꾸며 놓은 흉계인 것이다. 실제 교원을 한반도에서 양성하기 위한 하위 법의 '조선사범학교규칙'이 제정된 것은 이로부터 10년을 넘긴 1921년 4월이나, 그나마도 왜인만의 교원양성기관이었다.

이러한 경향은 전문교육에서도 마찬가지였다. 역시 조선교육령에는 전문학교가 있는 양 꾸며 놓고, 실제 전문학교를 위한 하위 법을 제정하지 않아 전문학교 설치를 방해하거나 지연시켜 왔다. 실제로 전문학교 규칙이 생긴 것은 그로부터 다섯 해를 넘긴 1915년 4월의 일이며, 그것도 날로 번창해 가는 사립의 전문학교를 규제하기 위하여 마지못해 만든 것이었다. 이 규칙에서 높게 책정된 전문학교의 설치 · 인가 기준으로 말미암아 대한제국 정부가 고등교육의 전초로 기초를 닦아 놓았던 많은 전문교육기관, 즉 의학교, 법학교, 농림학교 등은 물론 성균관을 포함하여 적지 않은 사립의 전문교육기관이 저급한 실무교육기관으로 전락하거나 문을 닫아야 하는 경우가 속출하였다. 이는 침략세력이 의도적으로 한국의 고등교육기관 설립을 방해하기 위하여 계획된 계략이었다. 이러한 상황에서는 고등교육으로서의 대학교육은 거론조차 할 수 없었다.

왜국 침략세력은 겨우 대한제국 정부의 것을 답습하는 정도의 교육제도를 만들어 내는 데도 꼬박 2년이 걸렸다. 대한제국 정부가 이미 이룩하여 놓은 성과 앞에서 시작했으면서도 그와 같이 오랜 시간을 낭비해야 했다. 그들이 만들어 냈다는 제도란 거의 대한제국 정부가 만들어 놓은 제도를 약간의 형식을 바꾸어 내놓은 것에 불과하였다. 그들이 그동안 여기저기서 대한제국 정부의 개혁의 진전 속도를 두고 무능으로만 매도하고 그것을 침략의 구실로 삼아온 것에 비하면, 이처럼 느리고 원만한 교육개혁의 전개는 아이러니하기도 하거니와 스스로 그들의 무능을 보인 것이라 할 수 있다.

그러면 이들이 만든 교육법제는 대한제국 정부의 어떤 교육법제가 기초가 되어 침략기 교육법제를 구성하게 되었나를 도표로 살펴보기로 하자.

다음 도표에서 볼 수 있듯이 왜의 침략기 교육법제는 어느 것 하나 대한제국 정부에 의하여 일구어진 것에 근거하지 않은 것이 없으며, 오히려 후퇴한 저급의 것을 만들어 냈다. 조선교육령은 사범학교에 대해서는 규정도 하지 않고 다만 고등보통학교의 사범과에 대해서만 규정해 두어 교원양성을 명목만 남겨 놓았을 뿐이며, 1895년 제정 이래 15년간 존재하여 교원양성에 크게 기여하여 오던 유일한 교원양성기관인 한성사범학교마저 폐지하고 이를 임시교원양성소로 전락시켰다. 의도적으로 중등단

대한제국 정부 교육법제		왜의 침략기 교육법제	
1894~1904	1905~1910	1911~1921	
초기 교육법제	후기 교육법제		
소학교 →	보통학교령 →	보통학교	
중학교관제 →	고등학교령 →	고등보통학교	
	고등여학교령 →	고등여자고등보통학교	
한성사범학교관제 →	사범학교령 →	조선교육령 →	사범과
	실업학교령 →	→	실업학교
	사립학교령 →	→	사립학교
상공학교관제 →	농상공학교관제 →	→	전문학교
	농업전습소 →		
외국어학교관제 →	외국어학교 →	폐지	
소학교교칙대강 →	보통학교령시행규칙 →	보통학교규칙	
중학교규칙 →	고등학교령시행규칙 →	고등보통학교규칙	
	고등여학교령시행규칙 →	고등여자보통학교규칙	
한성사범학교규칙 →	사범학교령시행규칙 →	폐지	
	실업학교령시행규칙 →	실업학교규칙	
광제원관제 →	대한의원관제(의학교) →	조선총독부의원관제(의학강습소)	
법관양성소관제 →	법학교규칙 →	경성전수학교규칙	
각아문관제(학무아문) →	학부관제 →	조선총독부관제(내무부학무국)	

계의 고등학교를 굳이 '보통'이라는 글자를 붙여 고등보통학교로 바꾸어 부르게 하여 왜국의 그것과 구분하여 격하하였다. 또 전문학교도 명색뿐으로, 교원양성법제에서와 똑같이 당시에 이미 설립되어 전문교육기관으로서 오랜 기간 운영되어 오던 관립 의학교와 법학교 등을 각각 의학강습소나 전수학교로 격하하였다. 당시에 설립, 운영되어 오던 보성전문학교, 세브란스의학교, 숭실대학 등 사립의 전문고등교육기관에 대해서도 전문학교의 시행규칙 제정을 유보하여 의도적으로 이를 백안시하고 고등교육기관으로 인정하려 하지 않았다. 뿐만 아니라 사립학교를 강력한 통제하에 둠으로써 증대와 발전을 억제, 방해하였다.

2) 3·1 독립운동과 왜의 침략기 교육법제

대한제국 정부가 일구어 놓은 근대교육법제를 기초로 하여 손쉽게 만들어진 최초의 왜국의 침략기 교육법제는 보다 미흡하고 저급한 퇴보적인 것이었으나 침략세력은 이에 대하여 아무런 손을 대지 않고 그 상태로 10여 년을 버티고 있었다. 왜국 침략세력은 한민족을 저급한 교육제도에 오랫동안 묶어 두어 식민지 상태를 영속화하려는 음모를 전개하고 있었던 것이다.

1919년 3월에 일어난 한민족의 거족적인 독립운동은 1922년에 이르러 마침내 이를 바꾸어 놓았다. 이른바 '제1차 개정조선교육령'을 낳은 것이다. 제1차 개정교육령은 앞서의 교육령보다는 비교적 향상된 학교제도로서 형식에서는 왜인의 그것에 가까운 것이었다. 이 개정교육령에서 그동안 가동하지 않고 중단, 유보하여 오던 교원양성기관인 사범학교는 물론 전문교육기관인 전문학교도 본격적으로 설립, 운영할 것을 약속하고 있을 뿐 아니라 고등교육기관인 대학도 설립할 것이라고 하고 있었다. 그리하여 그동안 침략세력과 어용학자들은 줄곧 이때 새롭게 개정된 이 교육법제가 왜인을 위하여 시행하는 것과 같은 내용의 학교제도를 실시하게 한 것이라 하여 침략당국이 한국인에게 커다란 시혜를 내린 것처럼 선전하여 설명하는 것을 주저하지 않았다. 이들은 심지어 제1차 개정조선교육령이 실시되던 시기를 가리켜서는 '문화정치' 시대라고 즐겨 부르고 이 제도를 문화정치의 산물이라 규정했다.

사실 이러한 제도의 출현은 3 · 1 독립운동에서 보여 준 것과 같은 한민족의 폭발적인 자주독립의 요구에서 비롯된 것이었다. 한민족의 계속된 강력한 독립의 요구에 굴복한 침략세력은 궁여지책으로 마지못해 왜 군부에 의하여 주도된 종래의 식민지 지배방식인 강권정책을 수정하고 민간지배의 유화적인 지배방식을 들고 나와 한민족을 회유하려 하였던 것이다. 이른바 제1차 개정조선교육령은 그러한 맥락에서 한민족의 자주독립에 대한 요구의 결과로 만들어진 부산물에 불과한 것이었다. 한민족의 자주독립 요구는 비록 달성되지 아니하였으나 교육을 포함한 다른 많은 영역에서 침략세력이 유화책을 강구하지 않을 수 없게 한 것이다. 이는 침략세력의 시혜로 내려진 특혜가 아니라 한민족이 목숨 바쳐 싸워 온 피와 땀의 대가로 쟁취한 혁혁한 전과였다.

1919년 한민족의 독립운동이 거족적으로 표면화할 때만 하여도 침략세력은 한반도 전 영역에서 온갖 만행과 살육으로 한민족을 탄압하려 하였다. 한민족의 끈질긴 자주독립을 위한 투지는 그로부터 3년째 되는 1922년에 이르러 끝내 그들을 굴복시켜 회유책을 마련할 수밖에 없도록 한 것이다. 당시 새로운 식민지 관리자로 들어 온 사이토(齊藤實)는 종래의 침략기 교육책략을 바꾸어 ① 한국인과 왜인을 하나의 '조선교육령'에 따르게 하고, ② 양자의 초 · 중등의 보통교육을 같은 수준으로 하며, ③ 전문학교 이상의 고등교육기관인 대학을 인정하고, ④ 독립된 교원양성기관인 사범학교를 인정하겠다고 성명을 발표하고 있다.[23)]

이때 만들어졌거나 개정된 주요 교육법제는 다음과 같다.

• 1922년 제1차 개정조선교육령 이전 교육법제

조선총독부전문학교관제 개정(1919. 4. 19., 왜칙령 123호), 고등보통학교규칙 개정(1919. 12. 1., 총독부령 187호), 경성전수학교규정(1919. 12. 11., 총독부령 123호), 경성공업전문학교규정(1919. 12. 11., 총독부령 191호), 사립학교규칙(1920. 3. 15., 총독부령 21호), 보통학교규칙 개정(1920. 4. 1., 총독부령 47호), 실업학교규정 개정

---

23) 문부성교육사편찬회(文部省教育史編纂會), 명치이강(明治以降) 교육제도발달사(教育制度發達史)(제10편), 용금사(龍昤社), pp. 626-627.

(1920. 4. 1., 총독부령 48호), 조선학교비령(1920. 7. 20., 제령 14호)

- 1922년 제1차 개정조선교육령 이후 교육법제

조선교육령 개정(제1차 개정교육령: 1919. 4. 10., 왜칙령 123호), 보통학교규정(1922. 2. 15., 총독부령 187호), 실업학교규정(1922. 2. 16., 총독부령 9호), 유치원규정(1922. 2. 16., 총독부령 11호), 여자고등보통학교규정(1922. 2. 17., 총독부령 14호), 고등보통학교규정(1922. 2. 20., 총독부령 16호), 사범학교규정(1922. 2. 23., 총독부령 17호), 공립사립전문학교규정(1922. 3. 7., 총독부령 21호), 사립학교규칙(1922. 3. 28., 총독부령 27호), 조선총독부제학교관제 개정(1922. 3. 31., 왜칙령 151호), 조선공립학교관제 개정(1922. 3. 31., 왜칙령 152호), 경성법학전문학교규정(1922. 4. 1., 총독부령 49호), 경성의학전문학교규정(1922. 4. 1., 총독부령 50호), 경성고등공업학교규정(1922. 4. 1., 총독부령 51호), 수원고등농립학교규정(1922. 4. 1., 총독부령 52호), 경성고등상업학교규정(1922. 4. 1., 총독부령 53호), 경성제국대학관제(1924. 5. 2., 왜칙령 102호), 경성제국대학학부에 관한 건(1924. 5. 2., 왜칙령 104호), 경성제국대학예과규정(1924. 5. 2., 총독부령 21호)

1922년의 개정된 조선교육령이 나오기 이전에 개정되었거나, 독립운동이 전개된 직후 제정된 교육법제는 대체로 한민족의 저항에 대한 반동적 색채가 짙은 것으로 낮은 수준의 교육제도에 한민족을 강압적으로 묶어 두어 노예상태를 영속화하려는 탄압적인 태도를 견지하는 것들이었다. 이러한 경향은 얼마 가지 못하고 무너져 이로부터 3년 만인 1922년에 회유책의 하나로 '개정 교육법'이 만들어져야 했다. 침략세력은 그동안 종래의 것을 폐지하고 줄곧 설립을 유보해 오던 사범학교를 재개하지 않으면 아니 되었고, 전문학교 또한 억제정책을 풀지 않으면 안 되었다. 대학 역시 설립을 약속해야 했다. 또 초등과 중등의 모든 계제(階梯)의 학교에서도 왜인의 그것과 같은 수준으로 하지 않으면 안 되었던 것이다. 특히 대학의 설립을 서둘게 된 것은 이 무렵 한민족에 의한 민립대학 설립운동이 절정을 이루고 있었음을 기억해 두어야 한다. 이러한 사실은 한민족의 끊임없는 자주독립의 요구에 굴복된 침략세력이 본의와는 다르게 어쩔 수 없이 한민족의 요구에 맞추어 교육개혁에 응해야 하였음을 의미하는 것이다.

교활한 침략세력은 형식상으로는 한민족의 요구에 굴복하여 개선된 듯한 교육제도를 꾸며 놓고는, 실제로는 실행을 뒤로 미루거나 유보하여 종래의 식민정책을 지속하려 하였고, 내용적으로는 한민족의 예속화를 더욱 강화하는 악랄한 술책을 자행하였다. 따라서 이때의 교육을 당시 교육법의 내용만으로 판단하여 이전보다 향상된 것이었다든지 또는 문화정책의 산물이라고 평가하는 것은 그릇된 것이다.

이후에도 '조선교육령'을 포함하는 많은 교육법제가 2, 3차에 걸친 개정을 통해 왜인의 그것과 차별적이었던 각 학교단계의 명칭을 같게 하였다든가, 초등단계의 학교도 그들의 것과 똑같이 국민학교(國民學校)로 바꾸어 부르게 했다. 이런 것들은 모두 사소한 것으로 한민족을 수탈하기 위한 음흉한 회유책에 불과하였다.

3) 독단적 칙령주의와 계엄주의

침략자 왜국은 자국의 통치에서도 1889년 최초로 제정된 '제국헌법(帝國憲法)'에 의하여 의회는 매우 한정된 범위 안에서만 법률을 제정할 수 있게 하고, 대부분의 사안을 행정부가 자의적인 명령에 의하여 독단으로 제정하는 법규로 처리하는 체제를 구축하여 놓았다. 즉, 왜국은 명령주의에 근거하는 행정부의 독단적인 자의에 의하여 대부분의 사안을 처리하고 있었다. 특히 교육과 관련되는 사안에 관해서는 왜국 국민에 관계가 있다 하여 왜왕의 이름으로 칙령(勅令)에 의하여 직접 발하는 특권적인 '독립명령(獨立命令)'이나 '대권명령(大權命令)'인 '칙령'[24]에 의하여 법규가 발하게 되는

24) '독립명령'(獨立命令)이란 "왜왕……공동의 안녕질서를 보지(保持)하고 또 신민의 행복을 증진하기 위하여 필요한 명령을 발하거나 발하도록 할 수 있다."고 규정하고 있는 왜국의 제국헌법(帝國憲法) 제9조에 따른 명령으로서 법률의 위임에 근거하지 않고 발할 수 있는 전횡적인 명령이다. 또한 '대권명령(大權命令)'은 왜왕이 그의 자유의사로서 처리할 수 있는 권능으로 왜국의 헌법 제8조에 근거한다. 이는 "공공의 안전을 보지하거나 그의 재난을 피하기 위하여 긴급을 요하는 경우에 발하는 '긴급칙령(緊急勅令)'이 이에 속한다.

경우가 상례가 되어 있었다. 따라서 어느 경우에서보다 더욱 자의적인 명령주의에 의존하고 있었다고 할 수 있으며, 이는 곧 교육행정의 '칙명주의(勅命主義)'를 말하는 것이다.[25)]

이러한 경향은 한반도의 침략기 교육책략에서 보다 극심하였다. 왜국의 한반도 지배는 왜국의 현역군인으로 임명되는 총독이 왜국 헌병의 엄호하에 칙령이라는 왜국의 대권명령과 그의 독립명령에 의하여 거의 전단(專斷)되었고, 그들 의회 제정의 법률에 구애되지 않았다. 이는 마치 계엄이 선포된 분위기와 비슷하였다. 한반도에서 교육책략은 계엄하의 전제적 명령주의로 일관되었던 것이다. 1910년 8월 29일, 왜국은 칙령 324호로 '제국헌법 제8조에 의한 긴급칙령(緊急勅令)'이라는 제하에 "조선에서는 법률을 요하는 사항은 조선총독의 명령으로서 이를 규정할 수 있다."고 규정한 명령을 발하여 독단으로 지배할 수 있도록 만들어 놓았다. 이러한 불법적인 '독립명령'으로서의 칙령은 또다시 왜국 의회가 1911년 3월 25일 '조선에 시행한 법령에 관한 건'을 제정하여 법률 제30호로 공포함으로써 추인되어 한반도에서의 그들의 전횡을 그들의 헌법에 따라 합법화하기에 이른다. 이와 같이 왜국의 의회조차 자의적인 독립명령권을 승인하고 있는 것은 왜국의 전 국민이 불법적인 침략행위에 공모하거나 동조하고 있었다는 사실을 입증하는 산 증거가 되는 것이다. 이로부터 한반도는 이 잔학무도한 난폭한 침략자들의 긴급명령에 의해 짓밟혀 황폐화되어 갔다. 교육제도 또한 긴급명령에 의하여 처절한 황폐화의 길을 밟아 왔음은 말할 나위도 없다. 1911년 8월 24일 공포된 침략기 교육의 기본법인 조선교육령이 왜왕의 칙령 제228호인 긴급명령인 것은 말할 나위도 없고, 이에 이어 1911년 10월 20일 제정 공포된 「보통학교규칙」「고등보통학교규칙」「여자고등보통학교규칙」「실업학교규칙」 등 주요 교육법제도 각각 제110호, 제111호, 제112호, 제113호 등의 총독부령으로서, 한반도의 모든 교육제도는 이와 같이 식민지 관리자인 일제의 총독이 발한 자의적인 '독립명령'에 의하여 독단으로 전횡된 것이다.

---

25) 平原春好, 日本教育行政研究序説, 帝國憲法下における制度と法理, 東京大學出版會, 1970. pp. 185-245.

한반도의 교육제도가 침략자 왜국 의회가 승인한 '독립명령'에 근거하고 있었다는 것은 '독립명령' 자체가 왜인의 안녕과 행복을 위하여 왜왕이 독단으로 발하거나 발하게 할 수 있는 명령이라는 점에서 이 명령의 수행은 한민족의 희생으로 왜인의 안녕과 행복을 도모한다는 전제가 설정되어 있었다. 따라서 이 왜의 침략지 교육법제는 왜인의 안녕과 행복을 위해 발해진 수탈과 압박의 명령이었던 것이다.

4) 군사적 전략하의 군정체제

엄격히 말하여 왜국 침략세력에 의한 수탈의 침략기 동안 한반도의 정정은 시종 왜국 군인들에 의해 강행된 계엄 상황 그 자체였다. 1909년 당시 한반도에는 일제군인이 본부 1개소, 분대 7개소, 관구 57개소, 분견소 457개소, 출장소 4개소로 도합 557개소를 편제로 하여 2,369명의 일제 헌병과 그 밖의 4,392명의 보조원을 포함하여 도합 6,761명이나 주둔하고 있었으며, 그들의 경찰력은 2,077명이나 되었다. 1911년에 이르러서는 경찰의 직무를 대행하는 현역군인인 헌병만으로도 현병사령부 1개소, 헌병대 13개소, 헌병분대(憲兵分隊) 78개소, 헌병분견소(憲兵分遣所) 54개소, 헌병파출소(憲兵派出所) 410개소, 헌병출장소(憲兵出張所) 379개소, 도합 935개소였으며, 인원은 사령관 1명과 장교 78명을 포함하여 총인원이 7,750명이나 된다. 경찰력은 6,006명으로 3,929명이나 증원되어 있었다. 이는 날이 갈수록 증대되어 1914년에는 경찰대행 헌병대의 편제 997개소로 인원은 8,159명에 이르렀으며, 경찰력 5,756명이 이에 가세하고 있었다. 1915년에는 헌병대 1,033개소의 7,929명의 병력과 5,601명의 경찰력 이외에 보병(步兵) 3개 여단(旅團)과 기병(騎兵) 1개 연대(聯隊)로 편성되는 2개 상설 사단(師團)을 편성, 주재하게 하여 삼엄한 계엄 상황을 보다 강화하고 있었다.[26] 더구나 이러한 주둔군이 현역군인으로 임명되는 총독(總督)의 지휘하에 있었다는 사실은 한반도를 그들의 군사적 지배와 위협하에 두었다는 것을 의미하는 것이다. 이는 마치

26) 조선총독부, 조선총독부시정연보(제2권), pp. 62–72. 동(제4권), pp. 54–45, 동(제5권), pp. 86–92.

전쟁기간의 계엄 상황과 같았다고 말할 수 있다. 그러한 의미에서 왜국의 식민지 관리는 총칼의 위협하에 이루어진 착취와 유린의 행렬이었다.

뿐만 아니라 한반도의 관리권을 장악한 총독은 왜국의 육해군 대장 중에서 왜왕이 직접 임명하는 자였다.[27] 식민지수장인 총독은 왜왕에 직속하고, 위임의 범위 안에서 육해군을 통솔하며 한반도를 방비하는 일을 장악하고 있었다. 한반도를 관리하던 왜국 총독은 계엄사령관의 지위를 가지고 있었던 것이다. 1919년 3 · 1 독립운동이 있은 후, 1922년 총독을 현역 대장이 아닌 민간인으로 대신하도록 하였으나, 새 총독에게도 한반도에 상주하는 별도의 육해군 사령관에 병력의 사용을 요구할 수 있는 청구권을 인정하여 역시 살벌한 계엄체제를 유지하고 있었다.

5 결 론

지금까지 침략세력이 한반도 침략기 교육책략에서 취해 온 태도에 대하여 논의해 왔다. 누가 뭐라 해도 왜국의 한반도 침략기 교육책략은 대한제국 정부가 수립, 개척, 정착시켜 온 교육제도를 토대로 손쉽게 꾸려진 것이지 전에 없던 제도를 침략세력이 새롭게 만들어 낸 것은 분명히 아니다. 침략세력은 대한제국이 수립해 온 교육제도 위에 손쉽게 수탈과 억압의 교육책략을 수립할 수 있었다. 그들의 이름으로 제정된 대부분의 교육법제는 원천적으로 대한제국의 교육법제를 계승한 것이거나 그를 토대로 약간의 내용을 수정해 만들어진 것이 많다.

그럼에도 침략세력은 이러한 사실을 은폐하고 온갖 수단을 동원하여 대한제국 정부가 수립, 정착시켜 온 교육제도에 대하여 무모하고 방만한 것으로 매도하여 왔으며, 오히려 침략의도에 맞추어 이를 수정, 보완하여 계승해 온 침략기 교육법제에 대해서는 그들이 처음으로 제정한 것인 양 조작, 날조하고 과장, 미화하여 선전해 왔다.

---

27) 1910년 9월 23일자 왜왕의 칙령 제354호 '조선총독부관제'는 현역의 육해군대장 중에서 왜왕이 총독을 임명하는 것으로 규정하고 있다.

심지어 식민지 기간을 1904년대까지로 소급시켜 주권국가가 성공적으로 집행한 업적까지도 도용하여 그들이 이룩한 업적으로 조작하였다. 이러한 행위는 주로 왜국의 군부로 짜인 식민지 관리자들에 의하여 군사전략 차원에서 강압적으로 추진되었다. 이러한 행위는 식민지 기간에 끝나지 않고 일부 군국주의적 잔당에 의하여 오늘날까지 계속되어 오고 있다. 이러한 경향은 식민지 기간 침략자들에 의하여 조작, 날조되어 왜곡되어 온 이 나라의 교육사에서 왜곡의 정도를 더욱 심화시키고 있다.

이 글을 통하여 지금까지 왜국 식민지 당국과 어용학자들이 꾸며 온 거짓기록을 음미하고, 그들이 어떻게 대한제국 정부가 수립해 온 교육제도와 교육법제에 의존하여 수탈의 침략기 교육법제를 수립해 왔는가를 확인하였다. 여기서 우리는 왜국이 한반도에서 꾸려온 수탈의 침략기 교육책략은 어느 것 하나 대한제국 정부가 수립, 정착시켜 온 교육법제에 의존하지 않은 것이 없음을 확인할 수 있었다. 하지만 오히려 침략세력이 이 땅에서 꾸려온 책략과 법제는 대한제국이 수립하여 온 것에 근거하고 있으면서도, 침략세력이 이를 독자적으로 수립해 온 것인 양 꾸며진 역사가 우리 교육사를 장식하고 있다. 이는 매우 한탄스러운 일이 아닐 수 없다.

대한제국의 교육법제는 국가와 민족의 발전을 위하여 만들어진 최선의 결정인 데 반하여, 침략세력의 것은 착취와 수탈을 위하여 제정된 최악의 결정이다. 침략세력이 일구어 온 책략과 법제는 미비와 결락, 차별로 점철된 바람직하지 않은 내용으로 짜여 있다. 이러한 교육법제와 책략은 3 · 1 독립운동과 같은 한민족의 부단한 국권회복운동을 통하여 제동이 걸려 시정으로 이어지는 유화책을 가져왔으나 그것도 잠시뿐 결국 이러한 유화책의 배후에는 음흉한 간계가 숨어 있었다. 침략세력의 고도의 책략과 제도는 항상 한민족의 발전을 억제하고 수탈과 착취를 가능하게 하는 선에서만 만들어진 것이었다. 이 과정에서도 침략세력은 미비와 결락, 차별이 시정된 것을 들어 그들이 한반도 교육에 기여한 양 왜곡하여 왔다. 이는 식민지 상황을 유지하기 위한 최후의 수단에 불과하였을 뿐이다. 비록 시정된 교육책략이 가려진 그들의 음모에서 비롯된 것이라 할지라도, 이는 한민족이 부단한 저항과 투쟁을 통하려 쟁취하여 온 결과임에는 틀림없다고 해야 할 것이다.

참고문헌

〈한국자료〉

고대아세아문제연구소 편, 구한국외교문서(舊韓國外交文書)(1~22권), 고려대학교출판부, 1973.

국회도서관 편, 한말근대법령집(韓末近代法令集)(1~9권), 1971.

內閣記錄局, 法規類編(1~7권), 융희 2년.

內閣記錄局, 法規類編(원), 건양 원년 1월.

대한교육연합회 편, 韓國教育年志史(韓國教育年鑑 1971년판 부록), 새한신문, 1971.

오천석, 韓國新教育史, 현대교육총서출판사, 1964.

議政府總務局, 法規類編(上下), 광무 2년, 5년

이만규, 朝鮮教育史(上下), 을유문화사, 1949.

안기성, 한국근대교육법제연구, 고대민족문화연구소, 1984.

〈일제자료〉

近代日本教育史料編纂會 編, 近代日本教育制度史料 第8~9巻, 大日本雄辯會講談社, 1951(s31).

大野謙一, 朝鮮教育管見, 朝鮮教育會, 1926.

大學書院, 植民地朝鮮教育政策史料集成(1~69권), 1990.

渡邊 學, 近代朝鮮教育史研究, 雄山閣, 1969.

文部省內 教育史編纂會教育資料調査會(代表 關屋龍吉), 明治以降教育制度發達史, 第10巻(第3編領土, 其他に於ける教育), 1959. 10. 10.(重版: s.39), 同 第11巻(臺灣關係), 社會教育會(頒布所), 龍今社, 1934. 7. 31.

文部省, 學制80年史, 大藏省印刷局, 1949.

歷史學研究會, 日本史研究會 編, 講座 日本史, 東京大學出版會, 1973.

日本史研究室 編, 日本史概說, 東京大學出版會, 1982.

朝鮮總督府 編, 朝鮮法令輯覽(第15輯), 1920, 1930, 1940.

土屋忠雄, 近代教育史, 小學館, 1973.

統監官房, 韓國施政年報(1～2卷) 韓國資料院, 1983.

平原春好, 日本行政硏究序說, 東京大出版會, 1970.

제7장

왜의 침략기 교육행정법제

❶ 서 론

이 글은 1910년에서 1945년에 이르는 35년간 한반도의 국권을 약탈 지배해 오던 왜의 침략기간의 교육행정법제를 대상으로 전개되었다. 이 기간 한반도 교육을 지배해 온 왜국 침략세력에 의해 제정되어 사용된 교육행정법제는 한반도 교육에 대한 수탈행정의 핵심이다. 이 수탈의 교육행정법제를 소상하게 탐구하여 그들이 수탈의 교육행정을 어떤 형식과 방법으로 운영했는가를 밝혀 두는 것은 수탈의 역사를 보다 구체적으로 해명하는 일에 도움이 될 것이다. 뿐만 아니라 우리 민족이 저항을 통해 많은 희생을 치르면서 쟁취한 교육의 소산을 확인하는 일에도 적지 않게 기여할 것이다. 사실 우리는 왜의 침략기 교육법제를 통해 투쟁과 저항으로 침략세력의 수탈행위를 견제하고 우리에게 유익한 교육제도를 하나하나 쟁취해 왔다. 이 기간의 교육행정법제의 연구를 통하여 우리 민족의 쟁취의 기록을 확인하여 아직 식민사관에서 해방되지 않은 침략기의 교육사가 재정리되는 일은 바람직한 일이라고 할 수 있을 것이다.

이 글은 서론에 이어 왜의 침략기 교육행정법제에 관한 총괄적인 흐름과 내용을 관찰하고, ❸, ❹에서는 직접 한반도 교육을 지배해 온 교육행정기관에 관련된 법제를 탐구하고, ❺에서 사립학교를 비롯한 교과서, 학교위생 등 여러 관련 교육행정법제를 다루고 결론으로 논지의 전개를 마감하였다. ❸과 ❹는 다시 세분되어, 각각 중앙교육행정기관과 지방교육행정기관 두 부분으로 나뉘어 관련 교육행정법제를 관찰하였고, ❺는 사립학교에 대한 교육행정법제, 교과서에 관한 교육행정법제, 학교위생과 체육에 관한 교육행정법제, 학교직원 관계 교육행정법제 등 네 가지로 나누어 고찰하였다. 그러면 우선 왜의 침략기 교육법제를 총괄적으로 관찰하는 일부터 시작하기로 하자.

❷ 왜의 침략기 교육행정법제

왜의 침략기 교육행정법제가 본격적으로 가동하기 시작한 것은 대한제국의 국권이 무단으로 박탈된 1911년 11월 침략세력이 제정한 '조선교육령'이 실시된 때부터이었다. 그러나 침략국의 수탈과 침략 행정이 시작된 것은 이미 1910년 8월 22일 무단으로 한반도를 강점한 때부터였던 것이다. 왜국의 침략세력은 한반도를 무력으로 강점하자마자 그로부터 이틀 만인 8월 26일에 '대한제국'의 국호를 왜국 왕이 임의로 명령해 '조선'으로 바꾸고 침략의 전위기관인 '조선총독부(朝鮮總督府)'를 한반도에 설치하였다. 총독부의 괴수인 총독은 현역의 육해군대장으로 선임해 임명케 하고 왜국 왕의 직속으로 하였으며, 또 그의 밑에는 그를 보좌하는 친임(親任) 정무총감(政務摠監)을 두고, 그로 하여금 부무(府務)를 총리하고 부국을 사무, 감독하도록 하였다. 이는 군부의 계엄 조직과 같은 철권의 무단 조직으로 이 조직에 의해 한반도의 교육행정이 요리된 것이다. 군의 무력통치가 침략의 수단이었다.

총독부의 청사는 종전 왜의 통감부가 청사로 사용하던 왜성대(倭城臺)로 하고 있었다. 왜성대는 침략세력의 무단정치의 본거지로 구실하였다. 총독부 청사가 경복궁 내에 착공되기 시작한 것은 1918년이었고 이것이 준공되어 완성된 것은 그로부터 9년 만인 1926년 10월의 일로 그들이 왜성대에서 청사의 자리를 옮긴 것도 바로 이때부터였다.

그러나 계엄 하에 무단으로 진행되던 한반도의 침략자 왜의 교육행정은 1919년 3월 한민족의 거족적인 독립운동을 계기로 잠시 유화책으로 후퇴하였다. 침략자는 조선교육령을 개정, 학교제도를 바꾸어 한민족과 왜인과의 차별을 없애고 대학을 설립하게 하는 등 여러 선심책을 강구하여 한민족의 저항을 무마하려 하였다. 그러나 그러한 유화책은 잠정적이었다. 1931년 침략세력은 세계에 대한 전쟁도발을 위해 일으킨 만주사변 이후 다시 강경책으로 바꾸어 갔으며, 한반도를 대륙에 대한 침략기지로 악용하기 위해 무단정치가 재개되고 군수산업이 강화되는 등 살벌한 분위기가 다시 전개되었다. 1937년 침략세력은 확전하여 중왜전쟁을 일으키고 한반도를 병참기지화하는 동시에 군수산업을 한층 강화하고 한민족까지 대상으로 삼는 전시동원체제를 구축하면서, 1938년에는 조선교육령을 또 한 번 개정하고 한민족의 환심을 사기 위해 차별하지 않는다는 명목으로 학교 이름을 참략국의 그것과 통일하여 소학교와 중학교로 부르게 한 이후에 지원병제도를 실시하는 반면, 동화정책을 보다 강화하고 국민정신총동원조선연맹 등의 어용단체를 결성하기까지 하였다. 이 연맹은 1940년에 이르러 국민연맹으로 이름을 바꾸어 총독을 총재로 임명하고 도, 부, 군, 읍, 면과 각 동리 그리고 모든 관청과 학교에 연맹을 구성하고 말단에 애국반(愛國班)을 두는 등 한민족의 동원을 위한 조직을 강화하였다. 그런 가운데 왜국 침략세력의 교육행정은 자연 그들의 정치와 결탁하여 전쟁 도발에 학생을 동원하는 역할마저 수행하며 진행되었다.

여기서 침략기 수괴인 역대 총독과 정무총감을 소개하면 다음과 같다.

- 총독

1대: 데라우치(寺內正毅: 1910. 10.), 2대: 하세가와(長谷川好道: 1916. 10.), 3대: 사이토(齊藤實: 1919. 9.), 4대: 우가키(宇垣一成: 1927. 4.), 5대: 야마나시(山梨半造: 1927. 12.), 6대: 사이토(齊藤實: 1929. 8.), 7대: 우가키(宇垣一成: 1931. 6.), 8대: 미나미(南次郎: 1936. 8.), 9대: 고이소(小磯國昭: 1942. 5.), 10대: 아베(阿部信行: 1944. 7.)

- 정무총감

1대: 야마가타(山縣伊三郎: 1910. 10.), 2대: 미즈노(水野錬太郎: 1919. 8.), 아리요시(有吉忠一: 1922. 6.), 3대: 시모오카(下岡忠治: 1924. 7.), 4대: 유아사(湯淺倉平: 1925.

11.), 5대: 이케가미(池上四郎: 1927. 12.), 6대: 고다마(兒玉秀雄: 1929. 4.), 7대: 이마이다(今井田清德: 1931. 6.), 8대: 오노(大野緣一郎: 1936. 8.), 9대: 다나카(田中武雄: 1941. 5.), 10대: 엔도(遠藤隆作: 1944. 7.)

* 주: 괄호 안의 숫자는 취임 일자임.

침략기 교육행정은 이상과 같이 1, 2, 3대는 현역의 육해군 대장이 지배하다가 4대부터는 민간 출신을 총독으로 삼아 수탈의 교육행정을 전개하여 간 것이다. 1929년의 6대에는 3대의 군인 출신 사이토가 재등장하나 이는 일본의 군국주의의 발흥과 깊은 관계가 있다. 이때부터 침략세력은 전쟁 준비에 골몰하였으며, 1931년 끝내 만주지역에서 전쟁을 도발하였다. 총독을 중심으로 하는 수탈의 교육행정법제에 관해 기술하기 전에 우선 왜국이 수탈을 준비하던 침략기 이전과 이후의 교육행정법제를 살펴보기로 하자.

1) 침략기 이전과 이후의 수탈전략 교육행정법제

침략세력은 한반도 침략책략에 종사하는 왜국 관료들을 고무하기 위하여 일찍부터 우대조치를 마련하고 있었다. 왜국은 1906년부터 침략을 위해 파견된 관료들의 급여를 우대하기 위하여 '만한재근문관가봉령'과 '은급가산년에 관한 칙령과 법률'을 제정해 놓고 있었고, 심지어는 국고에서 지급을 받지 아니하는 문관 이상의 학교직원에게도 침략책략에 동원된 대가를 치르기 위하여 '조선에서의 학교직원으로서 국고로부터 봉급의 지급을 받지 아니하는 문관 이상인 자의 국고납금의 수입에 관한 건'을 제정해 놓고 있었다. 이들 법령을 통해 한반도에 파견된 그들의 관료를 침략의 마수로 기능하게 하기 위하여 은급이나 은퇴료에서 가산년의 특전을 부여하고 공립학교직원에 대해서는 그가 왜인이든 한인이든 설사 국고에서 봉급을 지급하지 아니하는 경우에도 은퇴료나 유족 부조료를 지급하는 등 우대 고무하여 한반도의 수탈계획을 점차 본격화해 간 것이다. 이는 1910년 한반도의 국권을 박탈하기 오래전부터 용의주도하게 계획하고 진행하여 왔음을 보여 주고 있다. 그 법령을 소개하면 다음과 같다.

- 만한재근문관가봉령(滿韓在勤文官加俸令)(1906. 12. 1., 왜칙령 306호)
- 은급가산년(恩給加算年)에 관한 칙령(1907. 5. 15., 왜칙령 188호)
  (1920. 8. 18., 왜칙령 257호)
- 조선에서의 학교직원으로서 국고로부터 봉급의 지급을 받지 아니하는 문관 이상인 자의 국고납금의 수입에 관한 건(1907. 5. 15., 왜법률 48호)

1910년 왜국 침략세력은 무력을 동원해 한반도를 강제합병하는 조치를 강행하기 위하여 우선 식민지화의 주구로 한반도를 비롯한 수탈지역에 파견된 외국관리들의 만행을 독려, 고무하기 위해 재차 급여를 우대하는 '대만 · 만한 및 화태재근문관가봉령(臺灣 · 滿韓 및 華太在勤文官加俸令)'을 제정하였다. 침략세력은 이어 수탈의 본산이 되는 조선총독부를 설치하기 위하여 우선 왜국 왕의 조서를 발표하고 임의로 '대한제국(大韓帝國)'의 국호를 '조선(朝鮮)'으로 바꾸는 동시에 조선총독부의 설치를 왜국 왕의 이름으로 명령하고 이를 위해 조선총독부관제와 그의 사무분장규정을 제정하고 이에 추가하여 '도사무분장규정(道事務分掌規程)'까지 제정하여 수탈지 통치체제를 완비하였다.

왜국 침략세력은 수탈을 위한 많은 준비를 하여 왔지만 무엇보다 우선적으로 경제적인 수탈을 위해 권업모범장(勸業模範場)을 만들어 수탈산업을 흥행케 하기 위한 '조선총독부 권업모범장규정'을 성안하였다. 때를 맞추어 왜국 왕의 조서를 발표하고 이 조서를 통해 가증스럽게도 "동양의 평화와 왜국의 안전을 장래에도 보장할 필요를 생각하여…… 한국을 왜국의 보호하에 두어 이로써 화원(禍源)을 두절하여 평화를 확보함을 기하여 왔다."고 전제하고, 이어 "……그러나 한국의 현 제도는 아직 치안의 보지(保持)를 완전하게 함에는 충분하지 않다는 의구의 염(念) 늘 국내에 충일(充溢)하여 백성을 안도케 하지 않아 공공의 안녕을 유지하고 민중의 복리를 증진하기 위해서는 현 제도에 혁신을 가하는 일을 피할 수 없음이 분명해졌다. 짐은 ……한국을 왜국에 병합하여 이로써 시세의 요구에 부응할 수 있다는 생각으로 이에 영구히 한국을 왜국에 병합하게 되었다."고 선언하여 그들의 악의적인 침략행위가 마치 한반도의 무질서가 원인인 것처럼 호도하려 하였다. 또한 '고등관관등봉급령'을 개정하여 식민지 관료들의 직제(職制)를 명백히 하여 식민지관료체제를 구축하였다.[1] 다른 한편으로 한반도 전 지역의 통제를 위해 지방사무의 분장제도를 바꾸었다. 이들 법규를 소개하면 다음과 같다.

- 대만 · 만한 및 화태재근문관가봉령(臺灣 · 滿韓 華太在勤文官加俸令)(1910. 3. 28., 왜칙령 137호)
- 왜왕의 조서(1910. 8. 29., 왜조서)
- 한국의 국호를 바꾸는 건(1910. 8. 29., 왜칙령 318호)
- 조선총독부 설치의 건(1910. 8. 29., 왜칙령 319호)
- 조선총독부관제(朝鮮總督府官制)(1910. 9. 30., 왜칙령 354호)
- 조선총독부지방관관제(朝鮮總督府地方官官制)(1910. 9. 29., 왜칙령 357호)
- 조선총독부권업모범장규정(朝鮮總督府勸業模範場規程)(1910. 9. 30., 왜칙령 370호)
- 대만만한급 및 화태재근문관가봉령(臺灣滿韓及 華太在勤文官加俸令) 개정(1910. 9. 30., 왜칙령 384호)
- 고등관관등봉급령(高等官官等俸給令) 개정(1910. 9. 30., 왜칙령 377호)
- 조선총독부사무분장규정(朝鮮總督府事務分掌規程)(1910. 10. 1., 왜부훈령 2호)

1) 고등관관등봉급령(1910. 9. 30., 왜칙령 377호), 제1표

친임	1등	2등	3등	4등	5등	6등	7등	8등	9등
조선총독	총무부장관	동상							
정무총감	내무부장관	동상							
		지방국장	동상						
		학무국장	동상						
		참서관							
	도장관	동상							
		도참여관	동상						
			중학교장	동상	동상	동상	동상		
				중학교교유	동상	동상	동상	동상	
				농림학교교유	동상	동상	동상	동상	

이 개정에서 통감을 조선총독으로, 부통감을 조선총독부정무총감으로 각각 개정하고 있다.

- 도사무분장규정(道事務分掌規程)(1910. 10. 1., 왜부훈령 3호)

이 침략기법제 중 '조선총독부 설치의 건'은 다음과 같이 규정하여 조선총독을 비록 위임의 범위라고 한정하고 있기는 하나 한반도에서 주둔 침략 육해 왜군의 통제를 겸할 뿐 아니라 왜의 정무를 강행하는 절대적인 권좌에 앉혀 놓았으며, 또 대한제국의 내각과 표훈원(表勳院)을 해체하고 당분간 왜의 통감이 총독의 직무를 대행토록 하였다. 내각과 표훈원(表勳院)을 제외한 대한제국의 관청과 관원들은 침략체제가 구축될 때까지 당분간 존속하도록 규정하여 일부 한인 관료들은 침략행위에 이용되었다. 이 법제의 내용을 소개하면 다음과 같다.

- 조선총독부 설치의 건(1910. 8. 29., 왜칙령 319호)

  조선에 조선총독부를 둔다.

  조선총독부에 조선총독을 두어 위임의 범위 안에서 육해군을 통솔하고 일체의 정무를 통할케 한다.

  통감부 및 그의 소속관서는 당분간 이를 존치하고 조선총독의 직무는 통감으로서 이를 행하게 한다.

  종래의 한국정부에 속하는 관청은 내각 및 표훈원(表勳院)을 제외하고는 조선총독부소속관서로 간주하고 당분간 이를 존치한다.

  전항의 관서에 재근(在勤)하는 관리에 관해서는 구 한국정부에 재근 중과 동일한 취급을 한다. 단, 구한국법규에 의하여 친임관은 친임관의 대우, 칙임관은 칙임관의 대우, 주임관은 주임관의 대우, 판임관은 판임관의 대우를 받는 것으로 하고, 기왕에 재관의 채용을 허가 받은 자에 대해서는 명치 37년(1904) 칙령 제195호의 적용을 받는 것으로 간주한다.

  부칙

  이 영은 공포한 날로부터 이를 시행한다.

이어 발포된 '조선총독부관제'는 현역의 육해군 대장을 총독으로 임명하고 직접 왜국 왕의 예하에 두어 그로 하여금 한반도를 통치토록 조치하고 있다. 이는 한반도를 계엄하에 두는 것으로 강권통치를 예고하고 있다. 이 관제는 또한 교육행정의 전담부서인 학무국을 내무부 산하에 둠으로써 교육에 대한 관할권을 내무행정이나 경찰행정의 일환으로 다루게 하였다. 이는 이 시기의 교육행정이 철저히 철권통치 형식으로 진행될 것임을 암시하기 충분할 것이다. 관제의 전문을 소개하면 다음과 같다.

• 조선총독부관제(1910. 9. 30., 왜칙령 354호)

제1조 조선총독부에 조선총독(朝鮮總督)을 둔다. 총독은 조선을 관할한다.

제2조 총독은 친임(親任)으로 하고 육해군(陸海軍) 대장으로서 충(充)한다.

제3조 총독은 천황에 직례(直隷)하여 위임한 범위 안에서 육해군을 통솔하고 조선방비의 일을 장한다.

총독은 제반의 정무를 내각총리대신을 거쳐 상주하고 또 재가를 받는다.

제4조 그의 직권 또는 특별한 위임에 의하여 조선총독부령을 발하고 이에 1년 이하의 징역 또는 금고, 구류, 2백 원 이하의 벌금 또는 과료의 벌칙을 부할 수 있다.

제5조 총독은 소할관서의 명령 또는 처분으로 제규(制規)를 위반하여 공익을 해하고 또 권한을 범하는 것으로 인정될 때에는 그 명령 또는 처분을 취소하거나 정지시킬 수 있다.

제6조 총독은 소부(所府)의 관리를 통독(統督)하고 주임문관의 진퇴는 내각총리대신을 거쳐 이를 상주하며, 판임문관(判任文官)의 진퇴는 이를 전행(專行)한다.

제7조 총독은 내각총리대신을 거쳐 소부문관(所府文官)의 서위서훈(敍位敍勳)을 상주한다.

제8조 총독부는 정무총감(政務總監)을 둔다.

정무총감은 친임(親任)으로 한다.

정무총감은 총독을 보좌하여 부무(府務)를 통리(統理)하고 각 부국(部局)의 사무를 감독한다.

제9조 총독부에 관방(官房) 및 좌의 5부를 둔다.

총무부(總務部)

내무부(總務部)

도지부(度支部)

농상공부(農商工部)

사법부(司法部)

제10조 총무부에는 인사국(人事局), 외사국(外事局), 회계국(會計局), 내무부(內務部)에는 지방국(地方局), 학무국(學務局), 도지부(度支部)에는 사세국(司稅局), 사계국(司計局), 농상공부(農商工部)에는 식산국(殖產局), 상공국(商工局)을 둔다.

관방(官房), 각 부 및 각 국의 사무의 분장은 총독이 이를 정한다.

제11조 총독부에 좌의 직원을 둔다.

장관(長官)		5인	칙임
국장(局長)		9인	칙임 또는 주임
참사관(參事官)	전임	2인	주임(내 1인을 칙임으로 할 수 있다.)
비서관(秘書官)	전임	2인	주임
서기관(書記官)	전임	19인	주임
사무관(事務官)	전임	19인	주임
기사(技師)	전임	30인	주임(내 2인을 칙임으로 할 수 있다.)
통역관(通譯官)	전임	6인	주임
속(屬) 기수(技手) 통역생(通譯生)	전임	337인	판임

제12조 장관은 각 부의 장이 되며 총독 및 정무총감의 명을 받아 부무(部務)를 장리하고 부하인 관리를 지도 · 감독한다.

제13조 국장은 상관의 명을 받아 국무를 장리한다.

제14조 참사관은 상관(上官)의 명을 받아 심의입안(審議立案)을 장하고 또 각 부국의 사무를 돕는다.

제15조 비서관은 총독의 명을 받아 기밀에 관한 사무를 장한다.

제16조 서기관은 상관의 명을 받아 부무(部務)를 장한다.

제17조 사무관은 상관의 명을 받아 부무를 장한다.

제18조 기사는 상관의 명을 받아 기술을 장한다.

제19조 통역관은 상관의 명을 받아 통역을 장한다.

제20조 속(屬), 기수(技手) 및 통역생은 상관의 지휘를 받아 서무, 기술 및 통역에 종사한다.

제21조 총독부에 총독부무관(總督附武官) 2인을 좌관(佐官)으로 이를 보(補)한다.
총독부무관은 육해군소장 또는 좌관으로서 이를 보한다.
총독부무관은 참모로 한다.
부관은 육해군좌위관으로서 보한다.
총독부무관 및 부관은 총독의 명을 받아 사무에 복한다.

부칙

본령(本令)은 명치(明治) 43년 10월 1일부터 시행한다.

명치 43년 칙령 319호는 그의 관립학교에 관한 것을 제외하고는 이를 폐지한다.

뿐만 아니라 이듬해인 1911년에는 왜국 의회의 승인하에 회계제도 또한 구분하여 '조선총독부 특별회계' 제도를 수립하여 한반도 침략에 따른 특별예산 수요를 충족하는 용의주도한 태세를 갖추었으며, 다시 은급(恩給)과 퇴은료(退隱料) 등에 관한 가산년(加算年)제도를 개정하여 한반도 침략에 동원한 왜국의 관리를 우대하는 조치를 강화하였다.

- 조선총독부특별회계(朝鮮總督府特別會計)에 관한 건(1911년, 왜칙령 406호: 1911년 3월 왜국 의회 승인)
- 은급(恩級) 및 퇴은료(退隱料)에 관한 가산년(加算年)의 건 개정(1911. 4. 1., 왜법률 65호)

침략을 위한 역할 분담을 각 지역까지 고르게 하기 위하여 기존의 지방제도인 지방관제를 개정하여 변경하고, 이어 '조선의 법률에 관한 건'의 법률을 제정하여 식민지 통치의 수괴인 왜국 총독에게 명령, 즉 총독부령의 제정권을 부여하였다. 뿐만 아니라 한반도의 학교교육이 침략의도에 따라 진행되도록 감시하기 위하여 시학관(視學官)의 특별임용제도를 만들어 그들의 침략 주구를 교육 일선에 배치하고 있었다. 즉, 예를 들면 다음과 같다.

- 조선총독부지방관제 개정(1911. 4. 8., 왜칙령 89호)
  위 법령에 따라 1910년 칙령 324호의 장래를 향하여 그 효력을 상실하는 건(1911. 4. 25., 왜법률 30조)
- 조선의 법률에 관한 건(1911. 4. 25., 왜법률 30조)
- 조선총독부시학관특별임용령(朝鮮總督府視學官特別任用令)(1911. 5. 4., 왜칙령 138호)

시학관(視學官)의 임용으로 한반도 교육에 대한 감시체제를 구축한 침략세력은 한반도 고유의 고등교육기관이었던 성균관을 해체하고 그를 대신하여 경학원(經學院)을 세울 요량으로 1911년 6월 11일 제73호의 부령으로 '경학원규정(經學院規程)'을 제정, 공포하였다. 이는 한반도 기존의 전통적인 엘리트 양성기관인 성균관을 '경학원'이라 격하하여 이를 단순히 경학의 전습기관으로 전락하게 하는 조치였다. 이로써 한반도의 엘리트 양성 기능을 완전히 차단하여 더 이상 독자적으로 엘리트를 양성할 수 없게 하였다. 한국인의 적지 않은 반발을 우려한 침략세력은 성균관 해체의 이유를 설득하기 위하여 같은 해 8월 제65호의 훈령을 발하였다.

거의 같은 시기인 1911년 6월 21일에 고아의 양육과 맹아자 및 풍진자의 교육을 위한 제생원을 설립하기 위하여 부령 제77호의 '제생원규정(濟生院規程)'을 제정하였다.

- 경학원규정(經學院規程)(1911. 6. 11., 부령 73호)
- 제생원규정(濟生院規程)(1911. 6. 21., 왜칙령 77호)

• 경학원(經學院)에 대한 조선총독부 훈령(1911. 8. 1., 왜부훈령 65호)

한반도의 국권을 박탈한 왜국 침략세력은 병합이 강제된 후 1년이 넘어서야 한반도의 교육을 침략목적에 맞추어 통제하기 위해 재조직하기 시작하였다. 그 첫 번째 조치가 조선교육령의 제정이었다. 이 법은 1911년 8월 왜국 왕의 왜칙령 229호로 제정된 전문 30조 1부칙으로 구성된 교육통제의 기본법제이자 동시에 한반도의 교육을 통제하는 교육행정의 기본법으로 구실하게 되었다. 이로부터 내무행정과 경찰행정의 일환으로 교육이 통제되는 교육행정이 한민족의 수탈을 위해 이루어지게 된 것이다. 그러나 조선교육령이 제정되기 이전까지의 교육행정은 여전히 대한제국의 교육법제에 따라 수행되었다. 같은 해 10월 20일 부령 제109호로 '조선교육령시행기일에 관한 건'이라는 명령을 발하여 같은 해 11월 1일부터 조선교육령이 시행됨을 공고하고 있다. 그러므로 침략세력에 의한 수탈의 교육행정이 철저하게 실시하기 시작한 것은 1911년 11월 1일부터라고 할 수 있다. 조선교육령의 내용을 소개하면 다음과 같다.

• **조선교육령**(1911. 6. 20., 왜칙령 229호)

제1장 강령

제1조 조선에 있어서의 조선인의 교육은 이 영에 의한다.

제2조 교육은 교육에 관한 칙어(勅語)의 지취(旨趣)에 근거하여 충량한 국민을 육성하는 일을 본의로 한다.

제3조 교육은 시세 및 민도(民度)에 적합하도록 해야 한다.

제4조 교육은 이를 대별하여 보통교육, 실업교육 및 전문교육으로 한다.

제5조 보통교육은 보통의 지식기능을 교수하며 특히 국민다운 성격을 함양하고 일본어(倭語)를 보급하는 것을 목적으로 한다.

제6조 실업교육은 농업, 상업, 공업 등에 관한 지식기능을 가르치는 것을 목적으로 한다.

제7조 전문교육은 고등의 학술기예를 가르치는 것을 목적으로 한다.

제2장 학교

제8조 보통학교는 아동에게 국민교육의 기초가 되는 보통교육을 하는 곳으로서 신체의 발달에 유의하여 국어를 가르치고 덕육(德育)을 실시하여 국민다운 성격을 양성하고 그 생활의 필요한 보통의 지식기능을 가르친다.

제9조 보통학교의 수업연한은 4년으로 한다. 단, 토지의 상황에 따라 1년을 단축할 수 있다.

제10조 보통학교에 입학할 수 있는 자는 연령 8세 이상으로 한다.

제11조 고등보통학교는 남자에게 고등의 보통교육을 하는 곳으로서 상식을 길러 국민다운 성격을 도야하고 그 생활에 유용한 지식기능을 가르친다.

제12조 고등보통교육의 수업연한은 4년으로 한다.

제13조 고등보통학교에 입학할 수 있는 자는 연령 12년 이상으로 수업연한 4년의 보통학교를 졸업한 자 또는 이와 동등 이상의 학력을 가진 자로 한다.

제14조 관립고등보통학교에는 사범과 또는 교원 속성과를 두어 보통학교의 교원이 될 자에게 필요한 교육을 할 수 있다.

사범과의 수업연한은 1년, 교원 속성과의 수업연한은 1년 이내로 한다.

사범과에 입학할 수 있는 자는 고등보통학교를 졸업한 자로 하고, 교원 속성과에 입학할 수 있는 자는 연령 16년 이상으로서 고등보통학교 제2학년의 과정을 수료한 자, 또는 이와 동등 이상의 학력을 가진 자로 한다.

제15조 여자고등보통학교는 여자에게 고등의 보통교육을 하는 곳으로서 부덕을 기르고 국민다운 성격을 도야하고 그 생활에 유용한 지식기능을 가르친다.

제16조 여자고등보통학교의 수업연한은 3년으로 한다.

제17조 여자고등학교에 입학할 수 있는 자는 연령 12년 이상으로서 수업연한 4년의 보통학교를 졸업한 자 또는 이와 동등 이상의 학력을 가진 자로 한다.

제18조 여자고등보통학교에는 기예과(技藝科)를 두어 연령 12년 이상의 여자에 대하여 재봉 및 수예를 전수시킬 수 있다.

기예과의 수업연한은 3년 이내로 한다.

제19조 관립여자고등보통학교에는 사범과를 두어 보통학교의 교원이 될 자에게 필

요한 교육을 할 수 있다.

사범과의 수업연한은 1년으로 한다.

사범과에 입학할 수 있는 자는 여자고등보통학교를 졸업한 자로 한다.

제20조 실업학교는 농업, 상업, 공업 등의 실업에 종사할 자에게 필요한 교육을 하는 곳으로 한다.

제21조 실업학교를 나누어 농업학교, 상업학교, 공업학교 및 간이실업학교로 한다.

제22조 실업학교의 수업연한은 2년으로부터 3년으로 한다.

제23조 실업학교에 입학할 수 있는 자는 연령 12년 이상으로서 수업연한 4년의 보통학교를 졸업한 자 또는 이와 동등 이상의 학력을 가진 자로 한다.

제24조 간이실업학교의 수업연한 및 입학자격에 관해서는 전 2조의 규정에 의하지 않고 조선총독이 이를 정한다.

제25조 전문학교는 고등의 학술기예를 교수하는 곳으로 한다.

제26조 전문학교의 수업연한은 3년으로부터 4년으로 한다.

제27조 전문학교에 입학할 수 있는 자는 연령 16년 이상으로 하고 고등보통학교를 졸업한 자 또는 이와 동등 이상의 학력을 가진 자로 한다.

제28조 공립 또는 사립의 보통학교, 고등보통학교, 여자고등보통학교, 실업학교 및 전문학교의 설치 또는 폐지는 조선총독의 인가를 받아야 한다.

제29조 보통학교, 고등보통학교, 여자고등보통학교, 실업학교 및 전문학교의 교과목 및 그 과정, 직원, 교과서, 수업료에 관한 규정은 조선총독이 이를 정한다.

제30조 본 장에 규정된 것 이외의 학교에 관한 사항은 조선총독이 정한 바에 따른다.

부칙

이 영(令) 시행의 기일은 조선총독이 이를 정한다.

종래의 보통학교, 고등학교 및 고등여학교는 이 영에 의하여 설치하는 보통학교, 고등보통학교로 간주하고 종래의 농업학교, 상업학교 및 실업보습학교는 이 영에 의하여 설치한 농업학교, 상업학교 및 간이실업학교로 간주한다.

이 영의 시행 중 조선총독은 현존하는 학교에 관하여 이 영에 관계없이 필요한 사항을 정하거나 또는 필요한 처분을 할 수 있다.

조선교육령에서 한반도의 국권을 박탈한 침략세력은 '시세와 민도'에 적합해야 한다고 전제하고, 우선 한반도의 근대학교가 한민족의 교사로 채워지는 것을 두려워해 대한제국이 1895년 근대학교제도를 수용할 때부터 열의를 보여 온 교원양성제도인 사범학교를 폐지하였으며 중등교육기관이던 고등학교를 고등보통학교로 명칭을 바꾸어 일본의 그것과 구분하려 하였다. 각 학교단계의 수준 또한 낮추어 왜국의 그것과는 다르게 1, 2년 단축시키고 교육내용을 저급으로 하는 등 차별화하고 있었다. 왜국의 침략세력은 한반도의 '시세와 민도'에 교육제도를 맞춘다는 구실을 붙여 왜국의 그것과 차별적으로 저급의 교육을 실시함을 분명히 하고 있다. 그리하여 고등보통학교와 여자고등보통학교에 수업연한을 1년으로 하는 사범과나 속성과를 두어 폐지된 사범학교를 대신하도록 하였으며 각 교육단계의 수업연한 또한 저수준으로 제한하여 보통학교 4년, 고등보통학교 4년, 여자고등보통학교 3년으로 하였고, 실업학교 3년으로 하였다. 또 전문학교는 3년에서 4년으로 하였고 수업연한을 규정하지 않은 간이실업학교를 설치하도록 하였다. 특히 실업학교와 간이실업학교의 설치는 한민족의 노동력을 수탈하고 그 노동력으로 이룬 생산품을 수탈해 가기 위한 전초적인 간계였다. 더구나 한반도에 거주하는 왜인의 학교는 이 교육령의 통제에 포함시키지 않아 한민족과 왜인 간의 차별을 명백히 하고 있다. 이러한 사실은 이후 한민족의 거센 저항에 부딪쳐 이를 개정해야 하는 상황을 맞는다.

1911년 10월 20일 왜국 침략세력은 부령 제116호의 명령을 발하여, 새로 제정된 조선교육령에 따라 기존의 교원양성기관인 사범학교제도를 폐지하고 잔무 처리를 위해 경성고등보통학교와 경성여자고등보통학교에 부설 임시교원양성소를 설치하여 그로 하여금 교원양성의 임무를 당분간 임시로 대신하게 하였다. 사범학교 폐지에 따른 또 다른 조치로는 경성고등보통학교와 평양고등보통학교에 교원 속성과를 신설하는 일이 뒤따랐다.

같은 해 10월 24일에는 수탈행위를 위해 해외의 파견된 침략 주구들을 우대하기 위한 인사법제인 '대만 · 만한 및 화태재근문관가봉령'을 개정하여 '조선 만주 및 화태재근문관가봉령'으로 이름을 바꾸었다. 이는 왜국이 대한제국의 국호를 다시 조선으로 바꾸어 부르게 한 것에 따른 후속조치의 하나였다. 이어 같은 해 10월 30일에는 '학교생도 학자급여 및 졸업 후의 복무의무에 관한 건'을 발하여 주로 교원양성기관에 재학하는 학생에게 학자를 급여하고 졸업 후 상당기간 주어진 직무에 복무케 하는 조치가 뒤따랐다. 같은 해 11월 1일에는 그들이 제정한 조선교육령에 따라 대한제국의 보통학교령, 고등학교령, 실업학교령, 사립학교령 등의 학교법제를 개정하여 만든 보통학교규칙, 고등보통학교규칙, 실업학교규칙, 왜칙령 등을 공포하면서 시행과 관련된 식민지 총수의 유고가 발표되었다. 그 유고의 내용에서 왜국 총수는 "조선은 왜국 본토와의 사정이 같을 수 없다."고 강조하여 한반도의 교육이 왜국의 그것과 같지 않음을 누누이 변명하고 있다. 한민족에 대한 차별을 무마하기 위하여 '일시동인(一視同仁)'이란 구호를 구사하여 차별이 없음을 의도적으로 강조하고 있다. 유고 전문을 소개하면 다음과 같다.

> 본 총독은 먼저 대명을 봉하여 조선통할의 책무에 맡은 수장으로서 시정의 강령을 발표하고 교육의 요의(要義)에 대하여 천명한 바 있다. 최근 조선교육령을 공포한 바 있고 이에 이를 시행하게 되는 시기에 즈음하여 또다시 교육의 방침과 시설의 요항을 밝혀 이로써 따라야 할 바 연유를 알린다.
>
> 제국교육의 대본은 일찍부터 교육에 관한 칙어에 명시되어 있는 바, 이를 국체의 근본으로 하고 이는 역사에서 추구하는 확고부동한 것이 되어 있다. 조선교육이 본의 역시 여기에 있다.
>
> 생각컨대 조선은 아직 왜국 본토와 사정이 같을 수 없는 것이 있다. 이 때문에 그 교육은 특히 덕성의 함양과 왜어의 보급에 힘을 기울여 이로써 제국신민으로서의 자질과 품성을 갖추도록 함을 요한다. 그리하여 만일에 공리를 논하고 실행을 소홀이 하고 근로를 싫어하게 되면 안일에 흐르게 되고 질과 실을 돈후(敦厚)하게 여기는 미속을 버리게 되어 경조부박(輕佻浮薄)의 악풍(惡風)에 떨어지게 되는 것과 같은 일이 아니겠는가. 그뿐만이 아니라 교육의 본지 또한 어기는 것이 되어 끝내는 일신의 잘못과 누를 집안과 나라에 미치게 하기 때문에, 이의 실시에 관해서는 반드시 시세

와 민도에 적응케 하여 이로써 좋은 효과를 거두도록 힘써야 할 것이다.

조선의 교육은 이를 대별하여 보통교육, 실업교육 및 전문교육으로 나누었다. 보통교육은 국어를 가르치고 덕육을 베풀어 이로써 국민다운 성격을 양성함과 아울러 생활에 필요한 지식기능을 가르치는 것을 본지로 한다. 여자의 교육에 있어서는 특히 정숙온량(貞淑溫良)의 덕을 함양함을 요한다. 실업교육은 실업에 관한 지식기능을 가르치고 겸하여 근로의 관습을 갖도록 하며, 전문교육에 이르러서는 고등의 학예를 가르쳐 이에 재능이 뛰어난 자를 육성함을 목적으로 한다. 사립학교의 교육도 역시 법령에 준거하여 제국교육의 본지에 되돌려 놓아야 함은 확고한 일로, 그때문에 이를 다시 되새겨 유도함을 요하며 매우 중요한 일이다. 또 신교(信敎)는 각인의 자유임으로 제국의 학정(學政)에서는 이전부터 국민의 교육으로 하여금 종교의 밖에서 있도록 하는 주의로 한 연고로, 관립학교는 물론 특히 법령으로써 학과과정을 규정한 학교에 있어서는 종교상의 교육을 시행하거나 또는 그 의식을 허가하지 않았다. 당사자들은 반드시 이 취지를 몸에 익혀 자제의 교육을 그르치는 일이 없도록 해야 할 것이다.

도대체 조선이 제국의 융운(隆運)과 더불어 그 경복(慶福)을 다 함은 실로 후진의 교육에 있지 않은가. 조선의 민중은 이에 잘 유의하여 각자 그의 분에 맞추어 자제들로 하여금 적당한 교육을 받도록 하여 덕을 이루고 재능을 달성케 하는 길을 들어서게 해야 할 것이다. 그와 같이 하였을 때 비로소 조선의 민중은 우리 황상(皇上) 일시동인(一視同仁)의 홍은(鴻恩)에 넘쳐 있을 것이며, 인신일가(一身一家)의 복리를 향수하며 인문의 발전에 공헌하여 제국 신민으로서의 실을 올릴 수 있을 것이다.

조선교육령 공포에 즈음하여 제정 공포된 그들 법제를 소개하면 다음과 같다. 그 가운데는 사범학교를 폐지한 데 따른 임시교원양성소규정이나 지방비에 따른 지방공공단체와 관련되는 공립학교령 등이 포함되어 있다.

- 경성고등보통학교부설임시교원양성소규정(京城高等普通學校附設臨時教員養成所規程) 개정(1911. 10. 20., 왜부령 116호)

- 공립보통학교비령(公立普通學校費令)(1911. 10., 왜제령 12호)
- 경성고등보통학교(京城高等普通學校) 및 평양고등보통학교(平壤高等普通學校)에 교원속성과(教員速成科)를 설치하는 건(1911. 10. 20., 왜부고시 313호)
- 조선 대만 만주 및 화태재근문관가봉령(華太在勤文官加俸令) 개정(1911. 10. 24., 왜칙령 269호)
- 학교생도학자급여(學校生徒學資給與) 및 졸업 후의 복무 의무에 관한 건(1911. 10. 30.)
- 보통학교규칙(普通學校規則), 고등보통학교규칙(高等普通學校規則), 실업학교규칙(實業學校規則), 사립학교규칙(私立學校規則)의 시행과 관련된 왜국 총독의 유고(1911. 11. 1., 왜국 총독유고)
- 경성여자고등보통학교부설임시여자교원양성소규정(京城女子高等普通學校附設臨時女子教員養成所規程) 개정(1911. 10. 30., 왜부령 131호)

왜국 침략세력은 교육의 기본법제의 틀을 짜는 일이 끝나자 1912년부터는 이른바 왜국 교육목표의 진수를 담았다는 '교육칙어(教育勅語)'를 한반도 교육에도 적용할 것을 결정하고 이와 관련되는 훈령을 발하였다.

- 교육칙어(教育勅語)에 대한 왜국 총독의 훈령(1912. 1. 4., 훈령 1호)

삼가 생각하건대, 우리 왜국 왕 폐하는 일찍부터 신민의 교육에 진념(軫念)하여 이미 교육에 관한 칙어를 내리고 지금 또 이를 조선에 하사하니 제국교육의 본의를 분명히 하고 일시동인 민중을 자애하는 오직 성지일 뿐이다. 칙어를 배대(拜戴)하여 감격이 끝에 이르니 삼가 그 등본을 작성하여 관내의 학교에 반구(頒苟)함은 교육의 직에 있는 자가 항상 이를 봉체(奉體)하여 생도의 훈도(薰陶)에 힘쓰고, 특히 학교의 식일(式日)에는 공손히 이를 봉독하여 생도로 하여금 숙야복응(夙夜服膺)케 하여 교화의 실을 올려 성지에 봉답(奉答)하도록 기해야 한다.

왜국 침략세력은 1890년에 제정하여 전 왜인에게 강제로 낭독하게 한 '교육칙어'를 한민족에게도 낭독을 강요하였다. 본격적으로 식민지의 영구화를 획책하기 위한 한민족의 교화작업, 즉 세뇌에 착수한 것이다. 그들은 이 칙어를 암송하여 왜국 왕과 왜국에 충과 효를 다할 것을 강요하기 시작하였다. 칙어의 내용은 다음과 같다.

> 짐이 생각건대 우리의 황조황종국(皇祖皇宗國)을 지키는 일을 굉원(宏遠)케 하고, 덕(德)을 심는 일을 심후(沈厚)케 하며, 우리 신민이 힘써 충(忠)에, 힘써 효(孝)에 억조(億兆)의 마음을 하나로 하여 세세(世世) 그 미(美)를 다함은 이는 우리 국체의 정화로써 교육의 연원 역시 여기에 있음이다. 모든 신민은 부모에 효하고, 형제에 우애롭고, 부부 서로 화목하고, 붕우 서로 믿으며, 공검하여 이로써 뭇 사람에 박애를 미치게 하고, 학(學)을 닦아 업(業)을 배우고 이로써 지능을 개발하여 덕기(德器)를 성취하고, 나아가 공익을 넓혀 세무(世務)를 열어 늘 국헌(國憲)을 중히 하고 국법을 따르며 일단 완급(緩急)이 있을 때 의용(義勇)으로 공(公)에 보답하고 이로써 천양무궁(天壤無窮)의 황운(皇運)을 부익(扶益)케 해야 한다. 이와 같은 일은 오직 짐의 충량한 신민이 되게 할 뿐 아니라 모든 조선의 유풍을 현창(顯彰)하는 데도 충분하게 할 것이다.
>
> 이 도(道)는 실로 우리 황조황종의 유훈으로서 자손인 신민이 함께 준수해야 할 바이며, 고금을 통하여 이를 그르치지 않게 해야 하고, 이를 중외(中外)에 시행하여 잘못이 없어야 한다. 짐도 모든 신민과 함께 서로 손잡고 복응(服膺)하여 모두 그 덕(德)을 하나로 할 것을 바라마지 않는다.

식민지 교육은 어느 나라든 처음에는 동화주의를 통하여 식민지 기존의 민족적인 문화와 전통을 깨부수고 그 위에 쉽게 수탈할 수 있도록 침략세력의 정신적인 귀속을 촉진하려는 경향이 일반이었다. 왜국 침략세력의 식민지 교육 또한 그런 점에서 예외가 아니었다. 왜국 침략세력은 '시세와 민도'에 맞춘다는 구실하에 저차원의 교육내용을 교육과제로 하였을 뿐 아니라 동화정책의 일환으로 그들의 '교육칙어'까지 암송, 주입하도록 강제한 것이다.

왜국 침략세력은 교육칙어를 강제한 데 이어 수탈을 보다 본격화하기 위하여 실업학교체제를 구축하는 일에 적극적이었다. 조선공립실업전수학교 및 조선간이실업전수학교규칙, 조선공립실업전수학교관제, 조선공립실업전수학교 및 간이실업전수학교직원정원규정 등의 실업에 관계되는 교육법제를 제정하는 일에 몰두하였다. 이는 그들이 경제적인 수탈을 위하여 많은 실업종사자를 양성해야 했기 때문이었다. 그들은 이들 실업학교체제를 통하여 생산인력을 양성하여 수탈 물품을 양산해 가려 하였다. 이는 한민족의 노동력을 수탈하기 위한 하나의 간계였다.

이때 조선총독부제생원관제가 제정되어 맹아나 농아를 위한 특수교육시설이 마련된 것은 예외적인 조치였다. 이는 수탈세력이 대한제국 정부에서 운영되던 혜민서(惠民署)나 혜민원(惠民院)의 기능을 계승하지 않고는 식민지 유지나 경영이 어렵다고 판단한 때문인 것으로 이해된다.

- 조선공립실업전수학교(朝鮮公立實業專修學校) 및 조선간이실업전수학교규칙(朝鮮簡易實業專修學校規則) 제정(1912. 3. 27., 왜부령 46호)
- 조선총독부제생원관제(朝鮮總督府濟生院官制)(1912. 3. 28., 왜칙령 43호)
- 조선공립실업전수학교관제(朝鮮公立實業專修學校官制) 제정(1912. 3. 28., 왜칙령 41호)
- 조선공립실업전수학교 및 간이실업전수학교직원정원규정(簡易實業專修學校職員定員規程) 제정(1912. 3. 30., 왜부령 69호)

그를 이어 '퇴은료(退隱料)와 유족 부조료에 관한 건'을 제정하여 관료에 대한 우대조치를 마련하고 있다. 은퇴한 관료나 사망한 관료의 가족에게 은퇴료나 부조금을 지급하는 조치를 취한 것이다. 식민지 관료들에 대한 일종의 우대책이 마련된 것이다. 이는 수탈을 독려하고 강행하기 위한 하나의 조치라고 할 수 있다.

이어 침략세력은 '시학규정'을 부훈령으로 발하여 한반도에서 전개되는 교육에 대해 감시통제하는 행정을 철저하게 할 채비를 갖추었다. 시학(視學)이란 교육통제의 전문요원을 통하여 중앙집권적으로 한반도 전체교육을 통제해 획일화를 기하여 식민지체제의 영속을 위한 한민족의 철저한 세뇌화를 꾀한 것이라고 할 수 있다.

- 퇴은료(退隱料) 및 유족부조료(遺族扶助料)에 관한 건(1912. 3. 30., 법률 11호)
- 1912년 법률 11호에 관한 건(1912. 3. 30., 왜칙령 70호)
- 조선총독부사무분장규정(朝鮮總督府事務分掌規程) 개정(1912. 3. 30., 왜부훈령 27호)
- 조선총독부제생원사무분장규정(朝鮮總督府濟生院事務分掌規程) 개정(1912. 4. 1., 왜부훈령 44호)
- 시학규정(視學規程)(1912. 5. 20., 왜부훈령 61호)
- 휴업일(休業日) 개정(1912. 9. 18., 왜부령 15호)
- 조선총독부의원부속의학강습소규칙(朝鮮總督府醫院附屬醫學講習所規則) 개정(1912. 12. 5., 왜부령 37호)

한반도를 강제 점령한 지 3년째 되는 1913년에는 실업학교규칙을 개정하여 농업학교와 간이농업학교를 확충하는 정책을 입안하고 그 교과와 관련하여 도부군의 지방 식민지 관료들에게 훈령을 발하고 있다. 이는 무엇보다 농업이라는 1차 산업을 장려하여 효율적으로 착취하려는 의도를 보다 노골화한 것이다. 침략세력은 한반도의 교육을 통제하기 위한 많은 교육법제를 새로 제정하거나 개정하여 발표하고 있다. 이를 소개하면 다음과 같다.

- 실업학교규칙(實業學校規則) 개정(1913. 2. 15., 왜부령 9호)
- 농업학교(農業學校)와 간이농업학교(簡易農業學校) 교과에 관한 도부군(道府郡)에 대한 훈령(1913. 2. 15., 왜부훈령 4호)
- 조선총독부출판교과용도서발매규정(朝鮮總督府出版敎科用圖書發賣規程) 개정(1913. 2. 25., 왜부령 12호)
- 경학원에 대한 조선총독부 훈령(1913. 3. 17., 왜부훈령 13호)
- 평양고등보통학교관제(平壤高等普通學校官制) 개정(1913. 3. 29., 왜칙령 39호)
- 경성여자고등보통학교관제(京城女子高等普通學校官制) 개정(1913. 3. 29., 왜칙령 40호)
- 학교직원으로 국고에서 봉급을 지급하지 아니하는 문관 판임관 이상의 자의 퇴은료 및 유족부조료에 관한 건(1913. 3. 30., 법률 11호)

- 경성고등보통학교부설임시교원양성소규정(京城高等普通學校附設臨時教員養成所規程) 개정(1913. 3. 31., 왜부령 33호)
- 1911년 왜부령 131호 학교생도학자급여(學校生徒學資給與) 및 졸업 후의 복무의무 등에 관한 건 개정(1913. 3. 31., 왜부령 34호)
- 경성여자고등보통학교관제(京城女子高等普通學校官制) 개정(1913. 3. 29., 왜칙령 40호)
- 관공립학교생도아동신체검사규정(官公立學校生徒兒童身體檢查規程) 제정(1913. 4., 왜부훈령 24호)
- 조선총독부제생원규칙(朝鮮總督府濟生院規則)(1913. 4. 11., 왜칙령 41호)
- 조선총독부제생원관제(朝鮮總督府濟生院官制) 개정(1913. 4. 11., 왜칙령 57호)
- 조선총독부유학생규정(朝鮮總督府留學生規程) 개정(1913. 4. 22., 왜부령 43호)
- 조선공립실업학교직원정원규정(朝鮮公立實業學校職員定員規程) 개정(1913. 6. 13., 왜부령 59호)
- 휴업일 '천장절축일(天長節祝日)' 추가(1913. 7. 31., 왜부령 78호)
- 조선총독부농림학교규칙(朝鮮總督府農林學校規則) 개정(1913. 12. 17., 왜부령 109호)
- 경성전수학교규정(京城專修學校規程) 개정(1914. 6. 10., 왜부령 97호)
- 조선총독부공업전습소특별과규정(朝鮮總督府工業傳習所特別科規程)(1915. 3. 15., 왜부령 13호)
- 전문학교규칙발포(專門學校規則發布)에 따른 도부군에 대한 훈령(1915. 3. 24., 왜부훈령 16호)
- 사립학교규칙(私立學校規則) 개정(1915. 3. 24., 왜부령 24호)
- 조선총독부여자고등보통학교관제(朝鮮總督府女子高等普通學校官制) 개정(1915. 3. 30., 왜칙령 44호)
- 관립학교수업료규정(官立學校授業料規程) 개정(1915. 3. 31., 왜부령 33호)
- 경성고등보통학교관제(京城高等普通學校官制) 개정(1915. 3. 31., 왜칙령 42호)
- 조선의 관립공립학교(官立公立學校)의 훈도(訓導) 또는 부훈도(副訓導)의 휴직에 관한 건(1915. 5. 1., 왜칙령 72호)
- 축일(祝日) 개정(1915. 8. 17., 왜부령 85호)

- 경성(京城), 평양고등보통학교의 각관제(各官制)를 폐지하고 조선총독부고등보통학교관제에 대구고등보통학교와 함께 통합 조치(1916. 5. 16., 왜칙령 130호)
- 경성고등보통학교장 및 평양고등보통학교장 등 특별임용에 관한 건 개정(1916. 5. 16., 왜칙령 133호)
- 경성공업전문학교규정(京城工業專門學校規程) 개정(1917. 3. 14., 왜부령 20호)
- 조선총독부고등보통학교관제(朝鮮總督府高等普通學校官制) 개정(1917. 3. 31., 왜칙령 35호)
- 조선관공립학교교관의 봉급지급 등에 관한 건(1917. 7. 23., 왜칙령 69호)
- 총독부전문학교관제(總督府專門學校官制) 개정(1918. 4. 1., 왜칙령 48호)
- 시학규정(視學規程) 개정(1918. 6. 15., 왜부훈령 32호)
- 왜인 교원에 대한 조선어 학습 훈령(1918. 6. 28., 왜부훈령 34호)
- 조선총독부전문학교관제(朝鮮總督府專門學校官制) 개정(1918. 8. 14., 왜칙령 313호)
- 경성의학전문학교규정(京城醫學專門學校規程) 개정(1918. 8. 19., 왜부령 83호)

그러나 1919년 3월 왜국 식민지 당국에는 이변이 발생하였다. 한민족이 고종의 장례식을 계기로 거족적으로 국권을 회복하기 위해 봉기하였던 것이다. 이에 당황한 침략세력은 보다 강한 강경책을 동원하여 이에 대처하려 하였다. 그러나 그 강경책이 한민족의 저항을 누그러뜨리기에는 무모하다는 것을 깨닫고는 무단정책을 포기하고 많은 유화책을 마련하고 끝내 1922년에는 조선교육령을 개정하여 한민족에 대한 교육차별정책을 거둔다. 조선교육령 개정까지 나타난 교육 관련 법제를 소개하면 다음과 같다. 이때 교육의 지방자치를 열게 한 '조선학교비령'이 새롭게 제정되고 그를 위해 '면제'가 개정되었다.

- 학교의규칙(學校醫規則)(1919. 4. 8., 왜부령 59호)
- 학교청결방법(學校清潔方法)(1919. 4. 8., 왜부훈령 11호)
- 소학교 및 보통학교교원시험규칙 개정(1919. 4. 15., 왜부령 69호)
- 조서(詔書)(1919. 8. 20., 조서)

- 고등보통학교규칙(高等普通學校規則)(1919. 12. 1., 왜부령 187호) 및 여자고등보통학교규칙(女子高等普通學校規則)(1919. 12. 1., 왜칙령 188호) 중 개정에 따른 훈령(1919. 12. 1., 왜부훈령 46호)
- 향교재산관리규칙(鄕校財産管理規則)(1920. 6. 29., 왜칙령 91호)
- 향교재산관리규칙(鄕校財産管理規則)에 관한 훈령(1920. 6. 29., 왜부훈령 27호: 부윤, 군수, 도사)
- 면제(面制) 개정(1920. 7. 29., 왜제령 13호)
- 조선학교비령(朝鮮學校費令)(1920. 7., 왜제령 14호)
- 판임관봉급령(判任官俸給令) 개정(1920. 8., 왜칙령 258호): 세계 대전 후 물가등귀에 따른 조치
- 문무판임관봉급령(文武判任官俸給令) 개정(1920. 8., 왜칙령 259호)
- 교관 및 기술관의 봉급에 관한 건(1920. 8. 18., 왜칙령 262호)

침략세력에 의해 자행된 일련의 차별과 수탈의 간계는 한민족의 국권 회복을 위한 열망을 자극하여 독립운동을 더욱 부채질하였다. 한민족의 이러한 움직임에 당황한 왜국 침략세력은 처음에는 강경하게 대응하여 이를 수습하려 하였다. 그리하여 살벌한 계엄상황하에 경찰력과 군사력과 같은 폭력을 동원하여 살육과 만행을 일삼는 등 탄압으로 일관하였다. 한민족은 침략세력의 살육과 폭력으로 이어지는 만행에도 이에 굴하지 않고 계속적으로 저항하였다. 결국 이러한 끈질긴 격렬한 저항은 침략세력을 움직여 어쩔 수 없이 유화책을 쓰지 않을 수 없게 하였다. 설사 그것이 유화책이라 하여도 일종의 동화주의의 하나일 뿐 침략행위를 포기한 것은 아니었다.

원래 동화주의의 식민정책은 어느 식민지에서든 현지 주민의 저항에 부딪히는 경우가 많았다. 그뿐만 아니라 무지한 노동력은 수탈정책에 어떤 도움이 되지 않는다는 것을 알게 된 침략세력은 이때부터 점차 식민지 원주민을 회유하는 협동정책, 이른바 '적응주의' 정책을 쓰게 되었다. 수탈을 목적으로 조직된 식민지정책이 동화정책을 통해 정신적으로 귀속시키려다 원주민의 저항에 부닥치기보다는 적응주의를 통하여 원주민을 생활환경에 걸맞게 실무적으로 교육하여 노동능력의 향상을 통해 수탈할 수

있는 생산량의 증대라는 사실에 기대를 걸게 된 것이다.[2] 이러한 경향은 한반도에서 왜국의 수탈행위에도 예외가 아니었다.

왜국 침략세력은 그러한 식민지 전략에 따라 한민족을 회유하기 위해 식민지교육 기본법제인 조선교육령을 개정하여 우선 초등의 수학기간을 연장했다. 수학연한이 4년이던 초등학교를 왜국의 그것과 같이 6년으로 연장한 것이다. 그와 관련하여 중등학교 입학자격과 관련된 조항이 조정되었다. 왜국 침략세력은 이를 '문화정책'이라고 선전하여 한민족을 회유하려 하였다. 개정된 조선교육령의 내용은 다음과 같다.

• 조선교육령 개정(1920. 11. 10., 왜칙령 529호)

第9조 보통학교의 수업연한은 6년으로 한다. 단 지역의 정황에 따라 5년 또는 4년으로 할 수 있다. 제12조에 좌의 1항을 추가한다.

고등보통학교에는 수업연한 2년 이내의 보습과를 둘 수 있다.

제13조 중 '수업연한 4년의 보통학교를 졸업한 자'를 '보통학교 제4학년의 과정을 수료한 자'로 바꾸고 동조에 좌의 1항을 추가한다.

고등보통학교보습과에 입학할 수 있는 자는 고등보통학교를 졸업한 자로 한다.

제17조 및 제23조 중 '수업연한 4년의 보통학교를 졸업한 자'를 '보통학교 4년의 과정을 수료한 자'로 바꾼다.

부칙

종전의 규정에 따른 수업연한 3년의 보통학교에 한하여 수업연한은 현재의 생도에 대해서는 그가 재학하는 동안까지 이를 3년으로 할 수 있다.

교육령 개정에 따라 여러 현실적인 조치가 수반되었다. 중등학교와 초등학교와 관련되는 하위 법이 개정령에 맞추어 개정되었는가 하면, 그 개정에 따른 협력을 확보

2) 平塚益德 外 編, 教育事典, 小學館, 1971, pp. 196-197.

하기 위하여 각 지방의 식민지관료와 중등학교장들에게 훈령을 발하고 있다. 한편 학제와 교과 개편을 위해 이를 조사, 연구하는 위원회를 구성할 요량으로 '교과서조사위원회규정'과 '임시교육위원회규정'을 부훈령으로 제정하고 있다. 이렇게 구성된 두 위원회는 2년여의 조사, 연구 끝에 1922년 새로운 교육개혁안을 내놓았다. 그 전 단계로 여러 예비적인 조치를 취하였다. 이들 법제를 소개하면 다음과 같다.

- 조선교육령 개정에 따른 도지사, 관립고등학교, 관립여자고등보통학교에 대한 훈령(1920. 11. 10., 왜부훈령 55호)
- 조선총독부교과서조사위원회규정(朝鮮總督府教科書調査委員會規程)(1920. 11. 19., 왜부훈령 58호)
- 조선지방대우직원령(朝鮮地方待遇職員令)(1920. 11. 20., 왜칙령 541호)
- 임시교육조사위원회규정(臨時教育調査委員會規程)(1920. 12. 23., 왜부훈령 68호)
- 조선공립보통학교직원정원규정(朝鮮公立普通學校職員定員規程) 개정(1921. 3. 10., 왜부령 35호)
- 왜부령(倭府令) 36호 제정(1921. 3. 15., 왜부령 36호)
- 재내지조선학생규칙(在內地朝鮮學生規則) 개정(1921. 3. 30., 왜부령 48호)
- 여자고등보통학교규칙(女子高等普通學校規則) 개정(1921. 4. 11., 왜부령 55호)
- 학교체조교수요목(學校體操教授要目) 개정(1921. 4. 8., 왜부훈령 23호)
- 경성여자고등보통학교부설임시여자교원양성소규정(京城女子高等普通學校附設臨時女子教員養成所規程) 중 개정(1921. 4. 19., 왜부령 71호)
- 조선 · 대만 · 관동주(朝鮮臺灣關東州)의 관립공립학교(官立公立學校) 교관으로서 1년 현역에 복무한 자의 급여에 관한 건(1921. 4. 13., 왜칙령 89호)
- 학교생도아동신체검사규정(學校生徒兒童身體檢查規程) 제정(1921. 5. 17., 왜부령 86호)
- 경학원규칙(經學院規則) 개정(1922. 1. 28., 왜부령 4호)
- 재외연구원규정(在外研究員規程) 제정(1922. 1. 23., 왜칙령 6호)
- 관립학교의 교유(教諭)로서 사감사무(舍監事務)에 종사하는 자 및 공립의 소학교 또는 관립사범학교생도(官立師範學校生徒)의 학자 및 그 지급방법(1922. 3. 8., 왜

부고시 53호)

1919년 한민족의 거족적인 저항에 부닥친 왜국 침략세력은 그에 굴복하여 임시 조사위원회를 구성하는 등 긴 연구 끝에 1922년에 이르러 차별적인 한민족의 교육제도를 수정하는 개정된 조선교육령을 공포하고 그와 관계되는 침략의 괴수인 총독의 이름으로 개정의 취지를 밝히는 유고를 함께 발표하였다. 이 교육령에 의해 한민족과 왜인 간의 학교수준과 내용이 같아지고 그동안 중지되었던 사범학교가 문을 열게 되어 교원양성을 재개하게 되었다. 또 대학 설립이 가능하게 되는 등 유화적인 분위기를 연출하였다. 이때 함께 발표한 유고에는 그동안 한민족에 대한 교육제도가 차별적이었던 것은 시세와 민도에 따르려다 그렇게 된 것뿐이지 의도적인 것이 아니었다고 설득력 없는 변명을 늘어놓고 있다. 이때부터 한민족과 왜인을 구분하여 차별하지 않는다는 이유를 들면서 적어도 공식적으로는 왜어를 상용하지 않는 자와 상용하는 자로 구분하게 되었다. 조선교육령과 유고의 내용을 소개하면 다음과 같다.

• **조선교육령**(1922. 2. 6., 왜칙령 19호)

제1조 조선에 있어서의 교육은 본령에 의한다.

제2조 국어(왜어)를 상용하는 자의 보통교육은 소학교령(小學校令), 중학교령(中學校令) 및 고등여학교령(高等女學校令)에 의한다. 단, 이들 칙령 중 문부대신(文部大臣)의 직무는 조선총독(朝鮮總督)이 이를 행한다.

제3조 국어를 상용하지 아니하는 자에 보통교육을 하는 학교는 보통학교, 고등보통학교 및 여자고등보통학교로 한다.

제4조 보통학교는 아동의 신체의 발달에 유의하여 덕육(德育)을 실시하여 그 생활의 필요한 지식기능을 가르치고 국민다운 성격을 함양하며 국어를 습득하게 함을 목적으로 한다.

제5조 보통학교의 수업연한은 6년으로 한다. 단, 토지의 정황에 따라 5년 또는 4년으로 할 수 있다.

보통학교에 입학할 수 있는 자는 연령 6년 이상의 자로 한다.

수업연한 6년의 보통학교에 수업연한 2년의 고등과(高等科)를 둘 수 있다.

고등과에 입학할 수 있는 자는 수업연한 6년의 보통학교를 졸업한 자 또는 조선총독이 정하는 바에 따라 이와 동등 이상의 학력이 있다고 인정되는 자로 한다.

보통학교에 보습과(補習科)를 둘 수 있다.

보습과의 수업연한 및 입학자격에 관해서는 조선총독이 정하는 바에 따른다.

제6조 고등보통학교는 남생도의 신체 발달에 유의하여 덕육을 실시하고 생활에 유용한 보통의 지식기능을 가르치며 국민다운 성격을 양성하여 국어에 숙달하게 함을 목적으로 한다.

제6조 고등보통학교의 수업연한은 5년으로 한다.

고등보통학교에 입학할 수 있는 자는 수업연한 6년의 보통학교를 졸업한 자 또는 조선총독이 정하는 바에 따라 이와 동등 이상의 학력이 있다고 인정되는 자로 한다.

고등보통학교에 보습과를 둘 수 있다.

보습과의 수업연한 및 입학자격에 관해서는 조선총독이 정하는 바에 따른다.

제7조 여자고등보통학교는 여생도의 신체 발달 및 부덕의 함양에 유의하여 이에 덕육을 실시하고 생활에 유용한 보통의 지식기능을 가르치며 국민다운 성격을 양성하여 국어에 숙달하도록 함을 목적으로 한다.

제9조 여자고등보통학교의 수업연한은 5년 또는 4년으로 한다. 단, 토지의 정황에 따라 3년으로 할 수 있다.

여자고등보통학교에 입학할 수 있는 자는 수업연한 6년의 보통학교를 졸업한 자 또는 조선총독이 정하는 바에 따라 이와 동등 이상의 학력을 가진 자로 한다.

수업연한 3년의 여자고등보통학교에 입학할 수 있는 자는 보통학교를 졸업한 자 또는 조선총독이 정하는 바에 따라 이와 동등의 학력이 있다고 인정되는 자로 한다.

여자고등보통학교에 보습과를 둘 수 있다.

제10조 입학자격에 관해서는 수업연한 6년의 보통학교의 졸업자는 심상소학교 졸업자, 보통학교고등과의 제1학년 수료자 및 졸업자는 각 고등소학교 제1학년 수료자 및 수업연한 2년의 고등소학교의 졸업자, 고등보통학교 졸업자는 중학교 졸업자, 여자고등보통학교 졸업자는 상당한 수업연한의 고등여학교의 졸업자로 간주한다.

제11조 실업학교는 실업학교령에 의한다. 단, 동령 중 문부대신(文部大臣)의 직무는 조선총독이 이를 행한다.

실업학교의 설립 및 교과서에 관해서는 조선총독이 정한 바에 따른다.

제12조 전문학교는 전문학교령(專門學校令)에, 대학교육 및 그 예비교육은 대학령(大學令)에 의한다. 단, 이들의 칙령 중 문부대신의 직무는 조선총독이 이를 행한다.

전문학교의 설립 및 대학예과의 교원의 자격에 관해서는 조선총독이 정하는 바에 따른다.

제13조 사범교육을 하는 학교는 사범학교라 한다.

사범학교는 특히 덕성의 함양에 힘써 소학교교원 될 자 및 보통학교교원이 될 자를 양성하는 것을 목적으로 한다.

제14조 사범학교에 제1부 및 제2부를 둔다. 단, 특별한 사정이 있을 때에는 제1부 또는 제2부 중 하나만을 둘 수 있다.

제1부에 있어서는 소학교교원이 될 자를, 제2부에 있어서는 보통학교교원이 될 자를 교육한다.

제15조 사범학교의 수업연한은 6년으로 하고 보통과 5년, 연습과 1년으로 한다. 단, 여자에 있어서는 수업연한을 5년으로 하고 보통과에 있어서는 1년으로 한다.

제16조 사범학교보통과에 입학할 수 있는 자는 심상소학교(尋常小學校)를 졸업한 자 또는 조선총독이 정한 바에 따라 이와 동등 이상의 학력이 있다고 인정되는 자로 하고 연습과(演習科)에 입학할 수 있는 자는 보통과를 수료한 자, 중학교 또는 수업연한 4년의 고등여학교를 졸업한 자 또는 조선총독이 정하는 바에 따라 이와 동등 이상의 학력이 있다고 인정된 자로 한다.

제17조 사범학교에는 특별한 사정이 있는 경우에 있어서는 특과(特科)를 두거나 또는 특과만을 둘 수 있다.

제14조의 규정은 전항(前項)의 특과에 대하여 이를 준용한다.

제18조 특과의 수업연한은 3년 또는 2년으로 한다.

특과에 입학할 수 있는 자는 수업연한 2년의 고등소학교를 졸업한 자 또는 조선총독이 정하는 바에 따라 이와 동등 이상의 학력이 있다고 인정된 자로 한다.

제19조 사범학교에 연구과(研究科) 또는 강습과(講習科)를 둘 수 있다. 단, 연구과는 특과만을 두는 사범학교에 있어서는 둘 수 없다.

연구과 및 강습과의 수업연한 및 입학자격에 관해서는 조선총독이 정하는 바에 따른다.

제20조 사범학교에 부속하는 소학교 및 보통학교를 둔다. 단, 제1부만을 두는 사범학교에는 부속소학교, 제2부만을 두는 사범학교에는 부속보통학교만을 둘 수 있다.

특별한 사정이 있는 경우에 있어서는 공립소학교로서 부속소학교에, 공립보통학교로서 부속보통학교에 대용(代用)할 수 있다.

제21조 사범학교는 관립 또는 공립으로 한다.

제22조 특별한 사정이 있는 경우에는 관립의 고등보통학교 또는 여자고등보통학교에 사범학교의 제2부 연습과 또는 강습과를 부치(附置)할 수 있다.

제22조의 규정은 전항의 고등보통학교 및 여자고등보통학교에 대하여 이를 준용한다.

제24조 공립 또는 사립의 보통학교, 고등보통학교 및 여자고등보통학교의 설립 및 폐지는 조선총독의 인가(認可)를 받아야 한다.

제25조 특별한 사정이 있는 경우에는 조선총독이 정한 바에 따라 국어를 상용하는 자는 보통학교, 고등보통학교 또는 여자고등보통학교에, 국어를 상용하지 아니하는 자는 소학교, 중학교 또는 고등여학교에 입학할 수 있다.

제26조 본령에 규정한 것을 제외한 사립학교, 특수한 교육을 위한 학교, 그 밖의 교

육시설에 관해서는 조선총독이 정하는 바에 따른다.

부칙

제27조 본령 시행의 기일은 조선총독이 이를 정한다.

제28조 명치 44년 칙령 제229호 조선교육령은 이를 폐지한다.

제29조 본령 시행 시 현재 조선에 존재하는 소학교, 중학교, 고등여학교, 보통학교, 고등보통학교, 여자고등보통학교, 실업전수학교, 간이실업전수학교, 실업학교, 관립의 전문학교 및 사범학교는 각각 이들을 본령에 따라 설립한 소학교, 중학교, 고등여학교, 보통학교, 고등보통학교, 여자고등보통학교, 실업학교, 전문학교 및 사범학교로 한다.

전항의 고등보통학교, 여자고등보통학교, 실업학교 및 전문학교는 현재 재학하는 생도에 대해서는 그가 재학하는 동안 구령(舊令)에 따를 수 있다.

제30조 본령 시행 시 현재 조선에 존재하는 고등보통학교는 본령 시행 후 2년에 한하여 구령에 의한 보습과를 존치할 수 있다.

제31조 본령 시행 시 현재 조선에 존재하는 고등보통학교 및 여자고등보통학교는 본령 시행 후 고등보통학교에 있어서는 4년, 여자고등보통학교에 있어서는 3년에 한하여 구령에 의한 사범과를 존치할 수 있다.

제32조 본령 시행 시 현재 조선에 존재하는 사립전문학교는 당분간 구령에 따라 존속할 수 있다.

- 조선총독유고(朝鮮總督諭告)

조선교육령시행 이래 성상(星霜)을 보낸 지 이미 10년이 되었다. 그간 사회의 진보(進步)와 민력(民力)의 신전(伸展) 극(極)히 현저하고 거의 조선 왕시(往時)의 면목을 일신(一新)하였음을 볼 수 있다. 본인은 취임 초에 임하여 우선 사회문화의 근간인 교육의 쇄신에 대하여 선명한 바 있었으며 이래 교육제도의 개선을 꾀하여 각반의 조사를 하였고 또 임시교육조사위원회(臨時教育調査委員會)를 설치하고 조야(朝野)의 유식한 인사에 자문을 얻은 바 있으며 금번 조선 교육령의 공포를 보기에 이르렸다.

그런데 종래의 조선교육령은 그 당시의 세태와 민도에 감하여 간이(簡易)하게 하여 실용을 주로 하는 시설을 하는 취지에서 나온 것으로서 능히 사회의 실정에 적합하여 문운(文運)의 융창(隆昌)에 기여한 바 적지 않았음은 세인이 모두 인정하는 바이나 그러나 시세의 추이는 헛되이 구주(舊株)를 지키는 것만을 허용하지 않고 반드시 이에 부응하여 적당한 개정을 행하여 나날이 제도를 정비하여 시설을 완비하지 않으면 안 됨은 말할 나위도 없다. 이리하여 금번 새롭게 사범교육 및 대학교육을 추가하고 또 보통교육, 실업교육 및 전문교육의 정도를 진전시켜 내선일체 공통의 정신에 근거하여 동일제도하에 시설의 완전정비를 기하도록 하기에 이르게 된 것이다. 단, 내선(內鮮) 자체가 사정을 달리하는 바 있으므로 보통교육기관은 특히 종래의 명칭을 습용(襲用)하여 교육을 시행하고 또 자제의 특별한 사정에 따라 적당하게 학습을 할 수 있는 길을 열었다. 생각하건대 최근 시세의 추이는 향학심(向學心)의 상승을 가져와 시행하고의 충실(忠實)한 정비(整備)를 촉구하지 않을 수 없게 되었다. 이번 가을을 맞아 새롭게 교육령을 공포함은 이로써 나날이 교육의 보급 철저를 꾀하고 민중으로 하여금 일층 문명의 혜택을 받도록 하고 그 복지를 증대하려는 취지 이외 아무 것도 아니다. 관민 한결같이 협심 육력하여 사령(事令)의 정신에 따라 질과 실이 건전한 시설을 할 수 있도록 함으로써 제국의 규운(奎運)을 돕고, 나아가 세계문화의 발전에 기여하는 일을 도와야 할 것이다.

* 주: 1. 종래 내선인(內鮮人) 교육을 구별하여, 조선교육령으로서 조선인 교육만 근본규정으로 하였던 것을 바꾸어 내선인의 교육을 한결같이 동일한 조선교육령 밑에 두게 한 것. 2. 종래 조선인에 대한 초등보통교육 및 고등보통교육은 내지인에 대한 동종의 교육에 비하여 저도(低度)의 것이었던 것을 바꾸어, 원칙적으로 양자를 전적으로 동정도(同程度)를 한 것. 3. 종래의 제도에 있어서는 전문학교보다는 정도가 높은 고등교육기관이 없었던 것을 바꾸어 새로 대학을 인정한 것. 4. 교육령상으로 정식으로 교원양성기관으로서 독립된 사범학교를 인정한 것. 명치이강교육제도발달사(明治以降教育制度發達史), 제10권, 교육사편찬회(문부성 내), pp. 627.

- 조선교육령 제25조에 의하여 국어를 상용하는 자 또는 국어를 상용하지 아니하는 자의 입학에 관한 건(1922. 2. 20., 부령 15호)

제1조 국어를 상용하는 자로서 보통학교, 고등보통학교 또는 여자고등보통학교에,

국어를 상용하지 아니하는 자로서 소학교, 중학교 또는 고등여학교에 입학을 지원하는 자가 있을 때에는 가정의 사정, 수학(修學)의 편의(便宜) 또는 장래의 생활상의 필요 등 특별한 사정이 있을 경우에 한하여 학교장이 그 입학을 허가할 수 있다.

제2조 전 조의 규정에 따라 학교장이 입학을 허가할 때에는 학교조합의 부담으로 설립되는 소학교, 중학교 또는 고등여학교에서는 학교조합관리자, 학교비(學校費)의 부담으로서 설립되는 보통학교, 고등보통학교 또는 여자고등보통학교에 있어서는 부윤, 군수 또는 도사의 승인을 받아야 한다.

제3조 제1조의 규정에 따라 입학이 허가된 자의 원수(員數)는 이를 편입하는 학급의 아동 또는 생도의 수의 3분의 1을 초과할 수 없다.

전항의 원수는 특별한 사정이 있을 때에는 감독관청의 인가(認可)를 받아 다른 아동 또는 생도의 수의 2분의 1까지를 증가할 수 있다.

제4조 학교조합 또는 학교비의 부담으로서 설립되는 학교에 있어서는 본령의 규정에 따라 입학하는 자에 대하여 그 수업료의 액을 정할 수 있다.

부칙

본령은 대정(大正) 11년 4월 1일부터 시행한다.

침략세력은 한민족의 요구에 밀려 조선교육령을 개정하는 등 개혁을 단행하였다. 우선 개혁을 위해 조사연구에 동원되었던 위원회를 해산하고 그 밖에 개혁과 관련되는 교육행정법제를 정리하였다. 한민족의 민립대학 설립 요구를 묵살하기 위해 경성제국대학 설립을 서두르기 위한 법제가 새롭게 제정되고, 교육을 감시하기 위한 시학(視學)제도가 강화되었다. 또 교과서의 통제를 강화하기 위해 교과서 검정제도가 새롭게 마련되었는가 하면, 전쟁 준비를 위한 군사교육을 강화하기 위해 현역 배속장교가 학교에 배속되는 제도를 만들었다. 이는 침략세력이 표면적으로는 유화적인 몸짓을 보이면서도 내면적으로는 통제를 강화하는 이중적인 성격을 가지고 있었음을 보여 주는 것이다. 그 법제들은 다음과 같다.

- 임시교육제도조사위원회규정(臨時教育制度調査委員會規程) 개정(1922. 3. 31., 왜부훈령 10호)
- 조선총독부제학교관제(朝鮮總督府諸學校官制)(1922. 3. 31., 왜칙령 151호)
- 교과용도서검정규정(教科用圖書檢定規程) 개정(1922. 3. 31., 왜부령 42호)
- 재내지급비생규정(在內地給費生規程)(1922. 4. 1., 왜칙령 44호)
- 고등보통학교(高等普通學校) 및 여자고등보통학교(女子高等普通學校)의 사범(師範)과 생도(生徒)에 학자를 급여하는 건(1922. 4. 12., 왜칙령 65호)
- 사립학교교원(私立學校教員)의 자격(資格) 및 원수(員數)에 관한 규정에 따른 자격자에 관한 고시(1922. 4. 15., 왜부고시 105호)
- 교육효적자선장규정(教育效績者選獎規程)(1922. 8. 17., 왜부령 116호)
- 조선총독부시학관(朝鮮總督府視學官) 특별임용령 개정(1922. 10. 5., 왜칙령 425호)
- 재내지(在內地)관비조선학생규정(1922. 11. 6., 왜칙령 170호)
- 교유(教諭) 또는 훈도(訓導)로 사감사무에 종사하는 자에 관한 건 개정(1923. 2. 28., 왜칙령 40호)
- 조선총독부제학교관제(朝鮮總督府諸學校官制) 개정(1923. 4. 9., 왜칙령 155호)
- 신은급령(新恩給令)(1923. 4., 왜법률 48호)
- 은급법(恩給法) 개정(1923. 4. 14., 왜법률 48호)
- 신은급법(新恩給法)(1923. 4. 14., 왜법률 48호)
- 조선총독부지방관관제(朝鮮總督府地方官官制) 개정(1923. 5. 22., 왜칙령 256호)
- 조선총독부관제(朝鮮總督府官制) 개정(1923. 6. 7., 왜칙령 296호)
- 조선총독부감화관제(朝鮮總督府感化官制)(1923. 8. 29., 왜칙령 382호)
- 조선제국대학창설위원회규정(朝鮮帝國大學創設委員會規程)(1923. 11. 27., 왜부훈령 51호)
- 조선총독부도서관관제(朝鮮總督府圖書館官制)(1923. 11. 30., 왜칙령 493호)
- 조선제국대학창설위원회규정(朝鮮帝國大學創設委員會規程) 폐지(1924. 12. 25., 왜부훈령 41)
- 경성제국대학관제(京城帝國大學官制)(1924. 5. 2., 왜칙령 103호)

- 사립학교용지(私立學校用地)의 지세(地稅) 또는 시가지세(市街地稅) 면제에 관한 건(1924. 5. 13., 왜제령 2호)
- 조선감화령(朝鮮感化令)(1924. 9. 4., 왜제령 12호)
- 경성제국대학관제(京城帝國大學官制) 개정(1924. 12. 25., 왜칙령 421호)
- 조선총독부교과서조사위원회규정(朝鮮總督府教科書調査委員會規程) 폐지(1924. 12. 25., 왜부훈령 44호)
- 보통학교(普通學校)의 훈도(訓導)로서 1주 32시간을 초과하여 교수를 담임하는 자에 지급하는 수당액 및 지급방법에 관한 건(1924. 11. 19., 왜칙령 68호)
- 조선지방대우직원령(朝鮮地方待遇職員令) 개정(1925. 4. 1., 왜칙령 87호)
- 조선총독부도서관관제(朝鮮總督府圖書館官制) 개정(1925. 5. 18., 왜칙령 191호)
- 관립사범학교(官立師範學校)에 있어서 학자의 일부의 지급을 받은 졸업자 수료자의 복무기간에 관한 건(1925. 5. 27., 왜칙령 65호)
- 문부대신소할이외(文部大臣所轄以外)의 학교에 육군현역장교(陸軍現役將校)를 배속(配屬)하는 건(1925. 7. 3., 왜칙령 246호)
- 왜국 본토에 학교 교련을 진작하기 위한 육군현역장교를 배속하는 제도 제정(1925)
- 조선제국대학창설위원회규정(朝鮮帝國大學創設委員會規程) 폐지(1925. 12. 25., 왜부훈령 41호)
- 경성제국대학사무관(京城帝國大學事務官), 경성제국대학사서관(京城帝國大學司書官) 및 경성제국대학사서특별임용(京城帝國大學司書特別任用)(1926. 4. 1., 왜칙령 53호)
- 조선 · 대만 · 만주 · 화태(朝鮮 · 臺灣 · 滿洲 · 華太) 및 남양군도(南洋群島) 재근문관가봉령 개정(1926. 4. 1., 왜칙령 52호)
- 경성제국대학고등관봉급령(京城帝國大學高等官俸給令)(1926. 4. 1., 왜칙령 51호)
- 육군현역장교배속(陸軍現役將校配屬)에 따른 훈령(1926. 6. 1., 왜부훈령 15호)
- 문부대신소할(文部大臣所轄) 외의 학교에 육군현역장교(陸軍現役將校)를 배속하는 건에 따른 훈령(1926. 6. 1., 왜부훈령 15호)
- 활동사진(活動寫眞)「필름」검열규칙(檢閱規則) 제정(1926. 7. 15., 왜부령 59호)

- 조선 · 대만 · 관동주의 관공립학교(官公立學校) 교관으로서 1년 현역에 복무한 자의 급여에 관한 건 개정(1926. 8. 6., 왜칙령 270호)
- 경성제국대학관제(京城帝國大學官制) 개정(1927. 2. 26., 왜칙령 19호)
- 학생생도아동신체검사규정(學生生徒兒童身體檢查規程) 개정(1927. 4. 9., 왜부령 37호)
- 조선 · 대만 · 만주 · 화태(朝鮮 · 臺灣 · 滿洲 · 華太) 및 남양군도 재근문관가봉령 개정(1927. 12. 28., 왜칙령 371호)
- 조선총독부제생원규칙(朝鮮總督府濟生院規則) 개정(1928. 1. 18., 왜부령)
- 조선총독부시학관(朝鮮總督府視學官) 및 조선총독부시학위원(朝鮮總督府視學委員) 학사시찰규정(學事視察規程)(1928. 7. 28., 왜부훈령 29호)
- 시학규정(視學規程) 폐지(1928. 10. 26., 왜부훈령 28호)
- 사립학교교원(私立學校教員)의 자격인정에 관한 건 개정(1929. 1. 28., 왜부령 6호)
- 조선공립소학교장(朝鮮公立小學校長) 및 조선공립보통학교장우우령(朝鮮公立普通學校長優遇令)(1929. 2. 4., 왜칙령 6호)

왜국 침략세력은 1929년에 이르러 1938년의 교육제도 개혁을 준비하기 위해 임시교육심의위원회와 임시교과서조사위원회를 구성하기 위한 법제를 만들고 있다. 1938년의 교육개혁이 세계를 향해 전쟁을 도발하기 위한 교육의 대응이었다면 이는 이미 10여 년이나 앞선 1929년부터 전쟁 도발을 꾀하고 있었다고 할 수 있다. 이러한 위원회가 구성된 지 얼마 되지 않은 1931년에 침략세력은 만주사변을 도발하고 이어 1937년에는 중왜전쟁을 도발하였다. 이때에 청년훈련소규정이 생긴 것은 한민족의 군사훈련으로 전쟁요원을 양성하여 그들의 전쟁에 이용하고자 한 것이었다. 그에 이은 교육관련 법제를 소개하면 다음과 같다.

- 임시교육심의위원회규정(臨時教育審議委員會規程)(1929. 6. 16., 왜부훈령 13호)
- 임시교과서조사위원회규정(臨時教科書調查委員會規程)(1929. 6. 23., 왜부훈령 14호)
- 청년훈련소규정(青年訓練所規程)(1929. 10. 1., 왜부령 89호)
- 명륜학원규정(明倫學院規程)(1930. 2. 26., 왜칙령 13호)

- 공립학교의 교장 또는 교원을 조선총독부도시학관(朝鮮總督府道視學官)으로 임용하는 경우에 관등(官等)에 관한 건(1930. 11. 1., 왜칙령 210호)
- 조선총독부도시학관특별임용령(朝鮮總督府道視學官特別任用令)(1930. 11. 1., 왜칙령 201호)
- 도제(徒弟) 개정(1930. 12. 1., 왜제령 15호)
- 부제(府制)(1930. 12. 1., 왜제령 11호)
- 조선학교비령(朝鮮學校費令) 개정(1930. 12. 1., 왜제령 13호)
- 학교조합령(學校組合令) 개정(1930. 12. 1., 왜제령 14호)
- 조선공립학교관제(朝鮮公立學校官制) 개정(1930. 12. 1., 왜칙령 235호)
- 왜부령(倭府令) 제105호의 규정(規程)(1930. 12. 29., 왜부령 105호)
- 조선총독부도사무분장규정(朝鮮總督府道事務分掌規程) 개정(1930. 12. 3., 왜부훈령 52호)
- 1922년 왜부령 제15호의 왜어를 상용하는 자 또는 왜어를 상용하지 아니하는 자의 입학에 관한 건의 개정(1931. 4. 1., 왜부령 38호)
- 판임관(判任官) 개정(1931. 5. 27., 왜칙령 100호)
- 경성제국대학고등관봉급령(京城帝國大學高等官俸給令) 개정(1931. 5. 27., 왜칙령 99호)
- 육군 현역장교를 배속을 받아 교련을 행하는 학교의 교수요목 개정(1931. 9. 26., 왜부훈령 37호)
- 중학교규정(中學校規程), 고등보통학교규정(高等普通學校規程) 중 개정의 취지에 관한 훈령(1932. 1. 18., 왜부훈령 9호)
- 중학교규정(中學校規程) 개정(1932. 1. 18., 왜칙령 12호)
- 고등보통학교규정(高等普通學校規程) 개정(1932. 1. 18., 왜칙령 13호)
- 고등여학교규정(高等女學校規程) 개정(1932. 3. 11., 왜칙령 24호)
- 여자고등보통학교규정(女子高等普通學校規程) 개정(1932. 3. 11., 왜칙령 25호)
- 국어를 상용하는 자 또는 왜어를 상용하지 아니하는 자의 입학에 관한 건 개정(1932. 3., 왜칙령 26호: 대정11년 부령 제15호 조선 소7령 제25조에 따른 건 개정)
- 왜어를 상용하는 자 또는 왜어를 상용하지 아니하는 자의 입학에 관한 건의 개정

(1932. 3. 12., 왜부령 26호)

- 임시교육심의위원회규정(臨時教育審議委員會規程) 폐지(1932. 3. 31., 왜부훈령 19호)
- 명륜학원규정(明倫學院規程) 개정(1932. 4. 1., 왜칙령 35호)
- 야구통제(野球統制)와 이의 시행에 관한 건(1932. 9. 1., 왜부훈령 56호: 학교, 도, 사립전문학교 앞)
- 대학, 전문학교, 중학교, 실업학교에 대한 현역장교 배속 훈령(現役將校 配屬 訓令) 개정(1932. 9. 26., 왜부훈령 37호)
- 소학교규정(小學校規程) 개정(1932. 11. 19., 왜칙령 116호)
- 보통학교규정(普通學校規程) 개정(1932. 11. 19., 왜칙령 117호)
- 조선교육령(朝鮮教育令) 개정(1933. 3. 10., 왜칙령 23호)
- 조선공립학교직원(朝鮮公立學校職員) 정원 규정 개정(1933. 4. 1., 왜칙령 29호)
- 조선 · 대만 · 관동주 및 남양군도 관공립소학교장 등 우우령(優遇令)(1933. 9. 27., 왜칙령 261호)
- 소학교 및 보통학교교원(普通學校教員) 시험 규칙 개정(1934. 1. 20., 왜칙령 6호)
- 관립학교수업료규칙(官立學校授業料規則) 개정(1934. 4. 1., 왜칙령 39호)
- 조선교육령(朝鮮教育令) 개정(1935. 3. 30., 왜칙령 44호)
- 사립학교교원(私立學校教員)의 지정(指定)의 건 개정(1935. 4. 1., 왜칙령 55호: 대정 11년 왜부고시 277호 사립학교교원의 자격 및 원수에 관한 규정에 따른 사립학교교원의 지정의 건 개정)
- 전문학교입학검정 규정 개정(1935. 10. 18., 왜칙령 124호)
- 청년훈련소규정(青年訓練所規程)(1935. 10. 1., 왜칙령 89호)=주: 青年訓練小令(1926. 4. 19.)
- 조선총독부지방관제(朝鮮總督府地方官制) 개정(1937. 8. 20., 왜칙령 441호)
- 조선의 관립 또는 공립의 소학교 또는 보통학교의 훈도(訓導)에 대한 질병치료료급여(疾病治療料給與)에 관한 건(1937. 12. 10., 왜칙령 713호)

1929년 임시교육심의위원회와 임시교과서조사위원회까지 구성하고 교육개혁을 준비한 왜국 침략세력은 1938년 3월 마침내 조선교육령을 개정하여 발표하였다. 1922년의 개혁이 학교 이름은 그대로 둔 채, 단순히 교육내용을 한민족과 왜인 간의 교육내용을 평준화하는 수준의 소극적인 개혁이었다고 하면 이때의 개혁은 매우 적극적인 개혁처럼 보인다. 이때의 개혁은 학교의 명칭조차도 왜인의 그것과 완전히 일치시켜 차이가 없는 듯이 위장하였다. 이 개혁으로 한민족의 학교도 왜인의 그것과 똑같이 초등교육단계의 학교를 소학교라고 하고, 중등교육단계의 학교를 중학교라고 부르게 된 것이다. 이때 제정, 공포된 조선교육령의 내용을 소개하면 다음과 같다.

• **조선교육령**(1938. 3. 3., 왜칙령 103호)

제1조 조선에 있어서 교육은 이 영에 따른다.

제2조 보통교육은 소학교령, 중학교령 및 고등여학교령에 따른다. 단, 이들의 칙령 중 문부성대신의 직무는 조선총독이 이를 행한다.

전 항의 경우에 있어서 조선의 특수한 사정에 따라 특례를 설치할 필요가 있는 것에 대해서는 조선총독이 별단의 규정을 할 수 있다.

제3조 실업학교는 실업학교령에 따른다. 단, 실업보습교육에 관해서는 조선총독이 정하는 바에 따른다. 실업학교령 중 문부성대신의 직무는 조선총독이 이를 행한다.

실업학교의 설립 및 교과서에 관해서는 조선총독이 정하는 바에 따른다.

제4조 전문교육은 전문학교령에, 대학교육 및 그의 예비교육은 대학령에 따른다. 단, 이들의 칙령 중 문부성대신의 직무는 조선총독이 이를 행한다.

전문학교의 사립 및 대학예과의 교원자격에 관해서는 조선총독이 정하는 바에 따른다.

제5조 사범교육을 하는 학교는 사범학교로 한다.

사범학교는 특히 덕성의 함양에 힘을 기울여 소학교교원다운 자를 양성하는 것을 목적으로 한다.

제6조 사범학교의 수업연한은 보통과 5년, 연습과 2년으로 한다. 단, 여자에 있어서는 수업연한을 6년으로 하고 보통과에 있어서는 1년으로 한다.

제7조 사범학교 보통과에 입학할 수 있는 자는 심상소학교를 졸업한 자 또는 조선총독이 정한 바에 따라 이와 동등 이상의 학력이 있다고 인정한 자로 하고 연습과에 입학할 수 있는 자는 보통과를 수료한 자, 중학교 혹은 수업연한 4년 이상의 고등여학교를 졸업한 자 또는 조선총독이 정한 바에 따라 이와 동등 이상의 학령이 있다고 인정된 자로 한다.

제8조 사범학교에는 특별한 사정이 있는 경우에는 심상과를 두거나 또는 심상과만을 둘 수 있다.

제9조 심상과에 입학할 수 있는 자는 심상소학교를 졸업한 자 또는 조선총독이 정한 바에 따라 이와 동등 이상의 학력이 있다고 인정된 자로 한다.

제10조 특별한 사정이 있는 경우에는 연습과는 심상과만을 두는 사범학교에 이를 둘 수 있다.

제11조 사범학교에 연구과 또는 강습과를 둘 수 있다. 단, 연구과는 심상과만을 두는 사범학교에 있어서는 이를 둘 수 있다.

연구과 및 강습과의 수업연한 및 입학자격에 관해서는 조선총독이 정하는 바에 따른다.

제12조 사범학교에 부속소학교를 둔다.

특별한 사정이 있는 경우에는 공립학교로서 부속소학교에 대용할 수 있다.

제12조 사범학교는 관립 또는 공립으로 한다.

공립사범학교는 도에 한하여 이를 설립할 수 있다.

제14조 사범학교의 교과, 편제, 설비, 수업료 등에 관해서는 조선총독이 정하는 바에 따른다.

제15조 공립사범학교의 설립 및 폐지는 조선총독의 인가를 받아야 한다.

제16조 이 영에 규정된 것 이외에는 사립학교, 특수한 교육을 위한 학교, 그 밖의 교육시설에 관해서는 조선총독이 정하는 바에 따른다.

부칙

이 영은 소화 13년 4월 1일부터 이를 시행한다.

이 영 시행 시 조선에 존재하는 보통학교, 고등보통학교 및 여자고등보통학교는 각각 이를 이 영에 따라 설립한 소학교, 중학교 및 고등여학교로 한다.
심상소학교의 수업연한은 당분간 토지의 정황에 따라 이를 4년으로 할 수 있다.
전 항의 심상소학교의 각 학년의 재학자 또는 졸업자는 전학 또는 입학의 자격에 관해서는 수업연한 6년의 심상소학교의 상당 학년의 재학자 또는 제4학년의 수료자로 간주한다.
종전의 규정에 따른 보통학교, 고등보통학교 또는 여자고등보통학교의 졸업자의 입학자격에 관해서는 수업연한 6년의 보통학교의 졸업자는 심상소학교 졸업자, 수업연한 4년의 보통학교의 졸업자는 수업연한 6년의 심상소학교의 제4학년 수료자, 수업연한 6년의 보통학교의 졸업자로서 보통학교고등과의 제1학년을 수업연한자는 고등소학교 제1학년 수료자, 보통학교고등과의 졸업자는 수업연한 2년의 고등소학교의 졸업자, 고등보통학교졸업자는 중학교 졸업자, 여자고등보통학교 졸업자는 상당 수업연한의 고등여학교의 졸업자로 간주한다.

이상과 같이 조선교육령 개정에 따른 교육개혁은 언뜻 보면 왜인의 학교와 이름이 같아졌다하여 차별을 없앤 것으로 보이나 사실은 이로 한민족의 환심을 사서 한민족을 동원해 사지의 전쟁터로 몰아가기 위한 것이었다. 왜국 침략세력은 벌써 이때부터 제2차 세계대전의 태평양전쟁을 도발할 준비를 하고 있었던 것이다. 이 이후에 나온 교육행정법제를 소개하면 다음과 같다.

- 전문학교입학검정규정(專門學校入學檢定規程) 제11조의 규정에 따른 지정에 관한 규정 개정(1938. 3. 30., 왜칙령 45호)
- 전문학교입학검정규정(專門學校入學檢定規程) 제11조의 규정에 따른 시험면제(試驗免除)에 관한 규정 개정(1938. 3. 30., 왜부고지 45호)
- 조선학교비령(朝鮮學校費令) 개정(1938. 3. 30., 제령 8호)
- 학교신체검사규정 개정(1938. 3. 30., 왜칙령 46호)
- 사립학교교원의 자격 및 원수에 관한 건 개정(1938. 3. 31., 왜칙령 51호: 대정 12년

왜부령 128호 개정)

- 관립 또는 공립의 학교촉탁 및 강사에 관한 건 개정(1938. 3. 31., 왜칙령 50호: 대정 6년 왜부령 49호 개정)
- 조선사편수회관제(朝鮮學校費令) 개정(1938. 7. 1., 왜칙령 477호)
- 경학원규정(經學院規程) 개정(1939. 4. 5., 왜칙령 49호)
- 조선총독부교학연수소규정(朝鮮總督府敎學硏修所規程)(1939. 4. 20., 왜부령 60호)
- 조선총독부중견청년수련소규정(朝鮮總督府中堅青年修練所規程)(1939. 4. 20., 왜칙령 59호)
- 소학교교원시험규칙(小學校教員試驗規則) 개정(1939. 8. 12., 왜칙령 132호)
- 공립의 소학교 또는 보통학교의 훈도로서 1년 현역에 복무하는 자의 봉급보조에 관한 건 폐지(1940. 3. 9., 왜칙령 29호: 대정12년 왜부령 86호 폐지)
- 조선, 대만, 관동주의 관립 공립학교 교관으로서 단기현역에 복무하는 자의 급여에 관한 건 개정(1940. 3. 9., 왜칙령 31호: 대정 10년 왜칙령 69호의 시행에 관한 건)
- 만주국의 초등학교의 재학자 및 졸업자의 조선 내의 학교에의 입학 전학에 관한 건 개정(1940. 4. 19., 왜칙령 108호)
- 학교전염병예방 및 소독법 개정(1940. 6. 1., 왜칙령 139호)
- 국민학교제도실시에 따른 조선공립학교 관제 등의 규정의 정리에 관한 건(1941. 3. 25., 왜칙령 236호)

조선교육령은 1941년에도 개정되었다. 이때 소학교를 일제히 국민학교로 이름을 바꾸었다. 왜국 정부가 이 해에 '국민학교령'을 제정해 왜국의 본토는 물론 식민지 지역까지도 모든 소학교를 '국민학교(國民學校)'로 부르게 한 것 때문이었다. 이해는 바로 왜국 침략세력이 하와이 진주만을 예고 없이 공격하여 태평양전쟁을 발발한 때이기도 하였다. 이는 왜국의 군국주의화가 진행되면서 전체주의의 바탕 위에 사회 전 영역이 전시체제로 구축되어 한민족까지 포함한 모든 사람이 전쟁도발에 동원되기에 이른 것이다. 그런 의미에서 국민학교라는 명칭은 바로 군국주의와 전체주의의 산물이었다. 여기서 '국민'이란 국민 전체가 다 전쟁도발에 동원되어야 한다는 의미가 함축되어 있는 것이다.

또한 이때부터 경성제국대학과 전문학교와 같은 고등교육기관과 관련되는 법제가 많이 등장하였다. 전시동원령에 따라 많은 청장년이 전장에 동원되면서 이들 교육기관을 운영하기 어렵게 되었고 해마다 연이어 수업기간 단축조치가 내려졌다. 이러한 조치가 이루어지는 가운데 나타난 교육법제들을 소개하면 다음과 같다. 다음의 많은 법제가 국민동원 및 훈련과 관계되는 법제들로 전쟁도발과 관계가 깊다. '교직원공제조합령'이 제정된 것도 이 시기였다. 전쟁이 몰고 온 위기 상황이 교직원 공제조합을 만들게 하였으며, 고등교육기관의 수업연한 단축조치는 학생들의 동원으로 공허하게 비어 있는 학교를 유지하기 위해 어쩔 수 없는 선택이었다.

- 조선교육령(朝鮮教育令) 개정(1941. 3. 25., 왜칙령 254호)
- 조선교직원공제조합령(朝鮮教職員共濟組合令)(1941. 3. 31., 왜칙령 361호)
- 소학교를 초등학교(國民學校)로 하는 등에 따른 도제(道制)의 규정의 정리에 관한 건(1941. 3. 31., 왜제령 19호)
- 조선교직원공제조합규칙(朝鮮教職員共濟組合規則)(1941. 4. 1., 왜칙령 101호)
- 사립학교용지의 지세 또는 시가지세 면제에 관한 시행의 건 개정(1941. 4. 1., 왜칙령 94호: 대정 13년 왜부령 27호 개정)
- 조선교육령 개정에 따른 관계 조선총독부령 중 개정(1941. 4. 1., 왜칙령 96호)
  주: 소학교를 국민학교로 개정함에 따른 조치로서 주로 자구 수정이 개정의 기본을 이룬다.
- 대학부(大學部) 등의 재학년 또는 수업연한의 소화16년도 임시단축에 관한 건(1941. 10. 23., 왜칙령 283호)
- 조선총독부관제 내 임시직원(朝鮮總督府官制內 臨時職員) 설치규정 개정(1941. 12. 26., 왜칙령 1208호)
- 경성제국대학고등관봉급령(京城帝國大學高等官俸給令) 개정(1942. 1. 16., 왜칙령 19호)
- 고지요양연구소관제(高地療養研究所官制)(1942. 5. 26., 왜칙령 543호)

- 실업학교졸업정도검정위원규정(實業學校卒業程度檢定委員規程)(1942. 7. 22., 왜칙령 187호)
- 실업학교졸업정도검정규정(實業學校卒業程度檢定規程)(1942. 7. 22., 왜칙령 187호)
- 조선총독부시학관특별임용 외(朝鮮總督府視學官特別任用外) 3칙령 개정(1943. 3. 8., 왜칙령 115호)
- 조선교육령(朝鮮教育令) 개정(1943. 3. 8., 왜칙령 113호)
- 조선총독부지도자연성소규정(朝鮮總督府指導者研成所規程)(1943. 4. 1., 왜칙령 105호)
- 조선여자청년연성소규정(朝鮮女子靑年研成所規程)(1944. 2. 10., 왜칙령 35호)
- 국민학교교원(國民學校教員) 및 양호훈도시험규칙(養護訓導試驗規則) 개정(1944. 3. 28., 왜칙령 107호)
- 조선(朝鮮)·대만(臺灣)·만주(滿洲)·화태(華太) 및 남양군도(南洋群島) 재근문관가봉령(在勤文官加俸令) 개정(1944. 4. 4., 왜칙령)
- 학도동원본부(學徒動員本部) 설치에 관한 건(1944. 4. 28., 왜부훈령 43호)
- 학도동원본부(學徒動員本部) 설치에 관한 훈령(1944. 4. 28., 왜부훈령 43호)
- 조선총독부학도(朝鮮總督府學徒) 동원본부 규정(1944. 4. 28., 왜부훈령 44호)
- 학도근로령시행규칙(學徒勤勞令施行規則)(1944. 10. 30., 왜칙령 360호)
- 조선총독부 및 소속관서회계 장정 개정(1944. 11. 30., 왜부훈령 97호)
- 청년학교규정(靑年學校規程)(1945. 3. 31., 왜칙령 187호)
- 학도근로표창규정(學徒勤勞表彰規程)(1945. 4. 28., 왜칙령 90호)
- 지방문묘규정(地方文廟規程)(1945. 5. 14., 왜칙령 110호)

1945년 5월 왜국 침략세력은 그들이 도발한 태평양전쟁이 모든 전선에서 패배를 거듭하고 패망의 위기를 맞자 최후의 발악책으로 '전시교육령(戰時敎育令)'을 발하여 왜인을 포함해 한민족에 대한 동원책을 보다 강화하였다. 이 전시교육령이 한반도에서 왜국 총독의 이름으로 발포된 것은 이로부터 두 달 늦은 7월의 일이었다. 이 전시교육령에 의해 한반도의 교원은 물론 어린 소학교 학생들까지 동원되어 식량증산(食糧增産), 군수생산(軍需生産), 방공방위(防空防衛) 등의 중요 업무에 몸을 던져 일하도록 강요되었다. 이른바 '정신(挺身)'을 강제하는 법제였다. 그리하여 한반도 전역에서 한민족은 전쟁에 동원되었고 모든 학교의 수업은 거의 전폐되었다. 왜국 침략세력은 학교의 수업을 희생하면서까지 발악하였으나 같은 해 8월 14일 '패전의 조서'를 왜국왕의 이름으로 발표하고 손을 들었다. 침략세력의 교육행정법제가 한반도에서 효력을 상실하게 된 것은 이로부터였다. 전시교육령 전문을 소개하면 다음과 같다.

• **전시교육령**(戰時敎育令)(1945. 5. 22., 왜칙령 320호)

제1조 학도는 진충(盡忠)으로서 국운을 쌍견에 짊어지고 전시에 긴절(緊切)한 요무(要務)에 정신(挺身)하여 평소 단련된 교육의 성과를 유감없이 발휘함과 함께 지능의 연마에 힘을 다함으로써 본분을 다해야 한다.

제2조 교직원은 솔선수범하여 학도와 함께 전시에 긴절한 요무를 정진하여 구학구진(俱學俱進)함으로써 학도의 훈화계도(薰化啓導)의 책임을 다해야 한다.

제3조 식량증산, 군수생산, 방공방책, 중요연구 등 전시에 긴절한 요무에 정신함과 함께 전신에 긴요한 교육훈련을 행하기 위하여 매 학교마다 교직원 및 학도로서 학도대(學徒隊)를 조직하고 매 지역마다 학도대로서 그 연합체를 조직하는 것으로 하며, 2개 이상의 학도대의 1부 또는 전부가 동일의 직장에서 정신(挺身)하는 때는 문부대신이 정하는 경우를 제외하는 그 밖의 직장은 매 직장마다 교직원 및 학도로서 학도대를 조직하거나 또는 학도대로서 그의 연합체를 조직하는 것으로 한다.

학도대 및 그 연합체의 조직편제는 교육훈련, 지도감독, 그 밖의 학도대 및 그 연합체에 관하여 필요한 사항은 문부대신이 이를 정한다.

제4조 전국(戰局)의 추이는 즉응하는 학교교육의 운영을 위하여 특히 필요가 있을 때에는 문부대신은 그가 정한 바에 따라 교과목 및 수업시수에 대해 특례를 두어 그 밖의 학교교육의 실시에 관하여 특별한 조치를 취할 수 있다.

제5조 전시에 있어서 특히 필요가 있을 때에는 학도로서 징집(徵集), 소집(召集) 등의 사유로 인하여 군인(육해군의 학생생도를 포함한다)이 되었든가, 전시에 긴절한 요무에 정신하여 사망하였거나 또는 상이(傷痍)를 받았거나 혹은 전

시에 긴요한 전공학과를 수학하는 자는 문부대신이 정하는 바에 따라 정규의 기간 재학할 수 없거나 또는 정규의 시험을 볼 수 없는 경우라 하더라도 이를 졸업(이에 준하는 자를 포함한다)한 것으로 할 수 있다.

제6조 이 영 중 문부대신이라고 한 것은 조선에 있어서는 조선총독, 대만에 있어서는 대만총독, 관동주 및 만주국에 있어서는 만주국주답 특명대사, 남양군도에 있어서는 남양청장관으로 한다.

부칙

이 영은 공포한 날로부터 이를 시행한다.

- 전시교육령(戰時教育令)(1945. 5. 22., 왜칙령 320호)
- 전시교육령시행규칙(戰時教育令施行規則)(1945. 5. 22., 왜부령 9호)

전시교육령 이후 왜국 침략세력은 급박한 정국을 반영하듯 많은 급조된 교육행정법제를 제정, 공포하였다. 침략세력은 정상적인 학교수업을 포기하고 남녀를 불문하고 모든 학생을 전장과 전선 유지에 동원하기 위해 가능한 모든 조치를 취하고 있다. 그들 교육행정법제를 들면 다음과 같다.

- 학도근로령시행규칙(學徒勤勞令施行規則) 개정(1945. 6. 14., 왜칙령 140호)
- 학도근로령시행규칙(學徒勤勞令施行規則) 개정(1945. 6. 14., 왜칙령 140호)
- 대륙자원과학연구소관제(大陸資源科學研究所官制)(1945. 6. 4., 왜칙령 336호)

전시교육령에 따라 한반도 침략의 본산인 총독부는 구체적인 사항을 규정하기 위하여 시행규칙과 그에 관계되는 훈령을 발하고 있다. 그 내용을 읽어보면 침략세력이 패망 직전의 긴박한 전국으로 얼마나 당황하고 있었는가를 알 수 있다. 그 내용을 소개하면 다음과 같다.

• **전시교육령시행규칙**(1945. 7. 1., 왜부령 151호)

제1조 전시교육령(이하 '영'이라 한다)제3조의 규정에 따라 학도대의 조직편제는 좌에 따른 것으로 한다.

1. 학교마다 조직 편성하는 학도대는 좌와 같다.

(가) 학도대응 원칙으로서 학부, 학과, 학년, 학급을 단위로 하여 이를 조직한다.

(나) 학도대는 학도대장을 두고 학교장으로서 이에 충원한다.

(다) 학도대는 필요에 따라 대대, 중대, 소대 등으로 이를 나누고 그 장은 교직원 및 학도 중에서 학도대장을 명한다.

2. 지역마다 조직하는 학도대의 연합체는 좌에 따라 이를 조직한다.

(가) 전선학도대(全鮮學徒隊)는 대학 전문학교 사범학교 학도대 및 도학도대(道學徒隊)로서 이를 조직하고 그 대장은 조선총독부정무총감, 부대장은 조선총독부 학무국장으로 이를 충원한다.

대학 전문학교 사범학교 학도대는 대학 전문학교 사범학교의 학도대로서 이를 조직하고 그 대장은 대학 전문학교 사범학교의 학교장 또는 조선총독부고등관 중에서 조선총독이 이를 명한다.

조선총독은 필요에 따라 대학 전문학교 사범학교의 학도대를 도학도대에 임시로 편입할 수 있다.

(나) 도학도대는 도중등학교 학도대 및 도국민학교 학도대로서 이를 조직하고 그 대장은 당해 도지사로서 충원한다.

도중등학교학도대는 당해 도내의 중등학교의 학도대로서 이를 조직하고 그 대장은 당해 도내무부장 또는 중등학교장 중에서 도지사가 이를 명한다.

도국민학교 학도대는 당해 도내의 부군도(府郡島) 국민학교 학도대로 이를 조직하고 그 대장은 당해 도내 내무부장 또는 국민학교장 중에서 도지사가 이를 명한다.

(다) 부군도 국민학교 학도대는 당해 부군도 내의 국민학교 학도대로서 이

를 조직하고 그 대장은 당해 부군도 내의 국민학교장 또는 부윤(府尹), 군수(郡守) 혹은 도사(島司) 중에서 이를 도지사가 명한다.

(라) 부윤 읍 면장은 각각 관계 학도대의 명예대장 또는 고문으로서 도지사가 이를 위촉할 수 있다.

(마) 전문학교, 중등학교, 국민학교 등에 준하는 각종 학교의 학도대일 때는 각각 그에 준하는 학교에 예에 따른다.

3. 직장마다 조직하는 학도대(이하 '직장학도대'라 한다)는 좌에 따라 이를 조직한다.

(가) 2인 이상의 학도대의 일부가 같은 직장에 정신(挺身)하는 때에는 그 직장을 단위로 하여 학도대를 조직한다.

(나) 2인 이상의 학도대의 전부가 같은 직장에 정신하는 때에는 그 직장을 단위로 하여 학도대의 연합대를 조직한다.

(다) 2인 이상의 학도대의 일부 및 전부가 같은 직장에 정신한 때에는 실정에 따라 그 직장을 단위로 하여 학도대의 연합대를 조직한다.

(라) 직장학도대에 대장 및 부대장을 두고 대장은 당해 직장에 정신 중에 있는 학도가 속하는 학교의 학교장 중에서, 부대장은 당해 직장에 정신하고 있는 교직원 중에서, 대학 전문학교, 사범학교의 학도를 포함하는 경우에는 조선총독이, 그 밖의 경우에는 당해 직장의 소재지의 도지사가 이를 명한다. 단, 대학 전문학교, 사범학교의 학도 수가 30인 미만이 될 때에는 당해 직장 소재지의 도지사가 이를 행하는 것으로 한다.

(마) 직장학도대를 조직하는 각 학교의 학교장으로서 대장 또는 부대장이 아닌 자는 학도대(學徒隊) 참여(參與)로서 학도대장과 밀접한 연계하에 당해 학도대의 지도감독에 참여하는 것으로 한다.

(바) 직장학도대에 있어서는 직장과의 밀접한 연계를 가지고 학도지도에 유감이 없도록 하기 위하여 학도대장은 당해 직장의 간부직원 중 적당한 자를 당해 학도대에 촉탁할 수 있다.

(사) 직장학도대는 도학도대에 이를 편입한다.

(아) 1직장에 정신하는 학도대가 1학급의 학도대의 전부 또는 일부만으로 된 경우에는 (바) 및 (사)의 적용에 있어서는 그 학도대의 전부 또는 일부로서 당해 직장학도대로 간주한다.

제2조 좌의 각 호의 경우에는 이 영 제3호 규정에 의하여 직장학도대를 조직할 수 있다.

1. 정신하는 학도 30인 미만인 경우
2. 정신하는 기간 30일 미만인 경우
3. 그 밖에 조선총독 또는 도지사가 직장학도대를 조직할 필요가 없다고 인정하는 경우

제3조 이 영 제3조 규정에 따른 학도대의 교육훈련은 좌의 사항에 중점을 둔 것으로 하고 지도 감독에 관해서는 대학 전문학교, 사범학교의 학도대(직장학도대에 속하는 경우를 포함한다)에 있어서는 조선총독, 그 밖의 학교의 학도대(직장학도대에 속하는 경우를 포함한다)에 있어서는 당해 학교의 소재지의 도지사가 이를 정한다.

1. 정신교육에 관한 사항
2. 군사교육에 관한 사항
3. 방공교육에 관한 사항
4. 생산교육에 관한 사항
5. 그 밖에 전시에 긴요한 교육훈련에 관한 사항

제4조 학도대의 정신(挺身) 및 그의 정지(停止)에 관해서는 대학 전문학교, 사범학교의 학도대(직장학도대에 속한 경우를 포함한다)에 있어서는 조선총독, 그 밖의 학교의 학도대(직장학도대에 속한 경우를 포함한다)에 있어서는 당해 학교의 소재지의 도지사가 이를 명하는 것으로 한다.

긴급한 필요가 있을 때 또는 전 항의 명령에 따를 여유가 없을 때에는 상급의 학도대장이 직속의 학도대에 그 학도대의 정신 및 그의 정지를 명하거나 각 학도대장이 그 학도대의 정신 및 그의 정지를 명하도록 할 수 있다.

제5조 초등학교(초등과) 학도대를 제외한 학도대가 학도동원령 제4조 규정에 따른

국가총동원업무에 정신하는 경우에는 학도근로령이 정한 바에 따른다.

제6조 학도대는 그 정신하는 요무(要務)를 수행함에 관해서는 당해 직장의 책임자의 지시를 받는 것으로 한다.

제7조 학도대장은 대원을 지휘, 명령하고 상급의 학도대장은 직속의 학도대장을 지휘, 명령한다.

전 항의 규정에도 불구하고 조선총독 또는 도지사(직장학도대에 있어서는 당해 직장의 소재지의 도지사)는 필요에 따라 각 학도대장을 직접 지휘, 명령할 수 있다.

제8조 조선총독은 특별히 필요가 있다고 인정되는 때에는 이 영 제4조 규정에 따라 국민학교, 중등학교, 사범학교, 교원양성소, 전문학교, 대학예과 또는 대학에 관한 조선총독이 정한 규정 또는 인가한 학칙도 좌의 각 호의 조치를 할 수 있다.

1. 교과과정 또는 학과과정 및 수련과정에 대하여 일부를 빼거나 혹은 중점적인 취급을 하거나 또는 수업일수를 단축하는 일
2. 일정 기간 내에 수업연한 또는 재학 연한 내의 소요과정을 집약하는 일
3. 일정 기간에 한하여 학교의 정규수업 정지를 명하는 일

제9조 수업료를 징수하는 학교의 정규수업을 정지하였을 때에는 수업료를 대신하여 수업료 상당액을 초과하지 아니하는 한도에서 교육훈련에 요하는 경비를 징수할 수 있다.

공립 또는 사립의 학교에 있어서 전 항의 경비를 증액할 경우에는 설립자는 조선총독 또는 도지사의 인가를 받아야 한다.

제10조 학교장은 최고학년에 재학하는 학도로서 좌의 각 호 1에 해당하는 자에 대해서는 이 영 제5조의 규정에 따른 졸업(이에 준하는 것도 포함한다)의 인정을 할 수 있다. 조선총독이 지정하는 전공학과를 수학한 자로서 조선총독이 정한 기간 내에 당해 학과에 필요한 과정을 수학한 자도 역시 같다.

1. 징집, 소집 등의 사유로 인하여 군인(육해군의 학생생도를 포함한다)이 된 자

2. 전시에 긴요한 요무에 정신하여 순직하였거나 혹은 상이를 받고 수학 곤란한 자
전 항 제1호 및 제2호의 자로서 특별한 사유가 있을 때에는 최고학년에 재학하지 아니한 자라 하더라도 학교장은 조선총독의 승인을 받아 졸업(이에 준하는 것도 포함한다)에 대하여 특별한 인정을 할 수 있다.

부칙
이 영은 발포한 날로부터 이를 시행한다.
이 영 시행 시 현재 동원 중인 학도는 이 영에 따라 정신하는 것으로 간주한다.
학도근로령에 규정하는 학교보국대는 당분간 이 영 제3조 규정에 따라 학교에 있어서의 학도대의 일부 또는 전부로 간주한다.

• 전시교육령 공포에 관한 훈령(1945. 7. 1., 왜부훈령 37호)
대동아 전쟁 발발 이래 3년 유반(有半) 어릉위(御稜威)의 밑에서 황군장병은 용전감투하여 잘 황국의 위무(威武)를 중외에 현양하고 있으나 물량을 요하는 적의 저항 또한 반드시 경시(輕視)할 수 없는 바 있으므로 지금 추이(醜夷)의 침습(侵襲) 점점 창궐(猖蹶)을 극에 이르게 하여 전국일(戰局日)에 긴박(緊迫)하게 하여 황국의 융체(隆替) 이제부터 갈림길에 서 있다.
이 가을철을 맞아 특별히 전시교육령을 공포하게 되었다. 놀랍게도 상유(上諭)를 내리시어 전시의 교육의 대본을 분명히 하시고 청소년학도의 사명을 조시(照示)하시는 예려(叡慮)와 심원(深遠) 참으로 공구(恐懼)하고 감격함이 그지없다. 학도와 교직원은 굳게 조금이라도 문교(文教)에 관련 있는 자는 성지(聖旨)를 봉체(奉體)하여 전시교육의 완벽을 기하고 황국청소년학도대를 받들어 학도대를 편성하고 그 총력을 구적(寇敵)을 격멸하고 국란을 돌파하는 데 결집하여 국가총동원령의 철저를 기함과 함께 학교교육으로 하여금 전국(戰局)의 추이(推移)에 즉응(卽應)케 함을 주안(主眼)으로 한다. 이로써 학도대를 운영함에 있어서는 학도와 직원으로 하여금 첫째로는 충성호국의 관념을 치열하게 하고, 둘째로는 인고필승의 전의를 앙양하며, 셋째로는 상

하 요우(僚友)의 단결심을 견고하게 하고, 넷째로는 공려절차(共勵切磋), 구도연찬(求道研鑽)을 숨 쉬듯 하는 의지를 진작하게 하여 행학일치(行學一致), 사제일심(師弟一心)이라는 학도의 본분에 진력하도록 교직원은 맡은 바 책임을 다해야 함을 요한다.

대체로 시정 이래 30유년 동근맥맥(同根脈脈)인 내선(內鮮)의 전통은 일시동인(一視同仁)의 성덕(聖德)을 받들어 혼연일체(渾然一體)가 되어 수많은 동포는 전국의 진전과 함께 서로 손잡고 분기(奮起)하여 신명(身命)을 대동아건설(大東亞建設)의 성업(聖業)에 바쳤다. 이는 실로 교육의 성과로서 금후 더욱 성전 완수를 위하여 그 사명조차 그 무게를 더해 가고 있음은 말할 나위도 없다.

이미 국가총동원을 강화하여 학도동원체제를 확립하기 위해 교육에 관한 비상조치가 변함없이 실시되어 청소년학도는 정신(挺身) 건투하여 잘 지성진충(至誠盡忠)의 실을 거두어 가고 있다. 지금의 전국(全局) 중대한 때에 더욱 황국(皇國)교육의 미증유의 전환(轉換)을 적전(敵前)에서 단행하고 학도로 하여금 의용봉공(義勇奉公)의 절(節)을 발효(發效)하도록 하여 그 사명 달성에 유감이 없게 하려고 한다. 이 일이 만일 이루어지지 아니하면 교육의 정화(精華)는 결국 헛되이 되어 이토(泥土)에 맡겨 버린 격이 될 것이다. 반드시 속히 학도대의 조직을 완성하여 이 운영에 혼신(渾身)의 힘을 다하여 이로써 책임을 교직에 두고 있는 자로 하여금 훈화계도(薰化啓導)의 책임을 다하도록 하고 학도로 하여금 황국의 안위를 쌍견(雙肩)에 져서 젊은 혈기를 멸적(滅敵)의 한길에만 기울이도록 함에 만의 하나 유루(遺漏)하는 일이 없도록 해야 할 것이다.

- 전시교육령시행규칙(戰時教育令施行規則)(1945. 7. 1., 왜칙령 151호)
- 전시교육령 공포(戰時教育令 公布)에 관한 훈령(1945. 7. 1., 왜부훈령 37호)
- 패전(敗戰)의 조서(詔書)(1945. 7. 1., 왜부훈령 37호)

이상으로 식민지하 교육행정법제의 대강을 개관하였다. 이제부터 교육행정기관과 관련되는 법제에 관하여 구체적으로 논의해 보자. 교육행정기관에 관한 법제에는 우선 중앙교육행정기관과 관련되는 법제와 지방교육행정기관과 관련되는 법제로 나누어 관찰할 수 있다.

❸ 교육행정기관에 관한 법제

1) 중앙교육행정기관에 관한 교육행정법제

한반도를 강점한 침략자 왜국은 왜칙령 354호를 발하여 '조선총독부관제'를 제정하고 이로부터 한반도에 대한 식민지 통치를 본격화하였다. 이 관제는 교육행정기관을 포함하는 한반도 전체에 대한 지배기구에 관한 법제로, 이는 현역의 육해군대장 가운데서 왜국 왕이 직접 임명하고 왜국 왕에 직속하는 친임 총독을 정점으로 그 밑에 그를 보좌하는 정무총감, 총무, 내무, 탁지(度支), 농상공, 사법 등 5부의 장관 각 1인씩 두어 한반도를 지배하도록 짜여 있었다. 이 편제는 내각(內閣)과 표훈국(表勳局)을 제외하고는 대한제국 정부의 편제를 그대로 따르고 있다. 수탈의 본산인 총독부 청사로는 대한제국 시대에 왜국의 통감부가 사용하던 왜성대가 사용되고 있었다. 그 밖의 외국(外國)으로는 중추원(中樞院), 취조국(取調局), 경무총감, 재판소, 감옥, 철도국, 통신국, 전매국, 임시토지조사국, 학교, 세관, 인쇄국 등을 두고 있었으며, 지방의 자문역으로는 참여관과 참사 등의 직원을 두고 있었다.

특히 왜국 총독은 한반도에 관한 한 모든 정무는 물론 육해군 통솔까지 장악하도록 되어 있어 막강한 힘이 집중된 자리다. 교육행정 또한 총독의 손에서 좌우되었다. 그런 의미에서 조선총독부는 교육행정의 중앙부서로서 기능하였다. 특히 교육행정은 주무국인 학무국이 내무부(內務部)에 속하여 지방국과 함께 경찰행정의 일환으로 집행되고 있었다.[3] 총독부의 기구표를 그림으로 정리하면 다음과 같다.

---

3) 총독부 직원은 총독, 정무총감, 각 부의 장관 1인, 각 국의 국장 1인 이외에 참서관 전임 2인, 비서관 전임 2인, 서기관 전임 19인, 사무관 전임 19인, 기사 30인, 통역관 전임 6인, 속 기수 통역생 등을 포함하여 전임 337인이었다.

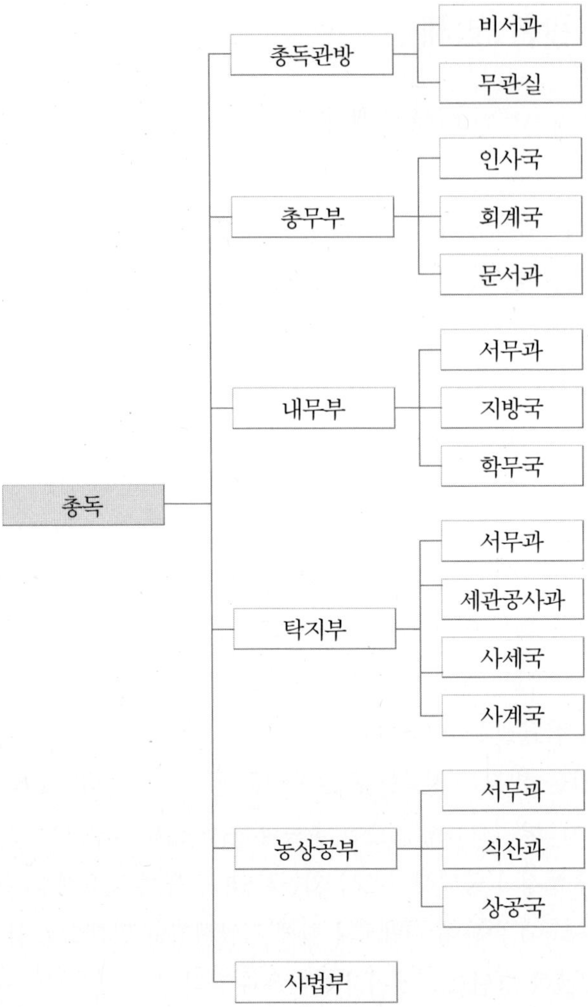

* 주: 1910년 10월 현재의 식민지 관리체제의 조직 표.

한반도 수탈의 괴수인 초대 총독의 식민지 지배의 기본방침은 한민족의 동화정책을 강화하는 일과 한민족의 환심을 사기 위한 민생의 개선과 수탈을 위한 식산흥업이었으며 이를 위해 시종 강력한 무단정치로 일관하였다. 지방에도 자문역에 참여관과 참사 등의 직을 두어 수탈을 일삼게 하였다.

1911년 5월 왜국 침략세력은 왜칙령 136호로 조선총독부관제를 개정하여 시학관과 편수관 및 편수서기를 추가로 임명하고 한반도의 교육과 교과서의 통제를 강화하였다. 이 관제는 1913년 6월에 다시 개정되어 총리가 직접 처리하던 직무를 내무대신을 경유하여 처리하도록 규정을 바꾸어 경찰행정의 괴수인 내무대신의 권한을 강화하였다. 이 관제는 1915년 5월에 개정되어 '관방(官房)'을 '총독관방(總督官房)'으로 바꾸고 총무국과 토목국을 그에 속하게 하는 동시에 내무부에 학무국을 두도록 하였으며 약간의 직원 정원을 조정, 감축하는 동시에 서기관을 사무관으로 직명을 대치하는 조치를 취하였다. 이 개정으로 침략세력은 왜의 침략기 한반도의 교육을 내무부 경찰행정의 일환으로 통제해 갈 것임을 분명히 하고 있다. 침략세력은 1916년에 시작하여 1918년까지 여러 차례 연속적으로 법령을 개정하여 철도국을 총독부 소속기관으로 추가하고 수탈의 주구인 총독부 인력, 특히 내무부 관료의 정원을 늘리고 있었다. 그뿐만 아니라 한반도 정정(政情)이나 사무에 관한 사항을 왜국의 내무대신을 경유하여 왜국 왕에 보고하게 하던 규정을 삭제하여 한반도에 대한 왜국 왕의 직접적인 식민통치를 강화하고 있었다. 1918년 5월의 개정에서는 시학관을 1인 더 추가하고 있다. 이는 한반도에서의 교육통제가 강화되고 있었음을 보여 주는 것이다. 그 이후 이 법령의 개정에서도 여전히 수탈의 주구인 식민지 관료를 증원하는 조치가 계속 취해졌다.

1919년 1월 고종 서거를 기회로 한반도 전역은 물론 해외에서까지도 독립운동의 기운이 돌기 시작하였다. 급기야는 같은 해 3월 1일 거족적인 독립운동으로 확대되자, 이에 당황한 침략세력은 대응책으로 1919년 8월 왜칙령 386호를 발하여 총독부 조직을 근본적으로 바꾸는 조치를 취하였다. 이 개정에서 육해군 대장을 총독으로 임명하는 규정을 바꾸어 군 통수권에 관한 사항을 그의 임무에서 완전히 삭제하는 동시에 필요한 경우에 군사령관에 요청하는 것으로 하였다. 조직 또한 총무관방(總務官房), 총무부, 내무부, 탁지부, 농상공부, 사법부로 해 오던 것을 총무관방, 내무국, 재무국, 식산국, 법무국, 학무국, 경무국 등으로 개정하여 부(部)를 국(局)으로 바꾸는 한편 서무부, 토목부, 철도부를 총무관방에 두는 조치를 취하였다. 특히 여기서 침략기 교육행정의 본산인 학무국을 내무부 소속에서 승격해 내무국과 같은 격의 국으로 대응하게 한 것은 교육행정을 경찰행정에서 독립시키려 하였다는 점에서 한민족의 저항을 무마하려는 일종의 유화책이라 할 수 있다.

그러나 1921년 2월의 개정에서는 2인이던 시학관을 4인으로 증원하고, 그 아래급인 시학과 편수서기(編修書記)를 각각 전임 1인과 3인을 두기로 개정하고 있다. 이는 총독부의 기본 조직에는 유화적인 분위기를 연출하면서도 오히려 교육에 관해서는 감시의 촉수를 강화하겠다는 수탈의 면모를 보인 것이다. 같은 해 8월에 있었던 개정에서는 편수관 2인과 편수서기 3인을 각각 전임 5인과 6인으로 증원하고 있다. 이처럼 교육 관련 식민지 관료가 날이 갈수록 증원되는 모습을 보이는 것은 겉으로는 유화정책을 쓴다고 하면서도 뒤에서는 수탈행위를 강화하고 있음을 말하는 것이라 할 수 있다.

1922년 6월에도 침략주구들을 늘리는 일은 총독부관제를 개정하여 계속되었다. 이미 같은 해 2월에 개정된 조선교육령이 발표되어 교육에서 한민족과 왜인 양자 간에는 차별이 없음을 강조하였지만 여전히 교육에 대한 감시체제는 강화되고 있었다. 이 개정에서 주임으로 임명되는 감사관(監査官) 1인이 추가되고 반면 판임(判任)으로 임명되는 시학(視學)이 통제와 억압을 강하게 하였다. 여기서 새롭게 설정된 감사관은 상관의 명을 받아 학술기예에 참고되는 자료수집, 보존, 감사, 해설 및 진열에 관한 사항을 맡도록 하고 있었다.

그러나 이 관제는 1924년 12월의 개정에서 철도부만을 제외하고 서무부와 토목부 두 부를 각 부의 통제법제는 그대로 두고 교육과 관련 있는 식민지 관료를 축소하는 조치를 취하였다. 사무관 46인이 32인으로 축소되었는가 하면 시학관 4인이 3인으로, 편수관이 5인에서 4인으로 줄어드는 등 규모를 줄이고 있었다. 식민지 관료의 정원이 준 것은 일부 기구의 변경과도 관계가 있으나, 이 시기는 겉보기에 유화적인 행태를 보이기 시작한 지 근 2년을 경과한 때였으므로 어느 정도는 한민족의 저항이 진정된 것과 관련된다.

식민지 관료의 축소조치는 시간이 흐름에 따라 더욱 가속화되었다. 1년 후인 1925년 4월에도 이 관제를 개정하여 침략의 주구인 식민지 관료가 감소되는 조치가 취해지고 있다. 즉, 각각 32인이던 전임 직위의 사무관과 기사 인원 중 기사가 29인으로 축소되고 속(屬)의 지위에 있는 직원이 216인에서 206인으로 줄어든 것이다. 식민지 관료체제와 정원에 변화를 주는 조치는 1926년 6월과 1927년 6월 그리고 1928년 7월에 이루어진 관제의 개정에서도 이어졌다.

식민지 관료의 감소조치는 1930년 5월과 10월의 개정에 이르러 다시 반전된다. 편수관이 4명에서 5인으로, 사무관이 33인에서 34인으로, 시학관이 3인에서 5인으로 증원되는 등 수가 늘어난 것이다. 그러한 경향은 1932년 7월의 개정에서 다시 반전하여 시학관과 편수관이 1인씩 줄어드는 등 일부 감소되는 경향을 보였다.

- 조선총독부관제(朝鮮總督府官制)(1910. 9. 30., 왜칙령 354호), (1911. 5. 4., 왜칙령 136호), (1912. 3. 28., 왜칙령 22호), (1913. 6. 13., 왜칙령 114호), (1915. 5. 1., 왜칙령 60호), (1916. 8. 3., 왜칙령 192호), (1917. 7. 31., 왜칙령 78호), (1917. 11. 1., 왜칙령 207호), (1918. 5. 20., 왜칙령 162호), (1919. 5. 24., 왜칙령 240호), (1919. 8. 24., 왜칙령 386호): 조서(1920. 8. 20.), (1921. 2. 12., 왜칙령 22호), (1921. 8. 2., 왜칙령 356호), (1923. 6. 7., 왜칙령 296호), (1924. 12. 25., 왜칙령 411호), (1925. 4. 1., 왜칙령 82호), (1926. 6. 14., 왜칙령 162호), (1927. 6. 23., 왜칙령 193호), (1928. 7. 28., 왜칙령 168호), (1930. 10. 22., 왜칙령 193호), (1932. 7. 27., 왜칙령 182호)

침략세력은 같은 시기인 1910년 9월에 별도로 '조선총독부중추원관제'를 제정하여 수탈의 수장인 총독을 자문하는 중추원(中樞院)을 두었다. 중추원은 대한제국의 관료 중 일부를 고문과 참의로 수용하여 그들의 정책에 참여시킨 듯 보이게 하여 침략자에 대한 저항을 무마하고 회유하려는 속셈으로 만들어진 기관이었다. 중추원에는 수탈의 차석인 정무총감을 의장으로 하고, 왜국 왕이 직접 임명하는 친임대우로 임기가 3년인 부의장과 고문(顧問) 15인을 두었으며, 역시 칙임대우와 주임대우로 임명되는 임기 3년의 찬의(贊議) 20인, 칙임이자 겸임인 서기관장 1인, 주임의 서기관 2인, 통역관 3인, 속전임(屬專任) 3인을 두도록 하고 있었다. 고문과 참의에게는 각각 연 4천 원과 3천 원 이내의 수당을 지급하도록 하고 있었다. 물론 이들은 총독의 추천으로 왜국의 내각이 임명하는 형식을 취하고 있었다.

중추원관제는 1919년 3월 한민족의 저항운동이 있은 후, 회유책으로 개편되어 고문, 참의, 부참의 등의 직을 모두 찬의로 통일하여 개칭하고 정원을 65인으로 개정하였다. 이러한 유화책은 1931년 왜국이 도발한 만주사변 이후 사라지고 다시 강경책으로 전환되었다. 이로부터 한반도는 대륙에 대한 침략기지로 이용되었으며, 군수산업 또한 더없이 강화되었다.

- 조선총독부중추원관제(朝鮮總督府中樞院官制)(1910. 9., 왜칙령 255호), (1915. 5., 왜칙령 63호), (1921. 4., 왜칙령 168호), (1923. 5., 왜칙령 261호), (1924. 12., 왜칙령 412호)

총독부의 사무분장에 관해서는 역시 같은 일자 왜부훈령으로 제정, 공포된 '조선총독부사무분장규정'에 자세히 정하고 있다. 동 규정 제12조는 학무국에 학무과와 편집과를 두고, 전자는 유치원을 포함하는 학교와 도서관 그 밖에 학제에 관한 사항과 교원에 관한 사항을, 후자는 교과용 도서의 편집과 반포 검인정 및 인가와 민력(民曆)에 관한 사항을 각각 관장한다고 규정하여 중앙교육 행정기관인 학무국의 업무를 분명히 하고 있다. 그러나 이 사무분장규정은 1912년 3월 개정돼 학무과에 학예에 관한 사항과 관측소에 관한 업무가 추가되었다. 규정은 1915년 5월 서기관을 사무관으로 대치하고 학무국을 내무부 소속으로 확정하는 조선총독부관제의 개정에 따라 바뀌어 내무부학무국에 학무과와 편집과를 두도록 하고 업무를 새롭게 규정하고 있다. 즉, 학무과는, 첫째, 교육, 학예에 관한 사항, 둘째, 교원에 관한 사항, 셋째, 학교, 유치원 및 도서관에 관한 사항, 넷째, 조선총독부관측소에 관한 사항, 다섯째, 경학원에 관한 사항 등을 전담하게 하고, 편집과는 첫째, 교과용 도서에 관한 사항, 둘째, 민력의 출판에 관한 사항 등을 전담하게 한 것이다.

1921년 7월 이 규정은 다시 개정되어 내무국에 지방과와 사회과를 두도록 하고, 그 중 지방과는 왜인의 교육자치단체인 '학교조합'과 한민족의 교육자치단체인 '학교비'에 관한 사항과 향교재정관리에 관한 사항을 다루도록 하였다. 한민족의 교육자치단체인 학교비는 대한제국 정부하에서 1908년(융희 2) 7월 제정된 '학무위원규정준칙'과 1909년(융희 3) 4월 제정된 '지방비법', 1907년(융희 1) 8월 '지방위원회규칙'에 연원을 두고 있는 제도다.

• 조선총독부사무장규정(朝鮮總督府事務掌規程)(1910. 10. 1., 왜부훈령 2호), (1912. 3. 30., 왜칙령 27호), (1915. 5. 1., 왜부훈령 26호)

1911년 5월 4일자에 조선총독부관제의 개정으로 시학관과 편수관이 등장하게 됨에 따라 같은 날짜에 그들의 직급을 규정하기 위하여 왜칙령 137호 '고등관관등봉급령'이 개정되었다. 관리의 직급에는 친임(親任), 칙임(勅任), 주임(奏任), 판임(判任) 등 네 단계를 두고 있었으며, 봉급은 직급마다 10급에서 1급까지 10등급으로 나누는 등 차등을 두고 있었다. 고등관관등봉급령은 한반도에서만 적용되는 법령이 아니고 왜국 본토를 포함하는 왜의 통치지역 전 영역에 통용되는 인사법령이었다. 이 법령이 개정이 잦았던 것은 식민지 전 영역에서 인사상의 필요와 변화가 있을 때마다 이 법령을 바꾸어야 했기 때문이다. 그 후 한반도의 인사와 관련된 개정은 1913년 4월에 있었다. 조선총독부 도자혜의원(道慈惠醫院) 의원(醫員)을 같은 의원 의관(醫官)으로, 조선총독부의원(醫院) 의원을 같은 의원 부의관(副醫官)으로 개정하였는데 이는 조선총독부제생원(濟生院) 의관을 삭제하기 위해서였다. 같은 해인 6월 이 봉급령은 다시 개정되어 총독부 소속의 각 국장과 사무관, 의관의 연봉을 개정하여 이들을 우대하는 조치가 취해졌다. 여기서 의료기관의 인사자를 거론하는 것은 이때만 해도 의료행정이 의료요원과 양성과 관련하여 교육행정의 일환으로 다루어져 왔기 때문이다.

1914년 6월에는 같은 법령 제16조에 조선총독부사무관이 추가되는 개정이 있었으며, 1915년 5월에도 같은 법령의 관련 조항 일부에 사무관을 추가하는 개정을 하고 있다. 이는 서기관의 직무를 사무관으로 대체한 인사정책의 변화와 깊은 관련이 있었다. 1919년 6월 조선총독부관제를 개정하여 '부'를 '국'으로 바꾸는 개편에 따라 식민지 수탈의 주구인 고등 관료들의 관등봉급을 조정하는 '고등관관등봉급령'이 1921년 8월에 개정되었다. 관등봉급령 개정으로 식민지 관료들의 봉급액이 증액되었다. 한민족의 독립운동이 거세진 시기에 맞추어 관등을 조정하고 급여를 증액하도록 개정한 것은 수탈의 주구들이 한민족을 탄압하도록 독려하기 위한 하나의 조치였던 것으로 이해된다. 고등관관등봉급령에서 관련된 직의 관등과 봉급액을 소개하면 다음과 같다.

- 총독(친임, 8,000원) 정무총감(친임, 7,000원), 국장(2-1등(等), 3-1급: 5,200~6,500원), 부장(2등, 2-1급: 4,800~5,200원), 참사관; 칙임 2등, 2-1급: 4,800~5,200원), 참사관; 주임(7-3등, 12-1급: 1,200~4,500원), 비서관(7-3등, 12-1급: 1,200~4,500원), 시학관(8-4등, 12-1급: 1,200~4,500원), 사무관(주임7-칙임 2등, 주임 10-칙임급: 1,200~5,200원), 도지사(2-1등, 3-1급: 5,200~6,000원), 도참여관(4-2등, 주임 5-칙임급: 3,100~5,200원), 도사무관(7-3등, 12-1급: 1,200~4,500원), 부윤(8-4등, 11-1급: 1,100~3,800원), 부(府)사무관(9-5등, 11-1급: 900~3,100원), 군수(8-4등, 11-1급: 1,100-3,800원), 도사(島司: 8-4등, 11-1급: 1,100~3,800원), 재생원 주사(9-5등, 11-1급: 900~3,100원)

이상의 관등봉급에서 볼 수 있는 바와 같이 왜국 침략세력은 식민지 관료를 무엇보다 우대하여 침탈행위에 충성심을 확보하려 했다. 이 관등봉급령은 1931년 5월 크게 개정된다. 이는 세계의 경제공황과 관련된 것이다. 왜국 전 관료의 관등에 따른 감봉 조치가 일제히 단행된 것과 관련하여 한반도의 식민지 관료에 대해서도 일괄적으로 이 봉급령의 봉급 표가 바뀌게 된 것이다.

- 고등관관등봉급령(高等官官等俸給令)(1911. 5. 4., 왜칙령 137호), (1913. 4. 11., 왜칙령 58호) (1913. 6. 13., 왜칙령 214호), (1914. 6. 29., 왜칙령 134호), (1915. 5. 1., 왜칙령 67호), (1919. 8. 20., 왜칙령 399호), (1920. 8., 왜칙령 257호), (1921. 7. 22., 왜부훈령 45호), (1931. 5. 27., 왜칙령 99호: 고등관관등봉급 개정), (1931. 5. 27., 왜칙령 100호: 판임관관등봉급 개정), (1933. 3. 4., 왜칙령 21호), (1935. 7. 5., 왜칙령 184호), (1936. 7. 24., 왜칙령 224호), (1938. 7. 28., 왜칙령 519호), (1943. 3. 30., 왜칙령 294호), (1943. 7. 31., 왜칙령 642호), (1943. 8. 20., 왜칙령 677호), (1944. 4. 6., 왜칙령 237호)

1911년 5월에 있었던 총독부관제 개정에 따라 시학관을 임명할 수 있게 됨에 따라 이를 위해 동일부로 '조선총독부시학관특별임용령(朝鮮總督府視學官特別任用令)'이 새롭게 제정되었다. 이 임용령에 따라 한반도에서 임명되는 시학관은 문관고등시험위원 전형에서 합격한 자로서, 문부성이나 대만 총독부의 시학관 직에 있었던 자나, 2년 이상의 문부성 직할 학교장 또는 3년 이상의 사범학교 혹은 관공립 중학교의 교장 직에 있던 자, 또는 주임의 교관직에 있었던 자로 임명되도록 되었다. 침략자들이 시학관의 자질을 고등시험위원 전형에 합격한 자로 하고 적어도 교장이나 주임교원의 경험을 가진 자 등 높은 수준을 요구하고 있는 것은 수탈 목적의 교육을 중시한 때문이라고 할 수 있다.

• 조선총독부시학관특별임용령(朝鮮總督府視學官特別任用令)(1911. 5. 4., 왜칙령 137호), (1922. 10. 5., 부령 425호)

다음 해인 1912년 5월에는 조선총독부 훈령 61호로 그의 하위 법에 해당하는 '시학규정(視學規程)'을 제정 공포하여 시학의 구체적인 내용을 규정하고 있다. 이를 통해 시학은 구체적인 대상으로 ① 학교교육의 상황, ② 학교와 소재지와의 관계, ③ 왜어 보급 상황과 시설, ④ 도, 부, 군의 교육행정 상황, ⑤ 학사관계 직원의 품행 및 근무의 상황, ⑥ 교육학예에 관한 시설 및 서당의 상황 등을 다루는 것으로 규정하고, 이어 법규에 관한 사항과 부의(府議)의 결정에 관한 사항, 교수훈육에 관한 사항에 대해서는 특별히 주의를 기울일 것을 요구하고 있다.

1918년 5월 '조선총독부관제'를 개정하여 종래 1명이던 시학관을 2명으로 추가한 침략세력은 다음 달인 6월에 시학규정을 개정하여 시학관과 시학 이외에 도시학(道視學)을 새롭게 추가하고 있다. 이는 한반도 교육에 대한 감시를 지방 곳곳에까지 확대하였음을 말해 주는 것이다.

그런데 1922년 10월 '시학관특별임용령'이 개정되었다. 이는 한민족의 저항에 대한 하나의 유화책으로 조선교육령이 개정된 지 얼마 되지 않아 나온 조치이나, 실제로는 모순되게도 교육에 대한 감시기능을 보다 강화한 조치였다. 즉, 이들은 문부성의 시찰관(視察官)을 독학관(督學官)과 시학관(視學官)으로 계층을 양분하고 자격에도 조선총독부전문학교교장을 비롯해, 관공립고등보통학교장과 관공립여자고등보통학교장을 추가하여, 교육에 대한 감시역을 증대하였던 것이다. 이는 겉으로는 유화책을 통해 한민족에게 많은 배려를 한 것처럼 가장하고 안으로는 반대로 감시기능을 강화하여 식민지체제를 계속 유지하려는 간교한 술책을 마련한 것이라 할 수 있다.

이 시학규정(視學規程)은 1928년 10월에 폐지되고 새로 제정된 '조선총독부시학관(朝鮮總督府視學官) 및 조선총독부시학위원(朝鮮總督府視學委員) 학사시찰규정(學事視察規程)'으로 대신하게 되었다.

- 시학규정(視學規程)(1912. 5. 20., 왜부훈령 61호), (1918. 6. 15., 왜부훈령 32호), (1928. 10. 26., 왜부훈령 28호: 폐지)
- 판임관봉급령 개정(1920. 8., 왜칙령 258호: 폐지)
- 문무판임관등급령 개정(1920. 8., 왜칙령 259호)

3·1 운동에서 시작한 한민족의 저항운동은 왜국 침략세력을 더없이 자극하였다. 그리하여 그들은 교육 전반에 대한 개혁의 필요성을 감지하고 우선 교과서 개편에 착수하기 위하여 1920년 11월 '조선총독부교과서조사위원회규정'을 제정하고 정무총감을 위원장으로 하고 총독이 촉탁하는 자를 위원으로 하는 조사위원회를 서둘러 구성하였다. 이어 같은 해 12월에 '임시교육조사위원회규정'을 제정하여 교육에 대한 조사위원회를 구성하였다. 이 위원회 역시 수탈의 괴수인 정무총감을 위원장으로 하고 총독이 위촉하는 위원으로 구성하게 하였다. 이렇게 하여 침략세력은 구성된 두 위원회로 하여금 한민족의 저항에 대응하는 적절한 교육제도를 새롭게 만들 구상을 하였던 것이다.

그러나 임시교육조사위원회규정은 1922년 3월 폐지되기에 이른다. 이는 이때 새롭게 개정 공포된 조선교육령과 관련된다. 그것은 1920년 11월 한민족의 저항에 밀려 새로운 교육개혁을 수립하기 위해 이 위원회가 설립된 이래 2년여를 넘기는 활동 끝에 새롭게 교육개혁안을 마련하고 이를 토대로 기존의 조선교육령을 개정하여 새로운 수탈의 교육법제를 제정, 공포하게 됨으로써 임무를 완성했기 때문이었다.

그러나 1922년 새로운 침략정책에 맞춘 개혁조치의 완성과 함께 임시교육조사위원회규정이 폐지되었음에도 그와 같은 시기에 탄생한 '조선총독부교과서조사위원회규정'은 1924년 12월까지 계속되었다. 그것은 그때까지 교과서가 완전히 그들의 침략 의도대로 완성되지 않았음을 의미한다.

- 조선총독부교과서조사위원회규정(朝鮮總督府教科書調查委員會規程)(1920. 11. 19., 왜부훈령 58호), (1924. 12. 25., 왜부훈령 44호: 폐지)
- 임시교육조사위원회규정(臨時教育調查委員會規程)(1920. 12. 23., 왜부훈령 68호), (1922. 3. 31., 왜부훈령 10호: 폐지)

한편 왜국 침략세력은 1922년 8월 '교육효적자선장규정(教育效績者選奬規程)'을 제정하였다. 이 역시 한민족의 저항에 대한 하나의 대응책이었다. 이는 심사위원회를 두어 한반도의 초·중등학교의 교장과 교원 중에 공적이 있는 자를 뽑아 총독이 '교육효적장(教育效績狀)'을 수여, 포상한다는 규정이다. 이는 적극적인 교육적 대응을 통해 한민족의 저항을 무마해 간다는 간교한 술책의 하나였다. 침략세력은 '효적자'라는 이름으로 그들의 공적을 치하하여 침략행위에 대한 협력을 고무하려 하였던 것이다.

- 교육효적자선장규정(教育效績者選奬規程)(1922. 8. 17., 왜부령 116호)

왜국 침략자들은 침략행위에 협력한 교육자들을 고무하는 조치를 수립한 데 이어 1923년 11월 '조선제국대학창설위원회규정'을 제정하여 한반도에 대학을 설립하는 일에 착수하였다. 이는 한민족의 저항운동의 하나로 민립대학(民立大學) 설립운동이 전개된 것과 깊은 관련이 있다. 침략세력은 이미 1922년 2월 조선교육령을 개정하여 금단시하던 한반도에서의 대학 설립을 가능하게 하고 형식상으로는 민립대학도 설립 가능한 것처럼 하였으나, 그들은 대학창설위원회를 설립하여 한민족의 독자적인 민립대학 설립을 방해하고 그들의 의도대로 운영되는 관영대학 설립을 추진한 것이다. 대학창설위원회 위원장은 침략 주구의 차석인 정무총감이 맡고 위원은 총독이 위임하는 자로 구성하게 하였다. 이 규정은 설립된 지 1년만인 1924년 12월 그들이 수임한 임무를 완수한 시기에 맞추어 폐지된다. 이는 이때 이미 왜국 침략세력이 통할하는 관영의 제국대학 설립안이 완성되었음을 말하는 것이다. 이 위원회가 기초한 '경성제국대학관제(京城大學官制)'는 이미 1923년 5월에 칙령 103호로 공포되어 있었다.

- 조선제국대학창설위원회규정(朝鮮帝國大學創設委員會規程)(1923. 11. 27., 왜부훈령 51호), (1924. 12. 25., 왜부훈령 41호: 폐지)

1928년 6월 16일 왜국 침략세력은 또 새로운 교육개혁을 준비하기 위하여 심의연구위원회를 구성하고자 했다. 이를 위하여 '임시교육심의위원회규정(臨時教育審議委員會規程)'을 훈령으로 제정, 공포하였다. 이 위원회 역시 수탈의 실무 총책인 정무총감으로 임명되는 위원장과 괴수인 총독이 지명 위촉한 위원으로 구성하게 하고 있다. 이 심의회에서 마련될 개혁안은 인적 구성으로 보아 1920년의 임시교육조사위원회가 그랬던 것처럼 수탈의 목적에 적합하게 짜일 것이 자명하다 할 것이다.

- 임시교육심의위원회규정(臨時教育審議委員會規程)(1928. 6. 16., 왜부훈령 13호)

왜국 침략세력은 '임시교육심의위원회규정'을 제정한 데 이어, 그로부터 1주일 후인 1929년 6월 23일에 역시 교육개혁과 관련된 '임시교과서조사위원회규정'을 훈령으로 제정, 공포하였다. 이 규정 또한 정무총감을 위원장으로 하고 총독이 지명하는 자를 위원으로 하고 있다.

- 임시교과서조사위원회규정(臨時教科書調查委員會規程)(1928. 6. 23., 왜부훈령 14호)

1928년 7월에 이르러 왜국 침략세력은 기존의 시학규정을 폐지하고 그를 대신하여 '조선총독부시학관 및 조선총독부시학위원 학사시찰규정'을 제정하여 학사의 감시기능을 보다 강화하였다. 이 새 규정은 종래 7개 항목의 감시기능을 행사하던 시학관의 임무를 확대하여 ① 교육행정의 상황, ② 학교교육의 상황, ③ 왜어 보급 상황과 시정

(施政), ④ 학교위생 상황, ⑤ 학교경제 상황, ⑥ 학교와 소재지의 관계, ⑦ 서당 및 사설학술강습회의 상황, ⑧ 사회교육 그 밖의 교육학예에 관한 여러 시설의 상황, ⑨ 학사관계직원의 집무 상황, ⑩ 특별히 지명된 일에 관한 상황, ⑪ 기타 등 11개 항목으로 수정, 확대된 것이다. 아울러 새 규정은 시학관이 학사를 시찰할 때는 ① 법규저촉사항, ② 당국의 결정에 반하는 사항, ③ 교수훈육에 관한 사항, ④ 그 밖의 특명사항 등에 관해서는 일일이 지적하여 당사자에게 주의를 주도록 규정하고 있다. 한편 새 규정은 시학위원제도를 새로 설치하여 이들로 하여금 총독의 명을 받아 그가 특별히 지명하는 학사사항을 시찰하도록 하였다. 이는 그동안 유화정책으로 비교적 한민족의 저항을 무마하는 일에 성공한 왜국이 또다시 교육에 대한 감시기능을 확대하여 억압책을 강화하고 있었음을 보여 주는 것이다.

- 조선총독부시학관(朝鮮總督府視學官) 및 조선총독부시학위원(朝鮮總督府視學委員) 학사시찰규정(學事視察規程)(1928. 7. 28., 왜부훈령 29호)

❹ 지방교육행정기관에 관한 교육행정법제

왜국 침략세력은 1910년 지방행정기관으로 도, 부, 군, 면 등 13도 12부 317군 4,322면을 두고 시작하였다. 이 역시 대한제국 정부의 지방제도 편제를 그대로 계승하고 있다. 이 편제는 1941년 13도 21부 218군 2,259면이 될 때까지 부분적으로 변화가 있긴 하였으나 대체로 유지되었다. 각 도에는 장관을 정점으로 하고 장관관방 이외에 내무, 재무 등의 2부를 두고 있었으며, 부에는 부윤(府尹), 군에는 군수(郡守), 면에는 면장(面長)을 각각 장으로 두었다. 지방의 교육행정은 이 지방의 행정단위에 의해 집행되었다. 지방행정의 자문으로는 참여관과 참사 등이 있었다.

원래 교육과 관계되는 사무는 어느 나라든 국가기관이 직접 다루는 사무가 아니었다. 그것은 교육이 개인의 자유에 속하는 사적인 영역이었기 때문이었다. 그러나 근대사회에 이르러 교육의 공공성이 확인되자 교육은 이로부터 국가의 주요 사무가 된 것이다. 많은 국가가 앞다투어 교육을 국가의 사무로 삼기 시작하였으나 대체로 이 교육과 관계되는 사무를 국가기관이 직접 다루지 아니하고 지방의 '공공단체'[4]라는 형식을 가진 기관에 위임하여 처리해 왔다. 그리하여 이 교육사무는 국가의 주요 사무로 발전했는데도 제도적으로는 지역단위로 형성된 공공단체에 위임하여 처리하는 것을 하나의 원칙으로 삼아 왔다. 따라서 설사 국가기관이 직접 교육행정 사무를 수행하는 경우라 할지라도 국가기관은 형식상 지역에 있는 국가기관을 공공단체라 하고 법률의 위임에 따라 교육사무를 집행하는 것으로 생각하고 있다. 즉, 이는 교육자치제의 한 형식이었다.

한반도의 교육행정에서도 이 점은 예외가 아니었다. 한반도의 교육행정 사무가 처음으로 지방의 공공단체에 의해 관리되게 하려는 시도를 보인 것은 1908년 대한제국 정부에서였다. 대한제국 정부는 1908년 7월 '학무위원규정준칙(學務委員規程準則)'을 제정하여 이 준칙에 따라 지방단위로 학무위원규정을 제정하고 정부에서 위임된 교육사무를 집행하도록 하고, 1909년 4월 다시 그와 관련되는 '지방비법(地方費法)'을 제정하여 '지방비'를 공공단체로 하는 교육자치 형식을 갖추게 되었다. 즉, 한반도의 교육행정 사무는 대한제국 정부가 정한 '학무위원규정준칙'과 '지방비법'의 위임에 따라 각 지방의 '지방비(地方費)'라는 공공단체가 그 지방의 교육사무를 대신하도록 조직하고 있었던 것이다. 이러한 대한제국 정부의 시도는 왜의 침략기에도 계속 이어졌다. 이는 수탈의 침략세력이 1911년 10월 대한제국의 지방비법을 계승하여 '공립보통학교비용령(公立普通學校費令)'을 제정하여 한때 '공립보통학교비'를 공공단체로 하

4) '공공단체'란 국가 밑에서 국가로부터 그의 존립목적을 수임한 법인을 말한다. 그러나 경우에 따라서는 '공법인' 또는 '공법상의 법인'이라고 한다. 행정과 관련되는 법규는 일반적으로 공공단체라는 용어를 사용할 때가 많으나, 법규에 따라서는 공법인 또는 공법상의 법인이라고 하는 경우도 있는 것이다. 공공단체는 조직에 따라 지방단체(지방공공단체 또는 지방자치단체), 공공조합 및 영조물법인 등 세 종류로 나뉜다. 특히 지방공공단체 또는 지방자치단체는 국가 영토의 일부를 구역으로 하여 그 구역에 대한 지배권을 가지게 된다는 점에서 다른 법인과 구분된다. 공공조합은 일정한 사원의 결합체라 하더라도 그의 목적을 국가로부터 수임하였다는 점에서 일반 사법상의 단체, 즉 '사단법인'과 구별된다. 또한 영조물 법인은 공적인 '재단법인'이라고 말할 수 있는 것으로서 이 역시 국가로부터 그의 목적을 수임하였다는 점에서 사법상의 재단법인과 차이가 있다. 我妻 榮 編, 新法學辭典, 有斐閣, 1973, pp. 339-340.

였다가 1920년 7월에 '조선학교비령(朝鮮學校費令)'을 제정하여 '조선학교비'를 공공단체로 바꾸어 대를 이었다. 이때부터 한반도의 교육사무는 비록 식민지 수탈의 학정하에서이기는 하지만, 그들 법령의 규정에 따라 최초에는 '공립보통학교', 그다음으로는 '학교비(學校費)'라는 공공단체가 왜의 침략기 지방행정기관인 도지사와 보조기관에 귀속하여 교육사무를 처리해 왔던 것이다.

우리는 여기서 한반도의 지방교육자치제의 효시라 할 수 있는 지방교육의 공공단체에 관한 제도가 대한제국 정부체제하에서 '학무위원규정준칙'과 '지방비법'에서 비롯되었다는 사실을 마음속에 깊이 새겨 둘 필요가 있을 것이다.

- 학무위원규정준칙(學務委員規程準則)(1909. 4., 법률 12호: 대한제국)
- 지방비법(地方費法)(1909. 4., 법률 12호: 대한제국)

식민지하 지방의 교육행정 역시 지역의 공공단체를 단위로 이루어졌으므로 지방의 행정기관과 수장이 최종 책임을 진다. 그러므로 왜의 침략기의 지방교육행정은 필연적으로 도(道)가 주도적인 기관이 되었으며, 실제적인 지방교육행정의 책임자는 도장관(道長官) 또는 도지사가 되었다. 도는 산하에 부(府), 군(郡), 도(島)를 두고 각각 그 지역의 수장인 부윤(府尹), 군수(郡守), 도사(島司)가 지역별로 사무를 분담 처리하도록 하고 있었다. 따라서 부윤, 군수, 도사 등의 지역 수장은 담임지역의 교육행정을 전담하는 주역으로 구실하였다. 이 지방제도는 왜국이 한반도를 강점하기 이전에 대해제국 정부가 제정한 '지방관제'와 '지방관리직제', 그 밖의 여러 관련 법제를 토대로 하여 침략세력이 정한 1910년 9월 29일자 왜칙령 357호의 '조선총독부지방관관제'에 근거하는 것이다.

왜국 침략세력은 1911년 4월 이 지방관제를 개정하여 한반도 지방을 수탈하는 주구인 식민지 지방관리를 증원하였다. 이는 지방에서 수탈의 만행이 점차 강화되어 가고 있음을 말해 주는 것이다. 침략세력은 이어 1912년 3월 다시 이 관제를 개정하여 도의 사무관, 도 및 각 부군의 서기, 통역생 등의 인원을 조정하고, 관할범위를 지방경찰 사무 외에 위생 사무를 추가하였으며, 1914년 6월의 개정에서도 역시 인원 조정과 함께 부의 서기를 부사무관(府事務官)으로 하여 새로운 직제를 추가하여 설치하였다. 그러나 그다음 해인 1915년 5월에는 도 내무부의 수장을 '내무부장'으로 하던 것을 '제1부장'으로 개정하여 그 부의 사무를 장리하게 하였다.

1915년 7월에는 이 지방관제에 변화가 주어졌다. 이 개정에서 식민지 지방관료 256명을 286명으로 증원하는 동시에 군수와 도사가 사고가 났을 때는 도장관이 지정하는 사람으로 하여금 그 임무를 대리하도록 하였다. 그다음 해인 1916년 7월과 1917년 9월에 있었던 개정에서도 역시 그 관료를 증원하고 있다. 이는 날이 갈수록 침략세력은 한반도를 억압하고 수탈하는 일에 많은 인원이 필요하기 때문이었다.

이어 1918년 4월에 있었던 개정에서 식민지 지방관료에 교육을 감시하는 시학(視學)의 직을 새롭게 추가하여 설치하고 있다. 시학의 임무를 '학사에 관한 시찰 및 사무'를 담당한다 하였고, 1919년 8월에 이루어진 이 관제의 또 다른 개정에서 시학은 판임으로 임명되고 정원은 총독이 정하도록 하여 정원의 결정에 융통성을 부여하였다. 이는 지방의 학교를 통제하기 위해 보다 많은 감시원으로서의 시학이 필요했던 까닭이다. 3 · 1 독립운동이 있은 지 5개월 만인 8월에 지방에 시학을 설치하고 증원해야 했던 것은 독립운동이 지방에까지 확산되고 있었음을 말해 주는 것이다.

1919년 도제를 포함하여 부제, 면제 등의 지방제도의 개정으로 도의 수장을 도장관(道長官)이라 하던 것을 지사(知事)로 바꾸어 부르게 되었고, 지방행정 단위기관에 도평의회(道評議會)나 부면협의회(府面協議會) 등의 자문기관과 도부읍회의(道府邑會議) 등의 결의기관이 설치되기도 하였다. 왜의 침략기에 교육행정이 비교적 지방단위로 어느 정도 자치의 분위기를 연출할 수 있게 된 것은 이러한 지방제도의 변화에서 온 것이다. 이는 한민족의 저항이 만들어 낸 유화정책의 하나였다고 할 수 있다.

1921년 2월 이 지방관제는 제2조와 제3조를 각각 개정하여 도의 직원에 지사 13인(칙임), 참여관 전임 13인(칙임 또는 주임), 사무관 39인(주임), 이사관 전임 39인(주임), 속전임 457인(판임), 시학 전임 26인(판임)을 각각 두기로 하고, 그중 참여관은 각도 전임 1인, 사무관은 각도 3인, 이사관은 각도 전임 3인을 정원으로 배치할 것을 규정하였다. 앞서의 개정에서 '내무부장'을 '제1부장'으로 바꾸어 사용해 오던 것을 이 개정을 통해 다시 '내무부장'으로 바꾸어 사용하도록 하고 있다. 이는 경찰행정이 재차 강화되고 있음을 방증하는 것이다.

1922년 침략세력의 유화책이 발표된 이후인 1924년 5월에도 이 지방관관제는 지방의 식민지 관료 일부를 여전히 증원, 강화하도록 개정되고 있었다. 일부 관료는 480인이 507인으로, 101인이 121인으로 증원된 것이다. 이는 1929년 9월의 개정에서도 속 464인이 470인으로, 시학 26인이 39인으로, 기수 307인이 310인으로 증원되고 있다. 부(府)에 해당하는 지역인 서울, 부산, 대구, 평양 등지에는 판임으로 임명되는 시학 1인을 각각 별도로 두도록 조치하고 있다. 한편 이 개정에서 주임으로 임명되는 소작관(小作官) 5인이 새로 설치되었는가 하면 세무리(稅務吏)가 80인에서 100인으로 증원되고 있다. 이 개정은 소작관과 세무리가 지방행정에 가세하였다는 점에서 침략세력의 수탈행위가 보다 본격화되었다는 것을 엿볼 수 있다.

1930년 11월의 개정에서는 주임으로 임명되는 전임의 시학관 13인을 추가하고 있다. 이로써 침략세력은 지방의 시학관조차 고등관으로 대체하여 지방의 교육에 대한 감시기능을 보다 강화하였다. 이 지방관제는 교육과 관련하여 1932년 8월에 다시 개정되었다. 왜국 침략세력은 이 개정에서 다른 지방관의 정원을 조정하고 교육 관련 직원인 시학관과 시학의 정원을 각각 13인에서 10인으로, 73인에서 64인으로 조정하였다. 이렇게 지방의 교육 관련 직원인 감시역의 시학관과 시학이 감소되는 조치가 취해진 데에는 이로부터 1개월 후에 예정된 부제(府制)의 제정에 원인이 있었다. 부제의 제정으로 교육에 관한 사무를 이 부제에 의해 지방 당국에 위임할 수 있게 되었기 때문이었다. 왜국은 수탈을 목적으로 하는 식민지체제하에서도 학교나 교육과 관계되는 영조물의 관리운영은 공공단체에 위임하여 운영한다는 발상을 유지하고 있었다. 그리하여 한민족을 위해서는 조선시대의 '지방비'를 대신해 '학교비(學校費)'를, 왜인을 위해서는 '학교조합'을 각각 공공단체로 하고 있었다. 그러나 1920년 '학교비'의 설치에도 부(府)를 단위로 하는 지방행정기관에는 이를 관련지어 오지 않았다. 부는 비로소 이 부제의 제정으로 교육의 사무를 위임받게 된 것이다.

- 조선총독부지방관관제(朝鮮總督府地方官官制)(1910. 9. 29., 왜칙령 357호), (1911. 4. 8., 왜칙령 89호), (1912. 4. 8., 왜칙령 37호), (1914. 6. 29., 왜칙령 133호), (1915.

5. 1., 왜칙령 66호), (1915. 7. 5., 왜칙령 117호), (1916. 7. 24., 왜칙령 187호), (1917. 9. 22., 왜칙령 159호), (1918. 4. 26., 왜칙령 97호), (1919. 8. 20., 왜칙령 391호), (1921. 2. 12., 왜칙령 23호), (1923. 5. 22., 왜칙령 256호), (1929. 9. 18., 왜칙령 280호), (1930. 4. 12., 왜칙령 75호), (1930. 7. 31., 왜칙령 137호), (1930. 11. 1., 왜칙령 208호), (1932. 8. 4., 왜칙령 207호)

왜국 침략세력은 '조선총독부지방관제'를 제정한 데 이어 제12조 규정에 따라 1910년 10월 왜부훈령 3호로 '조선총독부도사무분장규정'을 제정하여 도사무를 분담하는 체계를 갖추었다. 이 법에 따르면 도의 사무분장도 중앙의 조직에 따라 도에는 장관관방, 내무부, 재무부 등 세 기관을 두고, 그중 교육에 관한 사무를 장리하는 '학무계'는 지방계와 권업계(觀業系)와 함께 내무부에 귀속하고 있다. 이때 학무계의 사무는 ① 교육학예에 관한 사항, ② 종교 및 향사(享祀)에 관한 사항 등으로 하고 있다. 이는 역시 경찰행정의 일환으로 지방의 교육행정이 집행되었음을 말하는 것이다.

1915년 5월 이 도사무분장규정은 개정되어 종래 내무부와 재무부라고 하던 것을 제1부와 제2부로 바꾸어 부르고 종래 내무부에 소속하던 학무계를 서무계, 지방계, 권업계, 토목계, 회계계, 심사계 등과 함께 제1부에 소속시켰다. 그러나 학무계 사무에는 변화를 주지 않았다.

이 규정은 1930년 12월 또다시 개정되어 교육과 관련되는 ① 지방개량 및 사회사업에 관한 사항, ② 사사(社寺), 종교 및 향사에 관한 사항, ③ 교육학예에 관한 사항, ④ 향교재산에 관한 사항 등의 사무를 내무부의 소관으로 하였다. 이 개정은 한때 지방관제 개정을 통해 내무부를 제1부로 이름을 바꾸어 사용해 오던 것을 다시 내무부로 환원하게 된 것과 관련이 있다. 이는 교육행정에 대한 경찰행정의 개입을 의미하는 것으로, 한반도에 대한 억압책이 강화되었음을 말하는 것이다.

- 조선총독부도사무분장규정(朝鮮總督府道事務分掌規程)(1910. 10. 1., 왜부훈령 3호: 조선총독부지방관관제 제12조에 따른), (1915. 5. 1., 왜부훈령 27호), (1930. 12. 3., 왜부훈령 52호)

왜국 침략세력은 1915년 5월에도 또다시 '고등관관등봉급령'을 개정하였다. 이는 주로 지방관제의 변화와 관련되는 것으로 제8조에 사무관이 추가되고 제14조에 부윤이 삭제되고 제16조에 추가되는 등 변화가 있었다. 또 그들은 1917년 10월 이 봉급령을 개정하여 도참여관 항에 변화를 주었다. 1919년 10월 봉급령의 개정에서는 도참여관 칸을 추가하여 직급에 따른 급여액을 확정하고 있다.

- 고등관관등봉급령(高等官官等俸給令)(1910. 9. 30., 왜칙령 377호), (1915. 5. 1., 왜칙령 67호), (1917. 10. 8., 왜칙령 186호), (1919. 10. 18., 왜칙령 447호)

1911년 10월 제정된 '공립보통학교비령'에 대해서는 이미 논의한 바 있다. 원래 교육행정과 관련되는 사무는 국가기관의 직접적인 사무가 아닌 간접적인 사무이므로, 이는 법이 정하는 공공단체에 위임하여 국가기관이 그 공공단체를 대신하여 집행하도록 하고 있었다. 대한제국 정부하에서 공공단체가 지방비법에 의해 '지방비'였던 것이 식민지하에서는 공립보통학교비령에 의해 '공립보통학교비(公立普通學校費)'로 바뀌었다. 이를 합법화하기 위해 면제(面制)에 대하여 보통학교비령(普通學校費令)에 의한 공공의 사무를 수행할 수 있도록 개정하였다. 면제(面制)는 1920년 조선학교비령(朝鮮學校費令)이 개정되면서 그와 관련된 내용을 조정하는 개정이 이루어져야 하였고, 1930년에는 부제(府制)와 함께 그에 따른 후속조치도 개정된 바 있다. 그리하여 면은 읍과 구별되나 법인으로서 관의 감을 받아 법령의 범위 안에서 법령에 따라 공공사무를 비롯한 읍면(邑面)에 속하는 사무를 다루도록 되었다. 그러나 청년훈련소를 제외한 어떤 교육사무도 법령에 의해 읍면에 위임된 바 없어 교육에 관한 한 공공단체로서 기능하지 못하였다.

- 공립보통학교비령(公立普通學校費令)(1911. 10., 왜제령 12호)
- 면제(面制)(1917. 6., 일본부제령 1호), (1920. 7. 29., 왜제령 13호), (1930. 12. 1., 왜제령 12호)

왜국 침략세력은 1920년 11월 식민지 지방관료와 관련되는 '조선지방대우직원령'을 새롭게 제정한다. 이 대우직원령을 제정하면서까지 지방의 식민지 관료를 증원했어야 할 만큼 한민족의 독립요구로 한반도 정세가 다급해졌던 것이다. 교육과 관련해서는 전문학교, 전문실업학교, 실업학교, 농림학교의 교장 등이 이 대우직원령에 적용되었다. 1926년 4월 대우직원령을 개정하여 측후기사(測候技師)와 측후기수(技手)를 포함하는 기술직원을 대우직원에 포함시키고, 이들에 대해서는 도의 지방비로 급여를 지불하도록 하였다.

- 조선지방대우직원령(朝鮮地方待遇職員令)(1920. 11. 20., 왜칙령 541호), (1925. 4. 1., 왜칙령 87호)

1920년 왜국 침략세력은 종래 공립보통학교비령에 의해 교육행정 사무를 집행하는 공공단체를 '공립보통학교비'에서 '조선학교비'로 바꾸기 위하여 '조선학교비령'을 제정하였다. 초등단계의 보통학교만을 교육행정의 대상으로 해 오던 침략세력은 이를 중등에까지 확대, 적용하려면 공립보통학교비만을 공공단체로 하는 일은 적절하지 않았기 때문이었다. 이 법령이 제정되고부터 교육행정 사무를 위한 공공단체는 '조선학교비'가 되었다. '학교비령'은 학교비에 관한 사무는 부윤(府尹)이나 군수(郡守) 또는 도사(島司) 등이 담임하도록 하고, 비용(費用)은 부과금(賦課金)과 부역(夫役) 또는 현품(現品)으로 충당하도록 하였다. 학교비(學校費) 세입과 세출, 부과금 등 주요 교육관계 사무는 평의회원(評議會員) 6인에서 20인의 범위로 구성되는 학교평의회의 자문을 받도록 하고 있다. 학교 평의회원은 부윤, 군수, 도사를 당연직으로 하고 그 밖의 회원은 부(府)에 있어서는 선거로, 군(郡)과 사(島)는 그 지역의 장이 임명하도록 하고 있었다.

'조선학교비령'은 1930년 12월 지방제도인 '부제(府制)'가 학교평의회를 대신하여 교육부회라는 별도의 공공단체를 구성하기 위해 개정됨에 따라 그의 후속조치를 위해 같은 날짜로 개정되었다. 이 개정으로 부와 관계되는 조항이 삭제, 개정되었으며, 이 개정에서 지방의 주요 교육 사무에 대하여 자문하게 되어 있는 학교평의회는 읍회의원

(邑會議員)이나 면협의회원(面協議會員)이 선출하는 회원으로 구성되도록 하고 있다.

• 조선학교비령(朝鮮學校費令)(1920. 7., 왜제령 14호), (1930. 12. 1., 왜제령 13호)

그러나 앞에서 살펴본 바와 같이 왜국 침략세력은 한민족의 교육을 위한 공공단체로 처음에는 '공립보통학교비'로 해 오다가 후에는 '조선학교비(朝鮮學校費)'로 바꾸었다. 한반도에 거주하는 왜인의 교육을 위해서는 왜인들의 본고장에서 실시하는 '학교조합(學校組合)'을 공공단체로 삼았다. 이들은 처음 1905년에 자신이 제정한 '거류민단법(居留民團法)'에 의존하여 시행하고 있었다. 그러나 1909년부터는 이때 별도로 제정한 '학교조합법(學校組合法)'에 따라 '학교조합'을 공공단체로 삼아 오고 있었다. 이는 어디까지나 한반도에 거주하는 왜인의 교육을 위한 것일 뿐 한민족과는 관련이 없었다.

'학교조합법'은 '조선학교비령'이 개정된 것과 똑같은 이유로 개정되기에 이른다. '부제'가 교육부회의를 구성하여 독립하게 됨에 따라 후속조치로 부제와 관련되는 부분을 삭제, 수정하는 개정이 있었다. 여기서도 한반도에 거주하는 왜인의 주요 교육사무에 관해서는 학교조합회(學校組合會)의 자문을 받도록 하고 있다.

• 거류민단법(居留民團法)(1905. 3., 왜국 법률 41호), (1913. 7., 왜제령 7호: 폐지)
• 학교조합령(學校組合令)(1909. 12., 왜통감부령 71호), (1913. 10., 왜제령 8호), (1930. 12. 1., 일본부제령 14호)

왜국 침략세력은 한반도에서의 학교와 교육에 관계되는 영조물의 운영 및 관리를 위하여 '학교비'와 '학교조합'과 같은 공공단체를 설치하고 이들에 권한을 위임하여 운영해 왔다. 즉, 전자의 '학교비'는 한민족을 위한 공공단체이고, '학교조합'은 한반도에 거주하는 왜인을 위한 공공단체였다. 이는 대한제국의 '지방비법'과 '학무위원규정준칙'에 연원을 두고 있다.

그러나 이 공공단체가 '학교비'이든 '학교조합'이든 간에 자문기관인 학교평의회와 학교조합회의 의원은 다 같이 선거로 선출하기로 해 놓고도 1913년 기존의 부제는 아직 이를 법률적으로 뒷받침할 만한 규정을 가지지 못하고 있었다. 그러므로 침략세력은 이를 부(府) 단위의 지방에서도 합법화할 수 있게 하기 위해 1930년 12월 이 '부제'를 개정하게 되었다. 즉, 왜국 침략세력은 이 '부제' 제1조에서 "부는 법인으로 하는 관의 감독을 받아 법령의 범위 안에서 공공사무와 법령에 의해 부에 속하는 사무를 처리한다."고 규정하고, 관련 있는 주요 사항을 처리할 때에는 부회(府會), 교육부회(敎育部會), 읍회(邑會), 면협의회(面協議會), 학교평의회(學校評議會), 학교조합회의 의견을 들도록 하였으며, 부는 그 지역에 필요한 조례를 제정할 수 있게 하였다. 여기서 부회는 일정액 이상의 부세(府稅)를 납입한 자에게만 인정하는 선거권자들의 투표로 선출된 부회의원으로 구성되도록 하였으며, 부회의원은 한민족과 왜인이 각각 전체 정원의 4분의 1 이하가 되지 않도록 정하고 있다. 여기서 교육과 관계되는 비용에 관해서는 이를 '일반경제'와 구분하여 '특별경제'라 하고 부세(府稅)와 부역현품(夫役現品)을 부과하여 충당하게 하고 있다. 여기서 교육부회, 학교평의회, 학교조합회 등의 기관은 교육과 관계되는 주요 협의기관이 되었다. 이때 도제(道制)도 함께 개정되어 도지방비(道地方費)를 인정하여 부제의 개정 내용과 균형을 맞추고 있다.

- 부제(府制)(1913. 7., 왜제령 7호), (1930. 12. 1., 왜제령 11호)
- 도제(道制)(1930. 12. 1., 왜제령 15호)
- 사립학교(私立學校)용지의 지세 또는 시가지세 면제에 관한 시행의 건 개정(1924. 5. 13., 왜제령 2호), (1931. 4. 1., 왜칙령 94호: 대정 13년 왜부령 27호 개정)
- 사립학교규칙(私立學校規則) 제2조에 의하여 설치된 학교의 명치 및 내부 조직분류 등에 관한 통첩(1924. 9. 27., 왜부통첩 78호)
- 사립학교규칙(私立學校規則) 개정(1925. 5. 23., 왜부령 63호), (1929. 2. 19., 왜부령 13호), (1932. 4. 8., 왜부령 39호)
- 관세정률법(關稅定率法) 제7조에 따르는 사립학교(1915. 4. 13., 왜부령 32호)
- 사립학교교원(私立學校敎員)의 자격인정에 관한 건 개정(1929. 1. 28., 왜부령 6호)

1930년 11월 왜국 침략세력은 '공립학교의 교장 또는 교원을 조선총독부도시학관으로 임용하는 경우의 관등에 관한 건'을 제정하였다. 이는 주임관(奏任官)으로 대우되는 교장이나 교원을 시학관으로 임명하기 위해 이를 합법화한 조치의 하나였다. 이는 1928년 왜칙령 27호와 1903년 왜칙령 280호의 규정을 준용하여 임명할 수 있게 한 것이다. 이때 한반도 수탈에 일손이 딸린 침략세력은 대우직원의 직위에 있는 자들까지 동원하고 있었다.

- 공립학교의 교장 또는 교원을 조선총독부도시학관(朝鮮總督府道視學官)으로 임용하는 경우의 관등에 관한 건(1930. 11. 1., 왜칙령 210호)

그런 가운데 침략세력은 역시 같은 날짜인 1930년 11월 1일에 새롭게 '조선총독부도시학관특별임용규정'을 제정하고 있다. 이는 왜국 침략세력이 한반도 전 지역, 즉 도 단위의 각 지역에서 전개되는 교육에 대하여 감시하고 통제하는 일에 깊은 관심을 가지게 되었음을 말하는 것이다. 이를 위하여 도시학관을 특별임용하는 제도를 확립하게 된 것이다. 즉, 이 규정은 첫째, 2년 이상 주임관이나 주임관 대우의 직위에 있는 교장이나 교관 또는 교원 혹은 교육사무에 종사하는 사람, 둘째, 5년 이상 판임관 또는 판임관 대우의 교장이나 교관 또는 교원 혹은 교육사무에 종사하는 사람 등을 고등시험위원의 시험을 거쳐 도시학관으로 임명할 수 있게 한 것이다. 역시 지방교육의 감시 역을 확대, 증원하기 위한 조치의 하나였다.

- 조선총독부도시학관특별임용령(朝鮮總督府道視學官特別任用令)(1930. 11. 1., 왜칙령 201호)
- 도제(道制)(1930. 12. 1., 왜부제령 15호)
- 청년훈련소규정(青年訓練所規程)(1929. 10. 1., 왜부령 89호), (1930. 12. 29., 왜부령 105호)

5 기타 교육행정법제

1) 사립학교에 대한 교육행정법제

왜국 침략세력은 이미 한반도를 강제로 병합함과 동시에 한반도의 사립학교에 대하여 왜어교육을 강요하는 등 사립학교 통제를 강화하고 있었으나, 1911년 10월 20일에 이르러서는 왜부령 114호를 발하여 한민족을 위한 사립학교만을 통제하는 법인 전문 18조 1부칙의 '사립학교규칙'을 공포하고 사립학교에 대하여 통제를 강화하는 조치를 마련하였다. 사립학교에 대한 통제법은 이미 대한제국 정부하에서도 '사립학교령'이 제정되어 있었으나 그때의 사립학교 통제법인 사립학교령은 어떤 의미에서는 사립학교를 조장, 발전시키기 위한 법제였다면 이때의 '사립학교규칙'은 식민지 수탈을 위한 억제와 방해의 성격이 투철한 법제였다고 할 수 있다. 이 법제는 전문 16조 1부칙으로 구성된 것으로, ① 사립학교의 인가절차, ② 교장과 교원의 승인절차, ③ 학칙의 내용, ④ 교과서 사용의 승인 제한, ⑤ 설립자와 교원의 제한, ⑥ 사립학교의 폐쇄, ⑦ 비치서류, ⑧ 사립학교 운영에 대한 연례보고, ⑨ 기존 사립학교의 재승인(再承認) 등 강력한 통제 일변도의 내용을 담고 있었다. 이러한 내용은 어느 것 하나 기존의 한반도 사립학교들에게 부담되지 않는 것이 없었다. 이로 인하여 한반도의 많은 사립학교는 그 통제를 이겨내지 못하고 문을 닫아야 했다. 이러한 상황을 가리켜 왜국 침략세력은 "시세의 진운(進運)과 당국의 지도에 촉진되어 조금은 개선의 실마리를 찾았다."고도 하고, 때로는 "점차 개선되어 왔다."고까지 자평하고 있다.[5)]

그러나 왜국 침략세력은 이에도 만족하지 못하고 교육과정이 그들이 원하는 대로 잘 운영되지 않고 '교원의 소질'이 불충분하다 하여 1915년 3월 24일 왜부령 24호를 발해 이 규칙을 개정하고, 이전보다 한 단계 더 높은 통제수단을 강구하였다. 이 개정

---

5) 文部省內 教育史編纂會(代表 關屋龍吉), 明治以降 教育制度發達史, 제10권, 龍吟社, 1939, p. 464, p. 467.

규칙에서는 교장과 교원의 임명은 총독의 인가사항이던 것을 도장관의 인가사항으로 바꾸어 침략행정 일선에서 직접 통제하도록 하였다. 새로운 조항을 신설해서까지 '전문교육을 위한 학교에 대해서는 학교를 설립, 유지하는 데 충분한 재산을 가지는 재단법인'을 구성하도록 하였고, 사립학교의 교육과정에 대해서 보통학교나 고등보통학교와 같은 관공립 학교와 같이 보통학교규칙, 고등보통학교규칙 등의 법규에 따르도록 하였으며, 사립학교 교원 또한 공립학교 교원과 같이 왜어를 자유자재로 구사할 수 있는 자만을 고용하도록 하였다. 사립학교 교장에게는 반드시 그러한 사항에 관한 진행상황을 보고하도록 하는 의무를 지게 하였다. 여기서 특히 전문교육을 위한 사립학교에 대하여 재단법인을 구성하도록 한 것은 당시의 전문교육기관인 사립의 전문학교에 큰 타격을 주었다. 1905년 이미 대한제국 정부의 인가를 받아 문을 연 바 있는 보성전문학교 등은 이 새 사립학교규칙에 따라 새롭게 상당한 자산을 확보하여 재단을 구성하는 등 곤욕을 치러야 하였다. 그 규칙에 따라 요구를 충족하지 못한 전문학교는 가차 없이 문을 닫아야 했기 때문이다. 그런 점에서 이 사립학교규칙은 사립교육기관에 대한 무서운 탄압책이었다. 그러나 기독교계의 전문학교인 이화여자전문학교와 연희전문학교가 최초로 인가를 받아 전문학교라는 이름으로 문을 연 것도 이 규칙에 의해서였다.[6] 또 이 개정으로 교육과정과 관계되는 개정법규에 따라 종교적인 목적을 위해 설립된 사립학교마저 종교교육을 할 수 없게 되었다. 이는 종교에 대한 탄압으로도 이해되는 개정이었다. 그러므로 침략세력의 학무당국은 외국인 선교사들이 설립한 사립학교로부터 강력한 저항을 받기도 하였다.

---

6) 이때 시작한 이화여자전문학교는 이미 1887년 '이화학당(梨花學堂)'이란 이름으로 초 · 중등 수준의 교육을 위해서만 문을 열고 있었다. 그 후 1904년 '이화여학교'로 이름을 바꾸어 부르다 1910년 그 안에 대학부를 설치하고부터 비로소 고등교육을 시작하였다 전한다. 그러나 이화여자전문학교라고 하기 시작한 것은 1925년에 이르러서였다. 연희전문학교는 1915년에 개교한 경신학교(敬新學校) 안에 설치한 대학부로 시작했다고는 하나 정식으로 '연희전문학교'란 이름을 가지게 된 것은 왜국 침략세력의 허가를 받은 1923년 3월부터라 한다. 후일 1957년 1905년 12월 문을 연 세브란스 의과대학과 병합하여 체제상 하나가 되었으나 각기 따로따로 교명을 유지해 오다가 지금의 '연세대학교'란 이름을 가지게 된 것은 1968년의 일이었다.

사립학교규칙은 1920년 3월 1일 왜부령 21호로 다시 전면적으로 바뀌었다. 이 규칙이 바뀐 것은 때가 때인 만큼 침략당국의 유화적인 조치의 하나로 이해할 수 있다. 1919년 3월 발달된 한민족의 거족적인 독립 요구의 움직임에 침략세력은 굴복하지 않을 수 없었다. 그리하여 군인만 가능했던 한반도 수탈의 총수인 총독이 군인(寺內正毅, 長谷川好道)에서 민간인(齊藤實)으로 바뀌고 사립학교규칙에서 가장 저항이 많았던 교육과정 규정에 손질이 가해져 제한이 완화되었다. 그 후 1922년에 침략자들의 교육기본법인 조선교육령이 전면 개정되어 극적인 완화조치가 이루어진 것은 다 아는 일로 사립학교규칙의 개정은 완화조치의 한 전조였던 것이다. 이런 일련의 조치에 침략세력은 '문화정치'란 표제를 붙여 한민족을 총력을 다해 회유하였다.

그러나 1개월 후인 3월 왜국 침략세력은 또다시 사립학교규칙을 개정하였다. 이 사립학교규칙은 새 조선교육령이 한민족과 왜인을 구별하지 않는다는 것을 표방함에 따라 왜인의 학교였던 소학교, 중학교, 고등여학교 등을 이 규정에 포함시켜 함께 통제하도록 하였다. 종래 '전문교육을 위한 사립학교'를 '사립의 전문학교, 중학교 또는 고등보통학교'라 개정하여 중등교육을 위한 교육기관도 재단을 설립하도록 하였다. 이는 조선교육령의 개정으로 유화적인 몸짓을 하면서도 더욱 통제를 강화하고 있었음을 보여 주는 것이다.

왜국 침략세력은 그 후에도 사립학교 통제를 강화하는 쪽으로 제도를 만들어 갔다. 1925년 5월 이 규칙을 개정하여 사립학교의 설립자를 바꿀 때도 총독의 인가를 받도록 하였다. 그러나 각종 학교에 대해서는 총독을 대신해 도지사가 인가하도록 하였다. 그들은 1927년 2월 이 규칙의 개정에서 감독관청이 학교사업에 관계되는 일을 인가하거나 금지할 때는 사유를 이 규칙에 따라 관계자에 통고하도록 하였다. 그것은 인가과정에서 보여 준 독단이 적지 않게 사회적인 물의를 일으켜 저항을 불러일으켰을 것이므로 이를 해소하기 위해 제도적으로 사유를 통고하는 장치를 마련해야 했기 때문일 것이다.

1932년 4월의 개정에서는 사립학교의 설립자가 학교장이나 교원을 채용하거나 해직할 때도 총독이나 도지사의 인가를 받도록 하여 사립학교의 인사에까지 통제의 마수를 확대하였다. 즉, 교장인 경우 전문학교, 중학교, 고등보통학교, 고등여학교, 여자고등보통학교, 직업학교, 실업학교 등은 총독이, 그 밖의 학교는 도지사가 각각 인가하도록 하였으며, 교원의 경우 전문학교는 총독이, 그 밖의 학교는 도지사가 인가하도록 하고 있었다.

- 사립학교규칙(1911. 10. 20., 왜부령 114호), (1915. 3. 24., 왜부령 24호), (1920. 3. 1., 왜부령 21호), (1922. 3. 28., 왜부령 27호), (1925. 5. 23., 왜부령 37호), (1929. 2. 19., 왜부령 13호), (1930., 왜부령 37호), (1932. 4. 8., 왜부령 39호), (1935. 4. 1., 왜부령 54호). (1937. 7. 22., 왜부령 90호), (1938. 3. 30., 왜부령 42호), (1941. 4. 1., 왜부령 96호)
- 보통학교규칙(普通學校規則), 고등보통학교규칙(高等普通學校規則), 실업학교규칙(實業學校規則), 사립학교규칙(私立學校規則)의 시행(施行)과 관련된 왜국 총독의 유고(1911. 11. 1., 왜국 총독 유고)

1915년 3월 사립학교규칙의 개정과 동시에 '사립학교교원시험규칙'이 공포되었다. 이 규칙은 사립학교 교원에 대한 임용을 통제하기 위해 제정된 것으로 전문 8조 1부칙으로 짜여 있다. 이는 초등의 보통교육을 하는 사립학교의 교원이 될 사람을 위한 시험규칙으로서 이 시험은 매년 1회 이상 실시하고 시험의 출원자는 응시료에 해당하는 수수료 50전을 납부해야 하며, 시험과목은 수신(수신의 요지), 교육(교수법 및 조선교육법규의 대요), 왜어(쓰기 및 해석, 회화, 작문), 조선어 및 한문(쓰기 및 해석, 회화, 작문), 산술[정수(整數), 소수, 여러 등수: 제등수(諸等數), 분수, 비례, 보합산(步合算), 구적(求積), 주산(籌算)], 이과[식물, 동물, 물리 및 화학: 광물 포함, 인신(人身) 생리 및 위생의 대요], 도화(자재화: 自在畵), 창가(단음창가), 체조(체조, 교련), 재봉 및 수예(보통 의복의 꿰매는 법, 재단 및 수선법, 간단한 수예), 수공(간단한 세공), 농사(농업의 초보), 상사(商事: 상업의 초보) 등 13개 과목이었다. 그러나 왜인에게는 차별적으로 조선어와 한문에 대한 시험과목을 면제해 주고 있다. 이 규칙은 오래가지 못하고 역시 같은 날짜로 새로 개정된 조선교육령이 나온 지 두 달도 안 되어 폐지되었다. 규칙의 폐지와 아울러 새로운 규칙인 '사립학교 교원의 자격 및 원수(員數)에 관한 규정'을 새롭게 제정, 발표하여 이 규정이 인정하는 자격자 이외는 누구도 사립학교의 교원을 할 수 없게 하였다.

• 사립학교교원시험규칙(1915. 3. 24., 왜부령 25호), (1922. 3. 28., 왜부령 27호: 폐지)

같은 해인 1915년 8월에 왜부령 84호로 '내지인(內地人)을 교육하는 사립학교에 관한 건'을 발하여 왜인의 사립학교 또한 사립학교규칙에 따를 것을 결정하고 교육과정은 왜인의 학교규칙인 조선공립소학교규칙(朝鮮公立小學校規則), 조선총독부중학교규칙(朝鮮總督府中學校規則), 조선공립고등여학교규칙(朝鮮公立高等女學校規則) 등에 따를 것을 결정하고 있다.

• 내지인(內地人)을 교육하는 사립학교에 관한 건(1915. 8. 16., 왜부령 84호), (1920. 3. 1., 왜부령 21호의 사립학교규칙 개정에 의해 폐지)

1922년 3월 침략세력은 '사립학교교원시험규칙'을 폐지하고 그를 대신하여 '사립학교 교원의 자격 및 원수에 관한 규정'을 제정하여 또 다른 사립학교 교원 통제법을 마련하였다. 이 시기에는 한민족의 저항에 자극되어 침략세력이 스스로 유화정책을 시행할 것을 공언하고 기존의 조선교육령을 개정하여 교육차별을 완화하는 조치가 취해졌음에도 사립학교에 대한 통제는 강화되어 갔다. 이 새로운 교원자격에 관계되는 규정이 출현하여 사립학교 교원에 대한 통제가 더욱 강화된 것이다. 사립학교 교원은 출신학교나 자격에 관계없이 시험에만 합격하면 교원이 될 수 있었던 것이, 이 규정으로 교원면허장, 즉 자격증을 가지지 않았거나 아니면 이 규정이 지정하는 자격을 갖지 아니한 자는 사립학교의 교원이 될 수 없게 되었다. 이러한 규정은 사립학교에서조차 한민족에게 교원이 될 기회를 박탈하는 조치였다. 당시 한반도 내에는 이 규정이 요구하는 자격조건을 충족할 만한 교육기관이 별로 있지 않았다.

• 사립학교교원의 자격 및 원수에 관한 규정(1922. 3. 28., 왜부령 28호), (1922. 4. 15., 왜부고시 105호: 학과에 대한 교원의 자격)

그러나 같은 해 4월 침략세력은 교원의 자격과 관련된 고시를 발하여 전문학교, 사범학교, 중학교, 고등보통학교, 고등여학교 또는 여자고등보통학교에서 5년 이상 그가 담임하는 교과목을 교수한 사립학교교원에 대해서는 자격을 가지는 것으로 하였다. 이는 사립학교 교원의 자격 및 원수에 관한 규정이 현직의 한인교원 전원을 자격을 이유로 교직에서 추방해야 하는 등 비현실성이 있는 데다 사립학교의 저항 또한 적지 않았으므로 자격기준을 완화하는 임시적인 시정조치였던 것이다. 이 고시에서 취한 조치는 이후 그의 합법화를 위해 다음해인 1923년 11월 왜부령 128호로 '사립학교교원의 자격 인정에 관한 건'이 제정되기에 이르렀다.

• 사립학교교원의 자격 및 원수에 관한 고시(1922. 4. 15., 왜부고시 105호)

'사립학교교원자격(私立學校敎員資格)인정에 관한 건'은 사립학교교원의 자격을 인정받기 위해 출원한 자의 학력과 성행, 신체를 검사하여 행하도록 하고 있다. 여기서 인정하는 학과목에는 수신, 교육, 왜어, 한문, 조선어, 영어, 역사, 지리, 수학, 물리, 화학, 박물, 이과, 법제 및 경제, 습자, 도화, 가사, 재봉, 체조, 음악, 부기, 농업, 상업 등이 있으며, 그중 역사는 동양사와 서양사 등 두 과목으로, 박물에는 동물, 식물, 광물, 생리 및 위생 등 네 과목으로, 도화는 모필화(毛筆畫) 및 용기화(用器畵), 연필화(鉛筆畫) 및 용기화 등 두 교과목으로 각각 다시 나뉘었다.

사립학교교원 자격인정에 관한 건은 1929년 1월에 다시 개정되었다. 이 개정에서는 인정 학과목에 수예를 추가하고 도화를 종래 모필화 · 용기화와 연필화 · 용기화 두 과목이던 것을 왜화(倭畵), 용기화와 서양화, 용기화 두 가지로 바꾸었으며, 수예에는 자수(刺繡), 조화(造花), 편물(編物), 대물(袋物) 등 네 과목을 두도록 하였다.

• 사립학교교원자격인정(私立學校敎員資格認定)에 관한 건(1923. 11. 12., 왜부령 120호), (1929. 1. 28., 왜부령 6호)

교원의 자격까지 통제하면서 사립학교에 대한 탄압을 강화한 침략세력은 1924년

5월 '사립학교용지의 지세(地稅) 또는 시가지세(市街地稅) 면제에 관한 건'을 왜부제령 2호로 발하여 사립학교용지의 지세와 시가지세를 면제해 주는 유화적인 조치를 취하였다. 이는 일면 탄압하고 타면 회유하는 교활한 식민지정책의 한 표본이라고 할 수 있다.

- 사립학교용지(私立學校用地)의 지세(地稅) 또는 시가지세(市街地稅) 면제(免除)에 관한 건(1924. 5. 13., 왜부제령 2호)

사립학교의 지세나 시가지세를 면제하는 유화책까지 썼던 왜국 침략세력은 같은 해 9월에 또다시 사립학교를 통제하는 통첩을 발하였다. 그들은 이 통첩을 통해 학원들이 대학부, 고등보통학교부, 중학부, 여자고등학부 등 유사한 학교 명칭을 사용하여 혼란을 야기한다는 이유를 들어 심지어 사립학교의 명칭조차 그들의 인가를 받도록 한 것이다.

- 사립학교(私立學校) 명칭(名稱)에 관한 통첩(通牒)(1924. 9. 20., 왜부통첩 78호)

사립학교 명칭에 관심을 보이던 왜국 침략세력은 1926년 4월 다시 사립학교에 관세특혜를 주는 조치를 마련하였다. 이 조치는 유치원, 소학교, 보통학교, 중학교, 고등보통학교, 고등여학교, 여자고등보통학교, 실업학교, 전문학교, 대학 등의 법정 사립학교에 대해서는 관리자의 신청에 따라 관세혜택을 주기 위한 것이었다. 그러나 실제로 관세의 혜택을 받는 사립학교는 주로 왜인의 학교인 소학교, 중학교, 고등여학교 등이었다. 한민족을 위한 학교인 보통학교, 고등보통학교, 여자고등보통학교 등은 선교목적을 위한 종파학교를 제외하고는 외국에서 물자를 수입하는 사례가 그다지 없었기 때문이다.

- 관세정률법(關稅定率法) 제7조 제10호에 따를 수 있는 사립(私立)의 학교 지정(1926. 4. 13., 왜부령 32호)

2) 교과서에 관한 교육행정법제

한반도가 식민지화되기 이전에도 교과서 판매에 관한 행정법제는 있어 왔다. 왜국 침략세력은 1910년 한반도를 강점한 직후 근 1년 동안은 이를 그대로 활용하였으나, 1912년 식민통치의 본산인 조선총독부로 하여금 한반도에서 소요되는 교과서를 직접 편찬, 출판하도록 하고 이를 강제로 보급하였다. 그 교과서는 왜국 본토에서 사용하는 교과서와는 전혀 다른 내용으로 수탈의 목적에 맞추어 제작되었다. 그들이 직접 제작한 교과서는 수신, 왜어, 조선어 및 한문, 외국역사, 일본지리, 지문(地文), 법제, 교육 등이었다. 초기에 침략자들은 왜어에 관한 교과서를 편찬하는 데 모든 역량을 집중시키고 있었다.

왜국 침략자들은 수탈목적에 따른 교과서를 직접 편찬할 수 있게 된 이후 이를 토대로 새롭게 규칙을 제정하고 이를 '조선총독부출판교과용 도서발매규정'이라고 하였다. 이 규칙은 전문 8조 1부칙으로 짜인 것으로 그들이 직접 편찬한 교과서를 그들이 지정하는 판매인이 어떻게 판매해야 하는가를 규정하고 있다. 이 규칙은 다음 해인 1913년 2월에 교과서 발매인의 편의를 위해 개정되어 종래 판매 부수를 1회 50책 이상으로 제한하던 4조의 조항을 바꾸어 부수의 한정을 철폐하였다. 이 규칙은 1921년 1월 31일에 왜부령 20호로 전면 개정되어 당시 왜국에서 실시하던 국정교과서 판매방법에 따라 침략행정당국이 직접 취급하던 교과서 판매업무에서 손을 뗌과 동시에 업무를 대행하는 교과서 원판매자를 서울에 두고 이를 통해 지방의 발매자에게 교과서를 공급하도록 하였다. 이들이 교과서 판매 방법을 바꾼 것은 당시 학교의 증설에 따라 교과서의 수요가 증대되어 업무가 늘어난 것을 이유로 하고 있다. 그러나 이러한 조치에는 1919년의 한민족의 저항운동으로 당황한 침략당국이 우선 유화정책으로 전환함과 동시에 교과서 판매로 야기될 수 있는 여러 이권 문제로 한민족을 자극하여 다시 저항을 불러일으키는 일을 사전에 예방하려는 의도도 적지 않게 있었던 것으로 이해된다. 그러나 이 법제는 1923년 3월 왜부령 60호에 의해 폐지되었다. 교과용 도서가 총독부에 직속하는 인쇄소에 의해 인쇄되어 오던 것을 이때부터 조선서적인쇄주식회사(朝鮮書籍印刷株式會社)로 넘겨 인쇄를 포함하여 발매에 이르기까지 그 회사가 대행하게 되자 식민지 당국은 더 이상 교과용도서에 대한 사무를 집행할 필요가 없어졌기 때문이었다.

- 조선총독부출판교과용도서발매규정(朝鮮總督府出版教科用圖書發賣規程)(1912. 5. 27., 왜부령 110호), (1913. 2. 25., 왜부령 12호), (1921. 1. 31., 왜부령 20호), (1923. 3. 31., 왜부령 60호: 같은 해 5월 31일을 한정일로 하여 폐지)

한편 왜국 침략세력은 교과서에 검정제도를 강화해 가고 있었다. 1912년 5월 왜부령 112호로 '교과용 도서검정규정'을 제정, 그들의 검정에 통과한 교과서만 사용하도록 철저히 교과서를 통제했다. 교과서 통제에 대해서는 대한제국에서 이루어진 검정교과서가 시세에 맞지 않는다는 이유를 달고 있으나 실상은 수탈을 위한 식민정책에 적절한 교과서를 확보하기 위한 수단이었다.

이 규정은 1922년 3월에 개정되어 교과서는 각급 학교의 학교규칙이 제시하는 취지와 목적에 맞는 적절한 것이어야 한다고 규정하고, 심지어 각종 학교에까지 검정교과서를 사용하도록 하였다. 또 이 개정에서는 교과용 도서를 학교수준에 따라 생도용도서, 교사용도서, 아동용도서 등 세 가지로 구분하고 있다.

- 교과용도서검정규정(教科用圖書檢定規程)(1912. 5. 1., 왜부령 112호), (1922. 3. 31., 왜부령 42호)

이 교과서 정책 또한 1919년의 한민족의 본격적인 저항운동으로 전환 국면을 맞게 되었다. 침략세력은 1920년 11월 왜부훈령 58호를 발하여 '조선총독부교과서조사위원회규정'을 제정하고 교과서 정책을 유화정책과 관련하여 전면적으로 검토, 개혁할 계획을 세웠다. 이 규정으로 구성된 위원회는 근 4년간에 걸친 연구 끝에 새로운 식민정책에 걸맞은 교과서 개혁작업을 완수하고 1924년 12월 해산되었다. 여기서 수행된 교과서의 개혁작업은 고단의 수탈행위의 하나로, 일면 한민족의 저항을 무마하고 타면 식민지체제를 영구화하려는 음모를 교과서에 담는 일이었다. 교과서를 통해 철저히 정치사회화를 강화해 한민족을 세뇌하여 영구적으로 그들에게 예속시키려 하였던 것이다.

한편 1924년 12월 가명견(假名遣)을 제정하여 왜어를 포함하여 한국어와 한문에 대한 가명의 방침을 정하고 있다. 이어 1929년에는 1938년을 목표로 한 차원 더 높은 식민지 교과서를 만들기 위하여 임시교과서조사위원회규정을 제정하고 구 위원회를 구성하였다. 이로부터 근 10년의 장기간에 걸친 연구를 통하여 새로운 교과서를 만들어 냈다.

• 조선총독부교과서조사위원회규정(朝鮮總督府教科書調査委員會規程)(1920. 11. 19., 왜부훈령 58호), (1924. 12. 25., 왜부훈령 44호: 폐지)

한민족의 저항에 놀란 왜국 침략세력은 1920년 급기야 교과서조사위원회를 조직하여 교과서 개편을 서둘렀다. 1922년 조선교육령의 개정과 함께 초 · 중등학교의 규정을 새롭게 제정하게 되자 교과서 개편은 가속이 붙었다. 1924년에는 개편작업이 거의 완료되어[7] 그들은 왜어의 기본이 되는 가명견에 상당한 주의를 기울였다. 이를 위해 보통학교 가명견법(假名遣法)과 송가명법(送假名法)까지 제정하면서 왜어교육에 큰 비중을 두었다. 그것은 한민족에 왜어교육을 강제하여 한국어를 말살하려는 은밀한 정책이 시작되었음을 보여 주는 것이다. 그들은 가명견에서도 한국어를 언문(諺文)으로 표기하여 한국어를 비하하고 있다.

• 가명견(假名遣)(1924. 12., 왜어 가명, 언문 가명, 한문, 일반방침)

이 교과서에 대한 개혁조치에서는 고등보통학교 수준의 학교에서 사용하는 교과서를 교과서조사위원회의 자문에 따라 수신, 왜어, 조선어 및 한문 교과서만 총독부가

7) 문부성, 전게서, p. 1046.

직접 편찬하게 하고, 그 밖의 것에 대해서는 총독부와 문부성이 검정한 것으로 대체하게 하였다. 이는 모든 교과서를 총독부가 직접 편찬하도록 한 것에 비하면 상당한 큰 변화라고 할 수 있다. 이러한 조치는 1922년 조선교육령을 개정하여 사범학교를 다시 개설하고 대학의 설립을 약속하는 등 한민족을 향해 유화정책을 난발하던 시기에 나온 것이다.

이때 나타난 고등보통학교 정도의 새 교과서에는 한민족에 대한 정치사회화 과정이 보다 철저하게 가미되었다. 수신에서는 일면 한민족의 사정을 부분적으로 소개하면서도 개인, 가정, 사회, 국가에 관한 도덕적인 교재를 적당히 배열하여 식민지 체제에 동화하도록 하는 일에 힘을 쓰고 있었다. 이때의 교과서 개정에서는 충군애국(忠君愛國)을 강제하거나 애국심을 지나치게 고무하는 일로 적개심을 도발하게 하는 일이 없도록 노력했다고 왜의 기록은 전하고 있다.[8] 이것은 그들이 그동안 한민족의 영구적인 노예화를 획책하기 위하여 교육에서 전개해 온 세뇌를 위한 극단적인 정치사회화가 얼마나 한민족을 자극했는지를 자각했음을 보여 주는 대목이다. 이러한 경향은 여자고등보통학교의 교과서에서도 나타나 있었다.

1923년 3월에는 1912년 이래 대한제국의 교과용 도서발매규정을 개정하여 통용되어 오던 '조선총독부교과용 도서발매규정'을 폐지하고 있다. 그것은 종래의 교과용 도서가 총독부 직속 인쇄소에서 인쇄되어 온 바 있으나 인쇄소 자체가 조선서적인쇄주식회사(朝鮮書籍印刷株式會社)로 넘어가 폐지되어 자연 식민지 당국은 발매 업무에서 손을 떼게 되었기 때문이었다.

그러나 한반도에 주재하는 왜인의 학교인 소학교 교과서는 역시 1912년 이래 줄곧 문부성 편찬의 국정교과서를 사용하였으며 공급 또한 전담업체인 주식회사 국정교과서공동판매소(國定教科書共同販賣所)가 서울과 부산 등지에 특약점을 두어 다루도록 하고 있었다. 이 판매소는 1930년 5월에 폐지되고 그 사무는 오사카서적판매주식회사(大阪書籍販賣株式會社)로 옮겨졌다.

8) 문부성, 전게서, pp. 1046-1948.

• 조선총독부출판교과용 도서발매규정 폐지(1923. 3. 31., 왜부령 60호)
• 소학교교과용 도서번각발행에 관한 규정(1930. 5., 일본문부성고시 158호)
• 임시교과서조사위원회규정(臨時教科書調査委員會規程)(1929. 6. 23., 왜부훈령 14호)

3) 학교위생과 체육에 관한 교육행정법제

침략세력은 일단 수탈의 교육정책이 마련되자 이어 관공립(官公立) 학교의 위생과 체육에 관하여 관심을 보이기 시작하였다. 그리하여 1913년 4월 훈령 24호를 발하여 '관공립학교생도아동신체검사규정'을 제정하고, 그다음 해인 1914년 6월에는 훈령 27호를 발하여 '학교체조교수요목'을 제정하였으며, 1919년 4월에는 '학교의 규칙' '학교전염병 예방 및 소독법' '학교청결방법' 등이 각각 왜부령 59호와 60호, 왜부훈령 11호로 제정되었다. 이로부터 한반도의 관공립학교 교장은 학교의(學校醫) 또는 촉탁된 임시검사의(臨時檢査醫)로 하여금 학생의 신장, 체중, 흉위, 척추, 체격, 시력, 안질, 청력, 치아, 질병 등의 신체에 대하여 검사를 하게 되었다. 한반도의 관공립학교에 학교의를 두게 된 것은 1913년 이 법제에서 비롯된 것이었다. 학교전염병의 예방대책과 관련해서는 전염병을 세 가지로 분류하고 대책을 달리하는 방안을 제시하고 있었으며 학교의 청결방법에는 일상의 청결방법과 정기 청결방법 등 두 가지로 나누고 일일이 구체적인 시행방법을 제시하고 있었다.

그렇게 하여 관공립학교에서 시작된 학생의 신체검사는 1921년 5월에 사립학교에도 확대하여 실시하기에 이르렀다. 이를 위해 왜부령 86호로 법제 또한 바뀌어 '학생생도아동신체검사규정'이 개정되었다. 이 신체검사규정은 1927년 4월 다시 개정되어 학생과 아동을 신장과 체중에 따라 갑을병(甲乙丙)의 등급을 붙이기 시작하였다. 이 개정된 신체검사규정에는 만 6세에서 19세에 이르는 학생과 아동의 발육과 관련되는 표준 표를 제시하고 있다. 이를테면 만 6세 아동의 신장과 체중의 표준은 남아의 경우 각각 102.7센티미터와 15.6킬로그램이었으며, 여아의 경우 101.5센티미터와 15.4킬로그램이었다.

1938년 왜국의 학교와 학교명칭이 통일되는 시기에 맞추어 왜칙령 46호로 이를 '학교신체검사규칙(身體檢查規則)'이라 하여 바꾸어 부르게 하고 왜국의 그것과 같이 통용되기에 이르렀다.

- 관공립학교생도아동신체검사규정(官公立學校生徒兒童身體檢查規程)(1913. 4., 왜부훈령 24호), (1921. 5. 17., 왜부령 86호: 폐지: 학생생도아동신체검사규정으로 개정)
- 학생생도아동신체검사규정(學生生徒兒童身體檢查規程)(1921. 5. 17., 왜부령 86호), (1927. 4. 9., 왜부령 37호)

1914년 6월 학교체조에 관심을 보여 '학교체조교수요목'을 제정한 왜국 침략세력은 1921년 4월에 이를 부분 개정하였으나 1927년 4월에 또다시 그 교수요목에 관심을 보여 이를 개정하였다. 그것은 이 무렵 왜국 침략세력이 아시아 전 지역에 대하여 전쟁도발을 은밀하게 획책하고 있었던 것과 깊이 관련되어 있다. 이때 전쟁도발을 위해 현역 장교를 각급 학교에 배속하여 학생들의 군사교육을 도모하고 있었던 것이다. 이를 위해 학교체조 교과에 학교교련(學校敎練)을 비롯하여 검도, 유도, 경쟁유희, 창가유희, 행동유희 등 새로운 교재를 삽입하여 군사훈련을 강화하고 있었다.

- 학교체조교수요목(學校體操敎授要目)(1914. 6. 10., 왜부훈령 27호), (1921. 4. 8., 왜부훈령 23호), (1927. 4. 1., 왜부훈령 8호: 교련교과강화)
- 학교의규칙(學校醫規則)(1919. 4. 8., 왜부령 59호). 1913. 9. 학교전임의 설치, 1917. 1. 학교위생주사 촉탁을 두어 위생사무 감독하기 시작
- 학교전염병예방(學校傳染病豫防) 및 소독법(消毒法)(1919. 4. 8., 왜부령 60호), (1940. 6. 1., 왜칙령 139호)
- 학교청결방법(學校淸潔方法)(1919. 4. 8., 왜부훈령 11호)
- 학교생도아동신체검사규정(學校生徒兒童身體檢查規程) 제정(1921. 5. 17., 왜부령 86호), (1927. 4. 9., 왜부령 37호)
- 학교신체검사규정(學校身體檢查規程) 개정(1938. 3. 30., 왜칙령 46호)

4) 학교직원 관계 교육행정법제

왜국 침략세력은 관립학교 직원에 대한 직제와 자격 등에 관하여는 '고등관관등봉급령'을 통하여 규정해 왔다. 그리하여 한반도에 주재하는 모든 관립학교직원 또한 식민지 관료라는 점에서 직제와 자격 역시 '고등관관등봉급령'에 함께 수록, 규정하고 있었다. '고등관관등봉급령'은 침략세력이 한반도 강점 이전 왜국의 통감부에 적용해 오던 것으로 1910년 10월 이를 개정, 식민지 관료의 관등봉급 체계를 규율하는 법으로 사용하고 있었다. 여기서 종래 통감, 부통감이라 하던 것을 각각 총독, 정무총감으로 바꾸어 부르게 하고 부장관, 도장관, 국장, 참사관, 비서관, 서기관, 사무관, 부윤, 군수 등의 식민지 관료직제를 구축하였다. 교육관계 직제로 이때 '고등관관등봉급령'에 포함된 교육직은 내무부장관, 학무국장, 중학교 교장과 교유, 농림학교 교육 등이었다. 이 법제에는 경성전수학교 교장과 교유, 고등보통학교 교장과 교유, 여자고등보통학교 교장과 교유, 공립실업학교 교유 등 한민족을 대상으로 하는 교육기관의 교육직이 포함되어 있지 않았으나 이듬해인 1911년 10월 왜칙령 258호로 개정된 법제에 비로소 포함되었다. 1911년 5월 왜칙령 136호에 의해 가해진 봉급령 개정은 이때 신설된 시학관과 편수관에 대한 직급을 규정하기 위해서였다. 이어 1912년 3월 개정에서는 왜인의 교육기관인 공립고등여학교 교장과 교유, 공립실업전수학교 교유가 포함되기에 이르렀다. 이는 식민정책의 확대에 따라 한국에 진출하는 왜인의 수가 크게 증가하여 학교의 수요가 증대되고 있었음을 의미하는 것이다. 경성전수학교 교장과 교유가 각각 전문학교장과 교수로 개정된 것은 1916년 4월 왜칙령 제83호에 의해서이고, 농림학교 교유가 삭제되고 경성고등보통학교와 평양고등보통학교의 교유가 조선총독부고등보통학교 교유로 바뀌면서 고등보통학교 교유 전체가 고등관에 편입된 것은 1918년 4월의 개정을 통해서였다. 사범학교장과 교유가 이 법제에 추가된 것은 1921년 4월 왜칙령 114호의 개정에서였다. 그러나 제1차 세계 대전으로 세계 전체가 공황을 맞아 경제가 어려워지자 왜국이 고등관의 급여를 전체적으로 하향 조정한 것은 1920년 8월 왜칙령 207호를 통해서였다. 이때 동시에 1910년 이래 적용해 오던 '문무판임관등급령'도 개정되어 급여가 조정되었다. 고등관관등봉급령에 등재된 학교관계 고등관은 다음과 같다.

전문학교교장(7-3), 동 교수(8-4), 중학교교장(7-3), 동 교유(8-4), 고등보통학교 교장(7-3), 동 교유(8-4), 여자고등보통학교교장(7-3), 동 교유(8-4), 여자고등보통학교교장(7-3), 동 교유(8-4), 공립고등여학교장(8-4), 동 교유(8-5), 공립실업전수학교 교유(8-5), 공립실업학교 교유(8-5)

* 주: 숫자는 관등이다.

1920년 10월에는 고등관관등봉급령이 두 번이나 개정되었다. 하나는 전문학교장에 대한 직급 표를 수정하는 것이고 다른 하나는 공립실업전수학교 교장을 고등관으로 추가하는 것이었다. 1921년 4월에는 사범학교가 부활함에 따라 고등관에 사범학교 교장과 교육가가 추가되는 개정이 있었다.

1922년 조선교육령 개정으로 한민족 교육에 대하여 차별을 없애는 등 유화정책을 보인 침략세력은 1922년 3월 관등봉급령을 다시 개정하여 한민족의 교육을 전담하는 전문학교와 고등보통학교의 학교장과 교수 및 교유를 고등관에 편입하고 있다. 이 봉급령은 이듬해인 1923년 8월에도 바뀌었다. 그것은 이때 감화원이 설립됨에 따라 고등관 대열에 감화원(感化院)의 교유를 포함시키기 위해서였다. 이 봉급령은 또다시 같은 해 11월에도 개정되어 고등관에 도서관장을 추가하고 있다. 역시 이때도 새롭게 도서관을 설립하게 된 것에 연유하고 있다.

이 봉급령은 1924년 5월 또다시 개정되었다. 이때의 개정은 마침 경성제국대학이 새로 설립되어 그 대학의 총장을 비롯한 교수와 여러 직원을 관등봉급령에 삽입하여 고등관으로 편입하기 위한 조치였다. 1926년 4월 '경성제국대학관제'의 개정으로 이 대학의 직원과 정원이 확정되자 고등관에 해당하는 교수와 조교수를 고등관관등봉급령에 추가하기 위해 같은 일자로 개정하였다. 특히 경성제국대학의 직원과 관련해서는 강좌와 관련되는 직무봉 등 여러 특수성이 고려되어 역시 같은 날짜로 '경성제국대학고등관봉급령'을 별도로 정하여 운영하도록 하고 있다.

이 봉급령은 1928년 5월의 개정에서 종래 경성의학전문학교(京城醫學專門學校)에 부속되어 있던 조선총독부의원을 새로 설립된 경성제국대학 의학부의 부속의원으로 바뀐 데 따른 후속조치로 취해지게 되었다. 이 조치에서 조선총독부의원장과 의관이 삭제되는 동시에 경성제국대학 부속의원 의관이 새롭게 추가되었다. 또 1930년 11월의 개정에서는 5년 이상 고등관 3등의 직위에 재직하고 공적이 있는 경성제국대학 예과 교수 1인과 전문학교 교수 각 교 1인을 고등관 2등으로 승진할 수 있게 하고, 도시학관을 고등관에 추가하였다.

이 관등봉급령은 1931년 5월 다시 개정되었다. 이때 있었던 개정은 왜국 관리들의 봉급을 일률적으로 감봉하기 위해서였다. 이는 이 해에 왜국 침략세력이 만주지역을 무단으로 침략하여 만주사변을 일으킨 것과 궤를 같이 한다. 그들은 전쟁을 도발하기 위해 관리의 급여를 줄이면서까지 전비를 조달해야 했던 것이다. 이로써 1등 1급으로 7,000원을 받던 경성제국대학의 총장 급여가 6,200원으로 감봉되고, 1등 1급으로 4,500원을 받던 이 대학의 교수 급여는 4,050원으로 줄었다. 이때 판임관령 또한 개정되어 최고의 1급봉에서 4급봉까지는 각각 20원에서 5원까지의 폭으로 감봉이 있었으나, 5급봉에서 최하의 11급봉까지는 감봉되는 일 없이 그대로 유지되었다.

- 고등관관등봉급령(高等官官等俸給令)(1910. 9. 30., 왜칙령 377호), (1911. 10. 11., 왜칙령 258호), (1912. 3. 28., 왜칙령 45호), (1913. 4. 11., 왜칙령 58호), (1913. 6. 13., 왜칙령 214호), (1914. 5. 19., 왜칙령 97호), (1914. 6. 29., 왜칙령 134호), (1915. 5. 1., 왜칙령 67호), (1916. 4. 1., 왜칙령 83호), (1917. 10. 8., 왜칙령 447호), (1918. 4. 26., 왜칙령 4호), (1919. 8. 20., 왜칙령 447호), (1920. 4. 1., 왜칙령 45호), (1920. 4. 19., 왜칙령 114호), (1920. 8. 18., 왜칙령 257호), (1920. 10. 1., 왜칙령 45호), (1920. 10. 9., 왜칙령 179호), (1921. 2. 12., 왜칙령 22호), (1921. 4. 19., 왜칙령 114호), (1922. 3. 31., 왜칙령 153호, 188호), (1922. 11. 30., 왜칙령 496호), (1923. 8. 29., 왜칙령 383호), (1923. 11. 30., 왜칙령 496호), (1923. 12. 8., 왜칙령 382호), (1924. 5. 2., 왜칙령 106호), (1926. 4. 1., 왜칙령 50호), (1928. 5. 29., 왜칙령 97호), (1928. 5. 29., 왜칙령 98호), (1930. 11. 1., 왜칙령 209호), (1931. 5. 27., 왜칙령 99호), (1931. 5. 27., 왜칙령 99호), (1933. 3. 4., 왜칙령 21호), (1935. 7. 5., 왜

칙령 184호), (1936. 7. 24., 왜칙령 224호), (1938. 7. 28., 왜칙령 519호), (1943. 3. 30., 왜칙령 294호), (1943. 7. 31., 왜칙령 642호), (1943. 8. 20., 왜칙령 677호), (1944. 4. 6., 왜칙령 237호)
- 문무판임관등급령(文武判任官等給令)(1910. 8. 29., 왜칙령 267호), (1920. 8. 18., 왜칙령 259호), (1931. 5. 27., 왜칙령 100호)

왜국 침략세력의 학교교직원 관계 법제로서 1906년에 제정한 '만한재근문관가봉령'이 주요한 지위를 차지하고 있다. 이는 이 법제가 침략의 주구들을 독려하는 법제이기 때문이다. 침략세력은 노왜(露倭)전쟁에서 승리하자 이를 기회로 침략의 마수를 본격적으로 확대하기 위하여 많은 수의 왜국관리들을 만주지역과 한반도에 파견하였다. 이를 이유로 이 법제를 통해 그들을 우대하는 조치를 취하게 된 것이다. 이 법제는 한반도와 만주지역에 파견된 침략의 주구들에게 급여를 우대하는 법제로서 통감과 고등관의 급여를 각각 본봉의 10분의 5와 10분의 5 이내로, 판임관에게는 10분의 8 이내로 추가 지급한다고 규정하고 있다. 이 법제는 그들의 침략의 범위가 대만과 화태까지 확대됨에 따라 1910년 3월 '대만 · 만한 및 화태재근문관가봉령'으로 바뀌었고, 1911년 10월에는 '조선 · 대만 · 만주 및 화태재근문관가봉령'으로 변경되었다. 법제의 이름이 두 번이나 바뀌었는데도 내용은 침략지역을 수탈하기 위해 파견된 주구들을 고무, 우대하는 것으로 크게 바뀐 것이 없다. 그들의 전쟁도발 행위는 처음에는 적중하였다. 승리로 탈취한 영토가 남양군도까지 확대되자 1922년에 이르러 이 가봉령은 다시 '조선 · 대만 · 만주 · 화태 및 남양군도 재근문관가봉령'으로 바뀌었다. 이는 남양군도에 파견된 침략의 주구까지 이 법령에 의해 대우를 높여 고무하려는 의도가 혁혁히 드러나 있다.

이 가봉령은 '경성제국대학고등관봉급령'이 제정되던 1926년 4월 같은 일자로 한반도를 포함하여 왜국이 침략하고 있는 모든 지역에 파견되어 있는 교수와 조교수를 우대하기 위하여 가봉급을 지급할 수 있도록 개정되었다. 이는 한반도에 경성제국대학이 설립된 것과 관련된 것으로 이 가봉령에 경성제국대학의 교수와 조교수를 가봉의 대상으로 추가하는 조치가 취해진 것이다. 왜국 침략세력은 이후 1927년 12월 가봉령에 만주지역의 여순공과대학(旅順工科大學)의 교수와 조교수를 추가하고, 1928년 3월에는 대북제국대학(臺北帝國大學)의 교수와 조교수를 추가하는 개정을 하고 있다. 이는 침략세력이 약탈지역에 어용교수를 파견, 급여를 높여 고무하여 그 지역의 수탈을 보다 강화하는 것이라고 할 수 있다.

이 가봉령은 1932년 6월 또다시 개정되었다. 때마침 왜국 본토에 있는 제국대학에 근무하는 교수들이 침략지역인 한반도를 포함하여 대만, 만주, 화태, 남양군도 지역에 산림을 가꾸는 연습림(演習林)을 관리한다는 명목으로 파견하게 됨에 따라 가봉급을 지급하기 위한 조치였다. 그들의 대학 연구자들이 어용으로 침략지역을 수탈하기 위해 이용하게 된 데에 따른 조치였다고 할 수 있다.

- 만한재근문관가봉령(滿韓在勤文官加俸令)(1906. 12. 1., 왜칙령 306호)
- 대만 · 만한(臺灣 · 滿韓) 및 화태재근문관가봉령(華太在勤文官加俸令)(1910. 3. 28., 왜칙령 137호), (1910. 9. 30., 왜칙령 384호, 조선 · 대만 · 만주 및 화태재근문관가봉령으로 개정)
- 조선 · 대만 · 만주 및 화태재근문관가봉령(1913. 4. 5., 왜칙령 53호), (1920. 9. 15., 왜칙령 399호), (1922. 4. 8., 왜칙령 188호), (1926. 4. 1., 왜칙령 52호)
- 조선 · 대만 · 만주 · 화태 및 남양군도(南洋群島) 재근문관가봉령(在勤文官加俸令) (1927. 12. 28., 왜칙령 371호), (1928. 3. 17., 왜칙령 37호), (1932. 6. 18., 왜칙령 89호)

왜국 침략세력은 앞 가봉령과는 다르지만 교육과 관련하여 침략의 주구들을 고무하는 정책을 또 다른 형식으로 계속해서 만들어 내고 있었다. 왜국은 침략영역을 화태지역과 남양군도에까지 확대하자 1922년 8월 그곳에 파견된 교유와 훈도로서 사감지위에 있는 자에 대하여 칙령을 발해 매월 15원의 수당을 지급하는 조치를 마련하였다. 1923년 2월 이 조치의 개정으로 수당의 지급을 대만에 파견된 직원에게도 확대해 오다가 1924년 8월에 이 조치를 개정하여 한반도에 파견된 교원에게도 확대 적용케 되었다.

• 화태청중학교(華太廳中學校) 또는 화태청고등여학교(華太廳高等女學校)의 교유(敎諭) 또는 남양청공학교(南洋廳公學校)의 훈도(訓導)로서 사감(舍監)으로 종사한 자에 관한 급여 건(1922. 8. 17., 왜칙령 379호), (1923. 2. 28., 왜칙령 40호), (1924. 8. 22., 왜칙령 197호)

'조선 · 대만 및 화태재근문관가봉령' 이외에 침략의 주구를 고무하는 제도는 또 있었다. 급료를 추가로 지급하는 것 이외에 '은급 및 퇴은료에 관한 가산년의 건' 법제에 의해 은급과 퇴은료를 가산해 주기까지 하였다. 학교직원으로 국고의 지급을 받지 아니하는 문관 이상의 직에 있는 자에게도 퇴은료와 유족부조료(遺族扶助料)를 지급하는 제도까지 마련하여 침략의 주구들을 고무하고 있었던 것이다. 즉, 왜국은 한반도에 파견한 왜인을 제1, 제2, 제3 내지인 등 세 가지로 구분하고 한반도에서 관공립학교 직원으로 근무하는 문관인 경우에 제1 내지인에게는 본봉에 재근가봉(在勤加俸)을 지급하고, 제2 내지인에게는 은급과 퇴은료와 관계되는 가산년, 즉 은퇴료에 연수를 가산하여 지급하는 특전을 주었으며, 제3 내지인에게는 국고에서 봉급이 지급되지 않는 공립학교 직원도 특별규정에 따라 퇴은자나 유족에게 부조료(扶助料)를 지급하였다. 한민족으로 관공립학교에 문관자격으로 근무하는 경우에는 제3 내지인과 같이 취급되었다.[9] 이는 아시아 전역에 식민지를 개척하려는 왜국 침략자의 야심을 그대로 내보인 제도다. 왜국 침략세력은 그 후 1923년 4월 은급법을 개정하여 관리가 퇴관할 때 봉급액의 4분의 1을 주던 것을 3분의 1로 증액하였으며, 임의로 퇴관하는 자에게까지 같은 혜택을 부여하였다. 유가족 부조료도 증액하여 은급액의 3분의 1이었던 것을 2분의 1로 하였다. 침략세력은 수탈에 협력하는 왜인의 급여에 가봉을 추가하는 것은 물론 심지어 은급과 부조료 등을 증액하면서까지 유인하고 있었던 것이다.

• 은급(恩給) 및 퇴은료(退隱料)에 관한 가산년(加算年)의 건 개정(왜법률 75호 제1조),

---

9) 文部省, 明治以降 教育制度發達史, 第19卷, p. 556.

(1907. 5. 15., 왜법률 48호), (1907. 5. 15., 왜법률 188호), (1911. 4. 1., 왜법률 65호)

- 은급법(1923. 4. 14., 왜법률 48호)
- 관리은급법 및 관리유족부조료법이 적용되지 않는 자의 은급료와 부조료에 관한 건(1912. 3. 30., 왜법률 11호), (1923. 4. 14., 왜법률 48호), 명치 45년 법률11호에 관한 건(1912. 3. 30., 왜칙령 70호)
- 조선에서의 학교직원(學校職員)으로서 국고로부터 봉급의 지급을 받지 아니하는 문관이상인 자의 국고납금의 수입에 관한 건(1907. 5. 15., 왜법률 48호), (1912. 3. 30., 왜칙령 71호)

1921년 왜국은 전쟁도발을 획책하기 위하여 각급 학교에 현역군인을 배속하고 학생에 대한 학교교련을 강화하기 위하여 관공립학교 교원으로 군에 입대한 자에게 특혜를 주는 조치를 마련하였다. 즉, 그들은 '조선 · 대만 · 관동주의 관립 공립학교 교관으로서 1년 현역에 복무한 자의 급여에 관한 건'을 제정하여 현역에 입대한 교원을 우대하도록 조치하였다. 특히 이 규정은 사범학교를 졸업한 자는 군에 입대하여 1년을 현역에 복무했지만, 학교교육을 위하여 교원 복무의무기간을 어느 정도 단축시켜 현역에 6개월 이상 복무한 후에는 휴가를 주는 형식으로 학교에 복귀시켜 상당액의 교원 급여를 받으면서 교원으로 일할 수 있도록 하였다. 그러나 1926년 8월에 있었던 개정으로 그 혜택대상에서 고등보통학교와 여자고등보통학교의 훈도(訓導)가 제외되고 급여율이 인상되었다. 이는 고등보통학교와 여자고등보통학교조치실습학교로 부속되었던 보통학교가 폐지되었기 때문이었다. 그리고 이 규정은 1928년 5월에는 적용대상을 관립학교 교원에 한정하지 않고 공립학교 교원에게도 확대 적용할 수 있도록 개정하였다. 이는 왜국의 군국주의 기세와 전쟁도발 야욕이 날로 증대되고 있었음을 말한다 할 것이다.

- 조선 · 대만 · 관동주(朝鮮臺灣關東州)의 관립공립학교(官立公立學校)교관으로서 1년 현역에 복무한 자의 급여에 관한 건(1921. 5. 17., 왜칙령 89호), (1926. 8. 6., 왜칙령 270호), (1928. 5. 17., 왜칙령 83호)

1922년 조선교육령 개정과 동시에 교육영역에서 전개되기 시작한 유화정책은 관공립학교 직원의 인사정책을 위해 같은 해인 3월에 '조선총독부제학교관제'라는 새로운 인사법제를 탄생시켰다. 이 관제의 탄생으로 적용해 오던 전문학교관제, 사범학교관제, 중학교관제, 고등보통학교관제, 여자고등보통학교관제 등은 폐지되었다. 이 관제는 침략당국이 직영, 통제하는 중등학교 이상의 학교를 지명하고 그 학교들의 교직원에 관한 사항을 규정하고 있다. 이 관제에서 지명한 관공립학교 명단은 다음과 같다.

- 조선총독부 전문학교: 경성법학전문학교(1, 5, 3, 2), 경성의학전문학교(0, 7, 4), 경성고등공업학교(0. 11. 11.3), 수원고등농림학교(0, 6, 7, 2), 경성고등상업학교(1, 9, 3, 2)
- 조선총독부의 중등학교: 경성사범학교(1, 16, 26, 3), 경성중학교(1, 25, 3), 부산중학교(1, 18, 2), 평양중학교(1, 18, 2), 용산중학교(1, 25, 3), 대전중학교(1, 16, 2), 대구중학교(1, 12, 2), 원산중학교(1, 8, 1), 경성제1고등보통학교(1, 31, 3), 경성제2고등보통학교(1, 12, 2), 평양고등보통학교(1, 24, 8, 3), 대구고등보통학교(1, 18, 2), 함흥고등보통학교(1, 18, 2), 전주고등보통학교(1, 15, 2), 신의주고등보통학교(1, 8, 1), 광주고등보통학교(1, 12, 1), 동래고등보통학교(1, 4, 1), 해주고등보통학교(1, 4, 1), 경성고등보통학교(1, 4, 1), 경성여자고등보통학교(1, 16, 8, 2), 평양여자고등보통학교(1, 12, 2), 경성공업학교(0, 15, 1), 이리농림학교(1, 4, 1)

* 주: 숫자는 직원정원이다. 범례: 전문학교(학교장, 교수, 조교수, 서기), 사범학교, 평양고등보통학교 및 경성여자고등보통학교(교장, 교유, 훈도, 서기), 중학교 및 고등보통학교(교장, 교유, 서기).

이 관제는 전문학교의 학교장은 칙임이나 주임으로 임명토록 하였고, 교수와 조교수는 각각 주임과 판임으로 임명토록 하였으며, 중등단계의 학교장은 주임으로, 교유(教諭)는 주임 또는 판임으로, 훈도는 판임으로 각각 임명토록 하고 있다. 서기는 어느 경우에나 판임으로 임명하도록 하였다. 이 관제는 1923년 4월에 광주중학교와 공주고등보통학교, 즉 왜인과 한민족의 중등학교가 각각 추가되고 그에 따라 추가로 직원이 재배정되는 개정을 하게 되며, 다음 해인 1924년 5월에는 모든 학교에 교직원이 추가되는 개정이 이루어졌다. 이 관제는 1924년 4월에도 개정되었다. 이는 왜인의 학교인 나남(羅南)중학교와 한민족의 학교인 청주고등보통학교와 춘천고등보통학교가 신설될 예정이었으므로 이를 관제에 추가하기 위해서였다. 이는 다음 해인 1925년 4월에 개정되어 총독부가 직접 운영하는 사범학교와 실업학교는 경성사범학교와 경성공업학교로 제한하고 그 밖의 중학교를 비롯한 고등보통학교, 여자고등보통학교, 고등여학교 등은 직영학교에서 제외시켰다. 이로부터 총독부가 직영하는 관립학교는 경성법학전문학교, 경성의학전문학교, 경성고등공업학교, 수원고등농림학교, 경성고등상업학교 등의 전문학교와 경성사범학교와 경성공업학교 두 학교만 포함하고 관립으로 총독부 직영하에 있던 그 밖의 학교들은 도의 지방비에 의존하는 공립학교가 되었다. 이러한 조치를 왜국 침략세력은 '행정정리'라고 부르고 있었다.[10)]

조선총독부제학교 관제는 1925년 5월에도 개정되었으나 이 개정에서는 경성사범학교의 교유를 25인에서 3인이 증가한 28인으로 증원하는 조치가 있었을 뿐이었다. 이어 이로부터 2년 후인 1927년 6월 이 관제는 다시 개정되어 수원고등농업학교에 실업보습학교교원양성소를 설치하고 이 양성소에 주사(主事) 등 직원을 배치하는 조치가 취해졌다. 이때 취해진 또 다른 조치는 경성의학전문학교 교장이 당연직으로 조선총독부의원장(朝鮮總督府醫院長)을 겸하도록 하던 것을 금지시킨 일이었다. 이는 총독부의원이 경성제국대학의학부의 부속의원으로 바뀐 데 따라 더 이상 경성의학전문학교와 무관해진 때문이다. 그러나 이 개정으로 부속의원이 없어진 경성의학전문학교를 위해 1928년 5월 이 관제는 다시 개정되어 별도의 부속의원을 설치하도록 하는 동시에 의원장과 약국장을 두도록 하였다.

이 관제는 1929년 4월에 종래 지방비로 설립한 대구사범학교와 평양사범학교를 관립으로 전환하는 조치와 함께 실업보습학교를 수원고등농림학교에 부치(付置)하는 개정이 이루어졌다. 그리하여 이 개정은 사범학교와 실업학교의 변화에 따른 직원의 이동에 대해서도 변화를 주었다. 이 개정으로 관립학교에는 두 사범학교가 추가되어 9개교가 되었다. 굳이 지방비로 설립한 사범학교를 관립으로 바꾼 것은 교원양성을

---

10) 文部省, 전게서, p. 1116.

지방에 의뢰하는 것은 수탈에 방해가 된다고 판단한 때문이었을 것이다. 반도 전체의 관립학교 명단과 직원의 정원을 소개하면 다음과 같다.

- 경성법학전문학교(1, 6, 0, 3, 0, 2)
- 경성의학전문학교(1, 17, 0, 5, 0, 4)
- 경성고등공업학교(0, 13, 0, 10, 0, 2)
- 수원고등농림학교(0, 11, 2, 9, 0, 2)
- 경성고등상업학교(1, 11, 0, 4, 0, 2)
- 경성사범학교(1, 0, 29, 0, 31, 3)
- 대구사범학교(1, 0, 17, 0, 0, 2)
- 평양사범학교(1, 0, 11, 0, 0, 2)
- 경성공업학교(0, 0, 15, 0, 0, 1)

* 주: 숫자는 직원정원이다, 범례(학교장, 교수, 교유, 조교수, 훈도, 서기).

이 관제는 1929년 11월 권업모범장이 농사시험장으로 이름이 바뀐 데 따른 개정이 있었다. 이 개정으로 수원고등농림학교장이 겸임하게 되어 있는 권업모범장장은 농사시험장장이 되었다. 1930년 3월의 개정에서는 수원고등농림학교와 평양사범학교의 직원이 증원되었다. 이어 1931년 4월에는 이 관제의 직원정원 표가 개정되었다. 이 개정으로 경성사범학교, 대구사범학교, 평양사범학교 등의 교유가 각각 1인, 3인, 7인 증원되었다.

날로 늘어만 가던 각급 학교의 직원 정원은 1932년 6월의 개정에서 다시 줄었다. 경성법학전문학교의 조교수는 3인이던 것이 2인으로 줄었고, 경성의학전문학교의 교수는 17인이던 것이 16인으로 줄어드는 등 학교마다 직급에 따라 1, 2명씩 줄이는 조치가 있었다.

- 조선총독부제학교관제(朝鮮總督府諸學校官制)(1922. 3. 31., 왜칙령 151호), (1923. 4. 9., 왜칙령 155호), (1923. 5. 21., 왜칙령 252호), (1924. 4. 19., 왜칙령 91호),

(1925. 4. 1., 왜칙령 86호), (1925. 5. 21., 왜칙령 199호), (1927. 6. 28., 왜칙령 199호), (1928. 5. 29., 왜칙령 97호), (1929. 4. 19., 왜칙령 83호), (1929. 11. 4., 왜칙령 318호), (1930. 3. 31., 왜칙령 54호), (1931. 4. 20., 왜칙령 63호), (1932. 7. 16., 왜칙령 139호)

1922년 6월에는 1912년 대한제국의 대민 의료시설이었던 광제원(廣濟院)과 혜민원의 기능을 이어 받아 설립된 제생원을 위한 법제로 적용해 오던 '조선총독부제생원관제'를 개정하고 있다. 역시 직원의 정원을 조정하기 위한 것이었다. 이 법제는 관련 의료원 양성과 관련하여 하나의 교육행정에 속하는 사무가 되어 있었다. 이 법제는 1932년 7월 직원을 줄이기 위하여 개정되었다. 1931년 만주지역에 전쟁을 도발한 왜국은 전비를 충당하기 위해 심지어 제생원 직원까지도 15명에서 12명으로 줄이지 않으면 아니 되었던 것이다.

- 조선총독부제생원관제(朝鮮總督府濟生院官制)(1912. 3. 28., 왜칙령 43호), (1922. 6. 7., 왜칙령 322호), (1932. 7. 20., 왜칙령 147호)

한편 1923년 8월에 이르러서는 불량소년들의 수감기관인 감화원을 설립하기 위하여 '조선총독부감화원관제'가 처음으로 제정되었다. 이때부터 감화원에 수감 중인 불량소년의 교육 또한 교육행정의 대상이 된 것이다. 이 감화원에는 원장 1인과 교유 전임 3인과 서기 전임 1인을 두고 있었다.

- 조선총독부감화원관제(朝鮮總督府感化院官制)(1923. 8. 29., 왜칙령 382호)

대한제국 정부하에서는 규장각(奎章閣), 춘추관(春秋館), 홍문관(弘文館), 교서관(校書館), 승문관(承文館), 도화서(圖畵署) 등 여러 기관이 각기 다른 기능과 함께 도서를 보관하고 열람하는 기능을 수행하여 왔으나, 도서관이란 새로운 이름으로 기능을 수행하게 된 것은 식민지하 침략세력의 영향에서 이루어졌다. 침략세력은 1923년

11월에 이르러 비로소 '조선총독부도서관관제'를 제정하고 서울에 도서관을 설립하였다. 이 관제는 주임으로 임명되는 관장 이외에 판임으로 임명되는 전임 1인의 서기로 구성하도록 규정하고 있다. 이 관제가 출현하여 도서관이 설립된 후 2년 만인 1925년 5월 처음으로 개정되어 판임으로 임명되는 사서(司書)를 전임 3인 두도록 추가하고 서기 1인을 증원하고 있다. 그 후 이 도서관관제가 바뀐 것은 1929년 5월로 사서가 1인 증원되는 개정이었다.

• 조선총독부도서관관제(朝鮮總督府圖書館官制)(1923. 11. 30., 왜칙령 493호), (1925. 5. 18, 왜칙령 191호), (1929. 5. 6., 왜칙령 110호)

1924년 5월 '경성제국대학관제'가 제정되었고, 이는 한반도에서의 최초의 대학인사법제가 되었다. 1919년 3 · 1 독립운동과 함께 전개된 한민족의 민립대학 설립운동은 침략세력에 크게 충격을 가하여 그들로 하여금 제국대학창립위원회를 구성하면서까지 서둘러 관립의 제국대학을 설립하게 하였다. 이는 한민족의 민립대학 설립운동에 기선을 빼앗기면 통제가 어려워질 것이라는 판단 때문이었다. '경성제국대학관제'는 칙임의 총장과 판임의 서기 전임 2인을 직원으로 하고, 이에 예과를 설치하여 그곳에 부장, 교수(주임, 전임 15인), 생도감, 조교수(판임, 전임 2인) 등을 두도록 하였다. 그러나 이 관제는 7개월 만에 다시 바뀌어 교수의 정원을 15인에서 14인으로 줄이고 있다. 이 관제는 1926년에 종래 총장과 서기로만 구성되어 있던 경성제국대학의 직원에 교수 전임 34인, 조교수 전임 16인, 사문관 전임 1인, 학생감, 사서관 전임 1인, 조수 전임 17인, 서기 13인, 사서 전임 2인을 추가하고 임무를 정의하는 개정을 하고 있다. 이는 이 대학이 이미 1924년에 시작된 예과에서 진급해 오는 학생을 수용하기 위하여 학부를 구성하기 위한 조치였다. 다음 해인 1927년 2월에는 다시 이를 개정, 조교수와 조수가 각각 전임 12인과 17인이던 것을 22인과 26인으로 증원하였다. 역시 같은 해 6월에 다시 이를 개정, 교수 34인, 조교수 22인, 조수 26인, 서기 13인, 사서 2인이던 직원을 각각 52인, 27인, 42인, 17인, 3인으로 증원하였다. 또 1928년 4월에도 이 관제를 개정하여 교수 72인 조교수 42인, 조수 70인으로 증원하였다. 1929년에 있었던 이 관제의 개정에서도 역시 대학의 직원 수를 늘리는 조치를 취하고 있었다. 이는 날로 이 대학의 규모가 커지고 있음을 말해 주는 것이다.

1932년 7월의 개정에서는 다시 경성제국대학의 직원 수를 줄이고 있었다. 1931년 만주사변의 도발로 많은 전비가 필요했던 침략세력은 행정정리라는 이름으로 대학직원 수까지 감원해야 하였던 것이다. 감원조치로 73인이었던 경성제국대학의 교수가 3인이 줄어 70인이 되었고, 조교수는 4인이 줄어 43인이 되었으며, 조수의 수는 8인이 줄어 68인이 되었다.

• 경성제국대학관제(京城帝國大學官制)(1924. 5. 2., 왜칙령 103호), (1924. 12. 25., 왜칙령 421호), (1926. 4. 1., 왜칙령 46호), (1927. 2. 26., 왜칙령 19호), (1927. 6. 2., 왜칙령 153호), (1928. 4. 18., 왜칙령 57호), (1929. 4. 18., 왜칙령 76호), (1932. 7. 16., 왜칙령 138호)

경성제국대학의 직원을 포함하는 대부분의 식민지 관료들은 모두 '고등관관등봉급령' 규정에 따르게 되어 있었다. 그러나 침략세력은 대학과 직원에 관해서만은 특수성을 고려하여 '경성제국대학고등관봉급령'을 따로 제정하였다. 이 봉급령은 교수와 조교수의 봉급교수의 반수와 고등관과는 달리 본봉과 직무봉으로 나누고 담당강좌에 대해서는 직무봉을 지급하도록 하였다. 이 봉급령은 1928년 5월 개정되어 이 대학의 고등관에 이때 새로 설치된 부속위원의 의원장(醫院長)을 추가하게 되었다. 경성제국대학의 고등관관등봉급령은 1931년 5월에 만주사변 도발과 함께 전비를 조달하기 위해 직원의 급여를 감봉하는 개정이 이루어졌다. 1,200원이던 급여가 1,050원이 되고, 600원이던 것이 550원이 되는 등 무차별 감봉이 이루어졌다.

• 경성제국대학고등관봉급령(京城帝國大學高等官俸給令)(1926. 4. 1., 왜칙령 51호), (1928. 5. 29., 왜칙령 99호), (1931. 5. 27., 왜칙령 108호)

대학 사무의 특수성에 따라 '경성제국대학고등관봉급령'을 따로 제정하여 운영하려 했던 왜국 침략세력은 또다시 같은 날짜로 대학직원의 임용과 관련되는 '경성제국대학사무관, 경성제국대학사서관, 경성제국대학사서 특별임용령'을 제정하였다. 경성제국대학의 사무관으로 임용되는 자는 고등시험위원의 전형을 거쳐야 하나 적어도 ① 교육행정에 관계되는 고등관 직위에 있었던 자, ② 3년 이상 교육행정에 관한 주임관 대우의 직에 있던 자, ③ 5년 이상 교육행정에 관한 판임관 직에 있으면서 판임관 5급봉 이상의 봉급을 받았던 자 중에서 이루어져야 한다고 규정하고 있으며, 이 대학의 사서관이나 사서의 임용에도 엄격한 기준을 요구하고 있다.

- 경성제국대학사무관(京城帝國大學事務官), 경성제국대학사서관(京城帝國大學司書官) 및 경성제국대학사서(京城帝國大學司書) 특별임용령(特別任用令)(1926. 4. 1., 왜칙령 53호)

1922년 3월에 이르러 왜국 침략세력은 조선공립학교관제를 새롭게 제정하였다. 이는 학교비령과 학교조합법 등에 따른 도지방비로 운영되는 공립학교를 대량으로 증설함에 따라 공립학교를 일괄하여 통제하기 위해서였다. 이 법제는 공립의 사범학교를 비롯하여 고등보통학교, 여자고등보통학교, 중학교, 고등여학교, 실업학교에는 학교장, 교유, 사감, 주사, 훈도, 보모, 서기 등의 직원을, 공립의 보통학교와 소학교에는 학교장과 훈도를 각각 두도록 하고, 직원이 각기 해야 할 임무에 관하여 규정하였다. 이 관제의 제정으로 필요하지 않게 된 기존의 조선공립고등여학교관제, 조선공립실업전수학교관제, 조선공립실업학교관제, 조선공립소학교관제, 조선공립보통학교관제 등은 폐지되었다. 이 관제는 1930년 12월 개정되어 도지방비에 부(府)를 추가하게 되었다. 이는 때마침 부제(府制)가 개정되어 부가 그 법의 위임으로 독자적으로 학교를 관리할 수 있는 권한을 가지게 되었기 때문이었다.

- 조선공립학교관제(朝鮮公立學校官制)(1922. 3. 31., 왜칙령 152호), (1930. 12. 1., 왜칙령 235호)
- 화태청중학교 또는 화태청고등여학교의 교유 또는 남양청공학교의 훈도로서 사감사

무에 종사하는 자에 관한 건(1922. 8. 17., 왜칙령 379호), (1923. 2. 28., 왜칙령 40호), (1924. 8. 22., 왜칙령 197호), (1930. 12. 1., 왜칙령 235호)

왜국 침략세력은 1929년 2월에 이르러 '조선공립소학교장 및 조선공립보통학교장 우우령'을 제정하여 공립의 보통학교나 소학교에서 교장으로 있는 자가 15급 이상 훈도의 직에 있던 자로 4급봉 이상의 급여를 받는 공로자는 40인 안에서 주임으로 특별 우대하는 조치를 마련하였다. 이 역시 침략의 주구를 고무, 독려하여 수탈을 배가하기 위한 것이었다.

- 조선공립소학교장(朝鮮公立小學校長) 및 조선공립보통학교장우우령(朝鮮公立普通學校長優遇令)(1929. 2. 4., 왜칙령 6호)

이 교장우우령에 이어 1932년 9월 '조선 · 대만 · 관동주 및 남양군도 관공립 소학 등 우우령'이 제정되었다. 이는 한반도에서만 적용하던 교장 특별우대 조치를 대만, 관동주, 남양군도 등의 여러 지역에 파견된 교장에게도 적용하기 위해서였다. 침략세력은 한편으로 가봉, 은급, 가족부조와 같은 혜택을 부여하면서, 다른 한편으로 주임으로 우대하는 등의 조치를 통해 교장에게 충성심을 확보하여 그들을 침략의 도구로 활용하고 있었던 것이다.

- 조선, 대만, 관동주 및 남양군도 관공립소학교장 등 우우령(優遇令)(1933. 9. 27., 왜칙령 261호)
- 조선에서의 학교직원으로서 국고로부터 봉급의 지급을 받지 아니하는 문관 이상인 자의 국고납금의 수입에 관한 건: 신은급법(新恩給法)(1907. 5. 15., 왜법률 48호)

6 결 론

지금까지 왜의 침략기 교육행정법제에 대하여 비교적 소상하게 관찰해 왔다. 왜의 침략기의 교육행정법제란 침략세력이 교육영역에서 전개하여 온 수탈의 핵심 법제라는 점에서 왜의 침략기 교육법 제도 연구에서도 핵심이라 할 수 있다. 이제까지 살펴온 여러 수탈의 교육행정법제는 침략세력이 직접 의사결정을 통하여 제정해 온 것이기는 하지만 적지 않은 부분은 우리 민족의 줄기찬 항쟁이 침략세력을 움직여 만들어낸 것이었음을 찾아볼 수 있었다. 우리 민족의 항쟁은 때를 가리지 않고 부단히 계속되었지만 1919년 3 · 1 독립운동으로 대표되는 항쟁은 침략세력의 유화정책을 유도하여 1922년의 유화적인 교육행정법제를 낳게 하였다. 우리 민족의 저항은 그 후에도 계속되어 꾸준히 유화책을 만들어 내었고, 1938년의 보다 유화적인 교육법제를 출현하게 하였다. 다른 한편으로 그러한 유화책은 침략세력의 전쟁도발 야욕에 악용되어 우리 민족을 사지의 전장으로 몰고 가는 도구가 되었다.

참고문헌

姜吉秀, 韓國教育行政史研究, 教育出版社, 1976.

高大亞細亞問題研究所, 舊韓國外交文書(I–XXII), 高大出版部, 1973.

國會圖書館, 憲法制定會議錄(制憲國會), 1967.

金鍾權 譯, 金富軾 原著, 完譯 三國史記, 先進文化社, 1969.

內閣記錄局, 法規類編(1–7卷), 隆熙 2年.

內閣記錄局, 法規類編(原), 建陽元年 1月.

內閣記錄局, 法規續編(上, 下), 隆熙 3年.

唐澤富太郎, 近代日本教育史, 誠文堂 新光社, 1973.(왜문)

文教法典編纂會 編, 文教法典, 教學社, 1989.

文教部, 文教40年史, 大韓教科書株式會社, 1988.

文部省, 學制百年, 帝國地方行政學會, 1973.(왜문)

文部省教育史編纂會, 明治以降教育制度發達史(第10卷), 龍吟社, 1939.(왜문)

法制處, 典律通補(上・下), 有豊印刷株式會社, 1971, 1972.

宋炳基 外 編, 韓末近代法資料集(I–IX), 國會圖書館, 1970~1972.

安基成, 교육법제 100년과 고등교육법제, 고등교육연구 제6권 제2호, 고등교육연구회, 1994.

安基成, 教育法學硏究, 高大出版部, 1989.

安基成, 일본식민지교육행정법제사 연표(1910~1945. 8), 교육문제연구 제5집, 고대교육문제연구소, 1993.

安基成, 한국근대교육법제 100년과 한국교육의 변천, 교육법연구 제5호, 대한교육법학회, 1993.

安基成, 韓國近代教育法制硏究, 高大民族文化硏究所, 1984.

吳天錫, 韓國新教育史, 現代教育圖書出版社, 1964.

議政府總務局, 法規類編(續一), 光武2年, 5年.

李萬珪, 朝鮮教育史(上, 下), 乙酉文化社, 1949.

李丙燾, 新修韓國史大觀, 普文閣, 1972.

李用熙 編, 近世韓國外交文書總目, 國會圖書館, 1966.

李炫熙, 大韓民國臨時政府史, 集文堂, 1982.

李弘稙, 國史大事典, 一中堂, 1979.

朝鮮總督府中樞院, 李朝法典考, 朝鮮印刷株式會社, 1926.

中大教育問題硏究所, 文教史, 三和印刷出版社, 1974.

淺見倫太郎, 朝鮮法制史, 巖松堂書店, 1922.(왜문)

韓國古典國譯委員會, 國譯 大典會通, 高大出版部, 1960.

玄岩社 編, 法典, 1975.

제8장

한국근대교육법제 100년과 한국교육의 변천

1 서 론

백여 년 전 우리나라의 근대선각자들은 역사의 변혁기에 처하여 '교육입국(敎育立國)'의 기치를 들고 용기와 영단으로 교육제도의 개혁에 착수하여 우리 교육의 새로운 시대를 열었다. 1894년 고종(高宗)의 왕명에 따라 근대국가제도의 발진기지인 '군국기무처(軍國機務處)'가 구성되고 이에 의해 정부조직법인 '의정부관제(議政府官制)'와 '각아문관제(各衙門官制)'가 제정되었다. 특히 '각아문관제'는 근대교육의 최고행정기관인 '학무아문(學務衙門)'에 관하여 규정해 둠으로써 최초의 교육법제가 되었다. 이 법제에 따라 국가교육행정기관인 학무아문이 설치되었고, 이 기관을 통하여 근대교육제도 확립을 위한 여러 계획과 실천이 이루어졌다.[1] 학무아문의 설치는 근대교육행정조직의 확립을 의미하며, 또한 근대국민교육제도인 공교육제도가 창시(創始)되었음을 뜻하는 것이다. 학무아문은 이때부터 근대교육의 기초를 확립하고 이듬해인 1895년부터는 점진적인 교육근대화의 계획에 따라 '한성사범학교관제', '외국어학교관제', '소학교령', '중학교관제', '상공학교관제', '의학교관제' 등과 같은 근대학교법제

---

1) 안기성, 한국근대교육법제연구, 고대민족문화연구소, 1984, pp. 77-85.

들을 착착 제정하고 그에 따른 근대학교를 설립하기 시작하였다. 이들 근대교육법제는 한반도를 둘러싼 복잡다단했던 정치상황에도 꾸준히 당면한 교육과제를 해결해 오면서 기초를 확립 · 발전시켜 왔다. 한때 국권의 중단으로 침략자들의 손에 의해 운영되기도 하고 전란으로 실시하기 어려울 때도 있었으나 그러한 상황에서도 이 땅에 교육을 보급하고 이에 충실하려는 국민의 열의와 노력에 힘입어 이 법제들은 오랜 전통을 유지 · 발전시켜 오늘에 이르렀다. 이제 우리는 우리 교육법제의 뜻을 깊이 새기고, 과거 100년의 발자취를 분명하게 함으로써 이를 거울삼아 장차 우리 교육이 나아갈 바를 바로 설정하고 이를 더욱 발전시켜 가야 할 각오를 가다듬을 때에 와 있다. 동시에 1세기의 오랜 역사 속에서 교육법제를 운영하며 쌓아 온 경험을 재확인하고 이를 토대로 우리 교육의 미래를 다시 설계해야 할 때이기도 하다.

100년 전 이 땅에 처음 들어온 근대교육법제는 우리의 전통 교육법전과 무관하지 않고 오히려 이를 적지 않게 계승하고 있다. 때문에 근대법전 100년에 즈음해 우리는 다시 조선조의 전통 교육법제에 눈을 돌려 근대교육법제와의 관계와 영향 등을 관찰할 필요가 있다.

1894년 군국기무처의 설치와 함께 근대화개혁에 착수한 당시 우리 정부는 '한성사법학교관제'를 효시로 '외국어학교관제', '소학교령', '중학교관제', '의학교관제', '상공학교관제' 등의 근대교육법제를 점진적으로 제정하고, 이에 따라 근대학교제도를 성공적으로 수용 · 정착시켜 왔다. 그 후 외침으로 국권이 중단되거나 골육상쟁의 전란을 치르는 등 파란 많은 우여곡절을 겪어야 했으나 100년의 오랜 기간 근대국가의 국정을 운영하는 것은 물론 교육경영에도 적지 않은 성숙된 경험을 쌓았다.

그러면 근대법제 이전의 교육법제부터 논의를 시작해 보기로 하자.

❷ 근대교육법제 이전의 교육법제

근대교육법제 이전의 교육법제는 조선조 법전인 『대전회통(大典會通)』에 모두 수록되어 있다. 원래 조선조의 법제는 『경국원전(經國元典)』과 『속전(續典)』에서 비롯한다. 이로 시작한 조선조의 법전은 이후 개정·보완을 거쳐 『경제육전(經濟六典, 태조 초)』, 『원육전(元六典, 태종 말)』, 『속육전(續六典, 태종 말)』, 『경국대전(經國大典, 1460~1469)』, 『수교집록(受教輯錄, 1543~1698)』, 『전록통고(典錄通考)』, 『속대전(續大典, 1746)』, 『전률통보(典律通補, 1785~1787)』, 『대전통편(大典通編, 1785)』, 『대전회통(大典會通, 1865)』으로 발전하여 왔다. 그중 『대전회통』은 조선조 최후의 법전이라는 점에서 국가운영의 경험이 잘 축적된 가장 완숙한 법전이라고 할 수 있다.[2)]

이 법전은 이전(吏典), 호전(戶典), 예전(禮典), 병전(兵典), 형전(刑典), 공전(工典) 등 육전으로 구성되며, 그중 '예전'이 핵심 교육법제였다. 여기서 예전을 가리켜 굳이 핵심 교육법전이라고 한 것은 예전 이외에 이(吏)·호(戶)·형(刑)·공(工) 등의 각전(各典)이 각각 부분적으로 교육에 관계되는 규정을 가지고 있기 때문이다.

지금껏 우리는 조선조의 교육을 이해하려 할 때, 대체로 성균관, 사학(四學), 향교(鄕校), 서원(書院), 서당(書堂) 등 공사립의 학교제도만을 관심의 대상으로 삼아 왔다. 그러나 교육은 인간의 형성과 인재양성을 목적으로 하는 활동이기에 학교제도에만 한정하여 조선조의 교육행정을 생각하는 것은 적절하지 않다. 『대전회통』에 따르면, 조선조의 교육행정제도에는 학교제도 이외에도 관련된 영역이 수없이 많았다. 교육의 전담기관인 예조(禮曹)뿐만 아니라 이(吏)·호(戶)·형(刑)·공조(工曹) 등 다른 정부기관과 지방관서 그리고 소속관아들까지도 직·간접으로 교육에 관여하는 체제를 구축하고 있었고, 특히 제과(諸科), 생도(生徒), 취재(取才), 장문서(藏文書), 장권(獎勸), 아속악(雅俗樂), 선상(選上), 시취(試取), 재식(栽植), 공장(工匠) 등 각전의 여러 제도를 통하여 교육활동을 주도해 왔던 것이다.

조선조는 전통적으로 학교제도와 도제제도를 핵심으로 하는 교육제도를 운영하여 왔다. 이 학교제도는 성균관, 사학, 향교 등의 국립학교와 서원, 서당 등의 사립학교로 구성되어 있었고, 이 학교들은 대체로 유학을 핵심교과로 하여 유교적 교양의 습득과 관료의 양성을 주요 임무로 하였다. 도제제도에는 당시의 정부부서인 각 관아(官衙)

2) 安基成, 朝鮮朝의 教育法制와 教育行政, 民族文化研究(제27호), 고대민족문화연구소, 1994년 가을 발표.

가 '일하면서 배우는' 도제교육기관으로 구실하였다. 호조와 형조를 비롯하여 각 관아와 지방관서에는 교수(教授)나 훈도(訓導) 또는 훈회장인(訓誨匠人)이 파견되거나 임명되어 이들로 하여금 배정된 생도(生徒)나 장인 후보자를 지도하도록 하여 사회가 필요로 하는 전문요원이나 장인을 양성하도록 하였다. 그 밖에 장인은 세습이나 민간수준의 도제제도 형식으로 대처하기도 하였다. 각 관아(官衙)를 중심으로 전개되는 도제제도는 산학(算學) 또는 주학(籌學) · 율학(律學) · 역학(譯學) · 의학(醫學) · 천문학(天文學) 등의 전문적인 국가요원은 물론 목장(木匠) · 옹장(瓮匠) · 칠장(漆匠) 등과 같은 장인들의 산업요원과 아속악(雅俗樂) · 여기(女技) · 여의(女醫) 등의 기예와 여성의료요원을 양성하는 교육제도로 활용하고 있었다. 특히 역학에서는 한학, 몽학, 왜학, 여진학 등 여러 외국어가 영역별로 고루 교수되었다. 이는 당시 인접 국가들과의 교류를 위하여 필요하였던 까닭이다.

이들 교육제도를 뒷받침하는 조선조 법제는 예전의 학교와 제반교육상황을 다룬 제과(諸科) · 생도(生徒) · 취재(取才) · 장권(奬勸) · 선상(選上) 조항, 이전의 인재의 등용을 다룬 취재(取才) · 천거(薦擧) · 제수(除授) 조항, 호전의 교육예산을 다룬 판적사(版籍司) · 회계사(會計司) · 경비사(經費司) 조항, 병전의 무관의 인사 및 포상의 절차를 규정한 임명 · 고신(告身) · 녹패(祿牌) · 부과(賦過) · 사가(賜暇) · 무과고시(武科考試) 등을 규정한 무선사(武選司) 조항, 형전의 고률사(考律司) 조항, 공전의 영선(營繕) · 도량형(度量衡) · 주차(舟車) · 재식(栽植) · 철장(鐵場) · 시장(柴場)조항과 장인(匠人)조항 등이 있다. 이러한 제도들은 학교제도와 도제제도와는 다른 교육제도로서 시험이나 장려 등의 제도를 통하여 학습의 기준이나 유지 · 발전시켜야 할 기술을 제시해 교육에 간접적으로 기여하였다.

조선조의 교육법제는 1875년 개항 이후에도 한동안 오래 계속되었다. 1875년 조선조는 운양호사건을 계기로 오랜 쇄국정책을 개방정책으로 전환하였다. 개항 초기에는 고유의 교육제도를 고수하면서 새롭게 들어온 근대교육제도를 이에 접목하는 형식으로 수용하려 하였다. 국립의 근대학교로 육영공원(育英公院)을 설립하여 종래의 성균관 · 사학 · 향교 등의 재래 학교제도와 병립하게 하였고, 사립의 근대학교로서는 이화학당(梨花學堂), 배재학당(培材學堂) 등을 설립하게 함으로써 서원이나 서당과 같은 학교제도와 병존하게 하였다. 조선조는 근대화조치에 맞추어 외국에서 외국전문요원을 초청·고용하고 이들을 각각 해당 관서에 파견·임명하여 도제제도 형식으로 내국인의 신인을 양성하여 갔다. 이는 조선조가 종래의 교육관행을 존속시켜 가면서 부분적으로 이에 접목하여 근대화에 대응하여 왔음을 의미하는 것이다. 이는 『대전회통』의 법전이 1894년 전폭적인 교육개혁이 이루어질 때까지 유지되어 조선조의 교육법제로 기능하였음을 말해 준다.[3)]

❸ 근대교육법제의 생성과 발전

그러나 1894년부터는 고유 정통학제에 대한 서구학제의 접목차원을 넘어 근대학교제도를 위해 교육제도를 재편하기 시작하였다. 더구나 이 무렵 있었던 동학농민운동은 결국 변화를 바라는 개혁세력에 정치적 승리를 가져다줌으로써 그들의 근대화의 요구를 받아들이지 않을 수 없었다. 조선조는 수습책의 일환으로 종래 제도를 전면적으로 개폐하여 근대화에 박차를 가하기 시작하였다. 이때부터 근대화의 발진기지로서 '군국기무처'를 구성하고 근대화를 위한 개혁에 착수하여 근대국가의 조직과 제도를 완성하고 국호를 '대한제국'으로 바꾸는 등 근대화에 커다란 획을 긋는 작업을 하게 된다. 특히 교육법제로서는 '각아문관제'를 제정하고 근대적인 정부조직에 착수하여 최고의 교육행정부서인 학무아문을 설치한다. 이때부터 『대전회통』에 따른 일체의 제도가 폐기되고 새로운 근대법제가 등장하는 것이다. 따라서 '예전' 등 교육법제 또한 폐기되고, 종래의 교육행정기관이던 예조 등의 기관 역시 폐지되었다.

그리하여 새로운 근대교육법제의 출현이 이어지고 근대학교들이 속속 설립되기 시

3) 조선조의 외교문서는 군사, 의술, 공업 등 외국의 기술인을 초청하여 고용할 때마다 입국비자를 '교사'로 발급하여 왔음을 보여 주고 있다. 이는 이렇게 고빙된 외국인은 해당 관아에 파견되어 한국인을 지도하는 교사로 활동하도록 하였음을 의미하는 것이다.
안기성, 구한국정부의 외교와 교육, 교육논총(제14호), 고대교육대학원, 1984, pp. 15-36.

작했다. 법관양성기관인 법관양성소, 교원양성기관인 한성사범학교, 외국어 교육기관인 외국어학교, 초등교육기관인 소학교, 중등교육기관인 중학교, 전문요원과 실업요원의 양성기관인 의학교와 상공학교 등이 관련법제와 함께 들어서기 시작하였다. 이러한 교육근대화는 저항 또한 적지 않았으나 비교적 성공적으로 진행되고 있었다. 근대화로의 변혁이 성공적으로 진행될 수 있었던 것은 이미 『경국대전』에서 『대전회통』에 이르는 법전을 오랫동안 운영해 온 경험이 새로운 제도에 쉽게 적응할 수 있도록 도왔기 때문이다. 즉, 형조의 율학은 법관양성소로, 예조의 한학 · 왜학 · 몽고학 · 여진학 등의 역학(譯學)은 외국어학교로, 호조의 산학(算學) 혹은 주학(籌學)과 공조의 공장은 상공학교로, 전의감 · 혜민서 등의 의학은 의학교로 각각 계승되고 있다. 구제도와 신제도가 내용상 큰 차이가 있는 것은 사실이나 교육의 분업체제상 유사성이 있기 때문에 적응 · 융합되기가 용이하였다고 할 수 있다.

이제부터 근대교육법제를 보다 자세하게 이해하기 위하여 법제의 특징에 따라 시대를 구분하고 그의 생성과 발전과정을 시대별로 살펴가기로 하겠다.

1) 근대교육법제의 생성과정과 시대구분

우리나라의 근대교육법제의 생성과 발전과정에 대한 시대구분은 학교관제기, 학교령기, 교육령기(학교규칙기, 학교규정기, 통합학교규정기, 전시학교규정기), 과도교육법제기, 교육법기(제1, 2, 3, 4, 5기) 등 5단계로 나눌 수가 있다. 이 구분은 이제까지 교육사에서 정치사를 중심으로 시대를 구분해 오던 것과는 달리 교육법제의 형식에 따라 구분한 것이다. '학교관제기'는 1894년부터 1905년까지로 주로 교육법제가 '관제'로 표기되던 시기이고, '학교령기'는 1906년부터 1910년까지로 이때는 '학교령'으로 모든 교육법제를 정하던 시대다. '교육령기'는 1911년부터 1945년까지로 주로 왜국의 수탈세력이 우리 교육법제를 운영하던 시기다. 이 시기는 다시 개정시기와 관련하여 학교규칙기(1911~1921), 학교규정기(1922~1937), 통합학교규정기(1938~1940), 전시학교규정기(1941~1945) 등 네 단계로 나뉜다. '과도교육령기'는 1945년부터 1947년까지로 미군정의 군사권력이 교육을 통제하던 과도기로 조선교육령과 새로운 교육제도가 혼재하던 시기이며, '교육법기'는 독립된 주권국가로서 직접 '교육법'을 제정하고 이에 따라 교육을 집행하던 시대다. 이 시대는 다시 법제의 개정 폭에 따라 제1기(1948~1960), 제2기(1960~1961), 제3기(1961~1979), 제4기(1980~1986), 제5기(1987~현재) 등 5단계로 나눌 수 있다. 이 시대구분에 따라 교육법제의 변천과정을 살펴보기로 하자.

(1) 학교관제기(1894~1905)

'학교관제기'는 근대교육행정기관인 '학무아문'이 설치된 해인 1894년부터 교육개혁이 단행되는 해인 1905년까지의 기간이다. 이 시기는 근대교육제도의 창립기로 주로 교육법의 형식이 '관제(官制)'라는 표제를 부쳐 공포되던 시기다. 이 시기에 공교육 등 새로운 근대교육사상과 함께 근대교육제도가 속속 처음으로 제정되기 시작하였다.

1894년 군국기무처(軍國機務處)의 설치에 이어 최고의 교육행정기관인 학무아문을 설치함과 함께 근대화계획을 착수한 조선조는 1895년 '학무아문'을 '학부'로 개칭하고 이어 '법관양성소규정', '한성사범학교관제', '외국어학교관제', '성균관관제', '소학령' 등의 교육법제를 일차로 제정하였다. 1899년에는 '중학교관제', '의학교관제', '상공학교관제' 등 제2단계의 교육법제들을 제정하여 중등학교까지의 학교계제를 완비하고, 실업과 실무교육의 채비도 완성하였다. 이로써 고등교육을 제외한 교원양성, 초등교육, 중등교육, 실업교육 등의 근대교육체제를 이 땅에서 처음 갖추게 되었다.[4] 이 시기에 제정된 주요 교육법제는 다음과 같다.

- 각아문관제(各衙門官制: 1894. 6. 28.)
- 각부아문통행규칙(各府衙門通行規則: 1894. 7. 14.)
- 명령반포식(命令頒布式: 1894. 7. 12.)
- 각부아문소속각사개록(各府衙門所屬各司開錄: 1894. 7. 16.)

---

4) 한국근대교육법제연구, 전게서, pp. 70-132.

- 관상소관제(1895. 3. 25., 칙령 47호)
- 법관양성소규정(1895. 3. 25., 칙령 49호)
- 한성사범학교관제(1895. 4. 16., 칙령 79호)
- 한성사범학교직원관등봉급령(1895. 4. 16., 칙령 80호)
- 외국어학교관제(1895. 5. 10., 칙령 88호)
- 외국어학교직원 관등봉급에 관한 건(1895. 5. 10., 칙령 89호)
- 성균관관제(1895. 7. 2., 칙령 136호)
- 소학교령(1895. 7. 19., 칙령 145호)
- 관립소학교교원의 관등봉급에 관한 건(1895. 7. 19., 칙령 146호)
- 한성사범학교교원의 관등봉급에 관한 건(1895. 7. 19., 칙령 147호)
- 한성사범학교규칙 · 동부속소학교규정(1895. 7. 23., 학부령 1호)
- 성균관경학과규정(1895. 8. 9., 학부령 2호)
- 소학교교칙대강(1895. 8. 12., 학부령 3호)
- 각종학교퇴학생도학비환입조규(1895. 11. 1., 학부령령 4호)
- 보조소학교규칙(1896. 2. 20., 학부령 1호)
- 관공립각종학교생도출학처분에 관한 건(1896. 3. 28., 학부령 3호)
- 지방공립학교의 위치를 정하는 건(1896. 9. 17., 학부령 5호)
- 관립학교퇴학학도처리에 관한 건(1896. 9. 19., 학부령 6호)
- 의학교관제(1899. 3. 24., 칙령 7호)
- 중학교관제(1899. 4. 4., 칙령 11호)
- 관공립학교교원서임시험규칙(1899. 4. 21., 학부령 7호)
- 상공학교관제(1899. 6. 24., 칙령 28호)
- 의학교규칙(1899. 7. 5., 학부령 9호)
- 관립학교교관교원의 포증 및 승급규칙(1899. 7. 25., 학부령 10호)
- 중학교규칙(1900. 9. 3., 학부령 12호)
- 광무학교관제(1900. 9. 4., 칙령 31호)
- 외국어학교 · 의학교 · 중학교졸업인을 해당학교에 수용하는 건(1900. 10. 25., 칙령 40호)

• 종인학교관제(1900. 12. 29., 칙령 55호)
• 각종학교졸업인수용규칙(1904. 4. 2., 칙령 10호)
• 농상공학교관제(1904. 6. 8., 칙령 16호)
• 관립농상공학교규칙(1904. 8. 18., 학부령 66호)
• 농상공학교부속농사시험장관제(1905. 2. 26., 칙령 60호)
• 학교동독규정(1905. 11. 28., 학부령 1호)
• 관립한성사범학교교원임시양성과규칙(1906. 5. 17., 학부령 18호)

이때의 교육법제는 새로운 제도에 대한 이해나 운영에 미숙하였던 것에도 원인이 있겠으나 학교계제 간의 연결이 잘 이루지지 않는 등 짜임새에 약간의 문제가 있다. 이때의 학교계통도를 제시하면 다음과 같다.

2) 학교령기(1906~1910)

'학교령기'는 1906년 8월 교육전반에 걸쳐 개혁이 시작된 때부터 1910년 8월 국권이 침탈되기 이전까지의 기간을 가리킨다. 이때 대한제국 정부는 10여 년의 근대교육법제 운영에서 얻은 경험을 바탕으로 교육제도 전반에 대하여 개혁을 착수하였다. 이는 종래의 교육법제도에 미비한 점이 있음을 확인하고 이를 수정 · 보완하기 위한 목적을 띠고 있었다. 이 시기를 두고 '학교령기'라고 한 것은 이때 개정된 교육법제 대부분이 형식을 '학교령'으로 표기한 때문이다.

이때는 외교와 재정 등 국권의 일부가 강탈된 직후였다. 국권침탈은 오히려 국민의 애국심을 자극하였고, 교육구국의 기치 아래 다시 개혁의 바람이 불었다. 그런 까닭에 근대교육의 수용노력은 보다 가중되어 한 차원 높은 교육개혁이 전면적으로 이루어지게 되었다.[5]

---

5) 전게서, pp. 133-148.

대한제국 정부는 잃어버린 국권을 회복하는 운동을 은밀하게 추진하는 한편, 주권 행사의 일환으로 스스로 전면적인 교육개혁을 단행하였다. 소학교를 보통학교로, 중학교를 고등학교로 각각 개편하고, 전국 각지에 이 새로운 학교제도를 확산시키는 조치를 강력하게 추진하였다. 대한제국 정부의 일련의 개혁이 침략에 방해가 된다고 생각한 왜국은 1907년 무력으로 또 다른 협약을 강제하고, 왜국관리를 한국정부기관에 배치하여 감시 · 억압하고 개혁에 제동을 걸기까지 하였다. 대한제국 정부에 파견된 왜국 관료들은 서원이나 서당과 같은 기존의 학교제도를 토대로 의무교육제도를 확충해 가려 했던 우리 정부의 의도를 방해하고, 근대교육이 확산 · 보급되는 것을 막으려 하였다. 그럼에도 대한제국 정부는 여성의 중등교육과 사학제도를 정비하는 등 교육개혁에 열의를 보였다. 그러한 교육개혁의 경향은 1910년 대한제국의 국권이 완전히 침탈될 때까지 계속되었다.

이 교육개혁으로 우리나라 교육제도는 한 걸음 더 나아가 보다 발전된 형태로 정비되기에 이른다. 학교계제가 짜임새 있게 정비되었음은 물론 모든 단계의 교육을 전국 규모로 확산시킬 수 있게 되었을 뿐 아니라, 중등교육을 여성에게도 개방하게 된 것이다. 사립학교제도와 실업학교제도도 이때에 확립되었다. 그러나 이 개혁에서도 고등교육을 위한 법제를 마련하지 못하고 있다. 이때 사학에서는 보성전문학교, 숭실전문학교, 세브란스의학교 등 고등교육기관이 설립되었음에도 정부가 그에 관한 제도 하나 마련하지 못하였다는 것은 매우 유감스러운 일이다. 하지만 학교관제와는 달리 학교계제 간 연결이 짜임새 있게 이어지고, 근대학교제도에 가깝게 조직되어 있다는 점, 특히 여성교육을 위한 여자중등학교와 실업교육을 위한 실업학교가 각각 하나의 학교제도로 삽입된 것은 주목할 만하다.

이 교육개혁을 통하여 새롭게 제정 · 공포된 주요 교육법제는 다음과 같다.

- 농상공부소속농림학교관제(1906. 8. 27., 칙령 39호)
- 학부직할학교 및 공립학교관제(1906. 8. 27., 칙령 40호)
- 사범학교령(1906. 8. 27., 칙령 41호)
- 고등학교령(1906. 8. 27., 칙령 42호)

- 외국어학교령(1906. 8. 27., 칙령 43호)
- 보통학교령(1906. 8. 27., 칙령 44호)
- 학부직할학교직원정원령(1906. 8. 27., 칙령 45호)
- 각 공립학교직원봉급에 관한 건(1906. 8. 27., 칙령 56호)
- 사범학교령시행규칙(1906. 8. 27., 학부령 20호)
- 고등학교령시행규칙(1906. 8. 27., 학부령 21호)
- 외국어학교령시행규칙(1906. 8. 27., 학부령 22호)
- 보통학교령시행규칙(1906. 8. 27., 학부령 23호)
- 학부직할학교교규칙(1906. 9. 1., 학부령 24호)
- 공립소학교 사립소학교를 보통학교령에 의하여 설립된 학교로 인정하는 건(1906. 9. 1., 학부령 26호)
- 한성부 및 각 관찰부 소재 공립보통학교의 명칭(1906. 9. 1., 칙령 28호)
- 공업전습소관제(1907. 2. 1., 칙령 6호)
- 공립보통학교의 명칭 · 소재지(1907. 4. 1., 학부령 4호)
- 학부편찬 보통학교교과용 도서발매규정(1907. 7. 3., 학부령 7호)
- 고등여학교령(1908. 4. 2., 칙령 22호)
- 고등여학교령시행규칙(1908. 4. 7., 학부령 9호)
- 관립한성고등여학교학칙(1908. 4. 7., 학부령 10호)
- 학무위원규정준칙(1908. 7. 2., 학부훈령 66호)
- 사립학교령(1908. 8. 26., 칙령 62호)
- 사립학교보조규정(1908. 8. 28., 학부령 14호)
- 서당관리 건(1908. 8. 28., 학부훈령 3호)
- 공사립학교인정에 관한 규정(1908. 8. 28., 학부령 15호)
- 지방비법(1909. 4. 1., 법률 12호)
- 공익을 위하여 설정한 지방재산에 관한 건(1909. 4. 1., 법률 13호)
- 실업학교령(1909. 4. 26., 학부령 1호)
- 실업학교령시행규칙(1909. 7. 5., 학부령 1호)

• 법학교관제(1909. 10. 28., 칙령 85호)

3) 교육령기(1911~1945)

'교육령기'는 1911년 8월 '조선교육령'이 제정된 때로부터 1945년 8월 그 법의 효력이 상실하게 된 때까지의 기간으로, 주로 침략세력이 교육을 운영하던 때였다. 1910년 8월 대한제국의 주권을 박탈한 침략세력은 그로부터 1년을 넘겨서야 비로소 대한제국의 교육법제의 틀 위에 수탈의 목적을 가미하여 만든 침략자의 교육제도, 즉 '조선교육령'을 마련할 수 있었다. 이 법제는 종전의 교육법제가 학교별로 별도의 법을 제정하던 것과는 달리 이를 한데 모아 기본사항만을 규정하고, 구체적인 사항은 다시 학교별로 분리 · 제정한 하위 법에서 규정하는 것을 특색으로 하는 법제다. 1910년 8월 국권을 침탈한 날로부터 1911년 8월 침탈의 교육법제가 나올 때까지의 기간은 대한제국 정부의 교육법제에 따라 교육이 운영되고 있었다.[6)]

그런데 침략세력이 제정한 '조선교육령'은 한민족의 저항에 밀려 세 번이나 크게 개정하게 된다. 첫 번째는 '3 · 1 독립운동'이 있은 직후 있었던 1922년의 개정이고, 두 번째는 한민족의 회유를 위하여 추진된 1938년의 개정이며, 마지막은 1941년에 있었던 개정으로 이는 세계를 향해 도발한 전쟁에 한민족을 동원하기 위한 술책에서 만들어진 것이었다. 여기서 이를 재차 법의 형식과 특성에 따라 '학교규칙기', '학교규정기', '통합학교규정기', '전시학교규정기' 등으로 세분하고, 내용에 대하여 따로 기술할 생각이다.

---

6) 이에 관한 논문에는 다음과 같은 것이 있다.
왜국식민지교육법제 연구에 관한 소고, 전환기의 한국교육, 예지각, pp. 607-616.
왜국의 대한반도 식민지교육책략과 그 법제, 교육논총(22집), 고대교육대학원, 1992, pp. 1-32.
왜국 식민지 교원양성법제와 그 전개, 교육법학연구(제3,4 통합호), 1992, pp. 3-70.
왜국식민지 초등교육법제와 그 전개, 민족문화연구(제26호), 1993. 7., pp. 27-77.
왜국식민지 남자중등교육법제와 그 전개, 사대논집(18집), 1993, pp. 35-67.

(1) 학교규칙기(1911~1921)

1910년 8월로부터 1911년 8월까지의 1년간을 대한제국의 교육법제의 의존하여 교육을 운영하여 오던 왜국 침략세력은 대한제국의 교육법제를 토대로 수탈을 위한 교육법제를 새로 제정하였다. 이때의 법제들은 1922년 한민족의 저항에 밀려 교육법제들을 개정할 때까지 유지되며 그중 주요법제들이 '학교규칙'으로 표기되는 것을 특징으로 한다. 이때 새롭게 제정된 교육법제는 교원양성제도인 사범학교를 폐지하고, 한민족과 왜인의 교육법제를 구분하여 2원체제로 하고 교육내용·수업연한 등을 차별화하였으며, 고등교육을 제한하고 교육통제를 강화하고 있다. 이때 제정된 교육법제를 열거하면 다음과 같다.

- 조선교육령(1911. 8. 24., 왜칙령 229호)
- 경성전수학교관제(1911. 10. 11., 왜칙령 251호)
- 경성고등보통학교관제(1911. 10. 11., 왜칙령 252호)
- 평양고등보통학교관제(1911. 10. 11., 왜칙령 253호)
- 경성여자고등보통학교관제(1911. 10. 11., 왜칙령 254호)
- 조선공립실업학교관제(1911. 10. 11., 왜칙령 255호)
- 조선공립보통학교관제(1911. 10. 11., 왜칙령 256호)
- 조선교육령 시행일(1911. 10. 20., 부령 105호)
- 보통학교규칙(1911. 10. 20., 부령 110호)
- 고등보통학교규칙(1911. 10. 20., 부령 111호)
- 여자고등보통학교규칙(1911. 10. 20., 부령 112호)
- 실업학교규칙(1911. 10. 20., 부령 113호)
- 사립학교규칙(1911. 10. 20., 부령 114호)
- 경성전수학교규정(1911. 10. 20., 부령 115호)
- 경성고등보통학교부설임시교원양성소규정(1911. 10. 20., 부령 116호)
- 조선공립보통학교직원정원규정(1911. 10. 20., 부령 117호)

- 조선공립실업학교직원정원규정(1911. 10. 20., 부령 118호)
- 조선공립보통학교대용교원 및 조선공립실업학교의 강사에 관한 건(1911. 10. 20., 부령 119호)
- 교과용도서검정규정(1912. 6. 1., 부령 112호)
- 조선전문학교관제(1916. 4. 1., 왜칙령 80호)
- 경성의학전문학교규정(1916. 4. 1., 부령 27호)
- 경성공업전문학교규정(1916. 4. 1., 부령 28호)
- 조선총독부의원 및 자혜의원조산부 간호부양성규정(1916. 4., 부령 35호)
- 조선총독부고등보통학교관제(1916. 5. 16., 왜칙령 130호)
- 소학교 및 보통학교교원시험규칙(1916. 10. 9., 부령 88호)
- 조선총독부농림학교전문과규정(1917. 3. 14., 부령 19호)
- 서당규칙(1917. 2. 21., 부령 18호)
- 수원농림전문학교규정(1918. 4. 1., 부령 30호)
- 내지인교원조선어시험규칙(1918. 6. 28., 부훈령 34호)
- 경성여자고등보통학교부설임시여자교원양성소규정(1919. 4. 1., 부령 51호)
- 조선교비령(1920. 7. 29., 제령 14호)
- 임시교육조사위원회규정(1920. 12. 23., 부훈령 68호)
- 조선총독부사범학교관제(1921. 4. 19., 왜칙령 113호)
- 경성사범학교부속소학교규정(1921. 4. 19., 부령 69호)

위 법제들은 수탈의 목적을 노골화한 교육법제로서 한민족의 교육기회를 제한하고 있을 뿐 아니라, 침략세력의 그것과 비교하여 수준 또한 낮으며 매우 차별적이었다. 1919년 3 · 1 독립운동에서 비롯한 독립의 요구는 국내외로 확산되어 거족적인 저항 운동으로 확대되었다. '민립대학운동'이 거족적인 지지로 활발히 추진되었고, 이 무렵 중국 상해(上海)에는 대한민국 임시정부가 세워져 교육조항이 포함되어 있는 '대한민국임시헌장'(1919년 4월 10일)이 제정된 데 이어 '대한민국임시헌법'(1919년 9월 1일)이 공포되기도 했다.7) 이러한 저항은 끝없이 이어졌다. 그 때문에 침략세력은 교육법제를 바꾸어 유화책을 마련하지 않을 수 없었다. 1920년 12월의 '임시교육조사위원회규정' 은 교육제도를 개선하여 유화책을 마련하기 위한 법제인 것이다.

'대한민국임시헌장'은 제6조에 "대한민국의 인민은 교육 납세 및 병역의 의무가 유함"이라고 규정하고 있었으며, '대한민국임시헌법'은 제10조에서 "대한민국의 인민은 법률에 의하여 하열의 각 항의 의무를 유함"이라고 규정하고, 그 하열에 ① 납세의 의무, ② 병역에 복(服)하는 의무, ③보통교육을 수(受)하는 의무 등을 나열하고 있었다.

이때 교육법제에 따라 구성된 학교의 계통도는 다음과 같다.

학교계통도(1910~1921)

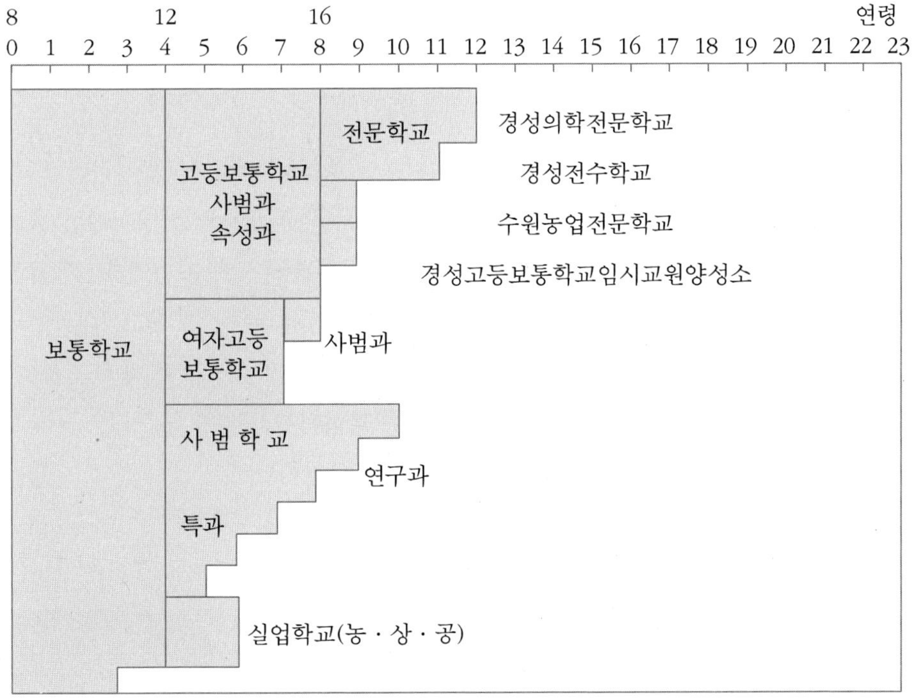

7) 안기성, 교육법학연구, 고려대학교출판부, 1989, pp. 76-84.

(2) 학교규정기(1922~1937)

줄기찬 한민족의 저항에 부딪힌 왜국 침략세력은 어쩔 수 없이 이에 굴복하여 교육법제 전반을 개정하지 않을 수 없었다. 그리하여 침략세력은 1922년 2월 주요 교육법제를 개정하고 그 개정된 법제들의 대부분을 '학교규정'으로 표기하였다. 사범학교법제를 제정하여 교원양성을 재개하였고, 종래 별도의 관리체계에 두던 한민족과 한국거주 왜인의 학교를 다 같이 '조선교육령'의 통제하에 두고 양자의 교육의 내용과 수준도 같이 하여 외면상 차별을 없애는 조치를 취하였다. 또 우리의 민립대학 운동에 곤혹스러워하던 그들은 고등교육법제도 새롭게 제정하여 제국대학을 설립하는 등 맞대응하여 한민족의 환심을 사려 하였다. '사범학교규정', '소학교규정', '보통학교규정', '중학교규정', '고등학교규정', '경성제국대학관제' 등 새로 제정된 법제들이 바로 그것이다. 그처럼 왜국 침략세력은 한민족의 저항에 굴복해 유화적인 제도를 만들지 않을 수 없었음에도 불구하고, 그들 스스로 이를 '문화정치'라고 하여 마치 선정을 편 것처럼 선전하였다.

한편 이 시기에 대한민국 임시정부는 1925년 4월 종전의 '대한민국임시헌법'을 개정하여 일단 그 내용을 숙소하였다가 1927년 3월 다시 이를 개정하여 '임시약헌'(臨時約憲, 1927년 3월 5일)으로 하고 독립전선에 새로운 변화를 추구하고 있었다. 이 약헌에서는 '대한민국의 인민은 법률상 일체의 자유와 권리를 갖는다.'고 하고, '대한민국의 인민은 조국을 광복하며, 사회를 개혁하며 약헌 및 법률을 지키고 병역과 조세, 기타 일체의 의무를 지킨다.'고 규정하여 인권조항을 강화하고 있었다.[8)]

이 시기에 제정된 주요 교육법제를 소개하면 다음과 같다.

- 조선교육령 개정(1922. 2. 6., 왜칙령 19호)
- 소학교규정(1922. 2. 10., 부령 6호)
- 보통학교규정(1922. 2. 15., 부령 8호)

---

8) 전게서, pp. 75-120.

- 실업학교규정(1922. 2. 15., 부령 9호)
- 고등학교규정(1922. 2. 16., 부령 10호)
- 유치원규정(1922. 2. 15., 부령 11호)
- 중학교규정(1922. 2. 17., 부령 13호)
- 여자고등보통학교규정(1922. 2. 15., 부령 14호)
- 고등보통학교규정(1922. 2. 15., 부령 16호)
- 사범학교규정(1922. 2. 23., 부령 17호)
- 공립사립학교규정(1922. 3. 7., 부령 21호)
- 관립학교수업료규정(1922. 3. 8., 부령 22호)
- 전문학교입학자검정규정(1922. 3. 15., 부령 25호)
- 사립학교규정(1922. 3. 28., 부령 27호)
- 사립학교교원의 자격 및 원수에 관한 규정(1922. 3. 28., 부령 28호)
- 조선총독부제학교관제(1922. 3. 31., 왜칙령 151호)
- 경성법학전문학교규정(1922. 4. 1., 부령 49호)
- 경성고등공업학교규정(1922. 4. 1., 부령 51호)
- 수원고등농림학교규정(1922. 4. 1., 부령 52호)
- 경성고등상업학교규정(1922. 4. 1., 부령 53호)
- 조선공립학교직원정원규정(1922. 4. 1., 부령 10호)
- 사립학교교원자격인정에 관한 건(1923. 11. 12., 부령 128호)
- 경성제국대학관제(1924. 5. 2., 왜칙령 103호)
- 경성제국대학학부에 관한 건(1924. 5. 2., 왜칙령 104호)
- 경성제국대학예과규정(1924. 5. 2., 부령 21호)
- 사립학교용지의 지세 및 시가지세면세에 관한 건(1924. 5. 13., 제령 2호)
- 전문학교입학자검정규정(1925. 4. 20., 왜칙령 103호)
- 대학규정(1926. 4. 1., 부령 30호)
- 경성제국대학법문학부에 법률학과, 정치학과, 철학과, 사학과 및 문학과를 두고 1926년 5월 1일부터 수업을 개시한다. 경성제국대학의학부는 1926년 5월 1일부

터 수업한다(1926. 4. 1., 부령 31호).

- 현역장교의 배치의 건(1926. 6. 1., 부훈령 15호)
- 전문학교입학자검정위원규정(1926. 6. 19., 부훈령 24호)
- 수원고등농림학교부설실업보습학교교원양성소규정(1927. 7. 13., 부령 70호)
- 임시교육심의위원회규정(1928. 6. 16., 부훈령 13호)
- 임시교과서조사위원회규정(1928. 7. 20., 부훈령 14호)
- 조선공립소학교장 및 조선공립보통학교장우우령(1929. 2. 4., 왜칙령 6호)
- 도립의학강습소규정(1929. 6. 12., 부령 54호)
- 도시학관특별임용령(1930. 11. 12., 왜칙령 211호)
- 실업보습학교규정(1934. 4. 1., 부령 52호)
- 수원고등농림학교부치농업교원양성소규정(1935. 7. 13., 부령 54호)
- 학교신체검사규정(1937. 4. 1., 부령 45호)

이때 이들 교육법제에 의해 만들어진 학교의 계통도는 대략 다음과 같다. 여기서는 처음으로 고등교육기관인 대학과 교원양성기관인 사범학교가 종래의 계통도에 새롭게 추가되었다.

학교계통도(1922~1937)

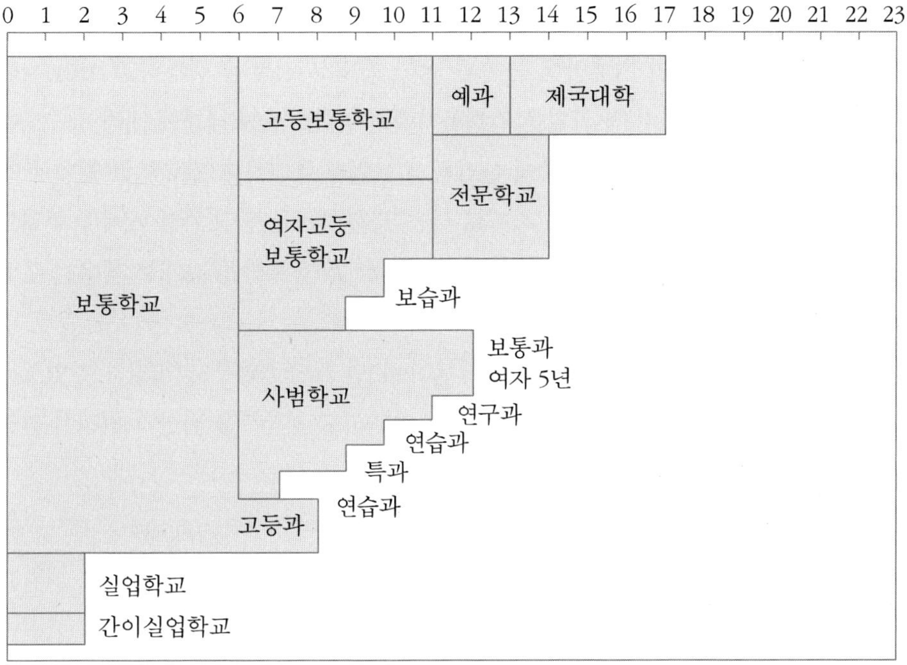

(3) 통합학교규정기(1938~1940)

1938년 3월 왜국 침략세력은 또 다른 교육개혁을 단행하였다. 종래 학교명칭을 별도로 하고 동일 교육법체계 안에서 교육의 내용과 수준을 같게 한다는 것만으로 유화책을 써서 한민족의 저항에 대응하여 오던 침략세력은 이때의 개혁으로 한 걸음 나아가 학교의 명칭마저 통일하는 개혁을 단행하였다. 즉, 보통학교, 고등보통학교, 여자고등보통학교를 왜인들의 그것과 동일하게 소학교, 중학교, 고등여학교로 바꾸어 부르게 한 것이다. 이 시기를 '통합학교규정기'라 한 것은 한민족과 왜인의 학교체제가 같은 체제로 통합하게 된 것을 의미한다. 침략당국의 통합규정 조치는 이때 새로 제정한 청년훈련소규정, 조선총독부육군지원자훈련소생도규칙, 조선총독부중견청년수련소규정, 조선총독부교학연수소규정, 공립의 소학교 또는 보통학교의 훈도로서 1년 현역에 복무하는 자의 봉급보조에 관한 건 등에서 그 배경을 설명할 수 있다. 이 법제들은 그들의 전쟁도발을 위해 한민족의 동원 · 훈련체제를 마련하기 위한 조치들인 것이다. 이 시기 왜국은 군국주의의 체제를 구축하고 중국에 대해 전쟁을 도발한 데 이어 아시아권을 그들의 지배하에 둔다는 '동아 신질서 건설'을 표방하고 이를 위해 국가총동원법을 성립시켜 전 국민을 전쟁목적에 동원함으로써 세계에 대해서도 도발을 확대하려 하던 때였다. 그 도발에 한민족의 지원이 무엇보다 필요하였던 왜국 침략세력은 한 · 왜 학교의 무차별을 전제로 하는 '통합학교규정' 조치를 내세워 한편으로는 저항을 무마하고 다른 한편으로는 지원과 참여를 유혹하는 간계를 세우던 무렵이었던 것이다.

이 무렵 대한민국임시정부는 '임시약헌'을 1940년 10월 9일부로 개정하고 있으나 교육에 관계되는 조항에는 별 변동이 없었다. 여전히 조국광복을 위한 독립전선을 구축하고 확대하는 일에 골몰하고 있었던 것이다.

이 시기에 개정된 교육법제를 열거하면 다음과 같다.

- 조선교육령 개정(1938. 3. 3., 왜칙령 103호)
- 소학교규정(1938. 3. 15., 부령 24호)
- 중학교규정(1938. 3. 15., 부령 25호)
- 고등여학교규정(1938. 3. 15., 부령 26호)
- 사범학교규정(1938. 3. 15., 부령 27호)
- 청년훈련소규정(1938. 3. 31., 부령 54호)
- 조선총독부육군지원자훈련소생도규칙(1938. 4. 2., 부령 71호)
- 명륜전문학원규정(1939. 2. 18., 부령 13호)
- 조선총독부중견청년수련소규정(1939. 4. 20., 부령 59호)
- 조선총독부교학연수소규정(1939. 4. 20., 부령 60호)
- 경성광산전문학교규정(1939. 4. 28., 부령 65호)
- 공립의 소학교 또는 보통학교의 훈도로서 1년 현역에 복무하는 자의 봉급보조에 관한 건(1940. 3. 9., 부령 29호)
- 경성고등공업학교부치이과교원양성소규정(1940. 4. 18., 부령 119호)

개정된 학교법제에 따라 학교계통도를 새롭게 구성해 보면 다음과 같다. 이는 왜국의 계통도와 똑같이 짜여 있다. 각 단계의 학교명칭이 동일한 것을 확인할 수 있을 것이다.

학교계통도(1938~1940)

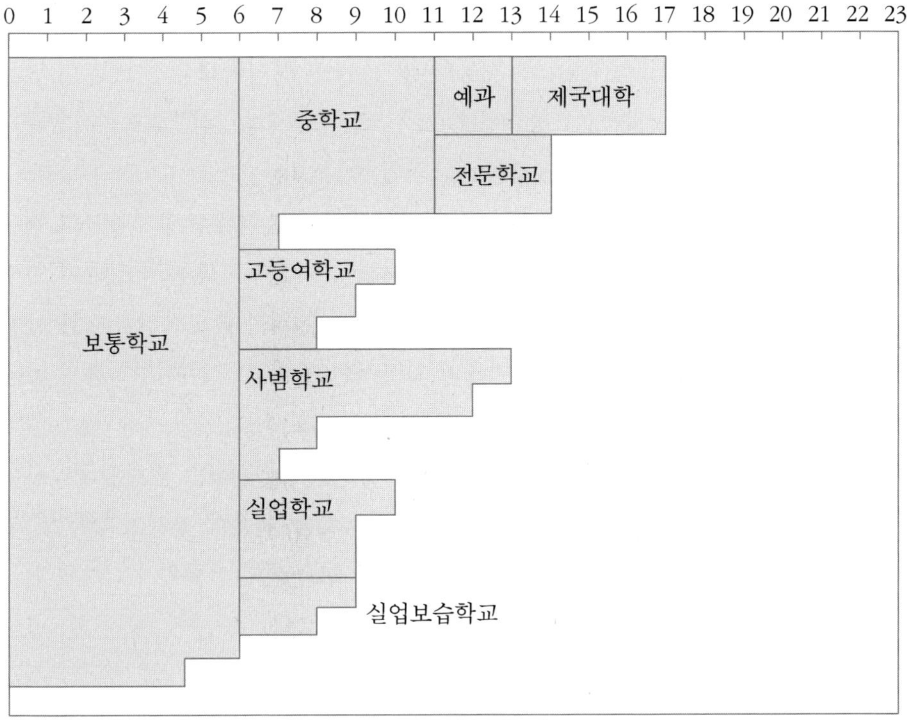

(4) 전시학교규정기(1941~1945)

이 시기의 교육법제는 주로 전쟁수행과 관련하여 마련되었다. 왜국 침략세력은 1941년 7월 2일 이웃고 지금의 베트남인 프랑스령 인도차이나(南部佛印)에 무단으로 무력을 행사하여 진주하고, 이어 동년 12월 1일에 미국 하와이를 기습 공격하여 태평양전쟁을 도발하였다. 이 확대된 전쟁에 다급해진 침략세력은 모든 학교체제를 전시체제로 바꾸어 심지어 어린아이까지 전쟁목적에 동원하는 단말마적인 계획을 추진하였다. 초등단계의 학교인 소학교를 '국민학교'로 바꾸어 부르게 된 것도 이때부터다. 왜국 침략세력은 모든 사람을 무모한 전쟁목적에 동원하기 위하여 '국민학교'라는 명칭에 상징적인 의미를 두었던 것이다. 그들은 '국민학교'를 통하여 전쟁도발을 일삼는 군국주의와 왜왕을 신격화하는 황도주의를 한민족의 모든 어린 아동에게 주입 · 세뇌하고 그들의 전쟁목적에 통합시켜 근로에 동원하고, 나아가 사지(死地)로 몰고 갔다. 조선여자연성소규정(1944. 2. 10., 부령 35호), 학도동원본부규정(1944. 4. 28., 부훈령 44호), 학도근로령시행규칙(1944. 10. 30., 부령 360호), 청년학교규정(1945. 3. 31., 부령 46호), 조선총독부학도근로표창규정(1945. 4. 28., 부령 90호), 전시교육령시행규칙(1945. 7. 1., 부령 151호) 등의 교육법제는 대표적인 예들이다.

한편 면제, 부제, 도제 등의 지방제도도 새로 제정하여 지역행정에 지방민의 참여 여지를 만들고, '조선교육비'제도 또한 새로 제정하여 '학교평의회'를 구성하여 역시 지역민의 학교경영에 참여 여지를 만들었다. 이는 지방행정과 학교경영에 대한 한민족의 참여를 제도적으로 가장하여 한민족의 자발적인 지원을 노린 위장전략의 하나였다고 할 수 있다.

이 시기에 대한민국임시정부는 또다시 '임시약헌'을 개정하여 '대한민국임시헌장'(1944년 4월 22일)이라 하고 헌장 제5조 인권조항 3항에 "법률에 의하여 취학 및 부양을 요구하는 권리"라는 조항을 삽입하여 처음으로 '교육권'의 전통을 수립하였다.

이때의 주요 교육법제를 소개하면 다음과 같다.

- 조선교육령 개정(1941. 3. 8., 왜칙령 113호)
- 조선교육령 개정(1941. 3. 25., 왜칙령 254호)
- 국민학교제도의 실시에 따른 조선공립학교관제 등 규정의 정리 등에 관한 건(1941. 3. 25., 부령 71호)
- 면제 · 부제 · 도제 · 조선학교비령(面制 · 府制 · 道制 · 朝鮮學校費令: 1941. 3. 31., 제령 19호)
- 조선교직원공제조합령(1941. 3. 31., 왜칙령 361호)
- 부산고등수산학교규정(1941. 4. 1., 부령 97호)

- 수원고등농림학교부치지리박물교원양성소규정(1941. 4. 1., 부령 123호)
- 실업학교졸업정도검정규정(1941. 7. 22., 부령 187호)
- 실업학교졸업정도검정위원규정(1941. 7. 22., 부령 39호)
- 조선총독부지도자연성소규정(1943. 4. 1., 부령 105호)
- 조선여자연성소규정(1944. 2. 10., 부령 35호)
- 국민학교교원 및 양호훈도시험규칙(1944. 3. 28., 부령 107호)
- 학도동원본부규정(1944. 4. 28., 부훈령 44호)
- 관립공업전문학교규정(1944. 6. 30., 부령 260호)
- 관립농업전문학교규정(1944. 6. 30., 부령 261호)
- 관립의학전문학교규정(1944. 6. 30., 부령 262호)
- 관립경제전문학교관제(1944. 6. 30., 부령 263호)
- 경성제국대학부속이과교원양성소규정(1944. 7. 14., 부령 272호)
- 수원농림전문학교부치박물교원양성소규정(1944. 7. 14., 부령 273호)
- 관립수산전문학교규정(1944. 9. 2., 부령 316호)
- 경성제국대학대학원의 특별연구생에 관한 건(1944. 10. 15., 부령 346호)
- 학도근로령시행규칙(1944. 10. 30., 부령 360호)
- 청년학교규정(1945. 3. 31., 부령 46호)
- 조선총독부학도근로표창규정(1945. 4. 28., 부령 90호)
- 전시교육령시행규칙(1945. 7. 1., 부령 151호)

이때 출현한 법제에 따라 학교계통도를 그려보면 다음과 같다. 이는 학제편제상 이전의 학교계통도와 크게 달라진 것은 없으나, 이때의 학교들은 어느 단계에서나 제대로 운영된 것이 없다. 모든 아동과 생도 그리고 학생은 근로에 동원하기 위하여 단축수업이나 휴업을 해야 했고, 특히 고등교육단계의 학생들은 징용이나 징병에 동원되어야 하였기 때문에 학교에 남아 있는 자도 별로 없어 어쩔 수 없이 특별긴급령을 내려 수업연한을 단축하는 사례도 비일비재하였다.

관립공업전문학교규정(1944. 6. 30., 부령 260호), 관립농업전문학교규정(1944. 6. 30.,

부령 261호), 관립의학전문학교규정(1944. 6. 30., 부령 262호), 관립경제전문학교관제(1944. 6. 30., 부령 263호), 경성제국대학부속이과교원양성소규정(1944. 7. 14., 부령 272호), 관립수산전문학교규정(1944. 9. 2., 부령 316호) 등과 같은 전문학교법제는 특히 관립의 것이 모두 하나의 법제로 통일되는 절차를 받는다. 이때의 학교계통도는 다음과 같다.

학교계통도(1941~1945)

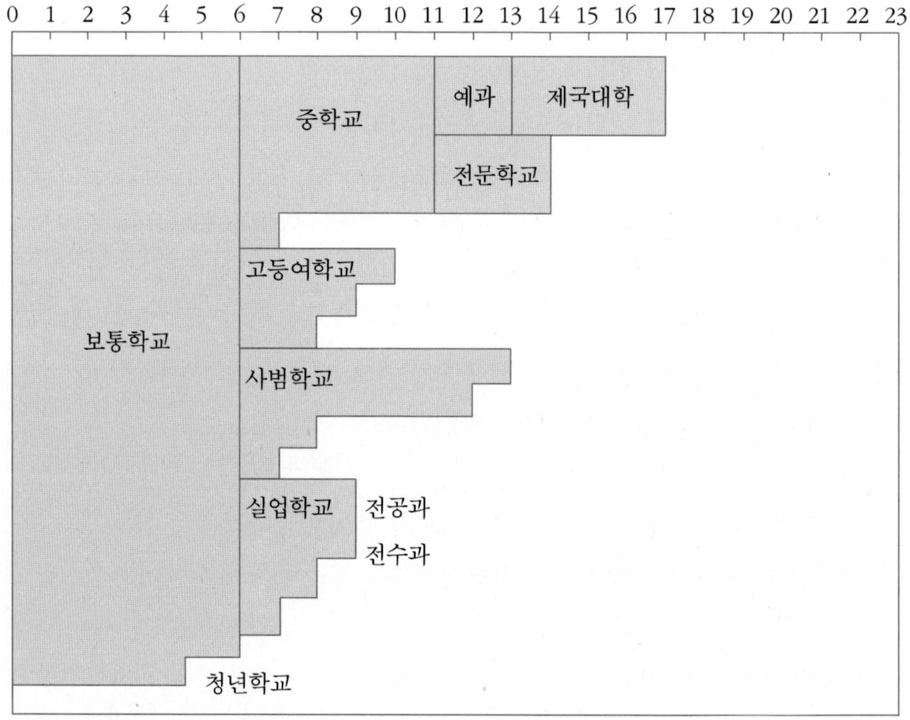

4) 과도교육령기(1945~1947)

'과도교육령기'는 1945년 왜국 식민지체제가 끝난 때부터 1948년 대한민국 정부가 수립되어 새롭게 '교육법'이 제정되던 때까지의 기간이다. 이 시기를 '과도적'이라고

한 것은 이 시기가 한민족의 자주 독립국가를 수립하기까지 잠정적으로 외국 점령군에 의하여 이 땅의 교육이 관리 · 운영되던 기간이라는 데 그 까닭이 있다. 이 기간 한민족은 독립국가로서 필요한 교육제도의 기초를 확립한다. 오늘날 우리 교육법에 규정된 교육의 목적과 방침을 포함하여 6 · 3 · 3 · 4제의 학교제도는 이때에 마련된 것이다.

제2차 세계 대전에서의 왜국의 패전은 한민족에게 커다란 역사적 전환기를 맞이하게 해 주었다. 이는 왜국 침략세력에 의한 식민지통치의 종료로 바로 조국의 광복을 뜻하며 나라의 통치 또한 스스로의 손으로 직접 이루어질 수 있게 된 것이다. 그러나 현실은 전승국의 연합군이 포츠담과 얄타회담의 밀약에 따라 남북을 분할 점령하고, 따로 독자적인 점령정책을 수행하였다. 남한에 경우, 연합군은 처음부터 남한지역에 대하여 독립된 자주국가가 성립할 때까지 점령, 통치한다고 군정의 목적을 밝힌 포고령 제1호를 발포하고, '재조선미국육군사령부군정청'을 설치하여 한반도 일부에 대한 직접적인 통치에 나섰다. 그들 주둔군의 직접통치의 양상은 교육에서도 예외가 아니었다.[9] 물론 점령군은 과도정부의 수립과 입법의원의 설치, 교육위원회와 교육심의회의 구성 등 주요 의사결정과정에 한민족과 전문가를 동원하여 참여시키기도 하였으나, 실제 최종 의사결정권자는 늘 그들이었다. 그런 의미에서 이 시기는 강력한 외국의 군사정부가 우리를 지배하고 있었다고 말할 수 있다. 그러나 외국군에 의한 이 땅에서의 '군정'은 매우 한시적인 과도기적 형태일 뿐 처음부터 영구적인 것은 아니었다. 이는 연합군의 포고령에서도 언급된 것과 같이 한민족의 독립이 약속되어 있는 데다 왜국 식민지체제에 저항해 온 한민족에게 있어서는 점령의 영구적인 획책은 어떤 경우이든 받아들일 수 없는 것이기 때문이었다. 한때 이들 점령군에 의해 신탁통치안이 제의된 때도 있었으나 이는 한민족의 힘으로 거부되었다.

이 기간 종래 구제도의 개폐와 신학제의 수립으로 이후 독립될 국가의 주요 교육제도가 마련되었다. 이때 마련된 교육목적과 방침, 6 · 3 · 3 · 4제의 학제, 국립대학 설

---

9) 安基成, 韓日教育法制比較考察: 民主主義教育制度의 受容樣態를 中心으로(日文), 日本九州教育學會紀要(第2卷), 1974, pp. 111-118.

립안, 지방교육자치제 등은 이후 제정된 교육법의 기본 틀이 된 바 있다.

과도교육령기에 제정된 교육관계 법령은 다음과 같다.

- 포고령 제1호
- 법령 제102호의 개정: 국립서울대학교 설립(1947. 3. 20., 법률 1호)
- 입법의원선거법(1947. 8. 12., 법률 5호)
- 일반명령 제4호의 개정: 공립학교의 개학명령(1945. 9. 29., 법령 4호)
- 국립서울대학교 설립에 관한 법령(1948. 8. 12., 법령 102호)
- 교육구회의 설치(1948. 8. 12., 법령 207호)
- 공립학교재정경리(1948. 8. 12., 법령 218호)

다음 그림은 이 시기에 교육심의회가 구상한 새로운 학교제도다. 이는 미국의 6·3·3·4제의 제도와 같은 것으로, 이후 이를 두고 국내에서는 미국제도의 일방적인 수용인가 아닌가 여부를 두고 논란을 불러일으키기도 하였다.

5) 교육법기(1948~현재)

1948년 7월 17일 헌법이 공포되고 같은 해 8월 15일 대한민국정부가 수립된 데 이어 이듬해인 1949년 11월 31일 '교육법'이 제정·공포된다. 이때로부터 오늘날까지를 가리켜 '교육법기'라 한다. 이때부터 '교육법' 하나로 이 나라의 모든 교육이 통제·운영되었다.

학교계통도(1945~1947)

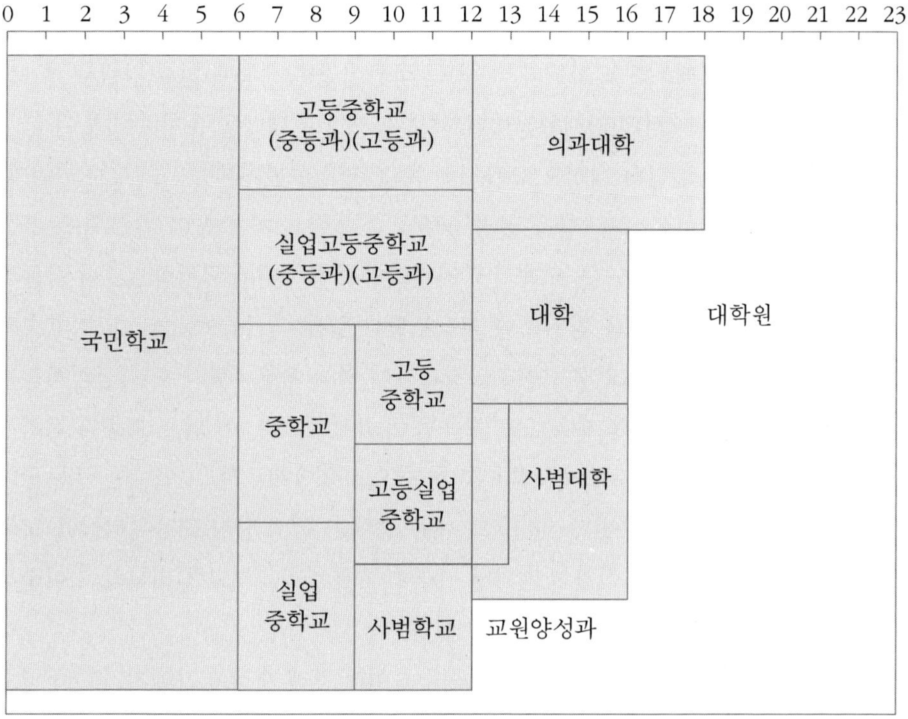

이 교육법기는 다시 시대적 특징에 따라 ① 교육법 제1기(1948~1960), ② 교육법 제2기(1960~1961), ③ 교육법 제3기(1961~1979), ④ 교육법 제4기(1980~1985), ⑤ 교육법 제5기(1986~현재) 등 5기로 나누어 볼 수 있다. 이러한 시기 구분은 대체로 법의 형식에 근거한 것이기는 하지만 이면에는 항상 정치적 변동이 뒤따르고 있다. 4 · 19혁명, 5 · 16 군사정변, 6 · 29 선언 등 커다란 정치변동은 교육법제에도 충격을 주어 체제에 크게 영향을 주었다. 그 변동으로 헌법이 수정되는가 하면 교육법에도 개정이 가해져 교육제도를 일신하여 왔다.

그러면 '교육법 제1기'는 어떠하였는가를 알아보기로 하자.

(1) 교육법 제1기(1948~1960)

교육법 제1기는 정부 수립과 함께 구성된 제헌국회에 의하여 1948년 7월 17일 헌법이 제정·공포된 때부터 시작된다. 1910년 국권이 침략세력에 의해 강탈된 후, 상해 임시정부에 의해 제정된 임시헌장이나 약헌 등으로만 명맥을 유지하여 오던 국가의 교육기본법이 이 헌법의 제정으로 완전히 독립된 국가의 기본법을 가지게 되었다. 이 헌법은 제16조에서 '교육을 받을 권리, 의무교육'이란 소제를 붙여 ① 교육을 받을 권리, ② 무상제의 의무교육, ③ 교육의 국가관리와 법률주의에 규정함으로써 학문과 평등권, 자유권, 정교분리 등 간접적인 교육조항과 함께 역사상 최초로 헌법의 교육조항을 가지게 된 것이다. 그 후 1년여를 경과하여 역시 제헌국회의 오랜 심의과정을 거쳐 1949년 12월 31일 법률 제86호로 '교육법'이 제정되었다. 이 법은 교육의 목적과 방침 등을 비롯한 모든 학교법제도를 망라한 통일교육법제로서 그 안에는 주둔군의 군정 교육유산까지도 이어 받고 있다. 그 내용 중에는 군정 당시 교육위원회와 교육심의회 등이 제정한 교육목적과 방침과 6·3·3·4제의 학교제도를 비롯하여 미군정안인 국립대학안과 교육자치 제안이 들어 있다.

이후 이 기간 중에 기본법인 헌법과 교육법에 여러 차례 개정이 가해지기도 하였으며, 학술 문화단체의 보조금과 해외파견 연구생에 대한 법제가 추가로 제정되기도 하였다. 그러한 변동에도 교육에는 특기할 만한 변화는 그다지 없었다. 다만 이 기간 중 무모한 교조적인 이데올로기로 무장한 반민족세력이 도발한 전란으로 온 민족이 고통을 경험해야 했고, 정치체제의 민주성이 회의의 대상이 되어 학생들의 저항을 불러일으켜 정치적 혼란까지 체험해야 했다. 그러나 그러한 상황에서도 모든 교육제도는 교육에 대한 국민의 깊은 애정과 정열로 잘 유지되었다.

이 시기의 주요 교육법제의 추이를 열거하면 다음과 같다.

- 헌법(1948. 7. 17., 법 1호)
- 교육법(1949. 12. 31., 법 86호)
- 교육법 개정(1950. 3. 10., 법 118호)
- 교육법 개정(1951. 3. 20., 법 178호)

- 교육법 개정(1951. 12. 1., 법 228호)
- 헌법 개정(1952. 7., 법 7호)
- 헌법 개정(1954. 11., 법 29호)
- 학술기타문화단체에 대한 보조금교부 규정(1958. 1. 13., 대령 1432호)
- 정부를 통하여 해외에 파견하는 해외연구생에 관한 규정(1959. 2. 10., 대령 5160호)

이 시기의 학교계통도를 소개하면 다음과 같다. 여기서는 6 · 3 · 3 · 4의 단선형 학교제도가 체계 있게 잘 정비되어 있다. 예외로 공민학교, 고등공민학교, 기술학교, 고등기술학교 등의 학교가 별도의 학교체계로 설치되어 있으나, 이는 복선형의 학교체계라기보다는 종래 적령기를 넘기기까지 취학의 기회를 가지지 못한 자를 위하여 과도기적으로 설치한 학교제도로서, 일면 문맹퇴치를 목적으로 제정된 제도이기도 하였다.

(2) 교육법 제2기(1960~1961)

교육법 제2기는 1960년 4월부터 1961년 5월까지 1년에 걸친 기간으로, 4 · 19혁명으로 정치체제가 바뀌는 정치적 변동이 있었던 시기다. 이 시기에는 사회의 여러 영역에서 여러 개혁조치가 이루어지긴 하였으나 당시의 정치체제로는 폭발적인 국민의 요구를 감당하지 못하였고, 결국 정치적 안정을 이루지 못하고 단명하였다. 이때의 정부는 겨우 새로운 정치체제를 구축하기 위하여 헌법을 개정하는 것만으로 체제의 일대를 마쳤을 뿐, 교육법제도에 변화를 줄만큼 충분한 시간이 주어지지 않아 손을 댈 겨를이 없었다. 이 정부는 시간도 능력도 없었을 뿐 아니라 교육에 대한 특별한 관견도 가지고 있지 않았다. 이때의 헌법개정 일정을 들면 다음과 같다.

- 헌법(1960. 6. 15., 제4호)
- 헌법(1960. 11. 29., 제5호)

학교계통도(1948~1960)

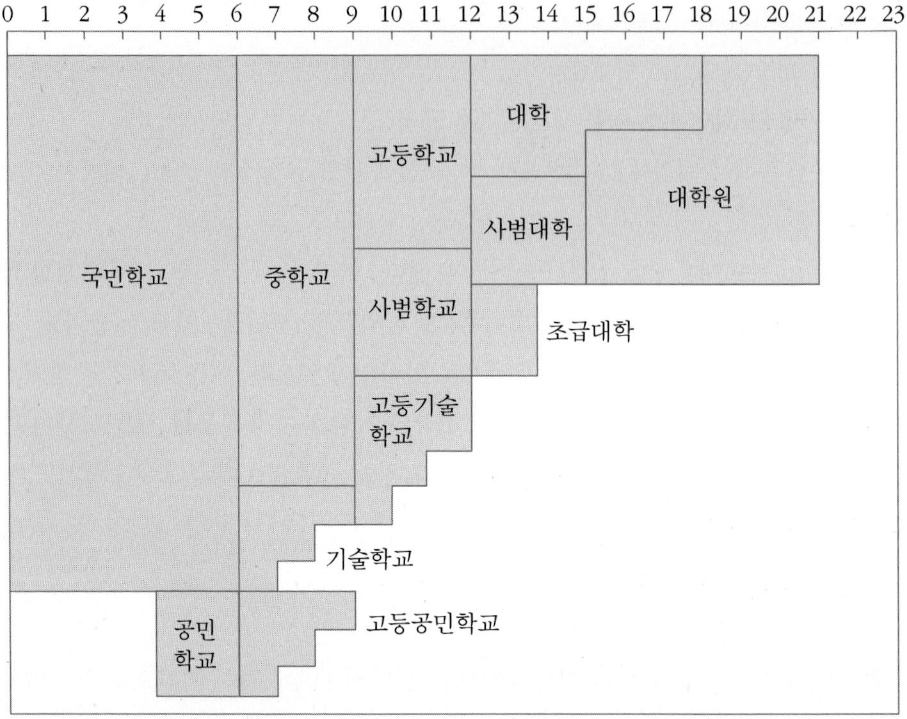

(3) 교육법 제3기(1961~1979)

교육법 제3기는 1961년 5월 이른바 5 · 16 군사정변에 따라 사회 전역에 걸쳐 변화를 촉진하던 시기다. 이 시기는 근 20년간 계속되어 1979년 새로운 정부가 대두될 때까지 이어진다. 그러나 이 시기는 군인세력이 직접 통치하던 초기의 군정기에 이어 세 번째에 걸친 헌법의 개정으로 시대의 구획을 긋고 있다. 초기인 1961년 5월에서 시작하여 1962년 12월 헌법 개정에 이어 민정으로 이양될 때까지 여러 조치가 따랐던 군정기, 1962년 12월 첫 번째 헌법 개정으로부터 1969년 12월 또다시 헌법의 전문이 개정될 때까지 경제개발 등 산업화정책에 골몰하던 사회개발 발진기, 이로부터 다시 헌법의 전문이 개정되던 1972년 12월까지 개발계획을 독려하던 사회개발 촉진기로, 또 이로부터 다시 1979년 10월까지 그 개발계획을 다지고 강화하던 사회개발 정돈기로 대략 구획이 나누어진다. 그러면 시대적 구획에 따라 교육법제를 관찰하기로 하자.

① 군정기

이 시기는 헌법과 헌법기관이 정지되고 사회의 모든 영역이 혁명입법에 따라 운영되던 때다. 군사정부의 초헌법적인 권력에 의하여 '교육에 관한 임시특례법'과 '국립대학령'을 제정하여 중등의 수준의 사범학교를 폐지하고 이를 2년제 교육대학으로 승격시키고, 교육자치제도를 일시 폐지하는 등 혁명적 조치를 취하였다. 이 시기의 교육법제를 들면 다음과 같다.

- 교육법 개정(1961. 8. 12., 법 680호)
- 교육에 관한 임시특례법(1961. 9. 1., 법 708호) 사범학교를 2년제 교육대학으로 승격
- 사설강습소에 관한 법률(1961. 9. 18., 법 719호)
- 국립대학령 개정(1961. 2. 17., 각령 455호): 교육대학 발족

② 사회개발 발진기

이 시기는 군정에서 민정으로 전환하는 기간으로서 경제개발 5개년 계획을 세우는 등 사회개발에 박차를 가하던 때였다. 이 시기에 일면 사립학교에 대한 통제도 강화되면서 산업교육, 도서벽지교육, 과학교육, 국민체육 등에 대한 진흥책이 마련되고, 학교제도에도 변화를 주어 실업고등전문학교가 설치되었으며, 특례법에 의하여 설치된 교육대학을 교육법의 개정으로 합법화하였다. 이 시기는 특히 사회의 전 영역에서 능률과 변화가 무엇보다 고무되던 때였으므로 여러 영역에서 개혁의 바람이 일고 있었다.

특히 1968년 11월 15일 교육법을 개정하여 중학교의 무시험제도를 확립한 것은 이 기간에 국민의 지지가 가장 컸던 성공적인 교육조치였다. 이후 중학교의 의무화를 가능하게 한 것은 이 조치가 마련하여 준 결과로 볼 수 있을 것이다.

이때에 사회개혁의 일환으로 제정된 교육법제들은 대략 다음과 같다.

- 헌법(1962. 12. 26., 제6호)
- 교육법 개정(1962. 1. 6., 법 955호): 교육위원 임명제
- 유네스코활동에 관한 법률(1963. 4. 27., 법 1335호)
- 사립학교법(1963. 6. 26., 법 1362호)
- 교육법 개정(1963. 8. 7., 법 1387호): 실업고등전문학교, 교육대학 설치
- 산업교육진흥법(1963. 9. 19., 법 1403호)
- 교육법 개정(1963. 11. 1., 법 1435호)
- 교육법 개정(1963. 12. 5., 법 1464호)
- 사회단체등록에 관한 법률(1963. 12. 12., 법 1485호)
- 교육법 개정(1964. 10. 20., 법 1661호)
- 국립대학교부속병원특별회계법(1966. 12. 20., 법 1726호)
- 도서벽지교육진흥법(1967. 1. 16., 법 1870호)
- 교육법 개정(1967. 2. 28., 법 1890호)
- 학교보건법(1967. 3. 30., 법 1928호)
- 교육법 개정(1968. 3. 15., 법 1995호)
- 교육법 개정(1968. 7. 3., 법 2021호)
- 교육법 개정(1968. 11. 15., 법 2045호): 중학교 무시험 입학
- 과학교육진흥법(1969. 3. 30., 법 1927호)
- 학교수업료 및 입학금에 관한 규칙(1969. 7. 19., 문211호)
- 스카우트활동육성에 관한 법률(1969. 7. 28., 법 2118호)
- 교육공무원인사위원회 규정(1969. 8. 11., 대령 4007호)
- 국민체육진흥법(1969. 9. 17., 법 1146호)

③ 사회개발 촉진기

1969년 10월의 헌법 개정으로 정치체제를 변동 없이 그대로 유지할 수 있게 된 정부는 사회개발에 보다 박차를 가하였다. 교육공무원임용령 등의 관련법을 제정하여 교육공무원의 기강을 확립하고, 산업교육, 도서벽지교육, 과학교육, 국민체육 등에

관한 시행령을 마련함으로써 그의 진흥책을 강화하였으며, 학교제도에는 '전문학교'와 '방송통신대학'을 추가하여 기술전문인의 양성과 고등교육의 기회확대를 위한 제도를 보강하는 한편, 교수자격인정령 · 대학정원령 · 대학설치기준령 등의 대통령을 발령하여 대학에 대한 통제 또한 심화하였다.

'지방교육재정교부금법'이 제정되어 의무교육의 안정적 운영이 보장되고, 그 밖의 교육재정대책으로서 '해외개발연구보조금교부규정' '대한교원공제회법' '교육대학학생에 대한 학비보조규칙' 등의 법령이 마련되어 원만한 교육운영을 가능하게 하였다.

이 시기에 제정된 관련교육법제를 소개하면 다음과 같다.

- 헌법(1969. 10. 21., 제7호)
- 도서관법시행령(1969. 11. 3., 대령 12506호)
- 국립대학교부속병원특별회계법시행령(1969. 11. 5., 대령 4199호)
- 교육공무원임용령(1969. 11. 24., 대령 4303호)
- 장학금규정(1969. 11. 25., 대령 4310호)
- 학교보건법시행령(1969. 11. 25., 대령 4311호)
- 과학교육진흥법시행령(1969. 11. 25., 대령 4308호)
- 학교보건법시행령(1969. 11. 25., 대령 4311호)
- 산업교육진흥법시행령(1969. 11. 25., 대령 4312호)
- 교육과정심의 규정(1969. 12. 4., 대령 4383호)
- 국어심의회 규정(1969. 12. 4., 대령 4389호)
- 교육공무원승진 규정(1969. 12. 4., 대령 4393호)
- 교육공무원징계령(1969. 12. 4., 대령 4394호)
- 교수자격인정령(1969. 12. 4., 대령 4395호)
- 학교시설설비기준령(1969. 12. 4., 대령 4398호)
- 국립중앙도서관직제(1969. 12. 4., 대령 4384호)
- 사립학교법시행령(1969. 12. 4., 대령 4396호)
- 1945년 이후 종전의 규정에 의한 학교졸업자자격인정령(1969. 12. 4., 대령 4401호)

- 대학정원령(1969. 12. 24., 대령 4475호)
- 교육법 개정(1970. 1. 1., 법 2175호): 실업고등전문학교, 전문학교 설치
- 대학설치기준령(1970. 1. 9., 대령 4511호)
- 교육법시행령 개정(1970. 2. 26., 대령 4671호)
- 해외개발연구보조금교부규정(1970. 1. 30., 대령 4557호)
- 교육법시행령(1970. 2. 12., 대령 4589호): 한글화
- 교육법시행령 개정(1970. 12. 26., 대령 5427호)
- 대한교원공제회법(1971. 1. 22., 법 2296호)
- 교육대학학생에 대한 학비보조규칙(1971. 2. 26., 문 276호)
- 교육법시행령 개정(1971. 3. 2., 대령 5541호)
- 교육법시행령 개정(1971. 10. 7., 대령 5808호)
- 교육법시행령 개정(1971. 12. 31., 대령 5914호)
- 지방교육재정교부금법(1971. 12. 28., 법 2330호)
- 한국방송통신대학설치령(1972. 3. 9., 대령 6106호)
- 국민체육진흥법시행령(1972. 4. 12., 대령 6140호)
- 시범농업고등학교육성에 관한 규정(1972. 7. 28., 대령 6305호)
- 교원연수원령(1972. 9. 25., 대령 6352호)
- 교육법시행령 개정(1972. 11. 9., 대령 6377호)
- 교육법 개정(1972. 12. 16., 법 2366호): 학교설립 폐지의 보고의무

이 시기에 교육법제에 대하여 취해진 여러 조치에 따라 학교계통도에도 약간의 변화를 주게 되었다. 초등학교교원의 교육양성기관이 중등과정인 사범학교에서 고등교육기관인 2년제의 교육대학으로 승격됨과 동시에 전문학교제도가 추가되었으므로, 실업고등전문학교와 함께 고등교육이 다양화되는 모습을 보였다. 이를 그림으로 소개하면 다음과 같다.

학교계통도(1969~1972)

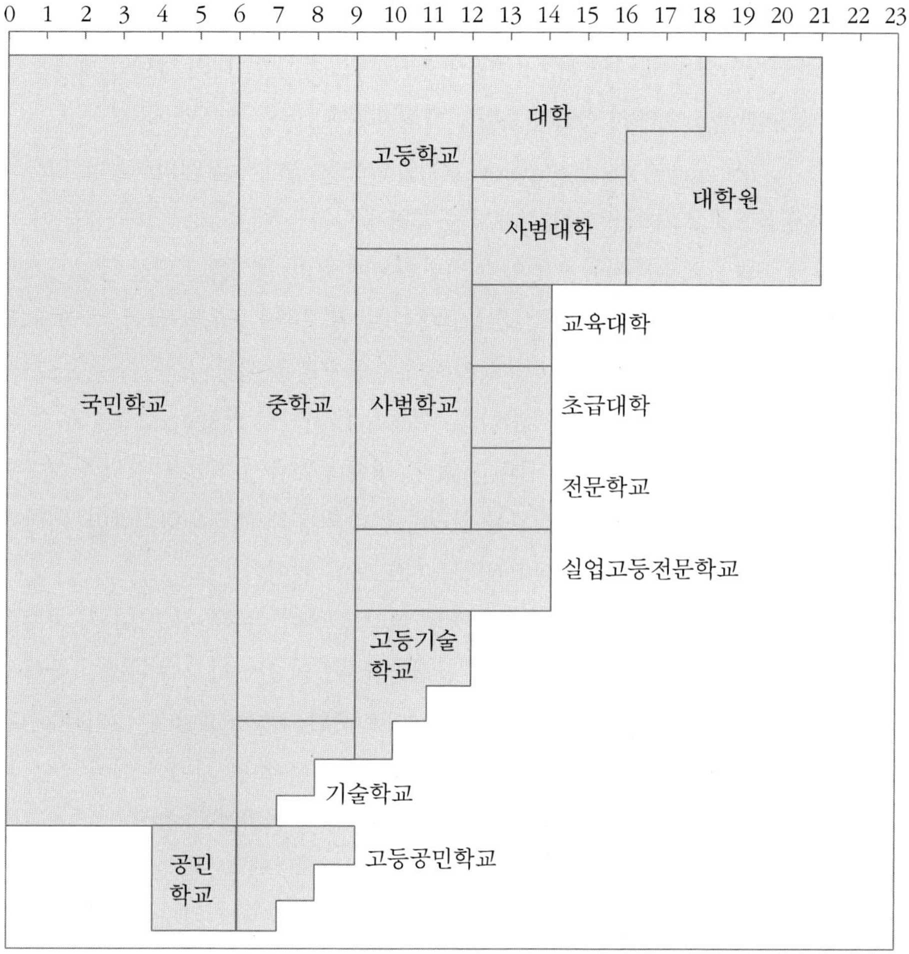

④ 사회개발 정돈기

과거 수년간 수행해 온 개발계획에서 비교적 성공적인 성과를 이룩한 정부는 교육에서도 복지대책을 고려, 소외계층 자녀들을 위한 제도를 마련하기 시작하였다. 통신교육을 통하여 교육의 시혜를 넓히기 위해 방송통신의 중·고등학교와 대학을 설치하고, 근로청소년을 위한 특별학급과 학교를 설치하였다. 이뿐만 아니라 사립학교 교원의 복지를 위해 사립학교교원연금법을 제정하여 생활안정대책을 확립하고, 사립학교에 대한 재정대책과 법인에 대한 통제를 강화하기 위하여 공익법인 설립운영에 관한 법률, 학교법인의 학교경영재산기준령 등 사립학교에 대한 여러 법령을 제정하였다. 또 학술의 진흥을 위해서 학술진흥법도 제정하였다.

또한 이 시기에 교육법 개정을 통하여 고등학교를 평준화하고 시험지옥을 면하게 해 준다는 명목으로 고등학교의 입시제도를 공영제로 하는 개혁을 단행하였다. 이 제도는 당장에 고등학교입학시험을 면제받거나 혹은 우열의 평가를 모면한 당사자에게는 희소식이었으나, 결과적으로 이것은 교육을 비능률 · 비효율로 이끌어 이 땅의 교육을 황폐화하는 데 기여하였다. 평준화정책의 입안자들은 평등이라는 이름으로 능력이 못 미치는 대다수의 학생을 기만하고, 이들을 들러리로 만들어 소수의 우수 대학입학자만 건지는 교육을 옹호한 꼴이 되었다. 대학 문턱에서 좌절을 경험한 대다수 학생들은, 만일 그들이 일찍부터 진로를 결정하고 이를 위해 매진하였더라면, 어쩌면 그의 인생에서 가장 성공한 자가 되어 있었을지도 모를 일이다.

고등교육의 개혁을 위하여 '실험대학안' 등 여러 노력이 이루어진 것도 이 시기였다. 이 실험대학 안은 이를 추진하는 몇몇 정책입안자들의 안이하고 독단적인 발상을 강압적으로 추진한 것 때문에 도중에 흐지부지되어 중단되어야 하였다. 그러나 이 정책은 많은 사람이 고등교육의 개혁에 대하여 깊은 관심을 쏟는 계기가 되어 주었다. 전문학교, 초급대학, 실업고등전문학교 등의 고등교육 관련기관이 없어지고 '전문대학'이라는 하나의 명칭으로 통일된 것도 이때였다.

고등교육기관에 있어서 이 시기는 그 어느 때보다도 가장 큰 시련의 시기이기도 하였다. 이때 남북 간에 처음으로 직접적인 교류가 시작되었고, 이 교류에 대응하여 새로 개정된 '유신헌법'이 정치체제의 장기집권으로 이해되어 사회 곳곳에서 정치적인 저항을 불러일으켰다. 대학은 이 저항의 본산지가 되어 더욱더 통제의 대상이 되었다.

이 기간에 제정된 교육법제의 대강을 소개하면 다음과 같다.

- 헌법(1972. 12. 27.)
- 군인자녀교육보호법(1972. 12. 30., 법 2429호)

• 정부조직법(1973. 1. 1., 법 2437호 전문개정)
• 교육법 개정(1973. 2. 23., 법 2544호)
• 교육법 개정(1973. 3. 10., 법 2586호): 고교 입시의 시 · 도별 관리
• 군인자녀교육보호법시행령(1973. 3. 10., 대령 10890호)
• 한국교육개발원육성법(1973. 3. 14., 법 2616호)
• 교육법시행령 개정(1973. 4. 20., 대령 6638호)
• 교육법시행령 개정(1973. 7. 14., 대령 6766호)
• 교육법시행령 개정(1973. 9. 14., 대령 6863호)
• 사립학교교원연금법(1973. 12. 20., 법 2659호)
• 방송통신고등학교설치기준령(1974. 1. 4., 대령 7008호)
• 사립학교교원연금법시행령(1974. 1. 4., 대령 7005호)
• 교육법시행령 개정(1974. 8. 14., 대령 7220호)
• 교육법 개정(1974. 12. 24., 법 2710호): 방송통신중 · 고등학교, 동 대학 설치
• 교육법시행령 개정(1975. 1. 27., 대령 7536호)
• 서울대학교설치령(1975. 2. 28., 대령 7565호)
• 교육법시행령 개정(1975. 6. 14., 대령 7650호)
• 교육법 개정(1975. 7. 23., 법 2773호)
• 교육법시행령 개정(1975. 9. 8., 대령 7806호)
• 국민체육진흥기금에 관한 법률(1975. 12. 20., 법 2790호)
• 교육법시행령 개정(1975. 12. 31., 대령 7928호)
• 공익법인 설립운영에 관한 법률(1975. 12. 31., 법 2814호)
• 교육법시행령 개정(1976. 2. 23., 대령 8000호)
• 학교법인의 학교경영재산기준령(1976. 5. 21., 대령 8132호)
• 교육법 개정(1976. 12. 31., 법 2980호): 근로청소년 특별학급 및 중학교 설치
• 교육법시행령 개정(1977. 2. 8., 대령 8432호)
• 재외국민의 교육에 관한 규정(1977. 2. 28., 대령 8461호)
• 산업체의 근로청소년의 교육을 위한 특별학급 등의 설치기준령(1977. 2. 26., 대

령 8462호)

- 재외국민교육원설치령(1977. 3. 18., 대령 8511호)
- 교육법시행령 개정(1977. 7. 2., 대령 8615호)
- 교과용 도서에 관한 규정(1977. 8. 22., 대령 8660호)
- 청소년대책위원회규정(1977. 8. 27., 대령 8670호)
- 국립학교설치령(1977. 8. 30., 대령 8672호)
- 교육법 개정(1977. 12. 31., 법 3054호): 부칙 개정(전문대학 설치)
- 교육법시행령 개정(1977. 12. 31., 대령 8813호)
- 특수교육진흥법(1977. 12. 31., 법 3053호)
- 재외교포학생단기교육규정(1978. 6. 21., 대령 9049호)
- 전문대학설치기준령(1978. 7. 4., 대령 9078호)
- 특수교육진흥법시행령(1978. 8. 30., 대령 9151호)
- 교육법시행령 개정(1978. 9. 13., 대령 9160호)
- 한국정신문화연구원육성법(1978. 12. 5., 법 3116호)
- 교육법시행령 개정(1978. 12. 19., 대령 9219호)
- 교원자격검정령(1978. 12. 30., 대령 9258호)
- 교육법시행령 개정(1979. 6. 19., 대령 9498호)
- 학술진흥법(1979. 12. 28., 법 3205호)
- 학술진흥법시행령(1980. 8. 16., 대령 9991호)

이 기간에는 이상의 교육법제의 변천으로 초급대학이 전문대학으로 바뀌고 실업고등전문학교제도가 폐지되는 등의 조치로 학교계통도에 약간의 변화가 주어졌다. 이를 소개하면 다음과 같다.

학교계통도(1972~1979)

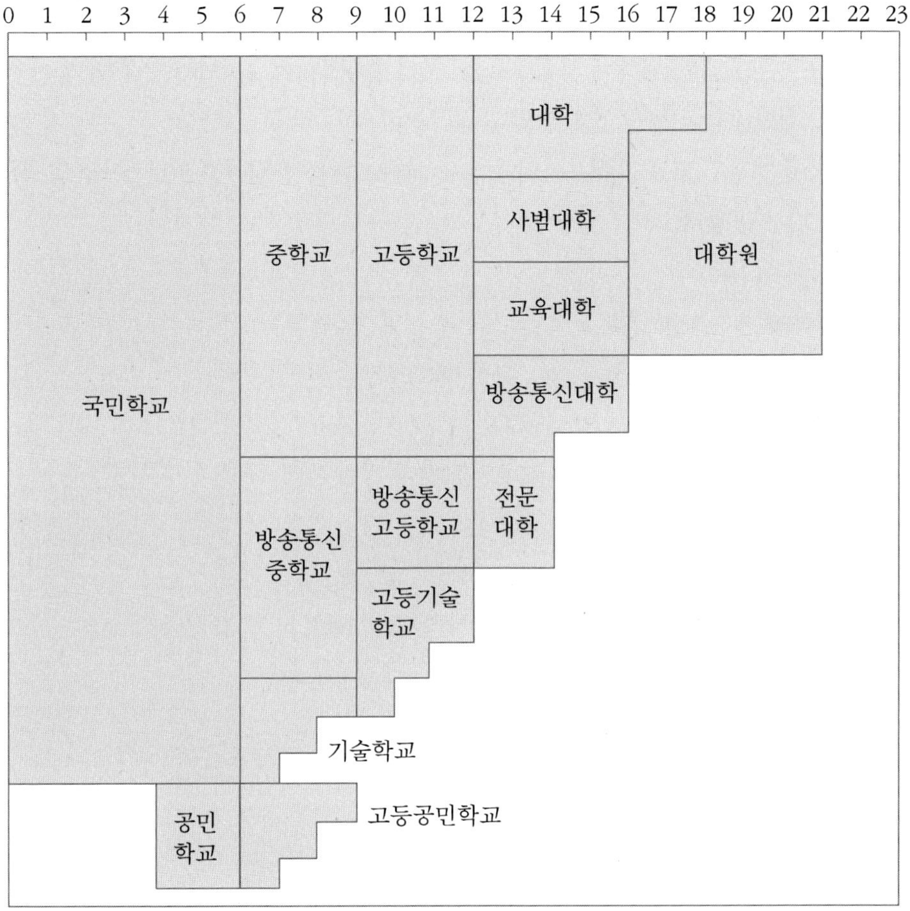

(4) 교육법 제4기(1980~1986)

교육법 제4기는 5 · 16 군사정변으로 시작된 능력지향의 정치체제가 다른 체제로 대체된 시기인 1980년 후반부터 이 체제가 또 다른 체제로 교체되는 1987년 이전까지의 기간을 말한다. 이때는 초기의 정치적 공백기에 구성된 '국가보위비상대책위원회'에 의하여 교육개혁이 단행되는 것을 특징으로 한다. 이 위원회가 초안한 헌법개정안에서 헌법의 교육조항에 교육의 전문성과 평생교육에 관계되는 조문이 추가되고, 대학의 졸업정원제, 대학입시제도의 국가관리 강화, 교원대학의 설립, 중등학교의 교복 폐지, 과열과외의 추방, 중학교의무화의 부분적 실행 등의 특별한 교육조치가 단행되었으며, 또 평생교육을 위하여 사회교육법, 국민체육진흥법, 유아교육진흥법 등이 제정되었고, 개방대학이 문을 열게 되었다.

이 시기에 제정된 교육법제는 이러한 모든 교육조치를 반영하고 있다. 이들 법제를 소개하면 다음과 같다.

- 헌법(1980. 10. 27.)
- 교육법시행령 개정(1981. 2. 28., 대령 10213호)
- 학교급식법(1981. 1. 29., 법 3356호)
- 교육법 개정(1981. 2. 13., 법 3370호): 교원의 지위 우대, 교육의 자주성
- 교육재정의 확보, 교육대학을 4년제로 개편
- 한국청소년연맹육성에 관한 법률(1981. 4. 13., 법 3434호)
- 대학원졸업생 등의 병역특례에 관한 특별조치(1981. 6. 5., 법 3450호)
- 학술원 및 예술원의 회원수당(1981. 7. 29., 대령 10425호)
- 학교급식법시행령(1981. 9. 8., 대령 10460호)
- 교육법시행령 개정(1981. 11. 25., 대령 10636호)
- 교육공무원법(1981. 11. 23., 법 3458호): 전문개정
- 교육세법(1981. 12. 5., 법 3459호)
- 교육법 개정(1981. 12. 31., 법 3525호): 방송통신대학 및 개방대학 설치
- 교육세법시행령(1981. 12. 31., 대령 10668호)
- 교육법시행령 개정(1982. 3. 20., 대령 10767호)
- 교육법 개정(1982. 3. 29., 법 3540호)
- 개방대학설치운영 규정(1982. 4. 6., 대령 10786호)
- 교육법시행령 개정(1982. 9. 25., 대령 10921호)
- 국민체육진흥법(1982. 12. 31., 법 3612호)
- 학교시설사업촉진법(1982. 12. 31., 법 3634호)

- 유아교육진흥법(1982. 12. 31., 법 3635호)
- 사회교육법(1982. 12. 31., 법 3648호)
- 학교시설사업촉진법시행령(1983. 5. 4., 대령 11123호)
- 교육법시행령 개정(1983. 5. 4., 대령 11122호)
- 유아교육진흥법시행령(1983. 6. 6., 대령 11141호)
- 교육법시행령 개정(1983. 9. 2., 대령 11220호)
- 사회교육법시행령(1983. 9. 10., 대령 11230호)
- 국외유학에 관한 규정(1983. 11. 22., 대령 12437호)
- 교육법시행령 개정(1983. 12. 30., 대령 11291호)
- 교육법 개정(1984. 8. 2., 법 3739호): 중학교의 의무화
- 한국교원대학설치령(1984. 3. 15., 대령 11382호)
- 학원설립운영에 관한 법률(1984. 4. 10., 법 3728호)
- 교육법 개정(1984. 8. 2., 법 3739): 중학교의 취학의무 규정, 학령초과자의 교육
- 한국해양소년단연맹육성에 관한 법률(1984. 12. 31., 법 3785호)
- 중학교의무교육실시에 관한 규정(1985. 2. 21., 대령 11626호)
- 과학영재선발위원회규칙(1985. 7. 26., 총303호)
- 중앙교육평가원직제(1985. 8. 12., 대령 11737호)
- 중앙교육연수원직제(1985. 8. 12., 대령 11739호)
- 교육법시행령 개정(1985. 9. 21., 대령 11626호)
- 국외유학에 관한 규정(1985. 12. 31., 대령 11826호)
- 문교부직제(1986. 8. 25., 대령 11959호)
- 교육법시행령 개정(1986. 12. 1., 대령 12001호)
- 저작권법(1986. 12. 31., 법 3916호)
- 저작권법시행령(1987. 7. 1., 대령 1294호)
- 교육법 개정(1987. 8. 29., 법 3932호)
- 서울특별시 직할시 도의 교육위원회직제(1987. 9. 3., 대령 12244호): 전문개정

이상의 법제를 토대로 학교계통도를 작성하면 다음과 같다. 이 그림에서 보면 대학의 종류가 대학, 사범대학, 교육대학, 교원대학, 방송통신대학, 개방대학, 전문대학 등으로 나뉘어 여러 지류를 형성하고 있다. 더구나 교원양성기관인 대학은 세 기둥으로 형성되어 난맥을 이루고 있다. 물론 이들은 각기 법제상 성격이 규정되어 있어 기능이 분화되어 각각 중등학교교원, 초등학교교원, 초 · 중등학교교원을 양성하도록 역할을 분담하고 있는 것은 사실이나 여러 가지 개혁의 손을 필요로 하는 영역이다. 특히 19세기 말의 규범학적 입장의 낡은 교육 이데올로기를 근거로 하는 '사범'이라는 용어가 그대로 사용되고 있는 점도 문제이거니와, 특정학교를 지정하여 교원을 양성하는 체제를 고수하여 소수에 의한 교육독점을 정당화하고 있는 것은 교육 전제화의 우려가 있다. 더구나 그와 같은 교육양성기관의 난맥상은 이 땅의 교육의 장래에 큰 우려를 낳게 하는 것이다.

(5) 교육법 제5기(1987~현재)

교육법 제5기는 1987년으로부터 현재까지에 이르는 기간으로, 이 시기는 주로 사회의 모든 영역이 방만한 무정부주의를 민주주의로 혼동하여 그동안 정력적으로 구축하여 온 사회체제를 해체하는 데 힘을 모아 온 시대다. 그동안 억압되었던 민중주의자들의 목소리가 거세진 반면, 체제를 관리하는 측은 항상 무정견으로 대처하여 거세진 목소리에 늘 표류하듯 밀리던 때였다. 더구나 1990년대에 들어서서는 체제해체를 주도하였던 민중주의자들이 대폭 체제운영에 가담함으로써 이데올로기의 분열로 체제 안에 통합이 이루어지지 않아 갈등의 조짐도 보이는 때이기도 하였다. 따라서 이 시기에는 교육운영도 같은 맥락에서 운영되어 혼선을 빚기도 하였다.

학교계통도(1980~1986)

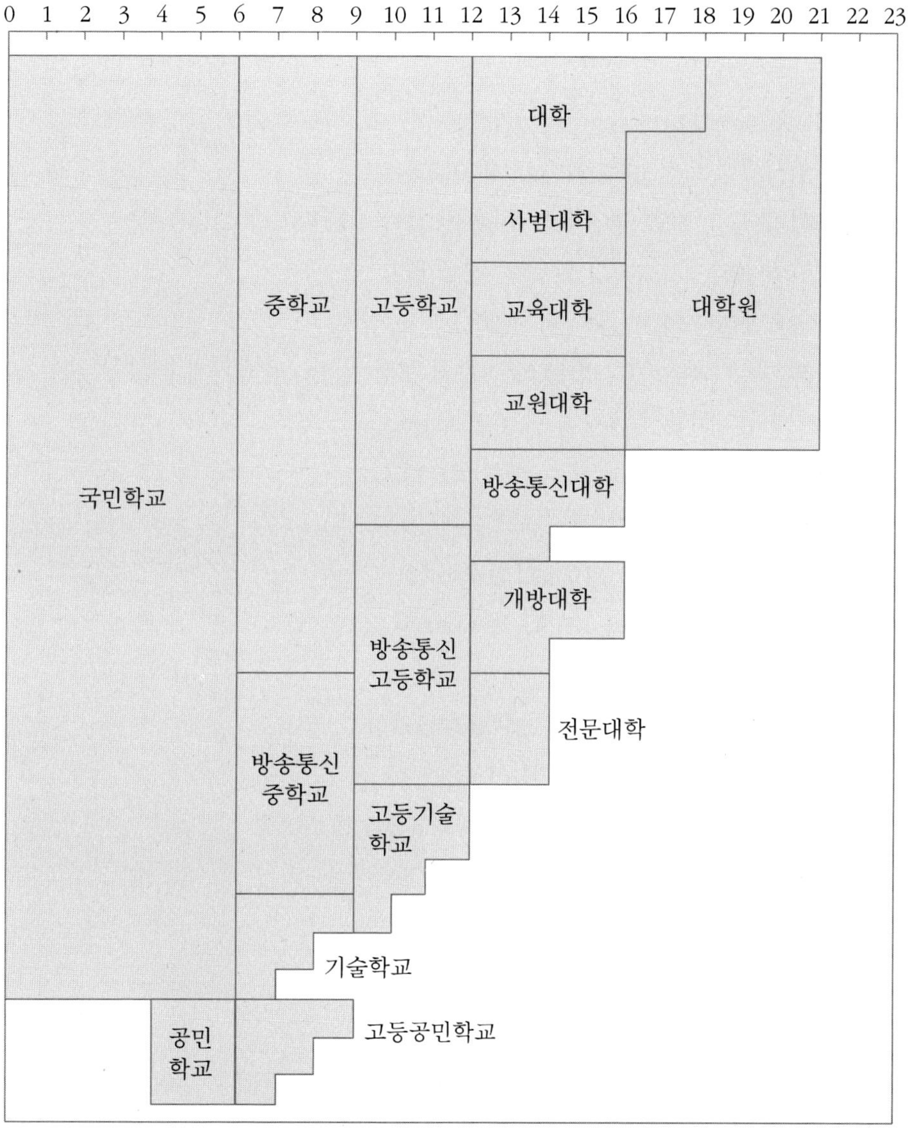

이 시기에 '올림픽'이 개최되고, 새로운 지방교육자치제도에 의해 임명제가 아닌 선출 교육위원과 교육감으로 이루어지는 교육자치제가 실시되었다. 그 와중에도 청소

년육성법, 대한민국학술원법, 사학진흥재단법, 청소년기본법 등의 법제가 제정된 것은 그런 대로 교육성과로 꼽을 수 있다.

- 헌법(1987. 10. 29.)
- 교육법시행령 개정(1987. 11. 24., 대령 12280호)
- 사료의 수집 및 보존 등에 관한 법률(1987. 11. 28., 법 3976호)
- 도서관법(1987. 11. 28., 법 3972호): 전문개정
- 청소년육성법(1987. 11. 28., 법 3973호)
- 교육법 개정(1988. 4. 6., 법 4009호): 부칙 개정: 지방교육자치제
- 중앙교육심의회규정(1988. 5. 9., 대령 12448호)
- 교육법시행령 개정(1988. 9. 1., 대령 12510호)
- 교육정책자문회의규정(1988. 12. 27., 대령 12563호)
- 대한민국학술원법(1988. 12. 31., 법 4045호)
- 대한민국예술원법(1988. 12. 31., 법 4046호)
- 교육법시행령(1989. 2. 28., 대령 12635호)
- 교육법시행령 개정(1989. 2. 28., 대령 12635호)
- 사학진흥재단법(1989. 3. 31., 법 4103호)
- 체육시설의 설치이용에 관한 법률(1989. 3. 31., 법 4106호)
- 한국장학회법(1989. 3. 31., 법4104호)
- 사료의 수집 및 보존 등에 관한 법률시행령(1989. 4.)
- 교육법시행령 개정(1989. 7. 4., 대령 12749호)
- 교육법시행령 개정(1989. 11. 23., 대령 12846호)
- 교육법 개정(1991. 3. 8., 법 4347호)
- 독학에 의한 학위취득에 관한 법률(1990. 4. 7., 법 4227호)
- 독학에 의한 학위취득에 관한 법률시행령(1990. 5. 3., 대령 1300호)
- 교육법 개정(1990. 12. 27., 법 4268호): 체육 관련 행정의 체육부장관과 협의
- 교육법 개정(1990. 12. 31., 법 4303호)

- 교육법 개정(1991. 12. 31., 법 4474호)
- 지방교육양여금법(1990. 12. 31., 법 4301호)
- 교육법시행령 개정(1991. 2. 1., 대령 13284호)
- 교육법시행령 개정(1992. 3. 6., 대령 13603호)
- 지방교육자치에 관한 법률(1991. 3. 8., 법 4347호)
- 교육법시행령 개정(1992. 3. 28., 대령 13623호)
- 도서관진흥법시행령(1991. 4. 8., 대령 1334호)
- 지방교육자치에 관한 법률시행령(1991. 4. 23., 대령 13356호)
- 교육법시행령 개정(1991. 4. 23., 대령 13356호)
- 교육법시행령 개정(1991. 9. 14., 대령 13468호)
- 교원지위향상을 위한 특별법(1991. 5. 31., 법 4376호)
- 지방교육자치에 관한 법률 개정(1991. 12. 31., 법 4473호)
- 경륜 경정법(1991. 12. 31., 법 4476호)
- 청소년기본법(1991. 12. 31., 법 4477호)
- 교육법 개정(1992. 12. 8., 법 4523호): 교원의 종별과 자격
- 지방교육자치에 관한 법률시행령 개정(1992. 3. 25., 대령 13356호)
- 청소년기본법시행령(1992. 12. 31., 대령 13811호)

❹ 우리 교육법제의 반성과 전망

지금으로부터 100년 전, '각아문관제'의 제정으로 '학문아문'이 설치된 것이 근대교육의 효시가 되었다. 학무아문은 이 땅에서 설치된 최초의 근대교육의 행정기관이었기 때문이다. 이로부터 '한성사범학교관제', '소학교령', '중학교관제' 등의 근대교육법제가 계속 제정되었다. 이 땅에서 근대교육법제의 수용이 가능하였던 것은 이를 추진한 근대화 주역들의 끈질긴 집념 때문이기도 하지만, 조선조의 오랜 학교제도 운영의 전통이 밑거름이 되어 준 데 있다. 그 후 우리의 교육법제는 수용과정에서 운영상 미

숙했던 경험을 극복하고 제도를 점진적으로 개선하여 1906년에는 '보통학교령', '고등학교령', '사범학교령' 등 보다 개선된 새로운 교육법제로 개정되어 본 궤도에 올랐다. 그러나 일시 국권이 중단되었던 1911년에서 1945년까지는 수탈세력에 의해 '조선교육령'이 제정되어 우리 고유의 교육법제를 대신하긴 하였다. 우리 민족은 이에 대항하여 크게 세 차례나 그 법의 개정을 유도해 국익을 옹호하였고, 1945년에서 1949년까지의 미군정기에는 장차 들어설 새로운 독립국가의 교육법제도를 확립하기 위해 학제를 개편하는 등 준비작업에 헌신하였으며, 건국기에는 민족의 애국적인 열정에 힘입어 지금의 '교육법'이 처음으로 제정되기에 이르렀다. 그리고 1951년으로부터 1953년까지의 전란 중에도 학교를 세우는 등 국난 극복을 위한 전시교육체제가 수립되어 교육법체제가 유지되었으며, 전쟁이 끝나서는 4 · 19 혁명, 5 · 16 군사정변 등 정치적 변동이 잦았으나 이 법은 그때그때 주변환경에 적절히 대응하면서 기본법으로서 기능하여 왔다.

그처럼 우리 교육법제도는 파란의 연속에서 이루어진 법제이긴 하나, 우리에게는 수많은 풍부한 교육법제도운영의 경험을 안겨주었다. 이러한 경험은 우리에게 역경의 고난과 고통을 가져다주거나 시행착오나 실패를 자초한 것도 있지만, 대체로 그 법제도의 운영을 위한 많은 식견과 안목을 가져다주어 긍정적으로 기여한 바 적지 않았다. 그 까닭에 고통으로 점철된 경험은 우리 고유의 교육법제도를 확립하도록 하는 데 보다 더 공헌하였다고 할 수 있다. 한편 100년의 다양하고 풍부한 경험은 곧 교육법제도 운영에 대한 우리의 성숙을 의미하는 것이라고 할 수 있다.

그러나 우리의 축적된 경험에도 불구하고, 지금의 교육제도는 유감스럽게도 그 경험에 걸맞지 않게 미흡한 점이 많다. 특히 현행 교육법은 그동안 정치 · 사회의 변동에 적응하게 위하여 빈번하게 개정되어 왔다. 일단은 환경변화에 대한 적응이라는 관점에서는 성공적으로 운영되어 왔으나, 개정으로 많은 법의 첨삭이 있어 법의 체제가 흔들려 짜임새를 잃는 결과를 자초하였다. 그 때문에 신구의 낡고 새로운 조문이 하나의 법률 안에 공존하게 되어 어떤 것은 해묵은 진부한 교육 이데올로기에 안주해 있는 것이 있는가 하면, 또 어떤 것은 지나치게 앞서가는 교육사조에 맞추어져 있다. 결과적으로는 앞뒤가 맞지 않게 서로 모순될 뿐 아니라 전체적인 조화마저 깨져 있는 것이다. 경우에 따라서는 조문의 문맥이나 표현이 잘 이루어져 있지 않은 부분이 있는가 하면, 관련법들과 서로 상반되는 내용을 담고 있는 것도 있어 이를 따르는 사람에게 혼란을 주는 경우도 있다. 특히 교육법조문의 해석이 구구한 것은 바로 이러한 표현의 미숙과 애매함에 원인이 있는 것이다.

더구나 우리 교육법에는 현실 속에서 지킬 수 없는 법 규정을 너무나 많이 포함하고 있다. 아무리 이상적인 법조문이라 하더라도 현실적으로 지킬 수 없는 법은 죽은 법이다. 이는 '살아 있는 법'으로서의 법의 실체라기보다는 무모하고 허황한 허구의 나열이라고 할 수밖에 없다. 더욱 문제가 되는 것은 오늘날 우리 사회는 미증유의 변화를 맞고 있다는 사실이다. 우리 사회는 변화가 완만하였던 전근대적 농업사회에서 변화무쌍한 산업사회로 발전하였으며, 나아가 정보화사회로 가는 전환기를 맞고 있다. 농업이 주도하던 1940년대 후반에 처음으로 제정된 지금의 현행 교육법은 그간 변화에 대응하여 많은 개정을 통해 현실에 적응하려는 노력을 보여 온 것이 사실이라 하더라도, 실제로는 누더기 옷만을 입은 결과가 되었다. 전후가 모순되는 신구의 잡다한 규정만을 나열하게 되었을 뿐, 산업사회에서 정보화사회로 정착해 가는 지금의 우리 사회에 적응을 주도하는 교육규범으로서 충분하게 구실하지 못하고 있는 것이다. 작금의 우리 교육법이 '살아 있는 법'으로서 구실하려면, 이는 적어도 오늘의 산업사회에 살면서 정보화사회를 지향하고 있는 사람들이 지킬 수 있는 것이어야 하는 것이다. 그러나 지금의 우리 교육법은 그렇지 못한 부분을 매우 많이 포함하고 있다. 법은 있으되 지킬 수 없는 '죽은 법'이 많은 것이다.

우리 교육법이 '살아 있는 법'으로서 구실하지 못하는 이유는 다른 데에서도 찾아볼 수 있다. 우리나라는 급작스러운 성장으로 성장 자체는 성공적이었으나, 부의 축적이나 힘에 안배 등에 있어서 여러 가지 불균형을 이루어 갖가지 사회문제를 초래하였다. 따라서 우리 교육법의 규범 중에는 일부 계층의 요구나 이익을 보장하는 예들이 존재한다. 이때 이 규범은 선택에서 소외된 계층이 능력이 모자라서, 혹은 사회저항의 한 방편으로 의도적으로 준수하지 않는 경우도 생겨난다. 이때도 교육법은 '살아 있는 법'으로 구실하지 못한다.

한편 우리는 이 교육법이 제정된 이래 줄곧 교육수요를 증대시켜 왔다. 초등교육인 국민학교마저 의무교육이 실시될 수 없었던 시기에 처음으로 제정 · 실시되던 지금의 이 법은 전기중등교육인 중학교에까지 의무교육이 확대되고, 후기중등학교인 고등학교는 물론 고등교육기관인 대학 또한 확장 · 증대되어, 이른바 교육팽창의 시기에 이르러서도 교육기본법으로서 구실하고 있다. 이는 우리의 교육수요가 영세하였던 시기에 적용하였던 교육법체제를 교육인구와 시설이 증대된 팽창의 시기에도 적용하고 있음을 의미하는 것이며, 바로 이 때문에 이 법은 한계를 드러낸다. 물론 그동안 이 법의 많은 개정으로 수요증대에 대비한 노력의 흔적은 없지 않으나, 그럼에도 오늘날의 교육현실에 적용하기는 미비한 점이 너무나 많다.

우리의 교육법제도의 미성숙이나 미비점은 단순히 법제도의 불비에서만 끝나지 않고 우리 교육의 장래를 그르칠 우려마저 있다. 바로 이러한 우려는 교육법 개정의 필요를 낳는다. 또한 이 법의 미성숙과 미비점은 법의 완숙과 완비를 요구한 것이며 또 이는 곧 법의 개정을 의미하는 것이다. 그러므로 오늘날 여기저기서 이 법을 개정할 것을 빗발치듯 요구해 오고 있으며, 현실적으로는 우리 교육이 환경변화에 적응하기 위하여 스스로 이 법을 개정하는 조치를 취해야 할 필요를 낳고 있다.

이상과 같은 우리 교육법을 반성하는 일은 교육법제의 100주년을 넘어선 우리에게 있어 매우 값진 일이 될 것이다. 이는 우리의 교육법제를 보다 적절하고 좋은 법제로 만들어 가기 위하여 중요한 밑거름이 되어 줄 수 있기 때문이다. 졸론이 굳이 우리 교육법의 100년을 회고하고 그의 변천과정을 고찰한 것은 앞으로 보다 나은 교육법을 만들어 가기 위해서다. 이 글의 말미에 부쳐 필자는 우리 모두가 보다 좋은 우리 교육법제를 일구어 나아가는 데 힘을 모을 것을 제의하고 싶다. 이는 우리의 교육법제가 100년 동안 쌓아 온 소중한 경험을 헛되이 해서는 안 되기 때문이다.

참고문헌

姜吉秀, 韓國教育行政史研究, 教育出版社, 1976.

高大亞細亞問題研究所, 舊韓國外交文書(I-XXII), 高大出版部, 1973.

國會圖書館, 憲法制定會議錄(制憲國會), 1967.
金鍾權 譯, 金富軾 原著, 完譯 三國史記, 先進文化社, 1969.
內閣記錄局, 法規類編(1-7卷), 隆熙 2年.
內閣記錄局, 法規類編(原), 建陽元年 1月.
內閣記錄局, 法規續編(上,下), 隆熙 3年.
文敎法典編纂會 編, 文敎法典, 敎學社, 1989.
文敎部, 文敎40年史, 大韓敎科書株式會社, 1988.
文部省, 學制百年, 帝國地方行政學會, 1973.
文部省敎育史編纂會, 明治以降敎育制度發達史(第10卷), 龍吟社, 1939.
法制處, 典律通補(上・下), 有豊印刷株式會社, 1971, 1972.
宋炳基 外 編, 韓末近代法資料集(I-IX), 國會圖書館, 1970-1972.
安基成, 敎育法學硏究, 高大出版部, 1989.
安基成, 韓國近代敎育法制硏究, 高大民族文化硏究所, 1984.
吳天錫, 韓國新敎育史, 現代敎育圖書出版社, 1964.
議政府總務局, 法規類編(續一), 光武 2年, 5年.
李萬珪, 朝鮮敎育史(上,下), 乙酉文化社, 1949.
李丙燾, 新修韓國史大觀, 普文閣, 1972.
李用熙 編, 近世韓國外交文書總目, 國會圖書館, 1966.
李炫熙, 大韓民國臨時政府史, 集文堂, 1982.
李弘稙, 國史大事典, 一中堂, 1979.
朝鮮總督府中樞院, 李朝法典考, 朝鮮印刷株式會社, 1926.
中大敎育問題硏究所, 文敎史, 三和印刷出版社, 1974.
淺見倫太郎, 朝鮮法制史, 巖松堂書店, 1922.
韓國古典國譯委員會, 國譯 大典會通, 高大出版部, 1960.
玄岩社 編, 法典, 1975.

부록 1

근대교육법제의 성립과 발전: 연표(1871~1910)

이 연표는 1871년 조선 조정이 개항의 조짐을 보이기 시작한 때로부터 1910년 대한제국 정부가 종국을 맞을 때까지 근대교육과 직간접으로 관련 있는 모든 사건을 일지형식으로 정리해 놓은 것이다. 그런 의미에서 이 연표는 이 시대의 교육근대화의 약사라고도 할 수 있다. 이 연표는 이 시대의 교육을 연구하는 사람들에게 새로운 시각을 제공해 주기 위하여 작성되기도 한 것이다. 특히 이는 근대교육법제의 생성과 발전과정에 관심 있는 사람에게 보다 의미 있는 자료가 될 것이다.

1975년 조선 조정은 운양호 사건을 계기로 오랜 쇄국정책을 바꾸어 개방정책으로 전환하였다. 조선조의 쇄국정책은 당시의 국제 정황에서는 어쩔 수 없는 선택이었다. 청국의 아편전쟁, 왜의 동남아 전쟁 등 아시아 여러 지역에서 수탈과 착취를 일삼으면서 식민지 개척에 광분하는 서구세력을 목격하여 온 조선 조정은 나라를 지키기 위해서는 다른 대안을 가지지 못하였다. 더구나 무기 등 군사기술에서 열세였던 당시의 조선으로서는 다른 방법을 찾지 못하였다. 서구세력의 수탈의 간계에서 나라를 수호하는 일은 오직 나라 안에 발을 들여놓지 못하게 하는 것이 유일한 수단이었던 것이다. 그러나 조선은 나라 안팎에서 들어오는 개방요구에 밀려 그 정책을 바꾸지 않을 수 없었다. 안에서는 이미 오래전 16세기 실학에서 발단한 해묵은 은밀한 개방요구가 있었고, 밖에서는 수탈을 위해 무력도 불사하는 외국세력의 개방요구가 있었던 것이다. 그러므로 조선 조정의 개방정책으로의 전환은 내외 양면의 요구에 대한 대응책의 일환이었다.

서구적인 근대교육도 이때부터 본격적으로 수용되어 고유의 교육제도에 접목되기 시작하였다. 원래 조선조는 전통적으로 학교제도와 도제제도를 핵심으로 하는 교육제도를 운영하여 왔다. 이 학교제도는 성균관, 사학, 향교 등의 국립학교와 서원, 서당 등의 사립학교로 구성되어 있었고, 이 학교들은 대체로 유학을 핵심교과로 하여 유교적 교양을 습득하고 관료를 양성하는 것을 주요 임무로 하였다. 도제제도에는 각 관아가 '일하면서 배우는' 도제교육기관으로 구실하였다. 각 관아에는 교수(教授)나 훈도(訓導) 또는 훈해장인(訓誨匠人)이 파견되거나 임명되어 이들로 하여금 배정된 생도(生徒)나 장인 후보자를 지도하도록 하여 사회가 필요로 하는 전문요원이나 장인을 양성하도록 하였다. 장인의 경우는 세습이나 민간수준의 도제제도 형식으로 대처하는 경우도 있었다. 각 관아를 중심으로 전개되는 도제제도는 율학(律學)·역학(譯學)·의학(醫學)·천문학(天文學) 등의 전문적인 국가요원은 물론 목장(木匠)·옹장(瓮匠)·칠장(漆匠) 등과 같은 장인들의 산업요원과 아속악(雅俗樂)·여기(女技)·여의(女醫) 등의 기예와 여성의료요원을 양성하는 교육제도로 활용되고 있었다. 이들 교육제도를 뒷받침하는 조선조의 법제는 법전인 『대전회통(大典會通)』에 규정되어 있는 사항으로서, 예전(禮典)의 제과(諸科), 생도(生徒), 취재(取才), 장권(奬勸), 선상(選上)과 공전(工典)의 장인 등의 조항이다.

1875년 개방정책이 시작되고 1894년 근대화 작업이 본격화되기 전까지 근대교육제도는 기존의 전통적인 교육제도에 접목하는 형식으로 수용되었다. 국립의 근대학교로서 육영공원(育英公院)과 같은 시설을 설립하여 종래의 성균관 · 사학 · 향교 등의 구학교제도와 병립하게 하였고, 사립 근대학교로서는 이화학당(梨花學堂), 배재학당(培材學堂) 등을 설립하여 종래의 서원이나 서당과 같은 학교제도와 병존케 하였다. 조선조는 국가의 근대화조치에 맞추어 외국에서 외국전문요원을 초청 · 고용하고 이들을 해당 관아에 파견하여 도제제도 형식으로 내국인의 신인을 양성하여 갔다. 이는 조선이 종래의 교육관행을 존속시켜 가면서 부분적으로 이에 접목하여 근대화에 대응하여 왔음을 의미하는 것이다. 이는 법전 『대전회통』에 따라 엄격하게 근대화가 집행되었음을 말하는 것이다.

1894년부터는 고유 정통학제에 대한 서구학제의 접목 차원을 넘어 근대학교제도를 위주로 교육제도를 재편하기 시작하였다. 더구나 이 무렵 있었던 동학운동의 충격은 결국은 변화를 바라는 개혁세력에 정치적 승리를 가져다주었고, 그들의 근대화 요구를 받아들이지 않을 수 없었다. 이러한 충격에 새로운 대응책을 골몰하였던 조선 조정은 수습책의 일환으로 종래 제도를 전면적으로 개혁하여 근대화에 박차를 가하기 시작하였다. 이때부터 조선은 국호를 '대한제국'으로 바꾸는 등 근대화에 커다란 획을 긋고 이를 적극적으로 추진하게 된다. 특히 교육법제로서는 '각아문관제'를 제정하고 근대적인 정부조직에 착수하여 최고의 교육행정부서인 '학무아문'을 설치하고 법관양성기관인 법관양성소, 교원양성기관인 한성사범학교, 외국어교육기관인 외국어학교, 초등교육기관인 소학교, 중등교육기관인 중학교, 전문요원과 실업요원의 양성기관인 의학교와 상공학교 등이 속속 들어서기 시작하였다. 이러한 교육근대화의 노력은 비교적 성공적으로 진행되고 있었다.

1906년에 이르러서는 교육근대화의 노력이 무르익어 한 차원 높은 교육개혁이 단행되었다. 이 무렵, 무력으로 강제된 비합법적인 협약으로 외교권과 재정권 등 국권의 일부가 박탈된 가운데서도 대한제국 정부는 잃어버린 국권회복운동을 은밀하게 추진하는 동시에 전면적인 교육개혁을 단행하였다. 이 개혁에서 대한제국 정부는 소학교를 보통학교로, 중학교를 고등학교로 개편하는 한편, 전국 각지에 새로운 학교제도를 확산시키는 조치를 강하게 추진하였다. 왜국 침략세력은 1907년 대한제국 정부의 일련의 개혁작업이 침략계획에 방해가 된다고 생각하여 무력으로 또 다른 협약을 강제하고 왜국관리를 한국정부기관에 배치하여 이를 감시 · 억압하고 제동을 걸기 시작하였다. 대한제국 정부에 파견된 왜국 관료들은 서원이나 서당과 같은 기존의 학교제도를 토대로 의무교육을 실시하려 했던 대한제국 정부의 의도를 방해하고 근대교육이 확산 · 보급되는 것을 막으려 하였다. 그럼에도 대한제국 정부는 여성의 중등교육과 사학제도를 정비하는 등 교육개혁에 열의를 보였다. 그러한 교육개혁은 1910년 소위 합병조약이라는 이름으로 대한제국의 국권이 왜국에 의해 완전히 침탈될 때까지 계속되었다. 이상은 조선조의 근대교육제도 수용과정의 대략을 소개한 약사다.

그 연표를 자세하게 소개하면 다음과 같다.

〈연대대조표〉

서기	조선/대한제국	단기	왜력	간지
1860	철종 11	4193		庚申
1861	철종 12	4194		辛酉
1862	철종 13	4195		壬戌

1863	철종 14	4196		癸亥
1864	고종 1	4197		甲子
1865	고종 2	4198		乙丑
1866	고종 3	4199		丙寅
1867	고종 4	4200		丁卯
1868	고종 5	4201	명치 1	戊辰
1869	고종 6	4202	명치 2	己巳
1870	고종 7	4203	명치 3	庚午
1871	고종 8	4204	명치 4	辛未
1872	고종 9	4205	명치 5	壬申
1873	고종 10	4206	명치 6	癸酉
1874	고종 11	4207	명치 7	甲戌
1875	고종 12	4208	명치 8	乙亥
1876	고종 13	4209	명치 9	丙子
1877	고종 14	4210	명치 10	丁丑
1878	고종 15	4211	명치 11	戊寅
1879	고종 16	4212	명치 12	己卯
1880	고종 17	4213	명치 13	庚辰
1881	고종 18	4214	명치 14	辛巳
1882	고종 19	4215	명치 15	壬午
1883	고종 20	4216	명치 16	癸未
1884	고종 21	4217	명치 17	甲申
1885	고종 22	4218	명치 18	乙酉
1886	고종 23	4219	명치 19	丙戌
1887	고종 24	4220	명치 20	丁亥
1888	고종 25	4221	명치 21	戊子
1889	고종 26	4222	명치 22	己丑
1890	고종 27	4223	명치 23	庚寅
1891	고종 28	4224	명치 24	辛卯
1892	고종 29	4225	명치 25	壬辰
1893	고종 30	4226	명치 26	癸巳
1894	고종 31	4227	명치 27	甲午
1895	고종 32	4228	명치 28	乙未
1896	고종 33 건양 1	4229	명치 29	丙申
1897	고종 34 광무 1	4230	명치 30	丁酉
1898	고종 35 광무 2	4231	명치 31	戊戌

1899	고종 36 광무 3	4232	명치 32	己亥
1900	고종 37 광무 4	4233	명치 33	庚子
1901	고종 38 광무 5	4234	명치 34	辛丑
1902	고종 39 광무 6	4235	명치 35	壬寅
1903	고종 40 광무 7	4236	명치 36	癸卯
1904	고종 41 광무 8	4237	명치 37	甲辰
1905	고종 43 광무 9	4238	명치 38	乙巳
1906	고종 44 광무 10	4239	명치 39	丙午
1907	고종 45 광무 11 · 융희 1	4240	명치 40	丁未
1908	융희 2	4241	명치 41	戊申
1909	융희 3	4242	명치 42	己酉
1910	융희 4	4243	명치 43	庚戌

1871년(단기 4204년, 고종 8년, 명치 4년, 辛未)

1월	서원(西原)을 청주(淸州)로, 공충도(公忠道)를 충청도(忠淸道)로 고침 청 어선, 평안 · 황해 양도 약탈
2월	청국 소재 미국공사 통상을 요청
3월	사액서원(賜額書院) 47개소만 남기고 전국 서원 철폐
4월	주청 미국 공사 로우, 아시아함대 사령관 로저스와 함께 군함 5척을 거느리고 와서 통상 요구, 미군 강화도 광성보 점령, 중군 어재연(魚在淵) 등 전사(辛米洋 憂), 척화비(斥和碑) 건립
5월	미국함대 퇴선, 독일선 1척 백령진에 표류
7월	전라도 어부 5명 표류 중 미국군함에 의해 구조
8월	진주민란의 주모자 조령에서 반란을 꾀하다 처형
9월	유구국인(流球國人) 23명 전라도 표류

1872년(단기 4205년, 고종 9년, 명치 5년, 壬申)

4월	각 도 관아에 소속하는 아전에게 과거를 보지 못하게 함
6월	왜국 특사 파견, 대마도주(對馬島主)의 세직파면(世職罷免) 통고, 초량왜관 폐관(국교 단절)

1873년(단기 4206년, 고종 10년, 명치 6년, 癸酉)

6월(윤)	관학유생 이세우 등 대원군에 대로(大老) 존호를 올릴 것을 상소
10월	왕, 친정 선언
11월	최익현, 대원군 탄핵 후 제주도에 유배

1874년(단기 4207년, 고종 11년, 명치 7년, 甲戌)

1월	청전(淸錢)의 통용금지, 「륜발(綸錍)」『일성록(日省錄)』 수정 보충
2월	『정원일기(政院日記)』 수정 보충, 만동묘(萬東廟) 재설치
3월	화양서원(華陽書院)의 복설 허가, 강화연안(江華沿岸)의 포대 완성
5월	국고 궁핍
7월	소대포(小大砲) 새로 제작, 만동묘 보수 개축
9월	명경과(明經科)의 과거제도 폐지
11월	포항진 폐쇄

1875년(단기 4208년, 고종 12년, 명치 8년, 乙亥)

1월	왜국 이사관 모리야마(森山), 외무경의 새로운 서계(書契)를 가지고 입국
8월	운양호(雲揚號) 포격, 운양호 영종진 포격
10월	왜국 해군, 부산에 들어와 시위
12월	구로다(黑田淸隆)와 이노우에(井上馨)의 회담 요청

1876년(단기 4209년, 고종 13년, 명치 9년, 丙子)

1월	왜국 군함 7척, 남양만 입항 회담 요구, 신헌(申櫶), 윤자승, 강화회담
2월	한왜수호조규(丙子修好條規) 조인, 왜국 군 함대 철수, 김기수 왜국 파견 수신사 선정, 신헌 「사대교린 비어수국(事大交隣 備禦守國)」 주장
5월	김기수 동경 도착, 왜국 왕 접견
5월(윤)	경기중영(京畿中營) 청수관(淸水館)을 왜국 사신의 숙소로 정함
6월	김기수 귀국 보고, 미야모토(宮本 小) 수호조규 비준서 휴대하고 옴
7월	한왜수호조규 부록 「무역장정(貿易章程)」
8월	무위소(武衛所) 신식무기 제작, 성리학의 대가 기정진(蘆沙, 大中) 사망, 『노사집(蘆沙集)』 남김

1877년(단기 4210년, 고종 14년, 명치 10년, 丁丑)

1월	왜국 상인 가족 동반 금지
4월	서자나 그 자손을 등용하지 않는 조치 해제할 것을 상소(김기룡 등)

1878년(단기 4211년, 고종 15년, 명치 11년, 戊寅)

4월	서원 복구를 요구하는 상소 일체 금지
9월	부산해관 수세
10월	왜국 해관 폐지 요구
11월	수세 금지, 해안지방 주민의 해외 출입 금지

1879년(단기 4212년, 고종 16년, 명치 12년, 己卯)

4월	충청도 공주에서 체포한 프랑스 천주교인 청나라로 이송, 하나부사(花房義質) 공사 개항 교섭
5월	덕원부(德源府), 원산 개항 통고
6월	조정(朝廷), 인천 개항 논의
7월	이홍장, 이유원에게 서양제국과 통상하여 왜국 견제 권유

1880년(단기 4213년, 고종 17년, 명치 13년, 庚辰)

2월	러시아 이사관(理事官) 마츄린의 통상 요구
3월	김홍집을 왜국 수신사로 임명, 군함을 가지고 들어온 미국 해군대장 슈펠트를 동래부사가 물리침, 이탈리아 군함 내로(來路)
4월	왜국, 미국 사신 접견 권유
5월	군함수조학습을 위한 청국 유학생 선발
7월	이탈리아 군함 원산 도착, 「무비강구(武備講究)」 문서 청국 발송
8월	수신사 김홍집, 왜국에서 귀국(황준헌의 『조선책략(朝鮮策略)』을 왕에 바침)
11월	하나부사(花房) 왜국 왕의 국서 바침
12월	통리기무아문(統理機務衙門) 설치, 인천 개항 결정, 신부 뒤델 입국, 『나한사전(羅韓辭典)』 간행, 천도교 경전 『동국대전(東國大典)』 발간

1881년(단기 4214년, 고종 18년, 명치 14년, 辛巳)

1월	조준영, 박정양, 어윤중 등 10명 신사유람단(紳士遊覽團) 왜국 유람, 통리기무아문(統理機務衙門) 궁중에 설치[내아문(內衙門)이라 함]
2월	유생 이만손 등 척사를 논함(「조선책략(朝鮮策略)」 공박)
4월	별기군(別技軍) 설치[호리모도(堀本禮造) 왜국 소위를 초빙하여 훈련]
5월	왜구의 울릉도 잠입, 벌목(伐木) 항의, 왜국 첩자 체포
7월(윤)	관동유생 홍재학, 경기유생 신섭 등 척사 재론(斥邪 再論)의 상소를 올림, 영선사(領選使) 김윤식 신식 기계 학습을 위해 유학생을 인솔하여 청국에 입국
8월	신사유람단 귀국 보고

1882년(단기 4215년, 고종 19년, 명치 15년, 壬午)

2월	문의관(問議官) 어윤중 청국 파견, 이홍장 미국과 통상 권유
3월	청국 도원(道員) 마건충(馬建忠), 제독 정여창(丁汝昌) 인천 방문
4월	한미수호조규(韓美修好條規) 조인, 한영수호조규(韓英修好條規) 조인, 원산·부산·인천 개항
4월 24일	독일 측 전권대신 브란트(巴德, M. von Brandt)와 우리 측 전권대신 조영하 외교회담 개시

5월	한독수호조규(韓獨修好條規) 조인, 대조선국대군주보(大朝鮮國大君主寶) 신설
5월 31일	러시아로부터 「우호통상조약체결을 위한 전권대신 위패의 임명조서」 외교문서접수, 우리 측 전권대신 김병시 파견
6월	임오군란, 왜국 공사관 습격, 궁중 난입 민겸호, 이최응 살해, 명성왕후 변복하여 충주로 피난, 호리모도(堀本) 피살, 대원군 입궐, 통리기무처(統理機務處)를 삼부군(三府軍)으로 고침, 하나부사(花房) 왜군 대동 인천에 도착, 조영통상조약추가조(朝英通商條約追加條)의 확인으로 영국과 외교관계 수립협상 개시
7월	청군[오장경(吳長慶)] 남양 마산포 도착, 대원군 납치, 청국 호송, 박영효 기무처(機務處) 설치, 제물포조약 체결
8월	명성왕후 서울 귀환, 박영효 수신사로 왜국 파견(태극기 제작), 한중상민수륙무역장정(韓中商民水陸貿易章程) 조인
11월	독일인 목린덕(穆隣德) 초빙, 통리아문(統理衙門), 통리내아문(統理內衙門) 설치
12월	삼부군을 기무처 내아문에 합침, 양반의 상업 종사와 학교 입학 허가, 척양척왜의 소(疏)를 기초한 김평묵(重庵, 雅草) 사망. 『학통고(學統考)』『해상필화(海上筆話)』『경장문답(更張問答)』『척양대아(斥洋大我)』 등의 저서 남김

1883년(단기 4216년, 고종 20년, 명치 16년, 癸未)

1월	태극기를 국기로 정함, 한왜해저전선부설조약(韓倭海底電線敷設條約) 체결
2월	중강통상장정(中江通常章程) 의정
3월	김옥균, 동남제도개척사(東南諸島開拓使) 겸 관포경사(管捕鯨事) 임명
4월	미국공사 포트 착임, 수호조약 비준, 청국변강관헌(淸國邊疆官憲)의 간도 개간을 위한 조선인 철수 요구
6월	한왜통상장정(韓倭通商章程), 해관세목(海關稅目) 조인
7월	전원국(典圜局) 설치, 서북경략사(西北經略使) 어윤중, 청국 관헌에게 간도 국경 문제 해결 요구
7월 16일	미국 측에 전권대신 민영익, 부대신 홍영식의 미국 파견 외교문서 발송
8월	혜상공국(惠商公局) 설치, 인천왜인조계(仁川倭人租界) 조약체결, 영어학교 개교[교사: 독일인 묄렌도르프(Von Mollendorf)와 영국인 핼리팩스(奚來百士, Hallifax)]
9월	청국 상무위원(商務委員) 진계(陳桂) 당(棠) 내한
10월	박문관(博文館), 「한성순보(漢城旬報)」 발행, 청국 초상국(招商局) 조선과 상해에 기선취항(汽船就航), 영·독 양국 수호조약 수정, 민영익을 대표로 하는 보빙사(報聘使) 미국 파견, 「전권대신 민영목파견조칙」의 외교문서 영국 측에 발송

1884년(단기 4217년, 고종 21년, 명치 17년, 甲申)

3월	인천구청상지장정(仁川口淸商地章程) 조인, 청국인에 내지통상 허가, 우정총국(郵政總局) 설치

4월	영국 총영사 에스턴, 조영수호조규 비준, 오장경이 주둔군 반을 거느리고 귀국
5월	러시아 영사 위베르 내한, 이탈리아와 한의수호조규(韓義修好條規) 조인, 러시아와 한아수호조규(韓俄修好條規) 조인 5월(閏) 복제 개혁, 사복에는 착수의(窄袖衣＝周衣)를 착용케 함
6월	당오전(當五錢) 통용, 서재필 조련국(操鍊局) 사관장(士官長)에 임명, 왜국 거주 미 감리교 선교사 머크레이(R. S. Macllay) 내한하여 교육과 의료사업 활동을 허가받음
7월	앨런(安連, H. N. Allen) 입국
7월 17일	조독조약(朝獨條約) 비준
8월	용산을 개항장으로 결정, 군부개혁
9월	인천각조계장정(仁川各租界章程) 성립
10월	갑신정변[개화당(김옥균, 박영효 등)이 정변을 일으켜 민 씨 일파 죽임], 청 · 왜 군사 충돌, 김옥균 망명
10월 14일	러시아와 「조로수호조약비준교환서(朝露修好條約比準交換書)」 교환
11월	왜국특파대사 이노우에(井上 馨) 내한
12월	서상량(특파대사), 목인덕의 왜국 파견

1885년(단기 4218년, 고종 22년, 명치 18년, 乙酉)

1월	고종의 경복궁 귀환
1월 27일	미국 측 앨런의 병원 설치안을 전달
2월	독총 영사 부드라의 영세중립국 선언 권유, 앨런을 광혜원으로 초빙
2월 5일	왜인 소미보명(小尾輔明)과 궁기성(宮崎誠)을 우정국고원으로 채용 통보
3월	영함(英艦)의 거문도 점령, 「한성순보」 속간
4월	장로교 선교회 목사 언더우드(元德愚, H. G. Underwood), 북 감리교 선교사 아펜젤러(H. G. Appenzeller) 부부 내한, 엄세영, 목인덕 거문도에 보내 영함에 항의, 주일 러시아공관(露國公館) 서기관 스페, 목인덕에 러시아군사교관(露國軍事敎官) 파견 요청
5월	영국, 거문도 점령이 일시적이라는 성명 발표
5월 7일	제중원, 최초의 왕립병원(Royal Hospital)으로 승인 · 설립 후 앨런의 요청으로 스크랜턴(W. B. Scranton)이 조선정부의 고용의사로 증원
6월	청국과 합동으로 전선 가설 합의, 청왜 양군 철수
6월 15일	미국 측에 서리독판통상사무(署理督辦通商事務)의 서상우 명의로 「교사고빙의뢰서(敎師雇聘依賴書)」 발송
6월 19일	미국 측, 6월 15일자 교사고빙 의뢰에 대하여 「교사 고빙에 관한 조건 문의」 문서에서 월봉 125달러, 가옥대 600달러 등의 조건 제시(이는 이후 미국에서 교사를 초빙하여 육영공원(育英公院, Royal School)을 설립하기 위한 계획의 일환임[여기서는 수학 · 외국어 · 지리학 · 정치 · 경제학 등 어학과 양학을 가르쳤으며 교사로는 길모어

	(吉模, G. W. Gilmore), 벙커(房巨, D. A. Bunker), 헐버트(轄甫, H. G. Hulbert) 등이 근무])
7월 4일	미국 측 대표 폴크(福久, G. C. Foulk)와 한국대표 김윤식 간에 교사고빙을 위한 외교 절충
7월 6일	길택우대랑(吉澤友大郎)을 전원국 건축기사로 고용한다는 문서를 왜 측과 교환
7월 11일	미국 측에 교사고빙 조건 제시(教師居處家舍, 教師妻一人路費, 教師期間 二年 등)
7월 13일	미국 측 '소교사(school teacher)' 파견을 약속하는 외교문서 전달
7월 31일	독일 측과 독일공관에 한국인 교사 채용에 관계되는 문서 교환
8월	러시아 공사 위베르(韋貝) 내한
8월 8일	제중원 창립을 위한 자축연에 축하사절을 파견한다는 미국 측의 문서 접수, 교사초빙건에 관한 독촉과 연병교사급 정치교사 주선을 의뢰하는 문서 발송
9월	미국인 메일을 총세무사(總稅務司)로 임명, 한아조약(韓俄條約) 비준, 지석영 전라우두교수관(全羅牛痘教授官) 임명
9월 7일	독일인 쿠이플러(克立弗邦, Kuiffler)를 해관에 채용하는 외교문서를 독일 측과 교환
10월	청국주차조선총리(淸國駐箚朝鮮總理) 원세개(袁世凱) 내한
11월	의주전선을 부산과 연결할 것을 합의, 독상사(獨商社), 세창양행(世昌洋行)에서 차관
12월	부산 절영도에 왜 해군의 석탄저장소 설치 허가, 배재학당(培材學堂) 설립
12월 5일	독일인 크라우스(格老斯)를 전원국 총교사로 채용하기 위한 여비지불 교섭문서 교환
12월 8일	미국 측, 미국인 데니(德尼, Denny)의 교사 파송 결정 통보

1886년(단기 4219년, 고종 23년, 명치 19년, 丙戌)

1월	노비의 세역을 정지하고 일신에 한정, 주일공사로 이헌영 임명
1월 12~16일	미국 측과의 '소학교교사' 고빙문서 교환(1월 12일과 16일 사이)으로 3인의 미국인 교사와 1인의 여인이 월 160원의 급여와 편도여비를 제공하는 조건으로 초청 · 고용됨
1월 25일	미국 측에 농상교사의 고빙 교섭문서 발송
2월	청국, 서울-부산 간에 전선 설치
2월 14일	미국인 앨런, 헤론(惠論, J. H. Heron), 언더우드 등이 극빈 아동에게 국문 · 한문 · 공예 등을 가르쳐 준 일에 대한 치하 문서를 미국 측에 전달
3월	미국인 데니를 내무협판(內務協辦)으로 임명, 외교사무를 전담하게 함
3월 25일	미국 측의 데니의 유주처소(留住處所) 문의
4월	프랑스 전권대사 코공당, 한불수호조규 조인, 독총영사 겐뻬르망 내한
5월	미국공사 파아카 내한
5월 27일	한성부윤 김만식을 프랑스와의 '화약(和約)'을 위하여 전권대신으로 특파한다는 외교문서를 프랑스 전권대신 과가당(戈可當)과 교환
7월	기선(汽船) 수입(內務部公作司)하여 공부수송(貢賦輸送), 조존두, 김가진 등 친로항정책으로 유배

7월 24일	이탈리아(儀國) 측과 「조의수호조약비준교환문서(朝儀修好條約比準交換文書)」 교환
8월	서상량을 천진에 보내 대로(對露) 비밀교섭을 통해 변명
8월 14일	「공립병원(Governmental Hospital)의 이건 확장에 대한 건의」 문서를 미국 측에 전달(5만의 환자가 진료를 받음)
9월 9일	영국 측으로부터 해임된 교사 해리법극사(海里法克斯)의 구제 요청을 위한 외교문서 접수
10월	영국 측에 해임교사 해리법극사(海里法克斯)의 구제 불가능 통보
10월	김윤식, 원세개에 글을 보내 토문정계(土門定界)를 논하고 궁민(窮民)의 연해주 지방 유출 금지 요청, 이화학당(梨花學堂) 설립
10월 2일	미국 측에 육군교사 파송 독촉 문서 발송
10월 28일	미 국무장관 바야드(Thomas Bayard)로부터 교사초빙에 협조한다는 약속문서 접수
11월 1일	미국에 밀입국한 민, 변, 윤 등의 유학생 문제 처리에 대한 미국 측의 문서 접수

1887년(단기 4220년, 고종 24년, 명치 20년, 丁亥)

2월	영함(英艦) 거문도 철퇴
2월 2일	미국 측에 육군교사와 농상교사의 파송독촉 문서 전달
4월	광무국(鑛務局) 설치, 토문감계사(土門勘界使) 이중하, 청국관헌과 함께 정계비 및 부근 수원 조사
4월 19일	미국인 교사 3명의 학교 운영에 만족을 표시하고 군사교관 파송을 약속하는 문서를 미국 측에 전달
4월(윤)	한불조약비준 교환
5월	민영준 주일공사 임명, 김가진 참찬관 임명, 이화학당 설립
6월	박정양 주미공사 임명, 조신현을 영 · 프 등 5국 주차공사로 임명
7월	경학원(經學院) 설치, 신라 왕릉 수리, 청국 조선 해외사신 파견 속국으로의 체제 요구
9월	왜인 어선, 제주도에서 가축과 사람 살해
10월	전원국, 조폐창, 기기국, 기기창 완성
12월	연무공원(鍊武公院) 창설, 정동교회, 새문안교회 설립
12월 3일	미국 측, 육군교사로 딘스모어(Dinsmore)가 파송될 것이라는 문서 발송

1888년(단기 4221년, 고종 25년, 명치 21년, 戊子)

1월	해관잠행장정(海關暫行章程), 잔방장정(棧房章程) 실시
1월 10일	영국인 계래백사(溪來百士)가 전보국(電報局)교사로 계약된 문서 교환
2월	영국인 기사(技師) 핼리팩스(奚來百士, Hallifax) 감독으로 서울-부산 간 전선 가설 착수, 미국인 연군교사 다이(茶利, Dye) 등 3명 내한
3월	『승정원일기』 소실, 토문감계(土門勘界) 실시 중단, 청국에 통고

4월	군제 개편[장아(壯衙), 통아(統衙), 총아(總衙)]
4월 10일	미국 측, 육군교사 다이, 커민스(巨民, Cummins), 리(乙理, John G. Lee, Maj.) 등 3인 도착 통보
4월 19일	미국 측 데니, 길모어, 벙커 등 3인의 미국인 교사가 관리하는 육영공원(育英公院, Royal School)의 유지와 급여인상 및 계약연장 요구문서 「육영공원교사 월비 증액 후속 고응락(育英公院敎師月費增額後續雇應諾)의 건」 발송[계약연장 실무대표는 데니]
5월	외국인이 어린이를 잡아먹는다는 소문이 돌다. 서울-부산 간 전선 가설 준공
5월 2일	미국 측, 육영공원의 미국인 교사 계약연장 여부의 회답 독촉
6월	독일 측 전원국기사 디트릿히트(禮德立格)의 여행허가 요청
6월	박문국(博文局) 폐국
6월 13일	미국 측, 육영공원 교사 길모어의 고용연장 문의와 일시 귀국여비 보조 요청
6월 16일	미국 측, 다이와 커민스의 대우 개선 요구
7월	러시아와 육로통상장정(陸路通商章程) 체결(경흥 개방)
7월 2일	프랑스 측 「법국학당학도 석방 요청(法國學堂學徒釋放要請)」 문서에 의해 김인학 석방 요구
8월 24일	독일 측 화학교사 리트(Reide)의 휴양지 문제 거론
9월 8일	미국 측, 헤론과 언더우드의 학당 설립 허가 요구 문서 발송(일부 내용 "……to establish a college for instruction and education of the youths of Korea similar to colleges in the United State……..")
9월 26일	영국 측과 영국인 전기교사 포사이스(鎬士義瑞, Forsyth)의 고용계약
10월	김가진 주일공사 임명, 이돈하(함경감사)·이용익(남병사) 유배
11월	기자묘(箕子墓)를 기자능(箕子陵)으로 명칭 변경, 전보총국(電報總局) 설치

1889년(단기 4222년, 고종 26년, 명치 22년, 己丑)

1월	전주 이민, 정선 군민의 난 발발
1월 18일	미국 측, 언더우드 등 미국인이 신청한 학교 설립 허가 요청(이 신청서에는 '학당(學堂)'을 가리켜 '영어학교'라고 하고 영어로는 'a school and college'라고 표기하고 있다.)
1월 24일	미국 측, 헐버트, 스크랜턴, 벙커, 아펜젤러 등 4인의 미국인 국내여행 호조(護照) 신청
2월	러시아 절영도(絶影島), 원산에 저탄소 설치권 요구
4월	기선회사(汽船會社) 개설 허가
5월	김명규, 주진독리통상사무(駐津督理通商事務) 임명, 청 상인의 잠입잠상 단속
7월	주미공사 박정양 경과 보고
8월	『승정원일기』 편찬을 위하여 일기청(日記廳) 설치, 국보 주조하게 함, 미국인 연군교사 2명을 계약기간 만기로 해고함
8월 19일	독일 측에 독일인 잠상교사(蠶桑技師) 마르텐스(Maertens) 해고 통보, 독일 측에

	「육영공원 개역사(開役事)」 통보 [8월 16일(음력 7월 20일)에 육영공원 역사 개시]
9월	광양 현민의 난 발발
9월 18일	미국 측에 언더우드 등의 학교 설립 신청 건 불허함 통보
9월 23일	미국인 다이 장군이 커민스와 리의 육군교사 해임에 항의하는 공한 발송
9월 30일	미국 측, 해임된 전등교사(電燈敎師) 비아(費我)의 급여에 대하여 이의 제기
10월	호조(互助)가 없는 각국 상인의 출입을 금함, 수원에 민란 발발
10월 12일	독일 측과 박동의 독일공관과 정동의 육영공원 대지를 서로 상환하는 조치 이행 독촉

1890년(단기 4223년, 고종 27년, 명치 23년, 庚寅)

1월	한성개잔(漢城開棧)의 청 · 왜 상인을 용산에 옮길 것을 요구, 박제순을 영독로 등 5개국 공사로 임명
2월	미국인 리제들(李仙得), 내무협판 임명
2월 19일	프랑스 측, '법국유학한국학생귀국허용(法國留學韓國學生歸國許容)의 건'의 외교 문서로 15인의 한국유학생 중 병고 중인 1인(강지영)의 귀국 허가를 요청
2(閏)	내무협판 데니 해고
3월	미국공사 하드 내한
4월	대왕대비 조씨 사망, 미국해군 50명으로 궁궐 호위, 청국 항의로 철수
4월 2일	미국 측에 '연무공원교사해고연유송교(鍊武公院敎師解雇緣由送交)의 건' 문서 발송
5월 30일	미국 측에 다이와 원스티드(仁時德, Col. Winstead)의 계약갱신과 기간지급 확정 통보
6월 19일	프랑스 측, '법국학무부(法國學務部)에 보내는 물품에 대한 면세 의뢰 건' 발송
7월 24일	미국 측, 제중원 의사 앨런의 미공관의 참찬관(參贊官) 임명 통보
8월	함창에 민란 발발
8월 25일	독일 측, 독일인 모르셀(毛世乙, Mörsell)의 인천해관 해고사유를 질의하는 문서 통보
11월	미국인 그레이트하우스를 내무협판에 임명하여 외국법률사무를 맡김, 한성부 교동에 왜어학교 개설
12월 15일	독일 측, 독일인 기관사 알마하에 대한 미지불 임금에 대하여 항의

1891년(단기 4224년, 고종 28년, 명치 24년, 辛卯)

1월 22일	영국 측, 영국인 교사 스트리플링(薛弼林, A. B. Stripling)의 누적된 미불급료 지불 요청
2월	청국의 철도 개항 거절, 경리청(經理廳) 설치, 민영준 경리사(經理使) 임명
3월	왜국공사 가지야마(梶山鼎介) 내한
4월	제주도 민란 발발
4월 10일	미국 측, 제중원 여의사 언더우드 부인의 귀국 통보
6월	한성부 수동(壽洞)에 왜어학당 개설
6월 25일	왜인 교도석보(鮫島石寶)의 기계국 화약교사 고용 사실을 왜 측에 통보

6월 27일	미국 측, 제중원의 헤론이 신병으로 유고 중인 기간을 빈턴(彬敦, Vinton)이 대신하는 조치와 경비 사용 제한조치에 대하여 협의하는 문서 발송
8월	고성 민란 발발
9월 29일	러시아 측에 건축기사 살파령(薩巴玲)의 고용 관계 중단을 통보
10월 8일	6월 17일자 미국 측의 제중원 고용의사 헤론의 신병조치에 대한 협의문서 회답
10월 16일	아전삼랑(升田三郎)의 기관수 고용 사실을 왜 측에 통보
12월	한오조약(韓墺條約) 체결(도쿄)
12월 6일	미국 측, 육영공원 교사 급료지불처 문의 문서 발송
12월 9일	미국 측, 헐버트의 선비(船費) 등의 지급금 청구, 영국 측의 영국인 교사 소용(所論)의 급여와 여비 지불 요구

1892년(단기 4225년, 고종 29년, 명치 25년, 壬辰)

1월 15일	조폐사무 기술훈련을 위해 왜국에 파송할 10인의 명단을 왜 측에 발송
1월 12일	왜 측, 왜 문부성의 학교 관계자료 문서 증정[지방학사통칙(地方學事通則), 시정소(市町所) 설립의 소학교 교원 퇴직 및 구조기록 유족의 방법, 소학교규령 등 영역 자료 포함]
4월	미국인 모스로 초빙(철도 부설 계획)
5월	한오수교조약(韓墺修交條約) 조인(도쿄)
6월	왜인의 제주도민 살해 배상 청구
7월	왜국 외무성통상국장 하라(原敬)의 함경도 방곡령(防穀令) 논의
7월 12일	프랑스 측, 한국인 유학생 15인 중 5인이 귀국하여 여행 지시 대기 중임을 통보
9월 30일	청국 측, 한어교사 사이숭(査以嵩)의 급여 송부 문서 발송
10월	청국의 원로로 미, 왜 등의 외국상인 차관 상환, 화한윤반공사(華韓輪般公司) 창설
10월 9일	미국 측, 미국인 의사 빈턴 입국 통보
11월	양식 화폐 주조, 교환국(交換局) 설치
12월	경리청(經理廳) 북한산성 수축

1893년(단기 4226년, 고종 30년, 명치 26년, 癸巳)

1월	상해의 영국은행에서 5만 원 차관, 주미공사 박정양 소환
1월 25일	영국 측과 수군교사 추천을 의뢰하는 문서 교환
2월	동학교도(박광호, 손병희 등 40명)들의 최제우 사죄 상소, 보은에 집결, 척왜양, 창의(斥倭洋, 倡儀)의 기치를 높임, 어윤중을 파견하여 동학교도 해산
3월	재집결한 동학도 2만을 해산시킴
3월 7일	미국 측, 육군교사 다이와 윈스티드 2인 급여지급 독촉문서 발송
4월	청국에서 총포 구입
4월 4일	미국 측, 길포드(奇包, Gilford)가 경영하는 학교와 관련하여 「기포학당(奇包學堂) 문

	전(門前) 야소교 배척(耶蘇敎排斥) 방문첩부(榜文貼付)에 관한 건」 발송
5월	미 임시대리공사 해롤드(J. Herold) 부임
6월	왜국 주청공사 오시마(大島圭介), 조선주차겸무(朝鮮駐箚兼務)
8월	전보총국(電報總局)을 전우총국(電郵總局)으로 바꿈, 영국인 브라운(Brown)을 해관 총무사(海關總務司)에 임명
8월 24일	왜 측, 해고된 왜어교사 오카쿠라(岡倉由三郎) 대신 나가지마(長島品次郞) 추천
8월 27일	총명하고 연소한 청년을 미국에 파송하여 군사학을 학습하도록 하는 교섭을 위하여 미국 측에 외교문서 「해륙군학도부미유학(海陸軍學徒赴美留學)의 건」 발송
9월	유기환 주왜임시대리공사(駐倭臨時代理公使) 임명
11월	주미공사에 이승수 임명, 왜국공사관 실화(失火)로 소실, 조선주재 영국 총영사 가드너(Gardner) 부임
11월 13일	미국 측, 육영공원이 2개월 지연되어 11월 8일에 개교하게 된 사실과 벙커가 교사로 가담한 사실과 그의 급료지급 독촉문서 접수
12월 29일	영국의사 賀樂에게 입국사증 발급

1894년(단기 4227년, 고종 31년, 명치 27년, 甲午)

1월	동학운동 봉기(전봉준, 고부군수 조병갑의 탐학에 항거)
1월 17일	미국 측, 벙커와 윈스티드의 급여지급 독촉 문제로 문서 교환
1월 26일	미국 측, 벙커와 윈스티드의 퇴직 문제로 문서 교환
2월	김옥균, 상해에서 살해
3월	오시마(大島圭介) 귀국, 영의정 심순택 사직
3월 15일	영국 측, 1893년의 추천 의뢰에 따라 해군교사 콜드웰(Lt. Caldwell)과 커티스(克智司, Curtis)가 영국을 출발하였음을 통보
3월 20일	왜 측에 「국정리혁(國政釐革)에 필요한 시정고문(施政顧問)의 선빙의뢰(選聘依賴)」 문서 발송
3월 29일	관원복무기율(官員服務紀律)(의안)
4월	영국인 콜드웰을 총제영(總制營) 수군교사로 초빙, 동학군 전주 점령, 청국에 원병 요청(김병시 등 외국 원병 반대), 러시아 케에르베르그(Kehrberg) 임시공사 취임
5월	청국 원병의 아산 상륙, 관군의 전주 수복, 왜국 혼성여단의 인천상륙, 고종 경복궁으로 옮김, 왜인 오시마 내정(內政) 개혁 건의
5월 4일	미국 측 전기기사 파워(巴窩, Power)의 귀국 통보
5월 10일	제중원 의사 에이비슨(芮斐信, Oliver R. Avison)의 자퇴 통보(그러나 우리 측은 에이비슨의 유임을 위하여 여러 조건을 제시하는 문서를 교환함)
6월	왜 측, 전선가설 요구·기공, 원세개 귀국, 김병시 영의정 취임, 외무독판(外務督辦) 조병직 조선자주독립 선언, 대원군 입궐(군무, 정무 결재), 중조통상장정(中朝通商章程) 폐기, 청·왜 군함 충돌, 왜군 성환(成歡)에서 청군 격파, 왜 측 시국 수습책 제의

(인재 택용, 재정 정리, 군경 충실, 학제 완비)

6월 22일 사색당론을 타파하고 문지를 불문하고 인재를 등용하는 건(조칙)

6월 25일 군국기무처(軍國機務處) 설치하는 건[의안: 갑오경장 시작, 군국기무처회의총재 김홍집(영의정), 동 회의원 박정양(내무독판), 김가진(외무협판), 민영달(내무협판), 안경수(우포장), 김윤식(강화유수), 정경원(내무참의), 김종한(내무협판), 박준양(내무참의), 조의연(장위사), 이원경(내무참의), 이윤용(대호군), 김학우(내무참의), 권형진(내무참의), 이응익(공조참의), 유길준(외무참의), 서상집(부호군), 김하영(외무참의)], 사색당론을 타파하여 문지(門地)를 불문하고 인재를 등용하는 건(의안)

6월 28일 궁내부관제 · 의정부관제(의안), 각아문관제(학무아문 관리국내교육 학무등정; 대신 1원, 참의 6원, 주사 18원)(의안), 김홍집의 영의정 임명, 개국기년을 사용하는 건 · 문벌, 반상등급을 격파하고 귀천에 관계없이 인재를 선용하는 건 · 문무의 차별을 폐지하는 건 · 연좌율을 물시하는 건 · 조혼을 금하는 건 · 과여(寡女)의 재가를 자유에 맡기는 건 · 공사노비를 혁파하고 인신의 판매를 금하는 건 · 평민일지라도 이국, 편민(利國 · 便民)하는 방책을 가진 자는 군국기무처에 상서하여 회의에 부치게 하는 건(의안)

1894년(단기 4227년, 고종 31년, 개국 503년, 명치 27년, 甲午)

7월 개국기년 사용(개국 503년), 왕의 조서(詔書)「대소인(大小人)에게 내리는 유신륜음(維新綸音)」하사, 중추부 폐지 · 중추원 설립, 학무대신에 박정양 임명

7월 1일 선발년소총준자제파견외국(選拔年少聰俊子弟派遣外國)

7월 2일 「역인(驛人) · 창우(倡優) · 피공(驛人 · 倡優 · 皮工)」의 면천(免賤)을 허하는 건(의안)

7월 3일 왜 측, 내정개혁력설(內政改革力說) 및 동강령안제의(同綱領案提議)(「학정각무(學政各務), 함의작시사(函宜酌施事)」)의 문서 발송

7월 4일 대소인(大小人)에게 내리는 유신륜음(維新綸音)(조칙)

7월 8일 사법관의 재판없이 죄벌을 가하지 못하는 건(의안)

7월 9일 의안을 방헌(邦憲)으로 하는 건(凡諸議案 已蒙允施 著爲邦憲 認眞施行 若有違淚者 不拘貴賤 據律論罪 斷不客貸事)(의안), 죄인을 신문함에 있어 고형을 금하는 건(의안)

7월 11일 학무아문관제 개정(의안: 관상감을 학무아문의 관상국으로 편제), 군국기무처의원의 회의출석독려에 관한 건(의안), 도량형 개정에 관한 건(의안)

7월 12일 왜 측, 재차 내정개혁강령세목(內政改革綱領細目)의 초정(抄呈)[1. 학정각무(學政各務), 수의참작이의리정(須宜參酌而宜釐定), 이재각지방분설소학교(而在各地方分設小學校), 교양동유(敎養童幼), 2. 소학교지설(小學校之設), 점취단서(漸就端緖), 행추광(行推廣), 재설중학대학(再設中學大學), 3. 생원중준수자(生員中俊秀者), 수의선발(須宜選拔), 분견외국(分遣外國), 사지유학사업(使之遊學肆業)] 발송, 전고국조례 · 명령반포식 · 선거조례 · 향회(銓考局條例 · 命令頒布式 · 選擧條例 ·

	鄕會) 설립에 관한 건(의안)
7월 13일	선발년소총준자제 파견외국각학교 수재이업이자수사(選拔年少聰俊子弟 派遣外國各學校 隨才肄業以資需事)(의안)
7월 14일	문관수임식(文官授任式) · 각부각아문통행규칙(各府各衙門通行規則)(의안)
7월 15일	각부 · 아문에 외국인고문을 두는 건 · 관원복무기율(官員服務紀律)(의안)
7월 16일	관원징계례(官員懲戒例) · 품봉월표(品俸月表)[의안: 학무아문(관상감, 육영공원, 사역원), 성균관(사학), 법무아문(율학)]
7월 18일	각부각아문소속각사개록(各府各衙門所屬各司開錄)(의안)
7월 20일	각부아문대신(各府衙門大臣)에게 내리는 조칙, 신정관각부아문관제(新定官各府衙門官制)를 시행하는 건(의안, 정부조직을 크게 궁내부와 의정부로 나눔), 각아문관제를 의정함(의정부에는 내무, 외무, 탁지, 군무, 법무, 공무, 농상 등 8아문을 설치함), 교육과 관련해서는 예조가 폐지되고 학무아문(총무국, 성균관급양서원사무국, 전문학무국, 보통학무국, 편집국, 회계국)이 설립됨, 내무아문(위생국: 종두의 관장)
7월 22일	궁내부총제(宮內府總制)(의안)
7월 25일	학무아문에 관상국 추가
7월 26일	한왜조약 체결
7월 28일	학무아문관제 개정(의안), 학부아문이 학교 설립에 앞서 교과용 도서를 편찬할 것을 명
8월 16, 22일	「범인의 자손 등을 관원으로 통용하는 건」(의안)
8월 28일	「호우(豪右)의 무단(武斷)을 과치(科治)하는 건」(의안)
9월	의화군(堈)을 왜국에 특명대사로 파견, 동학도 재봉기, 공주에서 격파
9월 3일	「각부아문(各府衙門) · 군문(軍門)에서 함부로 체포, 시형(逮捕 · 施刑)을 못하게 하는 건을 각궁중(各宮中)에 통용하는 건」 (의안)
9월 6일	미국 측, 「……於新設各衙門雇用外國顧問官, 而尙此等官全用一國之人……」의 항의문서 전달, 영국 측 「외국인고문의 편중고빙에 대한 이의」 공한 발송
9월 7일	왜 측에 왜어교사 나가시마(長島品次郞)의 계약연장 통보
9월 11일	「중죄의 결안은 법사의 공판을 거치도록 하는 건」(의안), 군국기무청의 지위를 정부와 대등하게 하는 건(의안: 「의회위의사부 정부위행정부 양상대치 불가혼유 차내만국통례야 군국기무처지예속불성사체 금의장기무처 개립장정전일사권무사정부 상상하사(議會爲議事部 政府爲行政部 兩相對峙 不可混淆 此乃萬國通例也 軍國機務處之隷屬不成事體 今宜將機務處 改立章程專一事權務使政府 相上下事)」 의안), 승선원(承宣院)을 의정부로 이속(移屬)하는 건(의안)
9월 17일	「관원의 인죄(引罪)를 제한하는 건」(의안)
9월 21일	영국 측에 「외국인고문의 일국인부전용사(一國人不專用事)」의 외교문서로 대응, 군국기무처와 정부의 지위를 대등하게 하고 승선원을 정부로 이속하는 건을 쇄안(鎖案)하는 건(의안)
9월 24일	프랑스 측에 「정부 각부 외국고문관의 특정국인 전용 항의에 대한 조복(照覆)」으로

	대응하여 사실이 아님을 해명, 프랑스 측이 조선정부의 고문이 특정국가에 한정된 것을 항의하는 문서 전달, 독일 측에 행정고문 추천 요구 문서 발송
9월 28일	왜 측에 고문(顧問)의 선빙과 여비 및 봉급의 작정(酌定)을 의뢰하는 문서 발송, 영국 측에 '영인고문(英人顧問)'을 고용할 수 있도록 추천 의뢰(「……該各衙門凡制革創, 事務浩大, 擬欲延聘外國人教師, 必備左右研究時宜……」)
10월	군국기무처를 파하고 중추원(中樞院) 설치
10월 16일	영국 측에 학무아문 요청에 따라 영국인 허치슨(轄治信, Hutchison)을 영어교사로 취임케 할 것을 요구, 보호청상규칙(保護清商規則)
11월 21일	중추원회의관제(中樞院會議官制)(의안), 공문식 제정(칙령 1호: 명령반포식 개정), 기무처의원을 감하(減下)하는 건[(칙령 6호: 기무처의원 병감하 설중추원 회의관제 장정 자의정부 상정시행(機務處議員 幷減下 設中樞院 會議官制章程 自議政府 商定施行)]
11월 23일	승선원(承宣院)에서 거행하던 정령(政令)은 궁내부에서 판리(辦理)(칙령 1호), 왜 측과 경무사(警務司) 고문에 왜인 무구극조(武久克造)를 초빙하기 위한 교섭문서 교환
12월	전봉준, 순창에서 체포
12월 12일	홍범 14조(洪範十四條) 제정, 「서고문(誓告文)」(조칙: 홍범 14조)
12월 13일	「서고륜음(誓告綸音)」 발포(칙령 14호)
12월 16일	의정부를 내각으로 개칭(칙령 16호), 법률학교를 설치하는 건[주본(奏本): 법부대신 서광범]
12월 26일	왜 측과 의정부고문에 왜국법제참서관인 이시쓰까(石塚英藏) 고빙문서 교환

1895년(단기 4228년, 고종 32년, 개국 504년, 명치 28년, 乙未)

1월 29일	문지(門地)를 불구하고 인재를 등용하는 건(조칙)
2월 2일	고종의 교육조서 반포(조칙: 교육에 관한 건)
2월 5일	미국 측과 내무협판으로 고빙된 르장드르(李善得, Legendre)의 사임처리 문서 교환
2월 25일	왜 측과는 오카모도(岡本柳元助)와 보좌관 남뢰행언(楠瀨行彥)을 군무고문으로 추천하는 외교문서 교환
3월 6일	내부관제 제정(칙령 53호)
3월 10일	왜국의 고유한 독립기초를 세우고 백도(百度) 혁신을 위하여 백폐(百弊)를 삼제(芟除)하는 건[내무아문훈시: 전 88조: 제10조 인민을 먼저 본국사(本國史)와 본국문(本國文)을 교(敎)할 사(事)]
3월 21일	각의결정장정(閣議決定章程)(의안)
3월 25일	의정부관제를 내각관제(칙령 38호)로 개정, 내각소속직원관제 제정(칙령 39호), 중추원관제 및 사무장정 제정(칙령 40호), 각부관제통칙 제정(칙령 41호), 학부관제 제정(칙령 46호: '아문'을 '부'로 개칭), 관상소관제 제정[칙령 47호: 관상(觀象), 측후(測候), 역서조제(曆書調製)], 법부관제 제정(칙령 45호: 3조, 12조), 법관양성소규정 제

	정(칙령 49호), 학부분관규정(내각제정, 대신관방〈비서과 · 문서과 · 회계과〉, 학무국, 편집국), 각의제출장정(閣議提出章程) · 청의서조사병(請議書調査幷) 각의안조제규칙(閣議案調製規則) · 각의결정장정(閣議決定章程) · 재가주청급(裁可奏請及) 지령규칙(내각제정)
3월 26일	내부관제 제정(칙령 53호: 4조의 위생국이 의학교육관장), 군부관제(칙령 55호: 7조, 8조), 관세사급징세서관제(管稅司及徵稅署官制) 제정(칙령 56호), 관등봉급령 제정(칙령 57호), 서품령(敍品令) 제정(칙령 58호), 종두규칙(내부령 8호)
3월 29일	각령 · 부령 · 훈령 · 고시급 지령의 구분규정(칙령 64호), 관원복무기율(官員服務紀律) 개정(칙령 65호), 관원명심내칙(官員銘心內則)(각령 3호), 기복행공(起復行公)에 관한 건(각령 4호), 관원징계처분내규(각령 5호), 한성부에 교원을 양성하기 위한 학교를 설립하는 건(주본: 각대신간규약조건 20호), 법관양성소를 설치하는 건(주본: 각대신간규약조건 21호), 부령 · 훈령 · 고시 · 청령 · 부령을 발하는 절차에 관한 건(주본: 각대신간규약조건 39호), 왜국유학생은 학부에서 관리하는 건(주본: 각대신간규약조건 47호), 명률을 축조 고정하는 건(주본: 동 조건 52), 각령 · 부령 · 청령 · 훈령 · 지령을 고문관의 사열에 공하는 건(주본: 동 조건 52호), 내각 · 각부 · 각청에서 접수하는 서류를 고문관이 사열케 하는 건(주본: 동 조건 54호), 고문관이 내각회의에 참석하여 의견을 진술할 수 있게 하는 건(주본: 동 조건 55호)
3월 30일	문무관봉급 감급(減給)에 관한 건(칙령 69호), 관등봉급령을 각 영 · 각 읍에 적용치 않는 건(칙령 70호)
4월	재판소구성법 개정(포달 1호), 내각총리대신서리 박영효 임명 각부처무규정통칙 제정(각령 1호: 전문 17조)
4월 2일	궁내부관제 개정, 중추원회의급 처무규정 제정(각령 2호: 전문 21조), 관원명심내칙(官員銘心內則) 제정(각령 3호)
4월 5일	각 읍부세소장정(各邑賦稅所章程) 제정(칙령 74호)
4월 7일	금고규정(金庫規程) 제정(칙령 75호)
4월 8일	출납관리규칙 제정(칙령 76호), 내국여비지급규정 제정(칙령 77호)
4월 11일	학부분과규정 제정[내각제정: 대신관방(비서과, 문서과, 회계과), 학무국(2등국), 편집국(3등국)], 영국 측 영어학교의 부교사로서 영국인 핼리팩스 임용 요구
4월 16일	한성사범학교관제 제정(칙령 79호: 전문 14조), 한성사범학교관등봉급령제정(칙령 80호), 경무청관제 제정, 총리대신 김홍집 사임, 박정양 임명
4월 24일	문무관봉급지급세칙(탁지부령 1호)
4월 25일	미국 측에 육영공원 교사 윈스티드, 계약만기로 해고 통보
4월 27일	미국 측과 윈스티드를 연무교사로 고빙하는 절차를 위하여 문서 교환, 왜 측과 한국인 교사 엄달환이 왜국 오카야마(岡山)의 한곡학교(閑谷學校)에 한국어 교사로 파송되는 외교문서 교환
5월	한국인 학생 114명 왜국 게이오의숙(慶應義塾)에 집단으로 유학, 학부대신에 이완

	용, 내각총리대신에 박정양 취임
5월 1일	공문식 개정(칙령 86호)
5월 10일	독립경일을 정하는 건(조칙: 1894년 11월 12일), 외국어학교 설립, 외국어학교관제 제정(칙령 88호), 외국어학교직원관등봉급 제정(칙령 89호), 한성부 교동에 한성외국어학교(영어, 중국어, 왜어 등의) 설치, 군제 개혁
5월 16일	훈련대사관양성소관제 제정(칙령 91호)
5월 26일	지방관제 개정, 지방제도관제 제정(칙령 98호: 23부 331군으로 됨), 관등봉급령을 각부에 시행하는 건(칙령 105호)
5월(閏)	박영효 왜국으로 망명, 시위대(侍衛隊) 설치
5월 14일	왜 측과 묘동학교(廟洞學校)의 왜인교사 혼메이(本名儀十郎)가 '야만(野蠻)'이란 용어를 사용한 것이 외교문제화 됨, 호영자예방규칙 제정(내부령 2호)
5월 20일	독립의 기초와 중흥의 사업을 이룩하는 신령(新令)을 힘써 지킬 것에 관한 건(조칙)
5월 23일	왜 측과 왜인 무구극조(武久克造)의 경무고문관 고빙절차 진행
5월 24일	외부대신 김윤식 주일공관의 한영원(韓永源)에 사범학교 교과서와 교사의 참고서 구입, 발송 지시문서 발송(「……上月十三日, 接准學部來文內開, 本部官立師範學校泊小學校學員之教育書册, 擬編纂, 査日本東京尋常師範學校中교課書泊兩學校教師之參考書册各一部, 不容不購來, 然後册子編纂甚合便利…」), 주일공관에 학부소속학교의 학생과 각 도에서 뽑아 올린 자제들이 게이오의숙에 유학하니 이들을 보호할 것을 훈령으로 제정
5월 25일	미국인 성정(星亭)의 법무고문관 고빙절차 진행
6월	경신유신(更新維新)의 광탕문전(廣蕩文典) 발표
6월 3일	주일공관 「도일유학생(渡日留學生)의 인도시말보고(引導始末報告)」 발송
6월 4일	호열자병소독규칙 제정(내부령 4호)
6월 8일	군악대 설치에 관한 건(주본: 재가)
6월 15일	법률기초위원회규정 제정(법부령 7호)
7월	김홍집 총리대신 재임명, 왜국공사 미우라(三浦梧樓) 부임, 개국기원절(開國紀元節)의 축하연
7월 2일	성균관관제 제정(칙령 136호: 전문 7조)
7월 19일	소학교 설립, 소학교령 제정(칙령 145호: 전문 29조), 관립소학교교원봉급에 관한 건 제정(칙령 146호), 한성사범학교교원의 관등봉급의 관한 건 제정(칙령 147호)
7월 23일	훈련대사관양성소관제 개정(칙령 148호), 한성사범학교규칙(전문 6관 34조) · 동부속소학교규정 제정(학부령 1호)
8월	을미사변(미우라, 명성왕후 살해)
8월 9일	성균관경학과규칙 제정(학부령 2호: 전 23조)
8월 10일	군제 개선: 입학무관 봉급에 관한 건 제정(칙령 154호)
8월 12일	소학교교칙대강 제정(학부령 2호: 전문 14조)

8월 14일	외국에 유학하는 군인의 급여에 관한 건 제정(칙령 155호: 유학생 여비급 비용별표), 김홍집 내각 형성, 법부대신 서광범의 학부대신임시서리(學部大臣臨時署理) 겸임
8월 23일	당파를 물론(勿論)하는 건(조칙)
8월 26일	관민(官民)의 소요(騷擾)를 금하는 건(내부훈령 1호)
8월 27일	대조선제국이라 칭하고 황제를 양상(讓上)하는 건(주본: 재가), 연호를 건하는 건(주본: 재가), 내각총리 김홍집 관민의 소요를 금하는 건 훈령 발표(내각훈령 1호), 학부대신 서광범 임명
9월	우체 사무 개시, 서광범 주미공사 임명
9월 5일	관세사급징세서관제병각읍부세소장정시행정지(管稅司及徵稅署官制幷各邑賦稅所章程施行停止)에 관한 건 제정(칙령 159호), 각군세무장정 제정(칙령 159호)
9월 7일	관등봉급령 개정(칙령 166호)
9월 9일	태양력 사용 결정(음력 11월 17일을 태양력 1월 1일로 함)
9월 13일	훈련대를 폐지하는 건(칙령 169호)
9월 16일	지방제도 경장(更張)에 관한 건(조칙)
9월 17일	「지방공립소학교위치」(학부령 5호: 지방의 소학교 설립계획)
9월 28일	경성 내 장동 · 정동 · 묘동 · 계동 사처(四處)에 소학교 설립 건(학부고시 4호)
10월	한성부 박동에 프랑스어학교(法語學校) 개설(교사 프랑스인 마르텔(馬太乙, E. Martel)
10월 7일	종두규칙 제정(내부령 8호)
10월 26일	향회조규 제정(관보 11월 3일)
11월	유길준, 『서유견문(西遊見聞)』 출간 기독교장로회에서 동래에 일신학교(日新學校) 설립, 민영환 홍화학교(弘化學校) 설립, 기미의숙(己未義塾) 설립
11월 1일	각종학교퇴학생도학비환입조규(各種學校退學生徒學費還入條規) 제정[사범학교(1개월 내 1원 50전, 2개월 내 3원), 소학교(1개월 내 1원, 2개월 내 2원), 외국어학교(1개월 내 2원 50전, 2개월 내 5원)]
11월 7일	종두의양성규정(種痘醫養成規程) 제정(칙령 180호)
11월 10일	궁내부관제 개정(포달 5호)
11월 15일	건원(建元)에 관한 건(조칙), 연호(年號)를 의정하는 건(조칙: 건양 연호사용), 단발에 관한 건(조칙: 단발령시행),
12월 13일	미국 측에 특명전권대사 민영환을 파미하는 문서 발송, 미국 측에 전권대사 서광범을 대체파미(代替派美)하는 결정 전달
12월 27일	왜 측에 친위 · 진위대(親衛 · 鎮衛隊) 교관의 용빙교섭, 내각 고문관 석총영장(石塚英藏) 용빙교섭
12월 30일	미국 측과 미국인 그레이트하우스와 법률고문관 고용계약 체결

1896년(단기 4229년, 개국 505년, 건양 1年, 명치 29년, 丙申)

1월	의병 봉기, 내각 『법규유편(法規類編)』 간행, 학부대신임시서리를 외부대신 김윤식이 겸임
1월 2일	단발에 관한 건(내부훈시)
1월 3일	왜 측과 친위 · 진위대 고문의 조건을 바꾸어 군사고문의 초빙교섭
1월 8일	지사서관제(知事署官制)(칙령 7호)
1월 11일	「개혁과 단발에 관한 건」(조칙), 문무관봉급 감급(減給)에 관한 건(칙령 1호), 무관학교관제 제정(칙령 2호: 훈련대사관양성소 개편), 법관양성소규정 개정(칙령 3호: 연령을 20세에서 35세로 바꿈), 성균관관제 개정(칙령 6호)
1월 15일	무관학도모집령 제정(군부광고 2호)
1월 16일	왜 측, 법부고문으로 노자와(野澤鷄一) 요청, 왜 측에 군의와 간호장 각 1인을 고용요청
1월 31일	왜 측에 내부고문관으로 적격자 추천 의뢰, 러시아 측과의 러시아어 교사 푸코프의 급여 조정 교섭
2월	러시아 수군 100명 입경(위베르 공사), 총리대신 김홍집 · 농상공부대신 정병하 피살, 내부대신 유길준, 조의연 왜국에 망명, 탁지부대신 어윤중 피살, 내각총리대신서리 박정양이 내부대신 겸임, 학부협판 윤치호가 학부대신서리 겸임, 친노내각 이범진 내각 성립, 이범진 법부대신과 경무사 겸직, 출학 처분에 관한 건(칙령 2호), 보조공립소학교규칙(補助公立小學校規則)(학부령 1호), 각종학교퇴학도학비환입조규(各種學校退學徒學費還入條規)(학부령 3호)
2월 11일	아관파천
2월 16일	국가의 부강을 위하여 개혁책을 더욱 강구하는 건(조칙)
2월 18일	의병의 해산을 선유(宣諭)하는 건(조칙), 의병의 해산을 권유하는 건(내부대신훈시)
2월 20일	보조공립소학교규칙 제정(학부령 1호: 학생 수 40인 이상 등 자격을 갖춘 학교로 지원을 필요로 하는 경우에 50원 이내의 보조금 지급)
3월	미국인 제임스 모리스에 경인철도 부설권 허가
3월 28일	출학 처분에 관한 건 제정(칙령 2호), 각종학교퇴학학도학비환입조규 제정(학부령 3호)
3월 30일	윤용, 총리대신 임명
4월	러시아의 경원, 경성의 광산 채굴권 획득
4월 1일	내외를 구별치 아니하고 인민을 균일하게 보호하는 건(조칙), 외부대신 이완용이 학부서리임
4월 2일	왜 측에 게이오의숙 유학생 100인 중 탈락자 50인을 전신, 우체 등의 기관에서 훈련시켜 줄 것을 요청
4월 17일	관립노어학교 개교[교사 비루코프(N. Birukoff) 노국군 대위), 서재필 「독립신문」 창간
4월 19일	학부분과규정(學部分課規程)
4월 20일	각종 학교퇴학생도학비환입조규 개정[학부령 3호: 사범학교속성과(1개월 내 6원, 2개월

	내 12원)]
4월 28일	관공립각종학교생도출학처분에 관한 건(학부령 2호: 출학자에 각종학교퇴학생도학비환입조규 적용, 관보 게재)
5월	최초의 운동회인 화류회(花柳會) 개최(어찬진 지도)
6월	성균관관제 개정(칙령 27호)
6월 7일	영국인 계래백사(溪來百士)가 영어학교 교사로, 청국인 호문 위(胡文 韋)가 한어학교교사로 각각 임용됨, 영국인 의사 안도(安道)와 포웰이 사증(査證) 신청
6월 11일	성균관관제 개정(칙령 27호: 제3조의 관장 직무 개정)
6월 22일	서광범을 대신하여 이범진 전권대사(駐美公使)로 임명 통보
6월 29일	법률기초위원회규정 개정(법부령 3호: 위원 증원)
6월 30일	미국 측, 독립신문 발행인 서재필에게 취재활동 승인 통보
7월	왜국공사 하라(原敬) 부임, 서재필 등 30여 명 독립협회 조직, 경의철도 부설권 프랑스에 내어 줌, 성균관경학교규칙 개정(학부령 4호), 신기선 학부대신 취임
7월 16일	성균관경학과규칙 개정(학부령 4호)
7월 23일	전보사관제 제정[칙령 32호: 7조 전무학습원제(電務學習員制)]
7월 31일	동현(銅峴)에 관립소학교를 설치하고 학도를 모집하는 건(학부광고), 안동에 관립소학교 설치하고 학도를 모집하는 건(학부광고: 학생모집 공고)
8월 4일	지방제도 개혁, 각관찰부봉급표[各觀察府俸給表) 제정(칙령 36호), 지방관리관제 제정(칙령 37호: 전국을 13도로 함)]
8월 5일	전보사관제 개정[칙령 42호: 7조 우체학습원제(郵遞學習員制) 설치]
8월 7일	각판임관이하임면규칙(各判任官以下任免規則) 제정(칙령 44호)
9월 17일	독일 측 창룡호(蒼龍號)의 기관수 재계갈(再桂葛)의 재고용 교섭, 지방 소학교 위치를 정하는 건[학부령 5호: 13개의 관찰부(觀察府)〈수원 · 충주 · 공주 · 전주 · 관주 · 대구 · 진주 · 해주 · 평양 · 정주 · 춘천 · 함흥 · 경성〉, 2개의 부(府)〈개성 · 강화〉, 4개의 항(港)〈인천 · 부산 · 원산 · 경흥〉, 1개의 목(牧)〈제주〉, 17개의 군(郡)〈양주 · 파주 · 천주 · 홍주 · 임천 · 남원 · 순천 · 영광 · 경주 · 안동 · 안악 · 의주 · 깅계 · 성천 · 원주 · 강릉 · 북청〉 등 37개 지역에 소학교 설립을 계획함]
9월 19일	관립학교생도퇴학학도처리에 관한 건(학부령 6호: 각종학교퇴학생도학비환입조규 적용, 각 관서에 통보 임용에서 제외)
9월 24일	내각을 의정부로 고침, 의정부관제(칙령 1호: 내각관제 폐지)
9월 26일	미국 측의 영어교사 박스웰 유임 요청
9월 29일	한성 내 도로의 폭을 규정하는 건(내부령 9호)
10월	러시아 사관 군대훈련, 의정부의정(議政府議政)에 김병시 취임
10월 9일	의정부직원관제 제정(칙령 2호)
10월 15일	의정부소속직원분과규정 제정(의정부 제정)
11월	독립문 건립(영은문 터), 의정부 의정서리에 의정부 참정 윤용선 겸임

12월	독립협회 월보 발간, 「천로역정(天路歷程)」 간행
12월 24일	학부에 러시아인 비루코프가 고용됨
12월 29일	러시아인 기계기술자인 우렘노프가 기계사(機械司)에 고용
	한어학교, 덕어학교(德語學校) 개설, 한성에 공옥학교(攻玉學校), 평양에 정진학교(正進學校), 민영기의 중교의숙(中橋義塾)이 각각 설립됨

1897년(단기 4230년, 고종 34년, 건양 2년, 명치 30년, 丁酉)

1월	민영환 영 · 독 등 6개국 전권공사로 임명, 한선회, 이근용 등 정부 전복 기도 죄로 유배, 이봉운의 『국문정리(國文整理)』 간행
1월 14일	한성사범학교 · 관립공립소학교교원관등봉급령 개정(칙령 10호), 문무관봉급 감급(減給)에 관한 건(칙령 10호)
1월 19일	왜 측에 법부고문 노자와(野澤) 해임 통보
2월 17일	성균관관제 개정(칙령 4호)
2월 25일	고종의 경운궁(현 덕수궁) 환궁
3월	경인철도 기공식(인천 우각동), 의정부의정에 김병시 재임명
3월 16일	제반법규 정리에 관한 건(조칙: ……신구(新舊) 전식(典式)을 절충(折衷), 제반법규(諸般法規)를 일통(一通)으로 휘성(彙成)하여 들이라.)
3월 23일	교전소(校典所) 설치의 건
5월 12일	왜 측에 통신국고문 야마다(山田雪助) 해임 통고
5월 26일	성균관관제 개정(칙령 13호)
6월	조세징수규정시행규칙(탁지부령 24호)
6월 10일	미국 측과 한성사범학교 교원으로 헐버트의 채용 교섭
6월 12일	왜 측에 게이오의숙 유학생의 학비 전달 의뢰
6월 22일	서품을 대전통편에 의하여 시행하는 건(조칙: 詔曰 敍品 通編施行)
6월 27일	조세징수규정시행규칙 제정(탁지부령 24호)
7월	송진용, 홍현철 등 사형(정부 전복 음모)
7월 9일	왜 측, 전직 학부보좌관 다카미(高見龜甲)의 여비 관련 증빙서류 요구
7월 22일	왜인 영어학교 교사 나가시마(長島品次郎)가 학교 하기(夏期) 시험문제 답안지를 외부관리에 증정
8월	심순택, 의정부의정 취임
8월 12일	건원 · 단발조칙을 없애는 건(조칙)
8월 13일	건원에 관한 건(조칙: 詔曰 博考議定)
8월 14일	연호를 광무로 정하는 건(주본: 의정부의정 심순택)
8월 15일	광무 연호를 사용하는 건(조칙), 연호를 광무(光武)로 바꿈
8월 20일	왜국 동경외국어학교에서 오세창을 한국어 교사로 채용하게 되었음을 통보
8월 25일	러시아 측과 러시아군사교관(露軍事教官) 고용계약

8월 29일	러시아 측에 해삼위(海蔘威) 유학을 위한 편의제공 요청
9월	러시아공사 위베르 전임, 스페르(士貝耶) 후임으로 부임
9월 25일	독일 측에 독어교사 추천 의뢰
10월	평양에 숭실학교 설립, 목포 진남포 개방, 배화학당 개교, 참정 조병식, 의정부 의정 서리 취임
10월 6일	러시아 재무관 시무 문제 논란
10월 10일	러시아 군사교관 군의(軍醫) 체르빈스키 귀국여비 지불 요청, 숭실학교 설립
10월 13일	황제 즉위 · 국호(대한) 제정에 관한 건(조칙)
10월 14일	국왕이 황제로 위호(位號)를 바꾼 사실을 각국 공사에 통고
10월 16일	황제 즉위식 거행, 국호를 '대한(大韓)'으로 바꾸었음을 각국에 통고
10월 20일	대소관원(大小官員)을 신칙(申飭)하는 건(조칙)
10월 24일	영국 측과 탁지부고문과 해관총세사를 겸하는 맥린그(柏卓安, Brown J. Mcleang) 해임에 따른 외교 문제 교환
10월 26일	독일 측, 9월 25일자 추천 의뢰에 따라 동경고등중학교 독어교사 볼얀(J. Bolljahn)을 추천 통보
11월	명성황후 국장
11월 8일	러시아 재무관 시무 논란
11월 11일	많은 외교공방 끝에 해관총세무사 영국인 브라운의 후임으로 러시아인 알렉세예프를 초빙하여 탁지부(度支部) 총고문과 해관(海關) 총판(總辦)으로 함
11월 13일	외국어학교관제 개정(칙령 40호: 교원 정원 조정)
12월	황제 즉위[계천기원절(繼天紀元節)], 김윤식, 이승오 제주도에 유배, 경운궁에 전화 가설, 무관학교 설치, 손병희 천도교 3대 교주 취임
12월 2일	황제 즉위 일을 계천기원절로 정하는 건(주본: 궁내부대신 민영규)
12월 23일	관상소관제 개정(칙령 42호)
12월 30일	영국 측과 영어학교 교사 허치슨의 재고용계약 체결, 프랑스 측과 마르텔의 고용계약 연장 합의
	한성에 신군학교(信軍學校), 인천에 영화여학교 설립, 한성, 부산 인천 등지에 시립 유치원 설립, 맹아학교 평양에 설립, 게일(奇一, J. S. Gale)의 『한영자전(韓英字典)』 집필

1898년(단기 4231년, 고종 35년, 광무 2년, 명치 31년, 戊戌)

1월	흥선대원군 부인 민 씨 사망, 미국인과 공동경영하는 한성전기회사 인가(전차, 전기, 전화)
1월 6일	프랑스 측과 농상공부의 공작학교(Ecole professionelle à Seoul) 운영상의 예산 협의
1월 10일	미국 측에 미 국적의 서재필이 중추원 고문에서 해임되었음을 통보
1월 12일	문무관봉급 감급에 관한 건(칙령 1호)

1월 14일	왜 측과 나가시마(長島)의 고용계약 연장체결
2월	홍선대원군 사망, 영국영사관이 공사관(公使館)으로 승격, 탁지부고문 브라운 복직(영국인), 서재필 미국으로 돌아감
2월 22일	프랑스 측과 농상공부의 공작학교 운영예산 재협의
3월 18일	미국 측에 미국인 윈스티드 군부재정 고문직 해임 통보, 미국 측과 배재학당의 보조규칙 개정과 교사에 관계되는 일에 관하여 허가를 교섭
4월	참정 박정양, 의정부 의정서리 취임
4월 3일	무관학교를 실시하는 건(주본: 의정부 정서리 박정양, 참찬 민병석)
4월 19일	종두소세칙 제정(내부령 12호)
4월 21일	독일 측과 외국어학교 교사 볼얀의 재고빙계약
5월	홍선대원군 장례, 무관학교관제 개정(칙령 11호)
5월 14일	문관학교관제 전문개정(칙령 11호)
5월 20일	서반아 측, 홍십자사의 특별찬조 요청
5월 25일	영국 측과 영국인 영어교사 허치슨의 고빙연장 협의
5월 26일	성균관관제 개정(칙령 14호: 2조 3행, 4조 등 개정)
5월 6일	의정부관제 개정(칙령 18호)
6월 18일	의정부관제 개정(조칙, 칙령 18호: 전문개정)
6월 29일	육해군 친총(親摠)에 관한 건(조칙)
7월	양지아문(量地衙門) 설치, 농상공부에 철도사(鐵道司) 설치, 동학교주 최시형 사형, 무관학교관제 개정(칙령 24호), 의정부 의정임시서리에 참정 서정순 취임
7월 2일	육해군증설과 해군정제에 관한 건(조칙), 무관학교관제 개정(칙령 24호)
7월 6일	왜 측 근업교사 녹자목요(鹿子木耀)가 왜국 구루메(久留米)에서 남녀직공을 거느리고 함께 고용됨, 양지아문 직원급 처무규정 제정(칙령 25호)
8월	미국 측, 미국인 교사 헐버트의 「학교개량의견서」 전달
8월 25일	미국 측과 양지아문의 미국인 기사 거렴(巨廉)의 고용교섭
8월	「제국신문(帝國新聞)」 발간, 무관학교관제 개정(칙령 34호)
8월 2일	각 학교학도급 외국유학 졸업생을 수용하는 건(주본: 군부대신 심상훈이 상주하여 재가받음)
8월 9일	프랑스 측에 크레맹세의 우체 교사 고용 통보
8월 31일	무관학교관제 개정(칙령 34호)
9월	남궁 억 「황성신문(皇城新聞)」 발간, 배일사상(排日思想) 고취, 관립덕어학교 개교
9월 5일	한국인 유심근, 동경외국어학교에 한국어 교사로 고빙됨
9월 15일	관립덕어학교 개교
10월	독립협회 관민공동회 개최, 배화여학교 설립[남감리교 켐블(J. Camble), 평양에 맹아학교 설립(기독교 감리회)]
10월 8일	편민이국(便民利國)하는 정치를 행하는 건(조칙), 의정부의정에 심순택 임명

10월 11일	구관습 폐지와 자유를 부르짖는 시민운동 발생(부녀자 가담, 시가지 철시)
10월 13일	궁장준축(宮薔竣築) 이외에 토목역(土木役)을 정지하는 건(조칙), 궁금 숙청(宮禁肅淸)에 관한 건(조칙), 의정부 의정서리에 참정 박정양 임명
10월 20일	협회류를 일체 금지하는 건(조칙), 영국 측 황태자의 어학교사 졸리 부인(周麗, Mrs. Joly)의 고빙절차 진행
10월 25일	의정부의정에 윤용선 임명
10월 30일	민국의 급무를 중외에 포고하는 건[조칙: 중추원장정 제정(中樞院章程 制定), 설립상공학교 이권민업사(設立商工學校 以勸民業事)]
11월	황국협회 관민공동회 개최, 황제 만민공동회와 황제협회 해산 명령, 의정부의정서리에 찬정 김규홍 임명
11월 2일	중추원관제급 사무장정 개정(칙령 36호)
11월 4일	협회류 혁파의 건(조칙)
11월 6일	당취자(黨聚者)를 단속하는 건(조칙: 만민공동회 단속령)
11월 12일	중추원관제급 사무장정 개정(칙령 37호)
11월 22일	독립협회를 복설(復設)케 하는 건(주본: 의정부의정서리 찬정 김규홍)
12월	동대문-청량리 간 전차선 준공
12월 8일	주임관시험임명규칙 제정(칙령 39호), 러시아 측과 푸코프의 계약 연장 협의
12월 9일	관등봉급령(官等俸給令) 개정(칙령 42호)
12월 19일	한국인 김철구, 구마모토(熊本)의 웅본현어학교(熊本縣語學校)의 한국어 교사로 고빙

1899년(단기 4232년, 고종 36년, 광무 3년, 명치 32년, 己亥)

1월	조신(朝臣)의 복장 개정을 명함, 러시아공사 바브로프 부임
1월 5일	관립각종학교교원봉급령 개정[칙령 1호: 한성사범학교 · 관립공립소학교교원관등봉급령(칙령 80, 89, 10, 146호)의 폐지 및 한성사범학교관등봉급령, 외국어학교교원관등봉급령 폐지]
1월 15일	지회(支會)를 금(禁)집하는 건(조칙: 지회의 정치 활동 금지조치)
1월 25일	러시아 측 외국어학교 교사 미류고포(米柳羔葡)의 봉급을 다른 교사와 동일하게 조정하여 줄 것을 요구
1월 30일	문무관봉급 감급(減給)에 관한 건(칙령 3호)
2월 9일	러시아 측 외국어학교 교사 미류고포(米柳羔葡)의 계약연장
3월	경성의학교 창립(교장 지석영), 의정부의정임시서리에 찬정 학부대신 신기선 겸임
3월 22일	왜 측과 한국인 이영식의 왜국 왜국고상부속학교(日本高商附屬學校) 한국어 교사 파송 결정
3월 24일	의학교관제 제정(칙령 7호: 전문 13조), 성균관관제 개정(칙령 8호: 유생제조 바꿈)
3월 28일	관립의학교 설립(교장 지석영)
4월	제중원의학교 설립(교장 에이비슨), 한제원(漢濟院) 설치, 미국 측과 미국의사 에이

	비슨의 임시귀향 중의 제중원 관리 취임 협의, 학부대신 민병석 취임
4월 2일	한성사범학교규칙 개정(학부령 8호: 본과의 수업연한을 4년으로)
4월 4일	중학교관제 제정(칙령 11호: 전문 17조)
4월 12일	관공립학교교원서임시시험규칙 제정(학부령 7호: 전문 5조)
4월 21일	한성사범학교규칙 개정(학부령 8호: 수업연한 2년을 4년으로 바꿈), 양지아문견습생규칙(量地衙門見習生規則) 제정(양지아문령 1호)
4월 24일	병원관제 제정(칙령 14호), 광제원(廣濟院) 설치
4월 27일	학교교육진흥・상공학교개설에 관한 건(조칙), 유교를 숭상하고 성균관관제를 개정하는 건(조칙: 존도중교)
5월	전차 운행, 전차 소각사건 발생, 중추원관제 개정, 지방제도관제 개정(칙령 16호), 중추원관제급 사무장정 개정(칙령 20호)
5월 6일	지방제도관제 개정(칙령 16호), 전장 법률을 교정하는 건(주본: 의정부참정 신기선, 참찬 이용직)
5월 8일	기복령(起復令) 제정(칙령 17호), 병원세칙 제정(내부령 16호)
5월 16일	왜 측과 서울에 개교한 의학교에 왜인 고성매계를 고빙 협의
5월 22일	중추원관제급 사무장정 개정(칙령 20호: 전문 16조, 중요 정책안의 심의・의결기관으로 함)
6월	조병식, 신기선 등의 저택에 투탄 사건 발생, 궁내에 원수부(元帥府) 설치, 독일 하인리히(Heinrich) 친왕 내한, 하야시(林權助) 왜국공사 부임, 표훈원(表勳院) 설치, 선세(船稅)를 정함, 대한철도회사에 경의선 부설권 인가
6월 4일	중추원 의사규칙 개정(의정부령 1호: 전문 31조)
6월 15일	외부견습생선용규칙(外部見習生選用規則) 제정(외부령 1호: 전문 5조, 수업기간 3년)
6월 22일	원수부관제(조칙: 군무국은 육해군대학교를, 검사국은 각 병학교를 관장케 함)
6월 23일	교정소를 설치하는 건[조칙: 법률의 의립(議立)기관]
6월 24일	상공학교 설립: 상공학교관제 제정(칙령 28호)
6월 27일	각지방종두세칙(내부령 17호)
7월	주임판임관시험급임명규칙(조칙), 의정부의정 윤용선
7월 2일	교정소(校正所)를 법규 교정소로 개칭하는 건(조칙)
7월 5일	의학교규칙 제정(학부령 9호: 전 6관 1부칙), 프랑스 측과 궁내부 쇼트(蘇特, M. Schott)의 급여 협의
7월 8일	주임판임관시험급 임명규칙 개정(조칙), 원수부관제 개정(조칙)
7월 10일	법규교정소 사무소를 포덕문 내 양옥에 임시로 정하여 개의(開議)하는 건(주본), 의정부에서 주청 재가된 바 전장 법률은 신구를 참작 교정하는 건을 정폐하는 건(주본)
7월 17일	성균관관제를 법규교정소로 하여금 의정케 하는 건(조칙)
7월 21일	영국 측에 교장(head master) 허치슨의 해임 통보(임기만료)
7월 22일	왜 측, 우치다(內田儀平治)를 양지아문에 고용할 것을 요청

7월 25일	관립학교교관교원의 포증급승급규칙(褒證及陞級規則) 제정(학부령 10호: 전문 5조)
7월 27일	내부견습생선용규칙 제정(내부령 18호: 수업연한 3년)
7월 29일	원수부관제 개정(조칙)
8월	조신(朝臣)의 복장 개정, 대한국 국제 반포(조칙), 학부대신 민병석이 내부대신으로 전임
8월 16일	전염병예방규칙(내부령 19호: 1894년 내부령 2호 호열자예방규칙개정)
8월 17일	법규교정소로 하여금 국제(國制)를 상립(商立)케 하는 건(조칙), 대한국국제(주본: 법규교정소총재 윤용선, 의정관 서정순, 이재순, 이종건, 민병석, 이윤용, 권재형, 박용대, 이선득, 백탁안, 성기운, 김영준, 구례)
8월 25일	관립학교교관교원의 포증급승급규칙 개정(학부령 34호), 중추원관제 개정(칙령 34호), 관립병원관등봉급령(칙령 18호), 장질부사예방규칙(내부령 21호)
8월 29일	적리예방규칙(내부령 22호), 발진질부사예방규칙(내부령 23호) 왜 측, 왜국에 유학 중인 군사관 조의범, 이희두 소환 의뢰
9월	청국과 통상조약 체결, 경인철도 개통
9월 6일	두창예방규칙(내부령 24호)
9월 7일	왜 측에 7월 22일자 요청의 불가 통보(미국인 거렴이 이미 고문으로 고용), 전염병소독규칙(내부령 25호)
9월 8일	프랑스 측에 불어교사 마르텔의 계약만료 통지
9월 10일	불어교사 마르텔의 계약갱신
9월 13일	검역정선규칙(내부령 26호)
9월 19일	프랑스인 우체 교사 크레맹세의 계약연장
10월	사도세자를 왕으로 추존 [장조(莊祖)], 「시사총보(時事叢報)」 창간
10월 2일	미국 측에 미국인 법률고문 구례(具禮, Greathouse)의 사망으로 후임 물색 요청
10월 27일	왜 측, 미국인 르장드르 후임으로 미공사관의 서기관 샌드(Sands)를 임명한 것에 대한 이의 제기
11월 21일	무관학교관제 개정(조칙: 전문 20조)
12월	학부 각 학교총수 발표(서울 관립소학교 10, 외국어학교 6, 사립소학교 11, 의학교 1, 사범학교 1, 배재학당, 지방소학교 62)
12월 2일	영국 측에 새로운 영어교사 추천 의뢰
12월 4일	프랑스 측, 프랑스 학부대신에게 보내는 『한국서책(韓國書冊)』의 면세요청
12월 8일	미국 측과 궁내부 고문 르장드르의 사망과 관계되는 외교문서 교환 현채(玄採) 『대한역사략(大韓歷史略)』, 『대한지지(大韓地誌)』 집필, 동상기독교병원 설립(장로회)

1900년(단기 4233년, 고종 37년, 광무4년, 명치 33년, 庚子)

1월	만국우편연맹에 가맹

1월 5일	영국 측, 영어교사 조던이 교장의 자격으로 황제의 폐견 요청
2월 27일	법률기초위원회규정 개정(법부령 1호: 위원수 축소조정)
2월 28일	청국 측, 한어학당의 한국인교사를 청국공관의 통역으로 채용 통보
3월 1일	중추원의사규칙 개정(의정부령 1호)
3월 20일	원수부관제(元帥府官制) 개정(조칙)
3월 31일	박은식 한성사범학교교관 임명
4월 2일	프랑스 측과 기계창의 고용 교사 루미노프(M. Ruminof)와 그의 보좌관의 연봉에 관하여 협의
4월 7일	프랑스 측과 우체 교사 크레맹세의 고용계약 연장
4월 28일	학부관제 개정(칙령 16호: 참서관 3인, 학무국을 1등국으로)
5월 10일	프랑스 측과 공작학교(상공학교) 종사자 수명의 고용계약 체결
5월 23일	왜 측에 의학 교사 고성해계(古城海溪)의 해임을 통보
5월 26일	미국 측과 배재학당 교사 아펜젤러의 고빙계약 연장을 위한 외교문서 교환, 왜 측, 의학교사 고성해계(古城海溪)의 후임으로 고다케(小竹武次郞) 추천, 프랑스 측과 프랑스어 교사 마르텔의 계약연장을 위해 계약갱신
6월	김규홍, 학부대신 취임
6월 24일	병원관제 개정(칙령 24호: 병원을 광제원으로 바꿈)
6월 27일	외국어학교규칙 개정(학부령 11호: 전4관)
6월 30일	병원관제 개정(칙령 24호), 한성종두사관제(漢城種痘司官制) 제정(칙령 25호), 한제원(漢濟院)을 보시원(普施院)으로 개칭
7월	한강철교준공, 경인선 전선 개통
7월 25일	전무사관제(電務司官制) 제정[칙령 27호: 제6조 전무학습원(電務學習員)으로 충당], 우체사관제(郵遞司官制) 제정(칙령 28호: 제5조 우무학습원으로 충당)
7월 29일	내부견습생선용규칙(내부령 18호: 내부관리의 양성)
8월	귀인 엄비를 순빈(淳嬪)에 봉함
8월 1일	중추원의사규칙 전문개정(의정부령 1호)
8월 22일	왜 측에 중학교 교사 추천 의뢰
8월 29일	적리예방규칙(赤痢豫防規則)(내부령 23호), 발진질부사규칙(發疹窒扶私規則)(내부령 23호)
9월	육군법원 설치, 군내부에 서북철도국 설치(경원, 경의선 부설 직접관리), 광혜원의학교 설립, 의정부의정임시서리에 찬정 내부대신 이건하 임명
9월 3일	중학교규칙 제정(학부령 12호)
9월 4일	무관학교관제 개정(조칙), 광무학교관제 제정(칙령 31호) 및 동학교 설립, 한성종두사세칙 제정(내부령 28호), 육군무관학교관제 제정(조칙: 무관학교 개편)
9월 6일	두창예방규칙(내부령 24호)
10월 9일	영국 측과 황태자 어학 교사 졸리 부인 계약연장 협의

10월 11일	청국 측, 한어교사의 계약연장 절차 진행, 왜 측과 의학 교사 4건 왜어교사 4건 인천 왜어학교 교사 5건 등 도합 13건의 고용계약 체결, 프랑스 측과 외국어학교에서 행패를 부린 프랑스인 무로(武路)의 문제로 외교분쟁 야기
10월 15일	사법관시험 내부자격에 관한 건(법부령 2호: 국내 사립학교 중 법률학전문과 졸업자)
10월 22일	왜 측, 같은 해 8월 22일자 중학교 교사 추천의뢰에 따라 산이현중학교 교사로 시데하라(幣原坦) 추천
10월 24일	보조공립소학교규칙 개정(학부령 13호), 각종학교퇴학생도학비환입조규 개정(학부령 13호)
10월 25일	외국어학교 · 의학교 · 중학교 졸업인을 해학교(該學校)에 수용하는 관제 제정(칙령 40호)
11월 1일	우무학도규칙(郵務學徒規則) 제정(통신원령 6호), 전무학도규칙(電務學徒規則) 제정(통신원령 7호)
11월 16일	탁지부견습생선용규칙(度支部見習生選用規則) 제정(탁지부령 1호)
12월 19일	관상소관제 개정(칙령 54호), 종인학교관제(宗人學校官制) 제정(칙령 55호), 군악대를 설치하는 건(칙령 59호: 전문 5조)
	『신약성서』 국역(역자 미상), 박 에스더, 미몰리모이여의전에서 의학박사 학위 취득

1901년(단기 4234년, 고종 38년, 광무5년, 명치 34년, 辛丑)

1월	언더우드학당 제4대 교장으로 게일(J. S. Gale) 취임, 고종 각 외국어학교 교사를 궁중에 초대, 궁내부에서 외국어학교 우등생 73명을 불러 지급장과 상품수여, 낙연의숙(洛淵義熟) 설립, 의정부의정임시서리에 찬정 학부대신 신기선 임명
2월	화폐조례 제정공포, 금본위제 실시, 의정부의정서리에 찬정 탁지부대신 민병석 임명
2월 26일	독일 측에 독일인 에케르트(Franz Eckert)가 궁중에서 악기를 연주하게 됨을 알림
3월	의정부의정서리에 찬정 내부대신 이건하 임명
3월 26일	프랑스 측과 한국인 프랑스 유학생 5명 중 1명이 프랑스의 사관학교에 입학하는 문제 거론
5월 8일	동북의관(東北醫館)을 정동에 설립(이담상)
6월 12일	독일인 에케르트, 군악교사로 초빙
7월 31일	왜 측과 인천왜어학교 교사 이와사키(岩崎原太郎) 등 5건의 용빙계약 체결
8월	경부선 부설공사 시작
9월 4일	중추원관제 및 사무장정 개정(부표)
9월 7일	고종 생신에 대한제국 국가 연주(에케르트)
10월	의정부의정 윤용선 임명
10월 4일	한성종두사세칙 개정(내부령 30호)
10월 9일	혜민원을 설치하는 건(조칙)
10월 16일	혜민원관제 제정(칙령 19호)

10월 20일	부(府)를 폐하여 군(郡)에 합부(合府)하는 건(칙령 19호), 군청의 위치와 관할구역과 경비에 관한 건(칙령 20호)
11월 4일	독일 측, 독일인 典醫 운쉬 황제 알현 요청
11월 7일	혜민원규칙 제정(주본: 혜민원총재 이건하, 민영철)
12월	육군병원개설
12월 4일	총혜민사·분혜민사(總惠民社·分惠民社)를 설치하는 건(조칙)
12월 12일	총혜민사규정 제정(칙령 23호), 분혜민사규정 제정(칙령 24호)
12월 23일	왜 측, 한국인 유학생 신순성이 왜국의 상선학교에서 우등으로 졸업하였음을 통보
	알레베크(C. Alévêque)『법한자전(法韓字典)』, 박지원『연암집(燕岩集)』, 정약용『목민심서(牧民心書)』 인쇄

1902년(단기 4235년, 고종 39년, 광무6년, 명치 35년, 壬寅)

1월 18일	관립의학교부속병원설치
1월 27일	국가를 제정하는 건(조칙:「詔曰 感發人心 淬勵士氣 以之奮忠 以之愛國 未有過於聲樂 國歌之節奏 宜有制定 令文任撰進」)
2월 4일	학부령 제3호를 개정하는 건(학부령 14호)
2월 15일	김수진, 지석영 국문학교 설립
2월 16일	화란에「적십자 및 만국평화회의참회알선 의뢰」공한 발송
3월	서북철도국, 서울과 개성 간 철도부설공사 착수, 학부대신 민영소 임명
3월 4일	외국어학교규칙 개정(학부령 14호: 왜어와 한어의 수업연한을 4년으로 바꿈)
4월 8일	독일 측, 번역관 임명을 위해 독어학교 졸업생 중 우수자 추천 의뢰
4월 22일	미국 측과 제중원 자리에 병원 건립 협의
5월 8일	독일 측에 독일인 의사 분쉬(富彦士, Richard Wunsch)의 고용통보
5월 13일	미국 측에 사망한 외부고문 그레이트하우스(具禮, Greathouse)의 후임 의뢰
5월 28일	제일은행, 한국에서 은행권 발행
6월 12일	러시아 측과 러시아인 전보기사 뮤레스테스의 고용문제 협의
6월 15일	독일 측과 독일인 에케르트의 국악교사 고용계약 조인
7월	황제 등극 40주년 칭경식(稱慶式) 거행, 배제학당장 아펜젤러, 목포를 향해 항해 도중 전남 근해에서 사망
7월 12일	임시박람회사무소를 설치하는 건(칙령 10호)
7월 16일	미국 측과 외국어학교 교사인 헐버트를 중학교 교사로 용빙하는 계약을 맺음
7월 30일	왜국과 의학교사 고다케(小竹)와 인천왜어교사 이와사키(岩崎)의 고용계약을 정식으로 성립시킴
8월	서울에 우산학교(牛山學校) 설립
	광혜원, 미 세브란스의 기부금 1만 5천 달러로 남대문 밖에 병원 신축 착수
8월 29일	임시박람회사무소규칙 제정(농상공부령 39호)

9월	제일은행권의 통용 금지
9월 21일	러시아 측과 러시아인 화학교사 매이노(梅伊老)과 직조기사 구리친(具理親) 고빙문제 절충
10월	순빈 엄씨를 황귀비(皇貴妃)로 봉함
10월 2일	왜국 각의, 청 · 한사업경영비 479만 원 지출결정(경부, 경의선부설, 청 · 왜은행설립)
10월 10일	도량형 규칙(주본: 궁내부대신 이재완): 도(度)[호 · 리 · 분 · 촌 · 척 · 장 · 리(毫 · 釐 · 分 · 寸 · 尺 · 丈 · 里)], 량(量)[작 · 합 · 승 · 두 · 석(勺 · 合 · 升 · 斗 · 石)], 형(衡)[호 · 리 · 분 · 전 · 양 · 근(毫 · 釐 · 分 · 錢 · 兩 · 斤)], 거리(距離)[리 · 분 · 주척 · 보 · 간 · 연 · 리 · 식(釐 · 分 · 周尺 · 步 · 間 · 謰 · 里 · 息)], 지적(地積)[작 · 합 · 파 · 속 · 부 · 결(勺 · 合 · 把 · 束 · 負 · 結)], 포백척(布帛尺)[분 · 촌 · 포백척 · 장(分 · 寸 · 布帛尺 · 丈)], 미돌법(米突法) 비교)
11월 16일	중추원관제급 사무장정 개정(칙령 20호)
	공업전습소설립, 김택영『동사집약(東史輯略)』 저작

1903년(단기 4236년, 고종 40년, 광무 7년, 명치 36년, 癸卯)

1월 22일	법관양성소규정(法官養成所規定) 개정(관보 1월 22일: 직제 개편, 수업연한 6개월을 3년으로 개정)
1월 23일	박문원관제(博文院官制) 제정(포달 94호)
2월	제일은행권의 통용금지령 철회, 러시아공사의 서북철도부설권 요구 거부, 정부에서 서당규범 제정공포
3월	의정부의정에 이근명 임명
3월 9일	법률학교 설립
3월 15일	징병실시에 관한 건(조칙)
3월 24일	광제원관제 개정(칙령 6호: 직원 증원)
4월 13일	왜국소학교령 개정, 국정교과서 제도 확립
4월 21일	이등, 산현, 계, 소촌(伊藤博文, 山縣, 桂, 小村) 등 대 러시아방침협의
4월 27일	미국 측에 서울역 구내에 설치된 세브란스 병원 목책 철거 요청
	왜 측과 궁내부의 고등비밀고문 선임 논의
6월	제일은행권 배척운동
7월 3일	임시박람회사무소설치 건 개정(칙령 12호)
7월 20일	진영관규칙(농상공부령 4호: 임시박람회 건과 관련)
8월	한단통상협약(韓丹通商協約) 체결
9월	경의철도공사를 대한철도회사에서 담당하고 자금대부계약(資金貸賦契約)을 왜국과 체결
9월 4일	법관양성소규정 개정(관보 9월 4일: 인사 관계 개정)
10월 19일	박문원관제 개정(포달 99호)

10월 28일	황성기독교청년회(YMCA) 창립, 질레트(P. L. Gillett)의 지도로 황성기독교청년회 발족, 이상재, 윤치호, 이승만, 김규식, 신흥우 등이 동참
11월	학당장정(學堂章程) 제정, 숭의여자학교 평양에 설립, 누씨(樓氏)여학교 원산에 설립
11월 26일	박문원관제 개정(포달 10호)
12월	이범윤 간도 파견, 관리케 함
12월 3일	경부철도속성에 관한 긴급칙령
12월 22일	성균관관제 개정
	장지연 『대한강역고(大韓彊域考)』, 환등(幻燈) 최초 공개, 황제용 자동차를 미국으로부터 구입

1904년(단기 4237년, 고종 41년, 광무8년, 명치 37년, 甲辰)

1월	각국 공사관, 거류민 보호를 이유로 군대 입성
1월 8일	프랑스 측에 프랑스인 교사 페이외르(裵龍乙, M. Payeur)와 그의 보좌역인 루이스(路易, M. Louis)의 해고 통보
1월 11일	박문원관제 개정(포달 110호: 영식원(永式院)에 박문과 병치)
1월 20일	비국(比國) 측 대인구(戴一匡, Delcoigne)을 내부고문으로 고용할 것을 교섭
2월	한국정부, 국외 중립 선언, 왜국 인천에서 러시아 군함 격파, 러시아 공사 철수, 경의철도 왜국에 대여, 의주 개방, 학부대신서리 학부협판 한긍호 임명
2월 8-19일	인천충(仁川沖) · 여순구의 함대공격
2월 10일	선전포고
2월 13일	왜국 시학관, 교육조사를 위한 사증 요청, 왜 측의 이의에도 프램턴(夫岩敦, Framton)의 고용갱신계약 성립 통보
2월 23일	한왜의정서 강제
2월 25일	관립학교교관교원의 포증(褒證) 및 승급규칙 개정(학부령 15호: 포증대상을 공립학교와 사립학교 교원까지 확대)
2월 28일	왜 측의 외국인 고문관을 채용 시 사전 협의 요구
3월 4일	의정부관제 개정(칙령 1호: 의정, 참정, 찬정, 각부대신, 참찬으로 구성), 의정부회의 규정 제정(칙령 2호), 프랑스인 통신교사 크레맹세 학부소속 마르텔이 임용계약갱신 교섭, 미국인 사용의 제중원 부지 환수 협의
3월 10일	경의철도 부설에 관한 한왜약정조약
3월 12일	군악재1개중대 설치하는 건(칙령 6호), 법관양성소관등봉급령 제정(칙령 7호), 비국(比國) 측 대인구(戴一匡)의 봉급 지급 교섭
3월 13일	이토, 한국위문특파대사로서 동경 출발(4. 1 귀경)
3월 22일	농상공학교관제 폐지(칙령 14호)
3월 23일	왜 측과 왜인 육군중좌 야진진무(野津鎭武)를 군부고문으로 채용계약
3월 24일	청국 측, 한어교사 호문위의 계약기간 연장교섭

4월	경운궁 화재, 민영환의 학부대신 취임
4월 2일	각학교졸업인수용규칙 제정(칙령 10호), 왜 측, 중학교 교사 시데하라(幣原坦), 왜어학교 교사 나가시마(長島品次郎), 인천왜어학교 교사 이와사키(岩崎原太郎) 등의 재계약 교섭 제의
4월 12일	각급졸업인수용규칙 제정(칙령 10호)
4월 18일	장용준, 대한의학교 설립 한의 양성, 동제의학교(東濟醫學校) 설립
5월	한노조약(韓露條約) 폐기
5월 11일	학부, 애국가 「상제(上帝)는 우리 황상(皇上)을 도우소서」를 학교에 반포하여 학습하게 함
5월 18일	한아양국(韓俄兩國) 간 조약 · 협정을 폐파하고 아국민 · 회사에 인준한 특허합동 중 무방한 것에 한하여 그 인준을 계속 향유케 하는 건(주본), 한아 양국 간 조약 · 협정을 폐파하고 아국민 · 회사에 인준한 특허합동 중 무방한 것에 한하여 그 인준을 계속 향유케 하는 건(칙령[칙선서(勅宣書): 일체혁파 물시(一體革罷 勿施)])
5월 19일	대한제국, 러시아와 국교 단절 선언
5월 23일	황제의 칙유(「……정부에 명하여 학교를 증설하고……」) 발표
6월 8일	농상공학교관제 전문제정(칙령 16호: 상공학교관제 개정)
6월 10일	왜 측, 왜국에 견습유학 중인 8명의 사관을 소환, 중용할 것을 교섭
7월	학부대신 이재극 취임
7월 6일	법과양성소규정 개정(관보 7월 6일: 수업연한 3년을 6개월로, 1년을 3개월로 개정)
7월 12일	농상공학교관제 개정(칙령 19호)
7월 13일	왜 측, 왜어학교 교사 나가야마(長山乙介)의 신규채용 계약과 의학교사 고다케(小竹武次郎) 등 2인의 임용연장 계약체결
7월 20일	임시박람회사무소관제 폐지(칙령 20호)
7월 23일	왜 측과 왜인 다나카(田中玄寅)의 고용계약 협의
7월 26일	학부관제 개정(칙령 23호: 교과용 도서의 편집 검정을 위한 기수(技手) 1인 추가)
7월 30일	법관양성소규칙 제정(법부령 2호: 법관양성소규정 개정)
7월 31일	프랑스인 마르텔의 만기해고 논의
8월	송병준, 윤시병 등의 유신회(維新會) 조직, 이용구 등 진보회(進步會) 조직, 시데하라(幣原坦)를 학부참여관으로 고용, 호수돈여학교(好壽敦女學校, 개성) 진성여학교(進成女學校, 원산) 설립, 전덕기 청년학교 설립, 안창호 · 이동령 · 이승훈 등의 신민회(新民會) 기관학교로 구실, 한왜외국인고문용빙에 관한 협정 체결
8월 5일	법관양성소규칙(법부령 2호)
8월 18일	관립농상공학교규칙 제정(학부령 16호)
8월 22일	제1차 한왜협약 강제, 재정, 외교고문 둠
8월 23일	군제를 이개(釐改)하는 건(조칙)
9월	제중원의학교를 세브란스로 개칭, 제중원(세브란스 병원) 낙성식

9월 8일	하세가와(長谷川好道), 조선군사령관 취임
9월 14일	학부관제 개정(칙령 26호: 3등국의 편집국을 2등국으로 개정)
9월 24일	군제를 이정(釐正)하는 건(조칙), 원수부관제 개정(조칙), 군부관제 개정(조칙), 육군무관학교관제 개정(조칙) 육군연성학교관제(조칙), 육군유년학교관제(조칙), 교육부관제 제정(조칙: 군제 개정)
9월 30일	왜 측과 왜국 대장성 주세국장(主稅局長) 메가타(目賀田種太郎)와 세무과장 스스키(鈴木穆)를 각각 財政顧問과 보좌역으로 고용계약
10월	왜인 메가타를 탁지부고문으로 임명, 왜인 조선군사령관 하세가와(長谷川好道) 입경
10월 3일	왜 측, 학부대신 이재국의 왜국시찰 환영 통보
10월 5일	황제의 제도 개혁을 위한 제실제도정리국(帝室制度整理局) 특설 명령
10월 7일	교육부관제 개정, 왜 측에 내장원 학자금 지급 유학생 현태섭, 고의행, 이약우 등 50명의 명단을 통보
10월 8일	왜 측에 내장원 학자금 지급과 유학생 학자금 지불을 보증, 중추원규칙 등을 제정하는 건(조칙)
10월 10일	법관양성소규정 개정(관보 10월 10일: 인사 관계 개정)
10월 14일	법부법률기초위원에 조창호 임명
10월 18일	프랑스인 마르텔 계약연장 논의
10월 24일	교육부관제 개정(칙령 6호: 군부관제 중 교육국을 둠)
11월 23일	청국 측에 청국인 한문교사 호문위 해고 통보
11월 28일	왜 측, 내장원 학자금 지급 유학생 1인당 월 25원과 생활비 650원의 피복비 지출 요구, 동경부립 제1중학교에 위탁, 전문학교입학 수준의 예비학과과정 계획 통보
12월	미국인 스티븐슨을 외부고문으로 임명, 경부철도 준공
12월 21일	대한적십자사 발족
12월 28일	러시아의 초사(硝砂) 교사인 매이노와 구리친 등의 급여 논의 고의동 프랑스 공관 전람회에 서양화 출품

1905년(단기 4238년, 고종 43년, 광무9년, 명치 38년, 乙巳)

1월	왜국헌병대의 서울 경찰치안권 장악, 왜국의 침략 위험 상소(참정 최익현), 화폐조례 공포
1월 2일	왜인 경무고문 내정
1월 20일	비국(比國) 측에 내부고문관 대인구의 의원(依願) 해임 통보
1월 25일	한성법학교 설립(윤복영)
1월 27일	왜 측, 청국인 한어교사 두방역(杜方域)에 대한 한국정부의 독자적 계약갱신에 대한 항의문서 전달
2월	왜인 마루야마(丸山重俊), 경무청고문 임명, 엄주익 양정의숙(養正義熟) 설립, 의정부의정임시서리를 내부대신 조병식 겸임

2월 1일	왜인 시데하라(幣原坦)를 학부참여관으로 고용
2월 13일	왜 측 교육조사를 위한 왜국 시학관(視學官)의 여행 사증 발급 요구, 왜 측의 1월 2일자 항의에도 청국의 한어교사 두방역과 영국인 프램턴의 고용이 연장되었음을 통보, 왜 측에 학부참여관 시데하라(幣原坦)의 고용통보
2월 21일	참모부 · 교육부사무를 군부에서 구관(勾管)하는 건(조칙)
2월 22일	군부관제 전문개정(칙령 6호: 제7조 교육국)
2월 26일	의정부관제 개정(칙령 8호: 참정, 찬정, 삼찬을 의정부 구성에서 제외), 의정부소속직원관제(칙령 9호), 중추원관제(칙령 12호: 의정부의 자순기관), 각부관제통칙 개정(칙령 13호), 광제원관제 개정(칙령 18호), 법관양성소관제 제정(칙령 21호), 학부관제 개정(칙령 22호: 전문 12조 1부칙, 개정조항 총정리, 편집국을 2등국으로 함, 참서관 4, 주사 11, 기수 1), 성균관관제 개정(칙령 23호), 관상소관제 개정[칙령 24호: 명과(命課)와 지리에 관한 사무 추가]
3월	미국공사, 앨런 퇴임 · 모르건 부임, 이용익, 보성전문학교 설립 · 청광개교교육 인재이복국권(請廣開校教育 人材以復國權)
3월 4일	미국 측과 미국인이 사용하는 제중원 부지 환수 협의, 광학국 설치(포달 126호)
3월 7일	청국 측과 한어교사 두방역의 봉급 관계 외교 문제화
3월 18일	프랑스 측, 평양의 화약광(火藥鑛)의 프랑스인 기술사 해고에 따른 후속처리 협의
3월 23일	중학교 교사 고교형 고용, 법관양성소규칙 개정(법부령 1호: 전문 7관1부칙)
3월 31일	의정부회의규정 개정
4월	통신원을 왜국에 이양, 친위대 폐지, 경의철도 완전 개통
4월 8일	왜국 각의, 한국보호권의 확립 결의
4월 14일	학부분과규정 개정[관보 4월 14일: 대신관방(비서과 · 문서과 · 회계과), 학무국, 편집국]
4월 21일	왜국 각의, 노 · 왜 강화조건 결정
4월 24일	문관전고소규칙 부 문관전고소세칙(의정부령 1호: 제7, 8조 학교 졸업관계 조항)
4월 27~28일	동해에서 노 · 왜해전 발발
4월 31일	의정부회의규정 개정(칙령 33호), 법부에 법률기초위원회를 설치하여 민법을 제정하는 건(주본: 의정부참정대신 심상훈, 법부대신 이근호)
5월	이준 · 양한묵 · 윤효정, 헌정연구회 발족, 친일단체인 일진회에 대항, 그 후 대한자강회로 발전, 왜인 학정참여관 삼성양호(三土思造) 감독하의 교과서편찬위원회를 둠, 언더우드학당 경신학교로 개명
5월 10일	프랑스 측에 궁내부 광산검찰관 트레물레((M. Trémoulet) 해고 통보
5월 11일	프랑스 측에 철도국 고용인 르페르(盧飛鳧, Leférre) 해고 통보
5월 14일	관사립소학교연합운동회 개최
5월 24일	프랑스 측에 광학국 고용인 마로기(瑪路斯)와 라백(羅白)의 해고통보, 관립사립소학교연합운동회 개최
5월 31일	의정부회의규정 개정(칙령 33호)

6월	시데하라 해임, 그를 이어 삼토사조(三土思造) 교과서 편찬 도움
6월 1일	주미 왜국대사(高平), 미국에 노 · 왜전쟁 강화 알선 요청
6월 5일	고종황제, 학교 설립 독려 미국 측, 대한제국 정부 세브란스 병원 지원 요청에 대하여 회답하는 외교문서 발송
6월 9일	미국 측, 노 · 왜 양국에 강화 권고(-10 왜국, -12 러시아 승인)
6월 14일	영국 측에 영어교사 프램턴 고빙 연장 교섭, #독일 측 영국인 영어교사 후람톤과 함께 독일인 독어교사 볼얀의 사택료 문제 논의
6월 16일	프랑스 측에 서북철도국원 Layerrlére(喇伯利)의 해고 통보
6월 18일	민법상례를 찬집(纂輯)하는 건(조칙)
6월 19일	프랑스 측에 광학국 고용인 부르다레(Bourdaret) 해고 통보
6월 23일	관등봉급령 개정(칙령 34호: 전문 18조)
7월	화폐정리 착수, 학부대신 이재극 궁내부대신으로 전임
7월 7일	비국(比國) 측과 만국유년신체교육공회(萬國幼年身體教育公會)에 참가할 것을 권유하는 공한 교환, 농상공학교 교사 적벽차랑(赤壁次郞) 고용교섭
7월 8일	대한적십자병원을 설치하는 건(조칙)
7월 10일	문무관봉급세칙 제정(의정부령 6호), 광제원처무규칙(내부령 1호), 광제원시술규칙(내부령 2호)
7월 12일	왜 측, 주불 · 주미 한국공관에 고용된 외국인의 해임요구
7월 18일	법률기초위원회규정 개정(법부령: 전문 8조 1부칙)
7월 19일	신정국문(新訂國文)을 실시하는 건(주본: 참정대신 심상훈, 학부대신 민영철)
7월 21일	광제원 처무세칙 제정(내부령 1호), 광제원 시술세칙 제정(내부령 2호), 광제원 종두지소세칙 제정(내부령 3호),
8월	한영합판으로 「대한매일신보(大韓每日申報)」 발간
8월 4일	독일 측, 독어교사 프램턴의 계약갱신과 임용조건 외교 문제화
8월 7~30일	왜국 화태(華太) 상륙(군정실시)
8월 10일	노 · 왜강화회의(Portmath), 문무관 봉급세칙
8월 14일	왜 측에 광산 관계인 거지부(巨智部) 등과 그의 보조인 고용계약 통보
8월 17일	미국 측, 프랑스인 불어교사 마르텔의 계약갱신과 고용조건을 외교 문제화
8월 18일	법률기초위원회규정, 프랑스 측과 불어교사 마르텔의 계약만료 통보와 계약갱신 협의
8월 19일	신정국문실시건(新訂國文實施件), 고종황제, 지석영의 「신정국문」 실시 재가, 독일 측에 독일인 의사 분쉬 훈장 수여 통보
8월 21일	광제원처무세칙, 광제원종두지소세칙
8월 23일	상공부고문 가등증웅(加藤增雄) 고용교섭
8월 26일	군사교육 개선을 위한 왜국교관 8명 고용교섭
8월 28일	프랑스 측에 전보(電報) 교사 미륜기(彌綸期)에 상금수여 통보
8월 29일	태프트(Taft) · 가쓰라(桂)각서 체결(한국, 필리핀 문제)

9월	노 · 왜강화조약
9월 1일	휴전의정서조인
9월 5일	노 · 왜강화조약조인(왜국의 한국보호권승인)
9월 26일	중추원관제 개정(칙령 26호)
9월 28일	독일 측, 독일대학 교수인 살더(A. F. Salder) 부부의 한국여행 절차 밟음
10월 3일	윤치호, 한영학원(韓英學院) 설립
10월 11일	농상공학교 전문교사 久野末五郎, 동학교 시험장 기수 博功祐作 고용교섭
10월 14일	미국 측, 미대통령 영애 루즈벨트(Miss Roosvelt) 방한 시 환대에 대한 감사장 보냄
10월 23일	독일 측에 볼얀의 고빙연장 통보
10월 24일	의정부관제 개정(칙령 44호: 중요한 국정을 중추원에 넘겨 자순을 받도록 함), 의정부회의규정 개정(칙령 45호), 중추원관제 및 사무장정규정 개정(칙령 46호: 의정부관제의 개정에 따라 중요정책의 자순기능 강화)
10월 27일	대한적십자사규칙 제정(칙령 47조: 전문 15조)
10월 31일	왜 측, 중학교 교사 하세가와(長谷川龜四郎)(시데하라 후임)의 고용교섭
11월	조병세, 민영환, 13도 유생 등의 조약철회 상소, 황성신문 주필 장지연의 「시일방성대곡(是日放聲大哭)」 논설 게재, 정간 처분, 임영환, 조병세, 홍만식 자결, 학정참여관으로 시데하라 부임, 국민교육회가 발족 교과서 공급
11월 2일	미국 측에 중학교 교사 헐버트(訖法, Hulbert)의 해고 통보
11월 4일	변호사시험규칙 제정(법부령 3호)
11월 5일	이토(伊藤), 한국위문특파대사로 파견, 곽종석의 소(疎)[태학(太學), 교학(校庠), 원숙(院熟)의 위계적 학교제도 제안)]
11월 13일	학부분과규정 개정
11월 14일	번호사시험규칙 제정(법부령 제3호: 전문 17조)
11월 15일	왜국, 한국정부에 외교권 위임 요청
11월 17일	제2차한왜협약조인(외교권 탈취: 을사늑약), 궐 내에 왜국의 통감부 설치
11월 28일	미국 측, 미국공관 철수에 따른 황제 알현 요청, 학교동독(學校董督)에 관한 규정 제정(학부령 1호: 전문 4조 1부칙, 정교 분리, 담합행위 금지조치)
12월	각국 주재공사 송환, 대한적십자병원 창립, 지석영 신정국문(新訂國文) 6개조 상소, 제중원의 승격 개명(세브란스의학전문학교), 영명학교(공주) 설립, 광성실업학교 설립(1912년 폐교), 귀족 중심의 한성법학교 개교, 이완용 학부대신, 의정부의정대신서리 취임
12월 1일	학부소관왜국유학생규정(學部所管日本留學生規程) 제정(학부령 21호)
12월 4일	법관양성소동독(法官養成所董督)에 관한 규칙(법부령 5호)
12월 8일	중추원관제 및 사무장정 개정(칙령 49호)
12월 12일	대한적십자사관제급 규칙 제정(칙령 54호: 전문 21조, 대한적십자사규칙 개정)
12월 15일	군인을 정치에 간예(干預)치 못하게 하는 건(조칙)

12월 21일	이토, 왜국통감부 서울에 설치, 통감 취임
12월 22일	육군무관학교관제 개정
12월 28일	한성부관제 개정(칙령 57호)
12월 29일	농상공학교부속농업시험장관제 제정(칙령 60호: 전문 10조 1부칙) 이능화 「국문일정의견서(國文一定意見書)」 제출, 지석영 「대한국문설(大韓國文說)」 발표

1906년(단기 4239년, 고종 44년, 광무 10년, 명치 39년, 丙午)

1월	이용익, 러시아에서 암살, 위부 폐지, 의정부참정대신 박제순 취임
1월 3일	미국 측, 미 버지니아 주 게임스타운 입주식 초청장 발부
1월 10일	의정부관제 개정[칙령 1호: 각부대신의 응징상주권(膺懲上奏權) 삭제], 중추원관제 및 사무장정 개정(칙령 2호)
2월	왜국 통감부 설치, 임시통감부 대리에 하세가와 취임, 군부대신 이근택 습격
2월 9일	주한왜국헌병의 행정경찰 · 사범경찰의 칙령 공포
2월 10일	문무관봉급세칙 개정
3월	제일은행, 한국중앙은행통화발행권 장악, 왜국 흥업은행에서 1천만 원 차관 도입, 민종식 홍주(洪州)에서 의병 봉기, 이토 통감 부임, 주한 각국 공사관 철수, 장지연 · 윤효정의 대한자강회 조직
3월 17일	통감부 보안규칙공포(5. 1. 시행)
3월 19일	법관양성소관제 개정(칙령 10호: 박사 판임 명예로 임시성임)
3월 19~31일	한국 유생 봉기, 홍주 점령
3월 23일	황제의 교육선언 「교육인재위선무조칙(敎育人材爲先務詔勅)」
3월 25일	부제조(副提調) 이필화의 교육개혁을 위한 소(疎)(대학교, 중학교, 소학교의 위계적 학교제도 등의 교육에 관한 제안 ……以成均館大學校 而京師則一署各置一中學校 一坊各置一小學校 各郡則以鄕校爲中學校 而一各置小學校 一里各置一村熟 小學校卒業人 陞之中學校焉 中學校卒業之人 陞之大學校焉 定其課程 第其高下 拔其優等者薦之於政府 而充補其相當職 不出十年 於朝者皆大學卒業之人 至於農商工 亦莫不然 而隨其人材 派送各國 各修其藝焉 又錄其敎師之勤者薦用之 又採其私立學校者 優施補助者而褒賞之 不數年 不費國金 李學校之設……)
3월 26일	고종황제, 자녀를 학교에 보내지 않는 자 논죄할 것을 경고, 학교의 설치와 교육에 관한 건(조칙: ……人家有子弟而不能敎者 其父兄論罪 或其子弟之不率敎 遊嬉無業者 亦一體論罪)
3월 30일	법관양성소규칙 전문개정(법부령 1호: 전문 28조 1부칙)
3월 31일	윤치호 대한자강회 조직, 윤정효 · 장지연 헌정연구회 확충
4월	의친왕 왜국에서 귀국, 최익현 전라도에서 의병 봉기
4월 2일	최규 등 중등학교 설립, 한성부관제 개정(칙령 17호)

4월 11일	학부관제 개정(칙령 16호: 학부참서관에 학사시찰권 및 학교검열권 부여, 시학관 2인 추가), 상공학교 시험장비 3,980원 34전과 학정참여관과 사무관 왜왕복여비 210원 책정
4월 15일	태학을 수즙(修葺)하는 건(尊道重敎: 조칙), 부제조 이필화의 교육 상소
4월 16일	부제조 이필화의 상소, 학부관제 개정[칙령 18호: 시학관(주임관) 2인 · 주사 2인 추가]
4월 20일	각종학교퇴학생도학비환입조규 개정(학부령 17호: 화폐단위 원을 환 단위로 개정)
4월 21일	엄 귀비의 후원으로 엄준원 진명여학교 설립
4월 28일	미국인 언더우드와 영국인 어비신에게 교육에 끼친 공로로 태극장 훈장수여 결정
5월 1일	민영휘 휘문의숙[(고종의 양명(讓名)] 설립
5월 11일	광무 9년의 예산부족액 450원 60전, 농상공부외국인 급료 11,060원, 학정참여관 지방시찰비 264원의 예산 확정
5월 17일	한성사범학교교원임시양성과규칙 제정(학부령 18호: 전문 5장 11조)
5월 22일	엄 귀비의 토지 1천정보 희사로 숙명여학교의 전신인 명신여학교 설립(초대 교장 이정숙)
5월 25일	종이품 서긍순의 소(모두가 취학할 수 있게 매 도 매 군에 학교 설립 제의)
5월 31일	제중원 찬성금 3,000원, 광제원 확충비 27,805원, 학부경비 증액분 19,618원 등 교육 예산 재가, 농상공부부속농사시험장관제 폐지(칙령 25호)
6월 6일	법관양성소관제 개정(칙령 20호: 직제 개편), 55,205원이 외국홍업은행에 차입금이자 지불
6월 7일	프랑스어학교 교사 마르텔에게 태극장 수여
6월 12일	순창에서 최익현 배왜 봉기 종료
6월 14일	관립한성제2왜어학교를 정하는 건[학부령 19호: 한성 남서 명동에 있는 경성학당을 관립제이왜어학교(官立第二倭語學校)로 함]
6월 23일	육군무관학교관제 개정
7월	남궁억, 현산학교(峴山學校) 설립, 진학신 · 이순하 · 김중환 · 양규의숙(養閨義熟) 설립(이후 경성여학교, 덕수소학교로 개편), 대한유학생 구락부와 청년회합동으로 대한유학생회 조직
7월 1일	경부선 · 경인선 매수, 통감부 관리
7월 4일	프랑스어학교와 사범학교의 졸업시험을 시행하여 각각 3인과 2인, 1인과 2인의 우등과 급제자 배출
7월 6일	여자교육회 진학신 · 진학위 등이 여자교육을 찬성하기 위해 조직 설립
7월 7일	궁금령(宮禁令) 제정, 한국 궁정 숙청 음모
7월 18일	왜인 시데하라의 해약귀국시비(解約歸國施費)와 수로금조(酬勞金條)로 3,000원 책정
7월 19일	임시교육확장비회계규정 제정(탁지부령 13호), 해임된 시데하라 귀국여비와 위로금으로 3,000원 결제

8월	학제 개혁
8월 9일	농상공부소관원예모범장관제 제정(칙령 37호: 전문 8조 1부칙)
8월 25일	외국인여비규정(탁지부령 14호)
8월 27일	농상공부소관농림학교관제 제정(칙령 39호: 전문 9조 1부칙), 학부직할학교 및 공립학교관제 개정(칙령 40호: 전문 12조 1부칙: 성균관과 보통학교를 제외한 직할학교에 대한 행정법규임, 학부직할학교는 성균관 · 관립한성사범학교 · 관립한성고등학교 · 관립한성왜어학교 · 관립한성한어학교 · 관립한성영어학교 · 관립한성덕어학교 · 관립한성법어학교 · 관립인천왜어학교 등 9개교에 이름), 사범학교령(칙령 41호: 전문 13조 1부칙: 한성사범학교관제 개정, 본과 3년, 예과 · 속성과 · 강습과 1년 이내), 사범학교령시행규칙 제정(학부령 20호: 전문 46조 1부칙: 한성사범학교규칙 개정), 고등학교령 제정(칙령 42호: 전문 12조 1부칙: 중학교관제 개정), 고등학교령시행규칙 제정(학부령 21호: 전문 36조 1부칙: 중학교규칙 개정), 외국어학교령 제정(칙령 43호: 전문 10조 1부칙: 외국학교관제 개정), 외국어학교령시행규칙 제정(학부령 22호: 전문 32조 1부칙: 외국어학교규칙 개정), 보통학교령 제정(칙령 44호: 전문 25조 1부칙: 소학교령 개정), 보통학교령시행규칙 제정(학부령 23호: 전문 60조 1부칙: 소학교교교칙대강 개정)
9월	지방관제 개정, 쉴드(E. L. Shield) 세브란스 병원 구내에 간호학교 설립
9월 1일	학부직할보통학교명칭(학부령 24호: 교동, 제동, 어의동, 주동, 수하동, 정동, 매동), (학부직할보통학교 12개교, 관찰부소재 보통학교 12개교, 지방 보통학교 66개교, 도합 90개교), 관립교동보통학교를 관립한성사범학교부속보통학교로 대용하는 건(학부령 25호), 관립한성고등학교에 예과(豫科)를 설치하는 건(학부령 26호), 공립소학교 · 사립소학교를 보통학교령에 의하여 설립된 학교로 인정하는 건(학부령 27호), 학직할학교관제급 공립학교관제(칙령 40호: 관립한성왜어학교, 관립한성한어학교, 관립한성영어학교, 관립한성덕어학교, 관립한성법어학교, 관립인천왜어학교)
9월 3일	학부직할학교직원정원령 제정(칙령 45호)
9월 10일	농상공부소속농림학교규칙(농상공부령 48호: 전문 30조 1부칙)
9월 18일	각 관찰부에 소재하는 공립보통학교의 명칭 제정(학부령 28호: 한성, 수원, 공주, 충주, 진주, 대구, 광주, 전주, 춘천, 해주, 평양, 연변, 함훙, 경성의 보통학교)
9월 24일	문관임용령(文官任用令) 개정(칙령 53호: 관립고등학교와 학부대신이 동등 이상으로 인정한 공사립학교의 졸업증서를 가진 자-판임관 임명자격), 각 공립학교직원봉급에 관한 건(칙령 56호)
9월 26일	왜인 시데하라에게 '교육방조지의(教育幇助之意)' 표시로 태극장 수여
9월 29일	중추원의사규정 개정(의정부령 1호)
9월 24일	문관임용령
10월	왜국과 압록강 · 두만강의 산림협동약관 체결, 각지에서 의병 봉기, 이갑 서우학회(西友學會) 조직, 함경도 인사 한북학회(漢北學會) 조직, 이철용 화야의숙 (華野義熟)

	설립, 정부 왜국으로부터 50만 원 기채 교육비 충당, 공업전습소 설립
10월 16일	국세징수규정(칙령 60호), 조세징수규정 개정(칙령 60호)
10월 23일	법관양성소학칙 개정(법부령 2호), 수학원관제 제정(포달 140호: 전문 16조), 수학원(修學院) 설치
10월 24일	조세징수규정시행세칙 제정(탁지부령 22호)
10월 25일	문관전고소시험규칙 개정(閣令 2호)
10월 26일	법관전고규정 제정(법부령 5호)
11월 1일	이인직「소년 한반도(少年韓半島)」창간
11월 6일	법관전고세칙(법부령 5호)
11월 14일	법관양성소학칙 개정(법부령 5호: 전문 13조)
11월 20일	친왕부관원을 친왕강독관으로 임명하는 건(조칙)
11월 22일	조세징수규정 세칙 개정
12월	최익현 대마도에서 사망, 동학 천도교로 개칭 신성학교(信聖學校)[선천(宣川)] 보성여학교(선천) 의명학교(순안) 한영서원(개성: 송도중학의 전신) 설립
12월 3일	육군연성학교관제 개정(칙령 73호),
12월 26일	소속직원관제 개정(칙령 79호), 소속직원분과규정 개정(부령)
12월 29일	지방세규칙(칙령 81호), 농상공학교축조비 7,391원의 예산 배정 주시경『대한국문법』간행

1907년(단기 4240년, 고종 45년, 광무 11년, 명치 40년, 丁未)

1월	국채보상운동 전개, 각의제출장정(閣議提出章程), 내각사무변리규정(內閣事務辨理規程)
1월 1일	공립보통학교를 관립으로 개정 증설하는 건(학부령 29호: 공립한성보통학교를 공립경교보통학교로 개정하여 증설)
1월 4일	학부직할학교 명칭 개정 건(학부령 1호: 학부직할학교에 관립경교보통학교 추가), 각 관찰부에 소재하는 공립보통학교 명칭 개정(학부령 2호)
1월 7일	법관양성소학칙 개정[개부표(改付票)]
1월 15일	의무육 및 주판임관임명에 관한 건(주본: 표훈원총재 민영휘)
1월 16일	의무육 및 주판임관임명에 관한 건(주본: 의정부참정대신 박제순), 대한매일신보 한국의 독립을 호소하는 서한 게재
2월	신기선 등 광성실업학교에 대동학회(大同學會) 결성
2월 1일	농상공부소관공업전습소관제 제정(칙령 6호: 전문 11조 1부칙), 농상공부소관측후소관제 제정(칙령 7호: 전문 9조 1부칙)
2월 6일	유학 장려(조칙)
2월 18일	국세징수법시행세칙, 유학생 여비 및 비용표 별표(학부령 3호)

3월	을사오적 암살계획 실패(나인영 등), 숭실학당 중학부와 대학부를 분리 대학부를 숭실대학이라 함(1912. 3. 10. 대학 인가, 1922. 3. 20. 숭실전문학교로 개편)
3월 1일	관립공업전습소규칙 제정(농상공부령 50호: 전문 26조 1부칙)
3월 4일	학부소관왜국유학생규정 제정(학부령 3호: 전문 23조: 왕복여비 1편 25환, 속장비 15환, 학자금 1개월 26환, 체재비 1일 70전)
3월 6일	법관양성소학칙 개정(법부고시 1호)
3월 7일	한성부급 각 관찰부소재공립보통학교의 명칭 개정(학부령 3호), 학부소관왜국유학생규정(학부령 3호)
3월 10일	의학교관제 폐지(칙령 9호), 대한의원관제 제정(칙령 9호: 전문 16조 1부칙: 제16조 의학교관제 폐지, 제8조 의원양성 기능을 의료기관에 통합)
3월 14일	실업을 권장하는 건(조칙)
3월 22일	농상공학교관제 폐지(칙령 14호), 학부직할학교 및 공립학교관제 개정(칙령 15호: 관립평양왜어학교 추가), 학부직할학교직원령 개정(칙령 16호), 권업모범장관제 제정(칙령 17호: 전문 10조 1부칙)
3월 29일	열군(列郡) 관사를 수리하여 학사로 사용하는 건(조칙), 관공립학교 개설
4월	여자교원회에서 신학원(新學院) 설립
4월 1일	공립보통학교의 명칭 및 소재지를 개정하는 건(학부령 4호: 개성, 인천, 안성, 청주, 강경, 홍주, 남원, 군산, 목포, 나주, 제주, 성주, 경주, 상주, 동래, 마산, 울산, 환주, 진남, 전주, 의주, 원주, 강릉, 원산, 북청, 길주, 회령), 선린상업학교 설립
4월 24일	법관양성소관제 개정(改付票)
5월	박제순 내각 경질, 의정부참정대신 이완용 취임
5월 1일	공립보통학교 명칭 및 소재지 개정 건(학부령 5호: 공립안주보통학교 추가)
5월 30일	중추원관제 및 사무장정 개정(칙령 32호)
5월 31일	수학원관제 개정(포달 152호: 차장직 추가)
6월	내각관제 개정, 박영효 귀국, 이완용 내각총리대신에 취임, 학부대신에 이재곤 취임, 군의관 착용 금지, 헤이그밀사 사건 발발
6월 1일	문관임용규정 개정(개부표 1호), 공립학교의 명칭 · 소재지(학부령 5호)
6월 14일	의정부를 내각으로 개칭하는 건(조칙), 내각관제(칙령 35호: 의정부를 내각으로 바꾸는 조치의 일환으로 의정부관제를 폐하고 내각관제로 함)
6월 15일	내각소속직원관제 개정(칙령 36호 전문 10조: 의정부소속직원관제 개정), 내각회의규정(칙령 38호 전문 11조: 의정부회의규정 개정)
6월 19일	각부관제통칙(칙령 41호: 전문 24조 1부칙), 문관임용규정 개정(의정부를 내각으로 개정: 칙령 42호), 학부관제 개정[칙령 41호: 직제개편(협판을 차관으로, 참서관을 서기관으로, 주사를 서기랑으로 개정)]
6월 22일	관립양사동 · 양현동보통학교를 합병하여 관립어의동보통학교로 하는 건(학부령 6호), 관등봉급령 개정(관보 6월 22일: '의정대신'을 '내각총리대신'으로, '참정대신' 삭제,

	'의정부참찬'은 '내각서기관장'으로), 문관임용규정
6월 25일	보통학교령시행규칙 개정(학부령 14호)
6월 27일	조세징수규정시행세칙 개정(탁지부령 24호), 모병령(법률 3호: 제1조 대한신민의 남자는 만 17세 이상으로 만 40세에 지(至)하기까지 총(摠)히 병역에 복(服)하는 의무가 유함)
7월	학부에 국문연구소 설치, 보안법, 신문지법 공포, 이준 헤이그에서 순국, 왜국 외상 하야시(林董) 내한, 황태자 대리의 조서, 시위대 왜인과 충돌, 황제의 양위식 거행, 이완용 집에 방화, 전황제에 태황제의 칭호 수여, 강화 등 호남학회 결성
7월 3일	이토, 한국 황제에게 헤이그평화회의에 대표 파견 책임 추궁, 학부편찬보통학교교과용 도서발매규정(학부령 7호)
7월 8일	국문연구소 설치 건[주본: 총리대신 이완용, 학부대신 이재곤의 청(請)주, 소장 윤치호]
7월 10일	왜국원로 · 각료회의, 한국의 내정장악 결정
7월 18일	2천 명의 한국청년, 서울에서 양위반대시위, 군국대사를 황태자로 하여금 대리케 하는 건(조칙: 황태자 대리청정 선언)
7월 19일	한국 황제의 양위 공표
7월 21일	민인(民人)의 안업(安業)을 칙유(勅諭)하는 건(조칙: 황태자의 대리청정사 발표)
7월 24일	제3차 한왜협약(정미 7조약) 조인(한국내정 통감부의 관리하에 둠)
7월 27일	보안법 제정(법률 2호)
7월 31일	군대해산에 관한 건(조칙), 군대해산으로 인한 '폭동자'의 진압에 관한 건(조칙)

1907년(단기 4240년, 융희 1년, 명치 40년, 丁未)

8월	참령 박성환 자결, 연호를 융희(隆熙)로 고침, 영친왕 황태자 책봉, 황제(순종) 즉위식, 왜인 차관 임명, 각지에서 의병 봉기, 각 부에 왜인 차관 임명, 이승훈, 정주군 향리에 초등교육기관인 강명의숙(講明義熟) 설립
8월 1일	서울 한국군대 해산식, 일부 한국군 반항, 왜국과 교전
8월 2일	연호를 융희로 개정하는 건(주본: 내각총리대신 이완용)
8월 14일	조혼을 금지하는 건(조칙)
8월 15일	순종황제 삭발, 단발 융장(戎裝)에 관한 건(조칙)
8월 26일	육군연성학교관제 폐지(칙령 13호), 육군유년학교 폐지(칙령 13호), 군부관제 개정(칙령 14호: 제14조의 2. 학교급 군대사무에 관한 사항, 6. 무관학교에 관한 사항), 육군무관학교관제 개정(칙령 15호: 전문 29조 1부칙)
8월 30일	한성사범학교부속보통학교의 대용에 건[학부령 2호: 관립 안동보통학교(安洞普通學校)를 부속학교로, 광무 10년 학부령 25호 폐지]
9월 6일	하의(賀儀)는 즉위예식의절(卽位禮式儀節)에 준하여 마련(磨鍊)하는 건(조칙)
9월 14일	공립보통학교명칭 개정[학부령 1호: 길주보통학교를 성진(城津)보통학교로 바꿈]
9월 18일	민인의 서동 농병(胥動 弄兵)을 금하는 건(조칙)

9월 20일	俵孫一이 학부차관으로, 上村正己가 학부사무관으로 임명됨
9월 28일	중학교 · 외국어학교 졸업인을 해학교(該學校)에 수용하는 관제 · 종인학교관제 폐지(칙령 24호), 성균관관제 개정(칙령 23호), 광무학교관제 폐지(칙령 23호)
9월 30일	관립한성사범학교부속보통학교의 대용(안동보통학교)
10월	왜국 황태자 내한(12월 이한)
10월 15일	대한국민체육회 창설
10월 23일	종이품 유길준의 소(왜인 관료들의 실무간섭 견제 제의)
10월 25일	성균관사업시선규정(학부령 3호: 전문 7조, 초시에서 사서, 삼경, 역사, 지지, 경제학, 법률학, 정치학 시험)
11월	황제 창덕궁으로 옮김
11월 14일	태묘(太廟)에 전알(展謁) 서고한 문(조칙: 廣求人材 適地登庸, 教育務其捨華而取實 以開需用於國家緊要之道), 대소민인(大小民人)에게 대한 유신칙유(維新勅諭)(조칙: 教育務其捨華而取實 以開需用於國家緊要之道)
11월 27일	수학원관제 폐지(포달 163호)
12월	지방관제 개정, 재판소구성번 공포, 안창호, 이갑 등 독립운동단체인 신민회(新民會) 조직(대성학교, 오산학교, 대한매일신보, 태극서원 설립, 자기회사 설립), 안창호 평양에 대성학교 설립, 서북학회 오성학교 설립(이후 협성학교, 광신상업중고등학교가 됨), 청년학우회 발족, 이봉래 봉명학교 설립(1912년 폐교), 유일선 정리사(精理舍)(수학교육 위주), 약현학교, 수피아여학교, 신명여학교, 기전여학교 설립, 서우학회 서우사범학교 설립, 이종호 경성중학교 설립(鏡城), 양성학교 설립(義州)
12월 9일	조세징수규정시행세칙 개정(탁지부령 32호)
12월 12일	학부령 20 · 21 · 22 · 23호에 건원절(乾元節)을 첨입(添入)하는 건(학부령 4호), 보통학교령시행규칙 개정(학부령 4호)
12월 13일	지방 소요를 금단케 하는 건(조칙), 각부관제통칙 개정(칙령 30호), 지방관제 개정(칙령 40호: 10조의 7. 교육학예에 관한 사항), 법관양성소관제 개정(칙령 53호), 학부관제 개정(칙령 54호: 전문 14조 1부칙: 국간의 등급해제, 서기관 7, 사무관 4, 기사 3, 번역관 2, 주사 28, 기수 6), 학부직할학교 및 공립학교관제 개정(칙령 55호: 전문 16조 1부칙: 학부직할학교는 한성에 있는 왜어, 영어, 덕어, 법어 등의 학교가 하나로 통합되어 6개교가 됨), 학부직할학교직원정원령 개정(칙령 56호)
12월 23일	법전조사국관제 제정(칙령 60호: 전문 9조 1부칙)
12월 24일	이승훈 오산학교 정주(定州)에 설립
12월 25일	관보발매규정(관보 12월 26일)
12월 27일	육군무관학교관제 개정(칙령 62호), 대한의원관제 개정[칙령 73호: 대한의원 교육부를 의육부(醫育部)로 바꿈], 대한의원장의 본급급 수당에 관한 건(칙령 74호), 관공립보통학교봉급령 개정(칙령 75호)
12월 30일	농상공부소관농림학교관제 개정(칙령 1호), 농상공부소관공업전습소관제 개정(칙령

	80호: 전문 8조 1부칙), 농상공부속관원예모범장관제 개정(칙령 81호), 보통학교령 개정(칙령 83호: 교원을 훈도로 바꿈), 관립한성사범부속보통학교의 명칭 건(안동보통학교를 관립한성사범학교부속보통학교로 개칭: 학부령 6호)
12월 31일	보통학교령시행규칙 개정(학부령 5호: 교원을 훈도로 바꿈), 관립한성사범학교부속보통학교명칭 개정(학부령 6호: 안동보통학교를 한성사범학교부속보통학교로 바꿈), 학부직할보통학교교수급 명칭 개정(학부령 7호: 안동보통학교 삭제, 9개교에서 8개교로 됨)

1908년(단기 4241년, 융희 2년, 명치 41년, 戊申)

1월	청진 개항, 대한학회 조직(왜국 유학생 중심: 태극학회, 공수회, 낙동회, 유학생회, 호남학회 4회 통합), 서북학회 조직(서우학회, 한북학회 통합), 기호학회 조직, 농상공부소관 권업모범장 군산 · 평양출장소 설치(상공부고시 1호)
1월 17일	법관양성소령 제정(법부령 1호: 전문 6조 1부칙, 법관양성소규칙 개정)
1월 25일	공문서류에 국한문을 교용하는 건(관보 2월 6일)
1월 28일	학부분과규정 개정[관보 1월 28일: 대신관방(비서과 · 문서과 · 회계과), 학무국(제1과 · 제2과)]
2월	관상소 폐지, 관측소 개소
2월 6일	보통학교에 왜인교사채용방침 채택
2월 7일	대한제국표준시 공포
2월 13일	교육효적자포상규정(敎育效績者褒賞規程) 제정(학부령 8호: 전문 6조 1부칙)
2월 18일	문무관봉급지급세칙 개정(탁지부령 3호)
2월 25일	대구권업모범장 대구출장소 설치(농상공부고시 2호)
2월 28일	'폭도'에게 피소된 민호 구휼(民戶 救恤)에 관한 건(조칙)
3월	장인환, 전명운, 미국에서 스티븐스 사살, 박정동, 교남교육회 조직(회원 145명)
3월 4일	농상공부소속농림학교규칙 개정(농상공부령 62호)
3월 6일	법관양성소학칙 제정(법부고시 1호: 전문 14조 1부칙)
3월 7일	법부분과규정[관보 3월 7일: 제3조의 4. 법관 양성에 관한 사항(직원과)]
3월 14일	폭도에게 피소된 민호 구휼에 관한 조칙을 각부군(各府郡)에 등칙(謄飭)하는 건(내부훈령 163호)
3월 19일	법관양성소학칙 개정[법부고시 2호: '이재학(理財學)'을 '경제학(經濟學)'으로, 왜어를 외국어로 바꿈]
3월 20일	'일시대부금에 관한 계약' 왜국과 체결(총액 1,9682,623원＝시정개선자금)
3월 23일	화재 · 수재당한 자에 대한 구휼금 하송 건(내부훈령 174호: 총액 477,750환 발송)
3월 27일	폭도 피해민에게 가옥건축 목재를 급여하는 건(내부훈령 173호)
3월 30일	관립공업전습소규칙 개정(농상공부령 64호)
4월	부령(富寧) 개항, 고등여학교령 공포, 송병준 내부대신 임명, 왜국 헌병 한인헌병보

	조원 모집, 조동식, 동원여자의숙 야학으로 개교(이후 김인화의 동덕여자의숙과 병합), 학부대신 이완용 관찰사회의에서 교육에 관한 연설
4월 1일	관립한성고등여학교 설립(현 경기여자고등학교 전신), 관측소관제 제정(칙령 18호: 전문 11조 1부칙), 농상공부소관 간칙소급 동 부속측후소 위치와 명칭[농상공부고시 6호: 경기, 평양, 용암(龍岩), 대구, 부산, 목포, 원산, 성진(城津)]
4월 2일	학부직할학교직원정원령 개정(칙령 20호: 한성고등여학교직원 추가), 고등여학교령 제정(칙령 22호: 전문 11조 1부칙), 학부직할학교 및 공립학교관제 개정(칙령 23호: 관립한성고등여학교 추가), 문무관봉급세칙 개정(탁지부 13호)
4월 7일	고등여학교령시행규칙 제정(학부령 9호: 전문 23조 1부칙), 관립한성고등여학교학칙(학부령 10호: 전문 25조 1부칙), 관립보통학교보습과규정 제정(학부령 11호), 관립교동보통학교에 보습과(補習科) 설치 건(학부고시 1호: 2년의 단기 보습과정 설치), 학부직할보통학교명칭 개정[학부고시 2호: 관립경교보통학교를 미동(渼洞)으로]
4월 9일	폭도 피해민에게 가옥건축 목재를 급여하는 건(내부통첩: 관보 4월 9일)
4월 19일	보통학교령 개정(칙령 55호)
4월 22일	공립보통학교 증치의 건(학부고시 3호: 강화, 여주, 온양, 선천, 고부, 영암, 통영, 밀양에 공립보통학교 증치)
4월 24일	문무관본급지급세칙 개정(탁지령 13호)
4월 31일	관립보통학교보습과규정 제정(학부고시 11호),
5월 2일	공립보통학교증치 건(학부고시: '통영'을 '진남'으로 개정)
5월 7일	외국어학교령 개정(칙령 28호: 2개년의 속성과 추가)
5월 11일	관립한성외국어학교속성과규칙(학부령 12호: 전문 8조 1부칙), 순종황제, 내부대신의 인솔하에 고용된 왜인 도서기관 전원을 희정당(熙政堂)에 소집 훈시[관찰사를 보익(補翼)할 것을 강조]
5월 20일	한성고등여학교 개교에 대한 황후의 담화 발표
5월 21일	비원에서 황후와 각 각료의 참석하에 각 학교의 특기를 가진 여학생의 연합운동회 개최
5월 25일	고등학교시행규칙 개정(학부령 13호: 외국어 추가)
5월 31일	이화학당 메이퀸 대관식 행사 개시
6월	기호학회, 기호학교(畿湖學校) 설립(이후 유길준의 융희학교와 병합 중앙학교가 됨), 정현 등의 발기로 보인학회 조직(한만용을 대표로 보인학교 설립: 현 보인중상업고등학교)
6월 1일	관립한성고등여학교 예과 · 본과학교과정 매주 시간표 제정(학부고시 4호), 김기중 기호학교 설립(현 중앙학교 전신)
6월 13일	유생, 신학문 학습 선언
6월 22일	학무위원규정준칙 제정(학부훈령 66호: 전문 8조)
6월 27일	교육효적장(教育效績狀) 및 휘장에 관한 건(학부고시 5호)
6월 30일	관등봉급령 개정(칙령 42호)

7월	군수천거법 제정, 홍삼전매법 공포, 이인직, 박정동 '원각사(圓覺社)' 개설
7월 5일	보통학교령시행규칙 개정(학부령 6호)
7월 15일	황후탄신일을 곤원절(坤元節)로 하는 건(관보 7월 17일)
7월 16일	헬리팩스, 프램턴, 마르텔, 두방역 등의 외국인 교사와 민건식, 김한규, 지석영 등의 한국 교육인사에게 훈장 수여
7월 23일	문관임용령(칙령 51호)
8월	대심원 설치
8월 12일	한국저작권령
8월 26일	사립학교령 제정(칙령 62호: 전문 17조 1부칙), 동양척식주식회사법 제정(법률 22호), 학회령 제정(칙령 63호: 전문 13조 1부칙)
8월 28일	사립학교보조규정 제정(학부령 14호: 전문 13조 1부칙), 공립 · 사립학교인정에 관한 규정 제정(학부령 15호: 전문 10조 1부칙), 교과용 도서검정규정 제정(학부령 16호: 전문 15조 1부칙), 사립학교령 시행에 관한 건(학부훈령 2호), 서당관리에 관한 건(학부훈령 3호: 신식개량의 서당), 사립학교학칙기재례(학부훈령 6호: 전문 7장29조)
8월 31일	폭도 귀순일을 제한하는 건(조칙)
9월	한국교과서: 유년필독(幼年必讀), 동국사략(東國史略), 대한역사(大韓歷史) 등, 장지연 등 소의학교(昭義學校)[서울 사동(寺洞)] 개교
9월 14일	한성사범학교강습과규정 제정(학부령 17호: 전문 8조 1부칙, 정원 50인)
9월 15일	학부편찬교관용도서규정 제정(학부령 18호: 전문 9조 1부칙)
9월 17일	교육효적포상규정 개정(학부령 19호: 교육효적심사위원회 설치)
9월 21일	외국인여비규정 제정(탁지부령 33호)
9월 25일	기생 단속령(경시청령 5호), 창기 단속령(경시청령 6호)
10월	주시경 「국어문전음자(國語文典音字)」 간행, 최남선 「소년(少年)」 창간, 학부, 한성사범학교에 사립학교 관계자 및 학회대표를 소집하여 사립학교령 설명
10월 5일	문관임용령 개정(칙령 71호: 제2조 3호 외국대학에서 법률 또는 정치경제의 학과를 수료하여 졸업증서를 유(有)하고 전형위원의 전형을 경한 자), 전형위원회규정 제정(각령 10호)
10월 16일	인정한 학교에 관한 건(학부고시 8호: 관립한성사범학교본과, 관립외국어학교본과, 관립인천왜어학교본과, 관립평양왜어학교본과)
10월 21일	학무위원규정(한성부령 2호)
10월 29일	성균관관제 전문개정(칙령 76호: 전문 12조 1부칙)
10월 31일	성균관사업시선규정 개정(학부령 20호: 전문 10조 1부칙)
11월	대한의원 청사 준공, 동 의원 개설(광제원, 관립의학교부속병원, 적십자병원 폐합), 이인직 『은세계』 원각사에서 공연, 전보에 한글 사용
11월 9일	신설공립보통학교의 명칭 · 위치(학부고시 9호: 이천, 은진, 일신의 각 보통학교 증치)
11월 12일	해빙 외국인교사의 귀국비로 1,000원 책정

11월 20일	성균관학칙(관보 11월 25일: 학부인가, 전문 18조 1부칙)
12월	왜국, 동양척식주식회사 설립, 구세군 대본영 설치, 국조보감(國朝寶鑑)(90전) 완성, 한성외국어학교 설립, 학회령 공포, 대동학회(김윤식, 신기선, 이도재) 대동전수학교 설립(1916년 폐교), 이화학당 학부의 인가를 받고 학제 변경(중등과 보통으로 나눔), 『증보문헌비고(增補文獻備考)』 발간
12월 1일	학부소관왜국유학생규정 전문개정(학부령 21호: 전문 30조-자격 및 감독강화 조치)
12월 8일	인정한 학교에 관한 건(학부고시 10호: 법관양성소)
12월 30일	보통학교령시행규칙 개정(학부령 83호), 수원농림학교수의과 설치

1909년(단기 4242년, 융희 3년, 명치 42년, 乙酉)

1월	황제, 지방 순회, 동경유학생 유학생총단 대한흥학회(留學生總團 大韓興學會) 조직
1월 1일	학부분과규정 개정
1월 12일	순종황제, 지방순시 중 운동회 순람(대구달성공원), 도 관찰사에 교육실업 장려비로 7,000원 하사
2월	가옥세, 주세, 연초세 등 세법 공포, 출판법 공포
2월 4일	학부관제 개정(칙령 6호: 편집관 2인 추가, 주사 34인), 학부직할학교 및 공립학교관제 개정(칙령 8호: 판임을 임명할 수 있게 한 직제개편), 학부직할학교직원정원령 개정(칙령 8호), 대한의원관제 제정(칙령 10호: 의사 · 약제사 · 산파급 간호부를 양성하기 위한 부속의학교 설치)
2월 10일	학무위원규정(강원도령 2호)
2월 18일	농상공부소관농림학교관제 개정(칙령 18호)
2월 26일	국세징수법(법부령 5호)
3월	유길준, 『대한문전(大韓文典)』 발간, 민적법 공포
3월 2일	법관양성소학칙[법부고시 1호: 관보포(官報布)]
3월 11일	한성부관제 개정(칙령 26호)
3월 18일	학부직할학교 및 공립학교관제 개정(관립평양왜어학교 삭제 관립평양고등학교 추가: 칙령 34호), 최광옥의 『대한문전』 출간
3월 22일	관립평양왜어학교를 관립평양고등학교로 개칭하는 건(학부고시 2호)
3월 23일	학무위원규정(함경북도령 3호)
4월	배재학당, 사립학교령에 의하여 인가
4월 2일	평안남도 관찰사 이진호, 평양고등학교 교장 임명
4월 9일	공립부산실업학교 설치 건(학부고시 3호), 법관임용령 제정(칙령 48호: 1. 사법시험에 합격한 자, 3.법관양성소를 졸업한 자, 4.외국대학의 법률과를 졸업한 자), 공립부산실업학교를 설치하는 건(학부고시 3호)
4월 15일	공립보통학교증치 건(학부고시 4호: 봉양 · 정선 · 담양에 보통학교 증치)
4월 19일	사범학교령 개정(칙령 51호: 학부편찬 또는 검정교과서 사용), 고등학교령 개정(칙령

	52호: 수업연한 4년, 보습과 1년, 12세 이상의 남자 입학, 학부 편찬 또는 검정교과서 사용), 외국어학교령 개정(칙령 53호: 12세 이상의 남자 입학, 학부편찬 또는 검정교과서 사용), 고등여학교령 개정(칙령 54호: 학부 편찬 또는 검정교과서 사용), 보통학교령 개정(칙령 55호: 수업료 징수, 학부 편찬 또는 검정교과서 사용)
4월 24일	법관전고규칙 제정(법부령 3호), 사법시험규칙 제정(법부령 4호)
4월 26일	실업학교령 제정(칙령 56호: 전문 11조 1부칙)
5월	오세창, 「대한민보(大韓民報)」 발행
5월 10일	공립양근·진남보통학교를 공립양평·용남보통학교로 개칭하는 건(학부고시 5호)
5월 24일	학부직할학교 및 공립학교관제 개정(칙령 59호: 관립인천왜어학교를 관립인천실업학교로 바꿈), 학부직할학교직원정원령 개정(칙령 60호: 관립인천실업학교의 정원), 관립인천왜어학교를 관립인천실업학교로 변경 개칭하는 건(학부고시 6호)
6월 1일	농상공부소속농림학교규칙 전문개정(농상공부령 2호: 전문 7장 35조), 황후 수원권업모범장을 순람하고 잠업 장려 훈시, 관립보통학교 증치 건(학부고시 7호: 함북종성에 종성보통학교 증치)
6월 7일	사립학교 인가 수 774개교
6월 14일	이토 통감 사임, 후임으로 소네(曾爾荒助) 취임
7월	왜국에 사법권 이양[을유각서(乙酉覺書)], 군부 폐지 궁중 친위부 설치, 제중원의 학교명을 세브란스의학교로 변경 인가
7월 5일	실업학교령시행규칙 전문제정(학부령 1호: 7장 1부칙 35조), 고등여학교령시행규칙 전문개정(학부령 2호: 8장 1부칙 38조), 사범학교령시행규칙 전문개정(학부고시 3호: 10장 1부칙 47조), 고등학교령시행규칙 전문개정(학부령 4호: 7장 1부칙 38조), 외국어학교령시행규칙 전문개정(학부령 5호: 7장 1부칙 38조), 보통학교령시행규칙 전문개정(학부령 6호: 4장 1부칙 53조)
7월 6일	왜국 각의, 한왜합방 방침 확정
7월 10일	실업학교령시행상 주의사항(학부고시 7호)
7월 12일	한국 사법 및 경찰사무위탁에 관한 각서에 조인, 사법·감옥사무 왜국 장악
7월 18일	통감부 재판소령 공포
7월 23일	대한적십자사관제급 규칙 폐지(칙령 67호)
7월 24일	왜국 정부 위탁 건
7월 26일	한국은행조례 제정(법률 22호)
7월 30일	군부 및 무관학교를 폐지하고 현재병은 궁중에 친위부를 설치하여 관장하게 하고 사관양성을 왜국 정부에 위탁하는 건(조칙)
8월 16일	한국은행설립 건
8월 21일	자혜의원관제(칙령 75호)
8월 30일	군부와 육군무관학교 폐지 기사 수록, 관립인천실업학교학칙 제정(학부고시 8호: 전문 13조)

9월	호열자 전국에 퍼짐, 청일 양국 간도협약에 조인
9월 13일	공립감포보통학교 설치 건(학부고시 10호)
9월 15일	육군무관학교관제 폐지 시기에 관한 건(칙령 77호: 융희 9월 15일 폐지)
9월 27일	관립농림학교본과를 문관 임용령에 의하여 인정하는 건(학부고시 11호)
10월	법부 폐지, 한국은행 설립
10월 20일	관립보통학교보습과규정 · 관립한성고등여학교보습과 · 관립한성사범학교강습과규정 폐지(학부령 7호), 관립한성사범학교속성과규정 제정(학부고시 12호), 관립교동보통학교보습과규정 제정(학부고시 13호), 관립외국어학교학칙 제정(학부고시 14호), 관립한성고등학교학칙 제정(학부고시 15호), 관립평양고등학교학칙 제정(학부고시 16호), 관립한성고등여학교학칙 제정(학부고시 17호)
10월 26일	이토, 하얼빈에서 사살: 안중근 의거(11. 4. 국장)
10월 28일	법학교관제 제정(칙령 84호: 법관양성소를 법학교로 바꿈, 전문 11조 1부칙), 법부관제 폐지(칙령 85호), 법관임용령폐지의 건(칙령 94호), 재판소구성법 폐지(법률 28호), 재판소구성법시행법 폐지(법률 29호), 재판소설치법 폐지(법률 30호), 변호사법 폐지(법률 33호)
10월 29일	관등봉급령 개정(칙령 25호: 법관양성소장을 법학교장으로 바꿈), 한국은행설립, 왜인 제일은행 한국 총지배인 · 총재 임명
11월	창경궁, 일반에 공개
11월 8일	학부 편찬 교과용 도서발매규정 개정(학부령 8호)
11월 28일	학부분과규정 개정
11월 30일	대한의원분과규정 제정(관보 융희 3년 11월 30일), 공립김천보통학교 폐지(합부고시 19호)
12월	대한협회, 국민대회, 홍사단 등 일진회 성토, 이재명 · 이완용을 종현(鐘峴)에서 찌름
12월 4일	일진회(회장 이용구), 한왜합병에 관한 상주 및 청원을 통감에 제출, 대한협회 · 국민대회 · 홍사단 등 일진회 성토
12월 22일	총리 이완용 피습
12월 24일	인쇄국에서 관보 배부 및 판매하는 건(내각고시 59호), 관보광고규정 제정(내각고시 60호: 1일 30전)
12월 27일	관보판매규정 제정(관보융희 3년 12월 28일)
12월 28일	주시경, 게일, 고교사(高橋寫) 등 한국어연구회 조직, 김홍량, 안악에 양산중학교 설립, 인천에 왜어학교를 실업학교로 변경하고 부산 정주에 실업학교를 둠, 41개 처에 지정보조사립보통학교를 둠(모범사립학교 보조금 규정), 윤치호(한영서 원장) 최광옥(양실중학교장) 이승훈(오산학교장) 이동령(청년학원 교사) 박중회(보성중학교장) 등이 청년학우회 조직

1910년(단기 4243년, 융희 4년, 명치 43년, 庚戌)

1월	김윤식, 송병준 이용구의 처형 건의, 학부대신 이용직 취임
1월 28일	관공사립각학교직원급 학원 학도가 정치에 관계함을 금하는 건(학부령 1호: 한성부윤, 각 도관찰사 수신), 관공사립각학교직원이 정치에 관계함을 금하는 건[학부훈유(學部訓諭) 1호: 각 관사립학교교장 수신]
1월 29일	여자잠업강습소관제(女子蠶業講習所官制) 제정(칙령 6호)
1월 31일	농상공부여자잠업강습소를 설치하는 건[농공상공부고시 2호: 한성부서서용산방(漢城府西署龍山坊)에 설치]
2월	미국에서 대한인국민회 조직
2월 1일	대한의원부속의학교규칙 제정[의학교를 대한의원 부속으로 함(의학과, 약학과, 산파과, 간호과의 4개과): 내부령 5호], 법전조사국관제 제정(칙령 9호), 종묘장관제 개정(칙령 10호), 관칙소관제 개정(칙령 12호), 공사립학교보조규정(충청남도고시 3호)
2월 21일	법학교를 문관임용령에 의하여 인정하는 건(학부고십호)
2월 22일	학부관제 개정(칙령 15호: 제14조의 34인을 36인으로 개정), 학부직할학교직원정원령 개정(칙령 16호: 제1조의 인원 증원)
2월 23일	여자잠업강습소규칙 제정(농상공부령 1호), 선린상업학교를 문관임용령에 의하여 인정하는 건(학부고시 2호)
3월	안중근 여순에서 사형, 임시토지조사국 설치, 각지에서 의병 봉기
3월 1일	학부직할학교급 공립학교관제 개정(칙령 17호: 제5, 6조의 직제 및 감독권 개정)
3월 5일	농상공부분과규정[관보 동년 3월 5일: 농정과(권업모범장, 농림학교, 여자잠업강습소, 종묘장, 임시면화재배소, 관측소에 곤한 사항)]
3월 11일	한성 내 관립보통학교를 공립보통학교로 변경 개칭하는 건(합부고시 4호: 교동 · 제동 · 어의동 · 인현 · 정동 · 매동 · 미동보통학교)
3월 12일	농상공부소관공업전습소관제 개정(칙령 22호)
3월 14일	토지조사국관제 제정(칙령 23호)
3월 15일	공립대구농림학교를 설치하는 건(경상북도고시 4호), 공립전주농림학교를 설치하는 건(전라북도고시 3호), 공립춘천실업학교를 설립하는 건(강원도고시 1호)
3월 17일	농상공부춘천종축장을 설치하는 건(농상공부고시 5호)
3월 19일	공립군산보통학교에 공립군산실업학교의 병치를 인가하는 건(학부고시 6호)
3월 20일	공립군산보통학교에 군산실업학교를 병치하는 건(전라북도고시 4호)
3월 22일	관립한성외국어학교에 임시토지조사기술원양성소를, 관립한성고등학교에 임시토지사무원양성소를 부설하는 건(학부고시 7호)
3월 24일	공립춘천실업학교를 인가하는 건(학부고시8호)
3월 30일	부산라병원(釜山癩病院) 개설
4월	한성고등여학교 체육시간에 오르간 사용, 이화학당 대학과를 설치
4월 1일	실업보습교규정 제정(학부령 1호)

4월 5일	학부직할학교급 공립학교관제 개정(칙령 26호: 제14조의 2의 공립실업학교관계조항 추가)
4월 7일	관립공업전습소규칙 개정(농상공부령 3호)
4월 8일	도립함흥농업학교의 설치를 인가하는 건(학부고시 10호)
4월 13일	공립수하동실업보습학교 개교, 공립미동실업보습학교 개교
4월 14일	공립어의동·수하동·미동실업보습학교를 개교하는 건(한성부고시 3호), 공립어의동실업보습학교 개교
4월 15일	주시경『국어문법』박문서관 간행
4월 20일	공립광주농림학교의 설치를 인가하는 건(학부고시 11호)
4월 23일	향교재산관리규정 제정(학부령 2호)
4월 26일	향교직원은 항교와 지방문묘의 사무에 관하여 지방관의 지휘 감독을 받는 건(학부령 2호), 향교재산관리규정의 취의(향교부속재산지방교육 및 문묘, 향교비용충당의 건: 학부훈령 3호)
5월	보통교육 창가집 발간
5월 10일	공립보통학교 개칭 건(학부고시 5호)
5월 24일	공립직산보통학교의 설치를 인가하는 건(학부고시 12호)
5월 25일	왜국육군상 사내정의(寺內正毅) 통감 겸임, 관립인천실업학교본과를 문관 임용령에 의하여 인정하는 건(학부고시 13호)
5월 30일	공립강경보통학교를 공립강경보통학교로 개칭하는 건(학부고시 14호)
6월	경찰권 왜국에 이양
6월 1일	공립보통학교증치 건(학부고시 7호)
6월 9일	공립제주농림학교의 설치를 인가하는 건(학부고시 15호)
6월 15일	성균관 폐지, 경학원 설치, 공립서천·금성보통학교의 설치를 인가하는 건(학부고시 16호)
6월 24일	경찰사무 왜국에 위탁 건
6월 25일	경찰사무의 위탁에 관한 각서
6월 29일	공립마포보통학교의 설치를 인가하는 건(합부고시 17호)
6월 30일	경시청관제 폐지(칙령 34호)
7월	데라우치(寺內正毅) 부임
7월 9일	공립봉양보통학교를 공립구례보통학교로 개칭하는 건(학부고시 18호)
7월 21일	자혜의원특별회계법 개정(법률 6호), 자혜의원관제 개정(칙령 38호), 관등봉급령 개정(칙령 40호)
7월 26일	도립공주농림학교 설치를 인가하는 건(합부고시 19호)
7월 30일	공립영동·옥천보통학교의 설치를 인가하는 건(학부고시 20호), 동양학교 개교
8월	통감부 집회 취재에 관한 건 발포
8월 1일	도립공주농림학교의 설치를 인가하는 건(충청남도 고시 8호: 같은 해 9월 개교)

8월 10일 중추원관제 및 사무장정 개정(칙령 41호)
8월 12일 공립부산실업학교본과를 문관임용령에 의하여 인정하는 건(학부고시 21호)
8월 19일 공립북청실업학교의 설치를 인가하는 건(학부고시 22호)
8월 23일 토지조사법 제정(법률 7호), 고등토지조사위원회규칙 제정(칙령 43호), 지방토지조사위원회규칙 제정(칙령 44호), 토지조사법시행규칙 제정(탁지부령 26호)

1910년(단기 4243년, 융희 4년, 명치 43년, 庚戌)
8월 22일 한왜합방조약 강제 조인
8월 26일 한왜합방 공포('대한'을 '조선'으로 개칭)
8월 29일 한왜합방조약 조인, 「합방조서」를 발표하고 「양위조서」 발표

참고문헌

고대아시아문제연구소(1973). 구한국외교문서(I–XXII).
국회도서관(1970–1972). 한말근대법자료집(I–IX).
내각기록국(융희 2년). 법규류편(1–7권).
내각기록국(건양 원년 1월). 법규류편(원).
내각기록국(융희 3년). 법규속편(상 · 하).
새한신문사(1971). 한국교육연지사(1971년 한국교육년감부록).
안기성(1984). 근대교육법제연구, 고대민족문화연구소.
의정부총무국(광무 2년, 광무 5년). 법규류편(속 1).
이홍직(1979). 국사대사전, 일중사.
한국고전국역위원회(1960). 국역대전회통. 고려대학교출판부.

兒玉幸多(1967). 日本の歷史: 年表 · 地圖(別卷 5), 中央公論社.

부록 2

침략지배기 교육행정법제 연표(1910. 8.~1945. 8.)

이 연표는 한반도가 왜국에 의하여 국권을 찬탈당했던 1910년 8월에서 시작하여 찬탈이 종식된 1945년 8월까지, 왜국 침략세력이 이 땅에서 집행해 온 교육행정법제와 그와 관련된 교육관계 기사를 시대순으로 엮은 것이다. 이는 시대순에 따른 교육연표라는 점에서는 기왕의 연표들과 크게 다를 바 없으나, 교육행정법제의 생성과 변화과정에 중심을 두고 구체적으로 엮었다는 점과 민족의 저항운동을 함께 다루었다는 점에서 차이가 있다고 할 수 있다.

최근 우리 주변에서 교육법학에 대한 관심이 높아지면서, 이 땅에서 이루어진 교육행정법제에 대해서도 점차 관심이 재고되고 있다. 왜국 침략세력이 이 땅에서 펼쳐 온 식민지교육행정법제에 대해서도 관심을 가지는 사람이 늘어난 것이다. 따라서 이 연표는 이 시대의 교육행정법제에 관하여 새롭게 학문적 관심을 가지는 사람들에게 무엇인가 기여하기 위해 마련된 자료제공의 한 편의라고 할 수 있다.

더구나 이 시기의 교육법제에 대한 연구물은 대부분 왜인 어용학자들에 의하여 왜국의 식민지책략을 긍정하고 선무하기 위해 만들어진 자료를 근간으로 이루어졌다. 이것들은 재검토되어야 한다. 간혹 우리 연구자들에 의하여 이루어진 연구가 있다손 치더라도, 이 연구물 또한 대체로 왜인의 그것과 크게 다른 바 없이 식민사관에 의존하고 있는 것이 많아 이것 역시 다시 검토되어야 할 처지에 놓여 있다. 그러므로 이 시기의 교육행정법제들은 불가피하게 새로운 시각에서 재검토되어야 하는 전기를 맞게 된 것이다.

여기서 굳이 새로운 시각이라 한 것은, 민족사적 관점에서 이들 법제가 새롭게 이해되고 연구되어야 한다는 점이다. 이 연표에서 민족의 저항운동을 함께 열거하여 둔 것은 바로 그러한 이유에서다. 교육행정법제가 왜인의 손에 의하여 만들어지고 다듬어진 것이기는 하지만, 이들 법제는 우리의 저항운동과 맞물려 그 충격에 따라 변모되는 것을 연표를 통해 확인할 수 있다. 이는 이 시기의 교육행정법제에 대하여 민족사적인 새로운 시각에서 연구할 수 있음을 말해 주는 것이다.

여하간 많은 연구자가 이 연표의 도움을 받아 이 시기의 교육행정법제에 관하여 깊은 연구가 진행되었으면 한다. 이들의 도움으로 이 연표가 더욱더 보완되기를 빈다.

〈연대 대조표〉

서기	내한제국	단기	왜력	간지
1910	융희 4	4243	명치 43	庚戌
1911		4244	명치 44	辛亥
1912		4245	명치 45 대정 1	壬子
1913		4246	대정 2	癸丑
1914		4247	3	甲寅

1915	4248	4	乙卯
1916	4249	5	丙辰
1917	4250	6	丁巳
1918	4251	7	戊午
1919	4252	8	己未
1920	4253	9	庚申
1921	4254	10	辛酉
1922	4255	11	壬戌
1923	4256	12	癸亥
1924	4257	13	甲子
1925	4258	14	乙丑
1926	4259	대정 15소화 1	丙寅
1927	4260	소화 2	丁卯
1928	4261	3	戊辰
1929	4262	4	己巳
1930	4263	5	庚午
1931	4264	6	辛未
1932	4265	7	壬申
1933	4266	8	癸酉
1934	4267	9	甲戌
1935	4268	10	乙亥
1936	4269	11	丙子
1937	4270	12	丁丑
1938	4271	13	戊寅
1939	4272	14	己卯
1940	4273	15	庚辰
1941	4274	16	辛巳
1942	4275	17	壬午
1943	4276	18	癸未
1944	4277	19	甲申
1945	4278	20	乙酉

1910년(단기 4243, 융희 4, 명치 43, 庚戌)

8월	제령공문식(制令公文式) 제정(왜부령 50호)
8월 22일	한왜합방조약(韓倭合邦條約) 강제 조인
8월 26일	문무판임관등급령(文武判任官等級令)(1910. 8. 29., 왜칙령 267호) 한왜합방 공포

	[대한(大韓)을 조선(朝鮮)으로 개칭]
8월 29일	한왜합방조약 조인, 합방조서 발표 '양위조서(讓位詔書)' 내림. '한국(韓國)의 국호(國號)를 개정하는 건'(왜칙령 209호), 조선총독부(朝鮮總督府) 설치(왜칙령 319호), '일제국헌법에 따른 긴급명령'(왜칙령 324호: "조선에 있어서 법률을 요하는 사항은 조선총독부의 명령으로 이를 규정할 수 있다." 왜칙령 324호)
9월	일진회(一進會) 해산, 조선주차헌병령(朝鮮駐箚憲兵令) 공포, 외국인 선교사대회 개최
9월 30일	조선총독부관제 제정(왜칙령 354호), 조선총독부지방관제 제정(왜칙령 357호), '조선총독부특별회계에 관한 건'(왜헌법 8조, 70조에 따른 긴급명령: 왜칙령 406호), 조선총독부의학원관제 제정(왜칙령 368호), 조선총독부권업모범장관제(朝鮮總督府勸業模範場官制) 제정(왜칙령 37호), 고등관등봉급령 제정(왜칙령 377호), '조선총독부급소속관서직원의 숙사(宿舍)에 관한 건' (왜부훈령 2호)
10월	조선 귀족 78인에 작위 수여, 조선총독부 설치, 데라우치(寺內) 왜 총독 취임, 최남선 광문회(光文會) 창립
10월 1일	조선총독부령공문식(朝鮮總督府令公文式: 왜부령 1호), 조선총독부도령공문식(朝鮮總督府道令公文式: 왜부령 2호), 융희 3년 학부령 제6호 보통학교령시행규칙(普通學校令施行規則) 제18조 휴업일(休業日) 개정(왜부령 20호), 조선총독부사무분장규정(朝鮮總督府事務分掌規程) 제정(왜부훈령 2호)
10월 19일	융희 3년 보통학교령시행규칙 제18조 휴업일 개정(왜부령 59호)
11월	한국인 저작의 교과서 몰수
12월	안명근 데라우치(寺內) 암살 미수, 만주 유하현(柳河縣)에서 경학사(耕學社) 조직, 신흥강습소(新興講習所) 설립(이시영, 이동녕, 이상룡 중심), 사립학교령에 따른 인가학교 2,250개 교, 언더우드 경신학교 교장 취임, 서울실업실천학교(서울) 농업학교(대구, 진주) 실업학교(군산, 춘천) 설립, 보성학교 대학 인가신청서 불허, 대한매일신문 발매 금지
12월 16일	융희 3년 농산공부 소관 농림학교규칙 개정(왜부령 61호) 공립사립학교 인정에 관한 규칙 개정(왜 문부성령 15호: 1899. 6. 왜 문부성령 34호로 제정)

1911년(단기 4344, 명치 44, 辛亥)

1월	왜국 경찰, 민족주의자 체포 착수, 1910년 '제령 7호의 규정에 따른 지정학교(指定學校)'(왜부고시 74호)
2월 14일	왜국 문상(文相) 교과서 왜국 역사 개정 훈령
2월 20일	조선총독부의원부속의학강습소규칙(朝鮮總督府醫院附屬醫學講習所規則) 제정(왜부령 19호), 조선총독부의원부속의학강습소생도강습생학자급여규칙(朝鮮總督府醫院附屬醫學講習所生徒講習生學資給與規則) 제정(왜부령 20호)

2월 25일	조선에 시행하는 법령에 관한 건("조선에서 법률을 요하는 사항을 조선총독의 명령으로써 규정할 수 있다.", 왜법률 30호), 1910년의 왜칙령 324호의 효력 상실 건(왜칙령 30호), 조선총독부특별회계에 관한 건(1910. 왜칙령 406호의 왜헌법 제8조 및 제70조에 따른 긴급명령: 왜국의회 승인)
3월 30일	조선은행법(朝鮮銀行法) 공포
4월	조선의학회(朝鮮醫學會) 창립
5월 4일	조선총독부관제 개정[시학관(視學官), 편수관(編修官) 신설: 왜칙령 136호], 조선총독부시학관특별임용령(朝鮮總督府視學官特別任用令: 왜칙령 138호)
6월	인천항 축항(築港) 시작, 어업령(漁業令), 산림령(山林令) 공포, 신흥우 배재학당장 취임, 제령(制令)에 따른 경우 법령의 개정이 있을 때 효력에 관한 건(왜칙령 11호)
6월 15일	경학원규칙(經學院規則) 제정(왜부령 73호), 경학원(經學院)에 관한 건(왜부훈령 65호)
6월 21일	제생원규정 제정(왜부령 77호)
6월 27일	조선총독부유학생규정(왜부령 78호)
7월	엄비(嚴妃) 사망, 안명근 양기탁 등 36명 기소, 왜 총독 데라우치 각 도 장관회의에서 사립학교의 사상 감시 시달
8월	조선교육령(朝鮮教育令) 제정 공포(왜칙령 229호), 학무국장 세키야(關屋)가 보통학교 교감강습회에서 실용교육 강화와 상급학교 진학 억제 지시, 사립학교령(私立學校令)을 개정하여 사립학교규칙을 새로 제정
8월 1일	경학원규정제정의 취지(왜부훈령 65호)
9월	성균관을 폐하고 경학원 설치
10월	총독 데라우치 암살사건에 연루된 선천(宣川)의 신성중학교 학생 3명 서울로 압송, 제2고등보통학교(평양), 농업학교(사리원, 안주, 의주, 영변) 설립
10월 11일	경성전수학교관제(京城專修學校官制: 왜칙령 253호), 경성고등보통학교관제(京城高等普通學校官制: 왜칙령 252호), 평양고등보통학교관제(平壤高等普通學校官制: 왜칙령 253호), 조선공립실업학교관제(朝鮮公立實業學校官制: 왜칙령 255호), 조선공립보통학교관제(朝鮮公立普通學校官制: 왜칙령 256호), 경성여자고등보통학교관제(京城女子高等普通學校官制) 및 한성사범학교관제(漢城師範學校官制) 폐지(廢止)(왜칙령 253호), 경성전수학교교장특별임용(京城專修學校校長特別任用)에 관한 건(왜칙령 259호), 관립학교장직무규정(官立學校長職務規程: 왜부훈령 83호) 등 제정
10월 20일	'조선교육령은 명치 44년(1911) 11월 1일부터 이를 시행'(왜부령 105호), 보통학교규칙(普通學校規則: 왜부령 110호), 고등보통학교규칙(高等普通學校規則: 왜부령 111호), 여자고등보통학교규칙(女子高等普通學校規則: 왜부령 112호), 실업학교규칙(實業學校規則: 왜부령 112호), 사립학교규칙(私立學校規則: 왜부령 114호), 경성전수학교규정(京城專修學校規程: 왜부령 115호), 경성고등보통학교부설임시교

	원양성소규정(京城高等普通學校附設臨時教員養成所規程: 왜부령 116호), '조선공립실업학교(朝鮮公立實業學校)의 강사(講師)에 관한 건'(왜부령 119호) 등을 제정
10월 24일	'교육(教育)에 관한 칙어(勅語)'(왜부령 시행 공포; 1890. 10. 제정)
10월 28일	공립보통학교비령(公立普通學校費令) 제정(왜제령 12호)
10월 30일	'학교생도학자급여(學校生徒學資給與) 병(幷) 졸업 후의 복무의무에 관한 건'(중학교, 경성고등보통학교, 경성여자고등보통학교부속임시보통학교교원양성소학자급여 병 복무규정 폐지; 왜부령 131호) 제정
11월 1일	조선교육령 시행(1911년 10월 20일자 왜부령 105호), '조성교육령시행 취지'(왜부훈령 86호)

1912년(단기 4245, 명치 45, 대정 1, 壬子)

1월 4일	'덕육(德育)의 본(本)'[이른바 교육칙어등본반포(教育勅語謄本頒布)의 건: 왜부훈령 1호]
3월	이승만 미국에서 열린 세계감리교대회 참석, 이종덕 등 시베리아에서 권업회 조직, 조선민사령(朝鮮民事令) 및 형사령(刑事令) 공포, 재판소의 조직을 지방 · 복심(覆審) · 고등법원 등의 삼심삼급제(三審三級制)로 함, 부동산등기령, 증명령 공포, 제생원관제 제정
3월 28일	조선총독부관제 개정(왜칙령 22호), 조선총독부중앙시험장관제(朝鮮總督府中央試驗場官制) 제정(왜칙령 36호), 조선총독부지방관제 개정(왜칙령 37호), 조선총독부제생원관제 제정(왜칙령 43호)
3월 30일	1913년법 제11호의 시행에 관한 건(왜칙령 70호)
4월 1일	조선총독부제생원규칙 제정(왜부령 41호), 조선총독부제생원사무분장규정(事務分掌規程) 제정(왜부훈령 44호)
5월	1910년(명치 43) 칙령 386호 제5조에 따른 인정학교(認定學校: 왜부고시 242호)
5월 20일	시학규정(視學規程) 제정(왜부훈령 61호)
5월 27일	조선총독부출판교과용 도서발매규정 제정(왜부령 110호)
6월	윤치호 이하 신민회원 120명, 데라우치 사건 혐의로 기소(105인 사건), 인천상업학교 설립, 대성학교(大成學校; 안창호), 광성실업학교, 봉명학교 폐쇄(1911년 현재 국내 1,721개교가 1,362개교로 감소), 언더우드 대학 설립을 위해 미국에서 5만 2천 달러 모금하여 내한
6월 1일	조선총독부학무국(朝鮮總督府學務局) 교과용 도서검정규정 제정(왜부령 112호)
7월 30일	왜왕 명치(明治) 사망(61세), 왜국 가인친왕(嘉仁親王) 승계, '대정(大正; 다이쇼)'으로 연호 바꿈
9월 13일	왜왕 명치 장례
9월 18일	휴업일 개정(왜부훈령 5호)
12월 5일	조선총독부의원부속의학강습소규칙 개정(왜부령 37호)

1913년(단기 4246, 大正 2, 癸丑)

1월	사설학술강습회에 관한 건(왜부령 3호)
2월	왜 총독 데라우치, 내무부장회의에서 왜어교육과 실업교육 강조
2월 1일	사설학술강습회에 관한 건(왜부령 3호)
2월 15일	실업학교규칙 개정(왜부령 9호), 실업학교규칙 개정(왜부령 3호), 실업학교규칙 개정(왜부령 40호)
2월 25일	조선총독부 출판교과용 도서발매규정 개정(왜부훈령 12호)
3월	조선기병대(朝鮮騎兵隊) 1개 중대 해체
3월 17일	경학원의 원무(院務)에 관한 건(왜훈령 13호)
3월 29일	평양고등보통학교관제 개정(왜칙령 39호), 경성여자고등보통학교관제 개정(왜칙령 40호)
3월 31일	경성고등보통학교부설교원양성소규정 개정(왜부령 33호), 학교생도학자급여 병(幷) 졸업 후의 복무의무 등에 관한 건 개정(왜부령 34호), 경성고등보통학교부설임시교원양성소 제2부생 학자지급 병 졸업 후의 복무의무에 관한 건(왜부령 35호)
4월	조선총독부제생원규칙 개정(왜부령 41호)
4월 22일	조선총독부유학생규정(왜부령 43호)
4월 26일	관동립학교생도신체검사규정(關東立學校生徒身體檢查規程) 제정(왜부평41호)
5월 7일	실업학교규칙 개정(왜부령 47호)
7월 31일	휴업일 개정(왜부령 78호)
8월	문관임용령 개정(왜부령 47호)
10월	부제(府制) 공포, 미국교포의 조국광복단체로 흥사단(興士團) 결성(로스앤젤레스), 왜인 교사를 사립학교에 대폭적으로 배치
10월 14일	수업복 착용(왜부령 52호), 체신업무전습생양성규칙 제정(왜부훈령 54호)
12월	1910년(명치 43) 제령 7호 제1조의 규정에 따른 지정학교(왜부고시 99호), 공립사립학교인정에 관한 규칙 개정(왜문부성령 7호, 25호)
12월 17일	조선총독부농림학교규칙 제정(왜부령 109호)

1914년(단기 4247, 大正 3, 甲寅)

1월	호남선 철도 개통, 이화유치원 설립
3월	부·군·면(府·郡·面) 폐합, 97개 군 폐합, 이화학당대학과(梨花學堂大學科) 제1회 졸업생 배출
3월 30일	관립학교수업료규정 제정(왜부령 17호)
5월 19일	조선총독부여자고등보통학교관제 제정(왜칙령 40호), 경성여자고등보통학교부설임시교원양성소규정 개정(왜부령 51호)
6월 10일	보통학교규칙 개정(왜부령 93호), 고등보통학교규칙 개정(왜부령 94호), 실업학교규칙 개정(왜부령 96호), 경성전수학교규정 개정(왜부령 97호), 경성고등보통학교부설

	임시교원양성소규정 개정(왜부령 97호), 학교체조교수요목 제정(왜부훈령 27호)
6월 29일	조선총독부지방관제 개정(왜칙령 133호)
7월	제1차 세계대전 발발
8월	경원선 철도 개통
9월	조선호텔 낙성, 하와이 교포의 기독교동지회, 기관지 「한국태평양(韓國太平洋)」창간, 최남선 『청춘(靑春)』 발간, 서문고등여학교 개교(평양), 부산고등수산학교 개교

1915년(단기 4248, 대정 4, 乙卯)

2월	문관임용령(文官任用令)상 학교인정(學校認定)에 관한 건(왜 문부성령 2호)
2월 24일	사립학교규칙 개정(왜부령 24호), 사립학교교원시험규칙 제정(왜부령 25호), 전문학교규칙 제정(왜부령 26호)
3월	사립학교규칙 개정, 전문학교규칙 제정
3월 15일	조선총독부공업전수소규칙(朝鮮總督府工業專修所規則) 개정(왜부령 12호), 조선총독부공업전수소특별과규정 제정(왜부령 13호)
3월 30일	관립학교수업료규칙 개정(왜부령 33호), 경성고등보통학교관제 개정(왜부령 42호), 평양고등보통학교관제 개정(왜부령 43호), 전문교육방침(專門教育方針: 왜부훈령 16호)
4월	YMCA 회관에서 '경신학교 대학부' 개설(교장 언더우드, 부교장 에이비슨, 교직원 18명, 학생 81명), 사립학교규칙 적용으로 재단을 갖추지 않은 종래의 전문학교를 격하조치
4월 1일	조선총독부제생원규칙 개정(왜부령 34호)
5월	조선총독부도령공문식(朝鮮總督府島令公文式: 왜부령 43호)
5월 1일	조선총독부관제 개정(왜칙령 60호), 조선총독부지방관제 개정(왜칙령 66호), 조선의 관공립학교에서의 훈도(訓導) 및 부훈도(副訓導)의 휴직에 관한 건(왜칙령 72호), 조선총독부사무분장규정(朝鮮總督府事務分掌規程) 개정, 조선총독부도사무분장규정 제정(왜부훈령 27호)
6월 28일	조선총독부유학생규정 개정(왜부령 66호)
7월 15일	조선총독부지방관제 개정(왜칙령 117호)
8월 7일	전문학교규칙 개정(왜부령 43호)
8월 16일	왜인(內地人)을 교육하는 사립학교에 관한 건(왜부령 84호)
8월 17일	고등보통학교규칙 개정(왜부령 85호), 경성전수학교규정 개정(왜부령 85호), 여자고등보통학교규정 개정(왜부령 85호)
9월	조선물산공진회(朝鮮物產共進會) 개최, 왜국 정무총감 사립학교 성서교수(聖書教授)에 관한 통첩 시달(종교교육 금지)
11월	중앙불교강원(中央佛教講院) 설립
12월	박물관(博物館) 개관, 김성수 중앙중학교 창립, 체신업무전습생양성규칙(왜부훈령 18호)

1916년(단기 4249, 대정, 丙辰)

1월 4일	교원심득(教員心得: 왜부훈령 2호)
3월 28일	고등보통학교규칙 개정(왜부령 22호)
4월	경성전수학교, 경성의학전문학교, 경성공업전문학교 설립
4월 1일	조선총독부전문학교관제 제정(왜칙령 80호), 경성전수학교규정 개정(왜부령 26호), 경성의학전문학교규정 제정(왜부령 27호), 경성공업전문학교규정 제정(왜부령 28호), 조선총독부의원급 자혜원조산부간호부양성규정 제정(왜부령 35호), 경성전수학교의 교수상 주의를 요하는 사항(왜부훈령 15호), 경성의학전문학교의 교수상의 주의를 요하는 사항(왜부훈령 16호), 경성공업전문학교의 교수상 주의를 요하는 사항(왜부훈령 17호)
5월	조선총독부도서관특별임용에 관한 건(왜칙령 134호)
5월 16일	조선총독부고등보통학교관제 제정(왜칙령 130호), 경성고등보통학교부설임시교원양성소규정 개정(왜부령 39호), 경성고등보통학교부설임시교원양성소 제2부생도학자지급 졸업 후의 복무의무에 관한 건 개정(왜부령 40호), 경성, 평양 고등보통학교교장특별임용에 관한 건(왜칙령 133호)
6월	왜국 정무총감 학교생도 구독도서 취재에 관한 건으로 도서 경향 감시
7월	고적조사위원회(古蹟調査委員會) 설치, 왜 총독부 청사 기공
7월 24일	조선총독부지방관제 개정(왜칙령 187호)
8월 3일	조선총독부관제 개정(왜칙령 192호)
10월	왜국 육군대장 하세가와(長谷川好道) 총독 취임, 민영기 등 친일단체 대정실업친목회(大正實業親睦會) 조직, 조선상치(朝鮮相置) 2개 사단(제19, 20사단) 편성 착수, 중앙유치원을 정동교회 부속유치원의 분원으로 설립(박희도, 장락도, 유양호 등이 설립, 현 중앙대학교의 전신), 언더우드 사망
10월 9일	소학교 급 보통학교교원시험규칙 제정(왜부령 88호)

1917년(단기 4250, 대정 6, 丁巳)

3월 14일	조선총독부농림전문학교규정 제정(왜부령 19호), 경성공업전문학교규정 개정(왜부령 20호)
3월 30일	조선총독부고등보통학교관제 개정(왜칙령 35호)
4월 7일	연희전문학교 설립(학생 89명, 교직원 18명)
5월 14일	세브란스의학전문학교 설립 인가
6월	이왕(李王) 왜국에 건너 감, 면제(面制) 공포
7월	수리조합령(水利組合令) 공포
7월 23일	조선관공립학교교관의 봉급령에 관한 건(왜부령 69호)
7월 28일	관립급 공립학교의 촉탁교원급 강사에 관한 건(왜부령 49호)
9월	박용만, 뉴욕 세계약소민족대표회의에 한국대표로 참가

10월	한강인도교(漢江人道橋) 완성
12월	전로한족회중앙회(全露韓族會中央會) 쌍성(雙城)에 설립

1918년(단기 4251, 대정 7, 戊午)

2월 20일	경성공업전문학교규정 개정(왜부령 69호)
2월 21일	서당규칙 제정(왜부령 21호), 서당규칙 반포에 관한 훈령(왜부훈령 9호), 서당규칙상의 취지 설명(왜부훈령 18호)
3월 27일	학교생도학자급여병 졸업 후의 복무의무에 관한 건(왜부령 23호)
4월	수원농림전문학교 설립
4월 1일	조선총독부전문학교관제 개정(왜칙령 48호), 조선총독부고등보통학교관제 개정(왜부령 49호), 수원농림전문학교규정 제정(왜부령 30호)
4월 26일	조선총독부지방관제 개정(왜부령 97호)
5월	임야조사령 공포
5월 23일	조선총독부관제 개정(왜칙령 162호)
5월 29일	조선총독부유학생규정 개정(왜부령 59호)
6월 15일	시학규정(視學規程: 왜부훈령 32호)
6월 28일	내지인(왜인)교원조선어시험규칙(왜부훈령 34호)
7월 17일	경성공업전문학교규정(왜부령 74호)
8월 14일	조선총독부전문학교규정 개정(왜칙령 313호)
8월 19일	경성의학전문학교규정(왜부령 83호)
11월	총독부 토지조사사업 완료, 만주 동삼성(東三省)의 독립운동가 여준 등 39명 독립선언서 발표

1919년(단기 4252, 대정 8, 己未)

1월 21일	고종 붕어(崩御)[1. 25, 세자 영친왕 방자(方子)와의 혼인 연기]
2월	도쿄(東京) 유학생 6백여 명, 조선기독교청년회관에서 회의 개최, 대한청년단(大韓青年團)의 여운형, 김규식 등 상하이 프랑스 조계(租界)에서 독립운동 개최, 미국의 대한부인회(大韓婦人會) 미 대통령 윌슨(Wilson)에게 한국의 독립에 관한 청원서 제출, 김동인 등 도쿄에서 「창조(創造)」 발간, 시베리아 한족회 '대한국민의회(大韓國民議會)'로 개칭, 동경유학생대책위원(최팔용, 김도연, 서춘, 이종근, 백관수, 윤창석, 김상덕, 최근우, 김수철)
3월	북간도에서 국민회(國民會) 조직, 만주 유하련(柳河縣)에서 대한독립단 조직
3월 1일	3 · 1 운동, 전국 각지에서 독립운동 전개(6개월간 지속)
3월 2일	고종 국장
4월 1일	조선총독부고등보통학교관제 개정(왜칙령 59호)
4월 8일	학교의 규칙 제정(왜부령 59호), 학교전염병예방급 소독방법(消毒方法) 제정(왜부령

	60호), 학교청결방법 제정(왜부훈령 59호)
4월 10일	임시정부 수립, 국호를 '대한민국(大韓民國)'으로 정함
4월 11일	임시헌장(臨時憲章) 10조 공포(전문 10조, 제5조 대한민국의 인민은 교육 납세급 병역의 의무가 유함)
4월 15일	소학교급 보통학교관제 개정(왜부령 69호)
4월 19일	조선총독부전문학교관제 개정(왜칙령 123호)
5월	김규식 파리평화회의에서 독립 청원, 서간도에서 교포 자치기관인 한족회 조직, 만주 통화현(通化縣)에 신흥학교(新興學校) 개교, 대한민국애국부인회 조직
5월 24일	조선총독부관제 개정(왜칙령 240호)
6월	평양에 대한애국부인회 조직, 경성전수학교를 경성법학전문학교로 개칭
6월 30일	독립운동 연류 투옥학생 672명, 투옥교사 276명[학생동원책 보성전문 강기덕, 연희전문 김벽, 세브란스의전 한위건, 적극참여교원 김성수, 송진우, 현상윤(이상 중학교), 강매(배재학당), 최린(보성학교), 윤익선, 박인호, 임규(보성전문), 에이비슨(연희전문), 이갑성, 스코필드(세브란스), 박인덕, 신규려(이화여전), 마우리(숭실전문), 매퀸(신천 신성학교), 김도태(안악 숭덕학교), 도인권(재령 선원학교), 이승훈, 조만식(정주 오산학교)]
7월	임시정부 연통제(聯通制) 공포 실시, 임시정부 내 임시 사료편찬회(史料編纂會) 설치, 미국 캘리포니아에서 대한여자애국단 조직, 조선총독부체신국해원양성소규정(朝鮮總督府遞信局海員養成所規程) 제정(왜부령 122호)
8월	상하이에서 임시정부기관지 「독립신문(獨立新聞)」 창간, 서일, 김좌진 등 북간도에서 군 정부 조직
8월 7일	조선총독부체신국해원양성소규정(왜부령 122호)
8월 12일	왜국해군대장 사이토(齊藤實) 조선총독 임명
8월 20일	왜왕 조서 발표, 조선총독부관제 개정(왜칙령 386호), 조선총독부지방관제(왜칙령 391호), 고등관관등봉급령 개정(왜칙령 399호)
9월	강우규, 새로 부임하는 사이토에게 폭탄 투척, 총독부관제를 개정하여 이른바 '문화정치'라는 유화정책 표방, 미국하원에서 한국의 독립 문제가 상정되었으나 부결, 상하이 임시정부 대통령에 이승만 선출, 총독부관제 개혁에 착수(민심 수습책)
9월 1일	임시정부, 임시헌법을 개정하여 '대한민국임시헌법(大韓民國臨時憲法)'이라 함[제10조 대한민국의 인민은 법률에 의하여 하열(下列) 각항의 의무를 유함. 제3항 보통교육(普通教育)을 수(受)하는 의무]
10월	경성방직주식회사 설립, 만주 안도현에서 대한정의군사(大韓正義軍司) 조직
10월 18일	고등관관등봉급령 개정(왜칙령 447호)
11월	김원봉 등 만주 길림성에서 의열단(義烈團) 조직, 상해에서 대한교육회 조직
12월	군 정부를 북로군정서로 개칭, 여운형 왜국 정부 방문, 고등보통학교와 여자고등보통학교규칙 개정, 종교단체 왜 총독 사이토에 종교교육 진정

12월 1일	고등보통학교규칙 개정(왜부령 187호), 고등보통학교규칙의 개정취지(왜부훈령 46호)
12월 11일	경성전수학교규정 개정(왜부령 190호), 경성공업전문학교규정(왜부령 191호)
12월 22일	학교생도학자급여 및 졸업 후 복무의무 등에 관한 건(왜부령 199호), 체신업무전습생양성소규칙(왜부훈령 36호)

1920년(단기 4253, 대정 9, 庚申)

1월	임시정부, 안창호, 여운형, 한형권 등을 모스크바 특파원으로 신청, 노동공제회(勞動共濟會) 대동사문회(大東斯文會) 결성, 소련 임시정부에 100만 달러 기증
2월	대동단(大同團), 유도진흥회(儒道振興會), 상무연구회(尙武硏究會), 혁신당(革新黨) 등 결성, 만주 관전현(寬甸縣)에서 광복군사령부(光復軍司令部) 조직, 만주 홍경현(興京縣)에서 광한단(光韓團) 조직
3월	블라디보스토크에 한인사회당(韓人社會黨) 조직, 총독부재판소령(總督府裁判所令) 개정, 배화학당(培花學堂) 학생 만세운동 전개, 극예술협회(劇藝術協會) 발족, 항왜무장군(抗日武裝軍) 은성(隱城) 지방에서 왜국경찰과 교전, 사립학교규칙 개정(왜부령 21호; 교과목 제한 철폐와 교원자격 완화), 배화여자고등보통학교 학생 만세시위, 배화여교장 스미스 파면, 배제고등보통학교 교장 아펜젤라 교장 인가 취소
3월 6일	조선일보 창간, 각급 학교 동맹 휴학(3 · 1 독립운동 1주년 기념)
3월 16일	경성공업전문학교규정 개정(왜부령 25호)
4월	동아일보(김성수 등 77인 발기), 「시사신문(時事新聞)」 발간, 만국사회당(萬國社會黨) 대회 영국에 대하여 대한민국의 승인 요구, 시베리아에 주둔한 왜군 블라디보스토크의 한인촌을 점령하고 한인학교 방화
4월 1일	고등관관등봉급령 개정(왜부령 45호), 조선총독부유학생규정 개정(왜부령 36호), 융희 3년 학부령 제6호 보통학교령시행규칙 개정(제18조 휴업일 개정), 보통학교규칙 개정(왜부령 47호), 실업학교규정 개정(왜부령 48호), 관립학교수업료규칙 개정(왜부령 51호), 학교생도학자급여 및 졸업 후의 복무의무 등에 관한 건 개정(왜부령 53호), 경성여자고등보통학교부설임시교원양성소규정 개정(왜부령 54호)
4월 15일	조선총독부고등보통학교관제(왜칙령 94호)
4월 19일	고등관관등봉급령 개정(왜칙령 114호)
4월 28일	영친왕 방자(方子)와 결혼
5월	서울 시내 학생 주동 '조선학생대회' 조직(참가자 1천 명, 회장 김윤경)
5월 12일	임시교유위원회규정에 따른 조사위원 설치(왜부령 68호)
6월	「개벽(開闢)」 창간, 만주 유하현에 광복군총영(光復軍總營) 조직, 홍범도의 독립군 만주 왕청현 봉오동에서 왜군의 대부대 격파, 중앙불교전문학교 설립(혜화전문학교, 동국대학교 전신), 문관임용령 개정(왜칙령 159호)
6월 29일	중등교원위탁생규칙 제정(왜부령 89호), 향교재산관리규칙 제정(왜부령 91호), 향교재산관리규칙의 취지(왜부훈령 27호; 향교재산관리규칙 개정에 관한 건)

7월	조선체육회 발족, 잡지 「폐허(廢墟)」 창간
7월 7일	경성공업전문학교규정 개정(왜부령 94호)
7월 29일	면제(面制) 제정(왜부령 13호), 조선학교비령(朝鮮學校費令) 제정(왜제령 14호), 조선학교비령시행규칙
8월	미국 의원단의 내한을 계기로 각지에서 만세운동을 일으킴, 이명서 등 구월산대를 조직하여 무장운동 전개, 독립단원(獨立團員) 문일민 등 평안남도도청경찰부에 폭탄 투척
8월 18일	고등관관등봉급령 개정(왜칙령 257호), 판임관관등봉급령개정(왜칙령 258호), 문무판임관관등봉급령 개정(왜칙령 259호), 교관급 기술관 봉급에 관한 건(왜칙령 262호), 경무판임관등급령(왜칙령 259호)
9월	의열단 단원 박재혁의 부산경찰서 폭탄 투척으로 왜인 서장 즉사, 김기홍, 소실된 오산학교 재건, 개교
9월 15일	대만한화태재훈문관가봉령(臺灣韓華太在勳文官加俸令: 왜칙령 399호)
10월	김좌진, 이범석 등 만주 청산리에서 왜군 대부대 격파, 유관순 옥사
10월 1일	고등관관등봉급령 개정(왜칙령 45호)
10월 2일	간도사건[間島事件: 주, 만주 왜국 휘춘영사관(揮春領事館) 소실]
10월 7일	왜국 각의(閣議) 3천 병력을 간도 파견 결정
10월 9일	고등관관등봉급령 개정(왜칙령 179호)
11월	최봉수, 밀양경찰서에 폭탄 투척, 조선교육령 개정(왜국제도와 같게 함)
11월 6일	재내지관비조선유학생규정(在內地官費朝鮮留學生規程) 제정
11월 10일	조선교육령 개정(왜칙령 529호)
11월 12일	보통학교규칙 개정(왜부령 81호), 고등보통학교규칙 개정(왜부령 181호), 교육령 개정의 취지 설명(왜부훈령 55호)
11월 19일	조선총독부교과서조사위원회규정 제정(왜부훈령 58호)
11월 20일	조선지방대우직원령 제정(왜칙령 41호), 체신업무전습생양성규칙 규정(왜부훈령 17호)
12월	조선총독부 대한제국 화폐 사용 금지, 장덕수 등 조선청년연합회 조직(113개 청년단체 규합), 조선총독부 증산미(增産米) 계획 수립, 김학섭 시베리아에서 독립군 결사대 조직, 관철동(貫鐵洞) 사건 발생, 만주지방의 독립군을 연합하여 대한독립군을 조직하고 시베리아로 이동, 상해파 고려공산당(高麗共産黨) 조직, 철도국 도서관 종로도서관 광주도서관 개관, 만주 이통현에서 의성단(義成團) 조직, 광주서중학교(光州西中學校) 상업학교(서울, 강경, 목포, 함흥, 회령) 사립의 남산고등여학교(평양) 근화여학교(서울) 설립
12월 23일	임시교육조사위원회 규정 제정(왜부훈령 68호) 공립사립학교인정에 관한 규칙 개정(왜 문부성령 11호)

1921년(단기 4254, 대정 10, 辛酉)

1월	서재필 미국에서 미대통령 하딩과 회견, 임시교육조사위원회를 구성하여 학제 조사와 심의 착수(1922년 조선교육령 개정)
1월 31일	조선총독부 출판 교과용 도서발매규정 개정(왜부령 20호)
2월	조선총독부관제 개혁, 조선총독부사문관 등의 특별임용에 관한 건(왜칙령 26호)
2월 1일	조선총독부전문학교관제 개정(왜칙령 15호)
2월 12일	고등관관등봉급령 개정(왜칙령 22호), 조선총독부관제 개정(왜칙령 22호), 조선총독부지방관제 개정(왜칙령 23호), 조선총독부사무관 등의 임시특별수당급여에 관한 건(왜칙령 62호), 조선총독부제생원규칙 개정(왜부령 46호)
3월	신익희 등 중국 장사에서 한중호조사(韓中互助社) 조직, 에이비슨 세브란스 및 연희전문 확장기금으로 40만 원 기부, 보성전문학교 재단법인 설립계획, 조선육접국경지방(朝鮮陸接國境地方)에 재근(申翼勤)하는 관리, 관리의 대우를 받는 자, 헌병보 등의 임시특별수당급여에 관한 건(왜칙령 62호), 조선총독부제생원규칙 개정(왜부령 46호)
3월 10일	조선총독부재외연구원규정 개정(왜칙령 33조), 조선총독부급 소속관서직원의 조선어장려수당에 관한 건(왜칙령 334호), 조선공립보통학교직원정원규정(왜부령 35호)
3월 15일	조선총독부재외연구원규정의 시행에 관해서는 문부성재외연구원규정시행세칙을 준용(왜부령 36호)
3월 30일	재내지관비조선유학생규정 개정(왜부령 48호)
4월	연초전매령(煙草專賣令) 제정, 전매국(專賣局) 설치, 북경에서 군사통일주비회(軍事統一籌備會) 개회, 전문학교입학자검정규정에 따라 지정한 자(왜부고시 105호)
4월 11일	고등보통학교규정 개정(왜부령 54호), 여자고등보통학교규칙 개정(왜부령 55호)
4월 13일	조선 대만 관동주에서 관립학교 교관으로서 1년(단기) 현역복무한 자의 급여에 관한 건(왜칙령 89호)
4월 19일	조선총독부사범학교관제 제정(왜칙령 113호), 조선총독부전문학교관제 개정(왜칙령 110호), 조선총독부보통학교관제 개정(왜칙령 112호), 고등관관등봉급령 개정(왜칙령 114호), 문관임용령 개정(왜칙령 116호), 조선총독부사범학교규칙 개정(왜부령 67호), 관립학교생도학자금여급 졸업자복무규정 개정(왜부령 68호), 경성사범학교부속소학교규정(왜부령 69호: 경성중학교부속소학교규정폐지), 관립학교수업료규칙(官立學校授業料規則) 개정(왜부령 71호)
5월	잡지「계명(啓明)」창간, 조선총독부급 소속관서직원 조선어장려규정(왜부훈령 28호)
5월 3일	조선총독부제생원관제 개정(왜칙령 184호), 주임문관(奏任文官)급 판임문관(判任文官)의 우우(優遇)에 관한 건(왜칙령 223호)
5월 6일	상업조사위원회 설치, 흑하사변(黑河事變) 발발
5월 9일	미국에서 열린 태평양회의에 서재필, 이승만 파견, 의열단 단원 김익상 왜 총독부에 폭탄 투척

5월 17일 학교생도아동신체검사규정(왜부령 86호), 관공립학교생도신체검사규정 폐지(왜부훈령 30호)
조선 대만 관동주(朝鮮 臺灣 關東州)의 관립공립학교 교관으로서 1년 현역에 복무한 자의 급여에 관한 건(왜칙령 89호)

10월 간도에 있는 독립운동단체에 합류하여 대한국민단(大韓國民團) 조직, 조선어 연구회 창립, 왜국 정무총감 미즈노(水野鍊郞)가 전국 중학교교장회의에서 조선교육령 개정 시사, 조선총독부관제 개정(왜칙령 356호), 이병기, 장지영, 최두선, 신명균, 휘문의숙(徽文義塾)에서 조선어대회(朝鮮語大會) 연구총회 개최, 고려혁명군관학교 설립(교장 지청천), 경성의학전문학교 학생 맹휴 사건 발발, 경성제2고등보통학교 · 경성고등보통학교 · 원산고등보통학교 · 군산고등여학교 · 신의주상업학교 · 여수수산학교 · 사립대구학교 설립

12월 조선총독부사무분장규정 개정(왜부훈령 65호), 공립사립학교인정에 관한 규칙 개정(왜 문부성령 23호)

1922년(단기 4255, 대정 11, 壬戌)

1월 김규식, 모스크바에서 열린 극동무산자대회 참석, 조선교육협회(朝鮮教育協會) 설립

1월 12일 조선미술심사위원회규정(왜부훈령 8호), 조선미술전람회규정 제정

1월 28일 경학원규정(왜부령 4호)

2월 문예지 「백조(白潮)」 창간

2월 8일 조선교육령 전문개정(왜칙령 19호), 조선교육령시행일 결정(왜부령 5호)

2월 15일 보통학교규정 제정(보통학교규칙 전문개정: 왜부령 8호), 실업학교규정 제정(실업학교규칙 전문개정: 왜부령 9호)

2월 16일 유치원규정(왜부령 11호)

2월 17일 여자고등보통학교규정 제정(전 규칙 전문개정: 왜부령 14호)

2월 20일 조선교육령 제22조에 따른 왜어 상용하는 자와 왜어를 상용하지 않는 자의 입학에 관한 건 제정(왜부령 15호), 고등보통학교규정 제정(전 규칙 전문개정: 왜부령 16호)

2월 23일 사범학교규정 제정(왜부령 17호)

3월 김익상 등이 상해 황포역에서 왜군 대장 다나카(田中義一)에 폭탄을 투척하였으나 미수에 그침. 보성전문학교 전문학교규정에 따라 승인

3월 7일 공립사립전문학교규정 제정(전문학교규칙 폐기, 왜부령 21호)

3월 8일 관립학교수업료규칙 개정(왜부령 22호), 관립사범학교생도의 학자(學資)급 지급방법(支給方法) 제정(왜부고시 53호)

3월 15일 전문학교입학자검정규정 제정(왜부령 25호), 조선총독부재외연구원규정(왜칙령 6호)

3월 28일 사립학교 교원의 자격 및 연수에 관한 규정(왜부령 28호), 사립학교규칙 개정(왜부령 27호)

3월 31일 제학교관제(諸學校官制) 및 공립학교관제 공포, 조선총독부제학교관제 제정(왜칙령

	6호), 조선공립학교관제 제정(왜칙령 152호), 교과용 도서검정규정(왜부령 43호), 고등관관등봉급령 개정(왜칙령 188호), 임시교육조사위원회규정 폐지(왜부훈령 10호)
4월	문관임용령 개정(왜칙령 116호), 조선총독부고등보통학교관제 개정(왜칙령 151호), 사립학교교원의 자격급 연수에 관한 규정에 따른 사립학교의 교원의 자격을 가진 자의 지정(指定) 제정(왜부고시 105호, 248호)
4월 1일	조선교육령(개정) 시행, 조선공립학교직원규정 공포, 재내지급비생규정(在內地給費生規程) 제정(재내지급비조선유학생규정 개정: 왜부령 44호), 경성법학전문학교규정 제정(경성전수학교규칙 개정: 왜부령 49호), 경성의학전문학교규정 제정(왜부령 50호), 경성고등공업학교규정 제정(경성공업전문학교규정 개정: 왜부령 51호), 수원고등농림학교규정 제정(수원농림전문학교규정 개정: 왜부령 52호), 경성고등상업학교 규정 제정(왜부령 53호), 조선공립학교직원규정 제정(왜부령 54호), 관립급 공립학교의 촉탁교원급 강사(講師)에 관한 건(왜부령 55호)
4월 8일	조선대만급 화태(華太) 재근문관가봉령(在勤文官加俸令) 제정(왜칙령 18호), 소학교보통학교교원시험규칙(왜부령 58호)
4월 15일	'사립학교교원의 자격급 연수에 관한 규정'에 따른 '그 관복에 관한 사립학교의 교원의 자격을 가진 자'가 지정됨(왜부고시 105호)
5월	손병희 서거
6월	제1회 조선미술전람회 개최
6월 7일	조선총독부제생원관제 개정(왜칙령 322호), 화태청중학교교유(華太廳中學校教諭) 화태청고등여학교교유(華太廳高等女學校教諭) 또는 남양청공학교(南洋廳公學校)의 훈도(訓導)로서 사감사무(舍監事務)에 종사하는 자의 수당급여에 관한 건(왜칙령 379호)
7월	폭우로 전국에 수해 극성, 왜국 니이가다(新瀉)에서 한국 노동자 약 100명 학살사건 탄로
8월	서로군정서(西路軍政署), 한족회(韓族會), 대한독립단(大韓獨立團), 광복군총영(光復軍總營) 등이 통합하여 통군부(統軍府)로 발족
8월 11일	공립유치원보모자격(公立幼稚園保姆資格) 봉급(俸給) 등에 관한 건 제정(왜부령 119호)
8월 17일	교육효적자선장규정(教育效績者選奬規程) 제정(왜부령 116호)
9월	재외연구원규정시행세칙(왜부령 116호)
10월	김구, 여운형 등 상해에서 한국노병회(韓國勞兵會) 조직
10월 1일	조선노동자동맹회(朝鮮勞動者同盟會) 결성
10월 5일	조선총독부시학관특별임용령(왜칙령 423호)
11월	조선민립대학기성회(朝鮮民立大學期成會) 조직, 문관임용령 개정(왜칙령 473호)
11월 30일	고등관관등봉급령 개정(왜칙령 496호)
12월	조선민사령(朝鮮民事令) 개정, 조선호적령(朝鮮戶籍令) 발포, 조선총독부 조선사편

수위원회규정(朝鮮史編修委員會規程) 발표, 잡지 「동명(東明)」 「조선지광(朝鮮之光)」 등 간행, 극단 '토월회(土月會)' 창단, 진해고등여학교 · 대동고등여학교 · 경기상업학교 · 대구상업학교 · 통영수산학교 설립, 사립 법정학교(法政學校) 등 설립, 공산주의 사상 국내 유입, 동래중학교(東萊中學校) · 해주중학교(海州中學校) · 마산상업학교(馬山商業學校) · 천안상업학교(天安商業學校) · 용암포수산학교(龍岩浦水產學校) 등 설립, 조선물산장려회(朝鮮物產奬勵會) · 토산애용부인회(土山愛用婦人會) · 조선민우회(朝鮮民友會) 조직, 생활개선운동으로 금주 · 금연 운동 일어남, 흥사단(興士團) 지부인 수양동우회(修養同友會) 조직

1923년(단기 4256, 대정 12, 癸亥)

1월 김상옥, 종로경찰서에 폭탄 투척, 블라디보스토크의 신한촌에 고려공산당 중앙총국 조직, 동삼성을 중심으로 한 독립단체 대표들이 상해에서 국민대표대회(國民代表大會) 개회, 각지에 소작쟁의(小作爭議) 발생

2월 중앙기독교청년회관에서 조선학생회 창립

2월 3일 의열단원 김시현 등 폭탄밀수 사건으로 체포, 방정환 아동잡지 「어린이」 창간

3월 15일 조선의열단의 독립운동계획 발각

3월 29일 중앙기독교청년회관에서 조선민립대학 기성회 발기 총회 개최

3월 31일 조선총독부출판교과용 도서발매규정 폐지(왜부령 60호)

4월 지방문묘직원에 관한 건(왜부령 68호)

4월 2일 민립대학 제1회 중앙집행위원회 개최(위원장 이상재, 상무위원 유성준, 이승훈, 한용운, 유진대, 고용환, 홍성계, 한인봉)

4월 9일 조선총독부제학교관제 개정(왜부령 155호), 조선총독부고등보통학교관제 개정(왜칙령 155호)

4월 12일 고등보통학교급 여자고등보통학교의 사범과생도에 학자를 급여하는 건 제정(왜부령 65호), '관립사범학교생도의 학자급 지급방법' 개정(왜부고시 121호: 사범학교규정 제87조 제2항에 의함)

4월 15일 은급법(恩給法) 개정(왜법률 48호)

4월 18일 민립대학 설립을 위한 제1차 선전강연회 개최

5월 김규식 등 만주에서 고려혁명군 조직, 민립대학 기성회 순회위원이 지방순회(국내의 100여 곳 순회), 전문학교졸업자 사립중등학교무시험교원자격 인정

5월 22일 조선총독부제학교관제 개정(왜칙령 232호), 조선총독부지방관제 개정(왜칙령 256호)

6월 임시정부국무원 국민대표 대회의 불법화와 해산 명령, 조선여자정구대회(동아일보 주최)

6월 4일 실업학교규칙 개정(왜부령 79호)

6월 7일 조선총독부관제 개정(왜칙령 296호), 공립의 소학교 또는 보통학교의 훈도로서 1년 현역에 복무한 자의 봉급보조에 관한 건 제정(왜부령 43호)

7월	사립학교교원자격인정위원회규정 제정(왜부훈령 42호)
7월 31일	보통학교규칙 개정(왜부령 100호)
8월	조선여자기독교청년연합회 경성, 감화원관제(感化院官制) 공포
8월 29일	조선총독부감화원관제(朝鮮總督府感化院官制) 제정(왜칙령 382호), 고등관관등봉급령 개정(왜칙령 383호)
9월	왜국 관동대지진 발생, 제일교포 다수가 왜인에 의해 학살, 무정부주의자 박열 등 동경경시청에 체포, 조선총독부감화원규칙 개정(왜부령 112호)
9월 3일	조선감화령(朝鮮感化令) 제정(왜제령 12호)
10월 1일	감화원을 영흥학교로 개칭(함남 문천군 명효면 소재)
11월	경성제국대학 창설준비위원회 조직, 이화학당 대학관 및 기숙사 준공, 조선총독부도서관관제 제정(왜칙령 493호)
11월 12일	사립학교교원자격인정에 관한 건 제정(왜부령 28호), 1922년(대정 11) 왜부고시 105호의 제3조 제4호에 근거하는 사립학교교원자격인정에 관한 건(왜부고시)
11월 27일	조선제국대학창설위원회규정 제정(왜부훈령 51호)
12월	문관임용령 개정(왜칙령 427호), 전문학교입학자검정규정에 따라 지정한 자(왜부고시 249호), '사립학교의 자격급 원수에 관한 규정에 따른 사립학교의 교원의 자격을 가진 자의 지정' 개정(왜부고시 199호), 조선교육령에 따라 실시한 학교의 생도 아동 및 졸업자의 타학교(他學校)에의 입학 · 전학에 관한 건 개정(왜 문부성령 1호)

1924년(단기 4257, 대정 13, 甲子)

1월	의열단원 김지섭, 동경에서 이중교(二重橋) 사건으로 체포, 조선불교중앙회교무원 보성중학교의 경영권 인수, 문관임용령 개정(왜칙령 28호)
3월	육군 주만참의부(駐滿參議府) 고마령(高馬嶺) 전투에서 왜국 경찰에 패전, 조선민립대학기성회(民立大學期成會) 강제 해산
3월 31일	「시대일보(時代日報)」 창간(주간 최남선, 이후 「중외일보」 가 됨)
4월	조선청년총동맹 성립, 조선노동총연맹 창립
4월 19일	조선총독부제학교관제 개정(왜칙령 91호), 조선총독부전문학교관제 개정(왜칙령 91호), 조선총독부고등보통학교관제 개정(왜칙령 91호)
5월	동의부 의용군 국경시찰 중인 사이토 왜 총독 습격, 경성제국대학 예과(豫科) 개강, 1918년(대정 7) 왜국 문부성 제3호에 따라 고등학교 대학예과와 동등 이상이라고 지정한 학교(왜국 문부성고시 290호: 조선총독부전문학교)
5월 2일	경성제국대학관제 제정(왜칙령 103호), 경성제국대학부(京城帝國大學學部)에 관한 건 제정(왜칙령 104호), 경성제국대학 학부를 법문학부 의학부로 하는 건 공포[왜칙령 105호: 경성제국대학에 관해서는 제국대학령(帝國大學令)에 따른다), 고등관관등봉급령(왜칙령 106호), 경성제국대학예과규정 제정(왜부령 21호), 사립학교용지의 지세(地稅) 또는 시가지세(市街地稅)의 면제에 관한 건 제정(왜부령 27호), 경성제국

	대학총장직무규정 제정(왜부훈령 6호)
5월 10일	경성대학 예과 개강[총장직무 조선총독부의 정무총장(政務總長)이 집행], 1926년 법문학부 교사 준공, 동년 5월 1일 개장, 총장 하토리(部宇元吉) 취임, 5월 6일 청량리 예과 준공, 1927년 1월 의학부 별관, 동년 8월 본관 각각 낙성, 1928년 6월 법문학부 본관 낙성, 1929년 법문학부 제1회 졸업생 22명 배출, 1930년 의학부 졸업생 55명 배출
5월 13일	사립학교 요지의 지세 또는 시가지세의 면제에 관한 건(왜제령 27호)
5월 28일	관립학교 수업료규칙 개정(왜부령 31호)
6월 8일	언론집회 압박 탄핵대회[유지 40여 명이 유일관에 모여 민중대회개회 결의, 31개 언론대표 수표교의 조선교육협회관에 모여 언론집회압박 탄핵대회 개최(안재홍, 서정희, 김병로, 이인 등 13명의 실행위원 선출, 동년 6월 20일 민중집회 계획 좌절)]
6월 14일	경성법학전문학교규정 개정(왜부령 34호), 유치원규정 개정(왜부령 43호)
7월	이화여자전문학교 신촌에 대지 구입, 동년 9월에 봉헌식
8월	동의부 군인 일부 임정(臨政) 직속하에 주만참의부(駐滿參議府) 조직, 의열단 단장에 편강열 하얼빈에서 체포되어 신의주로 호송, 이병립(연희전문) 이천진(경성제국대학 예과) '조선학생과학연구회' 조직, 안재홍 '조선사정연구회' 설립, 춘천중학교 이리고등여학교 사리원고등여학교 회령고등여학교 길주농림학교 설립
8월 21일	경성고등공업학교규정 개정(왜부령 44호)
8월 22일	화태정중학교교유 화태청고등여학교교유 또는 남양청공학교의 훈도로서 사감사무에 종사하는 자의 수당급여에 관한 건(왜칙령 197호), 문관임용령 개정(왜칙령 402호)
9월 27일	사립학교규칙 제2조에 따라 설치된 명칭과 조직에 관한 건(왜부통첩 78호)
11월 19일	관공립학교의 교유로서 사감사무에 종사하는 자에 급여하는 수당 및 지급방법 제정(왜부령 68호)
12월 25일	조선총독부관제 개정(왜칙령 411호), 경성제국대학관제 개정(왜칙령 421호), 조선제국대학창설위원회규정 폐지(왜부훈령 41호)
	전문학교입학자검정규정에 따라 지정한 자(왜부고시 286호), 사립학교의 자격급 원수에 관한 규정에 따른 사립학교 교원의 자격을 가진 자의 지정 개정(왜부고시 103호, 222호)

1925년(단기 4258, 대정 14, 乙丑)

1월	통의부(統義府) 등 만주의 독립운동단체들이 합동하여 정의부(正義府) 조직, 정의부 각지의 한국인 부락에 소학교(小學校), 화흥중학교(化興中學校), 화성의숙(華成義塾) 등의 중등학교를 설립하여 간부 양성(幹部養成)에 기여, 기관지 「전우(戰友)」 「대동민보(大同民報)」 간행
3월	김혁, 김좌진 등 영안(寧安)에서 신민부(新民府) 조직, 신민부 성동군관학교(城東軍官學校) 설립, 사립학교규칙에 따라 이화학당 대학부를 이화전문학교로 개칭(문과와 음악과 둠)

4월	김재봉, 조봉암 등 서울에서 조선공산당 조직, 고려공산청년회(高麗共産青年會) 흑기연맹(黑旗聯盟) 조직, 보성전문학교에 야간 남녀공학인 조선전수학원(朝鮮專修學院) 설립
4월 1일	조선총독부관제 개정(왜칙령 82호), 조선지방대우직원령(왜칙령 87호), 조선총독부제학교관제 개정(왜칙령 88호), 조선총독부전문학교관제 개정(왜칙령 88호), 조선총독부고등보통학교관제 개정(왜칙령 88호), 육군현역장교학교배속령 제정(왜칙령 35호), 경성제국대학관제 개정(왜칙령 139호), 사범학교규정 개정(왜부령 27호), 실업학교규칙 개정(왜부령 21호), 조선총독부철도종사원양성규정 제정(왜부령 27호), 관립학교수업료규칙 개정(왜부령 36호), 평안남도지방비(平安南道地方費)는 당분간 보통학교를 설립할 수 있음(왜부령 41호), 경성법학전문학교규정 개정(왜부령 43호)
4월 9일	고등보통학교급 여자고등보통학교의 사범과에 학자를 급여하는 건(왜부령 45호)
4월 20일	전문학교입학자검정규정 개정(왜부령 49호)
5월 21일	조선총독부제학교관제 개정(왜칙령 199호)
5월 23일	사립학교규칙 개정(왜부령 63호)
5월 27일	관립사범학교에서 학자의 일부 지급을 받은 졸업자급 수료자의 복무기간에 관한 건(왜부령 85호)
6월 1일	현역장교 배치의 건[왜부훈령 15호: 육군현역장교의 배속을 받는 학교의 교련교수요목(教鍊教授要目)]
6월 19일	전문학교입학자시험검정위원규정(專門學校入學者試驗檢定委員規程: 왜부훈령 13호)
7월	문부성 관할 외의 학교에 육군현역장교를 배속하는 건(왜부훈령 246호)
12월 25일	조선총독부교과서조사위원회규정 폐지(왜부훈령 44호)
	전문학교입학자검정규정에 따라 지정(指定)한 자 폐지(왜부고시 85호), '사립학교의 자격급 원수(員數)에 관한 규정에 따른 사립학교의 교원의 자격을 가진 자의 지정' 개정(왜부고시 148호), '전문학교입학자검정에 따른 시험면제 학과목'(왜부고시 86호), '전문학교검정규정에 따른 시험면제과목에 관한 규정' 개정(왜부고시 276호)

1926년(단기 4259, 대정 15, 소화 1, 丙寅)

1월	조선(朝鮮) 대만(臺灣) 화태(華太) 또는 관동주(關東州)에 있어서 전문학교입학검정에 관한 규정에 따라 행하는 검정(檢定)의 효력에 관한 건(왜 문부성령 5호)
2월	도량형령(度量衡令) 발포
2월 4일	수원고등농림학교규정 개정(왜부령 9호)
2월 26일	사범학교규정 개정(왜부령 18호), 보통학교령규칙 개정(왜부령 19호)
4월	순종(純宗) 몰(歿), 송학선 등의 왜 총독 암살계획 실패, 오기탁 등 길림(吉林)에서 고려혁명당 조직, 경성제국대학 의학부 법문학부 개설, 김활란 이화여전 학감 취임, 융희황제(隆熙皇帝) 승하

4월 1일	경성제국대학관제 개정(왜칙령 48호), 경성제국대학에서의 강좌(講座)의 종류급 그 수(數)의 관한 건 제정(왜칙령 47호), 고등관관등봉급령 개정(왜부령 50호), 경성제국대학고등관봉급령 제정(왜칙령 51호), 조선 대만 만주급 화태 재근문관가봉령(在勤文官加俸令) 개정(왜칙령 52호), 경성제국대학 사서관(司書官)급 경성제국대학 사서특별임용령(司書特別任用令) 제정(왜칙령 53호), 대학규정(大學規程) 제정(왜부령 30호), 경성제국대학 법문학부에 법학과 정치학과 철학과 사학과급 문학과를 둠[왜부령 31호: 경성제국대학 학부(學部) 병(幷) 학과(學科) 설치]
4월 13일	관세율법 제7조 제10호를 준수해야만 하는 학교(왜부령 32호)
4월 19일	청년훈련소령(青年訓練所令) 제정(왜칙령 7호: 왜인에만 적용)
5월	소학교교관용도서판각발행(小學校教官用圖書板刻發行)에 관한 규정 개정[왜문부성고시 158호: 판매소 금지, 대판서적주식회사(大坂書籍株式會社) 대행]
6월	6 · 10 만세운동(이병립, 이관호, 이황희, 이천진, 박래원, 권동진, 권오설 등이 주동)
6월 1일	현역장교배치의 건(왜부훈령 15호: 육군현역장교의 배치를 받는 학교의 교수요목)
6월 14일	조선총독부관제 개정(왜칙령 162호)
7월 3일	문부성소할외(文部省所轄外)의 학교에 육군현역장교를 배치하는 건 제정(왜칙령 146호)
7월 5일	활동사진 필름검열규칙 제정(왜부령 59호), 문관임용령 개정(왜칙령 167호)
8월	「개벽(開闢)」 강제 발간금지 처분
8월 6일	조선 대만 관동주 관립공립학교 교관으로서 1년(단기) 현역복무한 자의 급여에 관한 건 개정(왜칙령 270호)
8월 10일	경성의학전문학교규정 개정(왜부령 67호)
10월	스웨덴 황태자 내한, 왜 총독부 청사 완성
11월	경성방송국 설치, 「주외일보(中外日報)」 창간, 김구 임시정부 국무령(國務領)에 취임, 의열단원 나석주 식산은행과 동양척식주식회사에 폭탄 투척, 오산학교 동맹휴학(오산고등보통학교 사인조건으로 교장 조만식 제외 요구에 대한 반발), 잡지 「신천지(新天地)」 「신생활(新生活)」 발간, 전북고등여학교 전남고등여학교 진남포공업학교 농업보습학교 각 1개 교 설립, 사립 군산가정여학교 · 경성전기학교 정성보육학교 · 무선통신학교 등이 설립됨
11월 15일	이상협 주재로 「중외일보」 창간
11월 30일	재단법인 경성방송국 창립 허가
12월 25일	왜왕 다이쇼(大正) 사망, 왜국 유인친왕(裕仁親王)이 왕좌 계승, 연호를 쇼와(昭和)로 바꿈, 경성제국대학총장직무규정 제정(왜부고시 87호), 전문학교입학자검정규정에 따라 지정한 자(왜부고시 87호), 사립학교의 자격급 원수에 관한 규정에 따른 사립학교 교원의 자격을 가진 자의 지정 개정(왜부고시 215호), 육군현역장교배속학교교령사열규정(陸軍現役將校配屬學校教領查閲規程: 왜육군령 17호)

1927년(단기 4260, 소화 2, 丁卯)

1월	전문학교 본과 및 별과 졸업생에게 판검사 임용자격 인정
2월	남경(南京)에서 동방피압박민족연합회 결성, 김규식 회장에 피선, 신간회[新幹會; 민족주의자 통합단체; 조병옥 · 안재홍 · 홍명화 · 허헌 등이 주도; 2백여 개의 지회(支會) 3만의 회원 조직, 이화여전(梨花女專) 제1회 졸업생 배출]
2월 26일	경성제국대학관제 개정(왜칙령 19호)
3월	임시정부 '대한민국임시헌법'을 '대한민국신임시약헌(大韓民國新臨時約憲)'으로 개정 공포, 휴일에 관한 건 개정(왜칙령 28호)
3월 18일	경성제국대학법문학부에 법률학과 정치학, 철학, 사학, 국문학과를 설치하는 건 개정(왜부령 15호: 경성제국대학학부령 학과 설치)
3월 31일	사범학교규정 개정(왜부령 18호), 여자고등보통학교규칙 개정(왜부령 20호), 보통학교규칙 개정(왜부령 23호), 고등보통학교규칙 개정(왜부령 22호)
4월	길림에서 농민호조사(農民互助社) 결성
4월 9일	학교생도아동신체검사규정 개정(왜부령 37호)
5월	과학관 개관, 부녀단체 근우회(槿友會: 신간회 부녀단체) 결성
6월 2일	경성제국대학관제 개정(왜부령 153호), 경성제국대학 각 학부의 강좌의 종류급 그 수에 관한 건 개정(왜칙령 154호)
6월 23일	조선총독부관제 개정(왜칙령 193호)
6월 28일	조선총독부제학교관제 개정(왜칙령 197호)
7월 13일	수원농림학교부설실업보습학교교원양성소규정(水原農林學校附設實業補習學校教員養成所規程) 제정
11월	상하이에서 유일독립당촉성회(唯一獨立黨促成會) 각지 대표 연합회 개최
12월	이리청년회(裡里青年會) 사건을 계기로 각지에서 중국교포 습격사건이 연달아 발생, 야마나시(山梨半造) 왜 총독에 취임(강력통치로 환원), 광주사쿠라(旭)고등여학교(光州旭高等女學校) · 부산미나토(港)고등여학교(釜山港高等女學校) 설립, 11개 농업보습학교와 1개 실업보습학교 설립
12월 15일	보통학교규칙 개정(왜부령 120호), 고등보통학교규칙 개정(왜부령 122호), 여자고등보통학교규칙 개정(왜부령 124호), 사범학교규정 개정(왜부령 125호), 실업학교규정 개정(왜부령 126호), 경성제국대학예과규정(왜부령 127호)
12월 28일	조선 대만 만주급 화태 재근문관가봉령 개정(왜칙령 371호)
	1910년(명치 43) 제령 7호 제1조 규정에 따른 지정학교(왜부고시 18호), 육군현역장교배속학교령시행규칙 개정(왜육군령 31호)

1928년(단기 4261, 소화 3, 戊辰)

1월 18일	조선총독부재생원규칙 개정(왜부령 2호)
2월 16일	경성제국대학예과규정 개정(왜부령 5호)

3월	이동영 · 이시영 · 김구 등 상해에서 한국독립군(韓國獨立軍) 조직, 3차 공산당사건, 신간회 좌익 검거
3월 17일	조선 대만 만주급 화태 재근문관가봉령 개정(왜칙령 37호)
4월 18일	경성제국대학관제 개정(왜칙령 57호), 경성제국대학의학부의 강좌의 종류급 그 수에 관한 건(왜칙령 58호)
5월	동삼성의 독립단체인 3부(정의부, 신민부, 참의부) 대표들 길장선(吉長線) 신안둔(新安屯)에 모여 3부 합작과 유일장 조직 협의, 합의 실패
5월 17일	조선 대만 관동주에서의 관립공립학교교관으로서 1년(단기) 현역복무한 자의 급여에 관한 건(왜칙령 83호)
5월 21일	전문학교입학자검정규정 제13조에 따른 지정에 관한 규정 제정(왜부령 26호)
5월 29일	경성제국대학관제 개정(왜칙령 96호: 조선총독부병원을 대학부속병원으로 바꿈), 고등관 관등봉급령 개정(왜칙령 97호), 경성제국대학고등관 봉급령 개정(왜부령 99호)
6월	함경선 철도 완성
6월 1일	경성의학전문학교규정 개정(왜부령 37호)
6월 16일	임시교육심의위원회규정 제정(왜부훈령 13호)
6월 18일	경성법학전문학교규정 개정(왜부령 38호)
6월 23일	임시교과서조사위원회규정 제정(왜부훈령 14호)
7월 20일	경성제국대학 예과규정 개정(왜부령 51호)
7월 28일	조선총독부관제 개정(왜칙령 168호)
9월	교육에서 유교사상을 강조[왜 총독 아마나시(山梨)], 공주고등여학교 농업보습학교 3개교 및 여자실업보습학교 1개교 설립, 중앙불교전문학교 혜화전문학교(惠化專門學校)로 학교명 개칭, 중앙유치사범과가 중앙보육학교(中央保育學校)로 승격, 광주고등보통학교 맹휴(교육시설 개선 요구가 원인, 27명 퇴학, 281명 무기정학), 시학관(視學官) 및 시학위원학사시찰규정(視學委員學事視察規程) 제정
9월 12일	1912년(명치 45) 왜부훈령의 복무심득서(服務心得書) 강조(왜 총독 훈시)
9월 13일	경성제국대학예과규정 개정(왜부령 59호), 경성의학전문학교규정 개정(왜부령 61호), 경성법학전문학교규정 개정(왜부령 61호), 경성고등공업학교규정 개정(왜부령 62호), 수원고등농림학교규정 개정(왜부령 63호), 경성고등상업학교규정(왜부령 64호)
9월 21일	현역장교 배치의 건(왜부훈령 24호: 육군현역장교의 배치를 받은 학교의 교수요목; 전문학교에 실시)
10월 26일	시학관규정 개정(왜부훈령 61호), 조선총독부시학관급 조선총독부시학위원학사시찰규정(朝鮮總督府視學委員學事視察規程) 제정(왜부훈령 29호)
11월 10일	학생 생도 아동으로서 징계처분을 받은 자 등의 취급에 관한 건(왜부훈령 31호)
	전문학교입학자검정규정에 따라 지정한 자(왜부고시 419호), 사립학교의 자격급 원수에 관한 규정에 따른 사립학교의 교원의 자격을 가진 자의 지정 개정(왜부고시 55호, 330호)

1929년(단기 4262, 소화 4, 己巳)

1월	원산부두노동자(元山埠頭勞動者) 대파업 단행, 이화여자고등보통학교와 이화여자전문학교 분리
1월 25일	1면(面) 1개 교 계획 통첩 발송
1월 28일	사립학교 교원자격 인정에 관한 건(왜부령 6호)
2월 4일	조선공립소학교장급 조선보통학교장 우우령(優遇令)(왜칙령 8호)
2월 6일	전문학교입학자검정규정 개정(왜부령 9호)
2월 19일	사립학교규칙 개정(왜부령 13호)
3월	길림에서 조선혁명당 조직
3월 25일	경성제국대학 제1회 졸업식
4월	여의도 울산 비행장 개장, 독립운동단체 공명단(共鳴團) 마우리에서 왜국 우편차 습격
4월 18일	경성제국대학관제 개정(왜칙령 76호), 경성제국대학 각 학부의 강좌의 종류급 그 수에 관한 건 개정(왜칙령 81호)
4월 19일	조선교육령 개정(사범학교 특과를 심상과로 개정, 수업연한 5년 여자 4년으로 함), 조선총독부제학교관제 개정(왜칙령 83호), 사범학교규정 개정(왜부령 30호)
5월	학생계몽운동 전개(조선일보 주관)
5월 6일	조선총독부도서관관제(왜칙령 110호)
6월	고려공산당의 재건을 꾀하던 안상훈 이하 54명 종로서에 체포, 전문학교 학생에게 고등시험예비시험 면제자격 부여, 광주고등보통학교 학생과 광주중학교 학생 충돌, 1918년(대정 7) 왜 문부성령 제3호 제4조에 따라 고등학교 대학예과와 동등 이상이라고 지정한 학교(왜문부성고시 290호: 보성전문학교)
6월 1일	대구사범학교, 평양사범학교 개교
6월 12일	도립의학강습소규정 제정(왜부령 54호) 공포
6월 17일	서당규칙 개정(왜부령 55호: 도지사 인가 및 감독권 보유)
6월 20일	보통학교규칙 개정(왜부령 58호: 실과주의 교육)
8월	사이토 왜 총독 재임[교육보급 실적과 시학기관(視學機關) 확충 발표]
9월 18일	조선총독부지방관제 개정(왜칙령 289호)
10월	광주중학교 왜인 학생이 광주여자고등보통학교 여학생 희롱
11월	김좌진 등 연안현(延安縣)에서 한족자치연합회 조직
11월 3일	광주학생운동 발발(이로부터 1930년까지 전국으로 확대된 항일운동으로 발전, 참가학교 194개교, 퇴학자 582명, 무기정학 2,320명)
11월 4일	조선총독부제학교관제 개정(왜칙령 318호)
12월	신간회 조사단 파견, 궁중집회 계획으로 탄압받음, 전국 각급 학교 임시휴학 조치, 농업보습학교 8개교, 공업보습학교 6개교 설립

1930년(단기 4263, 소화 5, 庚午)

1월	김좌진 암살
2월 28일	명륜학원규칙(明倫學院規則) 제정(왜부령 13호: 경학원에 명륜학원 병설), 사립학교규칙 개정(왜부령 37호), 문관임용령 개정(왜칙령 47호), 조선총독부제학교관제 개정(왜칙령 54호)
3월	북만주에서 신한농민당(新韓農民黨) 조직
4월 12일	조선총독지방관제 개정(왜칙령 78호), 조선총독부관제 개정(왜칙령 90호)
5월	이승훈 사망
7월	함남 신흥군 장풍탄광 갱부 약 200명 폭동, 함남 서천군에서 산림조합에 반대한 수천의 군중이 군청과 경찰서 습격, 북만주에서 한국독립당(韓國獨立黨) 조직
7월 31일	조선총독부지방관제 개정(왜칙령 137호)
9월	부천발전소 저수지 완성
9월 18일	고등보통학교규칙 개정(왜부령 75호), 여자고등보통학교규칙 개정(왜부령 77호), 실업학교규칙 개정(왜부령 78호)
10월 12일	제2차 간도사건
10월 22일	조선총독부관제 개정(왜칙령 193호)
11월 1일	조선총독부지방관제 개정(왜칙령 208호), 고등관관등봉급령 개정(왜칙령 209호), 공립학교의 교장 또는 교원을 조선총독부도서관에 임용하는 경우 등의 관등에 관한 건(왜칙령 210호), 조선총독부도시학관특별임용령(道視學官特別任用令) 제정(왜칙령 211호)
12월	지방제도 고침, 읍면제(邑面制) 및 도제(道制) 공포, 여수와 광주 간 철도 완성, 강릉농업학교와 4개 교의 농업보습학교 1개 교의 여자실업보습학교 설립, 경성의학전문학교와 평양승인상업전문학교 승격 인가, 이화여전 신촌에 신축교지 확보
12월 1일	조선공립학교관제 개정(왜칙령 230호), 부제(府制) 제정(왜부제령 11호), 면제(面制) 제정(왜부제령 12호), 조선학교비령(朝鮮學校費令: 왜부제령 13호), 학교조합령(學校組合令) 제정(왜부제령 14호), 도제(道制) 제정(왜부제령 15호)
12월 29일	청년훈련소규정(青年訓練所規程) 제정(왜부령 89호), 청년훈련소규정 개정(왜부령 105호) 전문학교입학자검정규정에 따라 지정한 자(왜부고시 252호)

1931년(단기 4264, 소화 6, 辛未)

1월	상해에서 국우회(國友會) 및 공평회(公平會) 조직, 동아일보 '브나로드'운동(문자보급운동) 전개
1월 1일	교육의 임무를 맡은 자에 대한 칙어(勅語) 훈론(訓論)(왜부훈령 45호)
1월 7일	고등보통학교규칙 개정(왜부령 2호), 1931년(소화 6) 왜부령 1호 2호의 고등보통학교규정 개정의 취지(왜부훈령 1호), 현역장교배치의 건(왜부훈령 15호: 육군현역장

	교의 배치를 받은 학교의 교수요목)
3월 7일	소학교 보통학교 교원시험규칙 개정(왜부령 13호)
3월 12일	경성고등공업학교규정 개정(왜부령 16호), 조선총독부제학교관제 개정(왜칙령 13호)
4월	임시정부 대외선언을 발표하고 삼균제도(三均制度)의 건국 원칙 공포
4월 1일	보통학교규칙 개정(왜부령 32호), 고등보통학교규칙 개정(왜부령 34호), 여자고등보통학교규칙 개정(왜부령 36호), 실업학교규정 개정(왜부령 37호), 개정 조선교육령 제22조에 따른 왜어를 상용하는 자급 왜어를 상용하지 않은 자의 입학에 관한 건 개정(왜부령 38호), 공립유치원보모자격 봉급 등에 관한 건(왜부령 39호)
4월 9일	경성고등상업학교규정(京城高等商業學校規程) 개정(왜부령 42호)
4월 20일	경성제국대학 각 학부의 강좌의 종류급 그 수에 관한 건(왜칙령 66호)
5월	신간회(新幹會) 해체
5월 27일	고등관관등봉급령 개정(왜칙령 99호), 판임관관등봉급령 개정(왜칙령 100호), 경성제국대학고등관봉급령 개정(왜칙령 108호)
6월	왜군 현역대장 우가키(宇垣一城)가 왜 총독으로 취임
7월	극예술연구회(劇藝術硏究會) 창설, 만보산(萬寶山) 사건 발발
9월 18일	왜가 만철 폭파 사건을 조작하여 만주사변 발발, 사범학교규정 개정(왜부령 120호)
9월 26일	현역장교 배치의 건(왜부훈령 37호: 육군현역장교의 배치를 받은 학교의 교수요목)
10월	잡지 「신동아(新東亞)」 발간
11월	경성제대 반제동맹(反帝同盟) 사건으로 피검, 조선어연구회 조선어학회로 개칭, 개성박물관 개관, 평양상업학교 경성직업학교 농업보습학교(2개 교) 사업보습학교(2개 교) 설립, 함흥일출중학교 승격, 사립 봉산(鳳山)농업학교 설립
11월 5일	조선 대만 광동주급 만주철도(滿洲鐵道) 부지의 학위수여에 관한 건(왜칙령 268호: 학위령 1920. 7. 왜칙령 200호)
	전문학교입학자검정규정에 따라 지정한 자(왜부고시 137호, 359호, 611호)

1932년(단기 4265, 소화 7, 壬申)

1월 8일	이봉창 의사 왜왕 암살 미수, 중학교규정 개정(왜부령 12호), 고등보통학교규칙 개정(왜부령 13호), 조선총독부사무분장규정 개정(왜부훈령 9호)
1월 18일	1932년(소화 7) 왜부령 7호의 고등보통학교 개정의 취지(왜부훈령 9호)
3월	조선혁명당 소속 군인 신보현 영능가(永綾街)에서 왜군 격파, 만주국(滿洲國) 독립 선언
3월 11일	고등여학교규정(高等女學校規程) 개정(왜부령 24호), 여자고등보통학교규칙 개정(왜부령 25호)
3월 12일	개정 조선교육령 제22조에 따른 왜어를 상용하는 자급 왜어를 상용하지 않는 자의 입학에 관한 건(왜부령 26호)
3월 18일	소학교급 보통학교교원시험규칙 개정(왜부령 32호)

3월 30일	사범학교규정 개정(왜부령 33호)
3월 31일	임시교육심의위원회규정 폐지(왜부훈령 19호), 임시교과서조사위원회규정 폐지(왜부훈령 20호)
4월	애국단원 윤봉길, 상해 홍구공원(紅口公園) 왜왕 생일 경축식장에서 왜국 대장 시라카와(白川義則) 등을 폭사시킴, 임영신 흑석동에 20여 만 평 매입, 중앙보육학교 인수
4월 1일	명륜학원규정(왜부령 35호)
4월 4일	수원고등농림학교규정 개정(왜부령 37호), 경성고등상업학교규정 개정(왜부령 37호)
4월 7일	조선 대만 광동주의 관립공립학교교관으로서 1년(단기) 현역 복무한 자의 급여에 관한 건 개정(왜칙령 58호)
4월 8일	사립학교규칙 개정(왜부령 33호)
5월	임시정부를 상해에서 점강성(漸江省) 고주(枯州)로 옮김, 1918년 왜 문부성령 제3호 제4호에 따라 고등학교 대학예과와 동등 이상이라고 지정한 학교(왜 문부성고시 157호: 연희전문학교, 동고시 158호: 중앙불교전문학교)
5월 27일	문무 판임 관등관급령(왜칙령 100호)
6월	김성수 보성전문학교 인수
6월 18일	조선 대만급 화태 재근문관가봉령(왜칙령 89호: 조선 대만 화태급 남양군도재근문관가봉령)
6월 27일	수원고등농림학교부설실업보습학교교원양성소규정 개정(왜부령 59호)
7월	국제연맹조사단의 리든 경(卿) 일행 서울 통과, 조선어학회 기관지 「한글」 창간
7월 16일	경성제국대학관제 개정(왜칙령 138호), 조선총독부제학교관제 개정(왜칙령 39호)
7월 20일	조선총독부제생원관제 개정(왜칙령 147호)
7월 27일	조선총독부관제 개정(왜칙령 182호)
8월	제10회 올림픽 김은배(金恩培) 마라톤 6위
8월 4일	조선총독부지방관제 개정(왜칙령 207호)
9월	만주 독립군 · 중국의용군(中國義勇軍) · 고봉림부대(考鳳林部隊)와 함께 쌍성현(雙城縣) 점령, 문관분한위원회관제(文官分限委員會官制) 제정(왜칙령 254호)
9월 1일	야구의 통제 및 시행에 관한 건(왜부훈령 56호: 학교, 도(道) 전문학교에 발송)
9월 27일	조선 대만 관동주(關東州) 남양군도(南洋群島) 관립소학교교장 등 우우령 제정(왜칙령 261호)
9월 30일	조선공립소학교 보통학교의 학교장급 훈도의 보직에 관한 사령식(辭令式)(왜부훈령 64호)
11월 19일	보통학교규칙 개정(왜부령 107호), 소학교규정 개정(왜부령 116호), 보통학교규칙 개정(왜부령 117호)
12월	조선소작조정령(朝鮮小作調整令) 공포, 해주 행정고등여학교 농업보습학교(2개 교) 공업보습학교(1개 교) 설립
12월 1일	실업학교규칙 개정(왜부령 121호)

1933년(단기 4266, 소화 8, 癸酉)

1월 26일	교육효적자선장규정(敎育效績者選奬規程) 개정(왜부령 7호)
2월	이승만 제네바에서 개최된 국제연맹회의에 한국대표로 참석, 조선중앙일보 창간(사장 여운형)
2월 1일	명륜학원규정 개정(왜부령 24호)
3월	백정기 등 상해에서 왜국대사 아리요시(有吉)를 암살하려다 체포, 교육심의위원회규정 및 교과서조사위원회 폐지, 왜국 국제연맹 탈퇴, 왜국 정무총감국가경제 갱생계획에 관한 건 통첩
3월 4일	조성공립학교관제 개정(왜칙령 20호), 고등관관등봉급령 개정(왜칙령 21호)
3월 8일	조선공립학교직원정원규정(왜부령 29호), 대구 평양공립의학전문학교 인가의 건(왜부고시 76호)
3월 10일	조선교육령 개정(왜칙령 23호)
4월	만주의 독립단군(獨立團軍) 및 중국의용군 사도하자(四道河子)에서 일만연합부대(日滿聯合部隊) 격파, 흥남제련소(興南製錬所) 개설
4월 24일	사범학교규정 개정(왜부령 39호)
5월	장진강(長津江) 수력전기회사 창립
5월 23일	조선총독부제학교관제 개정(왜칙령 134호), 교과용 도서검정규정 개정(왜부령 67호), 경성의학전문학교규정 개정(왜부령 70호)
5월 30일	경성제국대학관제 개정(왜칙령 140호)
6월	만주의 독립단군과 중국의 의용군 동경성(東京城) 점령
7월	한중(韓中) 연합군 동만주 대전령에서 왜국 나남사단을 크게 격파, 조선총독부지방장관관제에 게재된 판임관 이상의 사령식(辭令式)에 관한 건(왜부훈령 26호)
8월	조선혁명군 총사령 양세봉 왜경에 피살, '한글 맞춤법 통일안' 발표
10월	지청천 등 만주의 독립군 간부들이 낙양군관학교(洛陽軍官學校) 한인특별반 설치를 위해 산해관(山海關)으로 들어감
11월	낙양군관학교에 한인 특별반 설치(총책임자 지청천), 홍천 모곡학교(牟谷學校)에 무궁화 사건 발생(교장 남궁억, 이기섭, 이병구, 김복동, 남궁경숙 체포), 조선식물연구회 조직, 안동농림학교 · 개성상업학교 · 부산직업학교 농업보습학교(2개 교) 설립
12월	조선총독부체신국해원양성소(朝鮮總督府遞信局海員養成所) 생도로서 해군예비연습생도를 지원하는 자에 관한 건(왜부령 149호), 조선총독부관제 개정(왜칙령 268호) 전문학교입학자검정규정에 따라 지정한 자(왜부고시 151호)

1934년(단기 4267, 소화 9, 甲戌)

1월 12일	간이초등교육기관 설치에 관한 건 통첩
1월 20일	소학교 보통학교교원시험규칙 개정(왜부령 6호)
3월	압록강 개폐교 폐합, 대학규정 제5조 제2항에 따른 지정(왜부고시 142호)

3월 26일	경성제국대학관제 개정(왜칙령 35호)
3월 28일	보통학교규칙 개정(왜부령 28호)
3월 31일	대학규칙 개정(왜부령 34호), 경성제국대학예과규정 개정(왜부령 35호)
4월	조선농지령 공포, 영친왕 내경
4월 1일	농촌간이학교 실시, 관립학교수업료규칙 개정(왜부령 39호), 문관임용령 개정(왜칙령 58호)
4월 11일	성지봉체(聖旨奉體)에 관한 훈령(왜부훈령 16호)
4월 30일	도시간이학교 시달, 세브란스의학전문학교 한인 교장 오긍선 취임
5월 11일	진단학회 창립(발기인 고유섭 · 김두헌 · 김양기 · 김윤경 · 김태준 · 김효정 · 이병기 · 이병도 · 이상백 · 이선근 · 이윤재 · 이은상 · 이재욱 · 이희승 · 문일평 · 박문규 · 백낙준 · 손진태 · 송석하 · 신석호 · 우호익 · 조윤제 · 최현배 · 홍순혁, 위원 김태준 · 이병도 · 이윤재 · 이희승 · 손진태 · 조윤제)
6월	조선상속령 공포, 산미증식계획 중지, 조선지역학회(朝鮮地歷學會) 발족
6월 3일	조선총독부제학교관제 개정(왜칙령 241호)
9월	왜 총독 우가기(宇桓) 사범학교장회의에서 실업주의 교육방침 전달
11월 28일	「진단학보(震檀學報)」 창간, 문관임용령 개정(왜칙령 376호) 육군현역장교배속학교교령사열규정 개정(왜육군령 17호)

1935년(단기 4268, 소화 10, 乙亥)

2월 16일	역사교육용도서조사위원회규정 공포
2월 19일	실업보습학교규칙 개정(왜부령 12호: 수업연한 2년을 1년으로, 전원기숙사제)
3월 26일	조선총독부제학교관제 개정(왜칙령 28호)
3월 30일	조선교육령 개정(왜칙령 44호), 수원고등농림학교 부실업보습학교교원양성소규정 개정(왜부령 48호)
4월	농업보습학교 63개 교에 이름
4월 2일	실업보습학교규정 제정(왜부령 52호), 실업학교규칙 개정(왜부령 53호), 사립학교규정 개정(왜부령 54호), 사립학교교원의 자격급 원수에 관한 규정(왜부령 55호), 문관임용령 개정(왜칙령 121호)
4월 16일	국체명징(國體明徵)에 관한 훈령
5월	보성전문학교 교장 김성수 사임(정원 초과 책임)
6월	보성전문학교 30주년 기념사업으로 도서관 착공, 이화여자전문학교 및 보육학교 대현동 새 교사로 이전
7월	한국독립당 등 5개 당 대표, 남경에 모여 민족혁명당 조직, 조선박물교원회 창립
7월 5일	경성제국대학관제 개정(왜칙령 183호), 고등관관등봉급령 개정(왜칙령 184호), 경성제국대학고등관봉급령 개정(왜칙령 185호), 조선총독부제학교관제 개정(왜칙령 186호)
10월	조선총독부관제 개정(왜부령 211호)

10월 18일 조선총독부제학교관제 개정(왜칙령 124호), 전문학교입학자검정규정 개정(왜부령 124호)

11월 임정의정원(臨政議政院) 홍소성(紅蘇省) 가흥(嘉興)에서 비상회의를 열어 기구 강화, 장진강 수력발전소 준공, 왜국 신사참배(神社參拜) 거부운동 전개(평양)
전문학교입학자검정규정에 따라 지정한 자(왜부고시 289호), 전문학교입학자검정규정에 따른 시험면제의 학과목(왜부고시 86호)

1936년(단기 4269, 소화 11, 丁丑)

3월 4일 명륜학원규정 개정(왜부령 18호)

3월 31일 경성제국대학관제 개정(왜칙령 40호), 조선총독부제학교관제 개정(왜칙령 41호)

5월 왜군 대장 미나미 지로(南次郎) 왜 총독 취임[내선일체(內鮮一體) 주장], 조선총독제학교관제 개정(왜칙령 87호)

7월 13일 수원고등농림학교부설농업교원양성소규정 제정(왜부령 54호), 수원고등농림학교부설실업보습학교 교원양성소규정 폐지(왜부령 55호)

7월 24일 경성제국대학관제 개정(왜칙령 222호), 조선총독부제학교관제 개정(왜칙령 223호), 고등관관등봉급령 개정(왜칙령 224호)

8월 손기정 베를린올림픽 마라톤에서 우승, 왜 일장기 말소사건 발생

9월 사서강습회(司書講習會) 이화여전에서 개최, 조선총독부지방관리양성소규정 제정(왜부령 87호)

10월 한강인도교 두 번째 개통, 진주사범학교 · 공주중학교 · 만산중학교 · 신의주남고등여학교 · 강계농업학교 · 농업보습학교(2개 교) 설립, 사립의 한성상업학교 양상실업학교 설립, 조선총독부관제 개정(왜칙령 337호)

12월 조선 사상범 보호관찰령 공포, 공산당 재건을 꾀한 이재유 피검, 함남 갑산(甲山)을 중심으로 광범한 항일인민전선(抗日人民戰線) 결성, 전 한독당 간부 이동령 · 김구 등이 상해에서 한국국민당(韓國國民黨) 조직

1937(단기 4270, 소화 12, 丁丑)

1월 30일 청년훈련소규정(왜부령 5호)

2월 상해에서 민족혁명당 비상대회를 열어 적색분자를 몰아내고 조선혁명당이라고 개칭, 왜국 왜어 사용 강제, 백백교 간부 피검

2월 2일 경성제국대학예과규정 개정(왜부령 6호)

3월 27일 경성법학전문학교규정 개정(왜부령 19호)

4월 왜 총독 미니미(南次郎) 국체명징(國體明徵) 내선일체(內鮮一體) 교학진작(教學振作) 농공병진(農工竝進) 시정쇄신(施政刷新) 등 시정강령(施政綱領) 발표

4월 1일 학교신체검사규범 개정(왜부령 45호)

4월 15일 조선총독부제학교관제 개정(왜칙령 131호)

4월 17일	수원고등농림학교규정 개정(왜부령 52호)
4월 19일	조선 대만 광동주의 관립공립학교 교관으로서 1년(단기) 현역복무한 자의 급여에 관한 건 개정(왜칙령 141호)
5월	동북항일연합군 갑산군(甲山郡) 혜산진(惠山鎭) 보천주재소(普天駐在所) 습격
5월 21일	소학교규정 개정(왜부령 64호), 보통학교규칙 개정(왜부령 65호), 고등여학교규정 개정(왜부령 66호), 중학교규정 개정(왜부령 67호), 여자고등보통학교규칙 개정(왜부령 68호), 고등보통학교규칙 개정(왜부령 69호), 사범학교규정 개정(왜부령 70호)
6월	수양동우회 사건 발생(안창호, 주요한 등 150명 검거령)
7월	임시정부 외곽단체를 연합하여 조선광복전선(朝鮮光復戰線) 결성, 지나사변(支那事變), 즉 중왜전쟁 발발, 문관임용령 개정(왜칙령 194호)
7월 13일	경성제국대학관제 개정(왜칙령 339호), 조선총독부제학교관제 개정(왜칙령 331호)
7월 22일	사립학교규칙 개정(왜칙령 90호)
7월 30일	고등보통학교규칙 개정(왜부령 131호)
9월	대한소년단 해산, 장로회 총회 신사참배 거부의 뜻으로 세브란스 파견이사 폐지
9월 6일	왜국을 위한 애국일(愛國日)을 설정하고 신사참배 강요, 신사참배 불응한 광주숭일학교 · 수피아여학교 · 정명학교 · 영흥학교 폐교, 신흥학교 자진 폐교
10월	왜 총독부, 황국신민(皇國臣民) 서사(誓詞) 제작하여 강제로 암송 요구
10월 30일	조선총독부 관측소(觀測所)의 명칭급 위치 제정(왜부령 169호)
11월	임시정부 호남성(湖南省) 장사(長沙)로 이동, 함흥사범학교 · 대동고등여학교 · 겸이포고등여학교 · 울산상업학교 · 갑산상업학교 · 대구직업학교 · 농업학교(9개교) 설립, 사립 입정(立正)상업실무학교 설립
12월	조선총독부관제 개정(왜칙령 659호)
12월 10일	조선에서의 관립 또는 공립의 소학교 혹은 보통학교의 훈도에 대한 질병요치료(疾病療治料) 급여에 관한 건 제정(왜칙령 713호)
12월 11일	조선에서의 관립 또는 공립의 소학교 혹은 보통학교의 훈도에 대한 질병요치료(疾病療治料) 급여에 관한 건 제정(왜부령 200호)
12월 12일	조선에서의 관립 또는 공립의 소학교 혹은 보통학교의 훈도에 대한 질병요치료(疾病療治料) 급여에 관한 건(왜부령 201호), 학교전염병예방소독방법 제정

1938년(단기 4271, 소화 13, 戊寅)

2월	조선육군 특별지원병제도 창설, 전문학교의 도서관 수색, 초등학교 생도의 조선 신사참배를 위하여 여행하는 경우에 취급방법(왜부고시 131호, 231호)
3월	중등학교에서 조선어 과목 폐지, 도산(島山) 안창호 병으로 보석되어 대학병원에서 병사, 조선공립소학교급 훈도의 보직에 관한 사령식(辭令式)(왜부훈령 9호), 육군특별지원병령시행규칙(陸軍特別志願兵令施行規則) 제정(왜육군령 2호), 조선교육령에 따라 설치되는 학교의 생도 아동 및 졸업자의 타학교(他學校)에의 입학 전학에 관

	한 건 제정(왜부고시 276호), 조선교육령에 따라 설치되는 학교의 생도 아동 및 졸업자의 타학교에의 입학에 관한 건 개정(왜 문부성령 5호)
3월 3일	조선교육령 전문개정(왜칙령 103호: 전문 16조 1부칙)
3월 15일	소학교규정 전문개정(왜부령 24호: 전문 6장 87조 1부칙), 중학교규정 전문개정(왜부령 25호: 전문 6장 72조 1부칙), 고등여학교규칙 전문개정(왜부령 26호: 전문 72조 1부칙), 사범학교규칙 개정(왜부령 150호)
3월 28일	조선공립학교관제 개정(왜칙령 149호), 조선 대만 관동주 남양군도 관립소학교장 등 우우령 개정(왜칙령 150호)
3월 30일	조선학교비령 개정(왜칙령 149호), 개정교육령 제22조에 따른 왜어를 상용하는 자급 왜어를 상용하지 않는 자의 입학에 관한 건 개정(왜부령 39호), 조선공립학교직원정원령 개정(왜부령 40호), 경성제국대학예과규정 개정(왜부령 41호), 사립학교규칙 개정(왜부령 42호), 사립학교교원자격인정에 관한 건 개정(왜부령 43호), 교과용 도서검정규정 개정(왜부령 44호), 전문학교입학자검정규정 개정(왜부령 45호), 전문학교입학자검정규정 제13호에 따른 지정에 관한 규정 개정(왜부령 45호), 학교신체검사규정 개정(왜부령 46호), 교육효적자선장규정(教育效績者選奬規程) 개정(왜부령 47호), 관립학교수업료규칙 개정(왜부령 48호), 사립학교교원의 자격급 원수(員數)에 관한 규정에 따라 그 과목에 관하여 사립학교의 교원의 자격을 자진 자가 지정된 건(왜부고시 277호), 전문학교결정규정에 따른 시험면제 학과목에 관한 규정 개정(왜부고시 276호)
3월 31일	조선총독부제학교관제 개정(왜칙령 185호), 관립급 공립학교의 촉탁교원 급 강사에 관한 건 개정(왜부령 50호), 사립학교교원의 자격급 원수에 관한 규정 개정(왜부령 51호), 실업학교규칙 개정(왜부령 51호), 소학교급 보통학교교원시험규칙 개정(왜부령 52호), 청년훈련소규정 개정(왜부령 54호)
4월	경성제국대학에 이공학부 개설
4월 1일	국가총동원법 공포(5. 5. 일부 시행), 조선지원병제(朝鮮志願兵制) 실시, 경성법학전문학교규정 개정(왜부령 62호), 수원고등농림학교규정 개정(왜부령 63호), 경성고등상업학교규정 개정(왜부령 64호), 수원농림학교부치농업교원양성소규정 개정(왜부령 65호), 실업학교규칙 개정(왜부령 66호), 실업보습학교규정 개정(왜부령 67호), 경성의학전문학교규정 개정(왜부령 68호)
4월 2일	경성고등공업학교규정 개정(왜부령 69호), 조선총독부육군병지원자훈련소생도채용규칙(왜부령 71호), 조선총독부육군지원자훈련소채용수속(왜부훈령 18호)
4월 3일	학무국장 시오하라도키사부로(鹽原時三郎) 3대 교육방침 설명
4월 15일	경성제국대학관제 개정(왜칙령 250호), 경성제국대학학부에 관한 건 개정(왜칙령 251호)
4월 19일	경성제국대학예과규정 개정(왜부령 84호)
5월	영어교육 억제 시달

5월 4일	국가총동원심의회 설치
5월 21일	경성법학전문학교규정 개정(왜부령 101호), 경성의학전문학교규정 개정(왜부령 102호), 경성고등공업학교규정 개정(왜부령 103호), 수원고등농림학교규정 개정(왜부령 104호), 경성고등상업학교규정 개정(왜부령 105호)
7월	임시정부 광동(廣東)으로 이전
7월 26일	고등관관등봉급령 개정(왜칙령 519호), 조선총독부관제 개정(왜칙령 518호)
8월	왜 총독부 시국대책조사회(時局對策調査會) 설치, 미 북장로교(北長老教) 조선선교회 신사참배 반대 뜻으로 교육 총사퇴 결의
9월	홍업구락부 사건으로 유억겸, 최현배, 이춘호 등 10여 명의 교수 연희전문학교에서 추방, 덕수궁 미술관 개관, 정주제1중학교 · 순천중학교 · 광주중학교 · 안악중학교 · 신의주동중학교 · 평양 제3중학교 설립, 광주사범학교 · 동주사범학교 설립, 상주실업학교 · 장흥(長興)실업학교 · 강릉실업학교 · 정진수산학교 · 경성공업학교 등 16개 교와 실업보습학교 11개 교, 수산보습학교 1개 교 설립, 평양대동공업전문학교 설립, 각 급 학교에 군기(軍旗) 보급
10월	임시정부 조선민족전선(朝鮮民族戰線) 계(系)에서 조선의용대(朝鮮義勇隊) 편성, 임정 군사학 편수위원회 설치
11월 3일	왜국 총리 근위, 동아신질서(東亞新秩序) 건설 성명 발표
12월 3일	경성제국대학예과규정 개정(왜부령 239호) 사립학교의 자격 급 원수에 관한 규정에 따른 사립학교의 교원의 자격을 가진 자의 지정(왜부고시 9호, 277호), 전문학교입학자검정에 따른 시험면제의 학과목(왜부고시 276호)

1939년(단기 4272, 소화 14, 己卯)

2월	광서성 유주(柳州)에 광복진선청년공작대(光復陣線靑年工作隊) 조직
2월 10일	왜군 해남도(海南島) 상륙
2월 18일	명륜전문학원규정 개정(왜부령 13호)
3월	임시정부 사천성(泗川省) 기강현으로 이동
3월 1일	지나사변(支那事變)에 즈음하여 소집 중에 있는 자의 학교조합회의원 복직에 관한 건 제정(왜부령 29호)
3월 18일	만주국의 초등학교의 재학자급 졸업자의 조선에의 학교에의 입학 전학의 관한 건 제정(왜부령 32호)
3월 31일	조선 대만 관동주의 관립 공립학교교관으로서 1년(단기) 현역복무한 자의 급여에 관한 건 개정(왜칙령 166호)
4월	경성광산전문학교 · 숙명여자전문학교 개교, 이화여자전문학교 교장에 김활란 취임, 남궁억 사망, 문예지 「문장(文章)」 창간
4월 5일	경학원규정(經學院規程) 개정(왜부령 49호)

4월 8일	경성제국대학관제 개정(왜칙령 192호)
4월 20일	조선총독부중견청년수련소규정(中堅青年修練所規程) 제정(왜부령 59호: 전문 18조), 조선총독부교학연수소규정(教學硏修所規程) 제정(왜부령 60호: 전문 6조 1부칙)
4월 24일	조선 대만 관동주의 관립공립학교교원으로서 1년(단기) 현역에 복무한 자의 급여에 관한 건 개정(왜칙령 245호), 조선 대만 관동주 남양군도 관립소학교교원 등 우우령 개정(왜칙령 248호)
4월 28일	경성광산전문학교규정 제정(왜부령 65호), 경성고등공업학교규정 개정(왜부령 66호)
5월 5일	경성고등상업학교규정 개정(왜부령 74호)
5월 22일	왜왕 정국학생생도 열병, 청년학도에 대한 칙어(勅語)
6월 8일	국민징용령 공포
6월 27일	조선총독부관제 개정(왜칙령 417호)
6월 29일	선교회 교육인퇴(教育引退) 동아일보 보도
7월	경춘철도 궤도 완성
8월	국민전시총동원(國民戰時總動員) 조선동맹(朝鮮同盟) 결성
8월 12일	소학교 보통학교교원시험규칙 개정(왜부령 132호)
9월	박영효 사망, 소방(消防) 수방(水防) 방호(防護) 3단체를 통합하여 경방단(警防團)으로 재편성, 조선예수교장로회 제28회 총회에서 신사참배 결의, 국민전시총동원 조선예수교장로회연맹 조직, 제2차 세계대전 발발(독일군 폴란드 점령, 영국 프랑스 대독일 선전포고), 조선교육회 중심으로 남산(南山)에 황국신민서사지주(皇國臣民誓詞之柱) 건립
11월	임시정부, 국사특파단을 서성(西省) · 서안(西安)에 파견
12월	문예지 「인문평론(人文評論)」 발간, 개성중학교 · 강계중학교 · 진주중학교 · 복정중학교 개교, 포항보통여학교 · 진주보통여학교 · 철원보통여학교 · 나진고등보통여학교 개교, 평양 제1공업학교 · 덕수상업학교 개교, 해주직업학교 · 삼척직업학교 개교, 농업보습학교(7개 교) · 여자실업보습학교(2개 교) 설립, 사립 정신여학교 · 경성상공실무학교 · 초량상업실무학교 등 설립
12월 27일	경성제국대학관제 개정(왜칙령 890호)

1940년(단기 4273, 소화 15, 庚辰)

1월 4일	조선영화령 제정(왜부제령 1호)
2월	창씨제도(創氏制度) 시행
2월 29일	조선 대만 관동주의 관립공립학교교관으로서 1년(단기) 현역에 복무한 자의 급여에 관한 건 개정(왜칙령 78호)
3월	임시정부 건국강령(建國綱領) 제정
3월 9일	공립소학교 또는 보통학교의 훈도로서 1년 현역에 복무한 자 봉급보조에 관한 건 개정(왜부령 29호), 조선공립학교직원정원규정 개정(왜부령 30호), 조선 대만 관동주의

	관립 공립학교교관으로서 단기 현역에 복무한 자에 관한 건(1921년 왜부령 89호)의 시행에 관한 건 제정(왜부령 31호)
3월 18일	경성제국대학예과규정 개정(왜부령 35호)
3월 30일	경성제국대학관제 개정(왜칙령 218호), 경성제국대학 각학부의 강좌의 종류 급 그 수에 관한 건 개정(왜부령 29호), 조선총독부제학교관제 개정(왜칙령 220호)
3월 31일	소학교규정 전면개정(왜부령 90호)
4월 1일	대학규정 개정(왜부령 79호), 경성제국대학예과규정 개정(왜부령 80호), 공립사립전문학교규정 개정(왜부령 81호), 경성법학전문학교규정 개정(왜부령 82호), 경성의학전문학교규정 개정(왜부령 83호), 경성고등공업학교규정 개정(왜부령 84호), 경성광산전문학교규정 개정(왜부령 85호), 수원고등농림학교규정 개정(왜부령 86호), 경성고등상업학교규정 개정(왜부령 87호), 수원고등농림학교부치농업교원양성소규정 개정(왜부령 88호)
4월 6일	관립학교수업료규칙(官立學校授業料規則) 개정(왜부령 91호)
4월 18일	경성고등공업학교부치이과교원양성소규정 제정(왜부령 119호: 전문 10조)
4월 19일	만주국(滿洲國)의 초등학교 재학자급 졸업자의 조선 내의 학교에 입학 전학에 관한 건 개정(왜부령 108호)
5월	중국 주석 장개석(蔣介石)에게 광복군 활동에 공적 승인 요청
5월 3일	조선총독부중견청년수련소규정 개정(왜부령 121호)
5월 8일	수원고등농림학교규정 개정(왜부령 121호)
6월 1일	학교전염병예방급 소독방법 개정(왜부령 138호)
7월 25일	조선영화령(朝鮮映畵令) 시행일의 건(왜부령 180호), 조선영화령시행규칙 제정(왜부령 181호)
7월 26일	왜국각의(倭國閣議) 기본국책요강(基本國策要綱) 결정, 대동아질서(大東亞秩序) 국방국가(國防國家)의 건설방침 결정
8월	「조선일보」「동아일보」 폐간
9월	반전공작운동(反戰工作運動)을 전개 중이던 기독교도 다수 검거, 임시정부 중경(重慶)으로 이전, 중경에서 광복군사령부 결성
10월	국민총력연맹 조직, 황국신민화운동 강제로 행함, 각급 학교에 배속장교를 배치하여 군사훈련 강행, 중등학교 입학에 체력 중시, 학생독회사건 발생
10월 9일	임시정부 '임시약헌(臨時約憲)' 개정
10월 23일	내대사건(乃臺事件) 발생[경남학도전력등강국방경기대회(慶南學徒戰力登强國防競技大會)에서 불공정한 차별심판이 있었음], 차혁당(茶革黨) 사건 발발(대구사범학교 학생과 교사 김영린을 중심으로 한 독립운동을 위한 비밀결사), 진주사범학교 개교, 충주, 나진, 청진, 사쿠라오카(旭丘) 등의 중학교 설립, 무학고등여학교 · 순천고등여학교 · 안악고등여학교 · 동래고등여학교 설립, 사리원상업학교 · 덕원농업학교 · 이리공업학교 · 부산공업학교 · 홍남공업학교 · 인천직업학교 개교, 농업보습

학교(2개 교) · 여자실업보습학교(1개 교) 설립, 사립 소화고등여학교 · 조선전기공업학교 · 상명여학교 정일(精一)원예학교 개교

10월 26일 조선총독부관제 개정(왜부령 803호)

11월 광복군 총사령부, 서안(西安)으로 옮기고 건군공작에 착수, 김규식 임시정부 부주석 취임, 미국인 선교사 및 교수 본국으로 송환

11월 12일 경학원규정 개정(왜부령 240호), 명륜전문학원규정 개정(왜부령 241호)

12월 26일 경성제국대학관제 개정(왜칙령 933호), 경성제국대학 각 학부의 강좌의 종류급 그 수에 관한 건 개정(왜칙령 934호)

1941년(단기 4274, 소화 16, 辛巳)

3월 사상범구금령(思想犯拘禁令) 공포, 미 · 영국인(美英人) 부인 선교사 등 15명 피검, 윤치호 연희전문학교 제4대 교장에 취임

3월 8일 조선교육령 개정(왜칙령 113호)

3월 25일 국민학교제도(國民學校制度) 실시에 따른 조선공립학교관제 등의 규칙의 정리에 관한 건(왜칙령 236호), 조선교육령 개정(왜칙령 254호), 조선 대만 관동주 남양군도 관립소학교 교장 우우령 개정(왜칙령 262호)

3월 28일 조선총독부제학교관제 개정(왜칙령 281호)

3월 31일 조선교직원공제조합령 제정(왜칙령 361호), 소학교(小學校)를 국민학교(國民學校)로 하기 위한 도제(道制) 등의 규정의 정리에 관한 건(왜제령 19호: 도제 9조, 읍면제 10조, 학교비령 9조 개정, 대정 13년 제령 2호 개정, [면제 개정(왜제령 19호), 사립학교용지의 지세 또는 시가지세면제에 관한 건 개정(왜제령 19호), 조선학교비령 개정(왜제령 19호), 도제 개정(왜제령 19호)], 소학교규정 개정(왜부령 90호)

4월 이화보육학교 폐교

4월 1일 조선교육령 중 개정에 따른 관계 조선총독부령 개정(왜부령 96호: 초등학교인 소학교를 국민학교로 수정): 사립학교용지의 지세 또는 시가지세 면제에 관한 건 개정(왜부령 94호), 관공립학교의 교유(敎諭)로서 사감사무에 종사하는 자에 급여할 수당의 액(額)과 지급방법(왜부령 96호), 실업학교규칙 개정(왜부령 96호), 조선공립학교직원정원규정 개정(왜부령 96호), 사립학교교원의 자격급 원수에 관한 건 개정(왜부령 96호), 소학교 급 보통학교교원시험규칙 개정(왜부령 96호), 사립학교규칙 개정(왜부령 86호), 교과용 도서검정규정개정(왜부령 96호), 관립학교수업료규정 개정(왜부령 96호), 관립급 공립학교의 촉탁교원 급 상사에 관한 건 개정(왜부령 96호), 공립유치원보모자격 봉급 등에 관한 건 개정(왜부령 96호), 교육효적자선장규정 개정(왜부령 96호), 전문학교입학자격검정규정 제13조에 따른 지정에 관한 규정 개정(왜부령 96호), 청년훈련소규정 개정(왜부령 96호), 실업보습학교규정 개정(왜부령 96호), 관립 또는 공립의 소학교 혹은 보통학교의 훈도에 질병요치료 급여에 관한 규정 개정(왜부령 96호), 관립 혹은 공립의 소학교 혹은 보통학교의 촉탁교원에 질병요치료 급여에 관

	한 건 개정(왜부령 96호), 소학교규정 개정(왜부령 96호), 중학교규정 개정(왜부령 96호), 고등여학교규정 개정(왜부령 96호), 만주국의 초등학교의 재학자급 졸업자의 조선 내의 학교에 입학 전학에 관한 건 개정(왜부령 96호), 조선 대만 관동주의 관립 공립학교교관으로서 단기 현역에 복무한 자에 관한 건의 시행에 관한 건 개정(왜부령 96호), 부산고등수산학교규정(釜山高等水產學校規程) 제정(왜부령 97호: 전문 7조), 조선교직원공제조합규칙(朝鮮教職員共濟組合規則) 개정(왜부령 101호)
4월 10일	경성고등공업학교규정 개정(왜부령 112호), 경성광산전문학교규정 개정(왜부령 113호)
4월 15일	경성제국대학관제 개정(왜칙령 443호), 경성제국대학 각 학부의 강좌의 종류 급 그 수에 관한 건 개정(왜칙령 444호)
6월	하와이에 재미한족연합위원회(在美韓族聯合委員會) 성립, 중앙선 철도 개통, 중경(重慶)에 한중문화협회 성립
7월 2일	왜국 어전회의(御前會議), 남부프랑스인(南部佛印) 지주 결정
7월 17일	조선영화시행규칙 개정(왜부령 294호)
7월 28일	왜군 남부프랑스인 진주(進駐)
7월 29일	프랑스인(佛印) 왜국 공동방위조약(共同防衛條約) 조인
8월	임시정부 '루스벨트 처칠 선언'에 대한 성명 발표, 보천보(普天堡) 사건 관련자 6명 사형 언도, 농산물공출제도 강제 집행, 수풍(水豊)댐 발전 시작
8월 20일	조선영화시행규칙 개정(왜부령 230호)
10월 2일	대학부 등의 재학연한 또는 수업연한을 소화 16년(1941) 임시 단축에 관한 건(왜부령 283호)
10월 14일	왜국 도고(東條英機) 내각 성립
10월 23일	청년훈련소규정 개정(왜부령 283호)
11월 12일	대학부 등의 재학연한 또는 수업연한을 소화 17년(1942) 임시 단축에 관한 건(왜부령 292호)
11월 26일	하와이 작전기동부태 남천도(南千島) 히트커푸 만(灣) 출항
12월	사립전문학교령 대학령 개정(전시체제로 수업연한 단축 조치), 소학교령이 국민학교령으로 개정, 부산고등수산학교 개교, 청주사범학교 개교, 홍성 · 철원 · 성진 · 전남포에 중학교 설립, 수원 · 조치원 · 김제에 고등여학교 설립, 신의주공업학교 · 청진공업학교 설립, 대전직업학교 · 송정직업학교 설립, 농업보습학교(1개교) · 상업보습학교(2개교) 설립
12월 1일	왜국 어전회의(御前會議) 대영미란(對英美蘭) 개전(開戰) 결정
12월 8일	왜군, 하와이 진주만 공격, 말레이반도 상륙, 대영미(對英美) 선전포고(宣戰布告)
12월 26일	조선총독부관제 개정(왜칙령 1207호), 조선총독부내임시직원설치제(朝鮮總督府內臨時職院設置制) 제정(왜칙령 1208호)

1942년(단기 4275, 소화 17, 壬午)

1월	각급 학교에 왜국식 교가 제정 강요
1월 2일	왜군 마닐라 점령
1월 14일	왜군 버마 진격
1월 16일	경성제국대학관제 개정(왜칙령 16호), 경성제국대학고등관봉급령 개정(왜칙령 19호)
1월 24일	수원고등농림학교부설농업교원양성소규정 개정(왜부령 18호)
2월 5일	조선총독부도서관제 개정(왜칙령 73호)
3월 28일	조선총독부제학교관 개정(왜칙령 281호)
4월	중국 국민정부(國民政府) 국방최고위원회(國防最高委員會) 대한민국임시정부 승인안(承認案) 통과
4월 1일	대만에 지원병제 실시, 경성고등공업학교부설이과교원양성소규정 개정(왜부령 112호), 수원고등농림학교부치지리박물교원양성소규정 제정(왜부령 123호: 전문 10조)
4월 10일	경성제국대학관제 개정(왜칙령 399호), 경성제국대학 각 학부의 강좌의 종류 또는 그 수에 관한 건 개정(왜칙령 400호)
5월	고이소(小機國昭), 제9대 총독으로 취임
5월 26일	경성제국대학고등관봉급령 개정(왜칙령 544호)
6월	전문학교명 강제 개명[세브란스 의전을 아사히(旭)의전으로 바꿈]
7월	김두봉(金科奉) 일파 조선독립동맹 조직
7월 8일	여학교의 외국어가 수의과목으로 지정
7월 22일	실업학교졸업정도검정위원회규정(實業學校卒業程度檢定委員會規程) 제정(왜부령 139호: 전문 7조), 실업학교졸업정도검정규정(實業學校卒業程度檢定規程) 제정(왜부령 187호: 전문 11조)
8월	고철(古鐵)회수운동 전개
8월 17일	연희전문학교를 적산(敵產)으로 처분, 교장 윤치호 강제사퇴하고 왜인 시학관 다카하시(高橋濱吉)가 교장이 됨
8월 21일	중학, 고전(高專), 대학의 학년 단축 결정
9월	광복군 부서를 개편하여 민족의용대를 제1지대로 편입, 영국군 포로 경성 인천 수용성에 도착 수용, 광복군 총사령부 결성, 조선어학회 사건 발생
9월 2일	경성제국대학예과규정 개정(왜부령 220호)
10월	조선청년특별연성회령(朝鮮青年特別練成會令) 공포
11월	지원병제도(志願兵制度) 공포
11월 1일	조선총독부관제 개정[왜칙령 729호: 행정 간소화 내지행정(內地行政) 일원화(一元化) 실시를 위한 조치], 경성제국대학관제 개정[왜칙령 763호: 행정 간소화 실시를 위한 조선총독부 내 임시직원설치제 외 26개 칙령 개정(21조에서 경성제국대학관제 개정)]
12월	오산학교 이승훈 동상을 고철로 징발, 이후 언더우드와 엄주익(양정중학)동상도 철

	거, 강제공출제 실시, 지리 및 박물교원양성소 수원고등농림학교에 부설, 신의주사범학교 설립, 목포중학교 · 부산 제2중학교 · 통영중학교 · 금강중학교(金剛中學校) 설립, 원산항 · 개성 · 안동 · 충주에 고등여학교 설립, 농업보습학교(2개교) · 여자실업보습학교(2개교) 설립, 상업보습학교(1개교) 설립, 경학원에 명륜전문학교 설립, 대륜중학교 · 선천중학교 설립, 노무동원령(勞務動員令) 시행
12월 9일	경성제국대학관제 개정(왜칙령 822호), 경성제국대학 각 학부의 강좌의 종류급 그 수의 관한 건 개정(왜칙령 823호)

1943년(단기 4276, 소화 18, 癸未)

1월	수양연성(修養鍊成)의 정치적 실천에 관한 건 시달
1월 7일	대학부 등의 재학연한 또는 수업연한의 소화 18년(1943) 임시단축에 관한 건(왜부령 5호)
2월	학교연성(學校鍊成)을 강화하고 교학연수소를 설치하여 교원재교육에 착수
2월 1일	각 제국대학에 군사과학연수소 증설을 위한 관제 공포
2월 17일	경성제국대학관제 개정(왜칙령 71호)
3월 8일	조선총독부도서관특별임용령 개정(왜칙령 115호)
3월 30일	조선총독부제학교관제 개정(왜칙령 292호), 경성제국대학 각 학부의 강좌의 종류급 그 수에 관한 건 개정(왜칙령 294호)
3월 31일	경성제국대학관제 개정(왜칙령 359호), 경성제국대학 각 학부의 강좌의 종류급 그 수에 관한 건 개정(왜칙령 360호)
4월	결전학년(決戰學年)의 신 교과서 상용, 전시학도체육훈련실시요강(戰時學徒體育訓練實施要綱) 시달
4월 1일	왜국 각의 여자근로동원령 촉진 결정, 사범학교령시행(관립, 전문학교정도, 무수업료), 조선교육령 개정(제4차: 국민 연성과 관련), 조선총독부지도자연성소규정 제정(왜부령 195호: 전문 9조 1부칙), 조선총독부사무분장규정 개정(왜부훈령 21호)
26일	수원고등농림학교규정 개정(왜부령 123호)
5월	해군특별지원병제 실시, 전시 수업규정 발표
5월 22일	근로보국대정비요강대강 발표
7월 30일	여자학도동원 결정
7월 31일	조선공립학교관제 개정(왜칙령 640호), 고등관관등봉급령 개정(왜칙령 642호), 조선총독부제학교관제 개정(왜칙령 676호)
8월	광복군, 인도, 버마 전구의 영국군과 협의하려 별동대 1지대 파견
8월 1일	조선에 징병제 실시, 조선 대만에 해군특별지원병제 실시
8월 20일	조선총독부제학교관제 개정(왜칙령 676호), 고등관관등봉급령 개정(왜칙령 677호)
9월	학도체육대회 일체 폐지, 진단학회, 왜국의 탄압으로 해체, 교육동원태세(教育動員態勢) 발표

9월 22일 이공과 이외의 학생의 징병유예(徵兵猶豫) 철폐
10월 육군특별지원병 임시채용규칙에 의하여 학병제 공포
10월 13일 교육에 관한 전시비상조치령(戰時非常措置令) 공포
11월 카이로 선언, 미 · 영 · 중 3국이 한국인의 자주독립을 결의, 임시정부 의정원(議政院) 미 · 영 · 중 3국 거두(巨頭)에게 감사 메시지 보냄, 이윤제 옥사, 학도지원병도 강제 언명
12월 교육에 관한 전시비상조치령에 의하여 학교명 변경(이화여자전문학교는 이화여자전문학교 여자청년 연성소 지도자 양성과로, 숙명여자전문학교는 농이지도원 연성소로 바뀜), 수리 · 물리 · 화학의 교원양성소를 경성고등공업학교에 부설, 대전사범학교 정진사범학교 설립, 김천중학교 · 강서중학교 · 북청중학교 · 포항중학교 · 사쿠라오카(旭丘) 중학교 설립, 강경고등여학교 · 정읍고등여학교 · 정주고등여학교 설립, 연주 · 안악 · 초산에 농업학교 설립, 겸이포공업학교 · 평양 제2공업학교 · 단천공업학교 설립, 농업보습학교(4개 교) · 여자실업보습학교(2개 교) 설립

1944년(단기 4277, 소화 19, 甲申)

1월 학병제 실시
1월 4일 부산고등수산학교규정(왜부령 5호)
1월 21일 만주사변에 즈음하여 소집 중인 자의 학교조학회의원에의 복직에 관한 건 개정(왜칙령 19호)
2월 임시정부, 의정원 이사회를 소집하여 개헌안 통과
2월 4일 군사교육전면 강화 발표
2월 8일 조선학교비령시행규칙 개정(왜부령 31호), 행정 간소화 실시를 위한 학교조합에 대한 감독권의 일부를 하급관서에 위임하는 건(왜부령 32호)
2월 10일 조선여자연성소규정(朝鮮女子錬成所規程) 제정(왜부령 35호: 전문 20조)
2월 16일 국민학교령(國民學校令) 전시특례(戰時特例) 공포
2월 17일 청년사범학교 설치
2월 22일 대학부 등의 재학연한 또는 수업연한 소화 19년(1944) 임시 단축에 관한 건(왜부령 62호)
3월 임시정부 국내 공작특파위원회 및 국사외교단 설치
3월 18일 학도동원비상조치요강(學徒動員非常措置要綱) 발표
3월 28일 국민학교교원급 양호훈도(養護訓導) 시험규칙 제정(왜부령 107호: 전문 15조 1부칙)
3월 30일 사범학교규정 개정(왜부령 104호)
4월 대한민국임시헌장(大韓民國臨時憲章) 수정 공포, 「독립신문」을 임정기관지로 속간, 학도동원기준(學徒動員基準) 발표, 보성전문학교를 경성척식경제전문학교(京城殖植經濟專門學校)로, 연희전문학교를 공업경영전문학교(工業經營專門學校)로, 경성법학전문학교와 경성고등상업학교를 경제전문학교(經濟專門學校)로 개명

	[교육에 관한 전시비상조치령(戰時非常措置令)에 근거]
4월 4일	조선 대만급 화태 재근문관강봉령 개정(왜칙령 230호)
4월 6일	경성제국대학관제 개정(왜칙령 235호), 조선총독부제학교관제 개정(왜칙령 236호), 고등관관등봉급령 개정(왜칙령 237호)
4월 13일	조선총독부지도자연성소규정(指導者錬成規程) 개정(왜부령 171호)
4월 22일	임시정부, '대한민국임시약헌(大韓民國臨時約憲)'을 '대한민국임시헌장'(大韓民國臨時憲章)으로 바꿈[제5조 3항 법률에 의하여 취학(就學)급 부양(扶養)을 요구하는 권리]
4월 28일	학도동원본부 설치에 관한 훈령(왜부훈령 43호) 학도동원규정 제정(왜부훈령 44호: 전문 6조)
5월	주중국 미공군사령관 웨더마이어의 원조로 광복군(光復軍) 제2지대 제3지대 낙한산 훈령 통고, 각급 학교의 학칙을 개정하여 휴업일에도 학생을 출석하게 함, 신부(神父) 신학생(神學生) 구속하여 노무자로 동원
5월 30일	조선총독부지방관제 개정(왜부령 372호)
6월	중학교 이상의 학도에 근로동원 본격 개시(학도총동원요령), 학도병 미지망자(未志望者)에게 강제징용 실시
6월 30일	관립공업전문학교규정 제정(왜부령 260호: 전문 7조 1부칙), 관립농업전문학교규정 제정(왜부령 261호: 7조 1부칙), 관립의학전문학교규정 제정(왜부령 262호: 전문 7조 1부칙), 관립정책전문학교규정 제정(왜부령 263호: 전문 5조 1부칙)
7월	아베(阿部信行), 왜 총독 취임
7월 6일	도조(東條) 내각 총사퇴
7월 14일	경성제국대학 부속이과교원양성소규정 제정(왜부령 172호: 전문 17조 1부칙), 수원 농업전문학교 부치박물교원양성소규정 제정(왜부령 273호: 전문 16조 1부칙)
7월 21일	청년훈련소규정 개정(왜부령 281호)
7월 22일	고이소(小磯), 라이우치(來內) 내각 성립
8월	중경(重慶) 거주 광복전선계(光復戰線界) 청년들 한국청년회 조직, 왜국관헌은 신부를 구속하고 신학생을 군인이나 노무자로 징용하여 평양 · 대전 · 연안 등 각지의 성당(聖堂)을 군대용으로 접수
8월 23일	학도근로령(學徒勤勞令), 여자정신대근로령(女子挺身隊勤勞令) 공포
9월 2일	관립수산전문학교규정 제정(왜부령 316호: 전문 8조 1부칙)
9월 27일	직원이양 등을 위한 도제시행규칙(道制施行規則) 외 6개 조선총독부령 개정의 건(왜부령 333호)
10월 1일	경성제국대학대학원(京城帝國大學大學院)의 특별연구생에 관한 건(왜칙령 346호)
10월 16일	경성제국대학대학원의 강좌의 종류급 그 수에 관한 건 개정(왜칙령 697호)
10월 30일	학도근로령시행규칙(學徒勤勞令施行規則) 제정(왜부령 360호: 전문 13조)
11월 22일	조선총독부사무분장규정(朝鮮總督府事務分掌規程) 개정(왜부훈령 97호)

11월 30일 조선총독부소속관서회계사무장전(朝鮮總督府所屬官署會計事務章典: 왜부훈령 97호)
12월 1일 중학생의 졸업 연기, 근로동원 계속
12월 20일 경학원규정(經學院規程) 개정(왜부령 112호)

1945년(단기 4278, 소화 20, 乙酉)

2월 상해 임시정부 왜국 및 독일에 선전포고, 이공관계의 '입영연기정지령(入營延期停止令)'으로 입영연기 조치 취소
2월 3일 미군, 마닐라 진주
2월 14일 고노에(近衛文磨) 패전필지, 공산혁명위협을 왜왕에 상주(上奏)
3월 1일 유황도 왜군 전멸
3월 18일 왜국 각의, 전시교육조치 결정 발표
3월 28일 조선여자연성소규정(朝鮮女子鍊成所規程) 제정(왜부령 38호)
3월 31일 청년훈련소규정 개정(왜부령 46호: 청년학교규정으로 개정), 청년학교규정 제정(왜부령 46호: 전문 33조 1부칙), 관립수산전문학교규정(官立水産專門學校規程) 개정(왜부령 69호), 관립수산전문학교의 수업연한 임시단축에 관한 건(왜부령 70호)
4월 1일 미군, 오키나와 상륙
4월 5일 고이소(小磯) 내각 총사퇴
4월 7일 스스키(鈴木貫太郞) 내각 성립
4월 17일 조선총독부사무분장규정 개정(왜부훈령 18호)
4월 28일 조선총독부학도근로표창규정(朝鮮總督府學徒勤勞表彰規程) 제정(왜부령 90호: 전문 8조)
5월 전시교육령 공포
5월 14일 국민학교 교원급 양호훈도(養護訓導) 시험규정 개정(왜부령 109호), 지방문묘규정(地方文廟規程) 제정(왜부령 110호: 전문 8조)
5월 26일 학교신체검사규정 개정(왜부령 128호)
5월 30일 대학부 등의 재학연한 또는 수업연한의 소화 20년(1945) 임시 단축에 관한 건(왜부령 130호)
6월 14일 학도근로령시행규칙(學徒勤勞令施行規則) 제정(왜부령 140호: 전문 13조)
6월 23일 의용병역법(義勇兵役法) 공포
6월 26일 국민의용대통솔령(國民義勇隊統率令) 공포
7월 전시교육령에 의거하여 각급 학교에 학도대(學徒隊) 편성, 포츠담 선언
7월 1일 전시교육령시행규칙 제정(왜부령 151호: 전문 10조 1부칙), 전시교육령 공포에 관한 훈령(왜부훈령 37호)
7월 11일 왜 문부성에 학도동원국(學徒動員局) 설치
7월 18일 왜국 총리, '포츠담 선언' 묵살 표명

7월 24일	부민관(府民館) 폭탄 투척 사건 발생[박춘금(朴春琴) 등의 친일세력이 소집한 아시아민족분격대회(亞細亞民族憤激大會)에서 조문기(趙文紀), 유만수(柳萬秀), 강윤국(康潤菊) 등이 투척]
8월 6일	미국, 히로시마에 원자폭탄 투하
8월 8일	소련 대일 선전포고
8월 9일	미국 나가사키(長崎)에 원자폭탄 투하, 소련군, 북한으로 진격
8월 14일	왜국, 포츠담 선언 수락
8월 15일	왜왕 무조건 항복 방송, 스스키 내각 총사퇴, 여운형(呂運亨) 중심으로 건국준비위원회 결성, 한국, 왜국으로부터 해방
8월 16일	한국 형무소의 정치범 전원 석방, 건국치안대(建國治安隊) 조직(휘문중학교에서), 최초의 학도대회 개최
8월 17일	동구이궁(東久邇宮) 내각 성립, 중등학교 이상의 학생으로 학도치안대(學徒治安隊) 결성 치안유지 담당, 각급 학교 당국은 연합군이 진주할 때까지 휴교조치(休校措置)

참고문헌

고종실록
순종실록
구한국외교문서, 고려대학교아시아문제연구소, 1973.
새한신문 편, 한국교육연지사, 한국교육연지사, 1971.
안기성, 근대교육법제연구, 고대민족문화연구소, 1984.
이홍직 편, 국사대사전, 일중사, 1979.
教育史編纂委員會 編, 明治以降 教育制度發達史(第10權), 文部省, 1939.
中央講論社 編, 日本の歷史, 別卷 5册, 1967.

법례
명치이강 교육제도발달사(문부성 내 교육사편찬회 편수) 제10권, 1939(일어판).
일본의 역사, 별권 5책, 중앙공론사, 1967(일어판).
이홍직, 국사대사전, 일중사, 1979.
안기성, 근대교육법제연구, 고대민족문화연구소, 1984.
한국교육연지사(1971년 한국교육연감부록), 새한신문사, 1971.
구한국외교문서, 고대아시아문제연구소, 1973.

저자 소개

안기성(安基成, Ahn Ki-sung)

교육학(교육행정학, 교육법학, 교육정치학)
고려대학교 문이과대학 철학과 졸업
일본구주대학교 교육학부 연구과 수료
미국 Eastern Michigan University 졸업
국제사회교육협의회(International Community Education Association) 한국대표 국제이사
대한교육법학회 회장
한일학회교육분과연구회 회장
일본재단연구원(Japan Foundation Fellow)
일본국립교육연구소 객원교수
교육부중앙교육심의회 위원(지방교육지원분과위원장)
격암문화재단 이사
한국교육정치학회 회장
고려대학교 교육문제연구소 소장
고려대학교 사회교육원장
유네스코아태지역 교육혁신산업 국내위원
고려대학교 교육학과 명예교수

〈주요 저서 및 논문〉
미국교육법제개설(광명출판사, 1977)
한국근대교육법제연구(고려대학교민족문화연구소, 1984)
교육법학연구(고려대학교출판부, 1989)
교육학개론(학지사, 1992)
우리 교육을 생각한다(학지사, 1993)
교육정치학론(공역, 학지사, 1994)
The Overview of Community Education in Korea, 1980 Plus Community, Participation and Learning Book 5(International, 공저, International community Association, 1979. pp. 819-824)
「교육행정학의 과제」(中島直忠 편, 교육개발연구소)
「교육법 교육자치조항과 그 해석학」(지방자치, 1988. 11.)
「교육자치제, 무엇이 문제인가?」(교육자치, 1992. 12.)
「지방교육자치의 문제와 개선」(교육월보, 1994. 1.)
「교육자치의 바른 정착을 위한 방안: 학교참여 방안의 모색(교장의 역할을 중심으로)」(교육자치, 1993. 5.)
「지방교육자치제 실시 2년의 시점에서 생각하는 교육자치제 활성화 방안」(교육자치, 1993. 9.)
「지방교육자치도 개혁방안에 대한 토론」(교육개혁위원회 공청회, 1995)
「교육자치제도 어떻게 생각해 가야 할 것인가, 우리 교육을 생각한다」(1991, pp. 178-179)

대한의 교육 역사

2016년 6월 20일 1판 1쇄 인쇄
2016년 6월 30일 1판 1쇄 발행

지은이 • 안기성
펴낸이 • 김진환
펴낸곳 • (주) 학지사
04031 서울특별시 마포구 양화로 15길 20 마인드월드빌딩
대표전화 • 02)330-5114 팩스 • 02)324-2345
등록번호 • 제313-2006-000265호

홈페이지 • http://www.hakjisa.co.kr
페이스북 • https://www.facebook.com

ISBN 978-89-997-0884-8 93370

정가 32,000원

이 도서의 국립중앙도서관 출판시도서목록(CIP)은 서지정보유통지원 시스템 홈페이지(http://seoji.nl.go.kr)와 국가자료공동목록시스템(http://www.nl.go.kr/kolisnet)에서 이용하실 수 있습니다.
(CIP 제어번호: CIP2016010419)